Zimmermann • Tannenberg 1914

Zeitalter der Weltkriege

Begründet vom
Militärgeschichtlichen Forschungsamt

Herausgegeben vom
Zentrum für Militärgeschichte und
Sozialwissenschaften der Bundeswehr

Band 23

John Zimmermann

Tannenberg 1914

Der Erste Weltkrieg in Ostpreußen

DE GRUYTER

OLDENBOURG

Umschlagabbildung:
   Deutsche Infanterie marschiert nach der Schlacht bei Tannenberg durch ein
   zerstörtes ostpreußisches Dorf, September 1914. (*BArch, Bild 183-R36715*)

ISBN 978-3-11-073483-6
e-ISBN (PDF) 978-3-11-073351-8
e-ISBN (EPUB) 978-3-11-073364-8
ISSN 2569-7145

Library of Congress Control Number: 2021940277

Bibliografische Information der Deutschen Nationalbibliothek
Die Deutsche Nationalbibliothek verzeichnet diese Publikation in der Deutschen
Nationalbibliografie; detaillierte bibliografische Daten sind im Internet über
http://dnb.dnb.de abrufbar.

Redaktion: ZMSBw, Potsdam, Fachbereich Publikationen (0904-01)
   Projektkoordination, Bildrechte: Michael Thomae
   Lektorat: Cordula Hubert, Olching
   Texterfassung, Satz: Carola Klinke
   Karten: Frank Schemmerling

Druck und Bindung: CPI books GmbH, Leck

www.degruyter.com

Inhalt

Verzeichnis der Karten, Gliederungen und Tabellen

Vorwort

Die Schlacht von Tannenberg im August 1914 gilt vielen bis heute als herausragendes Beispiel deutscher militärischer Führungskunst. Bedroht durch die zarische 1. Armee in ihrem Rücken, vernichtete die deutsche 8. Armee die zarische 2. in einer Umfassungsschlacht. Anschließend wendete sie sich gegen die gegnerische 1. Armee und verdrängte sie aus Ostpreußen. Die Provinz war das einzige Gebiet des Deutschen Reiches, das im Ersten Weltkrieg teilweise von fremden Truppen besetzt war.

Durch diese Schlacht erreichte vor allem der Oberbefehlshaber der 8. Armee, Generaloberst Paul von Hindenburg, Legendenstatus: Er wurde als »Retter und Befreier Ostpreußens« gefeiert. Darauf gründete letzten Endes seine zweite Karriere, die ihn zusammen mit seinem Generalstabschef Generalmajor Erich Ludendorff bis in die 3. Oberste Heeresleitung (1916−1918) führte. Sein Ruhm und sein Ansehen überdauerten sogar die Niederlage des Kaiserreiches im Ersten Weltkrieg und den Untergang der Monarchie. Er blieb derart populär, dass er 1925 zum Reichspräsidenten der Weimarer Republik gewählt wurde. In diesem Amt traf er 1933 die fatale Entscheidung, Hitler zum Reichskanzler zu ernennen.

Davon konnte 1914 freilich niemand wissen. Dennoch ist der Aufstieg Hindenburgs ohne den grandiosen Erfolg bei Tannenberg nur schwer vorstellbar. Allerdings meldeten bereits Zeitgenossen Bedenken an, inwiefern ihm die Lorbeeren überhaupt gebührten. Schon wessen Idee es seinerzeit gewesen war, die Schlacht nach dem kleinen Ort Tannenberg am Rande des Gefechtsfeldes zu benennen, war umstritten. 1914 jedenfalls wurde mit 1410 verknüpft, als dort das Heer des Deutschen Ordens von einer polnisch-litauisch-ruthenischen Streitmacht vernichtend geschlagen worden war. Der Erste Generalstabsoffizier der 8. Armee, Oberstleutnant Max Hoffmann, stellte bereits in den 1920er Jahren klar, dass die Befehle, die die Schlacht von Tannenberg ermöglicht hatten, noch vom Generalstab der 8. Armee gegeben worden seien. Außerdem habe der Gegner durch eklatante Führungsfehler einen erheblichen Beitrag zum Sieg geleistet; Hindenburgs Anteil habe allein darin bestanden, Ludendorff und seine Generalstabsoffiziere die Operationen planen zu lassen.

Doch an einer Infragestellung des einzigartigen deutschen Schlachterfolgs hatte damals niemand Interesse. Den Mitarbeitern des Reichsarchivs, das sich bald nach Kriegsende mit den militärischen Geschehnissen im Weltkrieg auseinandersetzte, war mehr daran gelegen, die Fähigkeiten der deutschen Militärs ins rechte Licht zu setzen und angesichts der verheerenden Niederlage im Weltkrieg nicht allzu kritisch zu hinterfragen. Die nachfolgenden Historikerinnen und Historiker bedienten sich im Wesentlichen aus dem 1925 vom Reichsarchiv veröffentlichten Band zum Krieg in Ostpreußen, desgleichen aus der nur drei Jahre später veröf-

https://doi.org/10.1515/9783110733518-202

fentlichten Habilitationsschrift von Walter Elze zur Schlacht von Tannenberg. Tatsächliche Grundlagenforschung fand in den nächsten Jahren und Jahrzehnten kaum mehr statt.

Dem Zentrum für Militärgeschichte und Sozialwissenschaften der Bundeswehr (ZMSBw) war anlässlich der 100. Wiederkehr des Beginns des Ersten Weltkrieges sehr daran gelegen, diesen Umstand zu ändern. Es begann mit einer militärhistorischen Exkursion an den Ort des Geschehens, die inzwischen bereits mehrfach durchgeführt worden ist. Am Ende steht nunmehr – zumindest vorläufig – das Buch von Dr. John Zimmermann.

Wie bei allen Publikationen unseres Hauses verdankt sich das vorliegende Ergebnis der Arbeit eines eingespielten Teams. Neben dem Verfasser möchte ich an dieser Stelle vor allem die Lektorin Cordula Hubert (Olching) und den Fachbereich Publikationen nennen, die in bewährter Professionalität das Manuskript bis zur Drucklegung begleitet haben. Frank Schemmerling hat in gewohnter Qualität die Karten gezeichnet und Carola Klinke den Text gesetzt, die Koordination des Buchprojektes im Fachbereich oblag Michael Thomae. Ihnen allen danke ich für ihr Engagement, mit dem sie das Erscheinen dieses inzwischen 23. Bandes unserer Reihe »Zeitalter der Weltkriege« realisiert haben.

Dr. Frank Hagemann
Oberst und Kommandeur i.V. des Zentrums für
Militärgeschichte und Sozialwissenschaften der Bundeswehr

I. Einleitung

»Why a book about Tannenberg?«, fragte Dennis E. Showalter 1991 in der Einführung zu seinem Standardwerk über die Schlacht von Tannenberg und fand eine Reihe von Gründen, die zu seiner herausragenden Monografie geführt haben.[1] Drei Jahrzehnte später ist demnach die Frage zu stellen: Warum ein *weiteres* Buch über Tannenberg? Denn über diese zur Legende erhobene Schlacht vom August 1914 ist viel geschrieben worden, bei genauerer Betrachtung allerdings meist dasselbe, weil vergleichsweise wenig dazu geforscht wurde.[2]

Sogar jüngste Veröffentlichungen folgen einer Meistererzählung, die im Reichsarchiv in Potsdam selbst und dessen Umgebung in der Zwischenkriegszeit geprägt worden ist: An der Front im Osten – »im strategischen Kalkül der militärischen Führung des Kaiserreiches [...] nur ein Nebenkriegsschauplatz«[3] – habe sich nur eine deutsche Armee, die 8., einer doppelten russländischen Überlegenheit stellen müssen. Unter den Generalen der Kavallerie Pavel Karlovič Rennenkampf und Aleksandr Vasil'evič Samsonov[4] seien die 1. (Njemen-) sowie die 2. (Narew-)Armee von Nord- und Südosten sehr viel schneller als deutscherseits erwartet nach Ostpreußen eingedrungen. Der deutsche Oberbefehlshaber Generaloberst Maximilian von Prittwitz und Gaffron habe während der Schlacht bei Gumbinnen gegen die Njemen-Armee am 20. August 1914 die Nerven verloren und den allgemeinen Rückzug auf die Weichsel angeordnet. Weil er damit ganz Ostpreußen preisgegeben habe, sei er zusammen mit seinem Generalstabschef, Generalleutnant Georg Graf von Waldersee, vom Chef der Obersten Heeresleitung (OHL), Generalfeldmarschall Helmuth von Moltke (d.J.), durch den eigens reaktivierten General der Infanterie Paul von Hindenburg sowie den eben vor der Festung Lüttich zum »Helden« avancierten Generalmajor Erich Ludendorff ersetzt worden. Durch das Feldherrngenie dieses Führungsduos und eklatante Fehler auf der Gegenseite sei der Rückzug der 8. Armee in einen Angriff gegen die russländische 2. Armee gewendet worden, worauf diese in einer viertägigen Umfassungsschlacht vollständig vernichtet und anschließend auch die

---

[1]   Showalter, Tannenberg, S. 1.
[2]   Neben der Monografie von Showalter siehe auch seinen Aufsatz Even Generals; des Weiteren zuletzt Birk, Die Schlacht von Tannenberg; Kossert, »Und drescht ihr nur die Reußen«; Solka/Schertler, Tannenberg 1914; Pöhlmann, Tod in Masuren; Schenk, Tannenberg/Grunwald; oder für ein breiteres Publikum Müller/Tegtmeier, Militärgeschichtlicher Reiseführer.
[3]   Groß, Einleitung, S. 2, sowie Strachan, The First World War, S. 316.
[4]   Noskoff, Der Mann, der Tannenberg verlor.

https://doi.org/10.1515/9783110733518-001

zarische 1. Armee in der Schlacht an den Masurischen Seen im September 1914
aus Ostpreußen vertrieben worden sei.[5]

Die historische Forschung hat diese Einschätzung und ihre Herleitung seither im Großen und Ganzen übernommen. Für den Sieg sah sie in erster Linie
deutsche Feldherrnkunst verantwortlich, die ebenso mutig und entschlossen wie
geschickt vor allem den geografischen Raum und die vorhandene Infrastruktur
ausgenutzt habe – und dies im Unterschied zum Gegner sogar dreidimensional:
Basis des Erfolges sei nämlich die eigene umfassende Aufklärung gewesen, nicht
zuletzt durch den Einsatz der Feldfliegerei und Funktelegrafie. Dadurch sei man
im Armeeoberkommando (AOK) 8 stets bestens über die Lage informiert gewesen und habe diesen Vorsprung konsequent genutzt. Die Einschätzung Richard
Armstrongs: »The Germans won a resounding victory at Tannenberg in August
1914 – thanks largely to the intelligence they acquired from their Russian opponents' own radio messages«,[6] ist eine der dazu in der Literatur gerne wiederholten
Sentenzen. Sie soll außerdem die Rückständigkeit des Gegners unterstreichen.
Die zarischen Militärs seien einer solch modernen Kriegführung nicht gewachsen gewesen. Sie hätten weder Verbindung untereinander gehalten – und deswegen das Vorgehen der beiden Armeen nicht zielführend koordinieren können –,
noch den Kampf ausreichend aktiv angenommen und sich im Ergebnis von einer kühnen deutschen Umfassungsoperation überraschen lassen. Zudem sei man
ebenso schlecht vorbereitet wie ausgerüstet gewesen und habe sich alleine auf die
eigene, allerdings deutliche numerische Überlegenheit verlassen.[7] »Mit welchem
Leichtsinn die Narew-Armee ins Feld geführt wurde«, darüber wunderte sich in
diesem Kontext nicht nur Karl-Heinz Janßen in Erinnerung an die literarische
Verarbeitung des Themas in Aleksandr Isaevič Solženicyns dokumentarischem
Roman »August Vierzehn«:[8] Der russische Literaturnobelpreisträger machte darin
auf der Grundlage der Erfahrungen seines Vaters, der selbst in Ostpreußen gekämpft hatte, sowie anderer Kriegsteilnehmer und weiterer Quellen beider Seiten
die starre Hierarchie der zarischen Armee und die Unfähigkeit ihrer höheren
Offiziere, diese zu modernisieren, für das Debakel verantwortlich.[9]

Allerdings speist sich diese Bewertung aus einem wiederum adäquaten zeitge-
nössischen russländischen Narrativ. Dessen Parameter skizzierte Jurij Nikiforovič
Danilov – 1914 Generalquartiermeister im zarischen Oberkommando, der
Stavka (Stavka Verchovnogo Glavnokomandujuščego), und angeblich dessen
»Seele«[10] – zeitgleich zum deutschen Reichsarchiv 1925: Die »Folge unserer unge-
nügenden Kriegsbereitschaft« sei ein »überstürztes Vorgehen und daher [die] vor-
zeitige Erschöpfung der Truppen«, die Niederlagen seien »Folgen mangelhafter
Aufklärung, schlecht organisierter Verbindung, falscher Einschätzung der Lage

5   Der Weltkrieg 1914 bis 1918, Bd 2; Lezius, Von Fehrbellin bis Tannenberg, S. 419–447;
     Rohrscheidt, Über Stallupönen und Gumbinnen, S. 35; Uhle-Wettler, Tannenberg 1914,
     S. 135–170.
6   Armstrong, Tactical Triumph at Tannenberg, S. 80.
7   Dies gilt sowohl für Überblicksdarstellungen wie Chickering, Imperial Germany and
     the Great War, S. 23–26, oder Pöhlmann, Tod in Masuren, als auch für einschlägige
     Monografien wie Showalter, Tannenberg, oder Tuchman, August 1914.
8   Janßen, Und morgen die ganze Welt, S. 86.
9   Solženicyn, August Vierzehn; Menzel, August 1914.
10   Noskoff, Der Mann, der Tannenberg verlor, S. 19.

und anderer grober Unterlassungssünden« gewesen.[11] Damit spielte er als einer
der seinerzeit maßgeblich Verantwortlichen der deutschen Lesart in die Hände.
Diese ist wiederum in hohem Maße von den vormaligen Entscheidungsträgern
gestaltet worden, vor allen Dingen von Hindenburg und Ludendorff, aber auch
von den Kommandierenden Generalen des I. und XVII. Armeekorps (General
der Infanterie Hermann von François, General der Kavallerie August von
Mackensen) und des I. Reservekorps (Generalleutnant Otto von Below) sowie des
Ersten Generalstabsoffiziers (Ia) des AOK 8 (Oberstleutnant Max Hoffmann).[12]
Auch sie bewerteten das Verhalten des Gegners als entscheidend, weil »ohne dessen Fehler der ganze Erfolg nicht möglich gewesen wäre«.[13]
   Alle Beteiligten folgten einem individuell nachvollziehbaren Interesse, ihre
Sicht über »jene einzigartige Schlacht«[14] und »die schönen Tage von Tannenberg«[15]
zu transportieren. Dennoch bilden diese Aufzeichnungen eine wichtige Ergänzung
der Quellenbasis, die angesichts der Vernichtung des Gros der Akten der preußisch-deutschen Armee im Bombenhagel auf Potsdam im April 1945 überschaubar ist. In ihrer bisherigen Auswertung verdichteten sie jedoch ausschließlich die
Meistererzählung. Sie scheint jahrzehntelang überzeugend genug gewesen zu sein,
um nicht infrage gestellt zu werden:

> »Nach Leipzig, Metz und Sedan steht Tannenberg als die größte Einkreisungs-
> schlacht da, die die Weltgeschichte kennt. Sie wurde im Gegensatz zu diesen
> gegen einen an Zahl überlegenen Feind geschlagen, während gleichzeitig bei-
> de Flanken von weiterer Übermacht bedroht waren. Die Kriegsgeschichte hat
> kein Beispiel einer ähnlichen Leistung aufzuweisen – bei Kannae [sic] fehlt die
> Rückenbedrohung.«[16]

Die reinste Übernahme dieser Zuschreibung findet sich beim langjährigen
Ressortleiter Zeitgeschichte der »Welt«, Walter Görlitz, der Tannenberg »noch hö-
her als Cannae« bewertete, da »Hannibal [...] keine feindliche Armee im Rücken
gehabt [hatte]!« Görlitz glaubte darin ein »Meisterstück der Strategie« zu erkennen.[17] Wiewohl er sich damit in die Gefolgschaft prominenter zeitgenössischer
Historiker wie Hans Delbrück einordnete, existierten von Anfang an durchaus
mahnende und relativierende Stimmen, allen voran Ludendorffs und Hoffmanns.
Ersterer verherrlichte zwar Tannenberg als eine Schlacht, »wie sie schöner nicht

---

[11] Danilov, Rußland im Weltkriege, S. 220. Zu Danilov siehe grundsätzlich Menning, The
     Role.
[12] François, Tannenberg; BArch, RH 61/1353, Abschrift des Tagebuchs des Generals O[tto].
     von Below; BArch, RH 61/1336, August von Mackensen, Der Feldzug in Ostpreußen. Zu
     Mackensen siehe außerdem BArch, RH 61/993, Materialsammlung Generalfeldmarschall
     August von Mackensen (1924–1935). Zu Hoffmann siehe Showalter, Tannenberg, S. 330.
[13] Hoffmann, Tannenberg wie es wirklich war, S. 92.
[14] Ludendorff, Einführung, S. 3.
[15] BArch, RH 61/1353, Abschrift des Tagebuchs des Generals O. von Below, S. 8.
[16] Uhle-Wettler, Tannenberg 1914, S. 162.
[17] Görlitz, Hindenburg, S. 86 f. Noch deutlicher bei Rohrscheidt, Über Stallupönen und
     Gumbinnen, S. 51, und Buchfinck, Tannenberg 1914, S. 207: »Der Feldzug von Tan-
     nenberg ist das Prototyp [sic] einer im Angriff durchgeführten strategischen Verteidigung,
     die Schlacht von Tannenberg das [sic] einer Vernichtungsschlacht, geschlagen gegen die
     überlegene Zahl unter Anwendung des Cannaeprinzips.« Bereits eine der ersten Veröf-
     fentlichungen hatte die ostpreußischen Siege mit Cannae und Leuthen gleichgesetzt; siehe
     Niemann, Hindenburgs Siege, S. 782. Das Buch erlebte 21 Auflagen in zwei Jahren.

gedacht werden kann. Sie war größer und kühner wie Sedan und neben Lüttich ist es meine stolzeste Erinnerung.« Gleichzeitig wies er darauf hin, sie sei »eine rein improvisierte Schlacht« gewesen: »Wir bauten auf auf der Lage, die wir am 23.8. fanden, und täglich auf wechselnden Lagen weiter.«[18] Darin stimmte ihm sein seinerzeitiger Untergebener Hoffmann zu:

> »Die Schlacht wurde nicht auf dem sogenannten Cannä-Prinzip, wie Professor Hans Delbrück meint, angelegt, denn bei ihrem Beginn konnte man nicht annehmen, dass es möglich sein würde, den Ostflügel der deutschen Truppen zu der Umfassung heranzuziehen. Diese Möglichkeit ergab sich erst im Laufe der Zeit infolge der absoluten Untätigkeit Rennenkampfs. So wurde die Schlacht zu einem Cannä.«[19]

Doch weder Ludendorffs noch Hoffmanns Relativierungen fanden Eingang in das allgemeine Narrativ – was umso erstaunlicher ist, da ohne Wissen und Zutun des für die Operationsführung zuständigen Generalstabschefs und seines Ia von einem ominösen großen Plan oder etwaigem Feldherrngenie kaum die Rede sein konnte. Stattdessen folgten auch die wissenschaftlichen Veröffentlichungen, vor allem in Deutschland, den detailverliebten Ausführungen der Reichsarchiv-Werke.[20] Widersprüche wurden als Zänkereien der Sieger von Tannenberg um die Lorbeeren des Erfolges abgetan und so im Ergebnis ein *Lieu de mémoire* markiert, der bis heute erstaunlich unerforscht geblieben ist.[21] In der angelsächsischen Literatur diskutierte man beispielsweise viel lieber, wer für die erfolgreiche Umsetzung des Schlachtenplanes letztendlich verantwortlich zeichnete. Winston Churchill brachte dies bereits 1931 auf die einfallsreiche Formel, François' Verhalten belege die Art, wie man Schlachten auf falsche Weise gewinne, während seine Vorgesetzten die Schlacht auf richtige Weise zu verlieren suchten:

> »The credit of the victory belongs in large measure to General Hoffman, but its glory must be associated with General Von Francois, who though commanding only a single corps acted with that rare alternation of prudence and audacity which is the characteristic of true soldierly genius.«[22]

Der so Gelobte nahm nur ein Jahr später diese Vorlage auf, streute jedoch Salz in die Suppe: »Der Historiker wird [...] erkennen, dass die erfolgreichste Schlacht des Weltkrieges, wie keine andere, eine Schlacht der Befehlsreibungen war.«[23] Das war sie in der Tat, wie sich zeigen wird, doch auch diese wurden alsbald in die Meistererzählung eingewebt, indem man sie als Positiva dem deutschen Führungsstil zuschrieb:

> »Der Gegensatz war drüben [auf der deutschen Seite] die Führung Ludendorffs, die den Untergebenen da frei schalten ließ, wo er auf dem richtigen Wege war, die aber immer beobachtete, ob es so war, und die sich nie scheu-

[18] Zit. nach BArch, RH 61/53, Denkschrift »Tannenberg« von Generalleutnant von Wenninger (1916), S. 46.
[19] Hoffmann, Tannenberg wie es wirklich war, S. 94.
[20] Zum Reichsarchiv und seiner Arbeitsweise siehe Pöhlmann, Kriegsgeschichte und Geschichtspolitik; Demeter, Das Reichsarchiv; Herrmann, Das Reichsarchiv, sowie zuletzt Reichherzer, »Alles ist Front!«.
[21] Zu den Zänkereien um die Urheberschaft für den Erfolg siehe Showalter, Tannenberg, S. 329 f., sowie Wheeler-Bennett, Der hölzerne Titan, S. 35, 38–40 und 45.
[22] Churchill, The Unknown War, S. 213 f.
[23] François, Gehorsam und Verantwortungspflicht, S. 10.

te, befehlend einzugreifen und, wenn es notwendig war, über den Kopf der Kommandierenden Generale hinweg selbst über die Divisionen zu verfügen.«[24] Auf diese Weise konnten Widersprüche größtenteils eingeebnet und jedem der beteiligten Feldherren seine Teilhabe am Ruhm ermöglicht werden, während man Kritiker in eine Außenseiterposition gegenüber dem allgemein anerkannten Narrativ abdrängte. Strittig ist innerhalb dieses Konglomerats bis heute, wer seinerzeit auf die Idee gekommen war, die Schlacht nach der Ortschaft Tannenberg umzubenennen, hieß sie doch bis dahin in den militärischen Akten Schlacht bei Frögenau beziehungsweise bei Allenstein und in der medialen Berichterstattung Schlacht bei Gilgenburg und Ortelsburg. Durch die Umbenennung wurde eine Verbindung mit der Tannenberg-Schlacht von 1410 hergestellt, bei der ein polnisch-litauisch-ruthenisches, vulgo slawisches Heer den Machtgelüsten des Deutschen Ritterordens im Osten Europas mit einer umfassenden Niederlage ein Ende gesetzt hatte;[25] neben Hindenburg beanspruchten Ludendorff und Hoffmann den Einfall jeweils für sich.[26] Da sich der höchst abergläubische Generalstabschef während der Schlacht allerdings gerade mit Blick auf die Niederlage von 1410 geweigert hatte, in dem Ort auch nur Quartier zu nehmen, scheint der Einfall tatsächlich Hoffmann zuzuschreiben zu sein.[27] Ludendorff dürfte ihn übernommen und seinem Oberbefehlshaber Hindenburg vorgetragen haben, der seine just erfolgte Beförderung zum Generaloberst und die Auszeichnung mit dem Pour le Mérite nutzte, um seinem Kaiser nicht nur zu danken:[28]

»Euerer Majestät wage ich die ehrfurchtsvolle Bitte zu unterbreiten, diesen viertägigen Kämpfen die Bezeichnung Schlacht bei Tannenberg allgnädigst verleihen zu wollen. Die Scharte von 1410 ist auf weiter Linie um diesen alten Kampfplatz herum gründlichst ausgewetzt worden, morgen beginnt die Bereitstellung der 8. Armee zur Abrechnung mit der russischen 1. Armee.«[29]

---

[24] Buchfinck, Tannenberg 1914, S. 234.

[25] Siehe dazu grundlegend Ekdahl, Die Schlacht bei Tannenberg 1410; Turnbull, Tannenberg 1410, sowie Tannenberg – Grunwald – Žalgiris; und im Überblick Hofbauer, Germany 600 Years Ago.

[26] Ludendorff, Meine Kriegserinnerungen, S. 19 f. und 44; Hoffmann, Die Aufzeichnungen, Bd 2, S. 294; Schäfer, Tannenberg, S. 84. Zur Auseinandersetzung darum siehe Tuchman, August 1914, S. 361; Ludendorff, Meine Kriegserinnerungen, S. 19 f.; Pyta, Hindenburg, S. 54 f.; Hoegen, Der Held von Tannenberg, S. 40.

[27] Davon berichten Janßen, Und morgen die ganze Welt, S. 84, und Neitzel, Weltkrieg und Revolution, S. 40, sowie Kossert, Ostpreußen, S. 209.

[28] Hindenburg war am 26. August zum Generaloberst befördert worden. Er sollte Ende November 1914 zum Generalfeldmarschall avancieren und wurde für den Sieg von Tannenberg mit dem Pour le Mérite ausgezeichnet; Mühlmann, Tannenberg 1914, S. 221; Telegramm Wilhelms II. an Generaloberst von Hindenburg, 1.9.1914, abgedruckt bei Elze, Tannenberg, S. 343. Ludendorff, der den Pour le Mérite als erster Soldat im Ersten Weltkrieg überhaupt für seinen Einsatz bei der Einnahme der Festung Lüttich erhalten hatte, bekam für Tannenberg das EK II; siehe Ludendorff, Meine Kriegserinnerungen, S. 16 und 20.

[29] AOK 8 an Seine Majestät, Coblenz, 29.8.1914, 19.45 Uhr, abgedruckt bei Elze, Tannenberg, S. 330. Auch in der »Königsberger Woche« war bereits am 18.9.1914 von der Revanche gegenüber den Slawen für 1410 zu lesen. Vermeiren, The Tannenberg Myth, S. 780, Anm. 15.

Schon mit dieser Zusammenfassung unterschiedlicher Gefechte über mehrere Tage hinweg in einem Raum von bis zu 70 Kilometer Länge und 60 Kilometer Breite zu einer ›Schlacht‹ bewies Hindenburg ein Gespür für die Situation, das er in der Folge geschickt in greifbare Vorteile für sich selbst umzuwandeln verstand. Darüber hinaus wusste er sie noch in einen borussisch-deutschen historischen Kontext einzuordnen. Die Akzeptanz der sich rasch verselbstständigenden Begrifflichkeit[30] überging dabei nicht nur, dass eine solche Verwendung den Schlachtbegriff arg dehnte, sondern dass die Ortschaft Tannenberg lediglich am Rande des Geschehens lag. Wolfram Pyta hat in seiner fulminanten Biografie über Hindenburg nachgewiesen, wie geschickt und gezielt sein Protagonist selbst das Ereignis, vor allen Dingen aber seine eigene Rolle dabei, inszenierte.[31] Dabei nutzte er, wie in seiner aktiven Karriere zuvor, die Rahmenbedingungen, die ihm von anderen angeboten wurden:[32] Allein binnen der ersten vier Wochen nach der Tannenberg-Schlacht wurde Hindenburg beispielsweise von 23 deutschen Stadtgemeinden zum Ehrenbürger ernannt, darunter 15 ostpreußische, und von allen vier Fakultäten der Albertus-Universität zu Königsberg zum Ehrendoktor promoviert. Sogar ein Eisbrecher wurde nach ihm benannt, der bei Kriegsbeginn von seinem – sinnigerweise – zarischen Besteller beschlagnahmt worden war.[33] Außerdem durfte sich der größte Industriestandort Oberschlesiens, die Gemeinde und der Landkreis Zabrze mit immerhin 70 000 Einwohnern, nach königlich-preußischer Genehmigung am 21. Februar 1915 in »Hindenburg« umbenennen[34]. Wie fest installiert die Legende und ihre Einschreibungen schon zu diesem frühen Zeitpunkt gewesen sind, belegt das Telegramm, in dem der Gemeindevorstand betonte, unter dem neuen Namen wolle man »die Aufgaben einer Pflegestätte deutschen Lebens in der Ostmark weiter erfüllen und den Namen eines Mannes dauernd lebendig erhalten, der in schwerer Zeit im ganzen Vaterlande, besonders im deutschen Osten, Vertrauen und Zuversicht hochhielt«.[35]

Binnen kürzester Zeit hatte sich Hindenburg den Ruf als »Befreier Ostpreußens« und »Retter des Reiches« angeeignet, der ihn nicht nur während des Krieges reüssieren ließ: Er erhielt den Posten des Oberbefehlshabers im Osten und stieg bis zum Chef der 3. OHL auf. Über den – was jedoch keine Rolle zu spielen schien – nicht zuletzt unter seiner maßgeblichen Führung verlorenen Krieg und den von ihm mitverschuldeten Untergang des Kaiserreiches hinaus machte ihn das zur lebenden Legende. Vor allem dieser Nimbus ermöglichte es ihm, im Mai 1925 mit 77 Jahren zum bis heute einzigen direkt vom Volk gewählten deutschen Staatsoberhaupt aufzusteigen. Mit dem von 1924 bis 1927 bei Hohenstein erbauten, alleine durch private Spenden finanzierten Tannenberg-Nationaldenkmal, 1935 nach der Beisetzung des verstorbenen Reichspräsidenten

---

[30] Einer der ersten Journalisten, der über die ›Schlacht von Tannenberg‹ schrieb, war offenbar Theodor Wolff im »Berliner Tageblatt« vom 31.8.1914, siehe Vermeiren, The Tannenberg Myth, S. 780, Anm. 11.
[31] Pyta, Hindenburg, S. 91–153.
[32] Ebd., S. 13–39. Siehe dazu auch Pyta, Geteiltes Charisma.
[33] Die erste Gemeinde war die Kreisstadt Osterode, Königsberg folgte am 18. September, dann Thorn und weitere. Fischer, Bei Tannenberg, S. 101–104.
[34] Ebd., S. 104 f.
[35] Ebd.

zum »Reichsehrenmal« befördert, nahm Hindenburg darüber hinaus sogar noch steingewordenen Besitz vom erinnerungspolitischen Raum Tannenberg. Ort und Denkmal avancierten in der Zwischenkriegszeit angesichts der durch den Versailler Vertrag veranlassten Gebietsabtretungen im Osten des Deutschen Reiches zu einer Wallfahrtsstätte, die »auf die nationale Wiedergeburt Deutschlands wartet[e]«. Das nährte weitere Konflikte, die an dieser Stelle nicht genauer ausgeführt werden können, aber Anlass zu einer ganzen Reihe von Veröffentlichungen gaben, die teilweise die vorhandenen Quellenlücken angesichts der Verluste des Reichsarchivs wiedergutmachen können.[36]

Auch die erinnerungskulturellen Marksteine hatte Hindenburg mit seinen 1920 erschienenen Erzählungen »Aus meinem Leben«[37] von Anfang an selbst gesetzt. Nach dem endgültigen Zerwürfnis mit Ludendorff hatte er die Perspektive in der Arbeit des Berliner Militärhistorikers Walter Elze zu »Tannenberg« von 1928 schließlich massiv auf die eigene Person fokussiert.[38] Spätestens jetzt vereinnahmte er den gesamten Ruhm dezidiert für sich alleine und ermunterte dadurch wiederum seinen ehemaligen Generalstabschef, alle bis dahin geübte Zurückhaltung hinsichtlich der wirklichen Verantwortlichkeiten während der Schlacht von Tannenberg fallenzulassen. In einer eigenen Veröffentlichung konterte Ludendorff 1934:

»Ich lasse dabei vornehmlich meine Werturteile über Leistung und Charakter Dritter weg, die auf Grund inzwischen gewonnener kriegsgeschichtlichen Wahrheit [sic], leider nicht der Tatsächlichkeit entsprechen. Unter dem Eindruck des Sieges von Tannenberg sah ich Verschiedenes in zu günstigem Licht und nahm auch falsche Rücksichten.«[39]

Noch deutlicher formulierte er es in seiner erst knapp zwei Jahre nach seinem Tod veröffentlichten Schrift »Tannenberg« mit dem programmatischen Untertitel »Geschichtliche Wahrheit der Schlacht«:

»Wie ich aus den mir jetzt zugestellten Veröffentlichungen über die Schlacht von Tannenberg erkenne, wird zähe an den ungeheuerlichen Entstellungen festgehalten, Geschichte wird weiter zur Dirne gemacht, wenn es gilt meine Leistungen herabzusetzen.«[40]

Doch Ludendorff hatte sich durch sein absonderliches Gebaren und rechtsextremistisches Wirken vornehmlich seit der zweiten Hälfte der 1920er-Jahre selbst derartig desavouiert, dass er auf die Meistererzählung keinen nennenswerten

[36] Kossert, Masuren, S. 225. Zu den Eingriffen Hindenburgs bei den Abstimmungen unter dezidiertem Bezug zu »seiner Rettung Ostpreußens« sowie der weiteren Beziehung der Provinz mit ihm siehe Kossert, Ostpreußen, S. 210–214. Zum Denkmal selbst siehe Tietz, Das Tannenberg-Nationaldenkmal, und Koch, Der Hindenburgkult, sowie beispielhaft die propagandistische Schrift von Gayl, Der politische und wirtschaftliche Kampf. Durch den zwischenzeitlichen Schlachtfeld-Tourismus inspiriert und diesen wiederum fördernd entstanden Schriften wie Schlachtfelder in Ostpreußen.
[37] Hindenburg, Aus meinem Leben.
[38] Elze, Tannenberg. Siehe dazu Pyta, Hindenburg, S. 50–53 und 66 f.; Hindenburg, Aus meinem Leben, S. 87; Wheeler-Bennett, Der hölzerne Titan, S. 43; Showalter, Tannenberg, S. 327–335.
[39] Ludendorff, Einführung, S. 7.
[40] Ludendorff, Tannenberg, S. 3.

Einfluss mehr zu nehmen vermochte.[41] Stattdessen hatte Elzes Arbeit 1928 den offiziellen Segen des Reichsarchivs erhalten:

> »Die Schlacht bei Tannenberg ist in ihren Ausmaßen überschaubar und das urkundliche Material ist in den Aktenbeständen des Reichsarchivs wie in den Veröffentlichungen beteiligter Männer so hinreichend vorhanden, dass hier der Versuch unternommen werden konnte, die Schilderung mit einer Quellensammlung zu verbinden.«[42]

Zu welcher Legende diese Schlacht, zumal unter ihren Veteranen, zu diesem Zeitpunkt bereits geworden war, zeigte sich beispielhaft im Jahre 1927 an der Beschwerde des damaligen Ia der 37. Infanteriedivision, Major Wilhelm von Gaza (eigentlich von Gazen), über die Schilderung der Schlacht im Entwurf des Reichsarchivs:

> »Wenn man miterlebt, welcher Geist damals in unserer Division herrschte, dann kann man über den so häufig bedenklichen Ton des Entwurfs, der m. Erachtens zuweilen an Kleinmütigkeit und Besorgtheit grenzt, wirklich be-kümmert sein. Besonders die Schlusssätze über die Schilderung des Gefechts von Lahna – Orlau, die doch besonders geeignet sind, um die Tüchtigkeit und Tätigkeit einer Truppe noch einmal, zusammenfassend, herauszuarbeiten und hervorzuheben, sind nach meinem Dafürhalten *geradezu als matt* zu be-zeichnen [...] Für jeden Soldaten bleibt doch, gleichgültig wo er sonst noch gefochten hat, die Teilnahme an der denkwürdigen Vernichtungsschlacht von Tannenberg die schönste Erinnerung und ganz besonders dann, wenn er die fast 8-tägigen einleitenden Gefechte mitgemacht und, wie es bei unserer Division der Fall war, schließlich im Brennpunkt, bei Hohenstein, gekämpft hat.«[43]

Dass von Hoffmann im Gegenzug überliefert ist, er habe gerne interessierte Zeitgenossen über das ostpreußische Schlachtfeld geführt und dabei niemals vergessen, ihnen die Plätze zu zeigen, wo sein damaliger Oberkommandierender Hindenburg während der Kämpfe überall geschlafen habe, fiel dagegen nicht ins Gewicht.[44] Die sofort nach ihrem Ende einsetzende Instrumentalisierung der Schlacht hatte inzwischen Ausmaße angenommen, die den ehemaligen Ia 1926 klagen ließen: »Wohl selten sind über eine Schlacht so viele Märchen erzählt wor-den, wie gerade über Tannenberg.«[45]

Für die allermeisten seiner Zeitgenossen war sie jedoch sehr schnell »mehr als eine Schlacht, [sie] ist ein Symbol«.[46] Vor allem begründete sie den »Aufstieg der ›Dioskuren‹ Hindenburg und Ludendorff«, die bereits 1914 »zu ›Helden‹ stilisiert

---

[41] BArch, RH 61/53, fol. 2, Reichsarchiv/Kriegsgeschichtliche Abteilung, Betr. zum Schrei-ben Reichswehrministerium/Heeresausbildungsabteilung, Chef (am 29.12.1934): Angele-genheit Generalfeldmarschall von Hindenburg/General Ludendorff.

[42] Elze, Tannenberg, S. 9, Vorwort; siehe dazu das entsprechende Akten- und Schriftenver-zeichnis in ebd., S. 349–351 bzw. 353–364.

[43] BArch, RH 61/1317, 37. Infanteriedivision 1914 Lahna/Orlau und in Polen. Fragen des Generalleutnants von Staabs an Oberst von Gaza und dessen Antwort, 28.2.1927. Hervor-hebung im Original.

[44] Hoffmann, Tannenberg wie es wirklich war, S. 53; Showalter, Tannenberg, S. 330, dort auch zu den Quellenbelegen ebd., S. 403, Anm. 20.

[45] Hoffmann, Tannenberg wie es wirklich war, S. 90.

[46] BArch, RH 61/1341, Carl Mühlmann: Tannenberg 1914, 5.9.(1934), S. 1.

[wurden], die selbst das schier Unmögliche erreichen konnten«.[47] Ihr Nimbus habe »selbst Wilhelm II. davor zurückschrecken [lassen], ihnen Vorwürfe zu machen«, und ihnen zu ihrem dominierenden Einfluss auf die strategischen Entscheidungen in der zweiten Kriegshälfte verholfen.[48] Von Tannenberg aus startete Hindenburg instinktsicher seine zweite und eigentliche Karriere, aber auch Ludendorffs Stern ging zunächst auf.[49] Obwohl Letzterer selbst die Existenz irgendeines ominösen großen Plans stets negierte, wollte man allgemein im Sieg einen solchen erkennen. Zu sehr passte er in die von Anfang an erwünschte Interpretation, weil er zwei wesentliche Bedürfnisse in der ersten Phase des Weltkrieges im Deutschen Reich bediente: Erstens erbrachte er scheinbar den Beleg für die Richtigkeit des vorherrschenden militärischen Denkens, indem man die Kriegführung in Ostpreußen als die Umsetzung des sogenannten Schlieffenplanes im Kleinen perzipierte. Und zweitens befriedigte dieser Sieg die Sehnsucht nach in nationaler Hinsicht identitätsstiftenden Kriegshelden; darauf spielte nicht zuletzt der zeitgenössische Vergleich des Feldherrn-Duos Hindenburg–Ludendorff mit den vermeintlichen Helden der Schlacht von Waterloo 1815 an, dem zur Legende gewordenen Doppelgespann Blücher–Gneisenau.[50]

Die deutschen Militärs waren bekanntlich lange vor dem Sommer 1914 von einem aus ihrer Sicht auch notwendigen kommenden Krieg gegen das Zarenreich und Frankreich überzeugt.[51] Wider besseres Wissen – freilich kein Alleinstellungsmerkmal für Berlin – stand dabei die Projektion eines kurzen Krieges verbunden mit der Suche nach einem schnellen Sieg im Vordergrund. Daraus ergaben sich im August 1914 die jeweiligen Angriffsziele und in der Folge die Legitimierungen für die operativen Umgruppierungen, als dieser erste Plan bei allen kriegführenden Parteien misslungen war und man entlastende Gründe dafür finden musste.[52] Auch diese dogmatische Beharrlichkeit war indes eingeübt. Im deutschen Generalstab hatte man zwar schon viele Jahre die zeitgenössischen Konflikte detailliert untersucht, offenbar jedoch nur, um sich selbst

> »die Richtigkeit der deutschen Offensiv-Ideologie und des Wertes der überlegenen ›Kampfmoral‹ zu bestätigen. Der Krieg der Zukunft [...] würde nicht in einem Grabenkrieg erstarren, wie es in der Mandschurei geschehen war. Auf einem europäischen Schlachtfeld würden andere Regeln gelten [...] Mithilfe eines offensiven, kraftvollen Vorstoßes sei der durch die modernen Feuerwaffen begünstigte Verteidiger noch immer zu bezwingen. Die Leistung des einzelnen

---

[47] Epkenhans, Der Erste Weltkrieg, S. 68. Zur Heroisierung Hindenburgs und der Tannenberg-Schlacht in der zeitgenössischen Literatur siehe Vermeiren, The Tannenberg Myth, S. 782–784, sowie weiterführend Helms, »Das war der Herr von Hindenburg«, und Helms/Bultmann/Vaupel, »Und dich grüßt so manches Lied«.

[48] Stevenson, Der Erste Weltkrieg, S. 94.

[49] Ein Beispiel einer glorifizierenden Darstellung der Rolle Ludendorffs in der Schlacht bei Tannenberg bietet Venohr, Ludendorff, S. 25–52; die Glorifizierung von Hindenburg beispielhaft bei Görlitz, Hindenburg, S. 61–95.

[50] Kürenberg, Rußlands Weg nach Tannenberg, S. 151. Zu den wechselseitigen Beziehungen zwischen Front und Heimat siehe Flemming/Ulrich, Heimatfront, sowie als Fallbeispiel Nübel, Die Mobilisierung der Kriegsgesellschaft.

[51] Grawe, Deutsche Feindaufklärung, S. 4 f., sowie grundlegend Bereit zum Krieg.

[52] Angelow, Der Weg in die Urkatastrophe, S. 111. Zum »kurzen Krieg« siehe Förster, Der deutsche Generalstab. Zum Diskurs um den »kurzen Krieg« siehe Stein, Die deutsche Heeresrüstungspolitik, S. 101–109.

Soldaten, der durch überlegene ›Kampfmoral‹ auch gegen Maschinengewehre bestehen könnte, wurde dabei erheblich überschätzt.«[53]
Im Mittelpunkt aller Überzeugungen standen dabei die miteinander verwobenen Dogmen der Vernichtungsschlacht und der Beweglichkeit.[54] In ihnen allein wollte man das Siegesrezept erkennen; darauf waren alle Ausbildungsbemühungen in der preußisch-deutschen Armee ausgerichtet, zumal hinsichtlich der Generalstabsoffiziere.[55] Trotz der die Verteidigung deutlich begünstigenden Waffenentwicklung blieb die Taktik der Landkriegführung nicht nur in der deutschen, sondern in allen europäischen Armeen einseitig auf den Angriff ausgerichtet, und die Offensivziehung der Truppe stand in der Ausbildung überall absolut im Vordergrund.[56] Selbst der durchaus nicht furchtlos antizipierten »russischen Dampfwalze« meinte man so den Garaus machen zu können.[57] Insofern entsprach die dann bei Tannenberg geschlagene Schlacht »dem klassischen deutschen Wunschbild einer in Unterlegenheit geschlagenen Umfassungsschlacht mit Vernichtungscharakter. Schon wenige Tage nach Beendigung der Schlacht galt Tannenberg als Beleg für die Richtigkeit der deutschen operativen Doktrin.«[58]
Auch in der anschließenden Aufarbeitung der Geschehnisse durch das Reichsarchiv sind diese Überzeugungen greifbar. Auf die Frage, ob er bei seinen Truppen in den Gefechten um Lahna und Orlau am 24. August »noch besondere Leistungen hervorzuheben« habe, antwortete der oben zitierte von Gaza:

> »Besonders hervorragender Heldentaten einzelner Personen entsinne ich mich nicht mehr. Bei der 75. I.Br., bei der es sich um eine reine Abwehrschlacht handelte, sind ganz besondere Leistungen Einzelner wohl auch kaum vorgekommen.«[59]

Hindenburg selbst schilderte in seinen Erinnerungen, wie die zwischenzeitliche Krise der Schlacht ebenso adäquat gemeistert worden sei: »Wir überwinden die Krisis in uns, bleiben dem gefassten Entschluss treu und suchen weiter die Lösung mit allen Kräften im Angriff.«[60] Bis in die seinerzeitige Kriegswissenschaft hinein präsentierte man die Schlacht geradezu als Paradebeispiel für die Richtigkeit deutschen militärischen Denkens, selbst im zeitgenössischen Ausland.[61] Tannenberg wurde auf der deutschen Seite damit von Anfang an aus militärischen, vor allem aber aus psychologischen Gründen zu einem ganz besonderen Sieg stilisiert. Zum einen hatte er den Verlust Ostpreußens an einen Gegner verhindert, den die eigene Propaganda zunehmend als »barbarisch« brandmarkte;[62] zum anderen war eine

---

[53]   Grawe, Deutsche Feindaufklärung, S. 463.
[54]   Groß, Das Dogma der Beweglichkeit.
[55]   Janßen, Und morgen die ganze Welt, S. 85.
[56]   Groß, Das Dogma der Beweglichkeit, S. 146; Grawe, Deutsche Feindaufklärung, S. 424 f.; Habeck, Die Technik im Ersten Weltkrieg; Snyder, The Ideology of the Offensive.
[57]   Grawe, Deutsche Feindaufklärung, S. 393–431; Showalter, Even Generals.
[58]   Groß, Mythos und Wirklichkeit, S. 117; Showalter, Tannenberg, S. 336 f.
[59]   BArch, RH 61/1317, 37. Infanteriedivision 1914 Lahna/Orlau und in Polen. Fragen des Generalleutnants von Staabs an Oberst von Gaza und dessen Antwort, 28.2.1927.
[60]   Hindenburg, Aus meinem Leben, S. 87.
[61]   Beispielhaft dazu siehe Bircher/Clam, Krieg ohne Gnade, dort insbesondere das Kapitel »Der Krieg Schlieffens. Tannenberg«, S. 37–46.
[62]   Keegan, Der Erste Weltkrieg, S. 217; Watson, »Unheard-of Brutality«, S. 789 f. und 813–815.

Niederlage abgewendet worden, die einen russländischen Vormarsch auf Berlin ermöglicht hätte.[63] Die dadurch entfaltete Wirkung

»hatte allerdings auch tiefer gehende, langfristige mentalitätsgeschichtliche und strategische Dimensionen. So wurde das schon vor Kriegsbeginn latent vorhandene Überlegenheitsgefühl der deutschen Soldaten und ihrer Führung gegenüber der russischen Truppe und deren Führung bestätigt und wirkte bis in den Zweiten Weltkrieg nach.«[64]

An dieser Stelle bildete die Wirkmächtigkeit des deutschen Narrativs eine Schnittmenge mit der russländischen Perzeption von Tannenberg aus. Die erlittene Niederlage bestärkte nämlich große Teile der zarischen militärischen Führung in ihrem Verdikt, die deutschen Streitkräfte könnten von ihnen nicht geschlagen werden.[65] Die in der deutschen Meistererzählung transportierte Interpretation erschien freilich umso glaubwürdiger, als sich auch die gegnerische Seite im Grunde in ihren Vorkriegsbefürchtungen bestätigt sah: Schon von den Zeitgenossen ausgemacht und von der Geschichtswissenschaft fortgeschrieben, lagen die Gründe für das eigene Scheitern in der miserablen Organisation und Verwaltung der russländischen Streitkräfte, ihrer nicht ausreichenden Modernisierung, der daraus resultierenden unregelmäßigen Versorgung und dem dadurch wiederum verursachten elenden Alltag der Soldaten an der Front, die zudem von zu wenigen und nicht hinreichend ausgebildeten Vorgesetzten geführt worden seien. Dieses »Faktoren-Ensemble« habe in der Konsequenz zum Desaster geführt, dessen Hintergründe je nach Autor mehr oder weniger der Agonie des Zarenreiches vor dem Zusammenbruch 1917 angelastet worden sind.[66] Dazu passte die Präsentation der Sündenböcke – neben Rennenkampf und Samsonov deren Vorgesetzter als Oberbefehlshaber der Nordwestfront, General der Kavallerie Jakov Grigor'evič Žilinskij –, die als typische Repräsentanten des maroden Systems für ihre Aufgabe ungeeignet oder grundsätzlich inkompetent gewesen seien.[67] Die Niederlagen in Ostpreußen fanden sich dabei in den Opfermythos der russländischen Soldaten eingewebt wieder, wonach sie erhebliche deutsche Verbände auf sich gezogen und so ihren Beitrag zunächst zum Standhalten der französischen Front 1914 und schließlich zum Sieg der Entente geleistet hätten. In dieser Interpretation verband man die Schlacht von Tannenberg Ende August direkt mit der Schlacht an der Marne Anfang September 1914, wo der »Schlieffenplan« gescheitert sei: Nur durch den Abzug deutscher Truppen davor sei dieser existenzielle französische Erfolg überhaupt erst ermöglicht worden.[68]

In der Tat leistete die französisch-russländische Allianz schon in den ersten Tagen des Weltkrieges das, was man sich in Paris von diesem Bündnis versprochen hatte, wenngleich nicht in dem erwünschten Ausmaß.[69] Dass der eigentli-

---

[63] Showalter, Tannenberg, S. 324.

[64] Groß, Mythos und Wirklichkeit, S. 112; Showalter, Tannenberg, S. 352 f. Siehe auch die identische Bewertung bei Strachan, The First World War, S. 334; umfassend Paddock, Creating the Russian Peril.

[65] Strachan, The First World War, S. 334 f.

[66] Narskij, Kriegswirklichkeit und Kriegserfahrung, S. 253–255; Keegan, Der Erste Weltkrieg, S. 218.

[67] Zur Übernahme dieser Vorwürfe siehe z.B. Bircher/Clam, Krieg ohne Gnade, S. 46.

[68] Khavkin, Russland gegen Deutschland, S. 71 mit Anm. 10.

[69] Tuchman, August 1914, S. 364; sowie grundsätzlich Kennan, Die schicksalhafte Allianz.

che Sieger von Tannenberg Frankreich hieß, ging jedoch in der Glorifizierung des Schlachtenerfolges unter: Die Deutschen bemerkten »[i]n ihrem Jubel über Tannenberg [...] gar nicht, dass der Weltkrieg wegen des Rückschlages an der Marne bereits strategisch verloren war«.[70] Der operative Erfolg in Ostpreußen wirkte zunächst zwar motivierend, kam bei genauerer Bewertung der Gesamtlage aber einer strategischen Niederlage gleich,[71] was kein geringer Grund für die deutsche Seite gewesen sein dürfte, den Sieg derart zu überhöhen. Die vielerorts aufgetretenen Ungereimtheiten fielen schon den Autoren des entsprechenden Bandes des Reichsarchivs von 1925 auf. Ungeachtet ihrer eigenen Einordnung als eine der größten »Einkreisungsschlachten der Weltgeschichte«, noch dazu gegen einen zahlenmäßig deutlich überlegenen Gegner, verwiesen sie darauf, man sei »[m]ancherorts [...] aber auch geneigt [...], die Tragweite des unvergleichlichen Sieges zu überschätzen«, wobei »die unmittelbare Wirkung« der Schlacht »auf den ostpreußischen Kriegsschauplatz« beschränkt, die operativ-taktische Lage unverändert geblieben sei: »Das ungeheure Missverhältnis an Zahl im Osten bestand auch weiterhin, und an der Front der Verbündeten hatte sich die Lage inzwischen nicht gut entwickelt.«[72] Tatsächlich waren die zarischen Truppen durch ihre Verluste bei Tannenberg »angesichts ihrer enormen Größe nicht einmal ernstlich geschwächt. Die Kämpfe an den Masurischen Seen und ein erneuter russischer Einbruch in Ostpreußen im Winter 1914/15 machten dies deutlich.«[73]

Tannenberg war für die deutsche Seite also in erster Linie ein propagandistischer Erfolg, der durch den Sieg bei den Masurischen Seen zur »Befreiung Ostpreußens« ausgebaut werden konnte. In der durch die Benennung hergestellten Verbindung mit der Grunwald-Schlacht von 1410 fand er seine historisierende Einordnung und vermeintliche Legitimierung, gleichsam den Startschuss für seine Legendisierung.[74] So avancierte der Ortsname zu einer Chiffre für einen zunehmend mythifizierten Erinnerungsraum rund um »die letzte Preußenschlacht [...], die den Ruhm und Glanz dieses 200 Jahre alten Staates noch einmal in seiner vollsten Herrlichkeit gezeigt hatte«.[75] Im polnischen nationalen Gedächtnis ist als Ort der Schlacht hingegen Grunwald eingeschrieben, benannt nach der Ortschaft, von wo aus seinerzeit die Truppen Władysław II. Jagiełłos aufmarschiert waren.[76] Im Zuge von *nation building* und Romantik im 19. Jahrhundert neu interpretiert und reaktiviert, wurde dieser Erinnerungsort für Preußen und hernach das Deutsche Reich wieder so präsent, dass der über ein halbes Jahrtausend später in der geografischen Nähe siegreiche Feldherr Hindenburg mit

---

[70] Janßen, Und morgen die ganze Welt, S. 87. Zu dieser Bedeutung der Marne-Schlacht siehe auch Strachan, The First World War, S. 261, sowie grundsätzlich Herwig, The Marne.

[71] Tannenberg. Erich Ludendorff v. Alexander Samsonov, S. 185.

[72] Der Weltkrieg 1914 bis 1918, Bd 2, S. 243 f. Zur Überschätzung siehe Lakowski, Ostpreußen 1944/45, S. 27 f.

[73] Epkenhans, Der Erste Weltkrieg, S. 69.

[74] Strachan, The First World War, S. 334.

[75] Siehe dazu deutscherseits z.B. Lezius, Von Fehrbellin bis Tannenberg, S. 447, sowie für die polnische Seite Szlanta, Der Erste Weltkrieg. Weiterführend vgl. Der Erste Weltkrieg in der populären Erinnerungskultur.

[76] Siehe dazu grundlegend Ekdahl, Die Schlacht bei Tannenberg 1410. Zur wiederum gänzlich anders verlaufenden Entwicklung um die Erinnerung in Litauen siehe Petrauskas/Staliunas, Die drei Namen der Schlacht.

dem Benennungswunsch ganz bewusst Geschichte zu schreiben trachtete. Seine historisierende Einordnung in einen scheinbar ewigen Kampf des Germanen- mit dem Slawentum verfing auf Anhieb, wie sich beispielsweise aus der Interpretation von François 1920 herauslesen lässt:

> »Die Schlacht von Tannenberg im August 1914 war ein Sieg der deutschen Kraft über das Slawentum, so gewaltig, wie es nur wenige in der Weltgeschichte gibt, und dennoch! Die slawische Flut ist wieder in Preußen eingebrochen, und die stolze Marienburg [...] gehört den Polen.«[77]

In dieser Lesart konnte sie dann freilich nahezu bruchlos durch den National-sozialismus übernommen werden:

> »Tannenberg als Symbol für die deutsche Überlegenheit und den Kampf ge-gen das Slawentum zu betrachten, das war nicht neu, die Nationalsozialisten aber stilisierten es zur Verheißung für das kommende Großdeutsche Reich, von dem sie träumten.«[78]

Hindenburg attackierte und relativierte den Nationalmythos, in den die Schlacht von Grunwald durch Polen verwandelt worden war, demnach äußerst zielsi-cher.[79] Dieser Mythos hatte sich über die Zeitläufte hinweg als Symbol des pol-nischen Widerstandswillens zunächst gegen jedweden Eindringling entwickelt, während des 19. Jahrhunderts unter der Knute der preußischen antipolnischen Politik jedoch immer deutlicher gegen Berlin gerichtet.[80] Nach dem Kampf auf dem Gefechtsfeld begann damit der Kampf um die Erinnerung, der sich deut-scherseits zu einem neuen, eigenen Tannenberg-Mythos[81] entwickelte, während die Schlacht und ihr Ort in der geschichtswissenschaftlichen Landschaft Polens nahezu vollständig ausgeblendet blieben. Dort stellte der Erste Weltkrieg aller-dings auch so etwas wie einen erzwungenen Bürgerkrieg dar, da ein polnischer Staat 1914 bekanntlich nicht existierte und weite Bevölkerungsteile sich vom »allgemeinen Krieg« die Lösung der nationalstaatlichen Frage erhofften. Weil bis dato die polnischen Gebiete auf das Deutsche wie Russländische Reich und Österreich-Ungarn verteilt waren, fochten Polen in drei verschiedenen Armeen und zum Teil eben gegeneinander auf eigenem Boden für fremde Herrschaften.[82] Schätzungsweise mehr als 1,5 Millionen Polen kämpften im Ersten Weltkrieg, rund 400 000 fanden dabei den Tod.[83]

---

[77] François, Marneschlacht und Tannenberg, S. 249.
[78] Kossert, Masuren, S. 225. Zur durchaus disparaten Rolle Hindenburgs und der Tannen-berg-Schlacht in der NS-Propaganda und dem NS-Regime siehe Vermeiren, The Tannen-berg Myth, S. 788–791. Zur zwischenzeitlichen Vereinnahmung der Geschichte des Deutschen Ritterordens durch die preußische Geschichtsschreibung und deren Prägung der Zeitgenossen wiederum siehe die Aussage von François: »Diese ehrwürdige, ruhm-reiche Gemeinschaft deutscher Männer, die mit dem Christentum eine blühende Kultur und deutsches Wesen nach Preußen brachte, erlag der slawischen Sturmflut, die sich über Preußen ergoss«; François, Marneschlacht und Tannenberg, S. 249.
[79] Janßen, Und morgen die ganze Welt, S. 84.
[80] Zur Entwicklung des Erinnerungsortes in Polen und Deutschland siehe Mick, Den Vorvätern zum Ruhm, sowie Arnold, Tannenberg/Grunwald.
[81] Zu Begriff und Entstehung von Mythen siehe z.B. Münkler, Politische Mythen; Schöpflin, The Functions of Myth.
[82] Król, Besatzungsherrschaft in Polen, S. 577; Scheer, Österreich-Ungarns Besatzungsmacht.
[83] Szlanta, Der Erste Weltkrieg, S. 155; Altieri, »Sterben unter fremden Bannern«.

Im Unterschied zu Ländern wie Frankreich und Großbritannien, in denen die Erinnerung an den Ersten Weltkrieg »zu den immer noch aktiv zelebrierten Identitätsriten« gehört, spielt sie in Polen in der Konsequenz eine ebenso untergeordnete Rolle wie in Deutschland oder Russland, wo sie im re-nationalisierten Geschichtsbild von den Umwälzungen durch die Revolution und die Monopolstellung des Zweiten Weltkriegs, des Großen Vaterländischen Krieges, überdeckt wird.[84] Da der Erste Weltkrieg dort beinahe nahtlos in den Bürgerkrieg übergegangen war, avancierte jener »im kollektiven Gedächtnis seiner Augenzeugen und Teilnehmer zum Deutungsmuster aller Ereignisse seit dem Beginn des nun als ›imperialistisch‹ umgedeuteten Ersten Weltkrieges«; der Zeitraum vom Beginn des Krieges bis zum Ende der Hungersnot in den Jahren 1921/22 wurde fast ausschließlich »als Kontinuum eines ›siebenjährigen Krieges‹« wahrgenommen.[85]

Wohl auch deswegen wird das allgemeine Bild vom Ersten Weltkrieg in der kollektiven Erinnerung bis heute vom Trauma des so perzipierten modernen, technisierten Krieges an der Westfront geprägt, während die Ereignisse und Kämpfe an der Ostfront 1914/15, zumal nach dem Zweiten Weltkrieg, in Vergessenheit gerieten – für Deutschland mit Ausnahme eben der Schlacht von Tannenberg. Hier verdrängten nach 1945 die bis dahin nicht vorstellbaren Dimensionen der deutschen Jahrhundertverbrechen, vor allem der Vernichtungskrieg im Osten Europas und der Holocaust, den Ersten Weltkrieg nahezu vollständig. Allein die »Kriegsschulddiskussion« im Zuge der Fischer-Kontroverse durchbrach diese Entwicklung in den 1960er- und 1970er-Jahren kurzzeitig. Selbst die neuen thematischen wie methodischen Fragestellungen zumeist jüngerer Historiker und Historikerinnen zum Ersten Weltkrieg in den 1980er-Jahren unter dem Etikett Alltags- und Mentalitätsgeschichte zielten selten auf den Osten. Diese gleich mehrfach begründete Verdrängung und Überlagerung hatte eine bis heute noch immer auf den Westen fokussierte Perspektive zur Folge, während der Osten zu einer »vergessene[n] Front« mutierte.[86]

Schon die zeitgenössischen Deutschen richteten ihr Augenmerk in erster Linie auf den Westen, wo die eigenen Truppen gemäß dem »Schlieffenplan« Anfang August 1914 ihren Bogenangriff durch das neutrale Belgien vorantrieben. Die französischen Streitkräfte starteten ihre Offensive in Lothringen, sahen sich zwei Tage nach dem Fall der Festung Lüttich am 18. August aber der zunächst erfolgreichen Großoffensive des deutschen rechten Flügels gegenüber.[87] Obwohl Ostpreußen neben dem Oberelsass das einzige deutsche Reichsgebiet war, das von Kampfhandlungen am Boden direkt betroffen gewesen ist, spiegelt der Aufsatz von Eva Horn »Im Osten nichts Neues« die allgemeine Rezeptionslage in der deutschen veröffentlichten Meinung hinsichtlich des zeitgleichen Krieges im Osten adäquat wider;[88] erstaunlicherweise steht eine umfassende militärhistori-

---

[84] Ziessow, Der Erste Weltkrieg, S. 1; Thakur-Smolarek, Der Erste Weltkrieg und die polnische Frage.
[85] Narskij, Kriegswirklichkeit und Kriegserfahrung, S. 259 f.
[86] Groß, Einleitung, S. 2, sowie grundsätzlich Assmann, Der lange Schatten der Vergangenheit.
[87] Becker/Krumeich, Der große Krieg, S. 202 ff.; Keegan, Der Erste Weltkrieg, S. 138 ff.
[88] Horn, Im Osten nichts Neues. Siehe zum erweiterten Kontext Piper, Nacht über Europa.

sche Untersuchung dieses Kriegsschauplatzes bis heute aus.[89] Immerhin kämpften dort 1914 je nach Zählart alleine in der Schlacht bei Tannenberg zwischen 153 000 und 173 000 deutsche Soldaten. Auf der Gegenseite standen zwischen 191 000 und 485 000 Soldaten – je nachdem, ob man die beiden russländischen Armeen inklusive ihrer Verstärkungen rechnen mag, was natürlich für die Deutschen ebenso gilt.[90] Von den im Zarenreich sofort mobilisierten 98 Infanterie- und 37 Kavalleriedivisionen marschierten jedenfalls 29 ½ Infanterie- und 9 ½ Kavalleriedivisionen gegen Ostpreußen.[91] Knapp ein Drittel der russländischen Streitkräfte griff also nur ungefähr 15 Prozent der deutschen Streitkräfte an – reichlich wenig angesichts der in Berlin »propagierten und real empfundenen Bedrohungsperzeption«.[92] Von den 17 Millionen Soldatenleben, die der Erste Weltkrieg forderte, entfielen zudem etwa 3,5 Millionen Tote und Verletzte auf allen Seiten auf die ersten beiden Monate des Krieges.[93] Davon kamen während der Kämpfe in Ostpreußen bis zum März 1915 insgesamt 61 880 ums Leben, 28 203 deutsche und 33 677 russländische Soldaten.[94] Inklusive der Schwerverwundeten verloren die deutschen Streitkräfte auf dem gesamten östlichen Kriegsschauplatz bis Ende des Jahres 1914 dauerhaft 195 254 Mann.[95] Auf zarischer Seite war es noch weit schlimmer: Die Kämpfe alleine der ersten beiden Kriegsmonate forderten einen Tribut von 250 000 gut ausgebildeten Soldaten, von denen etwa 145 000 in Gefangenschaft gerieten, und darüber hinaus beträchtliche, kurzfristig nur schwer zu ersetzende Materialverluste.[96] Neuere russländische Forschungen geben die Verlustzahlen dabei alleine für die »Ostpreußische Operation« mit 4394 Offizieren sowie 232 887 Unteroffizieren und Mannschaften an, alles in allem also 237 281 Tote, Verwundete, Vermisste und Gefangene.[97]

Doch all das wurde – und wird teilweise bis heute, wenngleich mit weniger Pathos – überdeckt vom Mythos um den fulminanten Sieg und vor allen Dingen um seinen legendären Helden Hindenburg.[98] Die deutsche Bevölkerung hatte

---

[89] Diese Problematik reißt Siegel, Deutschlands vergessene Front?, auf. Eine wissenschaftlichen Ansprüchen genügende Arbeit zur Kriegführung in und zur russländischen Besetzung von Ostpreußen liegt bislang nicht vor. Ansätze bieten Kossert, »Und drescht ihr nur die Reußen«; Gause, Die Russen in Ostpreußen; Lakowski, Ostpreußen 1944/45, S. 11–35, sowie Oberdörfer, Kriegsschauplatz Ostpreußen. Zur veröffentlichten Wahrnehmung siehe Jahn, »Zarendreck, Barbarendreck«.

[90] Siehe als Beispiele Der Weltkrieg 1914 bis 1918, Bd 2, S. 240; Stevenson, Der Erste Weltkrieg, S. 57–60; Groß, Mythos und Wirklichkeit, S. 112.

[91] Keegan, Der Erste Weltkrieg, S. 208; Stone, The Eastern Front, S. 55.

[92] Groß, Einleitung, S. 1. Stevenson, Der Erste Weltkrieg, S. 90, spricht sogar von nur einem Zehntel.

[93] Berghahn, Der Erste Weltkrieg, S. 41.

[94] Dehnen, Die Kriegsgräber in Ostpreußen, S. 11. Dehnen hat vor dem Zweiten Weltkrieg bereits die ostpreußischen Friedhöfe dokumentiert, Teile seines Datenmaterials sind jedoch im Zweiten Weltkrieg verloren gegangen; Traba, Ostpreußen, S. 37, Anm. 8.

[95] Die Verluste des Weltkrieges, Tafel 8.

[96] Lakowski, Ostpreußen 1944/45, S. 31; Khavkin, Russland gegen Deutschland, S. 71.

[97] Nelipovič, Russkij front Pervoj mirovoj vojny, S. 24–30. Für den Hinweis und die Auswertung danke ich meiner Kollegin Emilie Terre.

[98] Showalter, Tannenberg, S. 329 f. und 331–335, sowie grundlegend Hoegen, Der Held von Tannenberg, und Pyta, Hindenburg, bes. S. 57–113.

ihn umgehend und dankbar als »Kriegshelden« angenommen; Straßen, Plätze, Schiffe und Luftschiffe sowie die Eisenbahnverbindung zwischen dem Festland und Sylt, Schulen und sogar Bäume wurden schon zu seinen Lebzeiten nach ihm benannt; Plakate, Postkarten und Sonderbriefmarken wurden mit seinem Porträt versehen, das es zudem als Büste für die heimische »Gute Stube« zu erwerben gab; zahlreiche Städte und Gemeinden ernannten ihn zum Ehrenbürger, etliche Universitäten zum Ehrendoktor.[99] Für sein Image blieb es völlig unbedeutend, wer nun der Operateur gewesen war; er galt als stand- und scheinbar charakterfester Oberbefehlshaber, darauf basierte seine allgemeine Anerkennung für Tannenberg ebenso wie seine damit beginnende eigentliche Karriere. Das verband ihn unauflösbar mit dem Mythos Tannenberg, der nach dem Krieg weiter transportiert und ausgeschmückt wurde, weil sich große Gesellschaftsteile auch in der Weimarer Republik nach Helden sehnten und dieser Ort einer der wenigen war, auf den man sich über alle Partikularinteressen hinweg zu verständigen vermochte:[100]

> »Tannenberg was the only battle in World War I that could be directly compared with the greatest victories in history. It had a beginning, a middle, and an end, coming over a relatively short span of time. It was an undisputable victory, the only one of this kind Germany could show for four years of war.«[101]

Dass es gar nicht Hindenburg gewesen war, der die Operationen geleitet hatte, wurde über die Jahre hinweg zunehmend unwichtiger. »Der Name Hindenburg«, so Janßen, war seit Tannenberg »zur Geheimwaffe« avanciert.[102] Erst das Ende der »Dioskuren«-Paarung Hindenburg und Ludendorff mit dem Ende des Ersten Weltkrieges und vor allem die zunehmende alleinige Vereinnahmung des Ruhmes durch den ehemaligen Oberbefehlshaber führten zu Widerspruch:

> »Tannenberg ist nicht das Werk eines einzelnen Mannes. Es ist das Ergebnis der ausgezeichneten Schulung und Erziehung unserer Führer und der unvergleichlichen Leistung des deutschen Soldaten«[103],

schrieb Hoffmann 1926 und stellte gleich die Verantwortlichkeit des Feldherrnpaares für die Wendung gegen die russländische 2. Armee insgesamt infrage: »Der Entschluss wurde gefasst unter dem Oberkommando Prittwitz.«[104] Außerdem seien »eine Reihe der wichtigsten Geschehnisse nicht auf die Befehle des Ober-

---

[99] Chickering, Hindenburg, S. 556. Im Laufe der Zeit wurde Hindenburg von insgesamt 3824 deutschen Städten und Gemeinden zum Ehrenbürger ernannt. Siehe Pyta, Hindenburg, S. 441; Maser, Hindenburg, S. 376. Maser bezieht sich dabei auf Meissner, Junge Jahre im Reichspräsidentenpalais, S. 245, während Olden, Hindenburg oder der Geist der preußischen Armee, S. 183, nur von 150 Orten spricht, dabei aber nur die Städte zählte. Zum Hindenburgdamm siehe Kirschner, Auf Schienen durch die Nordsee. Nach einer Umbenennungswelle in den Jahren 1945/1946 diskutieren seit den 1970er-Jahren einzelne Städte und Gemeinden über den nachträglichen Widerruf der Ehrenbürgerschaft. Bei einigen Kommunen geschah dies auch.

[100] Dazu gehören eine ganze Reihe von Erzählungen, nach denen sich Hindenburg schon lange vor dem Krieg oder spätestens mit Kriegsbeginn mit notwendigen und machbaren Operationen in Ostpreußen auseinandergesetzt habe. Siehe z.B. die entsprechende Schilderung bei Lezius, Von Fehrbellin bis Tannenberg, S. 424.

[101] Showalter, Tannenberg, S. 347.

[102] Janßen, Und morgen die ganze Welt, S. 87.

[103] Hoffmann, Tannenberg wie es wirklich war, S. 90.

[104] Ebd.

kommandos hin erfolgt, sondern aufgrund eigener Initiative der Unterführer«, wozu er insbesondere das befehlswidrige Verhalten François' vor Usdau oder Curt von Morgens bei Hohenstein zählte, und gleich mehrere Befehlsverweigerungen Mackensens.[105] Gehör fand Hoffmann kaum, was Showalter beispielsweise damit erklärt, dass »[f]or the first time in its history, Imperial Germany had a popular hero independent of the royal house«.[106]

Eine solche für Kriegszeiten nicht untypische »Heldensehnsucht« verband sich seinerzeit für Hindenburg, in Aussehen und Attitüde dem »Eisernen Kanzler« durchaus nicht unähnlich, kongenial mit dem gleichzeitig aufblühenden Bismarck-Mythos. Nach Lothar Machtan avancierte der Reichsgründer »zur nationalen Symbolfigur des Kriegsnationalismus«, ja geradezu »zur symbolpolitischen Integrationsklammer eines existenziell bedrohten Reiches« – so jedenfalls wurde er 1915 anlässlich seines 100. Geburtstags offiziell und reichsweit gefeiert.[107] Wer wollte, mochte in Hindenburg also den kämpfenden Nachfolger sehen, der aus dem verdienten Ruhestand heraus dem bedrohten Vaterland zu Hilfe eilte; eine mehrheitsfähige Prädisposition innerhalb der deutschen Kriegsgesellschaft war dazu jedenfalls vorhanden. Und der Geburtsort dieser zunehmend ins Mythische abdriftenden Verehrung für Hindenburg ist ohne Zweifel die Schlacht von Tannenberg.

Jedoch überdeckte ihre Legendisierung lange, dass im totalisierten Krieg eben nicht mehr die sogenannten Entscheidungsschlachten Sieg oder Niederlage im Krieg bedingten, sondern andere Faktoren wie Umfang und Mobilisierungsgrad der materiellen und personellen Ressourcen sowie technische Innovationen, kurz die Kriegsorganisation insgesamt und ihre gesamtgesellschaftliche Integration und Legitimierung.[108] Gerade der Krieg im Osten mit seiner Großräumigkeit hatte dies gezeigt – der große Sieg brachte eben keine Entscheidung –, aber mit seinem Bewegungskriegscharakter im Vergleich zu den anderen Fronten den Blick dafür auch verstellt. Weil die Kriegsfläche dort ungefähr viermal so groß war wie im Westen und sich die Bewegungskriegsphasen für die zarische Armee als besonders verlustreich erwiesen, stärkte der Krieg im Osten bei den deutschen Militärs erst recht den Glauben an das Dogma der beweglichen Kriegführung. Dieses Denken fand dann im Zweiten Weltkrieg mit der »Blitzkriegstaktik« seinen zwischenzeitlichen Höhepunkt, führte jedoch ebenso zum zwar operativen, aber wieder nicht strategischen Erfolg.[109] Bei genauerer und vor allen Dingen sachlicherer Auswertung hätte die deutsche militärische Führung schon im ersten Jahr des Weltkrieges begreifen müssen: »Die Schlacht bei Tannenberg 1914 zeigte die Möglichkeiten einer beweglich geführten Verteidigung, die Durchbruchsschlacht bei Gorlice 1915 aber auch die Grenzen der beweglichen Kampfführung auf.«[110]

---

[105] Ebd., S. 91 f.
[106] Showalter, Tannenberg, S. 331.
[107] Machtan, Bismarck, S. 91. Zur Bedeutung und Entwicklung des Bismarckkultes über dessen Tod hinaus siehe Pyta, Hindenburg, S. 85−89.
[108] Wegner, Einführende Bemerkungen, S. 135 f. Er führt als Beleg an, »dass mit Lloyd George und Clemenceau bereits während des Ersten Weltkrieges, im Zweiten dann mit Hitler und Churchill, Stalin und Roosevelt im Zweiten vor allem Zivilisten die dominierenden ›Warlords‹ ihrer Zeit wurden«; ebd., S. 136.
[109] Narskij, Kriegswirklichkeit und Kriegserfahrung, S. 251.
[110] Groß, Das Dogma der Beweglichkeit, S. 148.

Wie sehr allerdings die drastische Überhöhung des deutschen operativen
Erfolgs in Ostpreußen bis in die Wissenschaft hinein professionelle Urteile trüb-
te, ist beispielhaft an einer Feststellung des ausgewiesenen Experten der militärgeschichtlichen Zunft, Hew Strachan, festzumachen: Er meinte, die Erkenntnisse
aus der Schlacht von Tannenberg seien in operativer Hinsicht ein Vorbild für
Enver Pascha gewesen, osmanischer Kriegsminister und als »Vizegeneralissimus«
faktischer Oberbefehlshaber der Streitkräfte. Dessen Operationsplan gegen die
zarischen Angreifer an der Kaukasusfront habe auf der Lehre aus Tannenberg
basiert, dass die russländischen Truppen an ihren Flanken und in ihrem Rücken
besonders verwundbar seien.[111] Das mag für diesen Einzelfall stimmen, allerdings
ist es geradezu eine militärische Binsenweisheit, eine gegnerische Streitmacht besser in den Flanken oder durch Umfassung anzugehen denn frontal.

Es existiert also eine ganze Reihe von Gründen »für ein weiteres Buch über
Tannenberg«. Vor allem wurden weder in Zeiten des Krieges noch danach die
sachlichen Herleitungen für den Schlachtverlauf breiter rezipiert, schon gar nicht
in der veröffentlichten Meinung.[112] Für die militärische Nomenklatura des deutschen Kaiserreiches war die Interpretation der Schlacht von Tannenberg als Beleg
für die Richtigkeit der eigenen militärischen Überzeugungen hinsichtlich Taktik
und Operation von Anfang an sehr viel attraktiver: direkt nach Beendigung
der Schlacht, weil der ostpreußische Erfolg den nahezu zeitgleichen Misserfolg
im Westen überdeckte; im weiteren Verlauf des Krieges, weil man der beiden
»Helden« bedurfte, die in der 3. OHL dann gleich das gesamte Reich retten sollten; und im Nachgang des Krieges, weil der künftige Krieg, den man annähernd
nahtlos zu denken begann, sich weiterhin der Entscheidungsschlacht als zentralen
Elements jeder eigenen Kriegführungsabsicht bediente.[113] Vernachlässigt wurde
dabei ein objektiver Blick auf die tatsächlichen Ereignisse auf dem Gefechtsfeld
und ihre Abläufe. Im Kontext der benannten, in vielerlei Hinsicht für den weiteren Verlauf der deutschen Geschichte relevanten Faktoren ist genau dies mehr als
bedauerlich. Gerade die Methoden der New oder Modern Military History haben mannigfach den Beweis angetreten, dass militärische Operationen durchaus
Aufschluss über kollektive oder doch wenigstens mehrheitsfähige Verhaltensweisen
und Überzeugungen innerhalb einer Gesellschaft geben können.[114] Insofern ist
durchaus von Interesse, sich dieser wirkungsmächtigen Schlacht erneut zuzuwenden – *to write a further book about Tannenberg,* um bei Showalter zu bleiben –,
aber unter einer gänzlich anderen Perspektive. Denn auch Showalter bewertet
die Schlacht nicht ohne Schere im Kopf. Er gleicht immerhin das Verhalten und
die Maßnahmen der jeweiligen Militärs mit dem zeitgenössischen Narrativ ab,
und das ist sehr hilfreich. Er stellt aber die Meistererzählung grundsätzlich nicht
infrage, anders als Hew Strachan in seiner voluminösen Arbeit über »The First
World War«. In seinem ersten Band »To Arms«, dem bislang bedauerlicherweise
keine Fortsetzung gefolgt ist, analysiert Strachan die Schlacht im Kontext seiner
viel größeren Zusammenhänge freilich nachvollziehbar knapp. Dabei kommt er

---

[111] Strachan, The First World War, S. 723.
[112] Vermeiren, The Tannenberg Myth.
[113] Groß, Mythos und Wirklichkeit, S. 19 f., sowie zur Instrumentalisierung Hindenburgs
       und Ludendorffs in diesem Kontext ebd., S. 122. Zum weiteren Vorbildcharakter der
       Schlacht siehe Solka/Schertler, Tannenberg 1914.
[114] Krumeich, Sine ira et studio?; sowie Kühne/Ziemann, Militärgeschichte in der Erweiterung.

zu dem Schluss, dass es weder Hindenburg noch Ludendorff oder Hoffmann waren, die sich ab irgendeinem Zeitpunkt die Einkreisung vorgenommen hatten. Diese Option habe sich vielmehr aus dem Ereignisverlauf ergeben, sogar erst relativ spät, und letztlich nur durch den Ungehorsam von François vor Usdau.[115] Damit belegt er ein weiteres Mal die vergleichsweise banale Einsicht, wie wenig planbar derart komplexe militärische Unternehmungen wie eine Schlacht solchen Ausmaßes sind, sowohl was den Raum als auch die beteiligte Anzahl an Menschen angeht, weil sie von zu vielen Zufälligkeiten abhängen, um sie nach einem vorher gefassten Konstrukt starr durchzuführen. Indem die russländischen Armeen gerade das aber versuchten, schlitterten sie in ein grandioses Debakel. Insofern lohnt es sich tatsächlich, dem Ansatz Strachans zu folgen und die Geschehnisse rund um Tannenberg im Detail darzustellen und zu analysieren – nicht auf die wenigen Tage der Schlacht beschränkt, sondern eingeordnet in den größeren Zusammenhang des Kampfes um Ostpreußen.

So ist zu fragen, wer überhaupt zu welchem Zeitpunkt wie führte, wer was und wann auf der Basis welcher Informationen entschied und mit welchem Ergebnis. Nur auf diese Weise ist zu klären, inwieweit und ab wann von irgendeinem Plan oder doch wenigstens einer Idee des Gefechts, um es militärisch auszudrücken, die Rede sein kann. Daher ist es notwendig, die Abläufe in Ostpreußen seit Beginn der Mobilmachung nachzuzeichnen und in einen Wirkzusammenhang zu setzen. Vorab wird allerdings dargestellt, auf welcher Grundlage dies geschah, wie die Planungen in Berlin und St. Petersburg für dieses Kriegsszenario aussahen, mit welchen Truppen sie umgesetzt worden sind, wie jene zusammengesetzt, ausgerüstet und auf welchem Ausbildungsstand sie waren. Wenn Igor Narskij 2007 darauf hinweist, zu den »besonders prägenden Merkmalen« der Erfahrungsbildung an der Ostfront habe »die eigenartige zivilisatorische Mission des Kriegs« gehört, so ist dabei insbesondere zu prüfen, ob es sich bei der in der Literatur wiederholt angeführten vermeintlichen Rückständigkeit des zarischen Militärs nicht eher um ein Stereotyp handelt, das auf einem allgemein verbreiteten westlichen Überlegenheitsgefühl gegenüber dem Osten Europas basiert.[116]

Bei der im nächsten Schritt folgenden Untersuchung der chronologischen Abläufe steht dann deren Dekonstruktion im Vordergrund, insbesondere in ihrem Abgleich mit der Lesart der Meistererzählung und ihrer Einordnung in die Gesamtzusammenhänge des Weltkriegsbeginns im Allgemeinen wie den Geschehnissen in Ostpreußen im Besonderen. Das Narrativ insbesondere der Werke aus dem Reichsarchiv oder seinem Umfeld, es habe sich um eine Schlacht gehandelt, in der die deutsche Führungsriege, beginnend bei den »Helden« Hindenburg und Ludendorff, die Zügel in der Hand behalten hätte, während ihre Vorgänger Prittwitz und Waldersee genau daran gescheitert seien, bedarf in diesem Kontext genauerer Aufmerksamkeit, als dies bislang geschehen ist.[117] Jener Wechsel im Oberkommando der 8. Armee stellt den Übergang zum zweiten Abschnitt des Hauptteils dar, in welchem die Ereignisse rund um die Schlacht von Tannenberg im Fokus stehen. Just hierbei fällt nämlich auf, wie wenig kon-

---

[115] Strachan, The First World War, S. 316–335, bes. S. 334.

[116] Narskij, Kriegswirklichkeit und Kriegserfahrung, S. 251.

[117] Siehe als Beispiel zum Narrativ, das AOK 8 unter Hindenburg und Ludendorff habe jederzeit das Heft des Handelns in der Hand gehabt, z.B. Lezius, Von Fehrbellin bis Tannenberg, oder Buchfinck, Tannenberg 1914.

sequent etliche sich durchaus aufdrängende Fragen seitens der Bearbeiter des
Reichsarchivs verfolgt, zumindest aber nicht verschriftlicht worden sind, nicht
einmal, ob Raum und Zeitpunkt der Kämpfe mit der Bezeichnung »Schlacht«
überhaupt sachlich zutreffend einzugrenzen sind. Außen vor bleibt auch die
Frage, ob die Namensgebung nicht eine unzulässige erinnerungspolitische Instrumentalisierung begründete, die seither den Blick auf die tatsächliche Bedeutung
dieser Schlacht verstellt und gar absichtlich verstellen sollte. Dass der operative
Sieg bei Tannenberg eine strategische Niederlage des Deutschen Reiches war, darauf hat erst 90 Jahre später Gerhard P. Groß ebenso hinweisen müssen wie auf
die Tatsache, dass es sich bei der vielgerühmten Umfassungsschlacht schon deswegen nicht um eine Vernichtungsschlacht handeln konnte, weil bei Tannenberg
aus der Defensive heraus gefochten wurde.[118] Dabei ist über die Verschiebung
zweier verstärkter Armeekorps aus dem Westen an die Ostfront bereits unter den
Zeitgenossen heftig diskutiert worden – gerade angesichts des zeitgleichen endgültigen Scheiterns des »Schlieffenplanes« durch die Niederlage an der Marne im
September 1914.[119]
    Showalter geht in seiner Analyse sogar noch weiter: Angesichts der Tatsache,
dass nach dem Ende der Schlacht zwar zwei russländische Armeekorps vernichtet
und zwei weitere stark angeschlagen waren, aber das Russländische Reich 1914
insgesamt 37 Armeekorps ins Feld geschickt hatte, war für ihn Tannenberg »by
no stretch of the imagination a ›battle of annihilation‹ in any material sense rela-
tive to Russia's numbers«.[120] Der Sieg war also militärisch »zweifellos bedeutsam,
kriegsentscheidend war er keineswegs«.[121] Es bedurfte noch weiterer Schlachten,
ehe der zarische Invasor Monate nach dem Erfolg bei Tannenberg aus Ostpreußen
verdrängt werden konnte. Die kurze Beschreibung dieser Kampfhandlungen bildet in der Konsequenz quasi den Epilog zur vorliegenden Arbeit, weil so der
Schlacht von Tannenberg ihr eigentlicher Platz im historischen Verlauf zugeordnet werden kann. Denn in einer merkwürdigen Trennung von operativem Erfolg
und strategischem Fehlschlag blieb die Tannenberger Schlacht ein scheinbarer
Höhepunkt deutschen militärischen Könnens. Noch die letzte, ansonsten höchst
verdienstvolle Arbeit von Christian Stachelbeck meint in einem Nebenaspekt,
die russländische 2. Armee »tappte [...] in eine Falle« und sei »nach dem Vorbild
der antiken Cannaeschlacht eingekreist und vernichtend geschlagen« worden[122]
– eine Aussage, die indes mehr für die Dominanz der Meistererzählung innerhalb der einschlägigen Literatur spricht als gegen den Autor. Insofern mag die

---

[118] Groß, Das Dogma der Beweglichkeit, S. 148.
[119] Dabei handelte es sich um das XI. AK und das Gardekorps sowie die 3. Kavalleriedivision,
       zwei sächsische und eine preußische Infanteriebrigade; BArch, RH 61/735, Graf A.[lfred
       zu] Dohna[-Schlobitten], Der Feldzug in Ostpreußen 1914, [1920], S. 11, 18 f. Zur Ein-
       schätzung, dass diese Truppen für die Schlacht bei Tannenberg zu spät kamen, während sie
       entscheidend bei der Offensive des rechten deutschen Flügels im Westen gefehlt hätten,
       siehe ausführlich Showalter, Tannenberg, sowie im Einzelnen Kürenberg, Rußlands Weg
       nach Tannenberg, S. 188 f.; Hoffmann, Tannenberg wie es wirklich war, S. 76; Stevenson,
       Der Erste Weltkrieg, S. 93; Ferguson, The Pity of War, S. 182; Ludendorff, Tannenberg,
       S. 128.
[120] Showalter, Tannenberg, S. 323 f., Zitat S. 324.
[121] Epkenhans, Der Erste Weltkrieg, S. 68.
[122] Stachelbeck, Deutschlands Heer, S. 30.

Hypothese dieses *further book about Tannenberg*, nämlich dass es sich bei der historischen Verarbeitung der Schlacht von Tannenberg um ein Paradebeispiel der militärgeschichtlichen Instrumentalisierung einer Schlacht handelt, nicht so bilderstürmerisch klingen, wie manche vielleicht sofort zu unterstellen bereit wären.

Damit sind die Forschungsfelder angedeutet, die im Folgenden ausgeleuchtet werden, nämlich zum einen der Erinnerungs-, zum anderen und angesichts seiner Komplexität vor allem der operative Raum Tannenberg.[123] Die dabei gewählte Perspektive ist die deutsche, denn innerhalb der russländischen Diskurse rund um den Ersten Weltkrieg spielt diese Schlacht weiterhin so gut wie keine Rolle, was einerseits auf die historische Entwicklung Russlands und die damit verbundene Geschichtspolitisierung zurückzuführen ist, andererseits darauf, dass Tannenberg dort von Anfang an in deutlich größere Zusammenhänge eingeordnet worden ist.[124] Im deutschen nationalen Erinnerungsdiskurs geschah gerade Letzteres gar nicht, und in der Forschung wurde die Schlacht erst in den letzten Jahren in den weiteren Fortgang der Ereignisse einbezogen.[125]

Zu diesem Vorgehen gehört auch, sich zweier Erscheinungen genauer anzunehmen, die bislang überhaupt nicht oder nur rudimentär in der geschichtswissenschaftlichen Auseinandersetzung mit dem Sujet Tannenberg beziehungsweise dem Krieg in Ostpreußen berücksichtigt wurden, nämlich die Frage von Flucht und Verschleppung der örtlichen Bevölkerung inklusive der russländischen Besatzungsherrschaft sowie eben die gezielte Instrumentalisierung in den Veröffentlichungen rund um das Reichsarchiv. Diese zwei Themen wurden mit Bedacht an der Scharnierstelle der vorliegenden Arbeit platziert, also dem Wechsel im Oberkommando der 8. Armee. Beide sollen daran erinnern, wie fokussiert man im Reichsarchiv alleine auf die operativen Abläufe gewesen ist, wie vergleichsweise uninteressiert dagegen an den Folgen für die Menschen in der umkämpften ostpreußischen Provinz und wie konzentriert zudem dort an der politisch-militaristischen Botschaft gefeilt wurde. Ihre Nachhaltigkeit belegt einmal mehr, wie dezidiert Wirklichkeit als »ein sozial konstruiertes und kulturell geformtes Phänomen« begriffen werden muss.[126] Wie sonst wäre zu erklären, dass man frühen Aussagen Hoffmanns offensichtlich nicht nachspüren wollte, weder seitens der Zeitgenossen noch der historischen Forschung: »Keiner hat die Schlacht gewonnen. Das hat sich alles ganz von selbst entwickelt.«[127]

---

[123] Zur militärischen Einordnung des Raum-Begriffes siehe zuletzt Nübel, Durchhalten und Überleben an der Westfront.
[124] Siehe dazu im Überblick Fuller, Die Ostfront, bes. S. 34–37, sowie die Hinweise von Khavkin, Russland gegen Deutschland, S. 65 f., zum entsprechenden Forschungsstand.
[125] Groß, Einleitung, S. 2.
[126] Narskij, Kriegswirklichkeit und Kriegserfahrung, S. 249. Siehe dazu auch Berger/Luckmann, Die gesellschaftliche Konstruktion.
[127] Hoffmann, Die Aufzeichnungen, Bd 1, S. XVIII.

II. Der Aufmarsch

1. Ostpreußen als militärischer Raum

Ostpreußen wurde nach der räumlichen Trennung vom Deutschen Reich durch die Bestimmungen des Versailler Vertrages, vor allem aber durch die Vertreibungen infolge des Zweiten Weltkrieges zum vermeintlichen Sehnsuchtsort vieler Deutscher stilisiert. Seiner tatsächlichen Bedeutung stand eine zuvor bereits imaginierte gegenüber. Die Provinz gehörte zu den Kernlanden der Hohenzollernkrone, ihre Hauptstadt Königsberg galt seit der Krönungszeremonie von 1701 als Wiege Preußens, und große Teile des preußischen Adels besaßen dort veritable Landgüter. Sie lag an der Peripherie des Deutschen Reiches, umfasste rund 37 000 Quadratkilometer, das entsprach etwa acht Prozent der Fläche des Gesamtstaates, und war durchgehend agrarisch geprägt. Die Angaben für die Bevölkerungszahl schwanken; sie betrug gut zwei Millionen, das waren ca. vier Prozent der Gesamtbevölkerungszahl des Reiches. Die Bevölkerungsdichte lag mit 61 Menschen je Quadratkilometer weit unter dem Reichsdurchschnitt von 134, deutlich über die Hälfte lebte auf dem Lande oder in Gemeinden mit bis zu 2000 Menschen.[1] Haupterwerbszweige waren die Land- und Forstwirtschaft, der Fischfang sowie die Viehzucht mit einem Schwerpunkt auf der Pferdezucht;[2] 1911 stammten mehr als 50 Prozent des Pferdebedarfs der preußischen Armee aus Ostpreußen.[3] Von den wenigen Städten war Königsberg mit fast 250 000 Einwohnerinnen und Einwohnern die mit Abstand größte, gefolgt von Allenstein (40 000), Marienburg (24 000), Gumbinnen (20 000), Osterode (17 000) sowie Lötzen und Ortelsburg (je 12 000).[4]

Aus militärischer Perspektive barg die entlang der Ostseeküste weit in das Russländische Reich hineinragende Provinz Chancen wie Risiken. Im Kriegsfall stellte sie einerseits für den Gegner eine veritable Flankenbedrohung dar, andererseits konnte sie für eigene Truppen rasch zur Falle werden, wenn es zarischen

---

[1] Oberdörfer, Kriegsschauplatz Ostpreußen S. 251 f. Vgl. BArch, MSg 2/3404, Ostpreußen, S. 1. Lullies, Die Landeskunde von Ost- und Westpreußen, S. 2, spricht dagegen von knapp zwei Millionen Einwohnern und einer Dichte von 53. Siehe dazu zuletzt Kossert, Ostpreußen, sowie Kossert, Masuren, und in der Verklärung Treitschke, Das deutsche Ordensland Preußen, S. 95–151.

[2] BArch, MSg 2/3404, Ostpreußen, S. 2.

[3] Pölking, Ostpreußen, S. 284.

[4] BArch, MSg 2/3404, Ostpreußen, S. 1.

https://doi.org/10.1515/9783110733518-002

Streitkräften gelang, die deutschen Verbände in Ostpreußen vom Reichsgebiet abzuschneiden. Letztere mussten also grundsätzlich so operieren, dass sie die Möglichkeiten des Rückzugs auf die Weichsellinie in der Hand behielten, die mit ihren Festungen Danzig, Graudenz, Bromberg und Thorn die besten Chancen auf Verteidigung bot, wenn man in die Defensive geriet.

Anfang August 1914 war allein die deutsche 8. Armee für den Schutz der gesamten deutsch-russländischen Grenze von Thorn bis Memel zuständig, also für rund 600 Kilometer und damit für mehr als ein Drittel der deutsch/österreichisch-ungarischen Kriegsgrenze zum Zarenreich.[5] Den größten Vorteil für die Verteidiger schuf die Topografie des Raumes, vor allem die 1700 Quadratkilometer große Masurische Seenplatte. Indem sie die Provinz faktisch in eine Nordost- und eine Südwestfront trennte, begrenzte sie die Angriffsoptionen für den Gegner.[6] Dafür interessierte sich insbesondere Alfred von Schlieffen, weil er dort seinen großen Plan in einer überschaubaren Dimension durchzuexerzieren vermochte: das Schlagen zweier verschiedener Gegner an zwei räumlich getrennten Fronten nacheinander durch rasches Operieren auf der inneren Linie.[7] So avancierte Ostpreußen zum Modellgefechtsfeld für den großen Krieg, auf dem der Kampf deutscher Streitkräfte gegen eine gegnerische Übermacht wiederholt auf Generalstabsreisen, in Kriegsspielen und bei Übungsaufgaben geprobt wurde.[8] Als zielführende Lösung zeichnete sich dabei ab, die gemäß der antizipierten Ausgangslage durch die Masurische Seenkette getrennt einmarschierenden russländischen Armeen nacheinander anzugreifen[9] – der »Schlieffenplan *en miniature*« gewissermaßen[10].

Besonders die Generalstabsreise 1894 erweist sich hier ex post als Folie für die Schlacht von Tannenberg 1914, auch wenn keiner der dort Fechtenden auf der Reise von 1894 dabei gewesen war.[11] Wie naheliegend die operative Tannenberger Lösung im Grunde allerdings war, bewies der junge Offizier Gustav Hillard während seiner Ausbildung an der Berliner Kriegsakademie (1907–1909): In seiner Prüfungsaufgabe war er mit einer entsprechenden Lage konfrontiert worden und arbeitete just jenes später angewandte Modell aus.[12] Der Chef des deutschen militärischen Geheimdienstes, Major Walter Nicolai, vertraute nach einem Vortrag Ludendorffs vor dem Kaiser zur Schlacht von Tannenberg am 30. August 1917 seinem Tagebuch an, er »glaube auch, dass 50 % der Generalstabsoffiziere, die vor dem Krieg die Lage von Tannenberg als operative Aufgabe bekommen hät-

---

5 Lakowski, Ostpreußen 1944/45, S. 24; Oberdörfer, Kriegsschauplatz Ostpreußen, S. 251. Die gesamte Kriegsgrenze war etwa 1600 Kilometer lang; BArch, RH 61/1313, Ludwig Menges, Die Verteidigung des deutschen Ostens (1945), S. 1.
6 Zur militärisch-operativen Bewertung der Provinz siehe zuletzt Lakowski, Ostpreußen 1944/45, S. 7–10 und 24, sowie Showalter, Tannenberg, S. 145 f.; Kempa, Die Feste Boyen in Giżycko (Lötzen), bes. S. 3 f., und ausführlich Siegel, Deutschlands vergessene Front?
7 Strachan, The First World War, S. 323.
8 Knoll, Das Kriegsspiel.
9 Schäfer, Tannenberg, S. 16; Stevenson, Der Erste Weltkrieg, S. 92 f.; Siegel, Deutschlands vergessene Front?, S. 65.
10 Groß, Mythos und Wirklichkeit, S. 118.
11 Siegel, Deutschlands vergessene Front?, S. 67 f., analysiert die Generalstabsreise von 1894.
12 Ebd., S. 68; Hoppe, Der anonyme Sieger.

ten, einen ähnlichen Entschluss zur Vernichtungsschlacht gefunden hätten.«[13]
Gleichwohl hatte Schlieffen in typischer Generalstabsmanier in seiner grundsätzlichen Idee des Gefechts auch ein Fehlschlagen des eigenen Angriffs in Ostpreußen
einkalkuliert und dazu 1898 eine klare Alternative formuliert:
»Werden die Deutschen in zweifelhaften Kämpfen durch die eine russische
Armee festgehalten, so gewinnen die übrigen Zeit, ihrem Gegner in Flanke
und Rücken zu kommen und ihn durch ihre Übermacht zu erdrücken.
Glaubte daher der deutsche Oberkommandierende nicht, einen vollständigen Sieg erfechten zu können, so tat er wohl daran, sich – so gut es ging –
hinter die Weichsel zurückzuziehen und auf die Erfüllung seiner Aufgabe zu
verzichten.«[14]
Ein potenzielles Scheitern der offensiven Absichten in Ostpreußen, ein dadurch notwendiger Rückzug auf die Weichsellinie und die damit verbundene
Preisgabe der Provinz standen also lange vor Beginn des Ersten Weltkrieges gewissermaßen auf der Rückseite des deutschen »Schlieffenplanes«. Dieser suchte
die Entscheidung bekanntlich im Westen, erst anschließend wollte man sich mit
ganzer Macht dem Zarenreich zuwenden – was nicht zuletzt daran lag, dass jenes ausschließlich durch das Bündnissystem zum Gegner wurde und Berlin ansonsten in keinerlei Interessenkonflikt mit St. Petersburg stand. Deswegen fehlte
auch ein Konzept, auf welche Weise das Russländische Reich eigentlich zu besiegen wäre, liefen doch alle entsprechenden Kriegsspiele gegen den Gegner im
Osten ins Leere. Im letzten aus dem Jahr 1913 beispielsweise führte der deutsche
Generalstab seine Hauptstreitmacht mit 18 Armeekorps 35 Tage lang zwar erfolgreich in russländisches Territorium hinein, vermochte jedoch keinen entscheidenden Sieg zu erringen. In der Konsequenz stellte die deutsche militärische Führung
anschließend ihre Planungen für einen »Großen Ostaufmarsch« ein.[15] Stattdessen
verließ man sich darauf, dass zunächst die österreichisch-ungarischen Streitkräfte
die Hauptlast des Krieges im Osten tragen würden, deren Führung man lediglich
einen eigenen Entlastungsangriff auf den Narew in Aussicht stellte.[16] Doch anders
als bei den russländischen und französischen Bündnispartnern resultierten aus den
ohnehin nur sporadischen deutschen und österreichisch-ungarischen Gesprächen
statt gemeinsamer Planungen nur vage Absprachen.[17] Die deutsche militärische
Führung konzentrierte sich auf die eigene Kriegführung in Ostpreußen, wo-

[13]   RGVA, 1414-1-14, Kriegsaufzeichnungen W. Nicolai: Eintrag vom 30.8.1917. Für diesen
       Hinweis danke ich meinem Kollegen Christian Stachelbeck.
[14]   Zit. nach Schäfer, Tannenberg, S. 16.
[15]   Siegel, Deutschlands vergessene Front?, S. 68 f.; Showalter, Tannenberg, S. 66.
[16]   Stachelbeck, Deutschlands Heer, S. 23, sowie weiterführend Höbelt, Schlieffen.
[17]   Rauchensteiner, Der Erste Weltkrieg, S. 71 f.; Mombauer, Helmuth von Moltke, S. 114;
       grundsätzlich Kronenbitter, »Krieg im Frieden«, sowie im Überblick Kronenbitter, Die
       militärische Planung. Zur Politik Frankreichs siehe die wegweisende Studie von Schmidt,
       Frankreichs Außenpolitik. Selbst während der »Julikrise« beklagte der deutsche militäri-
       sche Geheimdienst die mangelhafte Kooperation mit Wien; Geheimer Nachrichtendienst
       und Spionageabwehr des Heeres, Bd 2: Weltkrieg, T. 2: Im Weltkrieg 1914–1918, 1. und
       2. Abschnitt. Im Auftr. der Abwehrabteilung des Reichskriegsministeriums bearb. von
       Gempp, Generalmajor a.D., zuletzt (1927) der Heeres-Abwehrabteilung im Reichswehr-
       ministerium, NARA: Records of the German Armed Forces High Command, 1914–1945,
       National Archives Microfilm Publication No. T77, Roll 1508, S. 20 f. Für diesen Hinweis
       danke ich meinem Kollegen Markus Pöhlmann.

bei man – wie bei allen »Schlieffen-Aufgaben« – das »meist beliebte offensive Vorgehen« bevorzugte.[18] Ihre operative Idee des Gefechts beschränkte sich im Süden Ostpreußens auf Grenzschutz und Defensive, während die »Hauptkräfte vorwärts der Seenkette zum Angriff gegen den Ostfeind [antreten] und nach dessen Abschüttelung mit allen Kräften gegen den Südfeind« vorgehen sollten. Der vielen Fragezeichen, die dieser Absicht anhafteten, war man sich in Generalstab und Kriegsministerium durchaus bewusst. Die Verantwortlichen planten daher die Weichsel als eventuelle Rückzugslinie mit ein – »natürlich als ultima ratio«.[19] Trotz der Wirkung moderner Artillerie galten die Wechsel-Festungen zeitgenössisch als veritable Bollwerke,[20] die zunächst als »Aufnahmestellung« vorgesehen waren, »falls das östlich von ihr liegende Land vor russischer Übermacht geräumt werden musste«, um dann von dort aus »bei Eintritt günstiger Verhältnisse wieder zur Offensive überzugehen«.[21] Entsprechend wurden sie bei Kriegsbeginn umgehend verstärkt.[22]

Wie eindeutig die schließlich durchgeführte Tannenberger Operation zum Standardrepertoire der deutschen militärischen Führung zur Abwehr einer russländischen Invasion der Provinz gehörte, zeigte sich, als der Generalstabschef des I. AK in Königsberg, Oberst Walter Freiherr Schmidt von Schmidtseck, mit den Generalstabsoffizieren und -anwärtern seines Armeekorps nur drei Wochen vor Kriegsbeginn eine Generalstabsreise unternahm. Da er selbst schon seit 1906 mit nur zweijähriger Unterbrechung beim I. AK und seit 1912 als dessen Chef des Generalstabes schon unter dem Vorgänger von Hermann von François diente, dem seinerzeitigen General der Infanterie Alexander von Kluck, verfügte er über ausgewiesene Kenntnisse der Region. Die von ihm angelegte Übung spielte sich ergo nicht zufällig in Insterburg beginnend zwischen der Angerapp und der Grenze ab, »also in dem Raum und genau unter den Bedingungen, die nur wenige Tage später unseren Handlungen zugrunde liegen sollten«.[23] Doch nicht nur ihre höheren Vorgesetzten, auch die deutschen Truppen insgesamt waren auf das Szenario im August 1914 zu Friedenszeiten vorbereitet worden, wie es im Tagebuch Otto von Belows nachzulesen ist: »Unausgesetzte Übungen in großen Verbänden gaben Gelegenheit die Eigenart des ostpreußischen Kriegsschauplatzes zu erproben.«[24]

Der seit April 1912 als Kommandeur der 2. Infanteriedivision in Insterburg verwendete Below, der bei Beginn des Ersten Weltkrieges das Kommando über

---

[18] BArch, RH 61/1353, Abschrift des Tagebuchs des Generals O. von Below, S. 2.

[19] BArch, RH 61/53, Denkschrift »Tannenberg« von Generalleutnant [Karl Ritter] von Wenninger (1916), S. 8.

[20] Oberdörfer, Kriegsschauplatz Ostpreußen, S. 248. Siehe dazu grundsätzlich BArch, RH 61/90 und RH 61/395, Die Entwicklung des deutschen Festungssystems von 1871–1914, sowie Burk, Handbuch zur Geschichte der Festungen; Dumbsky, Die deutschen Festungen; Grabau, Das Festungsproblem in Deutschland.

[21] BArch, RH 61/90 und RH 61/395, Die Entwicklung des deutschen Festungssystems von 1871–1914, S. 5.

[22] BArch, RH 61/735, Graf A.[lfred zu] Dohna[-Schlobitten], Der Feldzug in Ostpreußen 1914, undatiert (1920), S. 4. Die deutschen Aufmarschräume sind aufgelistet bei Loewenstern/Bertkau, Mobilmachung, S. 114, Anl. 10.

[23] BArch, RH 61/1353, Abschrift des Tagebuchs des Generals O. von Below, S. 5.

[24] Ebd., S. 3. Das bestätigt auch Belows seinerzeitiger Vorgesetzter François; François, Marneschlacht und Tannenberg, S. 132.

das I. Reservekorps erhielt,[25] hatte sein Einsatzgebiet in Friedenszeiten intensiv
bereist. Noch acht Tage vor Kriegsbeginn war er beispielsweise mit seiner Familie
an die Masurischen Seen gefahren und hatte in Nikolaiken, in Schainorken
und an der Kulla-Brücke Station gemacht.[26] So kannte er das Gelände nach
eigenem Bekunden »genau«,[27] allerdings auch das Manko der Provinz: Trotz
der Ausrichtung der potenziellen Ostfront auf die Verteidigung innerhalb des
»Schlieffenplan«-Konzeptes war der Raum Ostpreußen in militärischer Hinsicht
nämlich darauf kaum vorbereitet worden. Schon als er sich im April 1912 zur
ersten Erkundung aufmachte, beklagte Below, dass so etwas »im sparsamen
deutschen Kaiserreich nicht vorgesehen [...], dienstlich nichts dafür ausgewor-
fen [war], weder Reisekosten noch Fahrgelegenheit. Man musste alles auf eigene
Faust und Kosten machen.«[28] Und obwohl doch gerade wegen der zugedachten
Rolle innerhalb des »Schlieffenplanes« im Osten die »Verteidigung [...] gar nicht
sorgfältig genug vorbereitet werden [konnte]«, sei auch fürderhin nichts geschehen, »trotz der Bemühungen unseres umsichtigen Kommandierenden Generals
von Kluck«. Jener hatte beispielsweise,

> »[u]m dem Kriegsministerium zu zeigen, welche Bedeutung der Sperrpunkt
> Lötzen habe, und um seine bessere Ausstattung zu erreichen, [...] im Manöver
> 1912 dort eine große höchst lehrreiche Festungs-Übung angelegt [...] Trotz
> der vor Augen geführten Schwierigkeit der Verteidigung geschah nichts zur
> Verbesserung.«[29]

Dabei galt gerade Lötzen mit seiner Feste Boyen am Nordufer des Löwenthin-
Sees als Hauptbollwerk der Verteidigung der ostpreußischen Seenstellung und
spielte damit eine derart zentrale Rolle in den deutschen Planungen, dass der
Generalstab 1912 für einen Neubau plädierte, wenigstens eine Modernisierung für
zwingend erforderlich hielt; beides scheiterte an den finanziellen Möglichkeiten,
dem Vorrang des Westens vor dem Osten und daran, dass das 1913 noch aufge-
legte immense Festungsbauprogramm – von den geforderten 600–840 Millionen
waren immerhin 210 bewilligt worden – vor Kriegsbeginn nicht mehr umgesetzt
wurde.[30] Im Ergebnis war nach Belows Ansicht selbst die Festung Königsberg
»namentlich auf der Südfront völlig unmodern und musste dem ersten Stoß

---

[25]   Die entsprechende Depesche traf während der ersten Tage der Mobilmachung ein; BArch,
       RH 61/1353; Abschrift des Tagebuchs des Generals O. von Below, S. 6.
[26]   Ebd., S. 5.
[27]   Ebd., S. 12.
[28]   Ebd., S. 1. Auch François beklagte die Verteidigungsvorbereitungen als »[w]eniger kriegs-
       brauchbar«; François, Marneschlacht und Tannenberg, S. 131.
[29]   BArch, RH 61/1353, Abschrift des Tagebuchs des Generals O. von Below, S. 1 f.; BArch,
       N 87/36, Lötzen und Feste Boyen vom 1. bis 23. August 1914; BArch, RH 61/183, Grenz-
       schutz Ost: Grenz-, Bahn-, Küstenschutz im Bereich des XVII. Armeekorps, Anlage H 1:
       Abschnitts-Besatzungen der Festung Boyen Mitte August 1914.
[30]   Siegel, Deutschlands vergessene Front?, S. 72 f. und 75; Oberdörfer, Kriegsschauplatz
       Ostpreußen, S. 304–306; BArch, RH 61/90 und RH 61/395, Die Entwicklung des deut-
       schen Festungssystems von 1871–1914, S. 13, sowie grundsätzlich BArch, RH 61/1344,
       Reichsarchiv/Sichtungsabteilung/Gruppe 3/Hauptmann a.D. von Moltke: Landsturm und
       Festungen Königsberg und Lötzen während der Tannenberger Schlacht (1919), S. 4 f.;
       Kempa, Die Feste Boyen in Giżycko (Lötzen), bes. S. 3–30. Stevenson, Armaments and
       the Coming of War, S. 212, behauptet demgegenüber, 1912 seien 320 Mio. Reichsmark
       gefordert und 200 Mio. vom Reichstag bewilligt worden.

erliegen«.[31] Wie sehr er mit dieser Meinung alleine stand, erwies sich nach dem Abbruch der Schlacht bei Gumbinnen am 20. August 1914, als die dortigen Armierungsarbeiten mit erhöhter Anstrengung fortgesetzt werden mussten.[32] Nach François habe man »Königsberg kaum den Wert einer Festung zweiten Ranges zuerkennen« können.[33]

Belows entsprechende Bemühungen in Friedenszeiten scheiterten jedoch an bemerkenswerten Begründungen. Als er im Sommer 1913 beim Generalinspekteur der Pioniere und der Festungen anregte, »die Angerapp-Linie zu befestigen, wenn auch nur mit ein paar Sperrforts«, erklärte jener nämlich

> »es leider für unmöglich, denn man wolle Alles [sic] auf Graudenz und die Weichselbefestigungen wenden, diese Schranke möglichst stark machen und zugleich eine neue Abwehr-Linie von Bromberg nach Westen schaffen, um aus ihr dem russischen Vorstoß auf Posen in die Flanke zu stoßen.«[34]

Erstaunlich an dieser Aussage ist, dass die angesprochene Rückseite des Operationsplanes hinsichtlich des Mitteleinsatzes offenbar relevanter schien als die doch präferierte und eingeübte offensive Verteidigung. Während man also offiziell die Verteidigung an der Weichsellinie als Notfalllösung deklarierte, stärkte man sie statt der offensiven Variante. Mit dieser Tatsache dürfte auch der seit 1913 als Generalinspekteur der I. Armee-Inspektion in Danzig für Ostpreußen zuständige Prittwitz konfrontiert worden sein. Denn ebenso ungenügend sah der Zustand der für den vorgesehenen Bewegungskrieg so wesentlichen Eisenbahn aus: Obwohl Moltke im März 1914 zum wiederholten Male den Ausbau des Eisenbahnnetzes gefordert hatte, floss der Großteil der überhaupt bewilligten Gelder auch hier in den Ausbau im Westen.[35] Schon den Zeitgenossen ist also klar gewesen, dass der nächste Krieg »militärisch und wirtschaftlich, ressourcenpolitisch und symbolisch auch ein Eisenbahnkrieg«[36] sein würde. Trotzdem blieb das ostpreußische Netz militärisch betrachtet derart mangelhaft, dass man schon aus diesem Grund 1913 von einem Großen Ostaufmarsch hätte Abstand nehmen müssen.[37] Es existierten lediglich zwei leistungsfähige doppelgleisige Strecken, eine von Marienburg über Königsberg nach Insterburg, die andere von Gosslarshausen über Allenstein nach Korschen; Letztere lag so nahe an der deutsch-russländischen Grenze, dass sie

---

[31]   BArch, RH 61/1353, Abschrift des Tagebuchs des Generals O. von Below, S. 2. Zum Zustand der Festung im August 1914 siehe BArch, RH 61/1344, Reichsarchiv/Sichtungsabteilung/Gruppe 3/Hauptmann a.D. von Moltke: Landsturm und Festungen Königsberg und Lötzen während der Tannenberger Schlacht (1919), S. 9 f.

[32]   BArch, RH 61/1344, Reichsarchiv/Sichtungsabteilung/Gruppe 3/Hauptmann a.D. von Moltke: Landsturm und Festungen Königsberg und Lötzen während der Tannenberger Schlacht (1919), S. 38 und 48. Die Arbeiten wurden bis zum 25.8.1914 abgeschlossen.

[33]   François, Marneschlacht und Tannenberg, S. 131.

[34]   BArch, RH 61/1353, Abschrift des Tagebuchs des Generals O. von Below, S. 2. Siehe dazu auch BArch, N 87/20, Otto von Below: Die Verteidigung der Seen- und Angerapp-Stellung.

[35]   Grawe, Deutsche Feindaufklärung, S. 406 f.; Siegel, Deutschlands vergessene Front?, S. 72; BArch, RH 61/90 und RH 61/395, Die Entwicklung des deutschen Festungssystems von 1871–1914.

[36]   So Wilhelm Groener, 1914–1916 Chef des Feldeisenbahnwesens im Großen Hauptquartier, im Jahre 1920, zit. nach Leonhard, Die Büchse der Pandora, S. 162 f.

[37]   Zur Bedeutung der Eisenbahn für die zeitgenössische Kriegführung siehe Bremm, Von der Chaussee zur Schiene; Bremm, Armeen unter Dampf; Hörnemann, Krieg auf Schienen; Gall, Eisenbahn in Deutschland.

bereits kurz nach Kriegsbeginn vom Gegner bedroht werden konnte.[38] Die wenigen anderen Strecken waren eingleisig und wurden, wenigstens teilweise, erst im
Krieg ausgebaut, doch die Bahnstationen erwiesen sich als unzulänglich, selbst in
den größeren Städten:

> »Der Bahnhof Königsberg spottete jeder Beschreibung. Es hat Zeiten im
> Kriege gegeben, in denen sich dank seiner Unvollkommenheit die Züge bis
> Elbing rückwärts stauten. Die Nebenbahnen [...] waren ohne militärische
> Rücksicht angelegt.«[39]

Diese Zustände überraschen umso mehr, als die deutsche militärische Führung
die wachsende militärische Macht des Zarenreiches angesichts dessen Reformbemühungen seit dem Desaster im Krieg gegen Japan 1905 sehr genau und durchaus mit wachsender Sorge wahrnahm.[40] Seit 1909 hatte man die Beobachtungstätig-
keit deutlich intensiviert und 1911 erneut gesteigert.[41] Dass zwischen Frankreich
und dem Russländischen Reich ein aufeinander abgestimmter Kriegsplan existierte, während alle anderen Großmächte ihren jeweils eigenen Krieg planten, verlieh
den aufgezählten Mängeln zusätzliches Gewicht.[42] Über die in diesem Kontext beschlossenen Maßnahmen war der deutsche Generalstab im Großen und Ganzen
im Bilde, sowohl durch die eigene Feindaufklärung als auch durch die detaillierte
Berichterstattung darüber in der französischen Presse.[43] Bereits 1912 gewannen
die Generalstäbler die Einsicht, die russländischen Streitkräfte würden sich keinesfalls auf die Defensive beschränken. Sie verstärkten deswegen weiter die eigene
Aufklärungstätigkeit Richtung St. Petersburg.[44] Konkret rechnete man ab März
1912 mit zwei gegnerischen Armeen und ungefähr 360 000 Mann: der Wilnaer
Armee mit sechs aktiven Armeekorps und zweieinhalb Kavalleriedivisionen sowie
der Warschauer Armee mit drei Armeekorps und sechs Kavalleriedivisionen; von
Ersterer erwartete man einen Angriff auf Bartenstein, von Letzterer einen auf
Allenstein. Ab dem 1. Mobilmachungstag ging man zudem von gegnerischen
Reitervorstößen nach Ostpreußen hinein und von Bombardements aus der
Luft aus.[45] Als Gegenmaßnahme war Folgendes vorgesehen: eine »hinhaltende
Kriegführung und Vermeidung von Lagen, die bei einem Misslingen den Weg
ins Innere Deutschlands freigaben«.[46] Die kalkulierte Unterlegenheit von eins zu
drei schien indes annehmbar, zwang doch die Masurische Seenplatte die beiden
russländischen Armeen zum getrennten Operieren. Hinzu kam noch, dass die

---

[38] Siegel, Deutschlands vergessene Front?, S. 80–87; Mombauer, Helmuth von Moltke,
      S. 4 f. und 104 f.
[39] BArch, RH 61/1353, Abschrift des Tagebuchs des Generals O. von Below, S. 1.
[40] Siehe dazu ausführlich Grawe, Deutsche Feindaufklärung, S. 335–347, sowie im größeren
      Kontext Kennan, The Decline of Bismarck's European Order.
[41] Geheimer Nachrichtendienst und Spionageabwehr des Heeres [...], NARA, Records of
      the German Armed Forces High Command, 1914–1945, National Archives Microfilm
      Publication No. T77, Roll 1508, S. 1.
[42] Herwig, The Marne, S. 33.
[43] Zu den einzelnen Ergebnissen siehe Grawe, Deutsche Feindaufklärung, S. 398–406, Zitat
      S. 399.
[44] Ebd., S. 336 f.; Geheimer Nachrichtendienst und Spionageabwehr des Heeres [...], NARA,
      Records of the German Armed Forces High Command, 1914–1945, National Archives
      Microfilm Publication No. T77, Roll 1508, S. 50 f.
[45] Grawe, Deutsche Feindaufklärung, S. 414 f.
[46] Kabisch, Streitfragen des Weltkrieges, S. 84.

eigenen Divisionen – wiewohl in der Infanteriestärke von etwa 13 000 Mann der zarischen mit 17 000 deutlich unterlegen – wegen ihrer besseren artilleristischen Ausstattung als leicht überlegen bewertet wurden. Der durchschnittliche russländische Soldat galt außerdem nur in der Verteidigung als zäher und tapferer Gegner, dem operativen Vermögen der zarischen Führung traute man nur mäßige Leistungen zu.[47] Aus unterschiedlichen, auch politischen Gründen maß die deutsche militärische Führung bekanntlich der Qualität der Streitkräfte wesentlich mehr Bedeutung zu als der Quantität.[48]

Dies spiegelte sich in den »Aufmarschanweisungen« wider, in denen die Auffassungen des Chefs des Generalstabs der Armee über die zu erwartende Lage und deren Bewältigung niedergelegt wurden. Von deren Inhalt hatten außer ihm selbst nur die Bearbeiter Kenntnis, und sogar die Oberbefehlshaber der jeweiligen Armeen erhielten sie erst bei Kriegsbeginn. Darin hieß es lapidar: »Der Oberbefehlshaber der 8. Armee hat die Operationen im Osten nach eigenem Ermessen zu leiten.« Moltkes Auflage bestand einzig darin, »unsere östlichen Provinzen gegen einen russischen Einfall zu sichern und die von Österreich beabsichtigte Offensive zu unterstützen«,[49] was ebenfalls höchst eingeschränkt gemeint war:

»die von Österreich beabsichtigte Offensive wird im Übrigen wirksam unterstützt werden, wenn es der 8. Armee gelingt, möglichst starke Kräfte der nördlichen und westlichen russischen Heeresgruppen zu binden, sie damit vom österr. Heere abzuziehen und diesem den Kampf zu erleichtern. Unternehmen die Russen eine Offensive gegen Ostpreußen, so wird diese vielleicht mit so starken Kräften erfolgen, dass dadurch schon eine Entlastung des österr. Heeres eintritt. Bleiben die Russen aber gegenüber Deutschland zunächst defensiv, so werden nur durch eine Offensivbewegung der 8. Armee nach Russland hinein starke russische Kräfte gebunden und von einer Verstärkung der gegen Österreich eingesetzten Kräfte abgehalten werden können. Für die Richtung dieser Offensive muss die allgemeine Lage maßgebend sein.«[50]

Nicht eindeutig geregelt war nämlich die Frage, inwiefern man selbst offensiv werden sollte:

»Inwieweit eine Offensivbewegung durchgeführt werden kann, muss die Gesamtlage ergeben. Setzt Russland besonders starke Kräfte gegen die 8. Armee ein, so würde dies für die Gesamtlage nicht unvorteilhaft sein. Unter allen Umständen ist rechtzeitig für einen gesicherten Uferwechsel über die Weichsel Sorge zu tragen.«[51]

Darüber hinaus hatten die jeweiligen Armeekorps in eigener Zuständigkeit vor allem die Weichselbefestigungen sowie die Pregel-Deime- und die Masurische Seenlinie zur Verteidigung vorzubereiten. »Für den äußersten Notfall« war in der Aufmarschanweisung sogar »eine Befestigung von Berlin in Aussicht genommen«.[52]

---

[47] Groß, Mythos und Wirklichkeit, S. 109 f.
[48] Zu diesem Diskurs siehe Stein, Die deutsche Heeresrüstungspolitik, S. 121–135.
[49] Elze, Tannenberg, S. 83. Siehe dazu auch die Anweisung für den Aufmarsch 1913/14, in: Der Schlieffenplan, S. 467–477, hier S. 475 f.
[50] Der Schlieffenplan, S. 475 f.
[51] Ebd., S. 476.
[52] Ebd., S. 468.

In der Überschaubarkeit der hier für den Osten formulierten Maßnahmen spiegelt sich der strategische Pferdefuß des operativen »Schlieffenplanes«: Gelang der Sieg im Westen nicht, gab es keine Alternative. Man konnte dann entweder auf einen Abnutzungskrieg setzen, wie geschehen, oder Friedensbedingungen sondieren, mehr nicht. Auf welche Weise sich die eigenen Truppen in diesem Kontext der propagandistisch stets präsenten »russischen Dampfwalze« erwehren sollten, dazu existierten offenbar nicht einmal Gedankenspiele. Das befremdet umso mehr, als Moltke seit 1912 die Bedrohungsperzeption an dieser potenziellen Front kontinuierlich und in hoher Schlagzahl dramatisierte. In seiner Denkschrift zur militärpolitischen Lage des Reiches vom Dezember 1912 stellte er fest, es sei »mit Sicherheit im Osten [...] auf [sic] einen Einfall sofort nach erklärter Mobilmachung zu rechnen«.[53] Anfang 1913 unterrichtete er zudem das Auswärtige Amt, die russländischen Mobilmachungsvorbereitungen seien inzwischen so weit gediehen, dass die gegnerischen Streitkräfte ab dem Mobilmachungsbefehl unverzüglich mit dem Aufmarsch beginnen könnten.[54] Und Ende des Jahres informierte er Reichskanzler Theobald von Bethmann Hollweg, das Zarenreich sei erneut in der Lage, »erheblich stärkere Kräfte als bisher [...] an der Westgrenze zu versammeln«.[55]

Bis zum Vorabend des Ersten Weltkrieges änderte sich diese grundsätzliche Bewertung insoweit, als man zunächst von einer defensiven russländischen Haltung gegenüber dem Deutschen Reich bei gleichzeitiger Offensive gegen Österreich-Ungarn und erst anschließend von zeitlich versetzten Angriffen auf Ostpreußen ausging.[56] Die deutsche militärische Führung traute St. Petersburg gleichzeitige Offensiven gegen Österreich-Ungarn und das Deutsche Reich nämlich ebenso wenig zu wie ein planvolles Zusammenwirken zwischen St. Petersburg und Paris.[57] In der Reichsregierung herrschte hingegen die Sichtweise vor, das Zarenreich würde einen Krieg wegen der ihm immanenten Revolutionsgefahr scheuen, und die eigenen Militärs würden die Gefahr nur aufbauschen, um mehr Gelder für die Streitkräfte fordern zu können.[58] Gleichwohl meinte man, die russländische Kriegserklärung gerade aus innenpolitischen Gründen zu brauchen, um die nötige Gefolgschaft der Arbeiterbewegung zu gewinnen.[59] Das Verdikt des SPD-Vorsitzenden August Bebel noch kurz vor seinem Tod 1913, es gebe »in Deutschland überhaupt keinen Menschen, der sein Vaterland fremden Angriffen wehrlos preisgeben möchte«, das gelte »namentlich auch von der Sozialdemokratie«, nahm einen Angriffskrieg bekanntlich dezidiert aus.[60] Das Verhalten der SPD in der Julikrise 1914 zeigte dann zwar ihr zwiegespaltenes

53 Zit. nach Grawe, Deutsche Feindaufklärung, S. 361.
54 Ebd., S. 351–354.
55 Zit. nach ebd., S. 399.
56 Ebd., S. 416 f.
57 Ebd., S. 462 f.
58 Ebd., S. 406 f.; Siegel, Deutschlands vergessene Front?, S. 72; BArch, RH 61/90 und RH 61/395, Die Entwicklung des deutschen Festungssystems von 1871–1914. Eine detailreiche Gesamtdarstellung deutscher Politik vor 1914 liefert Canis, Der Weg in den Abgrund.
59 Siehe zur Bandbreite der Vorwürfe allgemein Bloch, »Arbeiterverräter«.
60 August Bebel in der Budgetkommission des Reichstages, Sommer 1913, zit. nach Potthoff, Die Sozialdemokratie, S. 73, Anm. 4.

Verhältnis zum Krieg, doch am 4. August erklärte Bebels Nachfolger Hugo Haase die Zustimmung der SPD-Reichstagsabgeordneten zu den Kriegskrediten expressis verbis alleine mit der Furcht vor einem »Siege des russischen Despotismus«.[61] In dem Wissen darum hatte der deutsche Reichskanzler im politischen Führungskreis des Kaiserreiches Ende Juli 1914 durchgesetzt, dass die zarische Mobilmachung die Vorbedingung für die deutsche und damit die Auslösung des Krieges zu sein habe; das Zarenreich musste aus seiner Sicht unbedingt als Aggressor erscheinen.[62]

Die Militärs fanden sich deswegen in einer prekären Lage wieder, denn für das Gelingen des »Schlieffenplanes« war es geradezu die Conditio sine qua non, im Osten Zeit zu gewinnen, also wünschte man sich eher einen auf die Defensive beschränkten Gegner. Der deutsche Generalstab wurde daher bis zum Vorabend des Ersten Weltkrieges nicht müde, auf die wachsende Gefahr für den gegenteiligen Fall hinzuweisen.[63] Noch im Frühjahr 1914 waren die veritablen Schwächen der russländischen Streitkräfte genauestens bekannt, vor allem im Bereich der Führung und des Nachschubs, gleichzeitig aber herrschte Furcht vor dem Entwicklungspotenzial angesichts der dort laufenden Maßnahmen. Nahezu traditionell glaubte man den Ausweg aus dieser Zwickmühle – notwendiger Zeitgewinn im Osten für den Sieg im Westen versus frühzeitiger Kampf gegen das Zarenreich angesichts dessen bekannter Streitkräftereformierung – in der offensiven Verteidigung zu finden. Der Generalstab belegte deswegen die Reichsleitung geradezu mit einem »Trommelfeuer« entsprechender Warnungen[64] und drängte in der Julikrise auf einen Krieg mit dem Russländischen Reich[65]. Trotzdem rangierten die politischen Überlegungen deutlich vor den militärischen Notwendigkeiten.[66] So marschierten die deutschen Streitkräfte, deren Friedensstärke nach dem Haushaltsplan von 1914 aus 25 Armeekorps mit rund 800 000 Mann bestand, die bei Kriegsbeginn auf etwa 3,8 Millionen aufwuchsen,[67] schließlich Anfang

---

[61] Erklärung der Sozialdemokratischen Reichstagsfraktion am 4. August 1914, abgegeben von Hugo Haase; zit. nach Potthoff/Miller, Kleine Geschichte der SPD, S. 296 f., Zitat S. 296.

[62] Förster, Ein militarisiertes Land?, S. 157; Afflerbach, Falkenhayn, S. 154–156.

[63] Grawe, Deutsche Feindaufklärung, S. 358 f., sowie zu den Zweifeln im deutschen Generalstab Oberdörfer, Kriegsschauplatz Ostpreußen, S. 302 f., und weiterführend Förster, Russische Pferde. Siehe dazu auch Geheimer Nachrichtendienst und Spionageabwehr des Heeres [...], NARA, Records of the German Armed Forces High Command, 1914–1945, National Archives Microfilm Publication No. T77, Roll 1508, S. 2.

[64] Epkenhans, »Je eher, desto besser«, S. 131. Der deutsche militärische Geheimdienst hatte im Frühjahr bereits alarmierende russländische Aktivitäten jenseits der Grenze an das Kriegsministerium und den Generalstab gemeldet, dort maß man ihnen aber nach eigener Einschätzung »keine Bedeutung bei«. Erst am 16.7.1914 erhielt man den Befehl, den Nachbarn verstärkt zu beobachten; Geheimer Nachrichtendienst und Spionageabwehr des Heeres [...], NARA, Records of the German Armed Forces High Command, 1914–1945, National Archives Microfilm Publication No. T77, Roll 1508, S. 2–4, Zitat S. 2.

[65] Grawe, Deutsche Feindaufklärung, S. 459, sowie im größeren Kontext Krumeich, Juli 1914, und besonders Mombauer, Die Julikrise.

[66] Geheimer Nachrichtendienst und Spionageabwehr des Heeres [...], NARA, Records of the German Armed Forces High Command, 1914–1945, National Archives Microfilm Publication No. T77, Roll 1508, S. 34.

[67] Stachelbeck, Deutschlands Heer, S. 105 f.

August 1914 nach den Maßgaben des modifizierten »Schlieffenplanes« auf, an der
Ostfront also nur zu ungefähr 15 Prozent.[68]

Hinsichtlich ihrer Überschätzung der russländischen Möglichkeiten befanden
sich die deutschen Militärs freilich in keiner Außenseiterposition. Da man die
ökonomischen Unzulänglichkeiten des Russländischen Reiches fast vollständig
ignorierte, herrschte in allen Hauptstädten der großen Mächte Europas eine identische Sicht der Dinge vor.[69] Die gängige Lesart zum Verhalten der militärischen
Führung des Zarenreiches bei Kriegsbeginn formulierte Tuchman: St. Petersburg
habe »[ä]ngstlich bemüht, den angeschlagenen Waffenruhm wieder herzustellen, und ohne sich um weitere Einzelheiten der Planung zu kümmern, [...] mit
mehr Mut als Umsicht zu[gesagt], eine Offensive gleichzeitig mit Frankreich zu
starten.«[70] Weil sich in den sechs Jahren vor Beginn des Ersten Weltkrieges alleine
sechs Generalstabschefs daran versuchen durften, sei jedoch »kaum eine systema-
tische militärische Planung zustande gekommen«.[71] Sie blendete hier wie nicht
wenige andere aus, dass man in Russland das Desaster im Krieg gegen Japan
durchaus genau analysiert hatte und die erkannten Defizite umfassend angegan-
gen war. Dabei stieß die russländische militärische Führung auf Widrigkeiten, die
jenen im Deutschen Reich nicht unähnlich gewesen sind, insbesondere fehlender
politischer Wille und unzureichende finanzielle Mittel.[72]

2. Die russländischen Kriegsplanungen

Die russländische Feindlage-Perzeption nach der Jahrhundertwende ging zunächst lange von einer deutschen Invasion aus und bereitete sich darauf rein defensiv vor.[73] Dazu sollten die eigene Hauptmacht an der deutsch-russländischen
Grenze eingesetzt und nur kleinere Kontingente gegen Österreich-Ungarn bereitgestellt werden. Erst ab 1911 erfolgte auf zunehmenden Druck des französischen Verbündeten eine allmähliche Änderung der Konzeption hin zu einer
Doppeloffensive gegen das Deutsche Reich und Österreich-Ungarn so früh als
irgend möglich.[74] Nach den französischen Wünschen sollten dabei die deutschen
Truppen im Osten vernichtet, die österreichisch-ungarischen nur abgeriegelt wer-

---

68 Groß, Einleitung, S. 1; Stevenson, Der Erste Weltkrieg, S. 90, spricht sogar von nur 10 %.
    Nach den deutschen Aufmarschanweisungen waren für den östlichen Kriegsschauplatz drei
    von insgesamt 26 Armeekorps, ein Reservekorps von 13, eine Reservedivision von 27, vier
    von 28 ½ gemischten Landwehrbrigaden, eine Kavalleriedivision von elf und eine Armee
    von acht vorgesehen. Siehe Aufmarsch 1913/14, in: Der Schlieffenplan, S. 469.
69 Grawe, Deutsche Feindaufklärung, S. 423 f.
70 Tuchman, August 1914, S. 79 f., Zitat S. 79.
71 Ebd., S. 84 f., Zitat S. 85. Ähnlich auch Buchfinck, Tannenberg 1914, S. 233.
72 Menning, Mukden to Tannenberg; Menning, The Offensive Revisited; Der russisch-japa-
    nische Krieg.
73 Zur strategischen Lage aus russländischer Sicht siehe Daniloff, Rußland im Weltkriege,
    S. 15−18, sowie zu deren Entwicklung Linke, Das zarische Rußland, S. 17−34.
74 Stevenson, Der Erste Weltkrieg, S. 87 f.; Clark, Die Schlafwandler, S. 290.

den.[75] Mit einem raschen russländischen Angriff wollte man die deutsche militärische Führung dazu nötigen, wenigstens zwei bis drei Armeekorps aus dem Westen
an die Ostfront zu entsenden – ganz so, wie es dann auch geschehen ist.[76] Für
St. Petersburg war jedoch Wien der Hauptgegner, gegen den die Entscheidung zu
suchen war.[77] Die Auseinandersetzung mit einem Krieg gegen das Deutsche Reich
erfolgte angesichts der Bündnissysteme und dabei eingegangener Verpflichtungen
mehr notgedrungen. Obwohl nicht wenige in der russländischen militärischen
Führung die Ansicht vertraten, der deutsche Gegner sei wenigstens so lange nicht
zu besiegen, wie die eigene Rüstungswirtschaft nicht wesentlich leistungsfähiger
geworden sei, beugte man sich letzten Endes dem während der russländisch-fran-
zösischen Generalstabsbesprechungen 1912/1913 von französischer Seite nim-
mermüde vorgetragenen Wunsch nach einer möglichst raschen Kriegseröffnung
gegen Ostpreußen mit dem Ziel, nach der Eroberung der Weichsellinie ins Zentrum des Deutschen Reiches vorzustoßen.[78] Generalstabschef General der Kavallerie Jakov Grigor'evič Žilinskij sagte seinem französischen Gegenüber, Generalmajor Joseph Joffre, bereits 1912 zu, am 15. Mobilmachungstag die Offensive
gegen das Deutsche Reich mit 800 000 Mann zu eröffnen,[79] auf dem letzten
Treffen sogar am 14. Tag.[80]

Uneinigkeit bestand indessen über die Stoßrichtung dieser Offensive. Paris
bevorzugte den Angriff Richtung Thorn und Posen, St. Petersburg wollte auf
Allenstein vorstoßen und von dort die Weichselübergänge nehmen, um anschließend auf Berlin zu marschieren.[81] Der russländische Generalstab fokussierte sich
darauf, die deutschen Truppen in Ostpreußen zu schlagen und die Provinz zu
besetzen, weil das eigene Eisenbahnnetz insbesondere in den polnischen Gebieten
trotz erheblicher französischer Subventionen eine andere Option nicht ratsam
erscheinen ließ. Hingegen forderte der französische Generalstab einen entscheidenden Schlag zur Vernichtung der deutschen Truppen im Osten.[82] Im Dezember
1913 gewährte Paris eigens eine Anleihe in Höhe von 2,5 Milliarden Franc für
die Zusage des zarischen Ministerpräsidenten Vladimir Nikolaevič Kokovcov, damit den Ausbau des Eisenbahnnetzes bis 1917 entscheidend voranzutreiben.[83]

---

[75] Elze, Tannenberg, S. 66 f.
[76] Oberdörfer, Kriegsschauplatz Ostpreußen, S. 274; Snyder, The Ideology of the Offensive,
S. 159.
[77] Zu den Planungen siehe Kusber, Die russischen Streitkräfte, S. 257–268; Menning, War
Planning.
[78] Angelow, Der Weg in die Urkatastrophe, S. 109; Schmidt, Frankreichs Plan XVII,
S. 250–253; Danilov, La Russie dans la Guerre Mondiale, S. 117; Suchomlinov, Erinnerungen, S. 243; Stone, The Eastern Front, S. 47–49.
[79] Grawe, Deutsche Feindaufklärung, S. 412 f.; Oberdörfer, Kriegsschauplatz Ostpreußen,
S. 275.
[80] Herwig, The Marne, S. 54.
[81] Grawe, Deutsche Feindaufklärung, S. 413.
[82] Angelow, Der Weg in die Urkatastrophe, S. 36 f.; Kusber, Die russischen Streitkräfte,
S. 258–260.
[83] Grawe, Deutsche Feindaufklärung, S. 396 f.; Collins, The Franco-Russian Alliance. Insgesamt erhielt das Zarenreich zwischen 1888 und 1914 französische Kredite in Höhe von
ca. 9 Mrd. Rubel bzw. 25 Mrd. Franc und damit ungefähr das Dreißigfache des deutschen
Militäretats, allerdings nicht nur zu militärischen Zwecken. Oberdörfer, Kriegsschauplatz
Ostpreußen, S. 259.

Operativ arbeitete St. Petersburg derweil zwei Varianten aus: Erstere sah einen
Hauptschlag gegen Österreich-Ungarn mit drei Armeen vor, während zwei gegen
Ostpreußen antreten sollten – allerdings nur mit knapp der Hälfte der eigent-
lich zugesagten 800 000 Mann; die zweite war für den Fall vorgesehen, dass das
Deutsche Reich mit seinen Hauptkräften nicht im Westen, sondern im Osten
aufmarschierte.[84] Darüber wurde Paris jedoch nicht informiert.[85] Dort wäre man
auch wenig erfreut über den 1912 implementierten und 1913 modifizierten
»Plan 19« gewesen, der gleichzeitige Offensiven gegen das Deutsche Reich und
Österreich-Ungarn ab dem 17. beziehungsweise 20. Mobilmachungstag auswarf,
während weitere Kräfte sich um Warschau sammelten.[86] Dazu spielte die letzte
große Stabsrahmenübung im Zarenreich vor dem Ersten Weltkrieg vom 20. bis
24. April 1914 einen Angriff mit zwei getrennt marschierenden Armeen durch,
die aus dem Raum Kowno–Druskininkai auf Gumbinnen und von Grodno–
Lomza auf Lyck vorrückten, allerdings mit wesentlich höheren Truppenzahlen als
in der Realität möglich und im August 1914 tatsächlich aufgeboten.[87]

Das lag vor allem an den nur schleppend vorankommenden Reformbemühungen im Innern, obwohl der seit 1909 als Kriegsminister amtierende vormalige
Generalstabschef, General der Kavallerie Vladimir Aleksandrovič Suchomlinov,
den weiteren Abbau der seit dem Desaster im russländisch-japanischen Krieg
erkannten Defizite der eigenen Streitkräfte intensivierte, insbesondere im
Bereich der materiellen Rüstung und der Mobilisierung.[88] Nicht unähnlich zum
Deutschen Reich wurden seine Anstrengungen durch den dauernden Streit um
eine ausreichende Finanzierung mit Finanzminister Kokovcov beeinträchtigt, der
von 1911 bis zum Januar 1914 gleichzeitig Ministerpräsident war.[89] Darüber hinaus fehlte innerhalb des zarischen Offizierkorps »eine übergreifende Identität und
Interessenbildung, die auch eine Einigung über Sachfragen verhinderte«.[90] Beides
wirkte sich nachteilig auf die ab dem Jahresbeginn 1913 in Angriff genommenen
umfangreichen Aufrüstungsmaßnahmen aus, mit denen die Defizite der russländischen Streitkräfte in Stärke und Ausrüstung bis 1917 beseitigt werden sollten.[91]
Bei diesem »Großen Programm« handelte es sich um einen ehrgeizigen und immens teuren Modernisierungsplan, der allerdings erst am 7. Juli 1914 mit der
Unterschrift des Zaren Gesetzeskraft erhielt und dadurch bis zum Kriegsbeginn
kaum Wirkung entfaltete. Insbesondere die Mängel beim Aufmarsch der russländischen Streitkräfte hinsichtlich eines ausreichenden Munitionsbestandes, der
Artillerie- und Maschinengewehrausstattung sowie des Nachschubs bestanden
im August 1914 noch immer; auch eine grundlegende Reform der Offizieraus-

---

[84] Zu den beiden Varianten siehe die umfangreiche Literatur bei Grawe, Deutsche Feindauf-
      klärung, S. 413 f. mit Anm. 271 f.
[85] Ebd., S. 414, und Schmidt, Frankreichs Außenpolitik, S. 180–182; Oberdörfer, Kriegs-
      schauplatz Ostpreußen, S. 274–277.
[86] Oberdörfer, Kriegsschauplatz Ostpreußen, S. 280 f.
[87] Ebd., S. 277.
[88] Kusber, Die russischen Streitkräfte, S. 260, sowie grundsätzlich Turner, The Russian
      Mobilisation.
[89] Clark, Die Schlafwandler, S. 285 und 289–291.
[90] Kusber, Die russischen Streitkräfte, S. 260.
[91] Zum »Großen Programm« siehe ausführlich Grawe, Deutsche Feindaufklärung,
      S. 393–424.

bildung war unterblieben.[92] Die Anstrengungen scheiterten aber nicht nur am
Faktor Zeit, sondern vor allem an zwei in weiten Teilen der Generalität verbreiteten Grundannahmen: Erstens floss die Masse der Aufwendungen für die
Artillerie in die Armierung von Festungen, deren Wert längst zweifelhaft war;
zweitens verhinderte der Glaube an einen kurzen Krieg die Einsicht, die potenziellen Erfolge des auf vier Jahre ausgelegten »Großen Programms« abwarten zu
müssen. Die Bevorratung von Munition aller Art war beispielsweise nur auf eine
Auseinandersetzung von wenigen Monaten ausgerichtet.[93]

Umgesetzt wurde immerhin die Einführung einer so genannten Kriegsvorbereitungsperiode, die der letzte Zar des Russländischen Reiches, Nikolaj II., am
2. März 1913 genehmigte. Sie erlaubte, etliche erst mit dem Mobilmachungsbefehl mögliche Maßnahmen insgeheim bereits zuvor auszuführen, sodass die
Streitkräfte umgehend aufzumarschieren vermochten – wie von der deutschen
Feindaufklärung wahrgenommen.[94] Die Ausarbeitung eines neuen Mobilma-
chungsplanes, vom Generalstab noch Ende 1913 begonnen, war zu Kriegsbeginn
hingegen noch nicht abgeschlossen.[95] Gleichwohl war die russländische Einleitung
der Kriegsvorbereitungsperiode am 26. Juli 1914 vom deutschen militärischen
Geheimdienst erkannt worden.[96] Im Ergebnis beschleunigte diese Maßnahme
den Aufmarsch, ohne den Zustand der Truppen und ihre Ausrüstung signifikant
zu verbessern. Weil man in St. Petersburg aber nichts weniger wollte, als den
Pakt mit Paris zu schwächen, nahm man Ende Juli 1914 mit der Entscheidung
für die Mobilmachung die Eskalierung der Lage in Kauf.[97] Dabei war man sich
der Bedeutung des Faktors Zeit völlig bewusst. St. Petersburg wollte erstens seine Bündnistreue unter Beweis stellen. Zweitens fürchteten sich nicht wenige in
der russländischen militärischen Führung vor einer Überrumpelung durch die
Deutschen, was vor allem die Scharfmacher zu nutzen verstanden. Kriegsminister
Suchomlinov und Marineminister Ivan Konstantinovič Grigorovič stellten schon
im Frühjahr 1914 klar, die eigenen Streitkräfte seien auf einen Krieg absolut
vorbereitet – was nicht nur angesichts einer erklecklichen Zahl deutschfreund-
licher Offiziere alles andere als eine einheitliche Meinung im Zarenreich abbildete.[98] Darüber hinaus gab es nur unzulängliche Kenntnisse über die deutschen
Absichten im Gegensatz zu jenen über die Pläne der k.u.k. Armee, die man als
schwächer, »ja gar als Koloss auf tönernen Füßen ein[schätzte]«. Sicher war man

92 Ebd., S. 395; Kusber, Die russischen Streitkräfte, S. 260.
93 Kusber, Die russischen Streitkräfte, S. 261 f. Nach Oberdörfer, Kriegsschauplatz Ost-
    preußen, S. 272 f., flossen von den durch die Duma 1910 bewilligten 119 Mio. Rubel für
    die Artillerie lediglich sieben in die Feld-, das Gros in die Festungsartillerie.
94 Grawe, Deutsche Feindaufklärung, S. 393 f., sowie zu den Maßnahmen im Einzelnen
    McMeekin, Russlands Weg, S. 103–106.
95 Khavkin, Russland gegen Deutschland, S. 67; François, Marneschlacht und Tannenberg,
    S. 143 f. Zu den Szenarien der Mobilisierung im Russländischen Reich siehe Kusber, Die
    russischen Streitkräfte, S. 264–268.
96 Geheimer Nachrichtendienst und Spionageabwehr des Heeres [...], NARA, Records of
    the German Armed Forces High Command, 1914–1945, National Archives Microfilm
    Publication No. T77, Roll 1508, S. 10.
97 Angelow, Der Weg in die Urkatastrophe, S. 24 und 28; Kusber, Die russischen Streitkräfte,
    S. 266.
98 Angelow, Der Weg in die Urkatastrophe, S. 36 f.; Kusber, Die russischen Streitkräfte,
    S. 258–260; weiterführend Lieven, Pro-Germans.

sich zu diesem Zeitpunkt alleine, dass der Schwerpunkt der Militäraktionen
Berlins gegen Frankreich geführt würde und die deutsche militärische Führung
die Truppen im Osten leicht verstärken könne. Gegen deren angenommenen
Offensivgeist und gefürchtete Schlagkraft setzte St. Petersburg auf einen eigenen
schnellen Aufmarsch mit numerisch um 20 Prozent überlegenen Kräften.[99]

Dazu orientierte sich der russländische operative Plan wie auf deutscher Seite
notgedrungen an den topografischen Gegebenheiten Ostpreußens:[100] Angesichts
der Sperrwirkung der Masurischen Seenplatte wollte man – diese mit je einer
Armee im Norden und Süden umgehend – rasch einmarschieren, den Gegner
schlagen, die Zuführung von Verstärkungen verhindern, die Rückzugswege zur
Weichsel verlegen und die Flankenbedrohung durch die Festung Königsberg
eliminieren. Weil die deutsche Führung dadurch gezwungen würde, erhebliche
Kräfte nach dem Osten zu entsenden, meinte St. Petersburg damit gleichzeitig
seinen Bündnisverpflichtungen gerecht zu werden.[101] Im Vordergrund standen aber die eigenen Überlegungen, Warschau zu sichern und den Mittellauf
der Weichsel als Voraussetzung für die folgenden, zeitlich zusammenhängenden
Unternehmungen gegen das Deutsche Reich und Österreich-Ungarn zu er-
obern.[102] Dafür sollten die russländische 1. (Njemen-) und 2. (Narew-)Armee unter den Generalen der Kavallerie Rennenkampf und Samsonov möglichst früh die
deutsche Grenze von Osten und Süden aus überschreiten. Rennenkampf sollte
die Masurischen Seen nördlich umgehen, gegen die Linie Insterburg–Angerburg
vorrücken und die hinter der Angerapp vermuteten deutschen Kräfte angreifen.
Samsonov hatte die Masurischen Seen südlich zu passieren, auf Ortelsburg vorzustoßen und dem Gegner in den Rücken, wenigstens in die Flanke zu fallen, um
ihn von der Weichsel abzuschneiden. Als Reserve hielt sich das Gardekorps bei
Warschau bereit, das formal der sich dort sammelnden russländischen 9. Armee
angehörte.[103] Als Gegner rechnete man mit den drei in Ostpreußen dislozierten aktiven deutschen Armeekorps, dem I., XVII. und XX., möglich sei höchstens eine Verstärkung durch das V., ansonsten aber lediglich durch Reserve-,
Landwehr- und Landsturmformationen. Den durchaus antizipierten artilleristischen Vorteil der deutschen Truppen gedachte man mit der deutlichen numeri-
schen Überlegenheit mehr als auszugleichen.[104]

Durch die Mobilmachungsmaßnahmen wuchsen die russländischen Streitkräfte bis zum September 1914 von rund 1,4 Millionen auf etwa 5,3 Millionen
Mann. Zu ihrem Obersten Befehlshaber ernannte der Zar seinen militärisch
unerfahrenen Onkel, Großfürst Nikolaj Nikolaevič Romanov. Mit der Führung
der »Ostpreußischen Operation« wurde General der Kavallerie Jakov G. Žilinskij
beauftragt, dem die Nordwestfront unterstand. Er war 1911 zum Chef des russländischen Generalstabes ernannt worden und seit März 1914 Befehlshaber des

---

[99]   Kusber, Die russischen Streitkräfte, S. 262–265, Zitate S. 264.
[100] Strachan, The First World War, S. 317; Tuchman, August 1914, S. 91.
[101] Daniloff, Rußland im Weltkriege, S. 191 und 201 f.; siehe detaillierter dazu sowie zum
       Folgenden Oberdörfer, Kriegsschauplatz Ostpreußen, S. 281–284.
[102] Daniloff, Rußland im Weltkriege, S. 196.
[103] Giehrl, Tannenberg, S. 19 und 30; Keegan, Der Erste Weltkrieg, S. 210; Stone, The Eastern
       Front, S. 58 f.
[104] Daniloff, Rußland im Weltkriege, S. 190 f.

Warschauer Militärbezirks und Generalgouverneur von Warschau.[105] Dessen Zuversicht stieg, als sich Anfang August 1914 abzeichnete, dass mit den zunächst befürchteten deutschen Landeoperationen an der baltischen Küste nicht mehr gerechnet werden musste, da selbst die deutschen Truppen aus näher gelegenen Bezirken wie Stettin nach dem Westen abgezogen worden waren.[106] Umgehend befahl das Oberkommando der russländischen Armee, die Stavka, der Nordwestfront am 6. August, so schnell wie möglich eine energische Offensive gegen Ostpreußen zu führen und die deutschen Truppen in die Zange zu nehmen. Ein Folgebefehl am 10. August legte dabei den Schwerpunkt der Operationen auf die Armee Samsonovs im Süden. Waren die Deutschen ostwärts der Weichsel vernichtet, sollte die eigene 9. Armee, die im Raum Warschau und der neuen Festung Nowogeorgiewsk zusammentrat, den strategischen Stoß ins Deutsche Reich hinein führen.[107]

Da zwei Fünftel des gesamten russländischen Friedensheeres rund um Warschau stationiert waren, konnte der Aufmarsch gegen Ostpreußen bereits am 11. August weitgehend abgeschlossen werden.[108] Am 12. beziehungsweise 13. August instruierte Žilinskij Rennenkampf und Samsonov über seine engeren operativen Planungen.[109] Nach seiner Lagebeurteilung standen in Ostpreußen im August 1914 tatsächlich nur drei bis vier deutsche Armeekorps nebst wenigen Reservedivisionen und Landwehrbrigaden, die er bis auf ihre Vorhuten an der Grenze hinter der Seenlinie vermutete. Rennenkampf sollte seine Armee so an die Grenze heranführen, dass sie von seiner Kavallerie am 16. und von seinen Hauptkräften am 17. August überschritten, die Masurischen Seen von Norden umgangen, der Gegner aus der Linie Wirballen–Suwalki mit Stoßrichtung auf Insterburg–Angerburg angegriffen und die Festung Lötzen abgeriegelt werden konnten. Samsonovs 2. Armee hatte mit der Kavallerie am 18., mit der Hauptmacht am 19. August die Grenze aus der Linie Augustowo–Grajewo–Myszyniec–Chorzele Richtung Lötzen–Arys–Rudoszany–Ortelsburg zu überqueren und auf Rudoszany–Ortelsburg vorzugehen, um in Rücken und Flanke des Gegners zu kommen. Besonderes Augenmerk sollte er auf Allenstein legen, von wo aus Žilinskij einen deutschen Gegenangriff befürchtete. Die Linie Lipowka–Polonnen–Soltmahnen–Lötzen bildete die Grenze zwischen den beiden Armeen.[110]

---

[105] Khavkin, Russland gegen Deutschland, S. 70 f.; Strachan, The First World War, S. 316.

[106] Daniloff, Rußland im Weltkriege, S. 190 f.

[107] Strachan, The First World War, S. 318 f.; Khavkin, Russland gegen Deutschland, S. 71 f. Nach dem Fehlschlag in Ostpreußen wurde die 9. Armee gegen die gemeinsame deutsch-österreichisch-ungarische Offensive auf Warschau und Ivangorod eingesetzt. Zum anfänglichen Kompetenzwirrwarr in der russländischen militärischen Führung siehe Stone, The Eastern Front, S. 51–55.

[108] Stevenson, Der Erste Weltkrieg, S. 92; Stone, The Eastern Front, S. 49 und 58; Keegan, Der Erste Weltkrieg, S. 205. Der Aufmarsch der russländischen Streitkräfte insgesamt und die Gliederung der Armeekorps nach Militärbezirken finden sich in Fischer, Bei Tannenberg, S. 38–41. Das I. AK stammte demnach aus dem Militärbezirk Petersburg, die VI., XV. und XXIII. AKs kamen aus dem Militärbezirk Warschau und das XIII. AK aus dem Militärbezirk Moskau; siehe ebd., S. 38.

[109] Showalter, Tannenberg, S. 213 f.

[110] BArch, RH 61/1333, Kurt Freiherr von der Osten-Sacken, Die Operationen der russischen 1. (Njemen-)Armee vom 16. bis 31.8.1914 (1920), Eintrag vom 15.8.1914; dort finden

Tatsächlich überschritt Rennenkampf mit seiner 1. Armee am 17. August 1914 die deutsch-russländische Grenze auf einer Front von etwa 50 Kilometern beiderseits der Rominter Heide. Sein Ziel war die ungefähr 50 Kilometer entfernte Lücke zwischen der Seenkette und der russländischen Grenze im Norden mit dem Zentrum Insterburg; eine Strecke, für die er drei Tagesmärsche plante.[111] Er sollte mit 6 ½ Infanterie- und 5 ½ Kavalleriedivisionen sowie fast 500 Geschützen die deutschen Kräfte an sich heranziehen und binden, damit der im Süden vorstoßende Samsonov, der wiederum mit seinen 9 ½ Infanterie- und drei Kavalleriedivisionen sowie 738 Geschützen den deutschen Truppen schon alleine überlegen war, diesen den Rückzug auf die Weichsel abschneiden und sie umfassen konnte.[112]

Damit marschierten von den im Russländischen Reich sofort mobilisierten 98 Infanterie- und 37 Kavalleriedivisionen 20 ½ Infanterie- und 9 ½ Kavalleriedivisionen gegen Ostpreußen. Zunächst lief alles nach Plan,[113] denn auch Samsonovs Armee überquerte die Grenze befehlsgemäß ab dem 18. August auf breiter Front mit dem II. AK auf seiner rechten Flanke; daneben folgten die 4. Kavalleriedivision, dann das VI., XIII., XV. AK bis zum I. AK zusammen mit der 6. und 15. Kavalleriedivision auf der linken Flanke. Als Reserve stand die 3. Garde-Division zunächst in Sokolka, dann in Augustowo bereit.[114] Da Samsonovs Truppen auf keine Eisenbahnlinie zurückgreifen konnten, hatten sie zu diesem Zeitpunkt eine Woche Marsch auf teilweise unbefestigten Straßen durch dünn besiedeltes Land hinter sich.[115] Aus Geheimhaltungsgründen bewegten sie sich nur nachts, tagsüber biwakierten sie in vollständiger Deckung gegen jede Sicht, vor allem gegen Flieger,[116] befanden sich jedoch schon bei Erreichen der Grenze »in großer Unordnung«[117]. Wie Rennenkampf verfügte auch Samsonov über nur mäßige Kenntnisse über den Gegner, wofür nicht zuletzt die von Anfang an viel zu großen Entfernungen zwischen den Hauptquartieren bei gleichzeitig starrer Befehlsstruktur verantwortlich waren.[118] Žilinskij befand sich

---

sich die Bewegungen und Dislozierungen der russländischen Großverbände in täglicher chronologischer Beschreibung, inklusive der allabendlichen Lage.

[111] Tuchman, August 1914, S. 312 f.; Daniloff, Rußland im Weltkriege, S. 205.

[112] Stevenson, Der Erste Weltkrieg, S. 91; Tuchman, August 1914, S. 313; Daniloff, Rußland im Weltkriege, S. 202 f.; Stone, The Eastern Front, S. 55: Rennenkampf verfügte darüber hinaus noch über eine Reserve von sechs Divisionen des 2. Aufgebots.

[113] Keegan, Der Erste Weltkrieg, S. 208; Stone, The Eastern Front, S. 55.

[114] Daniloff, Rußland im Weltkriege, S. 209; zur Aufmarschordnung siehe ebd., S. 210. Nach Kürenberg, Rußlands Weg nach Tannenberg, S. 122 f., soll es erst der 19. August gewesen sein. Der Unterschied ergab sich daraus, dass am 18. die Kavallerie die Grenze bereits überschreiten, die Infanterie am 19. folgen sollte; siehe dazu BArch, RH 61/1333, Kurt Freiherr von der Osten-Sacken, Die Operationen der russischen 1. (Njemen-)Armee vom 16. bis 31.8.1914 (1920), Eintrag vom 15.8.1914. Die detaillierte Gliederung der russländischen Truppen bis auf Brigadeebene findet sich bei Loewenstern/Bertkau, Mobilmachung, S. 116, Anl. 12.

[115] Tuchman, August 1914, S. 313.

[116] BArch, RH 61/1343, Max Hoffmann an das Reichsarchiv, 5.1.1921, S. 2; Kürenberg, Rußlands Weg nach Tannenberg, S. 125.

[117] BArch, RH 61/1326, Auszug aus dem KTB des Oberleutnants Kuprikow (russ. Inf. Rgt. 23, 6. Inf.Div., XV. AK), S. 2.

[118] Stevenson, Der Erste Weltkrieg, S. 91.

als Oberbefehlshaber der Nordwestfront, der eigentlich die Offensiven koordinieren sollte, rund 300 Kilometer von seinen beiden Armeen entfernt.[119] Das wirkte sich umso dramatischer aus, als der Operationsplan dem deutschen Gegner
in die Hände fiel, weil er am 20. August bei einem gefallenen russländischen
Offizier gefunden wurde.[120] Zwar witterte das AOK 8 zuerst eine Falle, doch am
25. August leitete die Festungsfunkstelle Königsberg einen von Rennenkampf
und das Gouvernement Thorn einen von Samsonov jeweils erteilten Armeebefehl
– beide abgefangen und unverschlüsselt – an das AOK 8 weiter, die das russländische Vorgehen bestätigten.[121]
     Damit hatte die deutsche militärische Führung eine valide Grundlage für
ihre weiteren operativen Entscheidungen, die sich mit den emsig eingeholten
Aufklärungsergebnissen abgleichen ließen. Insbesondere war die vollständig
voneinander unabhängige Gefechtsführung der beiden zarischen Armeen herauszulesen, die an anderer Stelle noch problematisiert werden wird. In diesem
Kontext von keiner nachweisbaren Bedeutung, aber verschiedentlich in der
Literatur als Begründung für die russländische Niederlage bei Tannenberg zu finden, ist die persönliche Antipathie zwischen Samsonov und Rennenkampf: Im
russländisch-japanischen Krieg als Divisionskommandeure an nebeneinanderlie-
genden Frontabschnitten eingesetzt, sollen sie sich seinerzeit nach einer schweren Niederlage zufällig am Bahnhof in Mukden begegnet und gegenseitig der
mangelnden Unterstützung beschuldigt haben, worüber es zu einer Schlägerei
gekommen sei; ein eigentlich gefordertes Duell habe einzig ein direkter Befehl des
Zaren verhindert.[122] Abgesehen vom unklaren Wahrheitsgehalt dieser Erzählung
war sich der deutsche Militärgeheimdienst einer Feindschaft zwischen den
beiden Generalen so sicher, dass er es für äußerst unwahrscheinlich hielt, dass
Rennenkampfs Armee Samsonovs Truppen in einer kritischen Situation zu Hilfe
kommen würde. Diese Einschätzung stützte sich jedoch mehr auf die Feststellung,
dass Ersterer als Protegé des Großfürsten Nikolaj galt, Zweiterer hingegen als
der des Kriegsministers Suchomlinov.[123] Max Hoffmann verbreitete in seinen
Veröffentlichungen über Tannenberg aber weiter die alternative Geschichte:

>»Und dann die große Frage, ob Rennenkampf marschieren würde, um
Samsonov zu helfen. Den Teufel wird er marschieren, dachte ich [...] Ich
schwor darauf, dass Samsonov jetzt die Quittung bekam.«[124]

Wenngleich die persönliche Antipathie zwischen den beiden Armeeoberbefehlshabern nicht ganz von der Hand zu weisen ist, so sind andere Faktoren wesentlich relevanter gewesen, allen voran der Zustand der russländischen Streitkräfte.
Außerdem wies François darauf hin, dass sich der Oberbefehlshaber der russländi-

---

[119] Ebd., S. 93.
[120] Giehrl, Tannenberg, S. 19.
[121] Zit. nach BArch, N 591/58, Oberstleutnant Praun: Die Nachrichtenverbindungen um die
      Schlacht bei Tannenberg. In: Deutsche Nachrichtentruppen (Die F-Flagge), 1938, fol. 3 f.
      Samsonovs Befehl findet sich wieder in BArch, PH 5 II/180, KTB 8. Armee/AOK 8/Ia
      Nr. 882 g: Funkspruch von Gouvernement Thorn: russ. Funkspruch, 25.8.1914, 9.40 Uhr,
      fol. 126.
[122] Auf diesen Umstand als Grund für nicht geleistete Unterstützung Rennenkampfs schwor
      Hoffmann; Hoffmann, Die Aufzeichnungen, Bd 1, S. XIX f., sowie Bd 2, S. 40 und 295 f.
[123] Strachan, The First World War, S. 317.
[124] Hoffmann, Die Aufzeichnungen, Bd 1, S. XIX.

schen Streitkräfte, Großfürst Nikolaj, zeitweise im Hauptquartier Rennenkampfs aufhielt. Ihm wäre eine derartige Begründung für das Nichteingreifen der 1. Armee wohl kaum zu verheimlichen, geschweige denn zu vermitteln gewesen.[125]

3. Zustand und Ausrüstung der Streitkräfte

St. Petersburg hielt sich traditionell eine große stehende Armee. Es bestückte damit seine vielen Garnisonen im ausgedehnten Zarenreich, sie diente aber auch der Repression im Inneren. In Friedenszeiten war sie etwa 1 423 000 Mann stark, bei einer jährlichen Rekrutenzahl von rund 700 000 Wehrpflichtigen; nach der Mobilmachung konnte sie kurzfristig auf ca. 3 115 000 Mann aufwachsen bei einer weiteren Reserve von etwa zwei Millionen Landwehrmännern und Rekruten; das gesamte waffenfähige Potenzial betrug zwischen 14 und 15,5 Millionen Mann.[126] Pro Jahr wurde etwa ein Viertel aller verfügbaren jungen Männer über ein Losverfahren einberufen, denen die militärische Führung aber eine »nur rudimentäre Schulbildung und zweifelhafte Zuverlässigkeit« zuschrieb.[127]

Die russländische 1. Armee gliederte sich im August 1914 in 6 ½ Infanterie- und 5 ½ Kavalleriedivisionen mit 104 Bataillonen und 124 Schwadronen sowie 492 Geschützen, die 2. in 9 ½ Infanterie- und drei Kavalleriedivisionen mit 188 Bataillonen und 72 Schwadronen sowie 738 Geschützen.[128] Auf der deutschen Seite standen dagegen vier Armeekorps, insgesamt 13 Infanteriedivisionen mit rund 175 000 Mann Infanterie in 175 Bataillonen und etwa 16 000 Mann Kavallerie in 99 Schwadronen, zusammen also rund 191 000 Mann mit 632 Geschützen und 384 Maschinengewehren.[129] Damit war die russländische Übermacht der Papierlage nach in der Tat erdrückend, sie fordert aber gleichzeitig einen Blick auf den Zustand und die Ausrüstung der Truppen, um diesen vordergründigen Befund zu evaluieren.[130]

Die Stärke eines deutschen Armeekorps umfasste im Frieden etwa 20 000 Mann, wuchs im Mobilisierungsfall jedoch auf eine Kriegsstärke von 1500 Offizieren so-

---

[125] François, Marneschlacht und Tannenberg, S. 249.
[126] Tuchman, August 1914, S. 78; Oberdörfer, Kriegsschauplatz Ostpreußen, S. 268; Dobrorolski, Die Mobilmachung der russischen Armee, S. 11 f. In anderen Arbeiten werden Zahlen bis 6,5 Mio. Mann genannt; siehe Golovine, The Russian Army in the World War, S. 46.
[127] Stevenson, Der Erste Weltkrieg, S. 86.
[128] Stone, The Eastern Front, S. 58. Nach Kabisch, Streitfragen des Weltkrieges, S. 81, gliederte sich die 1. Armee in drei Armeekorps, eine Schützenbrigade, sieben Reservedivisionen und 5 ½ Kavalleriedivisionen mit insgesamt 246 000 Mann ohne Trains und Kolonnen, davon 131 000 Feldtruppen der 1. Linie. Die 2. Armee bestand aus sechs Armeekorps, einer Schützenbrigade, vier Reserve- und drei Kavalleriedivisionen mit insgesamt 289 000 Mann, davon 223 000 Feldtruppen der 1. Linie.
[129] Ludendorff, Tannenberg, S. 140. Die Zahlen variieren mitunter. Von entscheidender Bedeutung ist die in der Literatur vorgefundene Bandbreite jedoch nicht.
[130] Rohrscheidt, Über Stallupönen und Gumbinnen, S. 71 f. Eine sehr gute Übersicht zum deutschen militärischen Denken, zu Kriegführung, Rüstung, den Strukturen und Erfahrungen bietet Stachelbeck, Deutschlands Heer.

wie 40 000 Unteroffizieren und Mannschaften. Es führte rund 14 000 Pferde für den Train, die bespannte Artillerie und die sechs Kavallerieregimenter mit sich, benötigte pro Tag über 130 Tonnen alleine an Lebens- wie Futtermitteln und erstreckte sich auf dem Fußmarsch über etwa 50 Kilometer.[131] Die Armeekorps beider Streitkräfte waren paarweise gegliedert, setzten sich also in der Regel aus zwei Divisionen, diese aus zwei Brigaden und jene aus zwei Regimentern, diese wiederum aus jeweils vier Bataillonen zusammen. Zum Träger des Gefechts der Verbundenen Waffen auf der taktischen Ebene hatte sich die Division mit ihren im Idealfall rund 18 000 Mann entwickelt.[132] Ihr Kommandeur war in beiden Streitkräften alleinverantwortlicher militärischer Entscheidungsträger des Großverbandes.[133] Zu jeder deutschen Division gehörte eine Artilleriebrigade mit zwölf Batterien sowie Kavallerie-, Pionier-, Sanitäts-, Jäger-, Radfahr- und Kraftfahrzeugtruppen. Die reine Infanteriestärke bestand aus vier Regimentern mit je drei bis vier Bataillonen, rund 13 000 Mann mit 24 Maschinengewehren; die Artillerie bestand aus 72 Geschützen, davon 54 Feldkanonen Kaliber 77 mm und eine Abteilung mit 18 leichten Feldhaubitzen Kaliber 105 mm. Reserve- und Landwehrdivisionen wichen hingegen in ihrer Grundgliederung ab: Erstere verfügten über eine höhere Infanteriestärke, beide jedoch über deutlich weniger Maschinengewehre und Artillerie.[134] Die russländischen Divisionen setzten sich demgegenüber aus 16 Bataillonen zusammen und wiesen damit eine wesentlich höhere Infanteriestärke auf; ihre Armeekorps kamen dadurch auf rund 48 000 Mann sowie auf 96 Feldkanonen und zwölf Haubitzen.[135]

---

[131] Herwig, The Marne, S. 49. Zur weiteren Ausdifferenzierung der organisatorischen Gliederung siehe Showalter, Tannenberg, S. 117–121.

[132] Stachelbeck, Militärische Effektivität, S. 3; und grundsätzlich Cron, Geschichte des Deutschen Heeres, S. 95–106.

[133] Der Stab einer deutschen Division bestand bis zum Kriegsende aus zwei Generalstabsoffizieren (Ia/Ib, später I/Ia) für die operativen und taktischen Angelegenheiten, vier Ordonnanzoffizieren (u.a. für Nachschub, Unterkünfte, Karten- und Meldewesen, Ersatzwesen), einem Adjutanten (Personalangelegenheiten), einem Munitions- und Nachschuboffizier, dem Feldjustizbeamten (Gerichtswesen und Rechtsfragen), dem Divisionsintendanten (Verpflegungs- und Rechnungswesen), dem Divisionsarzt, dem Divisionsveterinär, dem Kommandanten des Stabsquartiers (Innere Organisation des Stabes), dem Führer des großen Trosses (Marschaufgaben), der Feld-Divisionsgeistlichkeit katholisch und protestantisch, der Feldpostexpedition, dem Referat Kraftfahrwesen, dem Gasschutz- und Sammeloffizier (Gaskampfangelegenheiten und Sammelgut), dem Unterrichtsoffizier (»Vaterländischer Unterricht« und Truppenbetreuung), dem Pionierkommandeur sowie dem Kommandeur der Divisionsnachrichtentruppen. Alles in Allem umfasste er 40 Offiziere, 300 Unteroffiziere und Mannschaften mit bis zu 300 Pferden. Siehe Stachelbeck, Militärische Effektivität, S. 42 f.

[134] Ebd., S. 118; Herwig, The Marne, S. 49. Siehe dazu BArch, RH 61/1149, Aufstellung, Befehlsverhältnisse, Gliederung und Aufgabe der Divisionsartillerie. Die Stärke der Division schwankte während des Krieges beträchtlich. Zu Beginn des Krieges gliederte sich eine Infanteriedivision in vier Regimenter mit 17 000 Mann und 4000 Pferden. Am Ende des Krieges (Stand: 1.11.1918) lag sie dann – ohne zusätzliche Armeetruppen – bei nur noch 10 700 Mann (435 Offiziere, 10 220 Unteroffiziere und Mannschaften) und etwa 3000 Pferden. Siehe Stachelbeck, Militärische Effektivität, S. 35.

[135] Menning, Bayonets before Bullets, S. 229; Keegan, Der Erste Weltkrieg, S. 206; Groß, Mythos und Wirklichkeit, S. 109 f.

In der Bewaffnung lag der eklatante Unterschied zwischen beiden Streitkräften zu Beginn des Ersten Weltkrieges vor allen Dingen in der artilleristischen Ungleichheit: Jedes deutsche Armeekorps verfügte über 24 Feldbatterien
mit jeweils sechs 135-mm-Kanonen und über vier schwere Artilleriebatterien
mit jeweils vier Kanonen. Für das hier relevante Szenario war insbesondere ein
Bataillon mit 16 150-mm-Haubitzen wesentlich, weil die russländischen Streitkräfte solch große Kaliber nicht besaßen.[136] Ihr Einsatz machte von Anfang an
erheblichen Eindruck auf die zarischen Soldaten, die im Laufe der Gefechte wiederholt auswichen, wenn sie mit diesen »Koffern« beschossen wurden.[137] Jeder
Infanteriedivision war ein Feldartillerieregiment zugeordnet, bestehend aus
zwei Feldkanonenabteilungen zu je drei Batterien à vier Feldkanonen 7,7 cm,
einer Abteilung leichter Feldhaubitzen zu je drei Batterien à vier Feldhaubitzen
10,5 cm, eben jener Abteilung mit vier schweren Feldhaubitzen 02, 15 cm und
den dazugehörenden Munitionskolonnen. Die Hauptaufgabe der Artillerie lautete, »die Infanterie lageangepasst und wirksam zu unterstützen [...], um eine
zeitweilige Feuerüberlegenheit (vorübergehend und örtlich) für einen erfolgreichen Sturmangriff zu gewinnen. Schematisierungen bei der Umsetzung von
Kampfverfahren wurden strikt untersagt.«[138]
    Nach dem Exerzierreglement für die Infanterie war diese zwar »die Hauptwaffe.
Im Verein mit der Artillerie kämpft sie durch Feuer den Gegner nieder. Sie allein
bricht seinen letzten Widerstand. Sie trägt die Hauptlast des Kampfes und bringt
die größten Opfer, dafür winkt ihr auch der höchste Ruhm.« Doch im Gefecht
der Verbundenen Waffen maß man den »Unterstützungswaffen« wesentliche
Bedeutung zu: »Das Infanterie- und Maschinengewehrfeuer im Verein mit dem
Feuer der Artillerie muss den Feind in seinen Deckungen so niederhalten, dass
die Beseitigung der Hindernisse vollendet und zum Sturm geschritten werden
kann.«[139]
    Generale wie François legten deswegen schon in der Gefechtsausbildung
großen Wert auf das Einüben dieses Zusammenwirkens. Um das wechselseitige
Verständnis der jeweiligen Waffengattungen zu verbessern, kommandierte er seine Offiziere zur jeweils anderen und ließ sie deren Verbände auch auf Übungen
führen.[140] Trotz der die Verteidigung deutlich begünstigenden Waffenentwicklung
war und blieb die Taktik der Landkriegführung in allen europäischen Armeen
einseitig auf den Angriff ausgerichtet, die Offensivziehung der Truppe stand in
der Ausbildung absolut im Vordergrund.[141] Für eine wirksame Unterstützung im
Angriff ist die Zahl an Maschinengewehren 1914 dennoch viel zu gering gewesen;

---

[136] Herwig, The Marne, S. 49. Zur weiteren Ausdifferenzierung der organisatorischen Gliede-
     rung siehe Showalter, Tannenberg, S. 117–121.
[137] So angeblich die Bezeichnung durch die russländischen Soldaten, Daniloff, Rußland im
     Weltkriege, S. 221 f. Beispiele dazu nennt auch Noskoff, Der Mann, der Tannenberg ver-
     lor, S. 87.
[138] Stachelbeck, Militärische Effektivität, S. 59; grundsätzlich Fleischer, Deutsche Artillerie,
     S. 16, 18, 24 f. und 32.
[139] Exerzierreglement für die Infanterie, S. 81 und 109, zit. nach Stachelbeck, Militärische
     Effektivität, S. 59.
[140] François, Marneschlacht und Tannenberg, S. 130.
[141] Groß, Das Dogma der Beweglichkeit, S. 146; Habeck, Die Technik im Ersten Weltkrieg;
     grundsätzlich Snyder, The Ideology of the Offensive. Zur Weiterentwicklung in der russ-

dort dominierte zunächst das Massenfeuer der Einzelschützen aus der Schützenlinie heraus. Feuer und Bewegung zu koordinieren, also der Kampf der Verbundenen Waffen, kam auch während des Ersten Weltkrieges über erste Ansätze nicht hinaus. Artillerie und Infanterie planten das Gefecht – entgegen der Reglements und nicht zuletzt aus Missgunst oder Prestigedenken ihrer Kommandeure – meist neben- anstatt miteinander. Erst 1921 entstand mit der Heeresdienstvorschrift 487 »Führung und Gefecht der verbundenen Waffen« ein entsprechendes Reglement. In der deutschen militärischen Führung existierte außerdem die Furcht, den im Drill anerzogenen Vorwärtsdrang der Infanterie durch eine zu enge Anbindung an die Artillerie zu behindern.[142] Obwohl die Felddienstvorschrift schon 1909 das aufgelockerte Vorgehen vorsah, rückten die deutschen Armeen zu Beginn des Krieges immer noch in breiten Marschkolonnen vor.[143] Das galt auch für die russländischen Streitkräfte, wodurch sich die Wirkung der deutschen schweren Artillerie dramatisch verstärkte.

Das Zarenreich verfügte über 2813 moderne Kanonen, davon waren aber nur gut 240 bewegliche schwere Waffen. Es hatte also zwar eine angemessene Zahl an schnellfeuernden Feldkanonen, doch zu wenig schwere Artillerie, nämlich insgesamt 60 Batterien im Vergleich zu den 380 deutschen. Weil man in der russländischen militärischen Führung die Hauptaufgabe der schweren Geschütze in der Verteidigung von Festungen sah, wurde das Feldheer nur spärlich mit ihnen ausgestattet. Sie besaßen jedoch gegenüber den leichteren Geschützen eine höhere Feuerkraft und eine größere Reichweite, weswegen die zarische Artillerie in Gefechten von der deutschen beschossen wurde, ohne selbst den Angreifer unter Feuer nehmen zu können. Dessen ungeachtet blieb es die Hauptaufgabe der Artillerie, die gegnerischen Geschütze zu bekämpfen, nicht, die eigene Infanterie zu unterstützen. Das sollte sich bei den Gefechten in Ostpreußen als fatal erweisen. Zudem lag der Munitionsbestand mit rund 1000 Geschossen je Geschütz deutlich niedriger als bei den französischen Verbündeten (1400–2000) oder gar dem deutschen Gegner (3000). Aber nicht einmal dieser Grundbestand wurde zu Kriegsbeginn erreicht: Man ging mit 850 Granaten je Geschütz in die Schlachten, die bereits nach vier Wochen Krieg auf etwa 25 zusammengeschmolzen waren – was sich umso nachhaltiger auswirkte, als jede zarische Infanteriedivision über sieben Feldgeschützbatterien verfügte, ihr deutsches Pendant dagegen über doppelt so viele.[144]

Das Problem war von der russländischen militärischen Führung durchaus erkannt worden. Zu den wesentlichen Maßnahmen ihres »Großen Programms« gehörte die Erhöhung der Anzahl der Artilleriegeschütze pro Armeekorps sowie der Batterien insgesamt um fast 90 Prozent, darüber hinaus die Vergrößerung

---

ländischen Armee vom Krieg mit Japan bis zum Vorabend des Ersten Weltkrieges siehe im Überblick Grawe, Deutsche Feindaufklärung, S. 424–431.

[142] Stachelbeck, Militärische Effektivität, S. 60 f.; Groß, Das Dogma der Beweglichkeit, S. 147; Storz, Die Schlacht der Zukunft.

[143] Herwig, The Marne, S. 49 f. Zum Kriegsbild in der deutschen militärischen Führung der Zeit siehe Stein, Die deutsche Heeresrüstungspolitik, S. 99–114.

[144] Tuchman, August 1914, S. 86 und 315; Stevenson, Der Erste Weltkrieg, S. 86 f.; Showalter, Tannenberg, S. 215 f.; Grawe, Deutsche Feindaufklärung, S. 425. Stone, The Eastern Front, S. 49, spricht sogar von nur 785 Granaten pro Geschütz für die 1. und 737 für die 2. Armee.

der technischen Truppen, der Luftstreitkräfte und der Kommunikationsmittel. Gleichzeitig sollten die einzelnen Batterien von acht auf sechs Geschütze verringert werden, was mehr Artilleriebatterien und damit eine flexiblere Gefechtsunterstützung ermöglichte. Zur Ausführung kam auch davon jedoch kaum etwas.[145] Dadurch blieben zu Beginn des Ersten Weltkrieges Rüstung und Logistik die beiden großen Problembereiche der russländischen Kriegführung. Im Zarenreich gelang es während des gesamten Krieges nicht, die ohnehin schwach ausgebaute Industrie in ausreichendem Maße auf die Bedürfnisse des Krieges umzustellen, um wenigstens die Versorgungs- und Ausrüstungsprobleme zu lösen; vor allem Waffen und Munition waren von Anfang an knapp. Dagegen setzte man zunächst weiter auf Waffenlieferungen aus dem Ausland, besonders aus Frankreich, obwohl sie im notwendigen Umfang erst für den Sommer 1916 zugesagt worden waren, da dort selbstverständlich die Ausrüstung der eigenen Streitkräfte im Vordergrund stand. Erst Mitte 1915 – gezwungen, den Kampf im eigenen Land zu führen – implementierte man wenigstens in großen Regionalstädten nach und nach Kriegswirtschaftliche Komitees, die zumindest für eine effektiver organisierte Auftragsverteilung der Bestellungen für die Front an mittel- und kleinständische Unternehmen sorgten.[146] Bis dahin blieb die Rüstungsproduktion weit hinter dem Bedarf zurück. Bereits im November 1914 hinkte beispielsweise der Ist-Bestand an Gewehren dem Soll um 870 000 Stück hinterher, wobei eine Monatsproduktion von 60 000 Stück vorgesehen war.[147] Gleichzeitig konnte das, was produziert wurde, den Fronttruppen oft nicht zugeführt werden. Zum einen verfügten die Nachschubverbände wie die Truppen selbst über zu wenig Pferde und kaum über motorisierte Fahrzeuge, weswegen der Nachschub schon zu Beginn des Feldzuges den eigenen Kampftruppen nicht hinterher kam;[148] die gesamten zarischen Streitkräfte besaßen 1914 418 motorisierte Transportfahrzeuge, 259 Pkw und zwei motorisierte Krankenwagen.[149] Zum anderen war der logistische Bereich derart desorganisiert, dass keine ausreichende Versorgung sichergestellt werden konnte. Ein kurz vor dem Krieg eingeführtes Zentralsystem hatte hier Abhilfe schaffen sollen, war dann aber noch nicht eingespielt und führte so nur zu großer Verwirrung.[150] Damit rächte sich an den Kampftruppen, dass ihr Vormarsch befohlen worden war, obwohl mit den Nachschubeinheiten erst ab dem 20. Mobilmachungstag, also dem 19. August, gerechnet werden konnte. In der Regel lief der Nachschub außerdem ab den Ausladebahnhöfen über Pferdefuhrwerke; in der Konsequenz war er »bestenfalls

---

[145] Grawe, Deutsche Feindaufklärung, S. 394 f.; Stevenson, Armaments and the Coming of War, S. 320–323; Menning, Bayonets before Bullets, S. 233 f. Das »Große Programm« sollte die Geschütze pro Armeekorps von 108 auf 144 erhöhen.

[146] Siehe dazu zuletzt Terre, Die Deutschen verbrauchen Material, S. 137–140, sowie insbesondere die von ihr beschriebenen Ergebnisse aus der russländischen Forschung.

[147] Khavkin, Russland gegen Deutschland, S. 68, Anm. 6.

[148] Tuchman, August 1914, S. 309, 314 und 337. Offenbar requirierten die russländischen Truppen in Ostpreußen Kraftfahrzeuge in größerem Umfang gegen Bezahlung; François, Marneschlacht und Tannenberg, S. 230.

[149] Tuchman, August 1914, S. 309 und 337.

[150] Showalter, Tannenberg, S. 215 f.; Stone, The Eastern Front, S. 63; Buchfinck, Tannenberg 1914, S. 235.

Glückssache«.[151] Das betraf insbesondere Samsonovs Armee, da sie nicht wie die Verbände Rennenkampfs aus einem, sondern aus drei Militärbezirken stammte.[152] Eines seiner Armeekorps musste sich beispielsweise schon zu Beginn des Feldzugs die Artilleriemunition mit dem Nachbarkorps teilen, weil bei ihm kein Nachschub eingetroffen war.[153] Doch auch Rennenkampfs Soldaten hatten bereits nach den ersten Kampfhandlungen bei Stallupönen und Gumbinnen bis zum 20. August beinahe ihre gesamte Munition verschossen.[154]

Ähnlich desaströs sah es in zwei anderen Bereichen aus, die traditionell für die Kampfkraft erhebliche Bedeutung besitzen, nämlich die Verwundetenversorgung, wo nicht ausreichend Feldlazarette zur Verfügung gestellt werden konnten, und die Verpflegung der Truppen.[155] Letztere soll bei der Kavallerie gut gewesen sein, was wohl vor allem an ihrer Eigenständigkeit und Beweglichkeit, ergo den damit verbundenen Möglichkeiten zur Requirierung, gelegen haben dürfte; die Infanterie jedoch habe gar keine Verpflegung erhalten, wodurch die Stimmung bei den Soldaten nach Gefangenenaussagen bald »reichlich schlecht« gewesen sei.[156] Die wenigen russländischen Feldlazarette scheinen allerdings auf dem Stand der Zeit gewesen zu sein. Am 30. August wurde »ein neues, vorzüglich ausgestattetes Feldlazarett, das sich in Grieslienen festgefahren hatte«, vom Generalarzt des deutschen I. Reservekorps jedenfalls »[b]esonders freudig begrüßt«.[157]

Während dieser Vorgang gegen eine wenigstens in der Qualität unzureichende Ausrüstung der zarischen Truppen spricht, richtet der Umstand, dass die Bestände dieses Lazaretts umgehend von deutschen Soldaten geplündert wurden, weil man sie nicht sofort gesichert hatte,[158] den Fokus auf die deutsche Logistik. Ihr gelang es zwar sehr viel besser als ihrem Gegner, die Verbände zu versorgen.[159] Doch litten auch die deutschen Soldaten bald nach Kriegsbeginn unter zumindest »teilweise mangelhafter Verpflegung«, obwohl sie im eigenen Land kämpften und von der Bevölkerung unterstützt wurden – was wiederum nötig war, denn der Tross und die Feldküchen vermochten auch hier den Truppen oft nicht zu folgen, sodass tagelang warme Kost fehlte, regelmäßig sogar Brot und Wasser für Mensch und Tier. Ausgegrabene Kartoffeln und Kohlrüben mussten vielerorts die Verpflegung ersetzen.[160] Als die 37. Infanteriedivision beispielsweise am 22. August in ihrem

---

[151] Tuchman, August 1914, S. 309 und 337, Zitat S. 337.
[152] Showalter, Tannenberg, S. 215 f. Wegen des aus dem Deutschen Reich 1910 übernommenen territorial gebundenen Ersatzsystems wurde auch im Zarenreich die regionale Identität der Truppen bevorzugt, sodass sich die Herkunft der Armeekorps grundsätzlich aus den Militärbezirken ergab. Wie bei den anderen kriegführenden Nationen musste dieses Muster angesichts der Dauer des Krieges und der hohen Verluste zwangsläufig durchbrochen und dann ganz aufgegeben werden; Narskij, Kriegswirklichkeit und Kriegserfahrung, S. 257; Oberdörfer, Kriegsschauplatz Ostpreußen, S. 253.
[153] Tuchman, August 1914, S. 337.
[154] Daniloff, Rußland im Weltkriege, S. 208 f.; Stevenson, Der Erste Weltkrieg, S. 93.
[155] Showalter, Tannenberg, S. 215 f.
[156] BArch, PH 5 II/179, KTB 8. Armee: Gouvernement Königsberg/Ib Nr. 298: Vernehmung von Gefangenen, 12.8.1914, fol. 69.
[157] BArch, RH 61/1353, Abschrift des Tagebuchs des Generals O. von Below, S. 55.
[158] Ebd.
[159] Stevenson, Der Erste Weltkrieg, S. 94.
[160] Mühlmann, Tannenberg 1914, S. 218 f.

Stellungsbereich bei Lahna und Orlau ankam, hatte sie ihre Bestände selbst ergänzen müssen, wie ihr Divisionskommandeur, Generalleutnant Hermann von
Staabs, lange nach dem Krieg dem Reichsarchiv zu Protokoll gab:

> »In den von der Division berührten, durchweg verlassenen Ortschaften wurde
> gewöhnlich ausreichend Fleisch gefunden, Kartoffeln dagegen häufig mangel-
> haft und Brot gar nicht. Die vom General-Kdo. angeordnete Broterbackung
> [sic] wurde zwar durchgeführt, doch erreichte das Brot die Truppe, die in-
> zwischen weitermarschiert war, häufig nicht mehr. Es fehlten Fahrzeuge zum
> Heranbringen des Brotes, weil die flüchtenden Bauern Wagen und Pferde mit
> sich geschleppt hatten.«[161]

Mancherorts ernährten sich die Truppen »mehrere Tage lang nur von Fleisch und
Kaffee (ohne Brot und fast ohne Kartoffeln)«, sodass die Männer »kein Fleisch
mehr sehen [könnten], derart widerstände es ihnen«.[162] Hier bildete ausgerech-
net das ansonsten nicht gut ausgestattete I. Reservekorps eine Ausnahme: »Die
Verpflegung-Lage [sic] des Korps war gut. Wir hatten sie für 13 Tage in Händen
und noch 3 volle Verpflegung-Züge [sic] hinter uns.«[163] So war es bei den deutschen Streitkräften in Ostpreußen zwar nicht zur »Glückssache« geworden, *ob* sie
überhaupt etwas erhielten, immerhin jedoch, *was* ihnen der Nachschub *in welcher
Menge* zuführte.

Die russländische militärische Führung versuchte die Defizite regelmäßig
durch den Einsatz von mehr Soldaten auszugleichen. Die noch zu Friedenszeiten
ausgebildeten Offiziere, weit mehr noch die Unteroffiziere und einfachen
Soldaten, fielen durch diese Vorgehensweise rasch in großer Zahl, während der
Personalersatz wiederum mangelhaft trainiert war, weil man die Ausbildung in
den Kriegsschulen und -akademien mit Kriegsbeginn eingestellt hatte. Dass ihre
menschlichen Ressourcen ebenfalls begrenzt waren, wurde der militärischen
Führung erst nach zehn Monaten Krieg so recht bewusst. Kurzfristig improvi-
sierte Ausbildungseinrichtungen vermochten dann zwar einigermaßen die quan-
titativen, nicht aber die qualitativen Mängel auszugleichen.[164] Dabei war gerade
der Mangel an Offizieren und Unteroffizieren bereits in Friedenszeiten eklatant.
Während im Deutschen Reich pro Kompanie zwölf Unteroffiziere dienten und in
Frankreich immerhin sechs, waren es im Zarenreich lediglich zwei.[165] Im Deutschen
Reich hatte man den Unteroffiziermangel seit 1895 durch eine ganze Reihe von
Maßnahmen wirksam bekämpft: Neben der Einführung eines Handgeldes waren
vor allem die Entlohnung deutlich erhöht, die Beförderungsmöglichkeiten ausge-
weitet und nicht zuletzt Versorgungsoptionen nach dem Dienstzeitende geschaf-
fen worden. 1910 wurde dann angesichts der Masse an Willigen die eigentliche
Etatzahl an Unteroffizieren überschritten.[166]

---

[161] BArch, RH 61/1317, 37. Infanteriedivision 1914 Lahna/Orlau und in Polen. Fragen des
Generalleutnants von Staabs an Oberst von Gaza und dessen Antwort, 28.2.1927.
[162] Ebd.
[163] BArch, RH 61/1353, Abschrift des Tagebuchs des Generals O. von Below, S. 15.
[164] Terre, Die Deutschen verbrauchen Material, S. 135: Hieraus zog man in einzelnen Trup-
peneinheiten die Lehre, den Offiziersersatz nicht gleichzeitig in den Einsatz zu bringen und
ihn – wo möglich – zunächst durch erfahrene Kameraden unmittelbar hinter der Frontlinie
nachzuschulen.
[165] Stevenson, Der Erste Weltkrieg, S. 86 f.
[166] Stein, Die deutsche Heeresrüstungspolitik, S. 71–74.

Bei den Offizieren verhielt es sich ähnlich: Alleine in Preußen war es gelungen, die Zahl an Offizieren von rund 15 000 im Jahr 1888 auf 22 112 am Vorabend des Ersten Weltkrieges zu steigern.[167] Demgegenüber fehlten in der zarischen Armee trotz etlicher Verbesserungen vor allem in der Besoldung und den Beförderungsmöglichkeiten im Jahr 1913 noch immer dreitausend Offiziere.[168] Das »Große Programm« sollte zwar bis 1917 11 700 neue Offizierstellen schaffen, gleichzeitig aber auch die Mannschaftsstärke um 486 000 Mann erhöhen, wodurch das Missverhältnis kaum verkleinert worden wäre.[169] Das russländische Offizierkorps war im Ergebnis zu Beginn des Krieges insgesamt kopflastig und völlig überaltert. Offiziererennungen und -beförderungen erfolgten hauptsächlich aus gesellschaftlichen Beziehungen heraus oder orientierten sich an der jeweiligen Vermögenslage.[170] In der Ostpreußischen Operation zeigte sich dies erneut besonders bei der 2. Armee: In jeder Schwadron oder Kompanie dienten lediglich drei Offiziere und vier bis fünf Unteroffiziere.[171]

Das wirkte sich im Kontext der starr hierarchischen Kommandostruktur der zarischen Streitkräfte mit ihrer »Befehlstaktik«, also des Führens mit Befehl, zumal angesichts der schnell eintretenden massiven Verluste an Offizieren und Unteroffizieren zu Beginn des Ersten Weltkrieges fatal aus. Dagegen wurde in den preußischen Streitkräften seit Moltke d.Ä. und den Reichseinigungskriegen bekanntlich das Führen mit Auftrag, seit 1906 als Auftragstaktik bezeichnet, entwickelt und ab 1888 in den Dienstvorschriften als »verbindliche Führungskonzeption zur Koordination immer komplexerer beweglicher Gefechtshandlungen« verankert. Im Unterschied zum Handeln auf Befehl, das von den jeweiligen Untergebenen auf allen Ebenen die buchstabengetreue Ausführung der getroffenen Anordnungen verlangt, erlaubt die Auftragstaktik dem einzelnen Befehlsempfänger nicht nur, sein Agieren auf wesentliche Lageänderungen im Sinne des Auftrages, vulgo der Zielerreichung, anzupassen, sondern es verpflichtet ihn sogar dazu. Dieses flexible Führungsverfahren bildete die essenzielle Basis für die operativ-taktische Beweglichkeit, die traditionell präferierte Lösung des Heeres für den Kampf gegen eine operative oder strategische Überlegenheit.[172] Vor dem Hintergrund der deutschen Ressourcenarmut und deren Auswirkungen auf die Taktikentwicklung entstand die dezentralisierte Auftragstaktik also in einem komplexeren Zusammenhang einer »Dynamik der Notwendigkeit«[173] oder, wie Christoph Jahr weniger konziliant meint, in einem Prozess der »erzwungenen Modernisierung«.[174] Sie war jedenfalls die speziell deutsche Antwort auf die chaotischen Rahmenbedingungen des modernen Gefechtes und ist es bis heute geblieben.[175]

---

[167] Zum Offiziernachwuchs siehe ebd., S. 74–80, bes. S. 79.
[168] Tuchman, August 1914, S. 83 f.
[169] Grawe, Deutsche Feindaufklärung, S. 394.
[170] Tuchman, August 1914, S. 81.
[171] Ebd., S. 336; BArch, PH 5 II/179, KTB 8. Armee: Gouvernement Königsberg/Ib Nr. 298: Vernehmung von Gefangenen, 12.8.1914, fol. 69.
[172] Stachelbeck, Militärische Effektivität, S. 58; Groß, Das Dogma der Beweglichkeit, S. 145.
[173] Herwig, The Dynamics of Necessity.
[174] Jahr, Gewöhnliche Soldaten, S. 19 und 333–338.
[175] Samuels, Command or Control?, sowie zur Diskussion Stachelbeck, Militärische Effektivität, S. 16 f., und Ferguson, Der falsche Krieg, S. 291 f. Siehe zuletzt Groß, Myth and Reality.

Während der Operationen in Ostpreußen, in denen immer wieder die Verbindung zu den vorgesetzten Kommandos abriss, kristallisierte sich die Fähigkeit zum eigenständigen Handeln im Sinne des erhaltenen Auftrages als entscheidender Vorteil für die deutsche Seite heraus. Sie basierte auf einer allen gemeinsamen Vorstellung von Kriegführung, wie sie im Exerzierreglement für die Infanterie fixiert worden ist, nach der

>das Gefecht denkende, zur Selbstständigkeit erzogene Führer und selbsthandelnde Schützen [verlangt], die aus Hingabe an den Kriegsherrn und das Vaterland den festen Willen zu siegen auch dann noch betätigen, wenn die Führer gefallen sind. Der Offizier ist das Vorbild seiner Leute; sein Beispiel reißt sie mit vorwärts [...] Der Unteroffizier unterstützt den Offizier und muss ihn nötigenfalls ersetzen. Auf seiner Zuverlässigkeit und Pflichttreue beruht der innere Zusammenhalt der Truppe.«[176]

Dieser Komplex erwies seinen Wert von Anfang an und im Verlauf des Ersten Weltkrieges immer mehr. Schließlich erodierte die »in einer langen Friedenszeit erreichte Disziplin und vaterländische Erziehung, die sich Hingabe zu Thron und Altar sowie der Abwehr sozialdemokratischer Ideen zum Ziel gesetzt hatte«, angesichts des ausbleibenden Sieges und der zunehmenden Schrecklichkeiten des Krieges rasch.[177] Da die innere Kampfkraft der deutschen Streitkräfte genau auf besagter Disziplin und Erziehung beruhte, war diese Erosion umso dramatischer.

Umgekehrt war eine erfolgreich angewendete »Befehlstaktik« logischerweise entscheidend abhängig von der Qualität des höheren und höchsten Offizierkorps und der Durchsetzung der Truppen mit einer äquivalenten Anzahl an Vorgesetzten, die für das Ausführen der gegebenen Weisungen zu sorgen hatten. Auf deutscher Seite bewertete man die russländischen Soldaten zwar als tapfer, ausdauernd und zäh, jedoch als von zu wenigen Offizieren und Unteroffizieren geführt, und das zudem schlecht. Das lag nicht alleine an der unzureichenden Anzahl an Offizieren und Unteroffizieren, sondern vor allem an deren Ausbildung. Da bis zum Vorabend des Ersten Weltkrieges keine grundlegende Reform der Offizierausbildung durchgeführt worden war, blieb das Offizierkorps bis hin zur Generalität noch sehr der Kriegführung des 19. Jahrhunderts verhaftet, was gerade in den Bewegungskriegsphasen wie in Ostpreußen hohe Verluste forderte.[178] So setzten beispielsweise weder Samsonov noch Rennenkampf Flugzeuge oder Kavallerie zur Aufklärung ein. Zwar sollte auf russländischer Seite jedem AOK und jedem aktiven Armeekorps eine Fliegerabteilung zu je sechs Flugzeugen zugeteilt werden, doch war das bis zum August 1914 erstens noch nicht abgeschlossen, und zweitens befand sich der größte Teil der Luftstreitkräfte an der österreichisch-ungarischen Front.[179] Zudem erwies sich die Mehrheit von Samsonovs 42 Flugzeugen als technisch nicht einsatzbereit, auch die verbliebenen spärlichen Kapazitäten nutzte er nicht. Während seine deutschen Gegner

---

[176] Exerzierreglement für die Infanterie, S. 1 und 81 f., zit. nach Stachelbeck, Militärische Effektivität, S. 58 f. Ähnlich argumentiert auch Buchfinck, Tannenberg 1914, S. 231.
[177] Förster, Weltanschauung als Waffe, S. 288 f.
[178] Kusber, Die russischen Streitkräfte, S. 260; Narskij, Kriegswirklichkeit und Kriegserfahrung, S. 251 f.
[179] Strachan, The First World War, S. 327; Rosenboom, Im Einsatz über der »vergessenen Front«, S. 26 f.; Loewenstern/Bertkau, Mobilmachung, S. 85, eine genaue Aufstellung auf S. 117, Anl. 13.

planmäßige Luftaufklärung betrieben, schien dem russländischen General diese
Option ebenso gleichgültig zu sein wie der Einsatz der Kavallerie zur Aufklärung.
Dabei besaßen die russländischen Streitkräfte gerade hier traditionell ein erhebliches Übergewicht; während der Ostpreußischen Operation betrug es etwa
10:1.[180] Die Kavallerie wurde vom Armeestab jedoch zurückgehalten, um sie
für Angriffsoperationen aufzusparen – das entsprach nicht dem Reglement, das
ihr vor allem Aufklärungsaufgaben zuordnete. Diese taktische Fehleinschätzung
wusste die zarische Armee das gesamte erste Kriegsjahr hindurch nicht aufzuhe-
ben.[181] Statt aufzuklären, beschränkte sie sich auf den Schutz der Flanken und
des rückwärtigen Bereiches. Wo ausnahmsweise aufgeklärt wurde, hielt sie keine ausreichende Verbindung zu den Korpsgefechtsständen, sodass dort gar keine
Aufklärungsergebnisse eintrafen – oder zu spät, und zudem waren sie oft falsch.[182]
Jede einzelne der 8 ½ Kavalleriedivisionen mit ihren jeweils rund 4000 Mann
bedurfte allerdings derselben Menge Versorgungsgüter wie eine Infanteriedivision
mit ihrer vier- bis fünffachen Personalstärke, nämlich etwa 40 Eisenbahnzüge, was
wiederum die Nachschubproblematik verschärfte.[183] Trotzdem sollte das »Große
Programm« die Zahl der Kavallerieregimenter um rund 40 Prozent erhöhen.[184]
    Auf der deutschen Seite war hingegen der Anteil der Kavallerie angesichts
der technologischen und waffenspezifischen Entwicklung stetig abgesenkt, dafür
ihre Feuerkraft erhöht worden. Jede ihrer Brigaden setzte sich aus 680 Reitern,
drei Batterien mit je vier Kanonen und einer Kompanie mit sechs Maschinengewehren zusammen. Ihre Aufgaben bestanden eben vor allen Dingen in der
Aufklärung des Gegners, außerdem im Melde- und Verbindungsdienst.[185] Dass
sich das zu Beginn des Krieges indes noch nicht recht eingespielt hatte, bestätigen die Beschwerden einzelner Verbände über den »Mangel an Divisions-
Aufklärungsmitteln«.[186] Während der Kämpfe in Ostpreußen musste der einzige
zur Verfügung stehende reitende Großverband, die 1. Kavalleriedivision, zudem
zeituntypisch und reglementswidrig zur Verzögerung der russländischen Kräfte
eingesetzt werden sowie als rasch beweglicher Einsatzverband – allerdings aus der
Not heraus, wie noch gezeigt werden wird. Die den Infanteriedivisionen zugeteil-
ten Kavallerieverbände setzten sich bis Ende 1916 aus zwei bis drei Eskadronen
unterschiedlicher Regimenter zusammen, danach nur mehr aus zwei.[187]

---

[180] Keegan, Der Erste Weltkrieg, S. 206 f.; Stone, The Eastern Front, S. 49 f.
[181] Khavkin, Russland gegen Deutschland, S. 69. Im Gegensatz dazu beklagte Uhle-Wettler,
       Höhe- und Wendepunkte deutscher Militärgeschichte, S. 146, noch im Jahr 2000, die Ka-
       vallerie beider Seiten habe »nur zögerlich [ge]kämpft und nur selten ihren Auftrag erfüllt,
       vermutlich, weil sie falsch, nur zur Aufklärung und nicht zum Kampf erzogen worden war«.
[182] Strachan, The First World War, S. 327.
[183] Keegan, Der Erste Weltkrieg, S. 206 f.; Stone, The Eastern Front, S. 49; Oberdörfer,
       Kriegsschauplatz Ostpreußen, S. 289.
[184] Grawe, Deutsche Feindaufklärung, S. 394 f.; Stevenson, Armaments and the Coming of
       War, S. 320–323; Menning, Bayonets before Bullets, S. 233 f.
[185] Herwig, The Marne, S. 50; Showalter, Tannenberg, S. 151 f.; Stachelbeck, Militärische Ef-
       fektivität, S. 38.
[186] Siehe z.B. BArch, RH 61/1317, 37. Infanteriedivision 1914 Lahna/Orlau und in Polen.
       Fragen des Generalleutnants von Staabs an Oberst von Gaza und dessen Antwort,
       28.2.1927.
[187] Stachelbeck, Militärische Effektivität, S. 38, sowie grundsätzlich Blau, Die operative
       Verwendung.

Eine ähnliche Diskrepanz zwischen der deutschen und der russländischen militärischen Führung zeigte sich noch deutlicher beim Einsatz der Fliegerkräfte: Die erste Meldung über das Erscheinen eines zarischen Flugzeuges über den deutschen Linien liegt von der 37. Infanteriedivision des XX. AK für den 14. August vor; tags darauf warf ein weiteres Flugzeug Bomben auf die Kaserne und den Bahnhof von Lyck, richtete dort jedoch keinerlei Schäden an – das war fast alles an russländischem Luftkrieg.[188] Dabei verfügte das Zarenreich am 1. August 1914 mit 263 Flugzeugen über die größte Luftmacht. Das Deutsche Reich besaß immerhin 240, Frankreich, das als führende Nation in der militärischen Luftfahrt galt, 165 und Großbritannien lediglich 63 einsatzbereite Flugzeuge.[189] Dass die eigene Kavallerie kaum, die Flugzeuge fast gar nicht zur Aufklärung eingesetzt wurden, führte dazu, dass beide zarische Armeen gewissermaßen blind in Ostpreußen unterwegs waren.[190]

Nicht ganz so drastisch wie ihr russländischer Gegner stand auch die deutsche Truppenführung zu Kriegsbeginn den Flugzeugen äußerst skeptisch gegenüber. Sie setzte sie anfangs eher aus der Not heraus ein, ließ sich im Verlaufe des Krieges aber rasch überzeugen.[191] Eine eigene Luftkriegsdoktrin existierte im August 1914 noch nicht, die geeigneten Einsatzformen mussten durch ihre Erprobung an der Front ermittelt werden, wo im August 1914 jedem deutschen Armeekorps eine Feldfliegerabteilung zu je sechs Flugzeugen zugeteilt war. Sie stellten ihren Mehrwert zwar bereits in den ersten Wochen unter Beweis, zu einer eigenen Waffe avancierte das Flugzeug jedoch erst während des Krieges.[192] Luftangriffe wurden zunächst vornehmlich durch Luftschiffe ausgeführt, die ansonsten wegen ihrer höheren Reichweite in erster Linie zur weitreichenden Aufklärung eingesetzt worden sind, hin und wieder auch für politische Zwecke wie Z V (Werk Nr. LZ 20) aus Posen, das in den ersten Kriegstagen Propagandamaterial über dem

---

[188] BArch, RH 61/1408, XX. AK vom 10. bis 20. August 1914 (ohne Datum), S. 34. Zur Entwicklung der zarischen Fliegertruppe siehe Rosenboom, Im Einsatz über der »vergessenen Front«, S. 26–30, sowie die dort angeführte Literatur.

[189] Rosenboom, Im Einsatz über der »vergessenen Front«, S. 20, beziffert dazu die Zahl an ausgebildeten Piloten auf 254, die der Flugzeugbeobachter auf 271. Groehler, Geschichte des Luftkriegs, S. 19, zählt für das Deutsche Reich indessen 232, Morrow, The Great War in the Air, S. 60, für Frankreich 141 Flugzeuge, und nach Keegan, Der Erste Weltkrieg, S. 211, verfügte das Zarenreich nur über 244 Flugzeuge, war damit aber noch immer die stärkste Luftmacht Europas.

[190] Vom 16. bis 19. August ist in den russländischen Unterlagen der immer gleiche Satz zu lesen: »Vom Feinde lagen wesentliche neue Nachrichten nicht vor.« Siehe BArch, RH 61/1333, Kurt Freiherr von der Osten-Sacken, Die Operationen der russischen 1. (Njemen-)Armee vom 16. bis 31.8.1914 (1920), Einträge vom 16., 17., 18., 19.8.1914.

[191] Loewenstern/Bertkau, Mobilmachung, S. 102. Zu den Einstellungen seitens Militär und Politik vor dem Ersten Weltkrieg siehe ausführlich Morrow, The Great War in the Air, S. 1–57; zur Quellenlage und dem aktuellen Forschungsstand Rosenboom, Im Einsatz über der »vergessenen Front«, S. 10–17, sowie Napp, Die deutschen Luftstreitkräfte, zum rasanten Ausbau der Fliegerkräfte ebd., S. 21. Zum Verhältnis der deutschen Militärs gegenüber technischen Innovationen siehe zuletzt Pöhlmann, Der Panzer, S. 19–48.

[192] Rosenboom, Im Einsatz über der »vergessenen Front«, S. 20; Neitzel, Zum strategischen Mißerfolg verdammt?, S. 168. Siehe dazu weiterführend Braun, Krieg der Ingenieure?; sowie grundsätzlich Morrow, The Great War in the Air.

russländischen Polen abwarf, um die dortige Bevölkerung aufzuwiegeln.[193] Die
Fokussierung auf das Luftschiff fand seine Begründung zum einen in diesen tech-
nischen Variablen, zum anderen in der vor dem Ersten Weltkrieg im Deutschen
Reich weit verbreiteten Zeppelinbegeisterung; Flugzeuge erschienen den meisten
dagegen eher suspekt.[194] Sie hatten in Ostpreußen zum ersten Mal 1913 in einem
Manöver mitgewirkt.[195] Zu Beginn des Krieges konnten sie nur etwa zwei bis drei
Stunden in der Luft bleiben. Sie waren mit bis zu zwei 25-cm-Kameras ausgestat-
tet, und ihre Bewaffnung bestand anfangs lediglich aus den Handfeuerwaffen der
Besatzung – aus Platzgründen meist Pistolen – sowie mitunter wenigen 5- oder
10-kg-Bomben, die per Hand abgeworfen werden mussten.[196] Dagegen schienen
Luftschiffe effektiver: Der erste Angriff des deutschen Z. VI (LZ 21) erfolgte in
den frühen Morgenstunden des 6. August 1914 auf Lüttich, blieb militärisch
jedoch bedeutungslos, obwohl dabei 200 kg Bomben abgeworfen und neun
Zivilisten getötet worden waren. Z VI wurde zwar anschließend durch Beschuss
vom Boden so schwer beschädigt, dass es in der Nähe von Bonn notlanden musste. Dennoch eröffnete man damit eine neue Dimension des Krieges.[197]

Das galt auch für den Osten, wo am 10. August 1914 zum ersten Mal Z IV
(LZ 16) aus Königsberg auf seiner ersten Kriegsfahrt auf der Linie Allenstein–
Mlawa russländische Truppenlager in und bei Mlawa bombardierte und weitere
Angriffe folgen ließ: Am 27. August warf man im Raum Friedland Bomben und
am 29. bei Muldszen »7 Granaten ab mit guter Wirkung [...] Batterie sofort zum
Schweigen gebracht«. Jedes Mal geriet Z IV wie sein Schwesterschiff Z V, das
am 7. August zu seiner ersten Einsatzfahrt aufstieg, unter starken Beschuss; bei-
de fielen zwischenzeitlich durch Trefferwirkung und technische Defekte aus.[198]
Allerdings erkannten die Luftschiffbesatzungen gegnerische Truppen oft gerade nur dadurch, dass jene das Feuer auf sie eröffneten.[199] Wie ungenau ihre
Beobachtungsmöglichkeiten ansonsten waren, zeigte sich, als am 10. August

---

[193] Kabisch, Streitfragen des Weltkrieges, S. 67; Showalter, Tannenberg, S. 153. Zu den Luftschiffen und ihren Besatzungen siehe BArch, RH 61/744, Bestand Heeresluftschiffe und
ihre Kommandanten.

[194] Reinicke, Deutschland hebt ab; Meyer, Luftschiffe; Knäusel, Zeppelin.

[195] Showalter, Tannenberg, S. 152.

[196] Herwig, The Marne, S. 49, sowie BArch, RH 61/1223, Die Tätigkeit der Fliegerverbände
der 1. und 2. Armee, 2.–9.9.1914, S. 6.

[197] Der Weltkrieg 1914 bis 1918, Bd 1, S. 115; Herwig, The Marne, S. 110; Morrow, The Great
War in the Air, S. 68; dort auch zu weiteren Luftangriffen in den ersten Kriegswochen.

[198] BArch, PH 5 II/180, KTB 8. Armee: Funkspruch Luftschiffhafen Königsberg an AOK 8,
27.8.1914, 7.40 Uhr, fol. 167; Loewenstern/Bertkau, Mobilmachung, S. 86; sowie Meldung des Zeppelin-Luftschiffes Z. Z IV an AOK 8, 29.8.1914, 8.40 Uhr, abgedruckt bei
Elze, Tannenberg, S. 326. Z V wurde bei Kutno von Infanterie und Artillerie beschossen und immerhin so schwer beschädigt, dass es fast fünf Tage ausfiel; dabei wurde ein
Besatzungsmitglied getötet oder verwundet. Siehe BArch, PH 5 II/179, KTB 8. Armee:
Telegramm aus Posen an AOK 8, 8.8.1914, 7.45 Uhr, fol. 18. Z IV war ab dem 18.8. »infolge Maschinendefekte auf mindestens 14 Tage unbenutzbar«; BArch, PH 5 II/180KTB
8. Armee/AOK/Ia Nr. 516 g an Generalstab Coblenz, 18.8.1914, 19.00 Uhr, fol. 32.

[199] Morrow, The Great War in the Air, S. 69 f. Zu den Einschränkungen der Beobachtung
aus der Luft speziell über ostpreußischem Terrain siehe Rosenboom, Im Einsatz über der
»vergessenen Front«, S. 33 f.

eine Bombe mitten in Lautenburg auf deutsches Gebiet fiel und auf einem Hof erheblichen Schaden anrichtete. Eine sofortige Untersuchung des Falles ergab, dass es sich um einen absichtlichen Abwurf auf Batterien handelte, die auf dem Marktplatz von Lautenburg aufgefahren, aber vermeintlich als gegnerische ausgemacht worden waren.[200]

Effizienter war stattdessen der Einsatz von Luftschiffen in der weitreichenden Aufklärung. Das AOK 8 setzte Z. IV nach dem Angriff auf Mlawa zur Überwachung der Armee Rennenkampf ein,[201] Z. V klärte hingegen Richtung Lodz und Nowogeorgiewsk auf, musste aber nach Beschuss am 27. August bei Mlawa notlanden. Die Besatzung wurde gefangen genommen, das Luftschiff zerstört.[202] Seine ausgebrannten Überreste entdeckte ein Flugzeugbeobachter am Morgen des 29. August drei Kilometer westlich von Lipowice.[203] Als Ersatz erhielt das AOK 8 am 30. August das Luftschiff aus Liegnitz zugewiesen.[204] Dieses sollte umgehend gegen Lodz aufklären, wo die Versammlung von vier russländischen Armeekorps gemeldet worden war, konnte wegen anstehender Reparaturen aber erst ab dem 1. September aufbrechen.[205]

Obwohl die Luftschiffe die deutsche operative Planung wirksam unterstützten, entwickelten sich die Flugzeuge bereits während der ersten Kriegswochen zum Hauptträger der deutschen Gefechtsfeldaufklärung aus der Luft.[206] Während den Armeekorps und Gouvernements eigene Fliegerkräfte zugeteilt wurden, verfügte das I. Reservekorps über keine Luftkriegsmittel.[207] Noch während sich die deutschen Bodentruppen versammelten, klärten die deutschen Fliegerbesatzungen bis zum 9. August von Insterburg, Allenstein und Posen aus gegen die Linie Kowno–Osowiec–Rozan–Nowogeorgiewsk–Lodz auf.[208] Sie meldeten beständig Stärke und Aufmarsch der russländischen Kolonnen, die mit Agenten- und Flüchtlingsnachrichten sowie den Aufklärungsergebnissen der Bodentruppen abgeglichen wurden und in der Summe ein vergleichsweise verlässliches Lagebild

---

[200] BArch, PH 5 II/179, KTB 8. Armee: General von Hahn an Gen.Kdo. XVII. AK, Betr.: Bombenabwurf von Z. V über Lautenburg (Nacht 10./11.8.), 11.8.1914, 8.00 Uhr, fol. 56. Zunächst war gemeldet worden, die Bombe sei explodiert, »ohne Schaden zu tun«; BArch, PH 5 II/179, KTB 8. Armee: Telegramm aus Königsberg an AOK 8, 11.8.1914, 12.34 Uhr, fol. 38. Zu den beschränkten Möglichkeiten der Bombardierungen aus der Luft siehe Rosenboom, Im Einsatz über der »vergessenen Front«, S. 49 f.

[201] BArch, RH 61/748, Fahrten des »Z. IV«, fol. 46.

[202] BArch, PH 5 II/107, KTB 8. Armee/Fernspruch vom Gouv. Thorn: Abgefangener russischer Funkspruch, an I. AK, 29.8.1914, 14.15 Uhr, fol. 25; BArch, PH 5 II/183, KTB 8. Armee: Eintrag vom 28.8.1914, fol. 37–41, hier fol. 40; BArch, RH 61/748, Fahrten des »Z. V«, fol. 47.

[203] BArch, PH 5 II/107, KTB 8. Armee/Telegramm aus Graudenz, 29.8.1914, 15.40 Uhr, fol. 18.

[204] BArch, PH 5 II/107, KTB 8. Armee/AOK 8/Ia Nr. 999 g, 30.8.1914, 11.30 Uhr, fol. 47 f.

[205] BArch, PH 5 II/183, KTB 8. Armee: Eintrag vom 30.8.1914, fol. 44–46, hier fol. 45.

[206] Rosenboom, Im Einsatz über der »vergessenen Front«, S. 22; Loewenstern/Bertkau, Mobilmachung, S. 86–95. Zu den an Tannenberg beteiligten Verbänden, deren Dislozierungsorte sowie die Namen ihrer jeweiligen Führer siehe dort die Anlagen.

[207] Loewenstern/Bertkau, Mobilmachung, S. 102.

[208] Ebd., S. 85. Zu den ersten Einsätzen von Luftschiffen an der Ostfront siehe die Zusammenfassung bei Morrow, The Great War in the Air, S. 68.

lieferten.[209] Auch im weiteren Verlauf der Kämpfe um Ostpreußen spielten die Fliegerkräfte eine veritable Rolle, nicht zuletzt im Melde- und Kurierdienst.[210] Sie waren gerade dort von Vorteil, wo rasch Aufklärungsergebnisse benötigt oder Meldungen verbracht werden mussten.[211] Erste Eiserne Kreuze des Krieges im Osten sind daher auch an Mitglieder von Flugzeugbesatzungen verliehen worden – »welche sie auch wahrlich verdient haben«, wie aus dem Stab des AOK 8 zugestanden wurde.[212] Bis zum Herbst 1914 wurden die Fliegerabteilungen auf sechs, bis zum Jahresende auf sieben erhöht, mit über 40 einsatzbereiten Flugzeugen; im folgenden Jahr verfünffachte sich diese Zahl dann.[213]

Wie wenig im Vergleich dazu insbesondere Samsonovs Führungsverständnis den Anforderungen eines modernen Krieges Rechnung trug, zeigte sich schon bei der Wahl seines Gefechtsstandes direkt an der Grenze, in effektiv 24 Stunden Entfernung von seiner Armee – so lange dauerte die Überstellung einer Nachricht von der Front an seinen Stab und wieder zurück zu den Truppen –, weswegen er auf Lageänderungen nicht eben schnell zu reagieren vermochte. Indem er zudem beinahe ausschließlich über Tagesbefehle führte, erschwerte er die Koordination seiner Verbände zusätzlich. Dass sich sein Vorgesetzter Žilinskij, dem man große Fähigkeiten, aber auch den Hang zur Unentschlossenheit attestierte – »ein langweiliger Bürokrat, ohne eigene Initiative, der lähmend und niederziehend auf seine Umgebung wirkte«[214] –, ebenfalls zu weit weg befand[215], komplettierte das rasant ausufernde russländische Führungschaos in Ostpreußen. Trotz der Entfernung mischte sich Žilinskij nach Beginn der Kampfhandlungen nämlich mit diversen Befehlen in Samsonows Kompetenzbereich ein – mit meist eklatanten Folgen, wie noch gezeigt werden wird.[216]

So erwies sich die mangelhafte Kommunikation von Anfang an als entscheidender Nachteil während der Ostpreußischen Operation. Die Nachrichtenverbindung zwischen beiden russländischen Armeen war ebenso brüchig wie zum Hauptquartier Žilinskijs, von dem aus der Vormarsch koordiniert werden sollte. Selbst die Hauptquartiere der Armeekorps verfügten nur über Leitungen zu den Divisionskommandos, nicht aber zum Gefechtsstand Samsonovs oder zu ihren Nachbarkorps. Das lag zum einen an einem organisatorischen, zum anderen an

[209] Keegan, Der Erste Weltkrieg, S. 211; Showalter, Tannenberg, S. 147 und 170.

[210] Siehe z.B. BArch, RH 61/185, Die Ereignisse in Ostpreußen, Eintrag vom 26.9.1914, oder BArch, RH 61/1386, Versammlung und Aufmarsch hinter der Seenlinie.

[211] BArch, RH 61/53, Denkschrift »Tannenberg« von Generalleutnant [Karl Ritter] von Wenninger (1916), S. 21.

[212] BArch, RH 61/735, Graf A.[lfred zu] Dohna[-Schlobitten], Der Feldzug in Ostpreußen 1914, undatiert (1920), S. 21.

[213] Rosenboom, Im Einsatz über der »vergessenen Front«, S. 51 und 106.

[214] Buchfinck, Tannenberg 1914, S. 234; nahezu wortgleich Noskoff, Der Mann, der Tannenberg verlor, S. 17, und ähnlich Kürenberg, Rußlands Weg nach Tannenberg, S. 95. Angeblich trug er den Spitznamen »Der lebende Leichnam« nach dem gleichnamigen Roman von Leo Tolstoj; Noskoff, Der Mann, der Tannenberg verlor, S. 17.

[215] Ungefähr 300 Kilometer Luftlinie ostwärts der Front in Wolkowysk, dem Bahnknoten der Linien Bialystok–Baranowitschi und Ssioedlez–Polozk: Solka/Schertler, Tannenberg 1914, S. 166.

[216] Stone, The Eastern Front, S. 58 f. Beispiele für solche Befehle finden sich bei Wehrt, Tannenberg, S. 67.

einem Ausstattungs- und Ausbildungsmanko: Zwar hatte jedes Armeekorps für die Verbindungen zu den eigenen Verbänden und mit dem Armeehauptquartier zu sorgen, nicht aber für eine Leitung zu den Nachbarn.[217] Die gesamte 2. Armee verfügte außerdem lediglich über 25 Telefone, eine Handvoll Funkstationen, 130 Kilometer Draht und oft ungeschultes Nachrichtenpersonal.[218] Schon am 24. August ging dem ersten russländischen Armeekorps der Draht aus.[219] Weil man außerdem die deutschen Telegrafenstationen und -linien logischerweise zerstört fand, war man gezwungen, auf Funkmeldungen auszuweichen.[220] Die Benutzung der drahtlosen Feldtelegrafen war für russländische Stäbe allerdings neu und ungewohnt.[221] Nach Aussage des Kommandierenden Generals des russländischen XIII. AK, Generalleutnant Nikolaj Alekseevič Kljuev,

> »verursachte [diese Tatsache] in der Eile des Vormarsches einen großen Wirrwarr. Die Telegramme wurden chiffriert versendet, aber das XIII. Armeekorps beispielsweise besaß keinen Schlüssel, um die Telegramme zu dechiffrieren. Infolgedessen blieb der vorgesetzten Stelle nichts anderes übrig, als die Funksprüche unchiffriert zu senden.«[222]

Da auch das VI. AK beispielsweise über keinen Chiffrierschlüssel verfügte[223], es grundsätzlich an Chiffrierbüchern, an Funkern und nicht zuletzt an Übersetzern fehlte – übrigens auf beiden Seiten[224] –, wurden die Nachrichten entweder gar nicht oder »so primitiv chiffriert, dass ein deutscher Mathematiklehrer, der der Achten Armee als Entschlüssler beigegeben war, ihn mühelos entziffern konnte«[225]. Angesichts der fehlenden Ausbildung und Ausrüstung schien den russländischen Militärs allerdings die Gefahr, die gesendeten Nachrichten könnten von den eigenen Truppen nicht entschlüsselt werden, größer als die Wahrscheinlichkeit, dass sie abgefangen würden; insofern war es ein vermeintlich kalkuliertes Risiko und nicht etwa Unachtsamkeit oder Überheblichkeit.[226]

Tatsächlich ist es während der Schlacht von Tannenberg einmal nachweisbar, dass ein Funkspruch in einem entscheidenden Moment nicht dechiffriert werden konnte, nämlich als sich Kljuev am 26. August mit seinem rechten Nachbarkorps, dem VI. AK, wegen des anstehenden Angriffs auf Allenstein verständigen wollte. So marschierte er mit seinem XIII. AK alleine auf die Stadt und ließ das VI. AK in der Luft hängen, das an diesem Tag von Belows und August von Mackensens Verbänden zerschlagen wurde.[227]

---

[217] Stevenson, Der Erste Weltkrieg, S. 91; Strachan, The First World War, S. 326; Noskoff, Der Mann, der Tannenberg verlor, S. 32.

[218] Tuchman, August 1914, S. 309, 314 f. und 337; Daniloff, Rußland im Weltkriege, S. 219; Wehrt, Tannenberg, S. 62; Kürenberg, Rußlands Weg nach Tannenberg, S. 207; Stone, The Eastern Front, S. 50 f.

[219] Tuchman, August 1914, S. 340.

[220] Ebd., S. 314 f.

[221] Daniloff, Rußland im Weltkriege, S. 221.

[222] Zit. nach Wehrt, Tannenberg, S. 62; siehe dazu auch Kürenberg, Rußlands Weg nach Tannenberg, S. 207.

[223] Tuchman, August 1914, S. 340.

[224] Keegan, Der Erste Weltkrieg, S. 215; Showalter, Tannenberg, S. 170.

[225] Tuchman, August 1914, S. 321. Beispiele für abgefangene russländische Funksprüche bei Elze, Tannenberg, S. 282, 289–291, 320, 326, 335; zum Mathelehrer Deubner, Ludwig Deubner.

[226] Showalter, Tannenberg, S. 169 f.

[227] Ebd., S. 258 f.; Strachan, The First World War, S. 329.

Faktisch brach die Kommunikation innerhalb der russländischen Nordwest-front bereits mit dem ersten relevanten Gefechtskontakt bei Gumbinnen am 20. August zusammen. Über einen direkten Kontakt zu Rennenkampf verfüg-te Samsonov nicht und lediglich über eine schwache Verbindung zu Žilinskij. Das wiederum zeitigte katastrophale Folgen, denn so blieb er seiner anfänglichen Auffassung verhaftet, Rennenkampfs Truppen würden weiter nach Westen vor-stoßen und die von jenem als geschlagen gemeldeten deutschen Truppen wichen gleichzeitig auf die Weichsel aus.[228] Weil Samsonov seinerseits unter den benann-ten Ausrüstungs- und Ausbildungsmängeln auf dem Nachrichtensektor litt, er in seinem Stab außerdem nur zehn Autos und vier, angeblich defekte, Motorräder zur Verfügung hatte, führte er die Kommunikation mit seinen Armeekorps in der Regel über Reiter. Da seine und Žilinskijs Befehle aber dafür sorgten, dass die Armeekorps der 2. Armee zu weit auseinandergerieten, um die Verbindung mit berittenen Meldern adäquat aufrechterhalten zu können, entwickelten sich »eine unentschlossene Führung auf der Ebene der höheren Offiziere sowie man-gelnde Koordination und Kommunikation« zum großen Problem der Armee Samsonovs.[229] Wie naiv der Umgang mit Nachrichten mitunter gewesen ist, zeig-te sich beispielsweise, als man beim russländischen XV. AK bereits am 23. August eine deutsche Posttasche erbeutete, aber 36 Stunden lang niemand auf die Idee kam, diese zu überprüfen, und sich anschließend keiner fand, der der deutschen Sprache mächtig war.[230]

Umgekehrt verfügte auch die deutsche Seite über zu wenig Personal mit ad-äquaten Sprachkenntnissen. Erst am Tag nach der Schlacht von Gumbinnen begannen Übersetzer in der Festungsfunkstelle Königsberg mit ihrer Arbeit; ab wann in Thorn und Posen übersetzt wurde, ist nicht bekannt.[231] Auch hier war also der Nachrichtensektor vernachlässigt worden, aber nicht ganz so eklatant: Jedes Armeekorps verfügte zwar über eine eigene Kompanie mit Funkern und ein Bataillon von Telefonspezialisten, doch die rund 40 Telefonkompanien der deutschen Streitkräfte befanden sich zu Beginn des Ersten Weltkrieges noch im Aufbau. Sie mussten deswegen bei Kriegsbeginn noch rund 21 000 Brieftauben mitführen, und den Großteil der Meldungen überbrachten nach wie vor Nach-richtenoffiziere zu Pferd oder im Kraftwagen.[232] Ausreichende Vorbereitungen für die Zusammenarbeit zwischen Post und Truppe waren in Friedenszeiten zudem keine getroffen worden; erst bei der Mobilmachung erhielten die Postämter um-fangreiche Anweisungen. Zu Kriegsbeginn vermochte selbst die OHL in Koblenz

---

[228] Strachan, The First World War, S. 326 f.
[229] Kusber, Die russischen Streitkräfte, S. 266 f.; siehe dazu auch Stone, The Eastern Front, S. 50, sowie Showalter, Tannenberg, S. 217.
[230] Showalter, Tannenberg, S. 231.
[231] Smoot, A Battle Lost, S. 290. Auch hinsichtlich des Chiffrierens musste sich die deutsche Generalstabsabteilung IIIb selbst behelfen, weil einschlägige Vorgaben fehlten; Geheimer Nachrichtendienst und Spionageabwehr des Heeres [...], NARA, Records of the German Armed Forces High Command, 1914–1945, National Archives Microfilm Publication No. T77, Roll 1508, S. 30.
[232] BArch, RH 61/53, Denkschrift »Tannenberg« von Generalleutnant [Karl Ritter] von Wenninger (1916), S. 22; Herwig, The Marne, S. 50; Kaufmann, Kommunikationstechnik, S. 139; BArch, RH 61/1149, Die Divisionsfunkerabteilungen. Tätigkeit, Einsatz und Verwendung von Funkenkleinstationen; Smoot, A Battle Lost.

mit dem AOK 8 aufgrund der bestehenden technischen Möglichkeiten oder
vielmehr Einschränkungen ausschließlich mittels Briefen und Telegrammen zu
kommunizieren.[233] Auch seitens des AOK 8 gab es keinerlei Richtlinien für den
Einsatz der Fernsprechverbände, nach denen die Armeetelegrafenabteilungen
und die Korpsfernsprechabteilungen für die Führung zusammenzufassen gewesen wären. Es blieb den Armeekorps überlassen, selbst für die Verbindung zum
AOK zu sorgen.[234] Manche Kommandeure mussten das erst lernen: So galt die
1. Kavalleriedivision im Kontext der Schlacht bei Gumbinnen bereits als verloren, sorgte anschließend aus dieser Erfahrung heraus aber für eine permanen-
te Verbindung zum AOK 8. Und die Korpsfernsprechabteilung des XX. AK
konnte erst zum 22. August den Ausbau eines ausreichenden Fernsprechnetzes
abschließen. Seither verfügte es über eine Fernsprechverbindung zum AOK in
Marienburg sowie Feldkabelleitungen in einer Länge von 55 Kilometern bis hin zu
den Gefechtsständen seiner Divisionen und deren Brigaden.[235] Mehr jedoch auch
nicht: Der Kommandeur der beim XX. AK eingesetzten 37. Infanteriedivision
gestand nach dem Krieg dem Reichsarchiv, »der geringe Vorrat an Draht« sei
spätestens am 23. August »während der Marschtage aufgebraucht« gewesen, sodass fortan »nur ganz kurze Leitungen« gelegt werden konnten, »die kaum bis
zu den Brigadestäben reichten«.[236] Das heißt, unterhalb dieser Führungsebene
existierte keinerlei Verbindung oder nur eine durch Melder zu Pferd, bestenfalls
mit dem Kraftwagen. Über weitere Entfernungen bevorzugte man nach wie vor
das Telegramm.[237]

Immerhin erlaubte es der umfangreiche Stab der 8. Armee, zu allen entfern-
teren Teilen Nachrichtenoffiziere zu entsenden, was sich im Zuge der Kämpfe als
großer Vorteil herausstellte, auch wenn sie regelmäßig von den Kommandierenden
Generalen nicht ausreichend mit einbezogen wurden.[238] Wie wenig ernst auch
die deutsche Generalität den Nachrichtensektor nahm, zeigt sich überdeutlich in
der Tatsache, dass die Nachrichtenoffiziere, wenn sie in Friedenszeiten unterwegs
waren, von ihrer Ehefrau am heimischen Telefon vertreten wurden, die dann ein-
treffende Nachrichten ganz offiziell und in eigener Unterschrift an vorgesetzte militärische Dienststellen weitergab – eine kuriose Singularität wohl nicht nur in der
deutschen Militärgeschichte.[239] Durch die Entsendung der Nachrichtenoffiziere
bestand zwischen dem AOK 8 und dem XVII. AK, dem I. Reservekorps und
der 1. Kavalleriedivision jedenfalls sehr viel öfter wenigstens eine funktelegra-

---

[233] BArch, N 591/58, Oberstleutnant Praun: Die Nachrichtenverbindungen um die Schlacht
bei Tannenberg. In: Deutsche Nachrichtentruppen (Die F-Flagge), 1938, fol. 1.

[234] Ebd., fol. 6.

[235] Ebd., fol. 2 f., 6 und 8.

[236] BArch, RH 61/1317, 37. Infanteriedivision 1914 Lahna/Orlau und in Polen. Fragen des
Generalleutnants von Staabs an Oberst von Gaza und dessen Antwort, 28.2.1927.

[237] Geheimer Nachrichtendienst und Spionageabwehr des Heeres [...], NARA, Records of
the German Armed Forces High Command, 1914–1945, National Archives Microfilm
Publication No. T77, Roll 1508, S. 23 f. Demnach benötigte die Überstellung einer Nachricht via Telegramm für die Strecke von Königsberg bis zum Großen Generalstab zwischen
anderthalb und zwei Stunden.

[238] Die Nachrichtenoffiziere waren bereits am 25.7.1914 aus dem Urlaub zurückbeordert worden. Ebd., S. 5 und 27 f.

[239] Ebd., S. 40; zur Organisation der Nachrichtenstellen insgesamt ebd., S. 40–57.

fische Verbindung, während die Kabelleitungen wiederholt durch gegnerische Kavallerie zerstört oder dadurch blockiert wurden, dass Beamte ihre Postämter verlassen hatten.[240] Mindestens 50 deutsche Postämter arbeiteten jedoch sogar unter zarischer Besatzung weiter und fanden insgeheim Wege zur Übermittlung von Nachrichten über den Gegner. Allerdings fehlten bei den deutschen Verbänden wiederum Stellen, welche sie rechtzeitig und zielgerichtet auszuwerten vermochten.[241] Informationen an militärische Dienststellen durch Landesbewohner, die gleichfalls regelmäßig über Post- und Bahnbeamte weitergeleitet wurden, erwiesen sich hingegen ebenso oft als »durchaus unzuverlässig, unverbürgt und übertrieben«[242] wie Agentenmeldungen[243]. Dennoch war man auf sie angewiesen, zumal wenn die Witterung Luftaufklärung nicht zuließ. Vom 14. bis 16. August bezog beispielsweise das XX. AK deswegen seine Nachrichten über den Gegner fast ausschließlich über Agentenmeldungen und Aussagen von Deutschen, die aus dem Zarenreich heimkehrten.[244] Immerhin lieferten sie Anhaltspunkte, die sich durch eigene Aufklärungsmaßnahmen überprüfen ließen.[245] Und gar nicht selten geschah es, dass die Truppen bei den Postämtern anriefen, um sich nach der Lage vor Ort zu erkundigen.[246]

Ergänzend dazu bemühte sich die Telegrafentruppe seit Kriegsbeginn im Osten redlich, die vorhandenen Fernsprech- und Telegrafenleitungen der Post um eigene Drahtverbindungen zu ergänzen, zerstörte wieder instand zu setzen und zusätzlich Funkverbindungen zu betreiben. Worauf sie anscheinend noch am wenigsten vorbereitet worden war, das Abhören und Auswerten des gegnerischen Funkverkehrs, gelang hingegen rasch zufriedenstellend:[247] Bis zum 13. August

---

[240] BArch, RH 61/53, Denkschrift »Tannenberg« von Generalleutnant [Karl Ritter] von Wenninger (1916), S. 21.

[241] Smoot, A Battle Lost, S. 290; BArch, N 591/58, Oberstleutnant Praun: Die Nachrichtenverbindungen um die Schlacht bei Tannenberg. In: Deutsche Nachrichtentruppen (Die F-Flagge), 1938, fol. 2. Zu einer entsprechenden funktionierenden Meldung des »Gemeindevorstehers d. Postagentur Groß Aulwöhnen« über russländische Truppenbewegungen siehe z.B. BArch, PH 5 II/180, KTB 8. Armee: Funkspruch Stellv. Gen.Kdo. I an AOK 8, 25.8.1914, 10.00 Uhr, fol. 126.

[242] BArch, RH 61/1331, Hauptmann von Ditfurth, 3. Reservedivision, 6. Landwehrbrigade und Kommandantur Lötzen 1.–20.8.1914, S. 17.

[243] BArch, RH 61/1408, XX. AK vom 10. bis 20.8.1914 (ohne Datum), S. 9 f. und 17. Siehe dazu auch die Unzahl an »Agentenmeldungen« im KTB 8. Armee sowie Hoffmann, Die Aufzeichnungen, Bd 2, S. 24. Der deutsche militärische Geheimdienst beklagte hinterher, wie schwierig sich die Rekrutierung adäquaten Personals gestaltete; Geheimer Nachrichtendienst und Spionageabwehr des Heeres [...], NARA, Records of the German Armed Forces High Command, 1914–1945, National Archives Microfilm Publication No. T77, Roll 1508, S. 11–15.

[244] BArch, RH 61/1408, XX. AK vom 10. bis 20.8.1914 (ohne Datum), S. 30 und 34.

[245] Ebd., S. 9 f. und 17.

[246] Siehe z.B. für den Fall der Ortschaften Kowallik und Erdmannen am 20.8.1914 ebd., S. 63 f.

[247] BArch, N 591/58, Oberstleutnant Praun: Die Nachrichtenverbindungen um die Schlacht bei Tannenberg. In: Deutsche Nachrichtentruppen (Die F-Flagge), 1938, fol. 1; Smoot, A Battle Lost, S. 290. Zu den auftretenden Schwierigkeiten siehe Rohrscheidt, Über Stallupönen und Gumbinnen, S. 61.

waren die wesentlichen zarischen Funkstationen aufgeklärt, die dann durchgehend abgehört wurden.[248] Alleine die Festungsfunkstelle Thorn hat dabei vom
8. August bis zum 12. September 1914 444 Funksprüche des Gegners aufgenommen. Erst dann erkannte die russländische Führung ihre Versäumnisse: Bei
der Schlacht an den Masurischen Seen war das unverschlüsselte Durchgeben
von Funksprüchen bei Androhung der Todesstrafe verboten.[249] Bis dahin soll
der Funkentelegraf auf der deutschen Seite »vortreffliche Dienste [geleistet ha-
ben], da er viele Funksprüche der Russen mit abhört, was eine unglaubliche
Hilfe für die Leitung der Gefechte bedeutete«. Dahinter vermutete man zuerst
sogar Absicht und witterte eine Falle, da sowohl chiffrierte als auch unchiffrierte
Nachrichten und Befehle gesendet wurden, »später [...] Faulheit«.[250] Jedenfalls
kannte das AOK 8 durch die abgefangenen Nachrichten »die Gruppierung der
russischen Streitkräfte ziemlich genau«.[251] Allerdings hat man wenigstens zu
Beginn des Krieges auch deutscherseits nicht alle Meldungen verschlüsselt. Schon
am 14. August »wurden die ersten eigenen Funksprüche aus Richtung Osten gehört und weil unchiffriert sämtlich verstanden. Vorsicht der F.T.-Station scheint
geboten«, mahnte die Funkenstation Königsberg.[252]
      Es existiert also ein ganzes Bündel von Gründen, weswegen sich die zarischen
Streitkräfte nicht überall auf der Höhe der zeitgemäßen Kriegführung befanden. Bei den verschiedentlichen Hinweisen in der zeitgenössischen wie in der
Forschungsliteratur auf die vermeintliche Rückständigkeit des russländischen
Soldaten ist freilich Vorsicht geboten.[253] Episoden wie die von Tuchman, in der
russländische Truppen auf die eigenen Flugzeuge geschossen hätten, »weil sie der
Meinung waren, eine so gescheite Erfindung wie diese fliegende Maschine könne nur deutschen Ursprungs sein«[254], mögen tatsächlich so geschehen sein. Am
22. August musste Samsonov jedenfalls einen expliziten Befehl erlassen, auf die
eigenen Flugzeuge nicht zu feuern.[255] Doch geschah Gleiches auch auf deutscher
Seite, wo allenthalben Klagen laut wurden, dass »[u]nsere Flieger [...] wieder

---

[248] BArch, PH 5 II/179, KTB 8. Armee: Telegramm aus Königsberg an AOK 8, 13.8.1914,
       12.34 Uhr, fol. 67 f. Dort auch zu den Dislozierungen.
[249] BArch, N 591/58, Oberstleutnant Praun: Die Nachrichtenverbindungen um die Schlacht
       bei Tannenberg. In: Deutsche Nachrichtentruppen (Die F-Flagge), 1938, fol. 8 f. Zu ent-
       sprechenden Meldungen über Stärke und Marschrichtung zarischer Verbände siehe z.B.
       BArch, RH 61/1344, Reichsarchiv/Sichtungsabteilung/Gruppe 3/Hauptmann a.D. von
       Moltke: Landsturm und Festungen Königsberg und Lötzen während der Tannenberger
       Schlacht (1919), S. 24; oder BArch, N 87/36, Einschließung der Feste Boyen vom 23.8. bis
       8.9.1914, Eintrag vom 25.8.1914; BArch, RH 61/1408, XX. AK vom 10. bis 20.8.1914
       (ohne Datum), S. 18, 32 f. und 126.
[250] BArch, RH 61/735, Graf A.[lfred zu] Dohna[-Schlobitten], Der Feldzug in Ostpreußen
       1914, undatiert (1920), S. 7.
[251] Ebd., S. 11.
[252] BArch, PH 5 II/179, KTB 8. Armee: Telegramm aus Königsberg an AOK 8, 14.8.1914,
       9.38 Uhr, fol. 98. Zum Zustand zu Beginn des Krieges siehe Randewig, Die deutsche
       Funkaufklärung.
[253] So auch wenigstens unterschwellig Keegan, Der Erste Weltkrieg, S. 207 f.
[254] Tuchman, August 1914, S. 315.
[255] So ein abgefangener russländischer Funkspruch in BArch, PH 5 II/180, KTB 8. Armee:
       Telegramm aus Thorn an AOK 8, 22.8.1914, 22.40 Uhr, fol. 94.

durch eigene Truppen beschossen worden [sind]«.[256] Die meisten Zeitgenossen
dürften in diesem Krieg Flugzeuge schlicht zum ersten Mal persönlich zu Gesicht
bekommen haben. Außerdem wurde die geradezu »klischeehafte Vorstellung von
Rückständigkeit und unzureichender Kultiviertheit« vor allem des einfachen
zarischen Soldaten insbesondere durch die Memoiren vormaliger Offiziere und
Befehlshaber vermittelt – wohl nicht zuletzt, um die eigene Verantwortlichkeit
für den Kriegsausgang zu relativieren.[257] Zehntausende Kriegsbriefe einfacher
zarischer Soldaten aus dem Ersten Weltkrieg, die von der Militärzensur seinerzeit für ihre regelmäßigen Stimmungsberichte benutzt wurden, belegen aber im
Gegenteil einen »hohen Grad an Disziplin«, was selbst von den Zensoren zugestanden wurde und durch das niedrige Desertionsniveau bestätigt wird.[258]

Ohnehin liegen in der historischen Forschung ganz unterschiedliche Befunde
zum russländischen Soldaten vor. Sie reichen von Beschreibungen wie »wohl-
ausgerüstet, kriegserfahren, diszipliniert und voll Kriegseifer«, »mit wunderbarer
Tapferkeit«,[259] über die Behauptung, jener sei dem französischen gleichzusetzen
und diesem »in der Verteidigung [...] an Zähigkeit überlegen«[260], bis zum Befund
der angeblich kläglichen persönlichen Ausrüstung[261]. Diesbezüglich stand der zarische Soldat seinem deutschen Gegner allerdings keinesfalls nach: Er trug etwa
30 kg Ausrüstung bei sich und verfügte mit dem 7,92-mm-Mosin M. 91 über
ein zuverlässiges Gewehr.[262] Auch mit Munition war er zunächst noch ausreichend versorgt: Kavalleristen verfügten über 80–90 Patronen, bei der Infanterie
konnte sich jeder Mann so viel nehmen, wie er tragen wollte, mindestens jedoch 160 Stück.[263] Auf deutscher Seite führte jeder Soldat neben seinem Gewehr
noch einen etwa 23 kg schweren Tornister und sechs Patronentaschen mit sich.[264]
Insofern ist die vor allem zeitgenössisch zu eruierende Abwertung des einfachen
russländischen Soldaten mehr der dominierenden ethnisch argumentierenden
Überlegenheit geschuldet denn der Realität auf dem Gefechtsfeld: »Der russische
Soldat ist kräftig, bedürfnislos und unerschrocken, aber auch schwerfällig, geistig
wenig rege und unselbstständig.«[265]

Eine Auswertung der Gefechtserfahrungen während der Ostpreußischen
Operation bestätigt das eher diffuse Bild: Während Below meinte, die russländische Infanterie schieße »schlecht«[266], attestierte Mackensen, sie sei »in der

---

[256] BArch, PH 5 II/180, KTB 8. Armee: Fernspruch von Gen.Kdo. I, 25.8.1914, 21.40 Uhr,
fol. 136.
[257] Narskij, Kriegswirklichkeit und Kriegserfahrung, S. 249 f.
[258] Ebd., S. 256. Sie liegen zum größten Teil unveröffentlicht im Russländischen Staatlichen
Militärhistorischen Archiv (RGVA) in Moskau, ebd., S. 250.
[259] Giehrl, Tannenberg, S. 10; François, Marneschlacht und Tannenberg, S. 247.
[260] François, Tannenberg, S. 69; François, Marneschlacht und Tannenberg, S. 247.
[261] Stevenson, Der Erste Weltkrieg, S. 86.
[262] Showalter, Tannenberg, S. 149; François, Marneschlacht und Tannenberg, S. 136.
[263] BArch, PH 5 II/179, KTB 8. Armee: Gouvernement Königsberg/Ib Nr. 298: Vernehmung
von Gefangenen, 12.8.1914, fol. 69.
[264] Herwig, The Marne, S. 49. Siehe hierzu grundsätzlich Ortenburg, Waffe und Waffengebrauch, S. 55–75 und 83–119; Kampf, Der deutsche Infanterist, S. 30 und 35, sowie
grundsätzlich Kraus, Die Deutsche Armee im Ersten Weltkrieg, S. 589–623.
[265] François, Marneschlacht und Tannenberg, S. 133.
[266] BArch, RH 61/1353, Abschrift des Tagebuchs des Generals O. von Below, S. 26.

Verteidigung achtbar, aber gleich der Kavallerie in der Führung nicht beweglich, selbständig und unternehmend genug«; daher mache auch ihre Überzahl »keinen Eindruck. Deutsche Kriegstüchtigkeit glich sie aus«.[267] Insbesondere die Kavallerie wurde hart kritisiert: Sie sei »schlecht beritten, schlecht geführt, spielte eine ähnliche Rolle wie in der Mandschurei, d.h. sie leistete fast garnichts [sic]«[268]. Sie sei zudem »sehr feige. Riss überall aus, besonders wenn Maschinengewehr in Tätigkeit trat. Wenn sie auf uns schoss, schoss sie viel zu hoch oder viel zu kurz«.[269] Ausdrückliches Lob und Anerkennung fanden hingegen die Artillerie- und Maschinengewehrabteilungen: Sie würden »ausgezeichnet [s]chießen« und seien in die Gefechtsführung »geschickt eingebaut«.[270] Obwohl gerade die Artillerie auch in der Forschung als die am besten ausgebildete Waffengattung der zarischen Armee gelobt wird,[271] nutzt dieser Befund wenig, wenn deren Munition entweder gar nicht vorhanden war, auf dem Gefechtsfeld allzu oft keine evidente Sprengwirkung entfaltete oder wie offenbar ein großer Teil der Haubitzenmunition über einen langsam wirkenden Zünder verfügte, sodass sich die Granate tief in den sandigen ostpreußischen Boden eingrub und dann gar nicht oder mit nur geringer Wirkung explodierte.[272] Es nimmt also kaum Wunder, wenn sich die russländischen Soldaten von der deutschen schweren Artillerie derart beeindruckt zeigten wie oben beschrieben.[273]

4. Die deutschen Kriegsplanungen

Das dezidierte Überlegenheitsgefühl der deutschen Militärs begann sich zwar unter dem Eindruck der russländischen Reformbemühungen ab 1911/12 zu wandeln, die gefühlte Überlegenheit, die sich mehr auf Stereotypen denn Fakten stützte, bestand allerdings weiter fort.[274] Ein gutes Beispiel dafür bot der Ia der 8. Armee, Oberstleutnant Max Hoffmann, während der Gefechte in Ostpreußen im August 1914:

> »Er neigte zu Anfang, da er den Manschurischen [sic] Feldzug bei den Japanern mitgemacht zu einer sehr geringschätzigen Anschauung der russischen Armee,

---

[267] BArch, RH 61/1336, August von Mackensen, Der Feldzug in Ostpreußen, S. 8.
[268] BArch, RH 61/735, Graf A.[lfred zu] Dohna[-Schlobitten], Der Feldzug in Ostpreußen 1914, undatiert (1920), S. 19.
[269] 1. Landsturmbataillon Wormditt, von Bronsart: Meldung an AOK 8, 31.8.1914, 15.30 Uhr, abgedruckt bei Elze, Tannenberg, S. 342.
[270] Giehrl, Tannenberg, S. 11; ähnlich bei BArch, RH 61/735, Graf A.[lfred zu] Dohna[-Schlobitten], Der Feldzug in Ostpreußen 1914, undatiert (1920), S. 18, der die »vortrefflich schießende russische Artillerie« ebenso lobte wie BArch, RH 61/1353, Abschrift des Tagebuchs des Generals O. von Below, S. 26, und BArch, RH 61/1336, August von Mackensen, Der Feldzug in Ostpreußen, S. 8.
[271] Keegan, Der Erste Weltkrieg, S. 212.
[272] Bathe, Tannenberg, S. 77; BArch, RH 61/735, Graf A.[lfred zu] Dohna[-Schlobitten], Der Feldzug in Ostpreußen 1914, undatiert (1920), S. 18.
[273] Daniloff, Rußland im Weltkriege, S. 221 f.
[274] Grawe, Deutsche Feindaufklärung, S. 467.

welche er teilweise berichtigte, da Aufmarsch, Verpflegung, Artillerie und Kampf der Russen in der Verteidigung besser war[en], als er erwartete.«[275] Eine solche Einschätzung muss angesichts der eigentlich auch Hoffmann bekannten Tatsachen verwundern. Verbesserungen durch die sehr genau wahrgenommenen Reformen in den zarischen Streitkräften sah die deutsche Feindaufklärung nämlich gerade in der Gefechtsausbildung der Infanterie und der Artillerie. Die Feuerleitung und das Zusammenwirken der Schützenlinie stufte man demgegenüber noch immer als mangelhaft ein und machte dafür die miserable Ausbildung der Offiziere verantwortlich. Auch in diesem Kontext argumentierte die deutsche Seite indes gerne mit einer vermeintlichen Rückständigkeit aufgrund absurder ethnisch zugeordneter Unzulänglichkeiten:

»Beim russischen Offizier machen sich die Fehler des Volkscharakters in erhöhtem Maße geltend. Er hat gute Nerven, kaltes Blut, und es fehlt ihm nicht an persönlichem Schneid, aber es mangelt ihm vielfach an Pflicht- und Verantwortungsgefühl. Er hat einen großen Hang zur persönlichen Bequemlichkeit, ist körperlich und geistig träge, unselbstständig und unbeholfen bei überraschenden Ereignissen.«[276]

Auch die Kavallerie bewertete man als schwach, vor allem hinsichtlich ihrer »Reitfähigkeit« und der »Ungewandtheit der Führer aller Grade«, worunter nicht zuletzt ihre Aufklärungstätigkeit leide.[277] Tatsächlich zeigte sich in Ostpreußen, dass die Kavallerie diese Aufgabe vernachlässigte und sich stattdessen hauptsächlich mit dem Flankenschutz beschäftigte, weil sie sich ungern von der begleitenden Infanterie und damit auch den Nachschubbasen entfernte.[278] Nach Mackensens Ansicht sorgte sich auf dem Marsch von Gumbinnen auf das Tannenberger Schlachtfeld »niemand um die russische Kavallerie in der Flanke. Deren Avantgarden machten Kehrt [sic], sobald sie auf die Patrouillen unserer Husaren und Jäger zu Pferde stießen. Jedem Waffengange wichen die russischen Schwadronen aus. Von Unternehmungsgeist zeigten sie keine Spur.«[279]

Solche Werturteile scheinen aber nicht der ganzen Wahrheit die Ehre gegeben zu haben. Nahezu zeitgleich meldete das XX. AK nämlich, dass »[n]ach bisher gemachten Erfahrungen Abwehr von feindlichen Kavalleriedivisionen nur bei Mitwirkung ausreichender Artillerie möglich [war]«.[280] Zeitgenössische deutsche Bewertungen fußten also allzu oft auf stereotypen Zuschreibungen an einen russländischen »Volkscharakter«, wie sie in den »Mitteilungen über russische Taktik« des Großen Generalstabs aus dem Sommer 1913 nachzulesen waren und sich seit den 1890er-Jahren belegen lassen:[281] Man erkannte zwar den Willen zur Reform, dieser sei jedoch

---

[275] BArch, RH 61/735, Graf A.[lfred zu] Dohna[-Schlobitten], Der Feldzug in Ostpreußen 1914, undatiert (1920), S. 18.

[276] François, Marneschlacht und Tannenberg, S. 133 f.

[277] Großer Generalstab: Mitteilungen über russische Taktik, o.D. [Sommer 1913], zit. nach Grawe, Deutsche Feindaufklärung, S. 427.

[278] Showalter, Tannenberg, S. 217.

[279] BArch, RH 61/1336, August von Mackensen, Der Feldzug in Ostpreußen, S. 10.

[280] BArch, PH 5 II/179, KTB 8. Armee: Telegramm von Gen.Kdo. XX, 14.8.1914, 14.10 Uhr, fol. 109.

[281] Grawe, Deutsche Feindaufklärung, S. 426–428, zum folgenden Zitat S. 426 f. Teilweise wörtlich übernahm diese Einschätzung François, Marneschlacht und Tannenberg, S. 133.

»begrenzt durch Fehler des Volksstammes, die sich durch Geld und organi-
satorische Arbeit nicht beseitigen lassen. Es sind dies: Abneigung gegen jede
methodische Arbeit und Hang zur Bequemlichkeit, fehlendes Pflichtgefühl,
Scheu vor Verantwortung, Mangel an Initiative und eine vollständige Unfähigkeit, die Zeit richtig einzuschätzen und auszunutzen.«
Weil der russländische Soldat in der Regel Bauer sei, könne man allerdings auf
»kräftige, bedürfnislose und unerschrockene Soldaten« rechnen; der einzelne
Soldat sei jedoch ebenfalls »schwerfällig, geistig wenig rege und unselbstständig.
Er versagt leicht unter Vorgesetzten, die ihm persönlich nicht bekannt sind, und
in Verbänden, in die er sich nicht eingewöhnt hat.« Mit entsprechend großer
Langsamkeit würden sich russländische Heeresbewegungen vollziehen, ein rasches Ausnutzen einer operativen Lage sei nicht zu erwarten, weil der Übergang
der Gefechtsarten Angriff und Verteidigung nicht gelinge: »Die deutsche Führung
wird daher beim Zusammenstoß mit den Russen Bewegungen wagen können, die
sie einem gleichwertigen Gegner gegenüber sich nicht erlauben dürfte.«[282]
Deutscherseits wähnte man sich also nach wie vor klar überlegen – eine Einschätzung, die auch im Sommer 1914 noch galt und sich in den »Anweisungen
für die Deckung des deutschen Ostheeres 1914/15« wiederfindet:
»Da vorläufig noch mit einer Schwerfälligkeit in der russischen Kriegführung
gerechnet werden kann, können kurze Offensivstöße über die Grenze hinüber
[...] unter Umständen den Gegner von einer bereits eigeleiteten Angriffsbe-
wegung abhalten, oder diese in eine für das AK erwünschte Richtung ziehen.«[283]
Bis zum Beginn des Ersten Weltkrieges wurde dazu eine »Semantik der
Feindschaft« entworfen, die Eva Horn treffend auf den Nenner brachte: »als
Gegner ist Russland zwar militärisch durch seine überlegene Truppenstärke
höchst gefährlich, aber als echter Feind kaum intellektuell satisfaktionsfähig.«[284]
Das drückt sich auch darin aus, dass und wie der deutsche Generalstab im
August 1914 den Erfolg weiterhin im Angriff suchte: »Wenn die Russen kommen, nur keine Defensive, sondern Offensive, Offensive, Offensive«, ließ Moltke
dem Oberbefehlshaber der 8. Armee, Generaloberst von Prittwitz, am 14. August
brieflich ausrichten.[285] Weiterhin wünschte er sich vom Oberbefehlshaber im
Osten einen Aufruf an dessen Armee,
»in dem etwa zum Ausdruck kommt: dass dem Ostheer der Schutz des heimatlichen Bodens anvertraut ist; dass es gilt einen Feind zu schlagen, dem
nichts heilig sei, der weder Leben noch Gut der friedlichen Bewohner schonen werde – dass es einen Krieg bedeute asiatischer Barbarei gegen deutsche

---

[282] Zit. nach Grawe, Deutsche Feindaufklärung, S. 426 f. Zu den Einschreibungen »des
Russen« als »schmutzig, unterentwickelt, trunksüchtig, grausam und unorganisiert« siehe
Jahn, »Zarendreck, Barbarendreck«, S. 238.
[283] Die »Anweisungen für die Deckung des deutschen Ostheeres 1914/15« sind abgedruckt
bei Elze, Tannenberg, S. 197 f., Zitat S. 198.
[284] Horn, Im Osten nichts Neues, S. 220.
[285] Diese Aussage geht auf einen Brief von Oberstleutnant Wilhelm von Dommes zurück, seit
Kriegsbeginn Chef der politischen Abteilung beim Chef des Generalstabs des Feldheeres im
Großen Hauptquartier, an Waldersee; siehe BArch, RH 61/1383, Reichsarchiv Nr. 1076:
Fragebogen Nr. 134: Feldzugseröffnung in Ostpreußen (Januar 1923). Der gesamte Brief
findet sich als Abschrift in BArch, RH 61/735, Oberstleutnant [Wilhelm] von Dommes an
Generalmajor [Georg] Graf [von] Waldersee, 14.8.1914.

Gesittung – und dass auf die Soldaten des Ostheeres die Augen des ganzen
Vaterlandes gerichtet seien in dem unerschütterlichen Vertrauen, dass jeder
seine Schuldigkeit tut.«[286]
Moltke selbst war im August 1914 also keineswegs bereit, deutsche Gebiete der
gegnerischen Besatzung preiszugeben, weder im Westen noch im Osten.[287] Sehr
wahrscheinlich hat er das Prittwitz und dessen Generalstabschef Generalmajor
Georg von Waldersee in einer Besprechung in Berlin am 29. oder 30. Juli 1914
auch klargemacht.[288] Denn spätestens ab dem 29. Juli lagen Meldungen aus
Warschau vor, dass sich die russländischen Truppen zwischen Lomza und Kowno
entlang des Njemen sammelten, also genau dort, wo man sie erwartet hatte.[289]
Das spricht im Übrigen gegen die in der Literatur weit verbreitete Aussage,
der russländische Aufmarsch sei wesentlich schneller erfolgt als von der deutschen Führung gedacht.[290] In Wirklichkeit war die 1. Abteilung des deutschen
Generalstabes über das rasch wachsende Leistungsvermögen der zarischen Armee
lange vor Kriegsbeginn beunruhigt:

> »Im Februar 1914 berichtete sie über einen Anstieg der Stärke, umfangreiche
> Kader, über eine bessere Ausrüstung und Ausbildung, eine Aufstockung der
> Reservekräfte sowie über Bemühungen, das Tempo von Mobilmachung und
> Aufmarsch zu erhöhen [...] Es deutet nichts darauf hin, dass die 1. Abteilung
> davon ausging, dass die Russen erst, wie häufig behauptet, am 30. oder so-
> gar 45. Mobilmachungstag einsatzbereit wären. In jedem von Schlieffens
> Kriegsspielen griffen die Russen zwischen dem 15. und 27. Mobilmachungstag
> an.«[291]

Gleichwohl hatte der Große Generalstab aber einzig dem AOK 8 eine selbstständige Gefechtsführung zugebilligt, weswegen der Besetzung der beiden Führungs-
positionen – des Oberbefehlshabers der 8. Armee und seines Generalstabschefs
– evidente Bedeutung zukam.

Mit der Führung der 8. Armee wurde Generaloberst Maximilian von Prittwitz
und Gaffron beauftragt, der 1913 den Posten als Generalinspekteur der I. Armee-
Inspektion in Danzig angetreten hatte. Prittwitz war einst Divisionskommandeur
unter seinem entfernten Vetter von Hindenburg gewesen; dessen Empfehlung
hatte er seinen Aufstieg nicht unwesentlich zu verdanken.[292] Als einzigen Adju-

---

[286] BArch, RH 61/735, Oberstleutnant [Wilhelm] von Dommes an Generalmajor [Georg]
Graf [von] Waldersee, 14.8.1914.

[287] Mombauer, Helmuth von Moltke, S. 92 f., sowie Mombauer, Der Moltkeplan, S. 91.

[288] BArch, RH 61/735, G[eorg] v[on] Waldersee: Meine Erlebnisse zu Beginn des Krieges
1914 (September 1914), S. 5. Das genaue Datum war ihm nicht mehr erinnerlich.

[289] Grawe, Deutsche Feindaufklärung, S. 453.

[290] Siehe z.B. zeitgenössisch BArch, RH 61/735, G[eorg] v[on] Waldersee: Meine Erlebnisse
zu Beginn des Krieges 1914 (September 1914), S. 2 f., und BArch, RH 61/1330, Der erste
Russeneinfall, S. 1; als Beispiele aus der Forschung Keegan, Der Erste Weltkrieg, S. 203;
Oberdörfer, Kriegsschauplatz Ostpreußen, S. 309, und noch Vermeiren, The Tannenberg
Myth, S. 779.

[291] Zuber, Strategische Überlegungen, S. 45 f., sowie ausführlich Grawe, Deutsche Feindaufklärung, S. 393–431. Das bestätigt auch detailliert Geheimer Nachrichtendienst und
Spionageabwehr des Heeres [...], NARA, Records of the German Armed Forces High
Command, 1914–1945, National Archives Microfilm Publication No. T77, Roll 1508,
bes. S. 1–37.

[292] Kürenberg, Rußlands Weg nach Tannenberg, S. 150.

tanten brachte er seinen Sohn mit, einen Rittmeister, der sich im Stab angeblich kein Vertrauen zu erwerben vermochte und im Verdacht stand, »er horchte herum«.[293] Hoffmann skizzierte Prittwitz »als klugen, zuweilen etwas schroffen Vorgesetzten«.[294] Bei seinen Soldaten hatte er als Kommandierender General des XVI. AK in Metz offenbar als »der dicke Soldat« gegolten:

> »Körperlich schwer beweglich, für materielle Genüsse sehr empfänglich, grob und rücksichtslos gegen seine Untergebenen, [...] ein guter Frontsoldat, aber ohne Bekundung geistiger oder militärischer Interessen. Den Kaiser wusste er bei der Tafel durch geschickte Anekdoten- und Geschichtenerzählung zu fesseln.«[295]

Offensichtlich hatte er die Unterstützung des Militärkabinetts, nicht aber Moltkes, der ihn schon Anfang 1914 ersetzen wollte. Sein entsprechender Vorstoß beim preußischen Kriegsminister Erich von Falkenhayn, der als Chef des Generalstabes in Metz unter Prittwitz gelitten haben soll, scheiterte jedoch. Obwohl jener Moltkes Bedenken bezüglich der fachlichen Unzulänglichkeiten teilte, wollte er Prittwitz nicht in Berlin haben, weil er dort den Kaiser direkt beeinflussen könnte. Womöglich deswegen könnte ihm Moltke seinen Vertrauten Generalmajor Georg Graf von Waldersee zur Seite gestellt haben, wie »eingeweihte Kreise« vermuteten, damit »er durch seine stille, ruhige Art das Gegengewicht zu Prittwitz darstellen und dessen negative Eigenschaften aufheben soll«.[296] Wahrscheinlicher ist allerdings, dass Moltke ihn wenigstens auch deshalb auswählte, weil Waldersee als Oberquartiermeister im Großen Generalstab noch im Mai 1914 einen Präventivkrieg gegen das Zarenreich gefordert hatte und zumindest mit dafür verantwortlich zeichnete, dass Moltke entgegen dem »Schlieffenplan« im Osten offensiv werden wollte.[297] In seiner »Denkschrift über Deutschlands militärische Lage« forderte er hierfür zusätzliche Truppen:

> »Wir würden von vornherein jede Chance des Sieges aus der Hand geben, wollten wir uns der Offensive nach einer Seite begeben. Lässt sich schon die Politik in die Defensive zwingen, die deutsche Armee darf es niemals.«[298]

Faktisch kam seine neue Verwendung als Generalstabschef der 8. Armee zwar einer Herabsetzung gleich, doch die völlige Selbstständigkeit in der Operationsführung der Ostarmee bügelte diesen Makel einigermaßen aus.[299] Waldersee galt als hochgebildeter und tüchtiger Offizier, war im August 1914 allerdings noch nicht ganz von einer schweren Operation genesen.[300] Nach seiner Entlassung schrieb er, er

[293] BArch, RH 61/735, G[eorg] v[on] Waldersee: Meine Erlebnisse zu Beginn des Krieges 1914 (September 1914), S. 14.
[294] Hoffmann, Die Aufzeichnungen, Bd 2, S. 22.
[295] Kabisch, Streitfragen des Weltkrieges, S. 64.
[296] Kürenberg, Rußlands Weg nach Tannenberg, S. 85 f., Zitat S. 86. Auch Kabisch, Streitfragen des Weltkrieges, S. 64 f., untermauert mit diesem Hinweis seine Meinung, nach der Prittwitz »für die Stellung eines Oberbefehlshabers ungeeignet« sei.
[297] Mombauer, Helmuth von Moltke, S. 177 und 245.
[298] Zit. nach Grawe, Deutsche Feindaufklärung, S. 422.
[299] Elze, Tannenberg, S. 83 f.
[300] Kürenberg, Rußlands Weg nach Tannenberg, S. 85 f., Zitat S. 86; Hoffmann, Die Aufzeichnungen, Bd 1, S. 49–51, hier S. 49: Kriegsaufzeichnung vom 13.8.1914, sowie Bd 2, S. 23.

habe schon lange bevor er sein Kommando unter Prittwitz übernommen hatte keine gute Meinung von diesem besessen und daher »ein unbedingtes Vertrauen [...] nie zu ihm gehabt«. Seine Bedenken habe er auch mit dem seinerzeitigen Kriegsminister von Falkenhayn geteilt, der jedoch meinte, »P. werde sich leiten lassen«.[301] Waldersee sei stets davon befremdet gewesen,

> »dass er den großen Dingen aus dem Wege ging und nur Kleinigkeiten im Kopf hatte und mit diesen den Betrieb störte. Er schwankte einerseits zwischen starrem Pochen auf seine hohe und einflussreiche Stellung und seine Unabhängigkeit von der Obersten Heeresleitung einerseits und andererseits Unsicherheiten über die große Lage und die Befehlsbeführung [sic] wie Beurteilung der Personen hin und her [...] Es war nicht leicht, den General zu ordnungsgemäßen Vorträgen zu bekommen.«[302]

Von Anfang an habe dieser sich lieber mit Nebensächlichkeiten beschäftigt:

> »Gedanken über die Operationen machte er sich selbst nicht und stets musste man ihn anstoßen, um darin zu folgen, wenn Dinge zu erörtern waren, die bei den vorbereitenden Maßnahmen durch die großen Ideen beeinflusst werden mussten.«[303]

Mit seinen Kommandierenden Generalen verstehe er sich schlecht und fürchtete wohl auch deren Unmut; alle Versuche Waldersees, ihn »zu einem strafferen Anziehen der Zügel zu bewegen, scheiterten«.[304] Inwiefern diese Ex-post-Aussagen, zumal in ihrer Drastik, den Widrigkeiten um die Absetzung geschuldet sind, lässt sich nicht eindeutig klären. Tatsache bleibt, dass Prittwitz zumindest Generalleutnant Hermann von François nie unter Kontrolle bekam (dazu weiter unten mehr).

Der Oberbefehlshaber traf jedenfalls am 3. August in Posen ein, wo tags zuvor das AOK 8 zusammengetreten war. Nachdem man den eigenen Stab geordnet hatte, nahm es umgehend Verbindung mit den bis dahin selbstständig agierenden Generalkommandos und Festungen auf und verlegte vom 7. auf den 8. August über Schneidemühl und Dirschau nach Marienburg.[305] Seine 8. Armee gliederte sich in vier Armeekorps mit sechs Infanteriedivisionen, drei Reservedivisionen, vier Divisionen Landwehr und weiteren Ersatztruppen, zumeist Landsturm, sowie einer Kavalleriedivision. Dazu waren die Feldfliegerabteilung 16, die Festungsfliegerabteilung 4 und ab dem 24. August das Zeppelin-Lenkluftschiff V, alle in Posen disloziert, direkt unterstellt, das Schütte-Lanz-Lenkluftschiff aus Liegnitz indes zum österreichisch-ungarischen Heer abkommandiert worden. Zusätzliche Landwehr- und immobile Ersatztruppen aus den Weichselfestungen wurden mit der 70. Landwehrbrigade unter Generalmajor Adolf Breithaupt in der Division von Generalmajor Fritz von Unger zusammengefasst und selbststän-

301 BArch, RH 61/735, G[eorg] v[on] Waldersee: Meine Erlebnisse zu Beginn des Krieges 1914 (September 1914), S. 5 f.
302 Ebd., S. 6.
303 Ebd., S. 15.
304 Ebd., S. 16. So auch Buchfinck, Tannenberg 1914, S. 230, und bezüglich François Hoffmann, Die Aufzeichnungen, Bd 2, S. 24.
305 BArch, PH 5 II/183, KTB 8. Armee: Einträge für den 2.8. und 3.8.1914, fol. 5; BArch, RH 61/735, G[eorg] v[on] Waldersee: Meine Erlebnisse zu Beginn des Krieges 1914 (September 1914), S. 11–13.

dig unterstellt.[306] Hinzu kamen die Feste Boyen in Lötzen mit viereinhalb Ersatz-
Landwehr- und Landsturmbataillonen, einer Schwadron und acht Batterien
sowie der Hauptreserve Königsberg.[307] Letztere, nach ihrem Kommandeur
Generalleutnant Georg Brodrück in den Quellen auch als »Division Brodrück«
angesprochen, verfügte mit der 2. und 9. Landwehr- und einer Ersatz-Brigade
über elf Bataillone Infanterie, sechs davon aus Landwehr-, fünf aus Ersatzformationen sowie sechs Eskadronen Kavallerie und vier Ersatzbatterien. Sie trat
bis zum 18. August im Raum Insterburg zusammen, wo ihr noch zwei schwere
Feldhaubitzen- und eine 10-cm-Batterie aus der Festung Königsberg zugeteilt
wurden.[308]
    Von Anfang an bestanden Bedenken in der deutschen militärischen Führung,
ob die Landwehrtruppen angesichts ihrer körperlichen Belastbar- und operativen Verwendungsfähigkeit überhaupt einsetzbar waren. Die Aufstellung solcher
Formationen ging auf die antinapoleonischen Kriege und das Jahr 1813 zurück:[309]
Auf den seinerzeitigen Entwurf Gerhard von Scharnhorsts zurückgehend, sah die
Verordnung die Landwehrpflicht für alle Männer vom 17. bis zum 40. Lebensjahr
vor, die nicht dem stehenden Heer angehörten. Um die Landwehr noch weiter in
das stehende Heer zu integrieren und die Ausrüstungssituation zu verbessern, teilte man sie 1815 in die Landwehr des I. und des II. Aufgebotes. Das I. Aufgebot
bestand aus Männern, die nach ihrer aktiven dreijährigen Dienst- und zweijähri-
gen Reservezeit in die Landwehr übernommen wurden, sich also im Altersband
zwischen 26 und 32 Jahren bewegten, während das II. die Altersgruppe von 33 bis
39 Jahren abdeckte. Im Verlauf des 19. Jahrhunderts in Nuancen reformiert, blieb
ihre grundsätzliche Ordnung jedoch unangetastet. Ab der Einheitsebene wurde
sie von aktiven Offizieren aus den jeweiligen Leitverbänden geführt, während die
Reservedivisionen, die im Mobilmachungsfall aus dem I. Aufgebot erwuchsen, ihre
Offiziere und Unteroffiziere erst bei der Mobilmachung erhielten, offenbar allerdings längst nicht immer in zufriedenstellender Qualität.[310] Landwehrdivisionen
verfügten mit 13 bis 15 Bataillonen anstatt der üblichen 12 über eine höhere
Infanteriestärke, beide jedoch über deutlich weniger Maschinengewehre und
Geschütze als die aktiven Divisionen sowie über gar keine Luftkriegsmittel.[311]

---

[306] Tannenberg. Ein deutsches Schicksal, S. 11. Das Luftschiff aus Posen wurde dem AOK 8
       erst ab dem 24.8.1914 unterstellt; BArch, PH 5 II/180, KTB 8. Armee; Telegramm aus
       Coblenz an AOK 8, 24.8.1914, 11.15 Uhr, fol. 115. Zuvor warf es Propagandamaterial
       über den polnischen Gebieten des Zarenreiches ab, um die Bevölkerung dort auf die eigene
       Seite zu ziehen.
[307] BArch, MSg 2/3404, Schlacht bei Tannenberg 1914 (Ein tageweiser Überblick).
[308] BArch, PH 5 II/183, KTB 8. Armee: Einträge vom 15., 16. und 17.8.1914, fol. 13–17.
[309] Siehe hierzu grundsätzlich sowie zum Folgenden Kraus, Handbuch, T. 6, Bd 1, besonders
       S. 4–9.
[310] Stevenson, Der Erste Weltkrieg, S. 90. Der Kommandierende General des I. Reservekorps
       bezeichnete die Stellenbesetzung seines AK als mangelhaft: »Ich hatte den Eindruck, dass
       in den Personal-Fragen im Kriegsministerium lediglich Papier-Wirtschaft herrschte.« Siehe
       BArch, RH 61/1353, Abschrift des Tagebuchs des Generals O. von Below, S. 15, dort auch
       mit Beispielen.
[311] Stachelbeck, Deutschlands Heer, S. 118. Siehe dazu ergänzend BArch, RH 61/1149,
       Aufstellung, Befehlsverhältnisse, Gliederung und Aufgabe der Divisionsartillerie; Loewen-
       stern/Bertkau, Mobilmachung, S. 102.

Ihre Ausrüstung war derart ungenügend, dass sie sich mit Beutewaffen behelfen mussten. Während der Kämpfe in Ostpreußen leisteten die Divisionen Goltz und Unger sowie die 5. und 6. verstärkte Landwehrbrigade dennoch einen wichtigen Beitrag; vor allem in der Sicherung und Verteidigung waren sie vollständig in die Operationsführung integriert.[312] Dort zeigte sich jedoch schon nach den ersten Einsätzen, dass die Marschfähigkeit ihrer Männer bereits nach einer Strecke von 20 bis 30 Kilometern angesichts des miserablen Schuhwerks und des Fehlens von Fahrzeugen gleich »für die nächsten Tage infrage gestellt« werden musste.[313]

Dagegen waren die teilnehmenden Reserveverbände in der 3. Reservedivision und insbesondere dem I. Reservekorps selbstverständlicher Bestandteil der deutschen Operationen, obwohl sich gerade bei Letzterem rasch die erwähnten Unzulänglichkeiten auswirkten, als es sich ab dem 7. August bei Nordenburg sammelte und am 10. August seine Einsatzfähigkeit meldete.[314] Es hatte bis zum ersten Gefechtskontakt bei Gumbinnen also nur zehn Tage »zum Zusammenschweißen des Korps«, in denen es, anstatt die notwendige Schieß- und Marschausbildung durchzuführen, »die leider gar nicht vorbereitete Stellung [...] befestigen« musste.[315] Sowohl die 1. Reservedivision unter dem im Februar 1914 pensionierten und bei Kriegsbeginn reaktivierten Generalleutnant Sigismund von Förster, dessen Männer aus Ostpreußen stammten, als auch die 36. Infanteriedivision aus Westpreußen unter Generalmajor Kurt Kruge – bis dahin Brigade-Kommandeur in Danzig –, litten zudem unter der dürftigen Artillerieausstattung.[316] Ihre Divisionen besaßen lediglich je sechs Batterien Feldkanonen, aber keine schweren Geschütze. Below erreichte immerhin die Zuführung zweier Bataillone schwerer Festungsartillerie aus Königsberg und Thorn, musste aber bereits nach wenigen Tagen eines an das XVII. AK abgeben. Das Personal beider Bataillone erwies sich außerdem als im Felddienst wenig geschult und ihre »Führung nicht auf der Höhe«. Below war wohl nicht der einzige, der nicht verstand,

> »warum die Ausstattung der Reserve Korps [sic], deren Verwendung sich doch bei allen Aufgaben des Generalstabs ganz wie die der aktiven abspielte, so schlecht an Artillerie gehalten war. Je geringer die Güte der Truppe, desto notwendiger ihre artilleristische Stärkung! Das hatte schon der Feldzug von 70/71 bewiesen.«[317]

Trotz solch bekannter Probleme waren die deutschen Truppen, die zunächst über Ostpreußen verteilt gewesen waren, im Großen und Ganzen reibungslos in ihre Grenzschutzstellungen eingerückt und sollten je nach der Lageentwicklung zusammengezogen werden.[318] Die aktiven deutschen Armeekorps, die bereits zu Friedenszeiten in der Region disloziert gewesen waren, das I. AK und die

---

[312] BArch, RH 61/1353, Abschrift des Tagebuchs des Generals O. von Below, S. 55.

[313] So schon am 19.8.1914 BArch, RH 61/1408, XX. AK vom 10. bis 20.8.1914 (ohne Datum), S. 50.

[314] BArch, RH 61/1353, Abschrift des Tagebuchs des Generals O. von Below, S. 6. Sein Stab hatte sich bereits ab dem 3. August in Königsberg gebildet, ebd., S. 8.

[315] Ebd., S. 12.

[316] Ebd., S. 13 f.; Militär-Wochenblatt, Nr. 31 vom 3.3.1914, S. 637.

[317] BArch, RH 61/1353, Abschrift des Tagebuchs des Generals O. von Below, S. 14 f.

[318] BArch, RH 61/735, G[eorg] v[on] Waldersee: Meine Erlebnisse zu Beginn des Krieges 1914 (September 1914), S. 4.

1. Kavalleriedivision in Königsberg, das XVII. AK in Danzig und das XX. AK in Allenstein, hatten dies allerdings auch eingeübt. Dazu kamen nach der Mobilmachung Rekruten und Reservisten in Reserve- und Landwehrverbänden in Stärke eines weiteren Armeekorps, die ebenfalls aus der Region stammten und von denen man deswegen erwartete, dass sie ihre Heimat besonders motiviert verteidigen würden.[319] Tatsächlich seien, dem Tagebucheintrag Belows nach, die »Ostpreußischen Reserven [...] so rasch zu den Fahnen [geströmt], dass in Insterburg am 1. Mobilmachungstage (2. VIII.) abends schon alle Kompagnien vollzählig waren«.[320] Und Mackensen vermerkte in seinen Erinnerungen an den Feldzug pathetisch: »Überall begegnete uns bei aller Würdigung des Ernstes der Lage Zuversicht und Vertrauen. Die Truppen stärkten beides; sie brannten, an den Feind zu kommen.«[321]

Das I. AK sammelte in Darkehmen, das XX. in Allenstein, das XVII. in Deutsch Eylau, das I. Reservekorps in Nordenburg, die 1. Kavalleriedivision in Gumbinnen, die zwei bei der 8. Armee verwendeten gemischten Landwehrbrigaden in Gnesen (6.) und Gosslershausen (70.), die 3. Reservedivision in Hohensalza.[322] Als mögliche Verstärkung war alleine das IX. Reservekorps vorgesehen, das zunächst zum Küstenschutz in Schleswig-Holstein disloziert war.[323] Weitere Verstärkungen wurden von der OHL anfangs rigoros abgelehnt, was Prittwitz »in argen Unmut über diese stiefmütterliche Behandlung« stürzte. Waldersee vermutete dahinter, »[m]an unterschätzte bei der O.H.L. die Stärke und Bereitschaft der Russen uns gegenüber«.[324] Nicht einmal als das stellvertretende Generalkommando des XX. AK am 18. August die Überweisung von sechs Landsturmbataillonen erbat und dies vom AOK 8 in der Weiterleitung nach Koblenz mit dem Hinweis, es handelte sich lediglich um »einige Landsturm-Formationen aus dem Innern« zur Sicherung der Bahnlinien, »dringend befürwortet« wurde, fand man Gehör.[325]

Währenddessen hatten sich die deutschen Truppen seit den ersten Augusttagen den erwarteten grenznahen Überfällen durch zarische Kavallerie, vor allem selbstständig operierende Kosakenverbände, zu erwehren, die den deutschen Aufmarsch stören sollten.[326] »Bemerkenswert« war dabei aus deutscher Sicht,

[319] Keegan, Der Erste Weltkrieg, S. 205 f.
[320] BArch, RH 61/1353, Abschrift des Tagebuchs des Generals O. von Below, S. 6.
[321] BArch, RH 61/1336, August von Mackensen, Der Feldzug in Ostpreußen, S. 2.
[322] Aufmarsch 1913/14, in: Der Schlieffenplan, S. 476; BArch, RH 61/735, G[eorg] v[on] Waldersee: Meine Erlebnisse zu Beginn des Krieges 1914 (September 1914), S. 16 f. Die nicht bei der 8. Armee verwendeten Landwehrbrigaden sammelten sich in Tilsit (2.), Ostrowo (17.), Wreschen (18.), Kreuzberg (22.) und Königshütte (23.). Stevenson, Der Erste Weltkrieg, S. 90.
[323] Kabisch, Streitfragen des Weltkrieges, S. 66.
[324] BArch, RH 61/735, G[eorg] v[on] Waldersee: Meine Erlebnisse zu Beginn des Krieges 1914 (September 1914), S. 23.
[325] BArch, PH 5 II/180, KTB 8. Armee/AOK/Ia Nr. 476 g an Generalstab Coblenz, 18.8.1914, fol. 13, sowie BArch, RH 61/735, AOK 8 Nr. 11 (Chef) geh! an General von Stein, 15.8.1914, S. 1.
[326] Giehrl, Tannenberg, S. 6 f.; BArch, RH 61/53, Denkschrift »Tannenberg« von Generalleutnant [Karl Ritter] von Wenninger (1916), S. 9; Geheimer Nachrichtendienst und Spionageabwehr des Heeres [...], NARA, Records of the German Armed Forces High Command, 1914–1945, National Archives Microfilm Publication No. T77, Roll 1508, S. 22 f. Die deutschen Truppenverbände hatten dort, wo sie mobil gemacht wurden,

»dass sie Bahnen zerstören wollen, ohne Brücken und Bahnhöfe. Im Übrigen brennen sie viele Orte nieder.«[327] Tatsächlich hatten die zarischen Truppen nach einer von einer deutschen Patrouille am 15. August bei Marggrabowa erbeuteten Anordnung den Befehl, die festen Brücken entlang der deutschen Bahnlinien und die Bahnhofseinrichtungen nicht zu zerstören.[328] Sie sollten lediglich Transporte sowie »das Fortschaffen des rollenden Materials auf der Eisenbahn [...] verhindern«.[329] Auch ansonsten sind dem KTB der 8. Armee nur wenige Zerstörungen zu entnehmen.[330]

Nach Einschätzungen aus dem AOK 8 waren diese Vorstöße jedoch nur »schwächlicher Natur«.[331] Mancherorts handelte es sich um »kleine Plänkeleien«, anderswo kam es gleichwohl zu grenznahen Kämpfen.[332] An der Mlawka gerieten beispielsweise Verbände des XVII. AK in ihr erstes Gefecht und am 12. August nahm ein Detachement einer Kavalleriedivision der russländischen 1. Armee unter Generalleutnant Vassilij Iosifovič Romejko-Gurko samt einer Infanteriedivision als Vorausabteilung sogar die Stadt Marggrabowa ein, etwa acht Kilometer hinter der Grenze im nordostwärtigen Masuren.[333] Die deutsche Führung hatte al-

---

umgehend den Grenzschutz zu übernehmen: Das Landwehrkorps in Oberschlesien, die 3. Reservedivision und eine Landwehrbrigade in Posen, das XVII. AK und eine Landwehrbrigade zwischen Thorn und Deutsch Eylau, das XX. AK mit einer Brigade der 1. Kavalleriedivision um Allenstein, nördlich bis zur Memel das I. Reservekorps, das I. AK, eine dritte Landwehrbrigade und die Reste der 1. Kavalleriedivision. Siehe Kabisch, Streitfragen des Weltkrieges, S. 66.

[327] BArch, RH 61/735, AOK 8 Nr. 11 (Chef) geh! an General von Stein, 15.8.1914, S. 1. Das Niederbrennen von Ortschaften beim Vormarsch wird bestätigt für den Fall von Liebenberg am 20.8.1914 beispielsweise durch die Meldung: BArch, RH 61/1408, XX. AK vom 10.–20.8.1914 (ohne Datum), S. 63.

[328] BArch, PH 5 II/179, KTB 8. Armee: Fernspruch von Gen.Kdo. XX, 15.8.1914, 13.45 Uhr, fol. 104; BArch, RH 61/1408, XX. AK vom 10. bis 20.8.1914 (ohne Datum), S. 36.

[329] BArch, RH 61/1333, Kurt Freiherr von der Osten-Sacken, Die Operationen der russischen 1. (Njemen-)Armee vom 16. bis 31.8.1914 (1920), Eintrag vom 16.8.1914.

[330] Eine Ausnahme bildet BArch, PH 5 II/183, KTB 8. Armee: Eintrag vom 12.8.1914, fol. 8 f., hier fol. 9: »In den Grenzorten westl. Schirwindt brennen und sengen die Russen seit 5 Tagen.«

[331] BArch, RH 61/735, Graf A.[lfred zu] Dohna[-Schlobitten], Der Feldzug in Ostpreußen 1914, undatiert (1920), S. 3.

[332] Siehe z.B. BArch, PH 5 II/179, KTB 8. Armee: Fernspruch XX. AK an AOK 8, 8.8.1914, 10.15 Uhr, fol. 17; und BArch, RH 61/1408, XX. AK vom 10. bis 20.8.1914 (ohne Datum), S. 11, 16, 21, 33.

[333] Tuchman, August 1914, S. 311, sowie BArch, RH 61/183, Das Gefecht an der Mlawka. Das erste siegreiche Gefecht des XVII. A.K. im Weltkriege. Nach amtlichen Quellen von Hauptmann Mossdorf, S. 1. Die ersten Schüsse – zumindest beim XVII. AK – fielen bereits in den ersten Augusttagen zwischen Ilowo und Soldau; ein junger russländischer Kavallerieoffizier war der erste Gefangene; und der erste deutsche Gefallene war am 12. August beim Grenadierregiment Nr. 5 »König Friedrich I« in einem Gefecht der Vortruppen der 36. Infanteriedivision mit einer zarischen Kavalleriedivision bei Zworaden und Mlawa zu beklagen. Siehe BArch, RH 61/1336, August von Mackensen, Der Feldzug in Ostpreußen, S. 1, und die Schilderung bei Schlachtfelder in Ostpreußen, S. 56–58. Zu weiteren kleineren Grenzscharmützeln siehe die Beispiele bei Grosse, Die Schlacht bei Gumbinnen, S. 20 f.; François, Marneschlacht und Tannenberg, S. 154; Schlachtfelder in Ostpreußen, S. 54–56.

lerdings mit sehr viel massiveren Vorstößen der zarischen Kavallerie gerechnet. Diese war dazu aber weder ausreichend ausgebildet noch gerüstet und vor allem logistisch nicht in der Lage.[334] Manchem erschienen die direkt an der Grenze eingesetzten russländischen Kräfte so schwach, dass beispielsweise Mackensen glaubte, den Grenzschutz bald guten Gewissens »den dazu aufgestellten, inzwischen marschfertig gewordenen Truppen 2. Linie überlassen« zu können.[335] Am 12. August war der deutsche Aufmarsch schließlich abgeschlossen.[336]

---

[334] Showalter, Tannenberg, S. 146–148.
[335] BArch, RH 61/1336, August von Mackensen, Der Feldzug in Ostpreußen, S. 2.
[336] BArch, PH 5 II/183, KTB 8. Armee: Eintrag vom 12.8.1914, fol. 8; BArch, RH 61/735, G[eorg] v[on] Waldersee: Meine Erlebnisse zu Beginn des Krieges 1914 (September 1914), S. 17.

III. Der Kampf im Norden

1. Marsch in den Norden

Seit den ersten Augustwochen verdichtete sich durch Aufklärungs- und Fliegernachrichten die Vorkriegsannahme, dass sich sowohl im Raum Kowno als auch am Narew zwei zarische Armeen sammelten.[1] Ebenso planmäßig liefen die deutschen Gegenmaßnahmen an: Am 12. August 1914 billigte Prittwitz den Vorschlag Waldersees, der vorsah, »sobald es die Umstände gestatten, einen Schlag gegen die nördliche Armee aus der Gegend nördlich Angerburg zu führen [...] und zwar mit I., XVII., I.R., 3. Res. und Hauptreserve Königsberg«. Sofern keine Bedrohung aus der Linie Georgiewsk–Ostrolenka entstünde, wollte man den Gegner zwischen dem 16. und 18. August in der Gegend zwischen Angerburg und Jodlauken angreifen. Sollte sich dies wegen der Stärke des Gegners nicht umsetzen lassen, wollte man an der Angerapp zur Verteidigung übergehen. Das XX. AK hatte hierbei die rechte Flanke der 8. Armee und die Rückzugslinie auf die Weichsel zu sichern, die drei anderen Armeekorps sollten sich im Norden sammeln. Zentrale Forderung der Armeeführung blieb es, ein etwaiges Ausweichen auf Königsberg »unter allen Umständen [...] zu vermeiden [...] Die Armee durfte sich so weit von der Weichsel nicht verbluten und sich nicht in Königsberg einschließen lassen.«[2] Mit Flugzeugen ließ man dementsprechend die Linien Allenstein–Pultusk–Novo Minsk–Ostrow–Ostrolenka–Allenstein sowie Allenstein–Ostrolenka–Hyzow–Lomaha–Allenstein durchgehend überwachen.[3] Die einlaufenden Erkundungsergebnisse, die sich mit Agenten- und Flüchtlingsnachrichten deckten, bestätigten das AOK 8 in der Annahme, dass mit einem gegnerischen Schlag »etwa in [den] Tagen 16.–18. August« zu rechnen sei; es verlegte am 16. August nach Bartenstein.[4]

---

[1] BArch, RH 61/53, Denkschrift »Tannenberg« von Generalleutnant [Karl Ritter] von Wenninger (1916), S. 9 f.; Smoot, A Battle Lost, S. 289, sowie grundsätzlich Pöhlmann, German Intelligence.

[2] BArch, RH 61/735, Aufzeichnungen des Generalmajors Graf von Waldersee: Aktenvermerk des Chefs des Generalstabes der 8. Armee. Niederschrift im Anschluß an den Vortrag, 12.8.1914. Laut den Aufzeichnungen Hoffmanns stammte die Idee von ihm; Hoffmann, Die Aufzeichnungen, Bd 1, S. 49–51, hier S. 49: Kriegsaufzeichnung vom 13.8.1914.

[3] BArch, RH 61/735, 8. Armee/Chef des Stabes, Aktenvermerk: Niederschrift im Anschluß an den Vortrag, 12.8.1914.

[4] Giehrl, Tannenberg, S. 85; BArch, RH 61/735, Graf A.[lfred zu] Dohna[-Schlobitten], Der Feldzug in Ostpreußen 1914, undatiert (1920), S. 9; Zitat nach BArch, RH 61/735, Gene-

https://doi.org/10.1515/9783110733518-003

Als professioneller Generalstabsoffizier hatte Waldersee eine Alternative sowie eine mögliche Anschlussoperation entwickelt: Je nach dem Gelingen seines Vorhabens waren seinen Armeekorps Rückzugswege vorgegeben, nämlich
von Angerburg aus via Barten und Bischofstein auf Heilsberg, von Gerdauen
via Bartenstein auf Landsberg sowie von Allenburg via Friedland auf Preußisch
Eylau[5], die gleichermaßen für eine Umgruppierung nach einem Erfolg im
Norden genutzt werden konnten, um einen »Stoß nach Süden und Südwesten
mit möglichstem Anlauf aus der Linie Strasburg–Dt. Eylau–Osterode–Allenstein
mit dem Rücken nach Westen [...] an[zu]setzen«.[6] Dieser Gedanke entspricht
der später gegen Samsonov tatsächlich eingeschlagenen Wendung, nachdem die
Schlacht gegen Rennenkampfs Armee bei Gumbinnen hatte abgebrochen werden
müssen. Ob er auch operativ ausgearbeitet worden war, ist den erhaltenen Akten
nicht zu entnehmen, es entspräche allerdings der üblichen Vorgehensweise in der
Generalstabsarbeit.

Die Gegend zwischen Angerburg und Jodlauken war dabei bewusst gewählt,
»um beim Anlaufen des Gegners gegen ihn den Stoß zu führen«, weil »[h]iermit
[...] die rückwärtige Verbindung zur Weichsel sowie die Einwirkung Königsbergs
in unsere linke Flanke am besten gesichert [ist]«.[7] Die deutsche Idee des Gefechts,
das Abwehrgefecht mit der russländischen 1. Armee an der Angerapp aufzunehmen, basierte nämlich auf der Überlegung, dass man damit einerseits nicht
zu weit nach Norden geriet, weil das die eigenen Nachschub- und damit auch
Rückzugswege gefährden würde, und andererseits in der Lage blieb, dem XX. AK
im Süden rechtzeitig Entlastung zu bringen, falls es nicht ausreichend lange würde halten können. Aus dieser Position heraus war also ein offensives Handeln
ebenso möglich wie ein defensives, sollten sich die Dinge zum Negativen wenden.[8] Das Duo Prittwitz/Waldersee entwickelte damit einen Plan, der nahezu alle
Anforderungen des Auftrages an die 8. Armee abdeckte und den von Moltke so
gewünschten Angriff priorisierte.

In den folgenden Tagen marschierten die deutschen Truppen in den Norden
Ostpreußens, um sich mit dem I. und XVII. AK, dem I. Reservekorps, der
3. Reservedivision, einer Landwehrbrigade und der Hauptreserve Königsberg auf
der Linie Nikolaiken–Lötzen–Angerapp–Insterburg bereitzustellen und von dort
aus auf den Vormarsch Rennenkampfs zu reagieren. Die linke Flanke nördlich des
Pregel deckte die 1. Kavalleriedivision mit einer weiteren Landwehrbrigade, die
rechte das XX. AK, das derweil im Süden Ostpreußens in der Gegend um Ortelsburg
»ein etwaiges, allerdings sehr unwahrscheinliches, russisches Vorgehen vom Narew
her« blockieren und zusammen mit den Detachements aus den Weichselfestungen

---

ralmajor z.D. [Georg] Graf [von] Waldersee, bisher Chef des Generalstabes der 8. Armee:
Bericht über die Ereignisse in Ostpreußen vom 20. bis 22. August 1914, 24.8.1914.

[5] BArch, RH 61/735, 8. Armee/Chef des Stabes, Aktenvermerk: Niederschrift im Anschluß
an den Vortrag, 12.8.1914.

[6] BArch, RH 61/735, Aufzeichnungen des Generalmajors Graf von Waldersee: Aktenvermerk
des Chefs des Generalstabes der 8. Armee. Niederschrift im Anschluss an den Vortrag,
12.8.1914, S. 3.

[7] BArch, RH 61/735, 8. Armee/Chef des Stabes, Aktenvermerk: Niederschrift im Anschluß
an den Vortrag, 12.8.1914.

[8] Strachan, The First World War, S. 320 f.

den Grenzschutz auf der Linie Neidenburg–Soldau–Lautenburg–Strasburg zu übernehmen hatte; gleichzeitig wurden die Festungen armiert.[9]

Prittwitz hatte seine Fehleinschätzung eines gegnerischen Vorstoßes vom Narew her als unwahrscheinlich, die sich anschließend fatal auswirkte, am 12. August mit dem Großen Generalstab in Koblenz abgestimmt.[10] Dort ging die Nachrichtenabteilung beim Chef des Feldheeres davon aus, dass »[f]ür eine Offensive gegen Deutschland [...] eigentlich nur die beiden Gruppen nördl. des Bobr in Frage [kommen]«. Bei ihnen rechnete man mit einer Stärke von »4, höchstens 5 A.Ks. mit 3 K.D.« Die weiter südlich aufgeklärten 2 ½ zarischen Armeekorps seien auf einer Linie von 150 Kilometern viel zu weit auseinandergezogen, zudem die Bahnstrecken vor ihnen zerstört, was »ihre offensive Absicht unwahrscheinlich« erscheinen lasse. Stattdessen hielt man sie für das Bindeglied zwischen den gegen Österreich-Ungarn und Ostpreußen angesetzten russländischen Heeresgruppen.[11] Im Kontext der Vorkriegsannahme, nach der man mit dem Angriff zweier russländischer Armeen auf Ostpreußen zu rechnen habe, was die ersten Aufklärungsergebnisse auch bestätigten, war dies eine mehr als fahrlässige Bewertung. Dass man sie weder im AOK 8 noch im Großen Hauptquartier revidierte, obwohl bereits am 16. August gemeldet worden war, der südliche Gegner marschierte seit dem frühen Morgen des 15. August von Nowogeorgiewsk auf Willenberg–Neidenburg[12], ist ebenso wenig zu begreifen wie die Feststellung, dass dieser Vorgang in der Forschung bislang vollständig ignoriert wurde.

Denn dort im Südosten stand alleine das verstärkte XX. AK, das bis zum 9. August störungsfrei mobilgemacht und dann nach einer ersten Ausdehnung von etwa 230 Kilometern zwischen Lautenburg und Margrabbowa bis zum 12. August im Raum Allenstein–Wartenburg zusammengezogen worden war.[13] Nachdem sich durch die umfassende Aufklärung das erwartete Bild von vier zarischen Kavalleriedivisionen vor der eigenen Front ergeben hatte,[14] konnte man sich aus dem Grenzschutz herausziehen und auf der Linie Gilgenburg–Hohenstein im Kontext der vom AOK 8 geplanten Operation die Deckung der rechten Armeeflanke, also der Verbindungen zur Weichsel, übernehmen. Dazu rückte das XX. AK vom 14. bis 16. August von Allenstein in die Gegend um Ortelsburg vor, von wo aus sein Generalkommando zwei Offensiven über Johannisburg und über

---

9   BArch, PH 5 II/179, KTB 8. Armee/AOK/Ia Nr. 282 geh.: Armeebefehl, 14.8.1914,
     16.00 Uhr, fol. 88–90, hier fol. 89.
10   Smoot, A Battle Lost, S. 289.
11   BArch, PH 5 II/179, KTB 8. Armee: Chef des Generalstabes des Feldheeres/Nachrichten-
     abteilung: Russischer Aufmarsch. Beurteilung der Lage beim Feind, an AOK 8, 12.8.1914,
     fol. 92–94, hier fol. 94.
12   BArch, PH 5 II/179, KTB 8. Armee: Abhördienst der schweren Funkenstation 8,
     16.8.1914, 12.00 Uhr, fol. 117 f.
13   BArch, RH 61/1408, XX. AK vom 10. bis 20.8.1914 (ohne Datum), S. 5, 12 f. Zur
     Zusammensetzung siehe ebd., S. 6–9, zur Dislozierung ebd., S. 13–15.
14   Ebd., S. 9 f. Die Kavallerie war zusammen mit der 41. Infanteriedivision für den Raum
     Mlawa–Ciechanow–Przasnysz–Ostrolenka–Myszyniec–Ortelsburg zuständig und die
     37. Infanteriedivision für den Raum Ostrolenka–Lomza–Osowiec–Augustow bis zur
     Straße Augustow–Kallinowen–Lyck, während die eigene Fliegertruppe auf der Linie
     Rozan–Osowiec patrouillierte.

Nikolaiken ins Auge fasste.[15] Als die Vorbereitungen dazu am 17. August abgeschlossen waren,[16] verdichteten sich jedoch die Nachrichten über einen Aufmarsch
der russländischen 2. Armee und am 18. August bestätigten Fliegermeldungen
vorderste gegnerische Spitzen einen Kilometer ostwärts von Ostrolenka mit Front
nach Westen. Das Generalkommando gruppierte daraufhin seine Verbände um,
was einigen allerdings eine neuerliche Marschleistung von bis zu 50 Kilometern ab-
verlangte und schon jetzt nur gelang, indem die Tornister der Soldaten auf Wagen
transportiert wurden.[17] Seinen Gefechtsstand verlegte das Generalkommando
am 19. August von Allenstein rund 40 Kilometer südostwärts nach Passenheim.
Von dort aus wurden umgehend insbesondere das Höhengelände um Muschaken
und das Gebiet bis zur Linie Groß Dankheim–Willenberg–Wujaken erkundet,
das man schon seinerzeit als sehr unübersichtlich einschätzte. Die Führer vor Ort
sollten die Örtlichkeiten genau erkunden – in denen sich später das Drama um
die eingeschlossenen russländischen Verbände abspielen sollte – und insbesondere darauf achten, die Artillerie nicht ohne Infanteriebedeckung einzusetzen sowie
über die Bewegungen auf dem Laufenden zu halten, damit sie nicht die eigene
Truppe beschösse. Den Schwerpunkt des Gegners vermutete man auf dessen
rechtem Flügel bei Ortelsburg und plante den eigenen Angriff auf den schwächer
eingeschätzten linken.[18] Gerade als das Generalkommando die Befehle dazu aus-
geben wollte, erkundigte sich Prittwitz am Nachmittag des 20. August auf dem
Korpsgefechtsstand telefonisch nach der Lage. Oberst Emil Hell, Generalstabschef
des XX. AK, meldete ihm einen Gegner von zweieinhalb Armeekorps und zwei
Schützenbrigaden. Als ihm sein Oberbefehlshaber mitteilte, er könne das XX. AK
wegen des Gefechts bei Gumbinnen nicht unterstützen, antwortete Hell: »Das
AK rechnet auch auf keine Unterstützung und braucht auch keine Unterstützung.
Hauptsache ist, dass oben gesiegt wird, hier werden wir schon halten.«[19]
    Danach sah es zunächst auch aus: Noch an diesem 20. August kam es zu
ersten Vorhutgefechten bei Mlawa.[20] Sie entwickelten sich derart heftig, dass der
Kommandierende General des dort vormarschierenden russländischen I. AK,
Generalleutnant Leonid Konstantinovič Artamonov, bereits am Vormittag die
Unterstützung der 6. Kavalleriedivision erbat. Sie umging Mlawa und fasste ihren
deutschen Gegner am frühen Abend im Rücken.[21] Währenddessen waren weitere
Aufklärungsnachrichten eingelaufen, die just dort den Angriffsschwerpunkt von
inzwischen drei russländischen Armeekorps nahelegten. General der Artillerie

---

[15] Ebd., S. 20 f. Zum Befehl des AOK 8 an das XX. AK am 14.8.1914 und den daraus resul-
      tierenden Weisungen des XX. AK an seine Verbände siehe ebd., S. 21–23; zur Vorbereitung
      der eigenen Offensivabsichten ebd., S. 38 f.; ergänzend BArch, RH 61/53, Denkschrift
      »Tannenberg« von Generalleutnant [Karl Ritter] von Wenninger (1916), S. 10.
[16] BArch, RH 61/1408, XX. AK vom 10. bis 20.8.1914 (ohne Datum), S. 37 f. Zum
      Aufmarsch siehe BArch, PH 5 II/179, KTB 8. Armee: XX. AK/Ia Nr. 46 geh.: Korpsbefehl,
      15.8.1914, 11.00 Uhr, fol. 112 f.
[17] BArch, RH 61/1408, XX. AK vom 10. bis 20.8.1914 (ohne Datum), S. 39–42 und 44.
      Zur neuen Dislozierung der Verbände siehe ebd., S. 44–46.
[18] Ebd., S. 52–55.
[19] Ebd., S. 56 f., Zitat S. 57.
[20] Ebd., S. 60 f.
[21] BArch, RH 61/1408, Meldung der 6. Kav.Div. an General Martos (XV. AK) aus Kuklin
      vom 21.8.1914, 12.50 Uhr, über die Tätigkeit der 6. Kav.Div. am 20.8.1914.

Friedrich von Scholtz verschob sein XX. AK daraufhin weiter nach rechts, blieb aber seinen offensiven Absichten treu. Dazu sollte die 41. Infanteriedivision bis zum nächsten Tag den Raum Neidenburg, die 37. Jedwabno erreichen; das Generalkommando selbst beabsichtigte nach Neidenburg vorzugehen. Entgegen dieser hoffnungsvollen Lagebeurteilung im Süden bewertete das AOK 8 die Situation dort wesentlich negativer und legitimierte damit den Abbruch der Schlacht bei Gumbinnen sowie den Rückmarsch nach Westpreußen.[22] Bei diesem Entschluss spielte der Faktor Zeit eine entscheidende Rolle, wie noch gezeigt werden wird, denn erst am Nachmittag des 20. August hatte man im Norden erfahren, dass es sich bei den gegnerischen Truppen im Süden tatsächlich um die russländische 2. Armee mit fünf Armeekorps und wenigstens der 15. Kavalleriedivision handelte. Nach den dort einlaufenden Meldungen marschierte sie auf fünf Straßen mit dem linken Flügel etwa 50 Kilometer südostwärts von Neidenburg und dem rechten 50 Kilometer südostwärts von Ortelsburg, wo sie mit ihrem II. AK in der Gegend von Lyck Verbindung zum linken Flügel Rennenkampfs suchte.[23]

Doch zunächst hatten Prittwitz und Waldersee ihren Operationsplan am 14. August präzisiert. Tags zuvor war ihnen von der OHL das zarische II. AK bei Grodno mit Vortruppen bei Augustow, das IV. am Njemen wahrscheinlich bei Olita, davor die 5. Schützenbrigade um Suwalki, das III. und das halbe XX. AK bei Kowno gemeldet worden.[24] In seinem Armeebefehl hielt es Prittwitz »nicht für unmöglich, dass Gegner südlich der Rominter Heide einen Vorstoß gegen die Seenlinie macht«, und wollte daher seine Armee »nach dem linken Flügel zusammenziehen, um dem russischen Vorstoß offensiv zu begegnen«.[25] Dazu ließ er das XVII. AK in seinen Grenzschutzaufgaben bei Soldau und Lautenburg von der 70. Landwehrbrigade ersetzen und ab dem 15. August im Eisenbahntransport über Königsberg und Allenstein nach Kortschen heranfahren, um es anschließend im Raum nordwestlich und westlich von Darkehmen in Stellung zu bringen. Das in Nordenburg versammelte I. Reservekorps sollte dorthin aufschließen, die 3. Reservedivision auf der Bahn in den Raum Lötzen, die 6. Landwehrbrigade zur Besetzung der Seenlinie südlich Lötzen bis Nikolaiken gebracht werden und die Hauptreserve Königsberg selbstständig auf das Gefechtsfeld zumarschieren;[26] Letztere sollte sich dem I. AK im Raum Insterburg–Gumbinnen anschließen.[27]

22 BArch, RH 61/1408, XX. AK vom 10. bis 20.8.1914 (ohne Datum), S. 66–69.
23 BArch, PH 5 II/180, KTB 8. Armee/Telegramm Gouv. Posen an I. A.O.K., 20.8.1914, 14.33 Uhr, fol. 64; Kabisch, Streitfragen des Weltkrieges, S. 72.
24 BArch, RH 61/1383, Reichsarchiv/Sichtungsabteilung Gruppe III: Fragebogen 94: Stallupönen und Schlacht bei Gumbinnen, 26.9.1921, S. 1.
25 BArch, PH 5 II/179, KTB 8. Armee/AOK/Ia Nr. 282 geh.: Armeebefehl, 14.8.1914, 16.00 Uhr, fol. 88–90, hier fol. 88 f.
26 BArch, RH 61/735, Aufzeichnungen des Generalmajors Graf von Waldersee: Aktenvermerk des Chefs des Generalstabes der 8. Armee. Niederschrift im Anschluß an den Vortrag, 12.8.1914; BArch, RH 61/735, G[eorg] v[on] Waldersee: Meine Erlebnisse zu Beginn des Krieges 1914 (September 1914), S. 22 f. Das XVII. AK hatte sich vorwärts Neumark und Löbau versammelt, das Generalkommando dazu Danzig am 7.8. verlassen und Quartier in Deutsch Eylau genommen; BArch, RH 61/1336, August von Mackensen, Der Feldzug in Ostpreußen, S. 1 f.
27 BArch, RH 61/1402, Reichsarchiv/Sichtungsabteilung Gruppe III, Oberleutnant Klemp: I. Armeekorps und Hauptreserve Königsberg 19.–21.8.1914. Schlacht bei Gumbinnen und Gawaiten, S. 3 f.

Als Prittwitz von dieser Linie aus zum Angriff auf die Spitzen der russländischen 1. Armee ansetzen wollte, erfuhr er am 18. August durch ein Telefongespräch mit dem Generalstabschef des I. AK, Schmidt von Schmidtseck, dass
François' Verbände bereits bei Stallupönen–Tollningkehnen im schweren Gefecht
standen, wo sie tags zuvor auf das vorrückende russländische III. AK getroffen waren. Es brauchte wiederholte Befehle des AOK und die Entsendung des
Oberquartiermeisters der 8. Armee, Generalmajor Paul Grünert, um François in
der Nacht zum 19. August zur Zurücknahme seiner Front auf Stellungen ostwärts
und nordostwärts Gumbinnen zu bewegen. Bis dahin hatte er rund 1200 Mann
und sieben Geschütze verloren und war einer Niederlage nur entgangen, weil
zwei sich aus dem Südosten dem Gefechtsfeld nähernde russländische Divisionen
zwischen dem Wysztyter See und der Rominter Heide anhielten, anstatt auf den
Kanonendonner zu marschieren.[28] Immerhin hatte das Gefecht bei Stallupönen
etwa 3000 Gefangene eingebracht, dem Gegner nochmal so viele Verluste an
Toten und Verwundeten zugefügt und gezeigt, dass Rennenkampfs Armee weiter nördlich aufmarschierte als von Prittwitz nach den Meldungen am 16. und
17. August erwartet.[29] Damit war dessen offensive Variante des Operationsplanes
jedenfalls dahin, weswegen er nun auf die defensive zurückgriff und der OHL
darüber am Abend des 18. August umgehend Meldung erstattete: »Da durch
Eigenmächtigkeit I. A.Ks. beabsichtigte Operation durchkreuzt, wird Armee sich
an Angerapp bereitstellen und je nach Umständen offensiv werden.«[30]

François hingegen brachte zwar sein Armeekorps in den neuen Stellungsraum
bei Gumbinnen[31], beschwerte sich darüber aber offensichtlich unter Ausnutzung
seines Immediatrechts als Kommandierender General direkt beim Kaiser, wie
Waldersee durch ein Gespräch mit Generalleutnant Hermann von Stein nach-

---

[28] BArch, RH 61/1353, Abschrift des Tagebuchs des Generals O. von Below, S. 13; Hoffmann,
      Die Aufzeichnungen, Bd 2, S. 26. Zu François' Darstellung der Schlacht bei Stallupönen
      siehe François, Marneschlacht und Tannenberg, S. 169–179.
[29] BArch, RH 61/1343, Generalmajor Max Hoffmann, 20.5.1921, S. 1; Kabisch, Streitfragen des Weltkrieges, S. 71 f.; Lezius, Von Fehrbellin bis Tannenberg, S. 422 f.; BArch,
      RH 61/1402, Reichsarchiv/Sichtungsabteilung Gruppe III, Oberleutnant Klemp: I. Armeekorps und Hauptreserve Königsberg 19.–21.8.1914. Schlacht bei Gumbinnen und
      Gawaiten, S. 4; BArch, PH 5 II/183, KTB 8. Armee: Eintrag vom 17.8.1914, fol. 15–17,
      hier fol. 16; BArch, PH 5 II/180, KTB 8. Armee/AOK Nr. 505 g an OHL/Chef des Gen.
      Stabes des Feldheeres, 18.8.1914, 16.40 Uhr, fol. 25; Grosse, Die Schlacht bei Gumbinnen,
      S. 28 f. Zur Sicht des Kommandeurs der 1. Infanteriedivision des I. AK zu Verlauf und
      Abbruch des Gefechts siehe BArch, RH 61/1337, Auszug aus einem Brief des Generals von
      Conta (Juli 1929); Uhle-Wettler, Höhe- und Wendepunkte deutscher Militärgeschichte,
      S. 146, übertrieb hier mit der Angabe von 7000 Gefangenen.
[30] BArch, PH 5 II/180, KTB 8. Armee/AOK Nr. 505 g an OHL/Chef des Gen.Stabes des
      Feldheeres, 18.8.1914, 16.40 Uhr, fol. 25. Dass das AOK 8 François am 18. August erst
      förmlich auffordern musste, sich persönlich telefonisch mit seinem Oberbefehlshaber in
      Verbindung zu setzen, wird belegt durch BArch, PH 5 II/180, KTB 8. Armee/Fernspruch
      AOK an I. AK, 18.8.1914, 8.50 Uhr, fol. 13. Siehe dazu auch BArch, RH 61/1402,
      Reichsarchiv/Sichtungsabteilung Gruppe III, Oberleutnant Klemp: I. Armeekorps und
      Hauptreserve Königsberg 19.–21.8.1914. Schlacht bei Gumbinnen und Gawaiten, S. 5.
[31] BArch, PH 5 II/180, KTB 8. Armee/Meldung des Generals François an AOK, 18.8.1914,
      11.30 Uhr, fol. 16.

träglich erfahren haben wollte.[32] Der Generalstabschef der 8. Armee vermutete ex post und wohl zu Recht, François »wollte als Beschützer Ostpreußens auftreten« und habe dabei den Gegner »vollkommen« unterschätzt.[33] Dafür spricht auch die Aussage des damaligen Ia von François, Major Ewald von Massow, der von einer Unterredung mit seinem Kommandierenden General vom 2. August 1914 berichtete: François habe ihn bei Vorlage der Aufmarschanweisungen nach den Ausladeorten gefragt und anschließend entgegnet:

»Das habe ich befürchtet. Also soll ich die Provinz einem russischen Einmarsch preisgeben. Das tue ich nicht. Ich habe der Provinz meinen Schutz versprochen und werde an der Grenze aufmarschieren, um die Russen anzugreifen, wo sie kommen.«[34]

Sein I. AK bildete das kampfkräftigste Armeekorps mit 24 Bataillonen Infanterie, acht Schwadronen und 32 Batterien mit 176 Geschützen. Mit ihm führte François von Anfang an fast einen selbstständigen Krieg, obwohl das AOK 8 am 9. August seinen Armeekorps dezidiert befohlen hatte, in den ihnen zugewiesenen Räumen zu verbleiben, und insbesondere das I. AK nicht über die Angerapp hinausgehen durfte. Stattdessen sollte umfangreich mit Kavallerie und Flugzeugen Aufklärung betrieben werden.[35] Dessen ungeachtet fasste François den Auftrag, die Grenze zu schützen, offensiv auf und war schon am 5. August mit seinem I. AK in den Norden Ostpreußens marschiert, ohne das AOK 8 darüber in Kenntnis zu setzen. Als dieses tags darauf die Angerapp als vorderste Vormarschlinie festlegte, widersetzte sich François trotz eines erneuten eindeutigen Befehls vom 8. August, schob seinen Gefechtsstand von Königsberg nach Insterburg vor und seine beiden Infanteriedivisionen beinahe 20 Kilometer über den Fluss hinaus bis in die Gegend von Stallupönen.[36] Von dort aus setzte er am 15. August die 1. Kavallerie-

---

[32] BArch, RH 61/735, G[eorg] v[on] Waldersee: Meine Erlebnisse zu Beginn des Krieges 1914 (September 1914), S. 30. Er vermutete, dass die frühere Zugehörigkeit von François zum 1. Garderegiment seiner Meinung »die nötige Wucht gab«, ebd., S. 52 f., Zitat S. 53. Wilhelm II. hatte die Zahl der Immediatstellen auf 40 ausgeweitet. Zu jenen, die dadurch direktes Vortragsrecht bei ihm besaßen, gehörten auch die 25 Kommandierenden Generale der Armeekorps und die Oberpräsidenten der preußischen Provinzen; Stein, Die deutsche Heeresrüstungspolitik, S. 25 f.; Siegel, Deutschlands vergessene Front?, S. 60. François selbst erwähnte eine eigene Intervention beim Kaiser in diesem Kontext nicht; zu seiner Darstellung der Schlacht bei Gumbinnen siehe François, Marneschlacht und Tannenberg, S. 179–190.

[33] BArch, RH 61/735, G[eorg] v[on] Waldersee: Meine Erlebnisse zu Beginn des Krieges 1914 (September 1914), S. 26. Auch Hoffmann sah diese Selbsteinschätzung von François als Ursache für dessen Konflikt mit Prittwitz bereits zu Friedenszeiten; Hoffmann, Die Aufzeichnungen, Bd 2, S. 24.

[34] BArch, RH 61/735, Mitteilungen des Generals von Massow an das Reichsarchiv zu Fragebogen 4, 25.3.1921, S. 4.

[35] BArch, PH 5 II/179, KTB 8. Armee/AOK/Ia Nr. 19: Armeebefehl Nr. 1, 9.8.1914, 22.00 Uhr, fol. 18; dort auch zu den jeweiligen Aufklärungsräumen.

[36] BArch, RH 61/1402, Reichsarchiv/Sichtungsabteilung Gruppe III, Oberleutnant Klemp: I. Armeekorps und Hauptreserve Königsberg 19.–21.8.1914. Schlacht bei Gumbinnen und Gawaiten, S. 1. Zum Armeebefehl, nicht über die Angerapp hinauszugehen, siehe BArch, PH 5 II/179, KTB 8. Armee: Gen.Kdo. I. Reservekorps/Ia Nr. 88, 7.8.1914, 15.10 Uhr, fol. 14; sowie BArch, PH 5 II/179, KTB 8. Armee/AOK/Ia Nr. 58 an Gen. Kdo. I. AK, 7.8.1914, fol. 14.

division zur gewaltsamen Aufklärung gegen die russländische Grenze nördlich der Kownoer Bahn an; sie blieb jedoch am zarischen Grenzschutz hängen.
Daraufhin ließ er seine 1. Infanteriedivision das von gegnerischen Truppen besetzte Eytdkuhnen einnehmen, wo seine Artillerie zuvor schweren Schaden an-
gerichtet hatte. Trotz eines neuerlichen Befehls des AOK 8 vom 14. August, sich
im Raum Insterburg–Gumbinnen bereitzustellen, beließ er sein Armeekorps in
einer fast 60 Kilometer breiten Aufstellung zwischen Goldap und Stallupönen.
Von alldem erfuhr das AOK 8 nur zufällig durch den Munitionsbericht des I. AK.
Dabei hatte Prittwitz seinem Befehl eigens hinzugefügt – die Ausweichmanöver
von François wohl im Blick –, die nämliche Begrenzungslinie sei auch nicht zu
»Übungsmärschen« zu überschreiten.[37]

Ludendorff klagte nach dem Krieg über die »so außerordentlich selbstständige Stellung« der Kommandierenden Generale in Friedenszeiten, durch die
sie sich »als ›Herren‹ ihres Bezirkes« gesehen hätten und an »Einordnung und
Unterordnung nicht mehr gewohnt waren«.[38] Damit dürfte er vor allem François
gemeint haben, der mit seinem selbstherrlichen Verhalten sogar mit dem eigenen
Stab mehrmals derart aneinandergeraten war, dass er diesen erst in Königsberg,
später in Insterburg zurückließ, während er selbst mit dem Auto samt seinem
Ordonnanzoffizier und kriegsfreiwilligen Sohn zwischen seinen Verbänden hin
und her fuhr.[39] Nachkriegsaussagen des Ia des I. AK besagen, er habe seinen
Kommandierenden General schon in den ersten Augusttagen darauf hingewiesen, seine Entscheidungen würden den Aufmarschanweisungen zuwiderlaufen,
dennoch verlegte François die Ausladestationen für seine Truppen selbstständig
weiter gen Osten. Weil er das AOK 8 bis zum 16. August darüber nicht orientierte, entstand eine unklare Lage, »die auf die Stimmung im Korpsstab nicht gerade
günstig wirkte«.[40] Schmidt von Schmidtseck hatte das befehlswidrige Verhalten
seines Kommandierenden Generals ohne dessen Wissen allerdings dem AOK
mitgeteilt, was zu eben jener ausdrücklichen Weisung an das I. AK vom 8. August
führte. Als François davon erfuhr, erwirkte er über den Kaiser die Zuweisung
eines neuen Generalstabschefs, den er allerdings erst am 1. September erhielt.
Es ist eine besondere Geschichte, dass er Anfang November 1914, nun selbst
Oberbefehlshaber der 8. Armee, Schmidt von Schmidtseck als kommissarischen
Generalstabschef einsetzen musste; jener durfte dann erleben, wie François wenige Tage später sein Kommando verlor.[41] Doch selbst dessen Generalskameraden

---

[37] BArch, RH 61/1383, Reichsarchiv: Fragebogen Nr. 4; Kabisch, Streitfragen des Weltkrieges,
      S. 71; Uhle-Wettler, Höhe- und Wendepunkte deutscher Militärgeschichte, S. 146; Grosse,
      Die Schlacht bei Gumbinnen, S. 21.
[38] Ludendorff, Tannenberg, S. 87. Ähnlich klagte auch Buchfinck, Tannenberg 1914, S. 230,
      dass es »doch eine Schwäche des Systems [war], das dem Kommandierenden General in der
      alten Armee eine übergroße Stellung gab«.
[39] BArch, RH 61/735, G[eorg] v[on] Waldersee: Meine Erlebnisse zu Beginn des Krieges
      1914 (September 1914), S. 27. Bewunderer von François' vermeintlichem Schneid wie
      Uhle-Wettler, Höhe- und Wendepunkte deutscher Militärgeschichte, S. 146, interpretier-
      ten dieses Verhalten allen Ernstes als »Tarnung vor dem Vorgesetzten«.
[40] BArch, RH 61/735, Mitteilungen des Generals von Massow an das Reichsarchiv zu
      Fragebogen 4, 25.3.1921, S. 1 f.
[41] François, Marneschlacht und Tannenberg, S. 155, 174 f. und 242. Der Befehl des AOK 8
      an das I. AK vom 8. August ist abgedruckt in ebd., S. 156 f. Schmidt von Schmidtseck war
      im November 1914 Ia der 8. Armee. Als sein Generalstabschef Grünert zur 9. Armee kom-

vermochten bereits lange zuvor für diese Insubordinationen nur begrenzt
Verständnis aufzubringen:

> »Der Führer des I. AK fühlte die Pflicht, die Heimatprovinz zu schützen, und
> legte daher den Widerstand seines Korps an die äußerste Grenze vor, was so-
> fort blutige Zusammenstöße schuf [...] Aber in diesen Grenzkämpfen wurden
> Leute verbraucht, worüber das AOK 8 nicht erbaut war.«[42]

Ganz so überraschend kam das Verhalten von François jedoch nicht. Schon bald
nachdem er seinen Posten als Kommandierender General des I. AK 1913 übernommen hatte, stellte er die existierenden Grenzschutzpläne für Ostpreußen
vor dem Großen Generalstab infrage und forderte ein offensives Vorgehen.[43]
Offenbar gab es in den Akten dazu entsprechende Entwürfe, sie waren nach den
Vermutungen aus dem Reichsarchiv aber wohl nie auf den Postweg gegangen,
sondern angesichts ihrer Brisanz mündlich erledigt worden.[44] In einem noch vorhandenen Entwurf vom 5. November 1913 wurde François von Oberstleutnant
Gerhard Tappen, damals Chef der 2. Abteilung des Generalstabes, immerhin bestätigt, dass »das schleunige Zurückgehen fast aller Truppen bis an die Angerapp-
Linie *in jedem Fall* – also auch wenn ein Einmarsch überlegener russischer Kräfte
nicht erfolgt – geplant ist«.[45] Dazu fragte er bei François an, ob er »nicht angesichts der Heeresvermehrung und namentlich nach Ausstattung des A.Ks. mit
neuen Aufklärungsmitteln (ein Z-Schiff Königsberg und Fliegerformationen)
eine offensivere Durchführung des Grenzschutzes für möglich hält«.

Wegen der »der Schwerfälligkeit, welcher der russischen Kriegführung nach
massgebendem Urteil voraussichtlich anhaften wird«, schien Tappen dies zumindest so weit erfolgversprechend, um »eine bereits eingeleitete russische Vorwärtsbewegung zum Stehen« zu bringen »oder in eine vom Generalkommando
gewünschte Richtung« zu zwingen. Jedenfalls würden »[w]eite Landstriche Ostpreußens [...] von einem russischen Einfall bewahrt bleiben«.[46] Der Generalstab
in Königsberg bestätigte umgehend, in seinem Bereich sei grenznah lediglich
das III. Bataillon des Infanterieregiments 44 disloziert, bewertete dies jedoch
als Maßnahme »im Interesse des moralischen Halts der Bevölkerung« – tatsächlich stand dem Verband ein Eisenbahnzug wohl zum rechtzeitigen Rückzug zur
Verfügung. Man würde es stattdessen »am lebhaftesten begrüßen«, wenn das ge-

---

mandiert wurde, forderte François den Generalstabschef seines ehemaligen I. AK, Generalleutnant Wilhelm von Woyna, als Nachfolger, erhielt ihn aber nicht. Bis zum Eintreffen
des avisierten Nachfolgers, Generalleutnant Adolf Wild von Hohenborn, der allerdings nur
wenige Tage den Dienstposten besetzte und sich hernach als preußischer Kriegsminister
vor allem mit seinem berüchtigten Erlass zur Judenzählung einen Namen machen sollte,
musste François daraufhin Schmidt von Schmidtseck mit der Weiterführung der Geschäfte
betrauen. Siehe ebd., S. 288 f.

[42] BArch, RH 61/1353, Abschrift des Tagebuchs des Generals O. von Below, S. 13.

[43] Darum wusste auch Hoffmann; Hoffmann, Die Aufzeichnungen, Bd 2, S. 24 f. Siehe hierzu auch François' eigene Darstellung in François, Marneschlacht und Tannenberg, S. 149 f.

[44] BArch, RH 61/1383, Reichsarchiv/Fragebogen 1a: Grenzschutz Ostpreußen 1914,
20.12.1928, S. 1.

[45] Ebd., Hervorhebung im Original; BArch, RH 61/735, Chef des Generalstabes I. Armeekorps Nr. Ia 445 M Geheim!, 5.11.1913.

[46] BArch, RH 61/1383, Reichsarchiv/Fragebogen 1a: Grenzschutz Ostpreußen 1914,
20.12.1928, S. 2; BArch, RH 61/735, Großer Generalstab/2. Abteilung – Entwurf – an
den Chef des Generalstabes I. AK (November 1913).

samte Regiment dort verbleiben dürfte, um es dann nach der Mobilmachung zu verstärken, »mit dem Ziele, sein ganzes Korps unmittelbar an der Grenze zum Schlagen bereit zu haben«.[47]

Dass François sich so verhalten würde, wie er es dann im August 1914 tat, und mehr noch, dass die ganze deutsche 8. Armee offensiv agieren würde, davon waren offenbar auch einige andere in der OHL zu Kriegsbeginn überzeugt gewesen. Aus Mitteilungen »eines jüngeren Offiziers der OHL« erfuhr das Reichsarchiv 1923, man habe schon bis zum 8. August

»zuverlässige Nachrichten über das Aufschließen der Njemen-Armee gegen die ostpreußische Grenze gehabt und erwartet, dass Generaloberst v. Prittwitz ihr daher schon frühzeitig mit Überlegenheit einen Schlag versetze, also so handele, wie es General v. François wollte [...] Man habe es auch nicht für richtig gehalten, dass Generaloberst v. Prittwitz, als er sich schließlich am 14. August zur Versammlung seiner Hauptkräfte an der Angerapp entschloss, das XX. AK nicht mit heranziehen wollte. Man habe aber, obgleich man nicht ganz einverstanden war, nicht eingegriffen, da dem Generaloberst v. Prittwitz durch die ihm erteilte Anweisung für die Lösung seiner Aufgabe freie Hand gegeben war.«[48]

In der Tat ist es fragwürdig, weswegen Prittwitz an dem am 14. August beschlossenen Aufmarsch seiner Truppen auf der Linie Lötzen–Gumbinnen auch dann noch festhielt, als er bemerkte, dass der russländische rechte Flügel deutlich weiter nach Norden reichte als zunächst angenommen.[49] Zwar war ihm ab dem 14. August wegen der Witterung keine Luftaufklärung möglich, doch Kavalleriepatrouillen hatten am 16. August starke zarische Reiterverbände bei Schirwindt auf dem Weg nach Norden gemeldet, und das Gefecht von Stallupönen am 17. August hatte die russländischen III. und XX. AK mit weiteren erheblichen Kavalleriekräften ebenfalls nördlich davon erkennen lassen. Dessen ungeachtet befahl Prittwitz am 19. August dem I. AK, in die Linie Gumbinnen–Niebudßen, zehn Kilometer nördlich Gumbinnen, einzurücken, während das XVII. AK seine Versammlung hinter der Angerapp bei Darkehmen abschloss. Aus dieser Situation heraus traten die Verbände am 20. August zur Unterstützung des angegriffenen I. AK in die Schlacht von Gumbinnen.[50] Womöglich wollte man im AOK 8 die ungünstige Lageentwicklung schlicht ignorieren, denn als Waldersee am 15. August Stein übermittelte, er glaubte noch an einen russländischen Angriff südlich der Rominter Heide, kommentierte er dies mit den Worten: »Was besseres könn-

---

[47] BArch, RH 61/1383, Reichsarchiv/Fragebogen 1a: Grenzschutz Ostpreußen 1914, 20.12.1928, S. 4 f.

[48] BArch, RH 61/1383, Reichsarchiv Nr. 1076: Fragebogen Nr. 134: Feldzugseröffnung in Ostpreußen (Januar 1923), S. 1.

[49] BArch, PH 5 II/179, KTB 8. Armee/AOK/Ia Nr. 268 an I. Reservekorps, 14.8.1914, 10.45 Uhr, fol. 86.

[50] BArch, RH 61/1383, Reichsarchiv/Sichtungsabteilung Gruppe III: Fragebogen 94: Stallupönen und Schlacht bei Gumbinnen, 26.9.1921, S. 3. Siehe dazu die deutschen Angriffsbefehle: AOK/Ia Nr. 570 g. an XVII. AK, 19.8.1914; AOK/Ia Nr. 571 g. an I. AK, 19.8.1914; AOK/Ia Nr. 572 g. an 3. Reservedivision, 19.8.1914; alle abgedruckt bei Elze, Tannenberg, S. 219 f. Zum Gefecht bei Stallupönen siehe Grosse, Die Schlacht bei Gumbinnen, S. 22–27.

te uns gar nicht passieren.«[51] In der zeitgenössischen Wahrnehmung soll sich Prittwitz allerdings am 18. August zum Angriff entschieden haben, weil ihm das allgemeine Vorrücken seines Gegners aus der Linie Kowno–Augustowo gemeldet worden war, während die russländischen Kräfte am Narew mit nur schwachen Kräften den deutschen Grenzschutz abtasteten.[52] Ganz sicher war es jedoch nicht so, wie es die Meistererzählung beschreibt: »Als es am 19. August dem deutschen AOK schien, als ob Rennenkampf anbeißen wollte, befahl von Prittwitz den allgemeinen Angriff.«[53]

2. Die Schlacht bei Gumbinnen

Rennenkampfs Kavallerie war befehlsgemäß bereits am 16. August über die Grenze nach Ostpreußen vorgerückt, seine Hauptstreitmacht tags darauf auf einer Breite von 40 Kilometern zwischen Wischtyniez und Schirwindt nordwärts der Rominter Heide gefolgt.[54] Bei Stallupönen wurde sie umgehend in ihrem Zentrum von François angegriffen, der einen weiteren Tag später das Gefecht auf Befehl von Prittwitz abbrechen und seine Truppen fast 40 Kilometer in den Raum Gumbinnen zurücknehmen musste. Auf der russländischen Seite fühlte man sich in völliger Überbewertung des Rückzuges des deutschen I. AK schon als Sieger.[55] Rennenkampf meldete Žilinskij, er habe den Gegner angegriffen und zum Rückzug gezwungen, worauf jener ihn anwies, bis zum 20. August Gumbinnen zu erreichen und dort zunächst zu rasten.[56] Als er dort von François am frühen Morgen des 19. August erneut angegriffen wurde – ein weiteres Mal ohne Wissen oder gar Einverständnis des AOK 8[57] –, nahm er den Kampf an und stieß gleichzeitig aus dem Raum südlich und östlich von Goldap auf Darkehmen vor, wo er jedoch nicht durchdrang. Damit hatte die Schlacht bei Gumbinnen begonnen.[58]

---

51 BArch, RH 61/735, AOK 8 Nr. 11 (Chef) geh. an General von Stein, 15.8.1914, S. 1.
52 BArch, RH 61/53, Denkschrift »Tannenberg« von Generalleutnant [Karl Ritter] von Wenninger (1916), S. 9 f.
53 BArch, RH 61/735, Graf A.[lfred zu] Dohna[-Schlobitten], Der Feldzug in Ostpreußen 1914, undatiert (1920), S. 7.
54 BArch, RH 61/1333, Kurt Freiherr von der Osten-Sacken, Die Operationen der russischen 1. (Njemen-)Armee vom 16. bis 31.8.1914 (1920), Einträge vom 16. und 17.8.1914.
55 Stone, The Eastern Front, S. 61–67. Zum Gefecht und insbesondere den Eigenmächtigkeiten von François siehe die Schilderung in BArch, RH 61/735, G[eorg] v[on] Waldersee: Meine Erlebnisse zu Beginn des Krieges 1914 (September 1914), S. 25–40.
56 Stevenson, Der Erste Weltkrieg, S. 91–93; Daniloff, Rußland im Weltkriege, S. 205–207; Kürenberg, Rußlands Weg nach Tannenberg, S. 95.
57 In BArch, PH 5 II/180, KTB 8. Armee/Morgenmeldung I. AK, 19.8.1914, 8.00 Uhr, fol. 40, ist lediglich vermerkt, dass das I. AK »in Gefecht getreten [ist]«.
58 BArch, RH 61/1333, Kurt Freiherr von der Osten-Sacken, Die Operationen der russischen 1. (Njemen-)Armee vom 16. bis 31.8.1914 (1920), Eintrag vom 19.8.1914; Der Weltkrieg 1914 bis 1918, Bd 2, S. 83 f. Siehe zur Schlacht bei Gumbinnen im Detail Grosse, Die Schlacht bei Gumbinnen; BArch, RH 61/1402, Reichsarchiv/Sichtungsabteilung Grup-

Währenddessen besprach Prittwitz am Mittag des 19. August die Lage mit
Below und Mackensen auf deren Gefechtsständen in Nordenburg und Trämpem.
François' Eigenmächtigkeiten hatten immerhin die Aufklärungsergebnisse bestätigt, nach denen die russländische 1. Armee nördlich der Rominter Heide einmarschierte und nicht südlich von ihr, wie von Prittwitz und Waldersee erhofft, und
die deutschen Stellungsbereiche damit in Umfassungsgefahr gerieten.[59] Dennoch
hielt der Oberbefehlshaber der 8. Armee an seinem grundsätzlichen Plan fest, den
Gegner »an der Angerapp vorlaufen [zu] lassen«, um anschließend »vom linken
Flügel her, wo jetzt Alles in Ordnung sei, in des Feindes Flanke [zu] stoßen«,
wie Below in seinem Tagebuch vermerkte.[60] Allerdings war zu diesem Zeitpunkt
eben jener linke Flügel bereits ins Gefecht getreten, obwohl das XVII. AK, besonders aber das I. Reservekorps und die 3. Reservedivision noch weit zurückhingen.
Außerdem erkannte man im AOK 8 nicht oder ignorierte es, dass man angesichts
der dort aufgeklärten gegnerischen Verbände das Risiko einging, von den russländischen III. und XX. AKs umgangen zu werden.[61] Dass Prittwitz bei seinem
Vorhaben blieb, Rennenkampfs Truppen anzugreifen, mag nicht zuletzt an den
Meldungen des I. AK gelegen haben, die vermittelten, man habe es mit einem fast
geschlagenen Gegner zu tun.[62] François wollte jedenfalls den russländischen rechten Flügel umfassen und damit die gesamte Flanke der 1. Armee erschüttern.[63]
Also befahl Prittwitz Mackensen am Nachmittag des 19. August, sein XVII. AK
unverzüglich in Richtung Perkallen und Plicken vorzuführen und am folgenden
Morgen den Gegner zu attackieren.[64] Das I. Reservekorps sollte den Vormarsch
des XVII. AK decken, was dort zu erheblichen Marschleistungen führte, denn die
zugewiesenen Ziele der eigenen Divisionen lagen noch 18 Kilometer entfernt.[65]
Außerdem erteilte das AOK 8 keinen wirklichen Angriffsbefehl. Zwar hatten die
Kommandierenden Generale entsprechende Vorbefehle erhalten, ihre Entschlüsse
zum jeweiligen Angriff mussten sie dann allerdings selbstständig fassen.[66]
    Abends um 20.00 Uhr bestätigte eine Meldung des I. AK, dass man sich dort
übernommen hatte, als François »Entlastung durch Angriffe auf Grünweitschen
[forderte]«.[67] Er sah sich inzwischen anderthalb russländischen Armeekorps gegenüber, neben dem III. noch eine Infanteriedivision des XX. AK; das Garde-

pe III, Oberleutnant Klemp: I. Armeekorps und Hauptreserve Königsberg 19.–21.8.1914.
Schlacht bei Gumbinnen und Gawaiten.

59   Hoffmann, Die Aufzeichnungen, Bd 2, S. 26 f.; BArch, RH 61/1336, August von
     Mackensen, Der Feldzug in Ostpreußen, S. 2 f. Das XVII. AK war seit dem 15. August
     per Eisenbahntransport in die Gegend von Darkehmen marschiert. Auf dem Weg dorthin
     hatte sich Mackensen, der ab dem 16. August im Kraftwagen folgte, mit Scholtz in Allenstein, Waldersee in Bartenstein und dem Chef des Generalstabes des I. Reservekorps in
     Nordenburg über die Lage ausgetauscht.
60   BArch, RH 61/1353, Abschrift des Tagebuchs des Generals O. von Below, S. 16 f.
61   BArch, RH 61/1383, Reichsarchiv: Fragebogen.
62   BArch, RH 61/1353, Abschrift des Tagebuchs des Generals O. von Below, S. 21.
63   BArch, RH 61/1402, Reichsarchiv/Sichtungsabteilung Gruppe III, Oberleutnant Klemp:
     I. Armeekorps und Hauptreserve Königsberg 19.–21.8.1914. Schlacht bei Gumbinnen
     und Gawaiten, S. 19 f. und 41.
64   BArch, RH 61/1336, August von Mackensen, Der Feldzug in Ostpreußen, S. 3
65   BArch, RH 61/1353, Abschrift des Tagebuchs des Generals O. von Below, S. 17 f.
66   BArch, RH 61/1383, Reichsarchiv: Fragebogen.
67   BArch, RH 61/1336, August von Mackensen, Der Feldzug in Ostpreußen, S. 3.

Kavalleriekorps und die 3. Kavalleriedivision waren zudem so nahe, dass man ihr Eingreifen für den nächsten Tag erwartete.[68] Dennoch beantwortete Waldersee Moltkes Aufforderung zu »telefonische[n] Meldungen der neuen Nachrichten vom Feind und der weiteren eigenen Absichten und Maßnahmen« zuversichtlich: »Armee zu aussichtsvoller Offensive gegen russischen Nordflügel angetreten. Auf eigenem rechten Flügel XX. Armeekorps bereit zur Abwehr in Richtung Ortelsburg sich aus Südosten vorbewegenden Kolonnen.«[69]

In Wirklichkeit waren Rennenkampfs Truppen zu diesem Zeitpunkt bereits so ermüdet, dass er für den nächsten Tag anordnen musste, in »keinen hartnäckigen Kampf mit dem Gegner einzutreten« und stattdessen die Etappeneinrichtungen heranzuziehen, um die Vorräte zu ergänzen.[70] Diese Entscheidung erstaunt nur vordergründig. Dass ihm gegenüber die deutsche 1. und 2. Infanteriedivision standen sowie sich bei Pillkallen eine Kavalleriedivision versammelte, war das einzige, was der Oberbefehlshaber der russländischen 1. Armee über den Gegner wusste.[71] Es passte nicht in den russländischen Operationsplan, nach dem die 1. Armee die deutschen Streitkräfte binden sollte, dass sich die deutschen Truppen nach dem kurzen Gefecht bei Stallupönen so rasch zurückgezogen hatten. Weil Rennenkampf befürchtete, die Deutschen würden Ostpreußen schneller evakuieren, als Samsonov im Süden ihnen den Rückweg verlegen konnte, befahl er seiner Armee zu halten, um die Deutschen anzulocken. Außerdem hatte er seinen Vormarsch beginnen müssen, ohne den Abschluss der Aufmarschmaßnahmen abzuwarten. Sein Nachschub war bereits zu diesem Zeitpunkt in einem chaotischen Zustand; je weiter er vorrückte, desto größer wurde die Entfernung zu seinen Ausladebahnhöfen, über welche die Versorgung lief.[72] Es gab also gute Gründe für sein Verhalten.

Seine Verbände richteten sich über Nacht zur Verteidigung ein und wurden in den rasch ausgehobenen Stellungen am frühen Morgen des folgenden Tages vom deutschen Angriff überrascht.[73] In derselben Nacht hatte François nämlich seine 2. Infanteriedivision vom Gegner gelöst und sie in den Rücken des rechten russländischen Flügels geführt, während die Hauptreserve Königsberg ins Zentrum einrückte. Die überrumpelten zarischen Soldaten mussten sich bis zum Mittag auf eine vorbereitete Stellung rund zehn Kilometer nordwestlich Stallupönen zurückziehen, doch auch François' Männer erlitten herbe Verluste.[74] Dann jedoch

[68] BArch, RH 61/1402, Reichsarchiv/Sichtungsabteilung Gruppe III, Oberleutnant Klemp: I. Armeekorps und Hauptreserve Königsberg 19.–21.8.1914. Schlacht bei Gumbinnen und Gawaiten, S. 19 f. und 41.

[69] BArch, PH 5 II/180, KTB 8. Armee/Moltke über Stellvertr. Gr. Generalstab an AOK 8, 19.8.1914, 18.50 Uhr, fol. 46; BArch, PH 5 II/180, KTB 8. Armee/AOK/Ia Nr. 590 g an Oberste Heeresleitung Coblenz, 19.8.1914, 20.00 Uhr, fol. 53.

[70] BArch, RH 61/1333, Kurt Freiherr von der Osten-Sacken, Die Operationen der russischen 1. (Njemen-)Armee vom 16. bis 31.8.1914 (1920), Eintrag vom 19.8.1914.

[71] Ebd., S. 1 f.

[72] Tuchman, August 1914, S. 320 und 326; zu Stallupönen siehe ebd., S. 318–320.

[73] BArch, RH 61/1333, Kurt Freiherr von der Osten-Sacken, Die Operationen der russländischen 1. (Njemen-)Armee vom 16. bis 31.8.1914 (1920), Eintrag vom 20.8.1914. Siehe dort auch zum Schlachtverlauf aus der russländischen Perspektive.

[74] BArch, RH 61/735, G[eorg] v[on] Waldersee: Meine Erlebnisse zu Beginn des Krieges 1914 (September 1914), S. 33 f.; BArch, RH 61/735, Mitteilungen des Generals von Massow an das Reichsarchiv zu Fragebogen 4, 25.3.1921, S. 3; Kabisch, Streitfragen des

brachte ein vehement geführter russländischer Gegenstoß den Umschwung, als
er zum panikartigen Rückzug zweier deutscher Infanterieregimenter führte. Nur
weil die gegnerische Führung den Erfolg nicht auszunutzen verstand, gelang es
dem Kommandeur, Generalleutnant Adalbert von Falk, der seine 2. Infanteriedivision erst mit der Mobilmachung übernommen hatte, die Lage zu stabilisieren. Nachdem auch auf dem Südflügel der Angriff des I. AK im gegnerischen
Abwehrfeuer liegen geblieben war, gruben sich beide Seiten zur Verteidigung ein.[75]
    Die Verluste des I. AK waren mit Ausnahme des allerdings schwer getrof-
fenen 41. Infanterieregimentes annehmbar, der Geländegewinn mit etwa zehn
Kilometern Tiefe, dem Einbringen von rund 4000 Gefangenen und zehn Geschützen respektabel – ein operativer Erfolg war es jedoch mitnichten. Im Gegenteil hatte François bereits alle Reserven einsetzen müssen, seine Verbände waren
erheblich durcheinandergeraten und zu den anderen deutschen Truppen bestand
keine Verbindung mehr. Die eigene Aufklärung meldete stattdessen gegnerische
Verbände in Korpsstärke in einer Umfassungsbewegung um den linken Flügel des
I. AK und damit um die linke Flanke der gesamten 8. Armee.[76]
    An den anderen Abschnitten der Schlacht sah es kaum besser aus: Die
Angriffe der davon offenbar überforderten Hauptreserve Königsberg und des
XVII. AK waren vollständig gescheitert. Letzteres traf nach anfänglichen Erfolgen
auf in Bauernhöfen und Dörfern verschanzte Verbände und erlebte ein Desaster:
Binnen weniger Stunden verlor es rund 8000 Mann an Toten, Verwundeten
und Vermissten, darunter etwa 200 Offiziere, weitere 1000 Soldaten gerieten in
Gefangenschaft, ehe das AK sich nach seinem Rückzug am Abend des 20. August
nordwärts der Rominte wieder zu sammeln vermochte.[77] Dabei war Mackensen
voller Stolz in die Offensive gegangen, weil ihn die »gestellte Aufgabe [...] an eine
taktische Aufgabe [erinnerte], die Generalfeldmarschall Graf Moltke einst den zum
Generalstab kommandierten Offizieren gestellt hatte«. Dass er ohne Aufklärung
und eigene Geländeerkundung ins Gefecht treten musste, bedauerte er zwar, seiner Ansicht nach wog der Überraschungseffekt diesen Nachteil jedoch auf. Er
wollte das von Wirballen gegen Königsberg vorgehende gegnerische Armeekorps
durch einen Angriff zwischen Girnen und Plicken aus einer Flankenstellung heraus am weiteren Vordringen hindern und möglichst über die Grenze zurückwerfen. Obwohl er seinen Gegner am Morgen des 20. August aufgrund des Befehls
von Rennenkampf, von dem Mackensen freilich keine Kenntnis haben konnte,

　　　Weltkrieges, S. 73, sowie zum Kampf des I. AK im Überblick Grosse, Die Schlacht bei
　　　Gumbinnen, S. 35–45.
[75]　Ausführlich dazu BArch, RH 61/1402, Reichsarchiv/Sichtungsabteilung Gruppe III, Ober-
　　　leutnant Klemp: I. Armeekorps und Hauptreserve Königsberg 19.–21.8.1914. Schlacht
　　　bei Gumbinnen und Gawaiten, S. 19–35 und 39 f.
[76]　BArch, RH 61/1402, Reichsarchiv/Sichtungsabteilung Gruppe III, Oberleutnant Klemp:
　　　I. Armeekorps und Hauptreserve Königsberg 19.–21.8.1914. Schlacht bei Gumbinnen
　　　und Gawaiten, S. 41 f.
[77]　BArch, RH 61/735, G[eorg] v[on] Waldersee: Meine Erlebnisse zu Beginn des Krieges
　　　1914 (September 1914), S. 33 f.; Der Weltkrieg 1914 bis 1918, Bd 2, S. 93; Stone, The
　　　Eastern Front, S. 60 f. Zu diesem mörderischen Angriff siehe die detaillierte Beschreibung
　　　bei Showalter, Tannenberg, S. 177–188, und Tuchman, August 1914, S. 318, 322–326;
　　　außerdem Grosse, Die Schlacht bei Gumbinnen, S. 45–55, sowie die Bewertung bei
　　　Stevenson, Der Erste Weltkrieg, S. 92. Uhle-Wettler, Höhe- und Wendepunkte deutscher
　　　Militärgeschichte, S. 146 f., verringerte hier die deutschen Verluste auf 7000.

gar nicht vorgerückt fand, ließ er seine Divisionen angreifen, nun eben frontal[78] – »in einer übereilten Angriffshetze«, wie Hoffmann meinte[79]. Nachdem sie
die Rominte überschritten hatten, trafen sie nämlich nur auf Patrouillen und
Vorfeldposten. Hier machte sich die fehlende Aufklärung nachteilig bemerkbar
und Mackensen wurde bewusst, »dass ich in der Nacht mit einem Bilde über die
Lage in den nun entbrannten, ersten großen Kampf des Feldzuges getrieben worden war, das der Wirklichkeit nicht entsprach«. Ungeachtet dieser vollständigen
Lageänderung blieb er bei seinem einmal gefassten Entschluss:

> »Aber der Befehl, der das Armeekorps auf diese Wahlstatt [sic] geführt hatte,
> rief: ›Ran an den Feind und Unterstützung dem I. AK‹. Diese musste geleistet
> und der begonnene Kampf unter allen Umständen ausgefochten werden.«[80]

Der Schwerpunkt des Kampfes des XVII. AK entbrannte daraufhin bei der
36. Infanteriedivision bei Buszedszen und Sodehnen. Mackensen musste sie bereits gegen Mittag um aus seiner 35. Infanteriedivision gewonnene Reserven verstärken, weil seine Truppen überall auf eine vorbereitete russländische Front in
starken Feldbefestigungen stießen. Seiner eigenen Einschätzung nach entwickelte
sich das Gefecht »je länger je mehr zu einem beiderseits verlustreichen, stehenden
Ringen«. Dabei habe sein Armeekorps im Laufe des Tages 3000 Gefangene aus
drei verschiedenen russländischen Armeekorps gemacht und bis zum Einbruch
der Dunkelheit nur bei der 36. Infanteriedivision das Schlachtfeld südlich
Buszedszen und bei Kubillen behaupten können. Seine 35. Infanteriedivision auf
dem linken Flügel musste er hingegen weit zurücknehmen.[81]

Der nachprüfbaren historischen Realität entspricht diese Schilderung nur sehr
bedingt. Denn Mackensen hatte bereits im Laufe des Nachmittags des 20. August
durchaus das Ausmaß des Desasters erkannt. Seinerzeit nahm er zu diesem
Zeitpunkt an, der Gegner würde nun zum Gegenangriff übergehen, dem sein
Armeekorps angesichts »seiner weiten Ausdehnung und ohne Reserven zur Zeit
nicht gewachsen« sei. Er befahl deshalb den Rückzug hinter die Rominte und das
Einrichten zur Verteidigung auf der Linie Perkallen–Tellitzkehmen.[82] Zuvor war
gegen 17.00 Uhr beim I. Reservekorps noch die Meldung eingegangen, »dem
XVII. AK gehe es schlecht, es brauche Hilfe«, doch Below wollte die größte Hilfe
darin erkennen, den Gegner vor der eigenen Front zu besiegen, und schickte
keine Truppen.[83] Daraufhin musste Mackensen dem AOK 8 melden, er sehe sich
zum Halten der Rominte-Linie außerstande, und bat um Unterstützung sowie
um Weisung an die Nachbarkorps, Versprengte seines Armeekorps zu sammeln
und zurückzuführen.[84] Seine Truppen waren nicht nur vom Gegner, sondern –
wie übrigens auch die Verbände der 2. Infanteriedivision des I. AK – noch von

---

[78] BArch, RH 61/1336, August von Mackensen, Der Feldzug in Ostpreußen, S. 4; Grosse,
      Die Schlacht bei Gumbinnen, S. 46 f.
[79] Hoffmann, Die Aufzeichnungen, Bd 2, S. 238.
[80] BArch, RH 61/1336, August von Mackensen, Der Feldzug in Ostpreußen, S. 6.
[81] Ebd., S. 6 f., Zitat S. 7; Grosse, Die Schlacht bei Gumbinnen, S. 54 f.
[82] Grosse, Die Schlacht bei Gumbinnen, S. 51–54.
[83] BArch, RH 61/1353, Abschrift des Tagebuchs des Generals O. von Below, S. 28.
[84] So die Aussage von Waldersee in BArch, RH 61/1383, Reichsarchiv/Sichtungsabteilung
      Gruppe III: Fragebogen 89: Schlacht bei Gumbinnen, 21.4.1921. Nach den Aufzeichnungen
      Hoffmanns hatte das Generalkommando gegen 15.00 Uhr sogar gemeldet, »das Korps sei
      geschlagen und die Lage ernst«; Hoffmann, Die Aufzeichnungen, Bd 2, S. 27.

der eigenen Artillerie beschossen worden und daraufhin panisch zurückgewi-
chen.[85] In seiner Schilderung ex post mochte Mackensen davon nichts wissen
– im Gegenteil:

> »Ich schied von dem Schlachtfelde mit dem Gefühl, mit den Truppen, wie den
> mir anvertrauten, das Kühnste – und das bleibt im Kriege das Beste – wagen
> zu können. Die Schulung und der Geist hatten sich in allen Teilen bewährt.
> In unseren Truppen von 1914 waren die Kräfte lebendig, die Preußen groß,
> Deutschland eins und in der Welt angesehen gemacht hatten.«[86]

Eine solche Wahrnehmung war ebenso weit von der Realität entfernt wie ein in-
fanteristischer Frontalangriff ohne Vorabaufklärung und Artillerieunterstützung
im August 1914 angesichts der Waffenentwicklung unzeitgemäß war. Diese men-
schenverachtende, gleichwohl heroisierte Praxis musste Mitte September 1914
durch den neu ernannten Chef der OHL, Generalmajor Erich von Falkenhayn,
umgehend reglementiert werden:

> »Die großen und glänzenden Erfolge des bisherigen Feldzuges beruhen in
> erster Linie auf dem ungestümen Drang nach vorwärts [...] Dieser unüber-
> treffliche Offensivgeist wird unser Heer auch weiter befähigen, das Höchste
> zu leisten [...] Der hohe Stand unserer in ernster Friedensarbeit erreichten
> Schießausbildung ist jetzt der Schrecken des Feindes, dessen Verluste die uns-
> rigen weit übertreffen. Je ruhiger geschossen und je mehr mit der Munition
> für ernste Augenblicke hausgehalten, je planmäßiger durch die Wirkung der
> Feld- und s.[chweren] Artillerie der Infanterie der Weg vorwärts gebahnt wird,
> in desto höherem Maße werden sich jene steigern, die unsrigen verringern
> lassen. Hieran wollen die Führer aller Grade denken, damit das ungestüme
> Vorgehen der Infanterie niemals der Unterstützung entbehrt.«[87]

Die horrenden Verluste der ersten Kriegsmonate nicht zuletzt an gut ausgebil-
detem Führungspersonal machten solche Forderungen zwar zwingend, gleichwohl existierten neben den Draufgängern wie Mackensen auch umsichtiger
agierende Generale wie Below. Sein I. Reservekorps war zwar zunächst überraschend selbst angegriffen worden, hatte die Truppen des russländischen IV. AK
im Südabschnitt der Schlacht bei Kleszowen aber auf vorbereitete Stellungen
zurückzudrängen vermocht. Auch dort war es jedoch ein harter Kampf gewesen, in dem Belows Verbände teilweise den Kontakt zueinander verloren, weswegen er Mackensen keine Unterstützung schicken konnte.[88] Er hatte an diesem

---

[85] BArch, RH 61/53, Denkschrift »Tannenberg« von Generalleutnant von Wenninger (1916),
      S. 10; BArch, RH 61/1402, Reichsarchiv/Sichtungsabteilung Gruppe III, Oberleutnant
      Klemp: I. Armeekorps und Hauptreserve Königsberg 19.–21.8.1914. Schlacht bei Gum-
      binnen und Gawaiten, S. 9–18; Der Weltkrieg 1914 bis 1918, Bd 2, S. 93, sowie Steven-
      son, Der Erste Weltkrieg, S. 92; Tuchman, August 1914, S. 318 und 322–326; Keegan,
      Der Erste Weltkrieg, S. 212.
[86] BArch, RH 61/1336, August von Mackensen, Der Feldzug in Ostpreußen, S. 8.
[87] BArch, PH 5 II/186, KTB 8. Armee/Befehl des Chefs des Generalstabes des Feldheeres,
      14.9.1914, fol. 16 f.
[88] BArch, RH 61/1353, Abschrift des Tagebuchs des Generals O. von Below, S. 23 f.; BArch,
      RH 61/1331, Hauptmann von Ditfurth, 3. Reservedivision, 6. Landwehrbrigade und
      Kommandantur Lötzen 1.–20.8.1914. Siehe dazu auch die Beschreibung bei Showalter,
      Tannenberg, S. 188–190, und Grosse, Die Schlacht bei Gumbinnen, S. 55–62.

Tag selbst fast 1500 Mann verloren.[89] Gleichwohl war es nicht Mackensens re-
alistische Bewertung am Tag der Schlacht, sondern seine ex post verfasste, die
Eingang in die Meisterzählung fand, nach der Prittwitz »wohl die Auswirkung des
Rückschlages beim XVII. Armeekorps [überschätzte]«.[90]

Bei Einbruch der Dunkelheit und dem damit verbundenen Abbruch der
Kämpfe formierten sich zunächst beide Seiten für den nächsten Tag.[91] Angesichts
der evidenten deutschen Verluste und des Rückzuges des XVII. AK schied für
Prittwitz die Option aus, dieses zur Unterstützung des I. AK anzusetzen, was für
ihn auch einen Gesamterfolg in den nächsten Tagen sehr infrage stellte.[92] Fast
zeitgleich traf auf dem Gefechtsstand des AOK 8 in Nordenburg die Meldung
eines Fliegeroffiziers ein, der eine 20 Kilometer lange Marschkolonne bei Mlawa
auf dem Marsch zur deutschen Grenze aufgeklärt hatte. Zusammen mit den anderen Meldungen aus dem Süden musste Prittwitz klar geworden sein, dass dort
die zarische 2. Armee vorrückte. Er befürchtete eine Umfassung seiner gesamten
Armee und gab am Abend des 20. August um 19 Uhr den Befehl zum Abbruch
der Schlacht und zum allgemeinen Rückzug.[93]

Seine Kommandierenden Generale bewerteten das als katastrophale
Fehlentscheidung. Als auf dem Gefechtsstand Belows am Abend des 20. August
ein Offizier des AOK 8 den Armeebefehl überbrachte, nach dem er seine Truppen
»noch in Dunkelheit loslösen u. in Richtung Darkehmen marschieren« lassen
sollte, und darüber auch die 3. Reservedivision und das XVII. AK zu informieren
hatte – zu denen das AOK 8 also offenbar keinen Kontakt hatte –, er dann noch
»hörte [...], es ginge hinter die Weichsel«, sei er »wie vom Donner gerührt« gewesen. Zunächst will er sogar in Betracht gezogen haben, dem Befehl nicht zu folgen, habe sich dann aber doch dafür entschieden, weil er selbst nicht wusste, wo
sich seine Nachbarn befanden. Auch bei seinen Soldaten sei »[m]anche Reibung«
eingetreten, weil einige seiner Kommandeure der Order schlicht misstrauten.[94]

---

[89]   Sieben Offiziere, 210 Unteroffiziere und Mannschaften sowie 116 Pferde waren tot, weitere
       58 Offiziere und 1257 Mann, darunter der Kommandeur der 1. Reserve-Infanteriedivision,
       Generalleutnant Sigismund von Förster, verwundet; BArch, RH 61/1353, Abschrift des
       Tagebuchs des Generals O. von Below, S. 32; Grosse, Die Schlacht bei Gumbinnen, S. 61.
[90]   Lezius, Von Fehrbellin bis Tannenberg, S. 423.
[91]   BArch, RH 61/1331, Hauptmann von Ditfurth, 3. Reservedivision, 6. Landwehrbrigade
       und Kommandantur Lötzen 1.–20.8.1914.
[92]   So die Aussage von Waldersee in BArch, RH 61/1383, Reichsarchiv/Sichtungsabteilung
       Gruppe III: Fragebogen 89: Schlacht bei Gumbinnen, 21.4.1921, die bestätigt wird durch
       BArch, RH 61/1402, Reichsarchiv/Sichtungsabteilung Gruppe III, Oberleutnant Klemp:
       I. Armeekorps und Hauptreserve Königsberg 19.–21.8.1914. Schlacht bei Gumbinnen
       und Gawaiten, S. 42, sowie Keegan, Der Erste Weltkrieg, S. 214.
[93]   BArch, RH 61/735, Max Hoffmann an den Großen Generalstab, Oberquartiermeister
       für Kriegsgeschichte, 12.5.1919; BArch, RH 61/735, Graf A.[lfred zu] Dohna[-Schlo-
       bitten], Der Feldzug in Ostpreußen 1914, undatiert (1920), S. 8; Fliegermeldung über
       Truppenansammlungen im Raum Mlawa, Meldung des Generals von Unger an AOK,
       20.8.1914, 17.55 Uhr; abgedruckt bei Elze, Tannenberg, S. 226. Siehe dazu auch Giehrl,
       Tannenberg, S. 12 f.; Tannenberg 1914, S. 98; Hoffmann, Tannenberg wie es wirklich war,
       S. 11–15.
[94]   Der Befehl wird wiedergegeben in BArch, RH 61/1353, Abschrift des Tagebuchs des
       Generals O. von Below, S. 29 f.: »Trains und Kolonnen sofort über Darkehmen auf Straße
       nach Norden abschicken. Truppen noch in Dunkelheit loslösen u. in Richtung Darkeh-

Wie die anderen Kommandierenden Generale setzte Below seine Siegeshoff-
nungen vor allem auf den Einsatz der 3. Reservedivision, die bislang bis auf kleinere Geplänkel bei Benkheim noch nicht an der Schlacht teilgenommen hatte.[95] Ihre Regimenter standen zwischen Lyck und Goldap, 20 Kilometer ostwärts
Angerburg, zum Angriff gegen die Flanke und den Rücken des vom I. Reservekorps zurückgedrängten Gegners bereit, wovon sich vor allen Dingen der in
seiner Siegesgewissheit unverwüstliche François den entscheidenden Erfolg versprach.[96] Tatsächlich ist es fragwürdig, warum das AOK 8 dieser Division erst
um 16.20 Uhr am 20. August den Angriffsbefehl gab, also zu spät, um noch an
diesem Tag in die Schlacht eingreifen zu können.[97]
    Die 3. Reservedivision unter Generalleutnant Curt von Morgen war zusam-
men mit der gemischten 6. Landwehrbrigade in verschiedenen Garnisonen des
Bereiches des II. AK mobil gemacht, bis zum 8. August bei Hohensalza versammelt
und dort in Ablösung aktiver Truppen zunächst im Grenzschutz eingesetzt worden.[98] Am 11. August wurden beide Großverbände zur Verstärkung der 8. Armee
nach Lötzen transportiert, wo sie zunächst die Linie Nikolaiken–Lötzen zur
Verteidigung ausbauten; dafür wurde dem Kommandeur der 3. Reservedivision
auch die Feste Boyen unterstellt.[99] Während die Landwehrbrigade dort verblieb,
marschierte die 3. Reservedivision am 19. August bis in die Nacht hinein in den
Raum Kuttern–Possessern.[100] Tags darauf beorderte Prittwitz sie bis 10 Uhr nach
Benkheim, wo sie rastete und verpflegte, aber eben erst um 16.20 Uhr durch ein
persönliches Telefongespräch zwischen Prittwitz und Morgen den Befehl erhielt,
bei Gumbinnen die rechte Flanke des I. Reservekorps bei Kleszowen zu verstärken, was wegen der hereinbrechenden Dunkelheit dann nicht mehr geschah.[101]

---

men marschieren. Verwendungen anderer Stelle. 3. Res.Divis. Mit allen Mitteln benachrichtigen, dass sie auf Angerburg mit 1 Brigade u. mit 1 Brigade auf Nordenburg ab-
marschiert. Von dort Eisenbahn-Transport in Aussicht genommen. XVII. AK ist davon
zu benachrichtigen mit Zusatz seine Trains über Nemmersdorf–Lugowen abzuschieben.
AOK morgen Bartenstein. gez. v. Prittwitz«. Da Below keine Kenntnis vom Verbleib seiner Nachbartruppen hatte, musste er sämtliche Offiziere seines Generalkommandos als
Meldende einsetzen, um diese suchen zu lassen; ebd., S. 30.

[95]   BArch, RH 61/1331, Hauptmann von Ditfurth, 3. Reservedivision, 6. Landwehrbrigade
       und Kommandantur Lötzen 1.–20.8.1914.
[96]   Kabisch, Streitfragen des Weltkrieges, S. 73; Grosse, Die Schlacht bei Gumbinnen, S. 63.
[97]   BArch, RH 61/1383, Reichsarchiv: Fragebogen.
[98]   BArch, RH 61/1331, Hauptmann von Ditfurth, 3. Reservedivision, 6. Landwehrbrigade
       und Kommandantur Lötzen 1.–20.8.1914, S. 3.
[99]   BArch, PH 5 II/179, KTB 8. Armee: 3. Reservedivision an AOK 8, 15. und 16.8.1914,
       fol. 116 f.; BArch, RH 61/1331, Hauptmann von Ditfurth, 3. Reservedivision, 6. Land-
       wehrbrigade und Kommandantur Lötzen 1.–20.8.1914, S. 5 f., dort auch zur Dislozierung
       der einzelnen Gefechtsstände; BArch, RH 61/1408, XX. AK vom 10. bis 20.8.1914 (ohne
       Datum), S. 18. Zur Dislozierung der Verbände der 3. Reservedivision siehe ebd., S. 19 f.
[100] Sie traf bis 23.30 Uhr dort ein. Siehe BArch, RH 61/1331, Hauptmann von Ditfurth,
       3. Reservedivision, 6. Landwehrbrigade und Kommandantur Lötzen 1.–20.8.1914,
       S. 15 f. Zu den Verhältnissen bei der 6. Landwehrbrigade siehe BArch, RH 61/1344,
       Reichsarchiv/Sichtungsabteilung Gruppe III/Hauptmann a.D. von Moltke: Landsturm
       und Festungen Königsberg und Lötzen während der Tannenberger Schlacht (1919), S. 3 f.
[101] BArch, PH 5 II/180, KTB 8. Armee/Persönlicher Befehl durch Oberbefehlshaber an Ge-
       neral von Morgen, 20.8.1914, 15.45 Uhr, fol. 65; BArch, RH 61/1331, Hauptmann

Ihr früherer Einsatz wäre möglich gewesen, sie stellte faktisch jedoch Prittwitz'
Armeereserve dar und dessen drängendstes Problem zeichnete sich im Verlauf
des Tages im Zentrum der Schlacht ab. Die Einführung der 3. Reservedivision
auf dem rechten Flügel wäre also dann sinnlos gewesen, wenn seine Front im
Zentrum durchbrochen worden wäre. Dort einzugreifen vermochte sie jedoch
aufgrund ihrer Dislozierung nicht. Erst als sich der erfolgreiche Rückzug von
Mackensens Verbänden abzeichnete, konnte Prittwitz also den Angriff auf dem
rechten Flügel befehlen. Dass dieser zeitlich nicht mehr auf das Gefechtsfeld
durchschlagen konnte, hätte er wiederum wissen müssen. So ist seine Überlegung,
die 3. Reservedivision zunächst zurückzuhalten, nachvollziehbar. Ihr dann aber
einen schon zeitlich nicht mehr durchführbaren Angriffsbefehl zu geben, ist es
wiederum nicht. Dass sie dadurch immerhin seit 21 Uhr am 20. August ent-
faltet in der linken Flanke des Gegners stand, führte zur oben angesprochenen
Siegesgewissheit der Kommandierenden Generale.[102]
    Im AOK 8 bewertete man die Lage ab dem Nachmittag des 20. August aller-
dings ganz anders. Dort meinte man, das I. AK könnte am nächsten Tag nur dann
mit Aussicht auf Erfolg angreifen, wenn es durch das XVII. AK unterstützt würde.
Dieses hatte sich jedoch »gänzlich verausgabt« und forderte selbst Unterstützung
durch das I. Reservekorps an, was dieses wiederum nicht zu leisten vermochte, weil
es einem gut verschanzten Gegner gegenüberstand. Von der 1. Kavalleriedivision
hatte man darüber hinaus gar keine Nachricht.[103] Waldersee selbst beschrieb den
Zustand seiner Truppen als bedenklich: Das XVII. AK sei erheblich geschwächt,
das I. Reservekorps habe wie das I. AK »beträchtliche Verluste«, die Soldaten seien
außerdem stark erschöpft.[104]
    Zu dieser schwierigen Lage im Norden Ostpreußens kam die Ungewissheit
über die Entwicklung im Süden. Von dort hatte das XX. AK zunächst wiederholt Meldungen durchgegeben, man würde schon halten,[105] »die Sache schon
machen«,[106] sei voller Zuversicht, den russländischen Angriff nicht nur annehm-
men, sondern sogar zum Gegenangriff übergehen zu können[107]. Dann traf allerdings am Nachmittag des 20. August die angesprochene Fliegermeldung ein, dass
sich starke gegnerische Kräfte, vermutlich drei zarische Armeekorps, bei Mlawa
auf dem Marsch zur deutschen Grenze und auf Soldau sowie weitere erhebliche

    von Ditfurth, 3. Reservedivision, 6. Landwehrbrigade und Kommandantur Lötzen
    1.–20.8.1914, S. 19 f.

[102] BArch, RH 61/1353, Abschrift des Tagebuchs des Generals O. von Below, S. 29; BArch,
    RH 61/1331, Hauptmann von Ditfurth, 3. Reservedivision, 6. Landwehrbrigade und
    Kommandantur Lötzen 1.–20.8.1914.

[103] BArch, RH 61/735, Major von Bockelberg an das Reichsarchiv, 25.10.1920; Grosse, Die
    Schlacht bei Gumbinnen, S. 70–74.

[104] BArch, RH 61/735, Generalmajor z.D. [Georg] Graf [von] Waldersee, bisher Chef des
    Generalstabes der 8. Armee: Bericht über die Ereignisse in Ostpreußen vom 20. bis
    22. August 1914, 24.8.1914, S. 5.

[105] Auszug aus KTB XX. AK, 20.8.1914, abgedr. bei Elze, Tannenberg, S. 226.

[106] Aufzeichnungen des XVII. AK zum Rückzug hinter die Weichsel, 20.8.1914, abgedruckt
    bei Elze, Tannenberg, S. 227 f., Zitat S. 228.

[107] Antwort XX. AK auf Anfrage OHL, 21.8.1914, abgedruckt bei Elze, Tannenberg, S. 236:
    »Verstärktes XX. A.K. wird den Angriff in befestigter Stellung annehmen und hofft aus ihr
    zum Angriff übergehen zu können. Armeekorps ist voller Zuversicht.«

Truppen im Vormarsch auf Ortelsburg befänden.[108] Bis zum Abend ergänzten weitere Nachrichten das sich zunehmend verdüsternde Lagebild im Süden: Sowohl die Gefechtsstände Scholtz und Unger als auch Fliegermeldungen bestätigten den Aufmarsch der russländischen 2. Armee mit nun sogar vier bis fünf Armeekorps auf einer Breite von etwa 85 Kilometern mit der Mittellinie Ostrolenka–Allenstein und einem linken Flügel, der nun vor Mlawa als Schwerpunkt erkannt worden war. Der linke Flügel lag damit also deutlich westlicher – und damit näher an der Weichsel – als noch tags zuvor erwartet und konnte den Rückzugsweg auf die Flusslinie damit rascher verlegen, zumal dort lediglich etwa 50 000 eigene Soldaten, davon ein Großteil Reserve- und Ersatztruppen, gegen 150 000 bis 200 000 Angreifer standen.[109] Noch am Abend des 19. August hatte man stattdessen im AOK 8 damit gerechnet, dass der Gegner die Grenze erst am 21. August und im Schwerpunkt bei Janowo und Friedrichshof überschreiten würde.[110] Als die eigene Luftaufklärung zwischen 19 und 20 Uhr am Abend des 20. August auch für den Norden heranmarschierende Verstärkungen ankündigte – das AOK 8 vermutete das Gardekorps –, habe dies angeblich die endgültige Entscheidung zum Abbruch der Schlacht von Gumbinnen herbeigeführt – so jedenfalls der Inhalt eines Telefongespräches zwischen Prittwitz und Mackensen eine Stunde später.[111]

Der Oberbefehlshaber der 8. Armee glaubte nicht mehr an einen Sieg im Norden, zumindest nicht einen derart schnellen, dass er sich einer Umfassung durch die im Süden vorrückende russländische 2. Armee zu entziehen vermochte, und befahl nicht nur den Abbruch, sondern gleich den Rückzug auf die Weichsel.[112] Die Armeekorps sollten sich in der Nacht vom Gegner lösen, das I. AK sich im Raum Insterburg–Taplau–Wehlau sammeln und für den Bahntransport bereitmachen, die Hauptreserve Königsberg sich in Richtung ihrer Festung zurückziehen.[113] Während man mit François' Armeekorps so schnell wie möglich den rech-

[108] BArch, RH 61/735, Generalmajor z.D. [Georg] Graf [von] Waldersee, bisher Chef des Generalstabes der 8. Armee: Bericht über die Ereignisse in Ostpreußen vom 20. bis 22. August 1914, 24.8.1914, S. 3 f.; ausführlicher dazu BArch, RH 61/735, G[eorg] v[on] Waldersee: Meine Erlebnisse zu Beginn des Krieges 1914 (September 1914), S. 35–40, sowie BArch, RH 61/1402, Reichsarchiv/Sichtungsabteilung Gruppe III, Oberleutnant Klemp: I. Armeekorps und Hauptreserve Königsberg 19.–21.8.1914. Schlacht bei Gumbinnen und Gawaiten, S. 42 f.

[109] Groß, Mythos und Wirklichkeit, S. 110; Showalter, Tannenberg, S. 192; Kabisch, Streitfragen des Weltkrieges, S. 74.

[110] So auch die Überlegung in BArch, RH 61/1408, XX. AK vom 10. bis 20.8.1914 (ohne Datum), S. 48.

[111] So auch die wiederholte Aussage von Waldersee, siehe BArch, RH 61/1383, Reichsarchiv Nr. 13704: Bitte um Stellungnahme an Generalmajor Freiherr Schmidt von Schmidtseck zur Äußerung von Waldersee, 12.12.1921, S. 1. Demnach ging die Fliegermeldung allerdings um 19 Uhr ein.

[112] Zu Prittwitz' Verhalten in dieser Lage siehe Kürenberg, Rußlands Weg nach Tannenberg, S. 82–87, und Grosse, Die Schlacht bei Gumbinnen, S. 66—68, sowie zu dessen Sicht BArch, RH 61/735, G[eorg] v[on] Waldersee: Meine Erlebnisse zu Beginn des Krieges 1914 (September 1914), S. 41–50.

[113] BArch, RH 61/1402, Reichsarchiv/Sichtungsabteilung Gruppe III, Oberleutnant Klemp: I. Armeekorps und Hauptreserve Königsberg 19.–21.8.1914. Schlacht bei Gumbinnen und Gawaiten, S. 43; zur Absetzbewegung siehe ebd., S. 44 f. Zum Zustand und den weiteren Aufgaben der Hauptreserve Königsberg siehe BArch, RH 61/1344, Reichsarchiv/

ten Flügel des XX. AK im Süden zu verstärken gedachte, sollten das XVII. AK und das I. Reservekorps »Schritt für Schritt zurückgehen, zunächst an die Alle, um von dort je nach Lage der südlichen Gruppe einzugreifen«.[114] Das XVII. AK wurde angewiesen, sich zunächst hinter die Angerapp zurückzuziehen und dann weiter über Tampen nach Allenstein zu marschieren,[115] und das I. Reservekorps nach Darkehmen befohlen, um sich auf eine »Verwendung an anderer Stelle« vorzubereiten.[116] Die bislang noch nicht eingesetzte 3. Reservedivision dirigierte man über Benkheim nach Angerburg, wo am Abend des 21. August ihr Abtransport Richtung Allenstein begann.[117] Und die gemischte 6. Landwehrbrigade, während der Schlacht nach Rastenburg und Groß Stürlack vorgezogen, wurde nun wieder in den vormaligen Stellungsbereich um Lötzen zurückbeordert und sollte sich dort ebenfalls für den Bahntransport am 22. August nach Deutsch Eylau bereithalten.[118] Weil der jedoch ausfiel, bekam die Brigade Probleme: Ihrer Bewertung nach führte der nun befohlene Fußmarsch von 60 Kilometern »zur Auflösung der Truppe«; daraufhin wurde ihr die Aufteilung auf zwei Tage gewährt.[119] Sie schloss sich am 24. August in Rastenburg dem I. Reservekorps an.[120]

Als sich am nächsten Tag erwies, dass sich die Verbände überall erfolgreich hatten vom Gegner lösen können, befahl das AOK 8 am Abend des 21. August, die Armee solle sich nach dem rechten Flügel der eigenen Truppen im Süden vereinigen, um dort gegen den linken Flügel des russländischen Aggressors vorzugehen und damit dem XX. AK möglichst rasch Entlastung zu bringen.[121] Jenes sollte derweil verteidigen und explizit nirgends angreifen.[122] Nahezu bis in die Gegenwart hält sich dennoch die Einschätzung, »der Armeeführung versagten die Nerven schon angesichts einer sich nur abzeichnenden Krise. Schon die Möglichkeit einer Bedrohung der rückwärtigen Verbindungen lässt Prittwitz die Schlacht abbrechen und den Rückzug anordnen.«[123] Dass jener an einem einzigen Tag 14 600 Mann an Toten, Verwundeten und Vermissten zu beklagen hatte –

Sichtungsabteilung Gruppe III/Hauptmann a.D. von Moltke: Landsturm und Festungen Königsberg und Lötzen während der Tannenberger Schlacht (1919), S. 16 f.

[114] BArch, RH 61/735, Generalmajor z.D. [Georg] Graf [von] Waldersee, bisher Chef des Generalstabes der 8. Armee: Bericht über die Ereignisse in Ostpreußen vom 20. bis 22. August 1914, 24.8.1914, S. 3 f.; ausführlicher dazu BArch, RH 61/735, G[eorg] v[on] Waldersee: Meine Erlebnisse zu Beginn des Krieges 1914 (September 1914), S. 35–40.

[115] BArch, PH 5 II/180, KTB 8. Armee/AOK Nr. 634 g an XVII. AK, 20.8.1914, 22.20 Uhr, fol. 73.

[116] Ebd.

[117] BArch, RH 61/1331, Hauptmann von Ditfurth, 3. Reservedivision, 6. Landwehrbrigade und Kommandantur Lötzen 1.–20.8.1914, S. 21.

[118] BArch, RH 61/1344, Reichsarchiv/Sichtungsabteilung Gruppe III/Hauptmann a.D. von Moltke: Landsturm und Festungen Königsberg und Lötzen während der Tannenberger Schlacht (1919), S. 12 f. und 22.

[119] BArch, PH 5 II/180, KTB 8. Armee/Fernspruch 6. Landwehrbrigade an AOK 8, 23.8.1914, 22.40 Uhr, fol. 109.

[120] BArch, RH 61/1344, Reichsarchiv/Sichtungsabteilung Gruppe III/Hauptmann a.D. von Moltke: Landsturm und Festungen Königsberg und Lötzen während der Tannenberger Schlacht (1919), S. 31.

[121] Kabisch, Streitfragen des Weltkrieges, S. 77.

[122] Showalter, Tannenberg, S. 196.

[123] Uhle-Wettler, Höhe- und Wendepunkte deutscher Militärgeschichte, S. 147.

und damit mehr als in der gesamten kommenden Schlacht von Tannenberg –,
wird dabei offenbar übersehen.[124]

3. Der Wechsel im Oberkommando

Für Prittwitz und Waldersee nahm ihr ganz persönliches Unheil aber längst
seinen Lauf. Es begann, als der Oberbefehlshaber der 8. Armee am Abend des
20. August seinen Entschluss an die OHL meldete – angeblich per Telefon aus
seinem persönlichen Quartier ohne Kenntnis seines Stabes und ohne Waldersee
darüber zu informieren.[125] Die offizielle Meldung wurde jedenfalls am 20. August
um 20.20 Uhr verfasst, jedoch erst um 22.20 Uhr an die OHL versendet: »Da
starke Kräfte von Warschau–Pultusk–Lomsha her in Anmarsch kann ich die Lage
vor meiner Front nicht ausnutzen u. trete noch in der Nacht Rückmarsch nach
Westpreußen an. Soviel als möglich Bahntransport.«[126]
    Dazwischen, nämlich um 21.30 Uhr, erstellte das AOK 8 den entsprechenden
Befehl und gab ihn eine Stunde später an seine Verbände durch:
    »Angesichts [...] der Ungewissheit, ob im Hinblick auf die außerordentlichen
    großen Verluste beim XVII. AK ein durchgreifender Erfolg in den nächsten
    Tagen erwartet werden kann, beschließt der Oberbefehlshaber, die Armee noch
    in der Nacht vom Feinde loszulösen und zu einem entscheidenden Schlage
    gegen die aus Warschau–Lomza vorgehenden feindl. Kräfte in Westpreußen
    beiderseits des XX. A.K. zusammenzuziehen.«[127]
Als Begründung wurde mitgeteilt, dass sich »[st]arke Kräfte (3 Korps) von
Warschau und Narew her im Anmarsch auf die Linie Mlawa–Ortelsburg« be-
fänden und der bisher erreichte »Erfolg [...] nicht ausgenutzt werden [kann]«.[128]
Noch am selben Abend soll es zu einem weiteren Telefonat zwischen Prittwitz
und Moltke sowie dessen Generalquartiermeister Generalleutnant Hermann von
Stein gekommen sein, angeblich erneut ohne Wissen Waldersees oder anderer.
Darin soll Prittwitz erklärt haben, eine Offensivoperation sei unmöglich und
selbst das Halten der Weichsel ohne Verstärkungen sehr fraglich.[129] Seit Eingang
des Telegramms des AOK 8, das den Entschluss zum Rückzug hinter die Weichsel
anzeigte, herrschte in der OHL indes blankes Entsetzen.[130] Für Moltke kam ein

---

[124] 1250 Tote, 6500 Verwundete und an die 7000 Vermisste; Grosse, Die Schlacht bei Gum-
       binnen, S. 79.
[125] Kabisch, Streitfragen des Weltkrieges, S. 76. Dieses Telefonat bestätigt auch Hoffmann,
       Die Aufzeichnungen, S. 244 f.
[126] BArch, PH 5 II/180, KTB 8. Armee/AOK Nr. 625 g an Generalstab Coblenz, 20.8.1914,
       20.20 Uhr, fol. 71.
[127] BArch, PH 5 II/183, KTB 8. Armee: Eintrag vom 20.8.1914, 21.30 Uhr, fol. 22–24, hier
       fol. 23.
[128] BArch, PH 5 II/183, KTB 8. Armee: Armeebefehl vom 20.8.1914, fol. 24.
[129] Kabisch, Streitfragen des Weltkrieges, S. 77.
[130] BArch, RH 61/735, Major a.D. von Harbou an das Reichsarchiv Potsdam, 18.10.1920;
       BArch, RH 61/735, G[eorg] v[on] Waldersee: Meine Erlebnisse zu Beginn des Krieges
       1914 (September 1914), S. 52.

Rückzug hinter die Weichsel einer Niederlage gleich – mit fatalen Folgen für die gesamte Lage der Mittelmächte an der Ostfront. In diesem Telefongespräch gewann er den Eindruck, dass Prittwitz zurückgehen wollte, ohne noch einmal den Versuch einer Offensive zu unternehmen, ja, dass er sich nicht einmal sicher sei, mit den ihm zur Verfügung stehenden Truppen die Weichsellinie erreichen und dann halten zu können.[131] Gleichzeitig erreichten die OHL allerdings empörte Stimmen einzelner Kommandeure vor Ort. Morgen bat gar in einem persönlichen Schreiben am 21. August an Oberst Ulrich von Marschall im kaiserlichen Militärkabinett

> »[t]ief erschüttert über den heute früh angeordneten Rückzug der 8. Armee, den ich und mit mir wohl jeder Angehörige der Armee, der Urteil und Einblick hat, nur schmählich finden kann, [...] aus innerstem Herzen eines Patrioten: Helfen Sie dem Vaterlande und befreien Sie die Armee von dem Oberkommando P. und Grf. W. Nur halbe Maßregeln, hin und her, auf der mittleren Linie balancieren, das ist die Devise dieses Feldherrn [...] Wäre doch Bülow oder irgend ein anderer Armeeführer und vor allem ein anderer Chef hier, wir konnten [sic] trotz Überzahl der Russen glatt siegen und brauchten dieses schöne Land nicht den Kosaken, die alles niederbrennen, Frauen schänden und die Verwundeten verstümmeln, überlassen [...] Die Truppe hat sich bewährt, die Oberführung hat total versagt.«[132]

Der bayerische Militärbevollmächtige im Großen Hauptquartier, Generalmajor Karl Ritter von Wenninger, bestätigte, schon am Abend des 20. August 1914 seien Gerüchte durch das Große Hauptquartier gelaufen:

> »Der Osten macht schwere Sorgen, unglückliche Führung, eine Schlappe bei Gumbinnen, übereilte Entschlüsse des O.K.Ost, Rückzug hinter die Weichsel, aus Sorge abgeschnitten zu werden, vorschnelle Preisgabe von zwei blühenden Provinzen.«[133]

Ob aus eigenem Entschluss oder, wie gelegentlich in der Literatur behauptet, auf Eigeninitiative jüngerer Generalstabsoffiziere in der OHL[134], jedenfalls nahm Moltke bis zum nächsten Morgen unter Umgehung des AOK 8 direkte Verbindung zu den Kommandierenden Generalen auf.[135] Damit dürfte er Probleme gehabt haben: Wie der Mitte August 1914 von der OHL nach Ostpreußen entsendete Nachrichtenoffizier Albert Praun – im späteren Leben General der Nachrichtentruppe der Wehrmacht und Abteilungsleiter im BND – fast 25 Jahre später beschrieb, fand er die Fernsprechverbindungen vor Ort in einem katastrophalen Zustand vor. Erst »[a]ls bei der Obersten Heeresleitung in Koblenz widersprechende Meldungen über die Schlacht [bei Gumbinnen] eintrafen, verlangte sie jetzt gebieterisch die im Frieden nie geforderten Fernsprechverbindungen nach Ostpreußen.« Eine Postverbindung zwischen der OHL

---

[131] Tuchman, August 1914, S. 330; Schäfer, Tannenberg, S. 17.
[132] BArch, RH 61/735, General von Morgen an Oberst Freiherrn von Marschall, 21.8.1914.
[133] BArch, RH 61/53, Denkschrift »Tannenberg« von Generalleutnant [Karl Ritter] von Wenninger (1916), S. 3.
[134] Showalter, Tannenberg, S. 196 f. Görlitz, Hindenburg, S. 65 f., benennt Major Bauer sowie die Hauptleute von Harbou, Geyer und Wever.
[135] BArch, RH 61/762, Major a.D. von Harbou an das Reichsarchiv Potsdam, 18.10.1920; BArch, RH 61/735, G[eorg] v[on] Waldersee: Meine Erlebnisse zu Beginn des Krieges 1914 (September 1914), S. 328 und 330.

und dem AOK 8 in Bartenstein sei dennoch erst in der Nacht vom 20. auf den
21. August gelungen:

> »Mühsam kaum verständlich, in Berlin mehrfach umgesprochen, [kamen] nun
> Gespräche zwischen dem Generalquartiermeister u. dem Chef der 8. Armee,
> dann dem Chef des Generalstabes des Feldheeres u. dem Oberbefehlshaber
> zustande [...] Diesen ersten Ferngesprächen der OHL nach der Ostfront folg-
> ten am 21. und 22.8. Gespräche von Koblenz mit dem Generalkommando
> des XX. A.K., I. R.K., I. und XVII. Korps, die voller Zuversicht meldeten
> oder von der Stimmung einer siegreichen Truppe sprachen, die an den Feind
> kommen wollte.«[136]

Wie unzureichend die Fernsprechverbindung auch gewesen sein mag, direkte
Telefongespräche der OHL mit den Kommandierenden Generalen wurden von
Hauptmann Alfred von Vollard-Bockelberg aus dem Generalstab des AOK 8
bestätigt.[137] Sie teilten die hier festgehaltene grundsätzlich positive Sicht der
Dinge, die der desaströsen Lagebeurteilung von Prittwitz vollständig widersprach,
und vertraten weiterhin die Überzeugung, beide zarischen Armeen seien zu
schlagen, solange sie noch nicht vereinigt waren.[138]

Diese entscheidenden Telefonate, von deren Anzahl und zeitlichem Ablauf bis
hin zu ihren Inhalten, werden in der Literatur sehr diffus behandelt: So behauptet
die allerdings auch ansonsten nicht überzeugende Biografie von Walter Görlitz
über Hindenburg, das entscheidende Telefonat habe am Abend des 21. August
stattgefunden. Dabei habe Prittwitz »Hiobsmeldungen« abgegeben, unter
anderem behauptet, Mackensens XVII. AK »sei so gut wie vernichtet«, das Lösen
vom Gegner, »soweit das überhaupt noch möglich sei«, und der Rückzug auf die
Weichsel die einzige Lösung und er, Prittwitz, wüsste gar nicht, wie er das Halten
diese Linie »mit seiner Handvoll Männer bewerkstelligen sollte«. Daraufhin sei
Moltke zum Kaiser gegangen.[139]

An diesen wiederum soll sich auch François während dieses Morgens erneut
direkt gewendet haben,[140] darüber hinaus existieren mehrere Hinweise auf diverse
entsprechende Einwirkungsversuche auf Wilhelm II., beileibe nicht nur von
Militärs: In einer schriftlichen Mitteilung Waldersees an das Reichsarchiv von
1922 berichtete er, Ewald von Lochow, im August 1914 General der Infanterie
und Kommandierender General des III. AK, habe ihm von einem Gespräch mit
Oberstleutnant Wilhelm Groener, damals Chef des Feldeisenbahnwesens im
Großen Hauptquartier, erzählt: Der Kaiser habe ein Telegramm aus Ostpreußen
erhalten, »sei es vom Oberpräsidenten, sei es von einer anderen hochstehenden
Person«, in dem dieser »um Hilfe rief«. Wilhelm II. habe es schweigend an Moltke
weitergereicht und dieser dann zusammen mit seinem Stab »den Entschluss gefasst,
jene beiden Korps nach Ostpreußen zur Hilfe zu senden. Diese Entscheidung
sei gefallen, nachdem Stein erklärt habe, im Westen sei ja die Entscheidung

---

[136] BArch, N 591/58, Oberstleutnant Praun: Die Nachrichtenverbindungen um die Schlacht
          bei Tannenberg, in: Deutsche Nachrichtentruppen (Die F-Flagge) 1938, fol. 2 f.
[137] BArch, RH 61/735, Major von Bockelberg an das Reichsarchiv, 25.10.1920.
[138] Giehrl, Tannenberg, S. 14 f.
[139] Görlitz, Hindenburg, S. 64 f.
[140] Showalter, Tannenberg, S. 196.

zu unseren Gunsten schon erreicht.«[141] Das Reichsarchiv kommentierte diese
Vermutung 1922 vielsagend:
> »Diese Darstellung wäre die erste Bestätigung der Gerüchte, dass sich nicht-
> militärische Kreise damals an S. Majestät den Kaiser gewandt hätten, und
> dass dieser Schritt die Entschließungen der OHL beeinflusst hätten. Alle
> bisher in dieser Angelegenheit befragten militärischen und nicht militärischen
> Persönlichkeiten haben solche Gerüchte für unbegründet erklärt.«[142]

Groener selbst bestätigte diesen Vorgang auf Nachfrage des Reichsarchivs 1923:
> »Ich war Zeuge, wie der Kaiser dem General v. Moltke einen telegrafischen
> Hilferuf aus Ostpreußen übergab, kann aber nicht sagen, von wem er unter-
> zeichnet war. General v. Moltke war stark erschüttert von dem Inhalt, der
> Kaiser auch [...] Es war *vor* dem Vortrag über die Absendung von Truppen
> nach dem Osten. Beim Vortrag selbst kam der Kaiser nicht auf das Telegramm
> zurück.«[143]

Auch an anderer Stelle wird erwähnt, dass sich im Zuge der umfassenden
Fluchtbewegung der Bevölkerung, die durch den Abmarsch der deutschen Truppen
nach der Schlacht bei Gumbinnen befördert worden sei, »[e]influssreiche Männer
[...] mit der Bitte um Schutz« an den preußischen König gewendet hätten.[144] Dass
am 21. und 22. August alle Telefonverbindungen zum Kaiser gesperrt waren,
könnte jedenfalls darauf hindeuten, wie zahlreich die Anrufe dort waren.[145]

Weil die genauen Inhalte der Gespräche nicht überliefert sind, bleibt unklar,
welches Bild von den Umständen in Ostpreußen darin jeweils übermittelt worden
ist. Für die angesprochenen Telefonate Moltkes mit den Kommandierenden
Generalen berichtete Waldersee beispielsweise ex post von einer Aussage Steins
ihm gegenüber, die »Kommandierenden hätten gemeldet, sie seien Sieger, der von
Süden kommende Feind sei höchstens 3–4 Divisionen stark«.[146] Solch evidente
Untertreibungen hinsichtlich der zarischen 2. Armee könnten in der OHL aber
nur dann verfangen haben, wenn man ihnen Glauben schenkte. Angesichts der
auch dort bekannten Aufklärungsergebnisse ist dies unwahrscheinlich. Vielmehr
war die entscheidende Frage für Moltke, ob Prittwitz tatsächlich zur Defensive
übergehen wollte oder doch noch zu einem offensiven Vorgehen gegen die
2. Armee zu bewegen wäre. Daher nahm er die telefonische Meldung des AOK 8
am 21. August um 7.45 Uhr, es gehe hinter die Angerapp zurück, zum Anlass, dort
umgehend nachzufragen, ob es sich um einen allgemeinen Rückzug handele.[147]

---

[141] BArch, RH 61/735, G[eorg] v[on] Waldersee: Meine Erlebnisse zu Beginn des Krieges
1914 (September 1914), S. 51.

[142] BArch, RH 61/1383, Reichsarchiv Nr. 2784: Fragebogen Nr. 118: Verstärkung nach
Ostpreußen August 1914, 28.2.1922, S. 2.

[143] BArch, RH 61/1383, Reichsarchiv: Fragebogen Nr. 121: Verstärkung nach Ostpreußen
August 1914, 20.3.1923. Hervorhebung im Orginal.

[144] Kabisch, Streitfragen des Weltkrieges, S. 76 f. Siehe dazu weiterführend Carsten, Der
preußische Adel. Siehe dazu auch den Hinweis auf eine entsprechende Stellungnahme
Clemens von Delbrücks als Stellvertreter des Reichskanzlers vom 26.8.1914 bei Watson,
»Unheard-of Brutality«, S. 780.

[145] BArch, RH 61/735, G[eorg] v[on] Waldersee: Meine Erlebnisse zu Beginn des Krieges
1914 (September 1914), S. 50.

[146] Ebd., S. 45.

[147] Fernspruch OHL an AOK 8, 21.8.1914, 9.30 Uhr; abgedruckt bei Elze, Tannenberg,
S. 234.

Prittwitz bestätigte ihm erneut, eine Wendung nach Süden sei »unmöglich«, weil
»zu waghalsig«; er könne nicht einmal gewährleisten, die Weichsel zu halten, und
brauche unbedingt Verstärkung.[148] Damit waren die Würfel für die OHL wohl
endgültig gefallen, Moltke entschied sich für einen Wechsel im Oberkommando
der 8. Armee.[149] Am 22. August um 9.00 Uhr erhielt Generalmajor Erich
Ludendorff im belgischen Schloss Vieux Sart, dem Hauptquartier der 2. Armee
Generaloberst Karl von Bülows zwischen Namur und Leuven, durch den im Auto
angereisten Hauptmann von Rochow von der OHL ein Schreiben Moltkes, das
ihn zum Chef des Generalstabes der 8. Armee ernannte. Er wisse

> »keinen anderen Mann, zu dem ich so unbedingtes Vertrauen hätte als wie zu
> Ihnen. Vielleicht retten Sie im Osten noch die Lage [...] Sie können natürlich
> nicht für das verantwortlich gemacht werden, was geschehen ist, aber Sie
> können mit Ihrer Energie noch das Schlimmste abwenden.«[150]

Nach der Einweisung in die Lage in Koblenz durch Moltke reiste Ludendorff
noch am selben Abend um 21.00 Uhr mit einem Sonderzug an die Ostfront
ab.[151] Bereits nachmittags hatte Moltke Hindenburg ein Telegramm geschickt, ob
dieser zur sofortigen Verwendung bereit sei.[152] Der gebürtige Ostpreuße, der sich
schon seit geraumer Zeit stark um irgendein Kommando bemühte, sagte zu und
erhielt postwendend den Oberbefehl über die 8. Armee.[153]

Dass der Chef der OHL den ohnehin nie gewollten Oberbefehlshaber Prittwitz
ablöste, lag nahe, doch ganz offensichtlich ging es ihm in erster Linie darum,
Ludendorff als Retter in den Osten zu schicken, denn am 21. August war zunächst
nur die Absetzung Waldersees beschlossen worden.[154] Ludendorff konnte aufgrund
seines zu niedrigen Dienstgrades und der Anciennität nur Moltkes eigentlichen
Vertrauten Waldersee ersetzen. Seinem möglichen Unbehagen darüber mag ein
Telefongespräch am Mittag des 21. August zwischen Stein und Waldersee zur Hilfe
gekommen sein, in dem sich der Generalquartiermeister über die Lage informieren
wollte. Waldersee teilte ihm mit, die 8. Armee werfe sich in Westpreußen gegen
die linke Flanke der russländischen 2. Armee, vermittelte dabei aber angeblich
den Eindruck, dass es auch mit seinen Nerven nicht mehr zum besten stehe,
zumal er die offensichtlich panischen Meldungen seines Oberbefehlshabers nicht
verhindert oder wenigstens richtiggestellt habe.[155] Hier könnte jedoch auch die
bekannte Antipathie zwischen beiden zum Ausdruck kommen.[156] Solche spielte

---

[148] Tuchman, August 1914, S. 330; Giehrl, Tannenberg, S. 14.

[149] Bathe, Tannenberg, S. 60 f.; ausführlich Schäfer, Tannenberg, S. 18–22.

[150] Zit. nach Giehrl, Tannenberg, S. 16. Ludendorff bestätigte den zeitlichen Ablauf seiner
Ernennung; Ludendorff, Meine Kriegserinnerungen, S. 14–16, dort auch zum Zitat
Moltke, ebd., S. 15; BArch, RH 61/53, Denkschrift »Tannenberg« von Generalleutnant
[Karl Ritter] von Wenninger (1916), S. 5 f.

[151] Tuchman, August 1914, S. 331.

[152] Giehrl, Tannenberg, S. 16; BArch, RH 61/53, Denkschrift »Tannenberg« von Generalleutnant [Karl Ritter] von Wenninger (1916), S. 12.

[153] Solka/Schertler, Tannenberg 1914, S. 165. Siehe auch Hindenburgs Erzählung dazu in:
Fischer, Bei Tannenberg, S. 57, sowie die Beschreibung der nämlichen Zeit in: Ettighoffer,
Tannenberg, S. 142–144.

[154] Pyta, Hindenburg, S. 343.

[155] Showalter, Tannenberg, S. 197.

[156] BArch, RH 61/735, G[eorg] v[on] Waldersee: Meine Erlebnisse zu Beginn des Krieges 1914
(September 1914), S. 9, begründete diese Apathie »allein wegen seiner rauhen Formen«.

in jedem Fall eine Rolle, als der Chef des Militärkabinetts, Generalleutnant Moriz von Lyncker, und sein Mitarbeiter Oberst Ulrich von Marschall am Abend des 21. August zunächst lediglich den Chef des Generalstabes auszuwechseln gedachten. Auch ihr Favorit war Ludendorff, der ihrer Meinung nach aber mit Prittwitz kein gutes Gespann bilden würde. Deswegen erwogen sie dann doch ihren Oberbefehlshaber zu opfern. Infrage kam für sie Generalfeldmarschall Colmar Freiherr von der Goltz, er schien ihnen aber ebenfalls nicht zu Ludendorff zu passen.[157]

Gesucht wurde ein Oberbefehlshaber, der seinem Generalstabschef freie Hand ließ, und die Wahl fiel am Ende auf den 67-jährigen, im März 1911 pensionierten vormaligen General der Infanterie Paul von Beneckendorff und von Hindenburg.[158] Der war in der Truppe und Öffentlichkeit weitgehend unbekannt,[159] hatte bei seinem Ausscheiden aus dem aktiven Dienst zwar eine »mehr als respektable Offizierskarriere«[160] hinter sich, galt aber nicht einmal dem Kaiser als Feldherr. Nach Einschätzung Lynckers fehlten ihm »Tatkraft und Energie« zum Führen einer Armee; für eine etwaige Reaktivierung im Kriegsfalle war er daher nicht vorgesehen gewesen.[161] Trotzdem suchte Hindenburg schon am 1. August 1914 in Berlin persönlich bei Moltke sowie anschließend bei dem mit ihm verwandten Leiter der Zentralabteilung im Großen Generalstab, Oberstleutnant Karl Fabeck, »geradezu flehend um eine angemessene Verwendung nach«, so sein Biograf Wolfram Pyta,[162] und wandte sich brieflich an Generalquartiermeister Stein.[163] Hindenburg und Ludendorff waren zwar völlig verschieden – »der eine ein rückwärts gewandter Adliger, der andere ein Technokrat aus dem Bürgertum«, doch gerade, dass Hindenburg als ausgesprochen phlegmatisch galt und »weniger für seine Intelligenz als für seine Charakterfestigkeit bekannt« war[164], ließ ihn jetzt als »die ideale Ergänzung zu dem cholerischen Ludendorff«[165] erscheinen. Während des täglichen Lagevortrags vor dem Kaiser am Vormittag des 22. August 1914 holte sich Moltke dessen Zustimmung ein.[166] Seine persönlichen Beziehungen, sein Netzwerk hatten sich für Hindenburg also ausbezahlt. Im November 1914 bedankte er sich bei Stein dafür, dass er ihn »ausgegraben« habe.[167]

Das ihm attestierte Phlegma bestätigte Hindenburg umgehend, als er um 4 Uhr nachts in Hannover in den Sonderzug aus Koblenz zustieg und es seine

---

[157]   Görlitz, Hindenburg, S. 68.
[158]   Pyta, Hindenburg, S. 881, Anm. 2, weist darauf hin, dass sich eine akribische Untersuchung über die Vorgeschichte zur Ernennung Hindenburgs im BArch findet: NL August Lindner, Schlieffen – Hindenburg. Legenden und Märchen um zwei preußische Soldaten, Büsum 1964, S. 320–442.
[159]   BArch, RH 61/1353, Abschrift des Tagebuchs des Generals O. von Below, S. 35; Hoffmann, Die Aufzeichnungen, Bd 2, S. 34; Showalter, Tannenberg, S. 201 und 205.
[160]   So die Überschrift von Pyta, Hindenburg, für die S. 13–39, wo Hindenburgs militärischer Lebenslauf bis 1911 dargestellt ist.
[161]   Ebd., S. 36.
[162]   Ebd., S. 39.
[163]   Ebd., S. 41 f.
[164]   Keegan, Der Erste Weltkrieg, S. 213.
[165]   Janßen, Und morgen die ganze Welt, S. 88; Pyta, Hindenburg, S. 45.
[166]   Pyta, Hindenburg, S. 46.
[167]   Zit. nach Wien, Weichensteller und Totengräber, S. 31.

größte Sorge zu sein schien, dass er nicht über die adäquate Uniform verfügte.[168]
Das erste Gespräch mit seinem Generalstabschef, der ihn über die Lage orientierte,
soll kaum länger als eine halbe Stunde gedauert haben, bevor man sich schlafen
legte – was umso mehr erstaunt, als sich die beiden bis dahin nicht kannten.[169]
Gleichwohl wusste Hindenburg nicht nur um die Rollenverteilung zwischen
ihm und Ludendorff, sondern auch, sie zu nutzen: Schon der erste Kontakt
mit dem Osten, wie er ihn selbst darstellte und fast ein halbes Jahr später von
seinem zwischenzeitlichen Hofmaler Hugo Vogel malen ließ, als er am Abend des
23. August vor der Marienburg spazieren gegangen sein wollte,

> »ließ erahnen, dass er seine neue Rolle genuin politisch interpretierte. Mili-
> tärisch ohne genuinen Feldherrnehrgeiz und durch die Aufgabenverteilung
> mit Ludendorff ohnehin eingeengt, konzentrierte er sich von Anfang an auf
> das Feld der geschichtspolitischen Verwertung der militärischen Aktionen, das
> Ludendorff und alle seine übrigen militärischen Weggefährten freiließen.«[170]

Der Erste, der von diesem Kommandowechsel erfuhr, war der Chef des
Feldeisenbahnwesens Ost, Major Kersten, der wiederum bereits am Mittag des
22. August die Nachricht an Hoffmann weitergegeben haben soll; erst eine Stunde
später erhielten Prittwitz und Waldersee ein Telegramm, das sie auf die »Liste der
zur Disposition gestellten Offiziere« setzte.[171] Hoffmann selbst wiederum behauptete später, er habe von der Absetzung Prittwitz' und Waldersees am Abend des
22. August erfahren, als er den Armeebefehl für den Folgetag durchgeben wollte
und die Generalkommandos antworteten, sie hätten bereits Befehle direkt von der
OHL bekommen.[172] Tatsächlich berichtete Below in seinem Tagebuch, ihn habe
an diesem Tag gegen 17 Uhr ein aus seiner Sicht »unverständlicher Fernspruch
aus dem Gr.H.Q.« erreicht:

> »Neuer Oberbefehlshaber, Gen.Oberst v. Hindenburg, trifft 23.VIII. mittags
> in Operations-Gebiet ein. Meldung nach Marienburg Bhf. Kommandantur.
> Bis zum Eintreffen haben die Korps unter gegenseitigem Einvernehmen be-
> sonders mit XX. AK selbstständig nach eigener Beurteilung zu handeln. Für
> die Weiterführung der Operationen ist es dringend erwünscht, dass die Seen-
> platte nicht vom Feinde her rückwärts geöffnet wird.«[173]

Below und sein Stab hielten diesen Fernspruch zunächst »für eine russische List«
und fragten umgehend beim AOK 8 an, woraufhin Waldersee erklärte, dies sei
»Unsinn, bei ihnen wäre nichts bekannt«. Trotzdem erkundigte man sich anschließend telegrafisch beim Großen Hauptquartier und erhielt die Nachricht
bestätigt.[174] Das erste offizielle Telegramm des Chefs des Militärkabinetts, Lyncker,

---

[168] Pyta, Hindenburg, S. 46.
[169] Tuchman, August 1914, S. 332.
[170] Pyta, Hindenburg, S. 47. Ähnlich argumentiert Chickering, Hindenburg.
[171] BArch, RH 61/735, G[eorg] v[on] Waldersee: Meine Erlebnisse zu Beginn des Krieges
1914 (September 1914), S. 48 f.; Tuchman, August 1914, S. 334.
[172] BArch, RH 61/735, Major von Bockelberg an das Reichsarchiv, 25.10.1920; Hoffmann,
Die Aufzeichnungen, Bd 2, S. 34.
[173] Fernspruch Großes Hauptquartier an I. Res.Korps, 22.8.1914, zitiert nach BArch,
RH 61/1353, Abschrift des Tagebuchs des Generals O. von Below, S. 33 f. Hierbei muss es
sich um einen Übertragungs- oder Erinnerungsfehler Belows handeln; Hindenburg wurde
erst am 26.8.1914 zum Generaloberst befördert.
[174] BArch, RH 61/1353, Abschrift des Tagebuchs des Generals O. von Below, S. 34.

traf – allerdings an den Oberquartiermeister Grünert adressiert – nachweislich
um 18.47 Uhr desselben Tages bei der 8. Armee ein.[175] Waldersee war von diesem
Vorgang derart überwältigt, dass er sich durch einen Telefonanruf in Koblenz
rückversicherte,[176] und erklärte dazu verbittert:

> »Die militärische Lage trat in den Hintergrund. Zwei Generale wurden leichten
> Herzens dem erregten Preußentum ohne weitere Prüfung als Sündenböcke
> dargebracht. Sie wurden ganz modern auf elektrischem Wege, aber unmodern
> ohne jedes Verfahren geschlachtet.«[177]

Dass »[d]ie Form der Abberufung [...] ungewöhnlich schroff [war]«, empfanden
auch andere Stabsoffiziere so,[178] und Prittwitz, der von 1903 bis 1906 Divisionskommandeur unter Hindenburg als Kommandierendem General des IV. AK
gewesen war, schrieb bereits im September 1914 entrüstet an seinen ehemaligen
Vorgesetzten und nunmehrigen Nachfolger, dass er »nicht die Absicht hatte,
hinter die Weichsel zurückzugehen«. Angeblich habe er am 21. August schriftlich
an den Kaiser berichtet:

> »Ich wurde vor die schwere Aufgabe gestellt, ob ich den aussichtslosen Kampf
> beim I.A.K. und dem I.R.K. sowie der 3.R.D. fortsetzen sollte, um mich erst
> später gegen die südwestlich der Seen vorgehenden Kräfte zum Kampf zu
> wenden, oder ob ich mich mit den errungenen Erfolgen begnügen und die
> hereinbrechende Nacht und die günstige Lage zum Abbruch des Kampfes,
> zum Loslösen vom Feinde und zum Abmarsch auf den rechten Flügel der
> Armee unter Festhaltung der masurischen Seendefileen benutzen sollte, um
> mit dem neu gemeldeten Feind abzurechnen – ich entschied mich für das
> Letztere [...] Das lässt doch nicht auf Zurückweichen hinter die W. schließen!
> Ich kann mich wahrhaftig nicht daran erinnern, dass mir der Gedanke
> gekommen ist, hinter die W. zu marschieren«.

Er habe lediglich darauf achten wollen, »immer die Möglichkeit zu haben, den
Rücken nach der Weichsel nehmen zu können [...] Dass ich hier die Absicht
in meinen Befehlen zum Ausdruck gebracht haben soll, hinter die Weichsel zu
gehen, daran kann ich mich nicht erinnern.«[179]

Tatsächlich war in den seinerzeitigen Befehlen vom »Marsch nach Westpreußen« die Rede. Nur in den persönlichen Gesprächen mit und Weisungen
an die Kommandierenden Generale wird Prittwitz nach deren Aussagen stets so
wiedergegeben, dass »[d]ie 8. Armee [...] hinter die Weichsel zurück[geht]«.[180]
Diese Variante verbreitete sich offenbar rasch und überall.[181] Hoffmann vermutete die Ursache darin, dass der Oberbefehlshaber zunächst tatsächlich vorhatte
– und dies auch in den ersten Gesprächen so formulierte –, »hinter die Weichsel

175 BArch, RH 61/735, Telegramm des Chefs des Militär-Cabinetts, Frhr. v. Lyncker, an
Generalmajor Grünert, 22.8.1914.
176 BArch, RH 61/735, Graf A.[lfred zu] Dohna[-Schlobitten], Der Feldzug in Ostpreußen
1914, undatiert (1920), S. 10.
177 BArch, RH 61/735, G[eorg] v[on] Waldersee: Meine Erlebnisse zu Beginn des Krieges
1914 (September 1914), S. 51.
178 Hoffmann, Die Aufzeichnungen, Bd 2, S. 33.
179 BArch, RH 61/735, Prittwitz an Hindenburg, 18.9.1914. Hervorhebung im Original.
Zum Verhältnis zwischen beiden siehe Pyta, Hindenburg, S. 38 f.
180 Giehrl, Tannenberg, S. 13; Grosse, Die Schlacht bei Gumbinnen, S. 68.
181 Kabisch, Streitfragen des Weltkrieges, S. 76.

zurück[zugehen]«, seine Meinungsänderung dann jedoch nicht mehr deutlich kommuniziert habe.[182] Vielleicht nahmen sich die Generale damit nur selbst aus der Verantwortung ihren Männern gegenüber, die mancher dem Tagebucheintrag Belows nach schon negativ gespürt haben muss:

»Nach und nach trafen die Truppen ein, in guter Stimmung, aber erstaunt. Ich hatte das niederdrückende Gefühl, als ob mich jeder mit dem Vorwurf ansähe: welcher Waschlappen bist Du, uns den Sieg so aus der Hand zu nehmen!«[183]

Möglicherweise entsprach das dem situativen Empfinden am Abend nach einer blutigen Schlacht, die man allgemein als bis dahin durchaus erfolgreich ansehen wollte. Möglich ist aber auch, dass die Rückzugsvariante von denen bewusst ausgestreut wurde, die den Entschluss nicht mittragen wollten, vor allen Dingen François und Morgen, der sich für den nächsten Tag in einer schlachtentscheidenden Position wähnte und sogar Below zur Gehorsamsverweigerung aufgefordert haben soll.[184] Hoffmann bestätigte demgegenüber direkt nach dem Krieg: »Befehle zum Rückzug hinter die Weichsel sind niemals gegeben worden«; stattdessen habe Prittwitz sehr wohl »die einleitenden Befehle für die Schlacht bei Tannenberg gegeben«.[185] Und so entspann sich im Nachhinein ein veritabler Streit um die Reihenfolge der Maßnahmen und damit der Verantwortlichkeit. Während in den Arbeiten im Umfeld des Reichsarchivs mehrheitlich die These vertreten wird, Prittwitz habe sich erst überzeugen lassen, nun doch die russländische 2. Armee anzugreifen, als er nach dem Lösen vom Gegner bemerkte, dass Rennenkampf nicht folgte,[186] behaupteten Hoffmann und auch Prittwitz selbst, dieser Entschluss sei bereits am späten Abend des 20. August beziehungsweise »in der Nacht vom 20. zum 21. getroffen worden«.[187] Dann allerdings bleibt es rätselhaft, warum der Oberbefehlshaber dieses Umdenken der OHL nicht mitteilte.[188] Jedenfalls hat er damit die Lesart der Meistererzählung unterstützt, die Prittwitz ein Ausweichen hinter die Weichsel und damit die Preisgabe der Provinz unterstellte.[189] Nur vereinzelt ist in der Literatur der Hinweis zu entdecken, dass der zunächst erfolgte Rückzugsbefehl noch unter Prittwitz abgeändert wurde.[190]

In der Realität war eine Rückzugsbewegung hinter die Weichsel jedoch kaum eine andere als eine Bewegung der Truppen in Richtung der Armee Samsonovs. Für beide Optionen mussten sich die Verbände zunächst vom Gegner lösen und anschließend auf den nun mal einzigen leistungsfähigen Straßen abmarschieren, die wie die übrige Infrastruktur in Ostpreußen wenig kriegstauglich waren:[191]

---

[182] Hoffmann, Die Aufzeichnungen, Bd 2, S. 28 f.
[183] BArch, RH 61/1353, Abschrift des Tagebuchs des Generals O. von Below, S. 31.
[184] Davon berichtet Kabisch, Streitfragen des Weltkrieges, S. 76, ebenso wie von der Zurückweisung dieses Ansinnens durch Below.
[185] BArch, RH 61/735, Max Hoffmann an das Reichsarchiv, 2.10.1920.
[186] Giehrl, Tannenberg, S. 14 f. und 17; Kürenberg, Rußlands Weg nach Tannenberg, S. 139 f. Darüber rätselte auch Hoffmann, Die Aufzeichnungen, Bd 2, S. 245.
[187] Hoffmann, Tannenberg wie es wirklich war, S. 15 f.; BArch, RH 61/735, Prittwitz an Hindenburg, 18.9.1914, dort auch zum Zitat.
[188] Schäfer, Tannenberg, S. 22–25; Grosse, Die Schlacht bei Gumbinnen, S. 75.
[189] Lezius, Von Fehrbellin bis Tannenberg, S. 423.
[190] Siehe Werth, Tannenberg, hier S. 919.
[191] BArch, RH 61/1353, Abschrift des Tagebuchs des Generals O. von Below, S. 1. Siehe dazu auch Stone, The Eastern Front, S. 61 f.

»Nicht Kühnheit war es, die beiden Korps nach Süden marschieren zu lassen, sondern gebotene Notwendigkeit«, meinte François folgerichtig zum Abzug des XVII. AK und des I. Reservekorps.[192] Zu beiden Möglichkeiten passte auch, dass die Weichselfestungen Befehl erhielten, alles beweglich zu machen, was sie noch konnten, und an die Feldtruppe abzusenden.[193] Tatsächlich rückten aus der Festung Thorn daraufhin schwere Artillerie- und Ersatzbatterien heran, in den Festungen Graudenz, Marienburg, Danzig, Dirschau und Thorn wurden außerdem die letzten verfügbaren Landwehr- und Ersatztruppen gesammelt und auf das Schlachtfeld geführt.[194] Major a.D. Bodo von Harbou, 1914 als Hauptmann in der Operationsabteilung des Großen Generalstabs, teilte hingegen 1920 dem Reichsarchiv auf Anfrage mit, die OHL habe nach direkter telefonischer Rücksprache mit den Kommandierenden Generalen »den Rückzug unterbunden und den Abmarsch nach Süden eingeleitet«. Diese Maßnahmen habe Ludendorff bei dessen kurzem Aufenthalt in Koblenz veranlasst:

»Im Übrigen ist meines Erachtens der Entschluss zum Abmarsch nach Süden nichts Absonderliches. Der Gedanke lag auf der Hand. Genial und groß ist hingegen die Art der Durchführung des Angriffs gegen die Narew-Armee. Sie ist meines Erachtens allein das Werk des General Ludendorff.«[195]

Diese in der Meistererzählung vertretene und in der Literatur allzu oft übernommene Ansicht, es sei Ludendorff gewesen, der die Armee umgedreht habe, entspringt allerdings alleine dem sich entwickelnden Mythos um die Schlacht von Tannenberg. In Wirklichkeit stimmten Ludendorffs Ansichten mit der veränderten Befehlslage in der 8. Armee nach dem Umschwenken von Prittwitz schlicht überein; es existierte also gar kein Bedarf, in die Befehlsgebung einzugreifen.[196] Auch der Generaladjutant der 8. Armee, Generalleutnant Graf Alfred zu Dohna-Schlobitten, erklärte, es sei »sicher [...], dass der großartige Erfolg von Tannenberg auf die ursprüngliche Disposition des Generals von Prittwitz basiert [sic]«.[197] Ganz banal muss der »Marsch nach Westpreußen« zudem nicht unbedingt gleichbedeutend mit dem Rückzug hinter die Weichsel sein, da Teile Westpreußens vor dem Fluss lagen.[198]

Vielleicht war diese Zweideutigkeit auch vom Generalstab des AOK 8 intendiert, vielleicht sogar, um den nicht akzeptierten Willen ihres Oberbefehlshabers auszutricksen. Nach Aussage des damaligen Hauptmanns von Bockelberg bewerteten alle anderen Offiziere dort die Lage am Abend des 20. August jedenfalls »weniger kritisch« und wollten zunächst noch den nächsten Tag abwarten.[199]

---

[192] François, Marneschlacht und Tannenberg, S. 243.
[193] Giehrl, Tannenberg, S. 17.
[194] Bathe, Tannenberg, S. 69 f.; Lezius, Von Fehrbellin bis Tannenberg, S. 427 f.
[195] BArch, RH 61/735, Major a.D. von Harbou: Antwort zum Schreiben vom 25.9.1920 Nr. 8283, 18.10.1920.
[196] Schäfer, Tannenberg, S. 25 f.; Ludendorff, Meine Kriegserinnerungen, S. 16; BArch, RH 61/735, Major a.D. von Harbou an das Reichsarchiv Potsdam, 18.10.1920.
[197] BArch, RH 61/735, Graf A.[lfred zu] Dohna[-Schlobitten], Der Feldzug in Ostpreußen 1914, undatiert (1920), S. 11.
[198] Showalter, Tannenberg, S. 195.
[199] BArch, RH 61/735, Generalmajor z.D. [Georg] Graf [von] Waldersee, bisher Chef des Generalstabes der 8. Armee: Bericht über die Ereignisse in Ostpreußen vom 20. bis 22. August 1914, 24.8.1914, S. 1 f.

Er stützte auch die Version von Hoffmann, der hinterher berichtete, er habe zusammen mit Grünert Prittwitz zwar nicht von seinem Rückzugsbefehl abzuhalten vermocht, ihm aber tags darauf »an Hand des Zirkels nach[gewiesen], dass ein kampfloses Zurückführen der 8. Armee unmöglich [...] und es deshalb nötig sei, die Vorwärtsbewegung der Armee Samsonows durch einen Flankenstoß zu verlangsamen«, weil diese der Weichsel näher sei als man selbst, und ihn damit umgestimmt.[200]

Eine solche Entwicklung würde auch erklären, dass der Befehl des AOK 8 vom Abend des 20. August an das auf dem rechten Armeeflügel dislozierte Landwehrdetachement Ungers – es stand mit denen aus Graudenz und Thorn bei Soldau – zunächst angeordnet hatte, sich auf ihre jeweiligen Festungen zurückzuziehen, was dann am Morgen des 21. August revidiert wurde: Nun war man im AOK 8, wo man dem XX. AK tags zuvor kategorische Defensive befohlen hatte, mit dem Vorschlag von Scholtz einverstanden, gegen die aus Mlawa anmarschierenden russländischen Verbände vorzugehen, und unterstellte ihm dazu alle Truppen im Süden. Angesichts der weiter oben geschilderten Lageentwicklung verzichtete dieser darauf, weil er seinerseits eine Umfassung befürchtete, und zog sich stattdessen auf die Linie Rybnosee–Okallsee zurück, um den Abzug der Hauptkräfte der 8. Armee im Norden durch die Verteidigung der Seeengen zu decken. Dies spricht ebenso für eine zwischenzeitlich veränderte Einsicht wie die Umleitung des I. AK am 21. August an den linken Flügel des XX. AK anstatt ursprünglich in die Gegend von Graudenz.[201]

Bei dem Befehl vom 22. August an die Weichselfestungen, im genauen Gegenteil alles beweglich zu machen und an die Feldtruppe abzusenden, ist der Urheber allerdings weniger eindeutig.[202] Nach den Reichsarchivunterlagen wurde den Festungskommandanten am 22. August direkt von der OHL befohlen, alles noch Mobilisierbare nach Strasburg zu schicken.[203] Doch bereits am frühen Morgen des 22. August hatte das AOK 8 seinen Generalkommandos die neue Lagebeurteilung samt Entschluss für das weitere Vorgehen übermittelt:

»Der Gegner an der Angerapp, gegen den I. RK mit vollem Erfolg gekämpft haben [sic], ist bis jetzt nicht gefolgt. Starke feindl. Kräfte vom Narew her im Anmarsch. Die Armee wird in Westpreußen nach dem rechten Flügel vereinigt, um gegen den feindl. linken Flügel dieser neuen Kräfte vorzugehen.«[204]

---

[200] BArch, RH 61/735, Max Hoffmann an den Großen Generalstab, Oberquartiermeister für Kriegsgeschichte, 12.5.1919. Diesen Ablauf bestätigte auch BArch, RH 61/735, Graf A.[lfred zu] Dohna[-Schlobitten], Der Feldzug in Ostpreußen 1914, undatiert (1920), S. 8 f. Siehe dazu auch die ausführlichere Schilderung bei Tuchman, August 1914, S. 327–330.

[201] BArch, RH 61/1350, Die Verhältnisse auf der rechten deutschen Armeeflanke (1920), S. 1 f. Zur Gliederung der Abteilungen Thorn und Graudenz siehe BArch, RH 61/183, Reichsarchiv: Zu den Fragen des Herrn Generalleutnants Kabisch vom 17.8.1925, 15.9.1925, S. 3.

[202] Giehrl, Tannenberg, S. 17.

[203] BArch, RH 61/1350, Die Verhältnisse auf der rechten deutschen Armeeflanke (1920), S. 2 f.

[204] Befehl AOK 8 an I. Res.Korps, 22.8.1914, zit. nach BArch, RH 61/1353, Abschrift des Tagebuchs des Generals O. von Below, S. 33. Der Befehl sei demnach am 22. August um 6 Uhr eingegangen.

Below dürfte nicht der Einzige gewesen sein, der daraus folgerte:
»Der Marsch zur Weichsel war also aufgegeben. Anscheinend hatten Gen.
Grünert (O.Q.) u. Obstlt. Hoffmann (Ia) das durchgesetzt, nachdem Gen.
v. Scholtz auf die guten Aussichten eines Schlags gegen den linken fdl. Flügel
hingewiesen hatte.«[205]
Auch die Aussage des Regierungsrats von Amsberg, 1914 Rittmeister der Reserve
und Ordonnanzoffizier beim AOK 8, bekräftigt die Version, dass Prittwitz sich
im Laufe des 21. August überzeugen ließ, von seinen Rückzugsplänen Abstand
zu nehmen: Amsberg habe bei seiner Rückkehr aus dem Raum Darkehmen, wo
sich das I. Reservekorps nach dem nächtlichen Lösen vom Gegner sammelte, zum
AOK 8 – inzwischen in Bartenstein – am frühen Nachmittag des 21. August dem
darüber erstaunten Waldersee berichtet, dass es »bei den kämpfenden Truppen
keine Vermischung der Verbände, keine Unordnung und Niedergeschlagenheit«
gebe und er »nirgends Anzeichen von Panik beobachtet« habe. Waldersee habe
daraufhin die anderen Generalstabsoffiziere dazugebeten, Amsberg seine Meldung
wiederholen lassen und dann mit den Worten geschlossen: »Ja, wenn das so ist,
dann können wir doch an die Offensive nach Süden denken.«[206]
    Die Entscheidung, die russländische 2. Armee anzugreifen und sich nicht hin-
ter die Weichsel in die Defensive zurückzuziehen, ist aller Wahrscheinlichkeit nach
also tatsächlich bereits von Prittwitz im Laufe des 21. August getroffen worden.
Womöglich geschah das aber in einem engen Kreis von Generalstabsoffizieren
des AOK 8, denn selbst der Generaladjutant der 8. Armee vermochte nur zu spe-
kulieren, dass »Waldersee, resp. Grünert« erst angesichts des gelungenen Lösens
von der Armee Rennenkampfs und deren Verharren an Ort und Stelle den neuen
Plan entworfen hätten, sich doch gegen die 2. Armee zu wenden.[207] Außerdem
erwies sich am selben Tag, dass der Abbruch der Schlacht bei Gumbinnen zumindest richtiger gewesen war, als am nächsten einen weiteren Angriff zu ris-
kieren; dafür sprechen die Lageentwicklung ebenso wie der zwischenzeitlich ge-
meldete Zustand der eigenen Truppen. Prittwitz also zu unterstellen – wie in
der Forschung allgemein üblich –, dass er »nicht die erforderliche Nervenstärke
besaß«, muss man als Argument schon mögen, denn im Kontext seines Auftrages
handelte er durchaus nachvollziehbar. Ihm vorzuwerfen, er »spielte [...] ständig
mit dem Gedanken, sich hinter die Weichsel zurückzuziehen und Ostpreußen
aufzugeben«,[208] ignoriert die (Auftrags-)Lage der 8. Armee und priorisiert den zeitgenössischen Offensivgedanken, anstatt die Prittwitz gegebenen Möglichkeiten
zu überprüfen – zumal zum Zeitpunkt des Rückzugs, als die 8. Armee tatsächlich die Umfassung drohte. Die beiden deutschen Flügel waren bei Gumbinnen
zwar erfolg-, aber eben nicht siegreich gewesen, und nur der rechte hätte noch
mit der 3. Reservedivision verstärkt werden können, wo der Gegner jedoch in
verschanzten Stellungen stand. Am linken Flügel erkannte das I. AK während der
Nacht die Zuführung neuer russländischer Kräfte vor seiner nördlichen Flanke,
was einen eigenen Angriff für den folgenden Tag unmöglich machte, weil dieser

---

[205] Ebd.
[206] BArch, RH 61/1383, Reichsarchiv Nr. 18913 an Generalleutnant a.D. Graf von Waldersee,
       Mai 1926: Fragebogen 111c: Gumbinnen, Mai 1926, S. 1 f.
[207] BArch, RH 61/735, Graf A.[lfred zu] Dohna[-Schlobitten], Der Feldzug in Ostpreußen
       1914, undatiert (1920), S. 9.
[208] Neitzel, Weltkrieg und Revolution, S. 39.

in eine Umfassung hineinzulaufen drohte. Das wurde den Kommandierenden Generalen spätestens am 21. August ebenso bekannt, wie ihnen tags zuvor bereits das evidente Problem im Zentrum bewusst gewesen sein musste, wo die eigenen Truppen eine klare Niederlage erlitten hatten.[209] Die Hauptreserve Königsberg war arg angeschlagen, und das XVII. AK hatte erhebliche Verluste. Ob beide am nächsten Tag hätten erfolgreich angreifen können, musste mehr als fraglich erscheinen.[210] Statt diese durchaus prekäre Lage zumal im Kontext einer veritablen Bedrohung der rückwärtigen Verbindung in ihrer Bedrohlichkeit zu erkennen, wollte man sie vielmehr als Vorteil begreifen:

> »Wie wir auf dem rechten, so war auf dem linken Flügel das I. AK siegreich gewesen, während in der Mitte der Angriff des XVII. AK abgeschlagen war. Das hätte, wenn es am 21. auf beiden Flügeln, wie zu erwarten, zur Umfassung gekommen wäre, nichts geschadet, sondern Vorteil gebracht. Nun war es aus! Rennenkampf hatte frei Haus, Ostpreußen lag ihm offen!«[211]

Ließen schon die aufgeklärten russländischen Verstärkungen auf der Nordflanke des Schlachtfeldes diesen Gedanken Belows geradezu absurd erscheinen, der Zustand der Truppen im Zentrum machte ihn vollständig abwegig: Trotz der ebenso vollmundigen wie heroisierenden Kommentare seines Kommandierenden Generals benötigte das XVII. AK bis zum 22. August, um sich »zu ordnen« und mit Munition zu versorgen; erst dann konnte seine Verfassung als »gut« gemeldet werden.[212] Bis dahin hatten sich vor allem bei Belows I. Reservekorps »[e]inige versprengte Kolonnen und einzelne Soldaten des XVII. A.K.« eingefunden, denen der Weg zum Sammlungsort des XVII. bei Lugowen erst gewiesen werden musste.[213] Wie er mit seinem zersprengten Armeekorps also bereits am 21. August einen frontalen Angriff hätte erfolgreich durchführen wollen, dürfte Mackensens Geheimnis bleiben. Und die Hauptreserve Königsberg gestand noch am 23. August ein, »dass sie auf freiem Felde zur Zeit kaum einen ernsten Kampf aufnehmen« könnte; es komme jetzt darauf an, »eine möglichst kampfkräftige Truppe für den voraussichtlichen Verteidigungskampf zur Festung zurückzubringen«.[214] Bei diesem katastrophalen Zustand der Verbände im Zentrum und einer eindeutigen gegnerischen Übermacht auf dem linken Flügel muss ein dennoch befohlener deutscher Angriff wenigstens als äußerst riskant angesprochen werden. Ein zentraler russländischer Durchbruch hätte nicht nur das XVII. AK und die Hauptreserve Königsberg dort, sondern auch das I. AK auf dem linken Flügel isoliert. Bestenfalls wäre für sie anschließend ein Rückzug auf Königsberg infrage gekommen, während für eine Operation gegen Samsonovs Armee im Süden lediglich das I. Reservekorps und die 3. Reservedivision zur

---

[209] BArch, RH 61/1336, August von Mackensen, Der Feldzug in Ostpreußen, S. 7.
[210] Kabisch, Streitfragen des Weltkrieges, S. 74; Showalter, Tannenberg, S. 190 f.
[211] BArch, RH 61/1353, Abschrift des Tagebuchs des Generals O. von Below, S. 32.
[212] BArch, PH 5 II/180, KTB 8. Armee: Ferngespräch mit Gen.Kdo. XVII., 22.8.1914, 22.15 Uhr, fol. 91 f.
[213] BArch, PH 5 II/180, KTB 8. Armee: Meldung von Amsberg an AOK 8, 21.8.1914, fol. 86 f., hier fol. 86.
[214] BArch, RH 61/1344, Reichsarchiv/Sichtungsabteilung Gruppe III/Hauptmann a.D. von Moltke: Landsturm und Festungen Königsberg und Lötzen während der Tannenberger Schlacht (1919), S. 25 f.

Verfügung gestanden hätten – und auch sie nur, falls es gelang, sie rechtzeitig dem gegnerischen Zugriff zu entziehen. Prittwitz und Waldersee nicht nur vorzuwerfen, dieses Risiko fernab der Weichsel nicht eingegangen zu sein, sondern sie deswegen sogar ihres Kommandos zu entheben, ist eingedenk der Tatsache, dass ihre Truppen die einzigen zwischen der Grenze im Osten und Berlin waren, doch mindestens verwunderlich. Aufschluss gibt diese Reaktion allerdings über die risikofreudige Gedankenwelt der verantwortlichen deutschen Militärs, wo ganz offensichtlich der Glaube an die eigene Überlegenheit relevanter war als eine nüchterne Einschätzung der realen Gefahren.

Waren am 20. August etwa 100 000 deutsche Soldaten gegen 115 000 russländische angetreten, so hatte das AOK 8 für den folgenden Tag nur mehr die 3. Reservedivision in der Hinterhand, während der Gegner noch sein bei Lyck bereits aufgeklärtes II. AK seinem rechten Flügel zu- und nach Gefangenenaussagen auch das Gardekorps heranführte.[215] Damit ist die für den Entschluss von Prittwitz am Abend des 20. August entscheidende Frage – war die Schlacht von Gumbinnen schnell genug siegreich zu beenden, um rechtzeitig den eigenen Truppe im Süden zu Hilfe zu eilen, weil sonst Rückzugs- und Nachschublinien an die Weichsel verloren gingen? – eindeutig zu beantworten. Dass er sich in dieser Situation für den Abbruch der Schlacht entschied, ist absolut nachvollziehbar – zumal angesichts seiner grundsätzlichen Direktive, nämlich dem Schutz der Weichsellinie.[216] Im Gegenteil erscheint es mehr als fraglich, ob die 8. Armee bei Gumbinnen überhaupt noch erfolgreich gewesen wäre. Insofern ist Waldersees Begründung für den Abbruch, die er schon als Forderung für die Annahme der Schlacht im Norden aufgestellt hatte, umso verständlicher: »Die Armee durfte sich so weit von der Weichsel nicht verbluten und sich nicht in Königsberg einschließen lassen.«[217]

Der damalige Chef des Generalstabes machte indes die Art und Weise, wie Prittwitz den Abbruch der Schlacht und anschließenden Rückzug der OHL beziehungsweise telefonisch Moltke direkt gemeldet hatte, für die dortige Verwirrung und die daraus folgende Absetzung verantwortlich. In Nordenburg, also vor der Schlacht bei Gumbinnen, sei sein Oberbefehlshaber noch »ruhig und entschlussfreudig« gewesen, diese Ruhe habe ihn aber »leider tagsdarauf [sic] in Bartenstein verlassen«.[218] In dieser Verfassung habe er »am schwülen Augustabend des 20. August [sic]« den Entschluss zum Rückzug gefasst.[219] Während der Kommunikation mit der OHL hätten sich womöglich »insofern Missverständnisse eingeschlichen, als vom A.O.K. nur gegen den Gedanken Stellung genommen wurde, die Armee sofort unmittelbar hinter der Seenlinie südwärts etwa auf

---

[215] Kabisch, Streitfragen des Weltkrieges, S. 74.

[216] So auch das Urteil von Kabisch, Streitfragen des Weltkrieges, S. 75 und 84 f. Zum Entscheidungsprozess und einer ähnlichen Bewertung siehe Showalter, Tannenberg, S. 191–195.

[217] BArch, RH 61/735, Aufzeichnungen des Generalmajor Graf von Waldersee: Aktenvermerk des Chef des Generalstabes der 8. Armee. Niederschrift im Anschluß an den Vortrag, 12.8.1914.

[218] BArch, RH 61/735, G[eorg] v[on] Waldersee: Meine Erlebnisse zu Beginn des Krieges 1914 (September 1914), S. 7.

[219] Giehrl, Tannenberg, S. 13.

Ortelsburg zu führen«.[220] Wiewohl Waldersees Vermutung zutreffend sein könnte
– in Bartenstein befand sich das AOK 8 erst ab dem Morgen des 21. August
wieder, Vorsicht ist also angezeigt.[221]

Ob damit die Absetzung Prittwitz' gerechtfertigt war, ist außerdem zu
hinterfragen. Moltke mochte ihn jedenfalls von Anfang an nicht als Oberbefehlshaber; dass er bei seinen Kommandierenden Generalen geringes Ansehen genoss
und vor allem mit seinen Meldungen bei der OHL für Verwirrung sorgte, ist
gleichwohl unstrittig. Seine Führung in der Krise von Gumbinnen erwies sich
darüber hinaus als alles andere denn stringent und souverän, selbst wenn er sich
am 21. August noch rechtzeitig zur Offensive gegen Samsonov hatte überzeugen
lassen. Die Abberufung Waldersees war dadurch wiederum zwangsläufig, weil er
den Posten überhaupt nur bekommen hatte, um auf den vermeintlich minder-
befähigten Prittwitz einzuwirken. Daran war seine Daseinsberechtigung als Chef
des Generalstabes der 8. Armee geknüpft gewesen, und diesen Zweck hatte er
nicht erfüllt. Außerdem wollte Moltke unbedingt Ludendorff als Retter in den
Osten schicken; dass jener nur als Generalstabschef verwendet werden konnte,
besiegelte Waldersees Schicksal.

Kritisch zu bewerten ist das Benehmen der OHL und Moltkes persönlich
dennoch. Ungeachtet irgendwelcher Stilfragen, wann wem die Abberufung
auf welche Weise zu kommunizieren gewesen wäre, ist Kabischs Verdikt zuzustimmen, wie sehr im Großen Hauptquartier des August 1914 »der erste große
Rückschlag, ein Rückschlag, mit dessen Möglichkeit zu rechnen nach dem
Kräfteverhältnis Pflicht war, den wohldurchdachten Bau des ganzen Kriegsplanes
ins Wanken [brachte]«.[222] Vielleicht verlor man in der OHL angesichts der
konträren Lageschilderungen und der schlechten Verbindungen auch schlicht
die Übersicht, zumal die operative Führung der Front im Osten durch sie nie
vorgesehen gewesen war.[223] Wohl nicht zuletzt deswegen hat niemand je die Frage
gestellt, warum Moltke den Befehl zum Rückzug nicht einfach verboten hat. Er
selbst begründete sein Nichteingreifen in die Operationsführung damit, dass er
zu weit weg gewesen sei und die Lage aus der Entfernung nicht eindeutig zu
bewerten vermochte.[224] Das erscheint kaum als hinreichende Erklärung, denn die
Vorstellung in Koblenz, gegen die russländischen Armeen offensiv vorzugehen,
war klar formuliert – auch dann noch, als die Schlacht bei Gumbinnen zumindest
kein Sieg gewesen war. Insofern gab es also sehr wohl einen klaren Eingriff, der
sich mit der Neubesetzung des Führungsduos schließlich personifizierte. Ob
Moltke, wie Zuber argumentiert, mit einem langwierigen Abnutzungskrieg
rechnete und es daher seine Priorität gewesen sei, »nicht Risiken einzugehen, um
Vernichtungsschlachten zu gewinnen, sondern das deutsche Gebiet zu schützen«,
wirft auch dann Fragen auf, wenn damit sein Entschluss vom 24. August begründet
werden kann, erhebliche Verstärkungen nach dem Osten zu schicken.[225] Hier

---

[220] BArch, RH 61/735, Generalmajor z.D. [Georg] Graf [von] Waldersee, bisher Chef des
       Generalstabes der 8. Armee: Bericht über die Ereignisse in Ostpreußen vom 20. bis
       22. August 1914, S. 4.
[221] Giehrl, Tannenberg, S. 17.
[222] Kabisch, Streitfragen des Weltkrieges, S. 87.
[223] Die Konfusion in der OHL beschreibt anschaulich Showalter, Tannenberg, S. 196–199.
[224] Strachan, The First World War, S. 324.
[225] Zuber, Strategische Überlegungen, S. 47; Groß, Mythos und Wirklichkeit, S. 110.

ist eher Groß zuzustimmen, der meint, »dass die Führung der 8. Armee wegen operativer Meinungsverschiedenheiten mit der OHL durch Hindenburg und Ludendorff ersetzt wurde, da sich Moltke von ihnen eine beherztere Führung und vor allem Siege erhoffte«.[226]

Ludendorff, der mitunter cholerische »Technokrat aus dem Bürgertum«, wie ihn John Keegan umschrieb,[227] galt jedenfalls in der deutschen militärischen Führung als das große operative Talent mit allerdings schwierigem Charakter. Dass er 1913 aus dem Generalstab versetzt worden war, bewertete er selbst als eine Maßnahme, einen unermüdlichen Mahner zu entfernen; demgegenüber war seine folgende Verwendung im Truppendienst sehr wohl regulärer Bestandteil einer Generalstabsoffizierslaufbahn.[228] Nachdem er in den ersten Augusttagen vor der Festung Lüttich dann zum »Helden« stilisiert und dafür als erster Soldat im Ersten Weltkrieg mit dem Pour le Mérite ausgezeichnet worden war,[229] schien er allgemein als der richtige Mann für dieses Szenario: »Ja, das war der Mann, der retten kann, was zu retten ist«, erinnerte sich Generalleutnant von Wenninger an seine Reaktion auf diese Nachricht am 22. August 1914.[230]

Jedenfalls darf bezweifelt werden, dass die Preisgabe Ostpreußens entscheidend für die Abberufung des Oberbefehlshabers im Osten gewesen ist. Mit diesem zeitweiligen Verlust musste angesichts der Kräftedislozierung im Kontext des »Schlieffenplanes« bis zum Vorabend des Ersten Weltkrieges unbedingt gerechnet werden. Trotz der geschilderten operativen Vorteile, den die Behauptung des ostpreußischen Raumes bot – strategisch war alleine das Halten gegen den zarischen Gegner relevant, der Kampf um Zeitgewinn, bis die vermeintlich siegreichen Truppen aus dem Westen zur Gegenoffensive bereitstünden. Die essenziell stiefmütterliche Behandlung der Provinz bei der militärischen Verteidigung kann nicht alleine dem ebenso diffusen wie dennoch virulenten Überlegenheitsgefühl im deutschen Militär zugeschrieben werden. Hoffmann wies nach dem Krieg zu Recht daraufhin, dass die russländischen Aufmarschpläne lange vor Kriegsbeginn bekannt gewesen seien. Wenn dennoch die Weichsel- und eben nicht die Angerapplinie befestigt wurde, sei bewiesen, dass die militärische Führung im Kaiserreich zumindest mit einer zeit- und teilweisen Räumung Ostpreußens gerechnet haben musste[231] – was wenigstens für einen Teil nachweisbar ist: Am Tag vor der Abreise Waldersees nach Posen hatte beispielsweise Stein, der noch 1913 Kommandeur der 41. Infanteriedivision in Deutsch Eylau gewesen war,[232] ihm im persönlichen Gespräch ausdrücklich zu einer Operation im Westen Ostpreußens mit dem Rücken zur Weichsel geraten. Eine dadurch erfolgende »sofortige Preisgabe Ostpreußens erschien ihm durchaus unbedenklich, auch bei allen meinen Hinweisen, dass man dazu doch erst im Notfalle schreiten könne«. Insbesondere legte Stein dem Generalstabschef der 8. Armee ans Herz, »immer wieder alle Rückzugsmöglichkeiten über die Weichsel sorgfältig ins Auge zu

[226] Groß, Mythos und Wirklichkeit, S. 110.
[227] Keegan, Der Erste Weltkrieg, S. 213.
[228] Hoffmann, Der Sprung ins Dunkle, S. 71; Nebelin, Ludendorff, S. 99 f.
[229] Ludendorff, Meine Kriegserinnerungen, S. 16.
[230] BArch, RH 61/53, Denkschrift »Tannenberg« von Generalleutnant [Karl Ritter] von Wenninger (1916), S. 4.
[231] BArch, RH 61/1343, Max Hoffmann an das Reichsarchiv, 17.8.1921.
[232] Pöhlmann, Stein.

fassen«.[233] Zu prüfen wäre in diesem Zusammenhang unbedingt, inwieweit die Einflussnahmen der (Ritter-)Gutsbesitzer in Ostpreußen auf ihren preußischen König und deutschen Kaiser hier wirksam wurden, wie überhaupt die subkutanen Wege zur Entscheidungsfindung im Großen Hauptquartier oder der OHL funktionierten.[234] Nicht wenige in der OHL und dem Großen Hauptquartier hatten jedenfalls entweder selbst Güter in Ostpreußen oder doch Freunde und Verwandte dort.[235]

In gleichem Maße wie für die Führung in Koblenz gilt der zitierte negative Befund jedoch nicht für das AOK 8: Das Verschieben aus dem Norden nach dem Süden war eine immer wieder durchgespielte Variante vor dem Krieg gewesen – freilich erst nach einer siegreichen Schlacht. Dennoch ist diese Variante weder für die Befehlsgebung noch die eigentliche Marschbewegung Voraussetzung, was auch der doch erstaunlich reibungslose Übergang von Prittwitz/Waldersee zu Hindenburg/Ludendorff belegen dürfte. Keine der durch das AOK 8 eingeleiteten Maßnahmen musste durch die neue Führung revidiert werden, sie konnte sich vollkommen auf die nächsten Ereignisse konzentrieren, um dann adäquat zu reagieren. Neben einem gemeinsamen operativen Verständnis innerhalb des deutschen Offizierkorps war hierfür die besondere Kenntnis über den militärischen Raum Ostpreußen von erheblicher Bedeutung.

Was sich auf den unmittelbaren Fortgang der Ereignisse entscheidend auswirkte und bislang in der Forschung lediglich peripher berücksichtigt wurde, ist die Feststellung, wie sehr sich die russländische militärische Führung durch den Abbruch der Schlacht bei Gumbinnen und die folgende Absetzbewegung der deutschen Truppen in ihren Erwartungen bestätigt sah und glauben wollte, alles liefe nach Plan:[236] Der Einmarsch der Armee Rennenkampfs hatte grenznah zu einer Schlacht geführt, die man nach alter Väter Sitte als Sieg wahrnahm, weil der Gegner den Kampfplatz räumte. Dass sich die deutschen Verbände auf Königsberg und die Weichsel zurückziehen würden, schien als Konsequenz derart folgerichtig, dass beide Armeeoberbefehlshaber meinten, auf detaillierte Aufklärung ebenso verzichten zu können wie auf das Halten der Verbindung zu-, wenigstens aber der Kommunikation untereinander. Die Tragweite dieses essenziellen Fehlers für die kommenden Ereignisse kann gar nicht hoch genug eingeschätzt werden. Denn gerade die Aufklärung verschaffte der deutschen Seite ansonsten einen veritablen Vorteil. Die 1. Kavalleriedivision musste trotz ihres maroden Zustandes die dauernde Fühlung mit der Armee Rennenkampfs aufrechterhalten; angesichts der bedenklichen Lage hatte das AOK 8 ihrer Forderung nach einem Ruhetag nicht entsprochen.[237] Vor allem in den ersten Wochen des Krieges wurde sie absolut überbeansprucht. Bereits am 15. August meldete sie den Verlust von elf

233 BArch, RH 61/735, G[eorg] v[on] Waldersee: Meine Erlebnisse zu Beginn des Krieges 1914 (September 1914), S. 10.
234 Siehe dazu die sich im Erscheinen befindende Arbeit von Gerhard P. Groß, Geschiche des Großen Hauptquartiers 1914–1918 (Arbeitstitel).
235 Showalter, Tannenberg, S. 195 f.
236 Strachan, The First World War, S. 324.
237 Showalter, Tannenberg, S. 209 f. Zum Zustand und den genauen Befehlen an die 1. Kavalleriedivision siehe BArch, RH 61/1344, Reichsarchiv/Sichtungsabteilung Gruppe III/ Hauptmann a.D. von Moltke: Landsturm und Festungen Königsberg und Lötzen während der Tannenberger Schlacht (1919), S. 13–15 und 23.

Offizieren und 70 Mann, außerdem bedürften »etwa 400 Pferde der Schonung, da sonst Gefechtskraft später bedeutend verringert«.[238] Nachdem sie alleine in den drei Tagen vom 18. bis 21. August 190 Kilometer zurückgelegt hatte, war ihre Gefechtskraft bis zum 23. August auf die Hälfte gesunken: Seit »[d]rei Wochen keinen Ruhetag, zum Schluss Attacke und dreitägiger Ritt, zu wenig Wasser, ohne Verpflegung, Beschlag verbraucht, Pferde übermüdet. Transport notwendig, um Ruhetage zu gewinnen«.[239] Zusammen mit der Luftaufklärung lieferte sie dem AOK 8 dennoch ein verlässliches Lagebild über den Gegner.[240] Aus abgefangenen russländischen Funksprüchen konnte zudem geschlossen werden, dass der Gegner sich entsprechend der Aufklärungsergebnisse im Rahmen der Vorkriegsannahmen bewegte.[241] Darauf bauten die folgenden Befehle des AOK 8 auf: Weil die am 21. August um 6.00 Uhr ausgegebene Order, die Armee in Westpreußen nach dem rechten Flügel des XX. AK zu vereinigen, zu der am 20. August gegen 21.30 Uhr erlassenen zum »Abmarsch nach Westpreußen« keine wesentliche Lageänderung bedeutete, ergaben sich daraus auch keinerlei Reibungsverluste gegenüber den bereits laufenden Maßnahmen. Noch immer sollten das I. AK und die 3. Reservedivision umgehend per Bahntransport nach Süden zu Scholtz verbracht werden sowie das I. Reservekorps und das XVII. AK sich unter Deckung durch die 1. Kavalleriedivision hinter der Angerapp in den Raum Darkehmen zurückziehen.[242]

Noch am Nachmittag des 21. August hatte Moltke Prittwitz ermahnt, es sei vor allem »nötig, die Armee zusammenzuhalten, daher Abmarsch durch Seenlinie gedeckt an XX. AK. in Erwägung zu ziehen. Marschrichtung und Trennung des Feindes im Süden erscheint für die 8. Armee erfolgversprechend.«[243] Daraufhin meldete das AOK 8 der OHL am frühen Abend, dies sei angesichts eines seit 6.30 Uhr auf Gumbinnen marschierenden russländischen Armeekorps, zusätzlich gegen Lyck und Johannisburg vorrückender gegnerischer Kräfte und den drei Armeekorps vom Narew her »jetzt nicht ausführbar«. Die 8. Armee würde »weiter westwärts marschieren« und sich durch das Verschieben zum einen des I. AK per Bahn an den rechten Flügel des XX. AK und zum zweiten der 3. Reservedivision

---

[238] BArch, PH 5 II/179, KTB 8. Armee: Fernspruch von 1. Kavalleriedivision an AOK 8, 15.8.1914, 8.32 Uhr, fol. 106.

[239] Die Meldung 1. Kav.Div. an AOK 8 vom 23.8.1914, 12.20 Uhr, findet sich als Anlage 5 in BArch, RH 61/1344, Reichsarchiv/Sichtungsabteilung Gruppe III/Hauptmann a.D. von Moltke: Landsturm und Festungen Königsberg und Lötzen während der Tannenberger Schlacht (1919); sowie abgedruckt als Funkspruch bei Elze, Tannenberg, S. 274. Auch andere Verbände meldeten frühzeitig die Ermüdung ihrer Pferde. Siehe z.B. zum 16. August in BArch, RH 61/1408, XX. AK vom 10. bis 20.8.1914 (ohne Datum), S. 31.

[240] BArch, RH 61/1344, Reichsarchiv/Sichtungsabteilung Gruppe III/Hauptmann a.D. von Moltke: Landsturm und Festungen Königsberg und Lötzen während der Tannenberger Schlacht (1919), S. 19 f., 27, 32 f., 40, 61, 69. Dort auch zu den Dislozierungen der russländischen 1. Armee.

[241] BArch, RH 61/1344, Reichsarchiv/Sichtungsabteilung Gruppe III/Hauptmann a.D. von Moltke: Landsturm und Festungen Königsberg und Lötzen während der Tannenberger Schlacht (1919), S. 48.

[242] Ebd., S. 13 f.; Kabisch, Streitfragen des Weltkrieges, S. 75 f.

[243] BArch, PH 5 II/180, KTB 8. Armee: Telegramm aus Coblenz (v. Moltke) an AOK 8, 21.8.1914, 15.45 Uhr, fol. 82.

ebenfalls auf der Schiene nach Deutsch Eylau »zusammenziehen«.[244] Der Armeebefehl am Abend des 21. August präzisierte dann lediglich, die Armee würde »in Westpreußen nach dem rechten Flügel vereinigt, um gegen den feindl. linken Flügel dieser Kräfte vorzugehen.« Jetzt hatte sich das I. AK konkret auf die Verladung ab dem 24. August in Königsberg einzustellen, die sogar bereits ab dem 22. August in Insterburg, Topiau und Wehlau beginnen konnte, wobei als Ausladeorte zunächst Gosslershausen, Lindenau und Freystadt festgelegt worden waren.[245] Allerdings verliefen sowohl die Verladung als auch der Transport des I. AK derart zögerlich, dass bereits in der Nacht zum 24. August beschlossen wurde, den Ausladeort nach Montowo vorzuverlegen, um die verlorene Zeit wieder einzuholen.[246]

Die Bahnen in Ostpreußen waren in Friedenszeiten wenig frequentiert und nun völlig überfordert: Es fehlte an Personal und Erfahrung, nicht zuletzt auch an den für das Verladen der Geschütze, Wagen und Pferde notwendigen Rampen. Dass beispielsweise die geleerten Waggons auf den größtenteils eingleisigen Strecken nicht zeitgerecht zurückgebracht werden konnten, verzögerte das Unternehmen alleine um etwa 12 Stunden; am Abend des 23. August hinkte man dem Plan dann bereits fast 18 Stunden hinterher.[247] Darüber hinaus behinderte die flüchtende Bevölkerung die Truppentransporte teilweise erheblich[248] – nicht nur auf der Bahn, sondern vor allem verstopften sie die für das I. Reservekorps und das XVII. AK relevanten Marschstraßen. Trotzdem hatten diese sich bis zum Abend des 22. August bereits rund 40 Kilometer vom Schlachtfeld von Gumbinnen abgesetzt. Dabei erreichte das I. Reservekorps mit seiner 1. Reservedivision Nordenburg, mit seiner 36. Infanteriedivision Kurkenfeld, etwa sieben Kilometer ostwärts Nordenburg. Von dort aus sollte es über Schippenbeil und Heilsberg nach Wormditt weiterziehen, während ihre Nachhuten mit Brückensprengungen und Telegrafenzerstörungen beauftragt wurden.[249] Nach einem Rast- und Ruhetag am 23. August marschierte das I. Reservekorps zusammen mit dem XVII. AK weiter Richtung Süden und erreichte bis zum 25. August den Raum Groß Schwansfeld–Schippenbeil. Dabei legte alleine das XVII. AK in sechs Tagen rund 100 Kilometer zurück.[250]

Es existierte also noch vor dem Wechsel im Oberkommando wegen der operativen Ausrichtung der 8. Armee keinerlei Dissens mehr zwischen dem

---

[244] BArch, PH 5 II/180, KTB 8. Armee/AOK 8 Nr. 675 g an Oberste Heeresleitung, 21.8.1914, 18.00 Uhr, fol. 80.

[245] BArch, PH 5 II/183, KTB 8. Armee: Armeebefehl vom 21.8.1914, 21.45 Uhr, fol. 26; ebd., Eintrag vom 22.8.1914, fol. 26 f., hier fol. 27.

[246] BArch, RH 61/53, Denkschrift »Tannenberg« von Generalleutnant [Karl Ritter] von Wenninger (1916), S. 18.

[247] Ebd., S. 24; BArch, PH 5 II/180, KTB 8. Armee: Fernspruch Gen.Kdo. I. an AOK 8, 23.8.1914, 16.30 Uhr, fol. 101; BArch, PH 5 II/180, KTB 8. Armee/AOK 8/Ia Nr. 804 g an Generalstab Coblenz, 23.8.1914, 23.00 Uhr, fol. 109 f., hier fol. 109.

[248] Gause, Die Russen in Ostpreußen, S. 45.

[249] Befehl AOK 8 an I. Res.Korps, 22.8.1914, zit. nach BArch, RH 61/1353, Abschrift des Tagebuchs des Generals O. von Below, S. 33.

[250] BArch, PH 5 II/180, KTB 8. Armee/AOK/Ia Nr. 776 g an Gen.Kdo. I. Res.Korps, 23.8.1914, 17.20 Uhr, fol. 102; BArch, PH 5 II/180, KTB 8. Armee/AOK/Ia Nr. 775 g an Gen.Kdo. XVII., 23.8.1914, 17.20 Uhr, fol. 103; zum Kontext Showalter, Tannenberg, S. 208–210.

AOK 8 und den Wünschen der OHL, vor allem Moltkes. Dessen Eingriffe in
die Befehlskette waren bestenfalls marginal und änderten an den grundsätzlichen
Entscheidungen, die unter der Führung von Prittwitz und Waldersee getroffen
worden waren, nicht das Geringste. Dort war man bereits zum Offensivgedanken
übergegangen, während in Koblenz an ihrer Ersetzung gebastelt wurde. Dass das
neue Führungsgespann Hindenburg/Ludendorff an den bestehenden Befehlen
nur Nuancen korrigierte, untermauert diese Feststellung. Weder das alte noch das
neue Duo planten zu diesem Zeitpunkt indes – und das gilt es an dieser Stelle zu
betonen – so etwas wie eine Umfassungs- oder gar Vernichtungsschlacht; schon
gar nicht kann davon die Rede sein, so etwas sei »bereits in den Erwägungen, die
bei der OHL in Koblenz angestellt wurden, [erschienen]«.[251] Bei dem, was man
in Angriff genommen hatte, handelte es sich schlicht um eine offensiv geführte
Verteidigung Ostpreußens gegen die russländischen Invasoren. Die Vereinigung
der 8. Armee rund um das XX. AK ließ gleichwohl alle Optionen offen[252]: Von
dort aus konnte man nach einer eventuellen Niederlage doch noch hinter die
Weichsel zurückgehen, während man sich nach einer erfolgreichen Operation je
nach Lage zu entscheiden vermochte. Abhängig war vieles, wenn nicht alles, vom
Verhalten der Armee Rennenkampfs: Würde sie im Rücken der deutschen Truppen
auftauchen, bliebe tatsächlich nur der Rückzug oder eine Vernichtungsschlacht
unter allerdings umgekehrten Vorzeichen, denn dann befände sich die deutsche
Armee innerhalb einer Umfassung.

4. Das neue Führungsduo Hindenburg/Ludendorff

Das neue Führungsduo traf am 23. August um 14.00 Uhr in Marienburg ein.[253]
Der Empfang durch die Offiziere des AOK 8 sowie Generalstabsoffiziere aus
allen Armeekorps, die am späten Abend des 22. August von der OHL den Befehl
erhalten hatten, sich tags darauf in Marienburg einzufinden und »sich dort bei
dem gegen Mittag eintreffenden neuen Oberbefehlshaber zu melden«,[254] verlief
Ludendorffs Erinnerung nach »frostig«[255] – allerdings trat er selbst wohl nicht
sonderlich taktvoll auf[256]. Das gegenseitige Misstrauen schwand aber offenbar
rasch, als beiden Seiten klar wurde, wie eindeutig man angesichts der veränderten
Befehlslage in den wesentlichen Punkten übereinstimmte.[257] Hoffmanns Erinnerung nach sei der neue Generalstabschef »höchlichst erstaunt« gewesen, »dass alle

[251] Buchfinck, Tannenberg 1914, S. 210.
[252] Ähnlich auch Stone, The Eastern Front, S. 61 f.
[253] BArch, PH 5 II/183, KTB 8. Armee: Eintrag vom 23.8.1914, fol. 27–29, hier fol. 27;
    BArch, RH 61/53, Denkschrift »Tannenberg« von Generalleutnant [Karl Ritter] von
    Wenninger (1916), S. 16.
[254] BArch, PH 5 II/180, KTB 8. Armee: Befehl Operationsabteilung Coblenz an AOK 8,
    22.8.1914, 21.30 Uhr, fol. 91.
[255] Ludendorff, Meine Kriegserinnerungen, S. 16; ebenfalls Hoffmann, Die Aufzeichnungen,
    Bd 2, S. 249.
[256] Tuchman, August 1914, S. 334 f.
[257] Schäfer, Tannenberg, S. 26.

Anordnungen und Befehle, die zur Zeit für die beabsichtigte Angriffsschlacht gegen die russische Warschauer Armee hätten gegeben werden können, schon gegeben waren«.[258] In einem persönlichen Gespräch ermahnten Hindenburg und Ludendorff allerdings François, der als einziger Kommandierender General am Abend persönlich zu erscheinen hatte, dass es mit seinen Eigenmächtigkeiten nun vorbei sein müsste.[259] Der Generaladjutant der 8. Armee erinnerte sich im Nachhinein:

> »General von François, augenscheinlich ein schwieriger Charakter, stand sich gelegentlich mit seinem ganzen Stabe auf hauen und stechen, gönnte seinem Nachbarkorps kaum einen Erfolg, alle Kanonen wollte er erobert haben, alle Gefangenen hatte er gemacht. Gehorchen tat er ungern, aber er machte gerne von selbst immer etwas mehr, als das A.O.K. von ihm verlangte. Bei Tannenberg focht er glänzend.«[260]

Hindenburg, beziehungsweise vor allen Dingen wohl Ludendorff, präzisierten bei dieser Befehlsausgabe die grundsätzlichen Überlegungen: Der Meistererzählung nach sollte nun erst ein Angriff gegen die rechte Flanke Samsonovs bei gleichzeitiger Bindung Rennenkampfs beschlossen worden sein.[261] Für die Möglichkeit immerhin einer Präzisierung spricht, dass dem AOK 8 seit 13 Uhr des 23. August eine Brieftaubenmeldung vorlag, die einem russländischen General abgenommen worden war: Demnach war es Aufgabe der zarischen 1. Armee, gegen die Linie Insterburg–Angerburg vorzugehen, »unter nördl. Umgehung der masur. Berge. Ihre Aufgabe ist möglichst tiefe Umfassung der linken Flanke der am Angerappfluss vermuteten fdl. Hauptkräfte u. Abschneiden dieser v. Königsberg«. Auftrag der 2. Armee war es, zeitgleich »gegen die Linie Lötzen–Rudschany–Ortelsburg gegen Flanke u. Rücken der masur. Seenlinie vorzugehen«.[262] Diese Meldung dürfte mit ziemlicher Sicherheit in die Lageeinweisung für das neue Führungsduo eingegangen sein. Darauf aufbauend sind die anschließend ergangenen Befehle tatsächlich folgerichtige Präzisierungen, dafür brauchte es kein Feldherrngenie.

Mit der Bindung Rennenkampfs wurde die Hauptreserve Königsberg mit etwa 10 000 Mann Landwehr in elf Bataillonen betraut, die 1. Kavalleriedivision sollte dazu den Abzug der deutschen Truppen verschleiern, und die Festung Lötzen – um eine von der 3. Reservedivision abgetretene schwere Batterie verstärkt – mit ihren rund 4000 Mann den Weg durch die Seenkette sperren. Darüber hinaus standen vor der 60 Kilometer breiten Front der zarischen 1. Armee nur das allerdings 3000 Mann starke Kulmer Jägerbataillon »Fürst Bismarck« mit 18 Geschützen

[258] Hoffmann, Die Aufzeichnungen, Bd 2, S. 249.
[259] Giehrl, Tannenberg, S. 21; Bathe, Tannenberg, S. 61–63; Kürenberg, Rußlands Weg nach Tannenberg, S. 154 f. Ludendorff und François kannten sich aus der gemeinsamen Zeit als Generalstabsoffiziere beim IV. AK in Magdeburg; François, Marneschlacht und Tannenberg, S. 197.
[260] BArch, RH 61/735, Graf A.[lfred zu] Dohna[-Schlobitten], Der Feldzug in Ostpreußen 1914, undatiert (1920), S. 16.
[261] Giehrl, Tannenberg, S. 22. Ähnliche Schilderungen finden sich in Belt, Die ersten Wochen des Großen Krieges, S. 33 f., sowie Bathe, Tannenberg, S. 63 f. und 69 f.
[262] BArch, PH 5 II/180, KTB 8. Armee/AOK 8 Nr. 770 g: Fernspruch Chef des Stabes I. Res. Korps an AOK 8, 23.8.1914, 13.00 Uhr, fol. 104 f., hier fol. 105.

sowie im Hinterland einige Landsturmbataillone als Bahn- und Brückenwachen.[263] Im südlichen Ostpreußen musste das XX. AK Samsonovs Verbände so lange alleine aufhalten, bis die übrige 8. Armee vor Ort eintraf. Zur Verstärkung wurde ihm immerhin die 3. Reservedivision mit der Bahn nach Allenstein geschickt und die 6. Landwehrbrigade, die bisher bei Lötzen zur Deckung der dortigen Festung gestanden hatte. Zum I. AK, das sich bereits auf dem Eisenbahntransport befand, sollte nach dessen Ankunft die 5. Landwehrbrigade unter Generalleutnant Friedrich von Mülmann treten, in der sich die freigemachten Truppen aus den Weichselfestungen bei Strasburg gesammelt hatten und zu der jetzt das aus Thorn herbeidirigierte Bataillon schwerer Artillerie stieß. Alleine für diese Umgruppierung mussten die deutsche Truppen über 160 Kilometer mit der Bahn zurücklegen und die zu Fuß marschierenden Verbände sich ihren Weg durch die Flüchtlingsströme bahnen.[264] Allen Beteiligten war bewusst, dass es vor allem darauf ankam, »Zeit zu gewinnen, damit das 17. Korps und das 1. Reservekorps Mackensen und Below herankommen konnten, per Fußmarsch«.[265] Außerdem hatten sie Rennenkampfs Armee im Nacken. Sie war zu diesem Zeitpunkt nur 50 bis 60 Kilometer von den Truppen Mackensens und Belows entfernt, doch die Aufklärung bestätigte, dass sie sich weiterhin nicht bewegte.[266]

In den noch vorhandenen Quellen finden sich weiterhin keinerlei Hinweise auf eine zu diesem Zeitpunkt geplante Offensivoperation durch das neue Führungsduo, über die in der Literatur immer wieder zu lesen ist.[267] Im Gegenteil waren es Grünert und Hoffmann, die nach dem Umschwenken Prittwitz' sofort alle Kräfte auf den möglichen Angriff gegen die russländische 2. Armee ansetzen wollten. Sie hatten deswegen bereits am 22. August die 3. Reservedivision nicht nach Deutsch Eylau transportieren lassen, wie ursprünglich vorgesehen, sondern nach Allenstein zur Verstärkung des XX. AK umgeleitet:

»In Dtsch. Eylau nützt sie garnichts [sic], während sie in Allenstein zu einem größeren Erfolg führen kann. Außerdem ist es fraglich, ob die Eisenbahnstrecke Rotflies–Allenstein für die Transportbewegung bis zum Schluss brauchbar sein wird, falls die Div. nicht in Allenstein auslädt [sic].«[268]

Nach der Kommandoübernahme war es vielmehr Ludendorff, der ein vorsichtigeres Vorgehen präferierte, um Rennenkampf nicht zum raschen Nachsetzen zu verleiten. Das I. Reservekorps und das XVII. AK beispielsweise erhielten deswegen zunächst lediglich den Auftrag, in westlicher Richtung zu mar-

---

[263] BArch, RH 61/735, Graf A.[lfred zu] Dohna[-Schlobitten], Der Feldzug in Ostpreußen 1914, undatiert (1920), S. 5; Kürenberg, Rußlands Weg nach Tannenberg, S. 174 f.; Bathe, Tannenberg, S. 70; Tannenberg. Ein deutsches Schicksal, S. 13.

[264] Giehrl, Tannenberg, S. 22–25; Tannenberg. Ein deutsches Schicksal, S. 12 f.; Bathe, Tannenberg, S. 70; BArch, RH 61/735, Graf A.[lfred zu] Dohna[-Schlobitten], Der Feldzug in Ostpreußen 1914, undatiert (1920), S. 11.

[265] BArch, RH 61/735, Graf A.[lfred zu] Dohna[-Schlobitten], Der Feldzug in Ostpreußen 1914, undatiert (1920), S. 11.

[266] Tuchman, August 1914, S. 335.

[267] Siehe z.B. Rohrscheidt, Über Stallupönen und Gumbinnen, S. 22.

[268] BArch, PH 5 II/180, KTB 8. Armee: Gen.Kdo. XX. AK an AOK 8, 22.8.1914, 10.00 Uhr, fol. 88.

schieren.[269] Man war sich zu diesem Zeitpunkt nämlich gar nicht sicher, ob man beide Armeekorps mit in den Süden hinunterziehen könnte oder wenigstens das XVII. AK. zur Abwehr Rennenkampfs einsetzen müsste.[270] Möglicherweise misstraute Ludendorff auch der Einschätzung Hoffmanns. Der galt zwar als »Arbeitskraft ersten Ranges und ein Mann mit stählernen Nerven«[271], gegenüber dem zarischen Gegner manchem allerdings auch als »Überoptimist«[272]. Als junger Oberleutnant hatte er 1898 ein halbes Jahr als Militärattaché in St. Petersburg verbracht; anschließend avancierte er zum Experten in der Russlandabteilung des preußischen Generalstabes. Seit er in dieser Funktion als militärischer Beobachter bei der japanischen 1. Armee den Krieg 1904/5 in der Mandschurei miterlebt hatte, verfügte er über »eine souveräne Verachtung für die Russen«[273]. Da Hoffmann mit Ludendorff zusammen 1902 in Posen Generalstabsoffizier gewesen war und von 1909 bis 1913 in Berlin auf derselben Etage gewohnt hatte, kannten sich beide jedenfalls gut.[274]

Abgesehen von dieser Eventualität widersprach Below in der nachträglichen Korrespondenz mit dem Reichsarchiv der aus der Meistererzählung in die Forschungsliteratur übernommenen Behauptung, Ludendorff habe schon von Koblenz aus diese beiden Armeekorps angehalten und einen Ruhetag befohlen.[275] In seiner »Berichtigung zu Hoffmann: ›Tannenberg wie es wirklich war‹« stellte Below klar, der »Halt war gänzlich unbeeinflusst von Ludendorff«.[276] Er habe seinerzeit vielmehr aus dem Großen Hauptquartier seit dem 22. August den Auftrag gehabt, im Zusammenwirken mit dem XVII. AK »selbstständig im gegenseitigen Benehmen zu handeln mit der Maßgabe, die Russen nicht hinter die Seen zu lassen«.[277] Über etwaige weitere Absichten sei er nicht orientiert worden, auch nicht über irgendwelche »eingeleiteten Operationen«. Die Straßen seien von »kilometerlangen Zügen Flüchtender mit Wagen und Viehherden« verstopft gewesen, die Telegrafenanstalten hatten ihren Betrieb bereits eingestellt, sodass

---

[269] BArch, RH 61/53, Denkschrift »Tannenberg« von Generalleutnant [Karl Ritter] von Wenninger (1916), S. 17 f.

[270] Hoffmann, Die Aufzeichnungen, Bd 2, S. 251.

[271] BArch, RH 61/735, Graf A.[lfred zu] Dohna[-Schlobitten], Der Feldzug in Ostpreußen 1914, undatiert (1920), S. 18. Siehe zu Hoffmann auch Fischer, Bei Tannenberg, S. 106.

[272] BArch, RH 61/735, Graf A.[lfred zu] Dohna[-Schlobitten], Der Feldzug in Ostpreußen 1914, undatiert (1920), S. 5.

[273] BArch, RH 61/735, Graf A.[lfred zu] Dohna[-Schlobitten], Der Feldzug in Ostpreußen 1914, undatiert (1920), S. 5.

[274] Kürenberg, Rußlands Weg nach Tannenberg, S. 152; Ludendorff, Mein militärischer Werdegang; Hoffmann, Die Aufzeichnungen, Bd 2, S. 35.

[275] Siehe z.B. Strachan, The First World War, S. 325; Wien, Weichensteller und Totengräber, S. 29 f.

[276] BArch, N 87/21, Otto von Below: Berichtigung zu Hoffmann: »Tannenberg wie es wirklich war«, fol. 62. Siehe dagegen Hoffmann, Die Aufzeichnungen, Bd 2, S. 33.

[277] Fernspruch Großes Hauptquartier an I. Res.Korps, 22.8.1914, zit. nach BArch, RH 61/1353, Abschrift des Tagebuchs des Generals O. von Below, S. 33 f.: »Neuer Oberbefehlshaber, Gen.Oberst v. Hindenburg, trifft 23.VIII. mittags in Operations-Gebiet ein. Meldung nach Marienburg Bhf. Kommandantur. Bis zum Eintreffen haben die Korps unter gegenseitigem Einvernehmen besonders mit XX. AK selbstständig nach eigener Beurteilung zu handeln. Für die Weiterführung der Operationen ist es dringend erwünscht, dass die Seenplatte nicht vom Feinde her rückwärts geöffnet wird.«

innerhalb seines Reservekorps insgesamt »das Gefühl des Durcheinanders«
überwog. Daraufhin habe er aus eigenem Entschluss halten lassen und bei der entsprechenden Meldung an das benachbarte XVII. AK erfahren, dass dieses ebenso
handelte.[278] Er will daraufhin zusammen mit Mackensens Armeekorps Front
gegen Norden gemacht und »eine Art Bereitschaft« befohlen haben, während der
Übergänge über die Alle vorbereitet worden seien:

> »Da das neue A.O.K. erst mittags die Zügel ergriff, konnte an diesem Tage
> noch schwerlich etwas geändert werden [...] Das Verdienst, das *ganze* 17. [sic]
> A.K. kühn an Rennenkampf vorbei weiter zum I. R.K. geführt zu haben,
> kommt nicht dem A.O.K. 8 zu, sondern den beiden Kommandierenden
> Generalen.«[279]

Im Gegenteil sei »vom ersten Eingreifen des neuen A.O.K. ab ein gewisses
Hetzen bemerkbar« gewesen,[280] was bei beiden für Verdruss gesorgt habe, »da
wir an Rennenkampfs Erscheinen nicht glaubten und die Hetzerei für überflüssig
hielten«.[281] Sie wollten rasch den Eindruck gewonnen haben, »dass jede Gefahr
beseitigt, der Russe nicht gefolgt war«.[282] Dann dürfte es wohl bloße Vorsicht
gewesen sein, dass die deutschen Truppen hinter sich sämtliche Brücken und
Gleisanlagen zerstörten, als sie sich am 21. August vom Gegner lösten.[283]

Rennenkampfs Verhalten, nicht sofort nachzustoßen, wird bis heute mit
absolutem Unverständnis kommentiert, denn sein Verharren im Norden Ostpreußens muss aus der Rückschau als schlachtentscheidend angesehen werden.
Wäre er angetreten, hätte er mit großer Wahrscheinlichkeit die deutschen Truppen spätestens im Zusammenwirken mit Samsonov entweder noch umfasst oder
doch zumindest über die Weichsel zurückgedrängt.[284] Dieses Risiko war allen
Beteiligten bewusst und sein Verhalten daher nicht wenigen entsprechend suspekt. Im AOK 8 setzte sich dabei rasch die Auffassung durch, die russländische
1. Armee sei bei Gumbinnen härter getroffen worden, als man selbst dachte: »Die
Russen aber hatten keine Neigung zur Verfolgung. Sie waren gewiss des Todes
erstaunt, als sie den Feind, von welchem erdrückt zu werden sie wohl fürchteten,
nicht mehr vor ihrer Front fanden.«[285]

Auch die Kommandierenden Generale hefteten sich das Verharren Rennenkampfs als Schockreaktion auf die Kämpfe an die eigene Fahne: »Der Russe war so

---

[278] BArch, RH 61/1353, Abschrift des Tagebuchs des Generals O. von Below, S. 34.

[279] BArch, N 87/21, Otto von Below: Berichtigung zu Hoffmann: »Tannenberg wie es wirk-
       lich war«, fol. 60. Hervorhebung im Original.

[280] Ebd.

[281] Ebd., fol. 62.

[282] BArch, RH 61/1353, Abschrift des Tagebuchs des Generals O. von Below, S. 32.

[283] Ebd., S. 32; BArch, RH 61/1336, August von Mackensen, Der Feldzug in Ostpreußen
       S. 7 f.

[284] Belt, Die ersten Wochen des Großen Krieges, S. 35; Kabisch, Streitfragen des Weltkrieges,
       S. 77; Daniloff, Rußland im Weltkriege, S. 213 f.

[285] BArch, RH 61/735, Graf A.[lfred zu] Dohna[-Schlobitten], Der Feldzug in Ostpreußen
       1914, undatiert (1920), S. 9. Ähnlich auch François, Marneschlacht und Tannenberg,
       S. 276, und Hoffmann, Die Aufzeichnungen, Bd 1, S. 52: Kriegsaufzeichnung vom
       22.8.1914: »Unser Schlag bei Gumbinnen war von größerem Erfolg, als ich gedacht. Schade,
       dass wir ihn nicht ganz durchführen konnten«. Zur Übernahme in die Forschungsliteratur
       siehe z.B. Showalter, Tannenberg, S. 196.

übel zugerichtet, dass er froh war, in Ruhe gelassen zu sein, und folgte nirgends«,
jubelte Below[286], während Mackensen in das gleiche Horn stieß: »Durch den
Angriff der Deutschen hart getroffen, war der Feind am Morgen des 21. August
wohl ebenso überrascht von dem Verschwinden des XVII. AK wie am Morgen
vorher von dessen Erscheinen.«[287]

Trotz oder vielleicht gerade wegen seiner horrenden Verluste glorifizierte besonders Mackensen die eben geschlagene Schlacht:

»So endete der erste Kampf des Armeekorps nicht mit einem offenkundigen
Sieg; aber ein Erfolg des heldenhaften, verlustreichen Ringens seiner Truppen
blieb nicht aus. Der russischen Njemen-Armee war am 20. August ein Schlag
versetzt worden, den zu überwinden sie Tage brauchte. Den beteiligten
deutschen Truppen gab sie hiermit die Möglichkeit und Zeit, sich der russischen Narew-Armee zuzuwenden. Und noch mehr! Der Kampf hatte das
Selbstbewusstsein der Truppen des Armeekorps gehoben. Führer und Mannschaften fühlten sich den Russen gewachsen, ja überlegen.«[288]

Diese Bewertung teilten angeblich die deutschen Soldaten, die den Aufzeichnungen
Belows und Mackensens nach durchweg positiv gestimmt gewesen seien, weil »sie
das Gefühl hatte[n] bei Gumbinnen ihre Schuldigkeit getan und der russischen
Überzahl ein sehr eindrucksvolles Halt geboten zu haben«.[289] Doch so wie sie
ihre Siegchancen bei der gerade geschlagenen Schlacht falsch beurteilten,
missinterpretierten sie das Verhalten Rennenkampfs in diesen Tagen, nachdem
dieser am Morgen des 21. August vom deutschen Rückzug in der Nacht zuvor
erfahren hatte. Darin erkannte er nämlich den Sieg und sah deswegen nicht nur
keine Dringlichkeit zum schnellen Nachsetzen, sondern er musste das im Kontext
des zarischen Operationsplanes geradezu für kontraproduktiv halten: Je langsamer
sich die deutschen Truppen zurückzogen, desto mehr Zeit gewann Samsonov für
seinen Umfassungsvorstoß. Von Žilinskij erhielt er deswegen jetzt die Erlaubnis, die
deutschen Bahnlinien zu unterbrechen, es durften aber weiterhin keine wichtigen
technischen Anlagen zerstört werden.[290] Rennenkampf konnte damit den ersten
Teil seines Auftrages, das Heranlocken der 8. Armee möglichst weit in den Norden
Ostpreußens, um sie dort zu schlagen, aus seiner Sicht für erfüllt halten, und
bereitete sich nun auf den zweiten vor, die Einnahme von Königsberg. Statt den
Gegner zu verfolgen, ordnete der Oberbefehlshaber seine Armee und ergänzte
ihre Kampfmittel. Seine Truppen hatten zu diesem Zeitpunkt sechs Marschtage
hinter sich, größtenteils unter Gefechtsbedingungen, waren müde und erschöpft,
vor allem hungrig. Ihre Versorgungskolonnen hingen den Truppen weit hinterher
und die Fourageure fanden in der ihnen unbekannten und dünn besiedelten
Gegend kaum etwas zum Requirieren.[291] Nicht ohne Grund hatte er schon am
19. August anordnen müssen, in »keinen hartnäckigen Kampf mit dem Gegner
einzutreten« und lieber die Etappeneinrichtungen heranzuziehen, um die Vorräte

[286] BArch, RH 61/1353, Abschrift des Tagebuchs des Generals O. von Below, S. 31.
[287] BArch, RH 61/1336, August von Mackensen, Der Feldzug in Ostpreußen, S. 7 f.
[288] Ebd., S. 8.
[289] Ebd., S. 10.
[290] BArch, RH 61/1333, Kurt Freiherr von der Osten-Sacken, Die Operationen der russischen
1. (Njemen-)Armee vom 16. bis 31.8.1914 (1920), Eintrag vom 22.8.1914.
[291] Showalter, Tannenberg, S. 168; Stone, The Eastern Front, S. 62.

zu ergänzen.[292] Weil es stattdessen zu einem weiteren Gefechtstag gekommen war, hatten seine Männer zwischenzeitlich beinahe ihre gesamte Munition und das mitgeführte Material verbraucht.[293] Seine bisherigen Verluste waren außerdem so hoch – zusammen mit dem Gefecht von Stallupönen fast 13 000 Mann[294] –, dass ihm Žilinskij drei Infanteriedivisionen und zwei Artilleriebrigaden aus den Reserveformationen schickte.[295]

Auch dieser war sich sicher, die deutschen Truppen würden sich nach dem vermeintlichen russländischen Sieg bei Gumbinnen auf Königsberg und hinter die Weichsel zurückziehen – ganz so, wie es den eigenen Vorkriegsüberlegungen entsprach. Rennenkampfs Meldung: »Das 1. Deutsche Armeekorps ist geschlagen, das 17. hat ebenfalls schwere Verluste erlitten und zieht sich zurück. Siegreich folge ich dem Gegner«,[296] wurde nicht nur vom Oberbefehlshaber der Nordwestfront, sondern überall in der veröffentlichten Meinung des Zarenreiches völlig überbewertet. Žilinskij trieb deswegen vor allem die Armee Samsonovs zu großer Eile an, über Allenstein vorzustoßen und den geschlagenen deutschen Verbänden den Weg zur Weichsel zu verlegen.[297]

Rennenkampfs Armee schien dagegen Zeit zu haben. Ihr Oberbefehlshaber ging davon aus, dass sich sowohl François als auch Mackensen auf Königsberg zurückzögen, und rechnete mit einer Belagerung der Stadt.[298] Weil er sicher annahm, sie würden sich alsbald in einer neuen Linie zur Abwehr aufstellen, ließ er seine Kavallerie nur zögerlich nachfühlen.[299] Dadurch verlor er jeden Kontakt mit seinem im genauen Gegenteil rasch ausweichenden deutschen Gegner und erkannte deswegen weder dessen nahezu vollständigen Abzug noch die folgende Umgruppierung. Erst am 23. August befahl er die Wiederaufnahme des Vormarsches und setzte sich vorsichtig in Bewegung.[300] Noch am 23. August berichteten die deutschen Nachhutpatrouillen, er habe die Angerapp-Übergänge weiterhin nicht erreicht.[301] Anstatt sie durch Aufklärung zu verifizieren, blieb die russländische militärische Führung ihrer einmal getroffenen Lagebeurteilung in den nächsten Tagen fatalerweise treu. Žilinskij ließ Samsonov am 21. August über seinen Generalstabschef ausrichten:

[292] BArch, RH 61/1333, Kurt Freiherr von der Osten-Sacken, Die Operationen der russischen 1. (Njemen-)Armee vom 16. bis 31.8.1914 (1920), Eintrag vom 19.8.1914.

[293] Daniloff, Rußland im Weltkriege, S. 208 f.; Stevenson, Der Erste Weltkrieg, S. 93.

[294] 150 Offiziere sowie 12 787 Unteroffiziere und Mannschaften; Grosse, Die Schlacht bei Gumbinnen, S. 79.

[295] BArch, RH 61/1333, Kurt Freiherr von der Osten-Sacken, Die Operationen der russischen 1. (Njemen-)Armee vom 16. bis 31.8.1914 (1920), Eintrag vom 20.8.1914. Siehe dort auch den Schlachtverlauf aus der russländischen Perspektive. Alleine das III. AK hatte über 6000 Mann verloren; Stone, The Eastern Front, S. 62.

[296] Zit. nach Noskoff, Der Mann, der Tannenberg verlor, S. 21. Siehe zur Reaktion in der russländischen Öffentlichkeit Oberdörfer, Kriegsschauplatz Ostpreußen, S. 313 f.

[297] Bathe, Tannenberg, S. 69; Tuchman, August 1914, S. 336 und 338 f.

[298] Keegan, Der Erste Weltkrieg, S. 214 f.; François, Marneschlacht und Tannenberg, S. 248.

[299] BArch, RH 61/1333, Kurt Freiherr von der Osten-Sacken, Die Operationen der russischen 1. (Njemen-)Armee vom 16. bis 31.8.1914 (1920), Eintrag vom 21.8.1914. Siehe dort auch zu den vereinzelten Scharmützeln.

[300] Daniloff, Rußland im Weltkriege, S. 208 f.; Stevenson, Der Erste Weltkrieg, S. 93.

[301] BArch, RH 61/1336, August von Mackensen, Der Feldzug in Ostpreußen, S. 10.

»Sagen Sie ihm, ich befehle, dass er schneller und entschiedener handelt.
Teilen Sie ihm mit, er habe vor sich freie Bahn. Wenn er weiter so zögere,
dann würden die Deutschen ihre geschlagene Armee vor seinen Augen über
die Weichsel zurückführen.«[302]
Lediglich am 23. August erhielt immerhin die 1. Armee offenbar spärliche
Aufklärungsergebnisse durch eigene Flieger, Kavallerie und Aussagen von Landes-
einwohnern, die im Ergebnis allerdings den Rückzug der deutschen Truppen auf
Königsberg zu bestätigen schienen.[303]
     Auf dieser Grundannahme basierten eine ganze Reihe falscher Entschlüsse.
Sie begannen damit, dass der Oberbefehlshaber der Nordwestfront in völliger Unkenntnis der gegnerischen Stärke am 22. August anordnete, das II. AK
Samsonovs als Verstärkung zur russländischen 1. Armee abzugeben.[304] Weil es
sich dabei um das rechte Flügelkorps der zarischen 2. Armee handelte, entstand
dort eine Lücke, welche die ohnehin spärliche Verbindung zwischen den beiden
Armeen zerriss. Zunächst hatte Žilinskij vorgesehen, dieses Armeekorps der eigenen 9. Armee zuzuführen. Er hatte es dann zwar wegen des für ihn überraschend
heftigen deutschen Widerstandes der 1. Armee zurückgeschickt, dadurch aber für
die zwei Tage von Gumbinnen aus den Operationen genommen.[305]
     In diesem Kontext offenbaren sich zwei problematische Komponenten der
Kriegführung an der Ostfront in den ersten Wochen, sowohl auf der strategischen
als auch der operativen Ebene, die bislang wenig Beachtung gefunden haben:
Auf der strategischen zeigte sich, dass durchaus ein russländischer Plan existierte,
welcher der deutschen Kriegführung hätte höchst gefährlich werden können. Da
die zarischen Streitkräfte den österreichisch-ungarischen Gegner zum gleichen
Zeitpunkt, da sie in Ostpreußen die deutsche 8. Armee in diese schweren Gefechte verwickelten, in Galizien massiv zurückdrängten, wäre ein Vorstoß der
russländischen 9. Armee in das Deutsche Reich auf keinen nennenswerten
Widerstand gestoßen. Dieses erhebliche Risiko mag Moltke erkannt haben, als er
sich entschloss, die 8. Armee nicht nur weiterhin offensiv zu verwenden, sondern
ihr sogar erhebliche Verstärkungen aus dem Westen zu schicken, worauf noch
zurückzukommen ist. Aus seiner Sicht war es unabdingbar, die zarischen Truppen
in Ostpreußen so intensiv zu beschäftigen, dass die Stavka es nicht wagte, eine
Armee von dort zu einem waghalsigen, aber machbaren Vorstoß Richtung Berlin
anzusetzen. Auf welch wackeligen strategischen Füßen der operativ nur für den
Westen bis ins Detail durchdachte »Schlieffenplan« angesichts seiner Ignoranz
gegenüber der Ostfront stand, dürfte durch nichts nachhaltiger verdeutlicht

---

[302] Zit. nach Noskoff, Der Mann, der Tannenberg verlor, S. 22 f.
[303] BArch, RH 61/1333, Kurt Freiherr von der Osten-Sacken, Die Operationen der russischen
       1. (Njemen-)Armee vom 16. bis 31.8.1914 (1920), Eintrag vom 23.8.1914. Vom 16. bis
       zum 19. August ist in den russländischen Unterlagen der immer selbe Satz zu lesen: »Vom
       Feinde lagen wesentliche neue Nachrichten nicht vor.« Siehe ebd., Einträge vom 16., 17.,
       18. und 19.8.1914.
[304] Ebd., Eintrag vom 22.8.1914.
[305] Kabisch, Streitfragen des Weltkrieges, S. 85. Um all das wusste das AOK 8 freilich
       nicht, wohl aber hatte die eigene Aufklärung das russländische II. AK als anmarschieren-
       de Verstärkung wahrgenommen, als es von Lyck aus nordwärts abgebogen war und auf
       Goldap marschierte. Siehe BArch, PH 5 II/180, KTB 8. Armee: Mitteilung General von
       Praschwitz (Königsberg) an AOK 8, 22.8.1914, fol. 91.

werden als durch die Tatsache, dass es für einen Moment möglich war, dass deutsche Truppen Paris einnahmen, während gleichzeitig russländische Berlin eroberten.

Auf der operativen Ebene entstand durch den Entschluss Žilinskijs eine Situation, die eine für die Tannenberger Operation schwerwiegende Entwicklung auslöste, im Grunde sogar überhaupt erst die Basis für eine deutsche Umfassung der Armee Samsonovs schuf. Denn die plötzliche Wegnahme seines rechten Flügelkorps generierte dort eine unklare Lage, die in den folgenden Tagen von den beiden aus dem Norden heranmarschierenden Armeekorps Belows und Mackensens – welche die russländische Führung vor der eigenen 1. Armee wähnte – erfolgreich ausgenutzt werden konnte, wie noch gezeigt werden wird. Erst dieser Sieg auf Samsonovs rechtem Flügel eröffnete dem AOK 8 eine Umfassungsoption gegenüber dessen 2. Armee. Auch deswegen ist es nicht haltbar, den Entschluss, die russländische 2. Armee anzugreifen, Hindenburg und Ludendorff zuzuschreiben.[306] Sie folgten vielmehr zunächst den bereits bei ihrem Eintreffen vorhandenen Überzeugungen im AOK 8 und reagierten hernach auf die gegnerischen Handlungen. Einfluss nahmen sie allerdings auf den Zeitpunkt der Schlacht, der sich jedoch aus der Lageentwicklung erst noch ergeben sollte. Ludendorff jedenfalls bremste anfänglich sogar und hielt sich alle Optionen offen. Von einem Plan zu einer Umfassungsschlacht ist bis zu diesem Zeitpunkt gar keine Spur in den Quellen zu finden.

Dass Samsonov seinerseits gar nicht damit rechnen konnte, von relevanten deutschen Kräften angegriffen zu werden, lag vor allem daran, dass beide zarischen Armeen räumlich getrennt voneinander agierten und keine direkte Verbindung zueinander hielten. Was bei der russländischen 1. Armee passierte, darüber wusste der Oberbefehlshaber der 2. nicht nur nichts, er hielt es hinsichtlich seiner eigenen Gefechtsführung auch für unwichtig, weil er stets vom reibungslosen Ablauf des Gesamtplanes ausging. Aus demselben Grund meinte Rennenkampf seinerseits, sich alleine auf den Gegner vor ihm konzentrieren zu können, und diesen erwartete er hinter der Angerapp.[307] Deswegen nahm er am 23. August seinen Vormarsch nicht den rochierenden deutschen Verbänden hinterher nach Süden auf, sondern befehlsgemäß weiter auf Königsberg zu. Am selben Tag erreichte seine Armee die Linie Dwarischken–Ischdaggen–Angerapp–Darkehmen und rückte bis zum 26. August weiter bis Königlich Damerau–Petersdorf–Wehlau–Allenburg–Gerdauen–Drengfurth vor, während das russländische II. AK wieder zu seiner Armee aufzuschließen versuchte. Doch nur die auf seiner rechten Flanke gegen die Deime aufklärende Kavallerie stieß auf deutsche Truppen, weiter südlich ließ er nur sporadisch aufklären.[308] Bis zum 26. August waren seine Verbände keine

---

[306] Siehe beispielsweise Neitzel, Weltkrieg und Revolution, S. 39, der allerdings einräumt, es erscheine fragwürdig, dass bereits am 23. August 1914 ein Plan entstanden sei, der dann umgesetzt worden wäre.

[307] BArch, RH 61/1333, Kurt Freiherr von der Osten-Sacken, Die Operationen der russischen 1. (Njemen-)Armee vom 16. bis 31.8.1914 (1920), Eintrag vom 22.8.1914.

[308] Tuchman, August 1914, S. 349; BArch, RH 61/1333, Kurt Freiherr von der Osten-Sacken, Die Operationen der russischen 1. (Njemen-)Armee vom 16. bis 31.8.1914 (1920), Eintrag vom 23.8.1914. Am 24.8. hatte die Armee die Linie Kauschen–Insterburg–Ballethen–Rauben–Kundszicken, mit dem II. AK Kruglanken Richtung Angerburg, am 25.8. Wirbeln–Saalau–Norkiten–Klein Potauren–Nendrinn–Schönwiese–Lieskendorf–Norden-

50 Kilometer vorangekommen, weil er die Schwäche der deutschen Truppen ihm gegenüber nicht erkannte – zumal er das Gefecht gar nicht suchte, sondern meinte, den Gegner auf die Festung zurückdrängen zu können.[309] Umgekehrt erfuhr das AOK 8 ab dem 25. August von den Absichten Rennenkampfs, als man einen Funkspruch abgefangen hatte, der dessen auftragskonformes Verhalten bestätigte: »Die Armee soll den Angriff fortsetzen. Am 25. August soll sie erreichen die Linie Wirbeln–Saalau–Norkitten–Pottauren–Nordenburg, am 26. August Damerau–Petersdorf–Wehlau–Allenburg–Gerdauen«.[310]

Im Abgleich mit den Ergebnissen der eigenen Aufklärung blieb die deutsche Führung dadurch vergleichsweise im Bilde. Tatsächlich erkannte diese zum Beispiel den linken Flügel der russländischen 1. Armee am 26. August auf der Linie Drengfurth–Gerdauen.[311] Insofern bildeten die abgefangenen russländischen Funksprüche zwar eine wesentliche Ergänzung des deutschen Lagebildes, dennoch wird ihre Wirkung in der Literatur erheblich überschätzt: »The Germans won a resounding victory at Tannenberg in August 1914 – thanks largely to the intelligence they acquired from their Russian opponents' own radio messages«,[312] wie Armstrong beispielhaft resümiert, jedoch überbetont er deren Bedeutung bei weitem: »Sie gaben aber keineswegs *dauernd* ein klares Bild der Feindlage, ja sie wirkten teilweise sogar irreführend und erweckten oft unbegründete Besorgnisse.«[313] Die wesentlichen operativen Entscheidungen fielen jedenfalls unabhängig von solchen Meldungen, meist trugen sie aber zur Bestätigung der gefassten Entschlüsse und Beruhigung bei; sie sind in ihrem Wert deswegen nicht zu unterschätzen, hinsichtlich ihrer bisherigen Zuschreibungen aber dennoch deutlich zu relativieren.

5. Die Flucht der Bevölkerung

Der Einmarsch der russländischen Armeen und vor allem der Rückzug der deutschen Truppen nach der Schlacht bei Gumbinnen lösten eine rasch um sich greifende Massenflucht der Bevölkerung aus, die auf unvorbereitete Behörden

---

burg–Angerburg erreicht. Siehe ebd., Einträge vom 24. bis 26.8.1914, sowie Daniloff, Rußland im Weltkriege, S. 213, und die Schilderung in Schlachtfelder in Ostpreußen, S. 81–83.

[309] Daniloff, Rußland im Weltkriege, S. 213 f.; Showalter, Tannenberg, S. 300 f.; BArch, RH 61/1344, Reichsarchiv/Sichtungsabteilung Gruppe III/Hauptmann a.D. von Moltke: Landsturm und Festungen Königsberg und Lötzen während der Tannenberger Schlacht (1919), S. 40.

[310] Zit.nach BArch, N 591/58, Oberstleutnant Praun: Die Nachrichtenverbindungen um die Schlacht bei Tannenberg. In: Deutsche Nachrichtentruppen (Die F-Flagge), 1938, fol. 3.

[311] BArch, PH 5 II/180, KTB 8. Armee/AOK/Ia Nr. 926 an I. und XX. AK, 26.8.1914, 21.00 Uhr, fol. 158 f.; AOK 8/Ia Nr. 926 an I. AK, 26.8.1914, 21.00 Uhr, abgedruckt bei Elze, Tannenberg, S. 304 f.

[312] Armstrong, Tactical Triumph at Tannenberg, S. 80.

[313] Rohrscheidt, Über Stallupönen und Gumbinnen, S. 35. Hervorhebung im Original.

traf.[314] Während eine Zivilmobilmachung im Deutschen Reich zu Beginn des
Ersten Weltkrieges nicht vorgesehen war, hatte man für eine Evakuierung der als
kriegswichtig eingestuften ostpreußischen Gestüte und Remontedepots sehr wohl
Vorsorge getroffen: Sie sollten spätestens 24 Stunden nach der Mobilmachung
ins Landesinnere gebracht werden.[315] Niemand aber hatte sich Gedanken darüber
gemacht, »was die Zivilbevölkerung im Falle eines feindlichen Einbruchs tun
würde und was man ihr raten sollte«.[316] Für einen solchen Fall existierten lediglich
die Bestimmungen über das Verhalten von Zivilbeamten vom 13. November 1891,
nach denen diese auf ihrem Posten zu bleiben und auch bei einer gegnerischen
Besetzung ihren Dienst zu versehen hatten. Weil sich mit den ersten Flüchtlingen
jedoch bereits Gerüchte einschlichen, dass gerade sie von den zarischen Truppen
verhaftet und verschleppt würden, lange bevor es – wie in Lyck – tatsächlich
geschehen war, flohen nicht wenige Beamte. Der zuständige Regierungspräsident
in Gumbinnen, Friedrich Karl Gramsch, empfahl seinen Landräten schon am
12. August, dieses Verhalten zu sanktionieren, und der Oberpräsident Ostpreußens, Ludwig von Windheim, schloss sich mit der Bemerkung an, »dass
der Zeitpunkt dem pflichtgemäßen Ermessen der Beamten überlassen bleiben
müsste«.[317] In der Konsequenz beklagte sich Below am 23. August, inzwischen
würden sich alle Regierungsvertreter auf der Flucht befinden.[318] Weil insbesondere
die Schließung der Postschalter von der Bevölkerung regelmäßig als dezidierter
Hinweis auf eine unmittelbar drohende Gefahr verstanden wurde, verstärkte das
die Fluchtbewegung zusätzlich; mindestens 50 Postämter arbeiteten womöglich
auch deswegen unter gegnerischer Besatzung weiter.[319] Dr. Georg Graf von
Lambsdorff, der Gramsch 1915 im Amt des Regierungspräsidenten in Gumbinnen
nachfolgte, blieb indes noch 1924 der Ansicht, »[d]ie Wirkung des Verbleibens
der Landräte im Kreise wird nach den tatsächlich gemachten Erfahrungen m.E.
überschätzt«; außerdem hielt er es für »ausgeschlossen«, »[d]ass der Abschub eines
großen Teils der Bevölkerung sich ohne Friedensvorbereitungen hätte ›unschwer‹
durchführen lassen«.[320]

Doch bis zur Schlacht von Gumbinnen herrschte in weiten Teilen der Verwaltung und der Bevölkerung Ostpreußens offenbar Zuversicht hinsichtlich der
Verteidigung der Provinz, von einigen Grenzbezirken abgesehen.[321] Erst danach
ordnete Gramsch das Ausweichen seiner Beamten nach Königsberg an; sein Allen-

[314] Grosse, Die Schlacht bei Gumbinnen, S. 76 f.; Watson, »Unheard-of Brutality«,
S. 784–786.
[315] Siegel, Deutschlands vergessene Front?, S. 79.
[316] Gause, Die Russen in Ostpreußen, S. 52 f.
[317] Ebd., S. 53; BArch, RH 61/1383, Regierungspräsident a.D. Graf Dr. von Lambsdorff an
das Reichsarchiv, 3.9.1924, S. 2, Reichsarchiv Nr. 11888, Anlage, 5.9.1924, bestätigte,
dass »Landräte und andere Mandatsträger [...] tatsächlich verhaftet und verschleppt [wur-
den]«. Georg von Lambsdorff war ab 1915 Regierungspräsident in Gumbinnen.
[318] BArch, RH 61/1353, Abschrift des Tagebuchs des Generals O. von Below, S. 3 f.
[319] BArch, N 591/58, Oberstleutnant Praun: Die Nachrichtenverbindungen um die Schlacht
bei Tannenberg. In: Deutsche Nachrichtentruppen (Die F-Flagge), 1938, fol. 2.
[320] BArch, RH 61/1383, Regierungspräsident a.D. Graf Dr. von Lambsdorff an das Reichsarchiv, 3.9.1924, S. 3, Reichsarchiv Nr. 11888, Anlage, 5.9.1924.
[321] Ebd., S. 2.

steiner Amtskollege folgte am 23. August.[322] Gleichzeitig begab sich Oberpräsident Windheim persönlich in das freilich auch für ihn sichere Berlin, »um dort für die Interessen der Provinz einzutreten«.[323] Schon vor dem Krieg hatte man dort nämlich wiederholt weitergehende Sicherheit im Kriegsfalle eingefordert. Damals waren Gerüchte aufgetaucht, der Große Generalstab habe die Weichsel als Hauptverteidigungslinie festgelegt, was aus der Hauptstadt umgehend dementiert worden war und damit »eine wohl etwas zu weitgehende Beruhigung bei der Bevölkerung und vor allem bei den Zivilbehörden« ausgelöst hatte; auch deswegen bestanden für Letztere nur »veraltete und unklare Bestimmungen«.[324] Diese Sichtweise bestätigte der spätere Regierungspräsident Lambsdorff auch in seiner Mitteilung an das Reichsarchiv nach dem Krieg:

> »Dem Oberpräsidenten war von einer Hauptverteidigungslinie an der Weichsel *nichts bekannt*. Die Zivilbehörden stützten sich auf den kriegsministeriellen Erlass vom 1.7.13, der [...] in den letzten Julitagen 1914 nochmals an die Öffentlichkeit gelangte. Die Bewohner und Behörden rechneten daher nicht mit einer feindlichen Besetzung, [...] nur mit örtlichen Einfällen, Handstreichen u.dsgl.«[325]

Zusammen mit der ländlichen Struktur der Provinz, die von vornherein jede staatliche Kommunikation mit der Öffentlichkeit erschwerte, wirkte sich das in der konkreten Situation im August 1914 verheerend aus. Waren schon seit den letzten Julitagen die Bewohner der Grenzgebiete in das innere Ostpreußen oder die nächste Stadt abgezogen, machten sich jetzt vor allem dort ganze Dorfgemeinschaften auf, wo russländische Kavallerie-Patrouillen, oft Kosaken, Ortschaften und Gehöfte niederbrannten oder Bahngleise sprengten. Gleichzeitig verbreiteten sich diverse Horrorgeschichten über das Verhalten der Invasoren. Zu den realen Erlebnissen kamen die entweder erfundenen oder zumindest ausgeschmückten Geschichten der Flüchtenden, mit denen sie wiederum die Gemeinden längs ihres Weges in Angst und Schrecken versetzten.[326] Sie knüpften an eine während der Julikrise, aber noch mehr nach der Kriegserklärung innerhalb der ostpreußischen Bevölkerung feststellbare »beinahe als Hysterie zu bezeichnende Nervosität« an, »weil man überall Spione witterte«. Darüber belustigten sich bereits die Zeitgenossen:

> »In jedem Menschen, der durch Gesichtszüge, Sprache, Kleidung, Benehmen oder sonst irgendwie auffiel, vermutete man einen Spion, meist einen verkleideten russischen Offizier [...] Alle Spione waren natürlich verkleidet, hatten

---

[322] Watson, »Unheard-of Brutality«, S. 786 f.

[323] BArch, RH 61/1383, Reichsarchiv Nr. 11943: Stellungnahme des Vorsitzenden der Landwirtschaftskammer Ostpreußens, von Batocki (Oktober 1921), S. 1. Der seit 1907 amtierende Regierungspräsident von Windheim wurde im September/Oktober 1914 durch Adolf von Bartocki-Friebe ersetzt und als Regierungspräsident von Hannover weiterverwendet. Siehe Stüttgen, Die preußische Verwaltung, S. 38−40.

[324] BArch, RH 61/1383, Reichsarchiv Nr. 11943: Stellungnahme des Vorsitzenden der Landwirtschaftskammer Ostpreußens, von Batocki (Oktober 1921), S. 2.

[325] BArch, RH 61/1383, Regierungspräsident a.D. Graf Dr. von Lambsdorff an das Reichsarchiv, 3.9.1924, S. 2, Reichsarchiv Nr. 11888, Anlage, 5.9.1924. Hervorhebung im Original.

[326] Gause, Die Russen in Ostpreußen, S. 40−45; BArch, RH 61/1353, Abschrift des Tagebuchs des Generals O. von Below, S. 16; François, Marneschlacht und Tannenberg, S. 159.

falsche Bärte, oder Männer hatten Frauenkleider an. Alles, was bisher nur
in Hintertreppenromanen und Detektivgeschichten existiert hatte, sollte jetzt
Wirklichkeit sein. In Lötzen allein kamen täglich 30 bis 40 ›Spione‹ an«.[327]
Auf diese Weise wurde beispielsweise der Kommandeur der neu aufgestellten
Gumbinner Kavalleriebrigade, Oberst Arthur Freiherr von Lupin, beim Besuch der
Feste Boyen festgenommen, »weil er gebrochen Deutsch sprach«. In Wirklichkeit
war den Eiferern lediglich der schwäbische Akzent des Obersten nicht geläufig.[328]
Der Tätigkeitsbericht des Lötzener Kreisgerichts bestätigt dieses bizarre Bild: Vom
3. August bis zum 31. Dezember 1914 wurden ihm 272 »spionageverdächtige
Personen« vorgeführt, aber nur zwei davon wurden »zu je einem Jahr Zuchthaus
verurteilt, weil sie der feindlichen Kriegsmacht Vorschub geleistet haben«.[329]
Selbst François war manchen wegen seines französischen Namens verdächtig; im
Anschluss an den Rückzug der deutschen Truppen von Gumbinnen kursierten
deswegen allerlei kuriose Geschichten über ihn.[330] Auf der russländischen Seite
wiederum war es nicht anders. Die Angst vor deutschen Hinterhalten, Minen
und ähnlichen Missetaten grassierte auch dort, und hier wurde wiederum
Rennenkampf ob seines deutschen Namens nach der Niederlage in Ostpreußen
des Verrats bezichtigt. Gerade die Baltendeutschen galten neben den Juden in der
russländischen veröffentlichten Meinung per se als verdächtig.[331]
    In dieser aufgeregten und aufgeheizten Stimmung nahmen weite Teile der
Bevölkerung »auch sämtliche Schauergeschichten über die Russen gläubig« auf.[332]
Dazu leistete das tradierte und zunehmend propagandistisch ausgeschlachtete
negative Russenbild im Deutschen Reich wesentlichen Vorschub:
    »Aber wer wagte zu bleiben nach den Schreckensnachrichten von der
    Grausamkeit der Kosacken [sic] und der halbwilden Stämme, die mit regulären
    Truppen hier einbrachen. Wenn nur ein Teil der den Russen vorauseilenden
    Nachrichten über Gewalttaten wahr blieb, so musste das genügen, auch
    beherzte Menschen zur Flucht zu veranlassen.«[333]
Spätestens mit Beginn des 20. Jahrhunderts manifestierte sich in der deutschen
Mehrheitsbevölkerung die Wahrnehmung eines vermeintlichen Kulturgefälles
von West nach Ost, in die »der Russe« beziehungsweise die slawische Bevölkerung
insgesamt als »schmutzig, unterentwickelt, trunksüchtig, grausam und unorganisiert« eingeschrieben wurde.[334] Die gefühlte Überlegenheit angesichts solch
stereotyper Vorurteile lässt sich für die Soldaten des Kaiserreiches ebenso nachvollziehen wie später für die des »Führers«. So wurde auch die russländische
Niederlage von Tannenberg nicht zuletzt mit der »Unfähigkeit des Russen zu der

---

[327] Gause, Die Russen in Ostpreußen, S. 21. Dort auch zu weiteren zeitgenössischen »Spiona-
ge«-Fällen, ebd., S. 21–26.
[328] BArch, RH 61/1353, Abschrift des Tagebuchs des Generals O. von Below, S. 5.
[329] Gause, Die Russen in Ostpreußen, S. 25 f.
[330] Ebd., S. 24.
[331] Noskoff, Der Mann, der Tannenberg verlor, S. 10; Gause Die Russen in Ostpreußen,
S. 33. Siehe dazu grundsätzlich Lieven, Pro-Germans, und Lohr, Nationalizing the Russian
Empire.
[332] Gause, Die Russen in Ostpreußen, S. 26.
[333] BArch, RH 61/1380, F. Nicolai, Wiederaufbau Ostpreußens, S. 4.
[334] Siegel, Deutschlands vergessene Front?, S. 39; Jahn, »Zarendreck, Barbarendreck«, S. 238,
und grundsätzlich Paddock, Creating the Russian Peril.

Konzentration des Wollens und Handelns, die die Grundlage aller kriegerischen Leistung bildet«,[335] ethnisch erklärt; sie sei »am letzten Ende hervorgegangen aus dem Wesen des Russen: aus dem gehenlassen, der Scheu vor dem Eingreifen«[336]:

> »[D]ort war das fehlende Staatsbewusstsein, die Indolenz, das nitschewo des alten Russentums unverändert geblieben, wie sie die Tatarenherrschaft hinterlassen hatte. Hier waren der Dienst, die Pflichterfüllung, die Härte gegen sich selbst in die Gesamtheit des Volkes hineingehämmert worden, und mit ihnen haben die Erben Friedrichs des Großen bei Tannenberg gesiegt.«[337]

Während des Ersten Weltkrieges folgten ihr freilich noch nicht die umfassend verbrecherischen Konsequenzen wie im Zweiten, aber die Ansätze ähnelten sich bis hin zu den benutzten Begrifflichkeiten.[338] Dass es gleichwohl »keinen zwingenden Zusammenhang zwischen der nationalsozialistischen Vernichtungspolitik und den soldatischen Erfahrungen des Ersten Weltkrieges« gab[339], die Frage nach den Kontinuitäten ohnehin äußerst differenziert zu beantworten ist, spricht dennoch gerade für die Virilität solcher subkutanen Überzeugungen.[340] Generalleutnant von Morgen unterstrich beispielsweise in seinem Divisionsbefehl vom 23. August für seine Männer, die bis dahin noch an keinem Gefecht teilgenommen hatten, es gelte jetzt, »den Greueln der asiatischen Horden gegen die wehrlose Bevölkerung und der Verwüstung des geheiligten Bodens unseres Vaterlandes ein Ende zu bereiten«.[341] Regelmäßig vermischten sich dabei antisemitische und antislawische Einstellungen, beispielhaft etwa bei August von Mackensen, der sich hernach bekanntlich als großer Bewunderer und Unterstützer Adolf Hitlers erweisen sollte:

> »Ich selbst überschritt zum 1. Mal die Grenze am 14. und ritt zu einer Erkundung über Mlawa hinaus [...] Die Eindrücke von dem Zustand der Wege und der Kultur der Bevölkerung im russischen Polen bestätigten die ungünstigsten Schilderungen. Europa und Asien schienen sich schon an der russisch-preußischen Grenze zu berühren. Die westeuropäische Kultur, auch die landwirtschaftliche war wie abgeschnitten. Auf Mlawas holprigen und schmutzigen Straßen und Plätzen sah man fast nur ebenso schmutzige Juden.«[342]

Mit solcher Einschätzung war er in durchaus nicht unbedeutender Gesellschaft: Nach dem bereits zitierten Brief von Dommes an Prittwitz vom 14. August 1914 wünschte sich Moltke vom Oberbefehlshaber im Osten einen Aufruf an dessen Armee,

> »in dem etwa zum Ausdruck kommt: dass dem Ostheer der Schutz des heimatlichen Bodens anvertraut ist; dass es gilt einen Feind zu schlagen, dem nichts heilig sei, der weder Leben noch Gut der friedlichen Bewohner schonen werde – dass es einen Krieg bedeute asiatischer Barbarei gegen deutsche

---

[335] Buchfinck, Tannenberg 1914, S. 232.
[336] Ebd., S. 233 f.
[337] Ebd., S. 239.
[338] Siehe z.B. Grawe, Deutsche Feindaufklärung, S. 467; Hillgruber, Das Rußland-Bild.
[339] Baberowski, Einführende Bemerkungen, S. 149.
[340] Siehe zu diesem Kontext Thoß, Die Zeit der Weltkriege; Bergien, Vorspiel des »Vernichtungskrieges«?, sowie grundsätzlich Verführungen der Gewalt.
[341] 3. Res.Div./J.-Nr. I 57K., 23.8.1914, abgedruckt bei Elze, Tannenberg, S. 275.
[342] BArch, RH 61/1336, August von Mackensen, Der Feldzug in Ostpreußen, S. 1 f. Siehe weiterführend Schwarzmüller, Zwischen Kaiser und »Führer«.

Gesittung – und dass auf die Soldaten des Ostheeres die Augen des ganzen Vaterlandes gerichtet seien in dem unerschütterlichen Vertrauen, dass jeder seine Schuldigkeit tut.«[343]
Der Chef der OHL selbst hatte zuvor wiederholt in Berichten und Briefen darauf aufmerksam gemacht, es handle sich in einem künftigen Krieg »um einen Kampf zwischen Germanentum und Slawentum. Sich hierauf vorzubereiten, ist Pflicht aller Staaten, die Bannerträger germanischer Geisteskultur sind. Der Angriff muss daher von den Slawen ausgehen.«[344]
Noch 20 Jahre später rückte Joachim von Kürenberg, ein Alias für (Eduard) Joachim von Reichel, der 1914 als Attaché in Konstantinopel weitab vom ostpreußischen Geschehen gewesen war und seit 1930 als freier Schriftsteller sein Geld verdiente, »Tannenberg« und insbesondere dessen »Helden« Hindenburg in den Kontext eines antizipierten Kampfes des Germanen- gegen das Slawentum, als er die Kommandoübernahme des neuen Armeeoberbefehlshabers beschrieb:
»Am Abend [des 23. August] geht Hindenburg allein auf das andere Nogat-Ufer hinüber. Im Abendschein liegen vor ihm die roten Mauern der Marienburg in ihrer wunderbaren Ziegelgotik. Ein Abendsonnenstrahl spielt auf dem Dansker und auf dem riesigen Marienbild, dessen Heiligenschein wie Gold aufblitzt. Dort hat Herrmann von Salza geherrscht, Winrich von Kniprode gebaut und Ulrich von Jungingen sein Heer zum letzten Kampfe gegen die Slawen gesammelt, zum Entscheidungskampf um das Schicksal deutscher Erde, zum Ausmarsch zur Schlacht von Tannenberg. Vor Hindenburg er-wächst dieses Bild in lebendigster Größe. Auch er wird morgen das Amt des Hochmeisters übernehmen, des Verteidigers deutscher Erde, dem, so Gott will, das Schicksal erspart bleiben möchte: die Niederlage von Tannenberg.«[345]
Damit ist gleichzeitig der Anknüpfungspunkt fixiert, an dem diverse Erzählungen über die sogenannten Russengreuel ansetzten, die vor allen Dingen durch die Flüchtenden verbreitet worden sind. Schon beim Anmarsch auf Gumbinnen Mitte August 1914 hörten die Soldaten von ihnen Gerüchte über vergewaltigte und verstümmelte Frauen.[346] Und nach der Schlacht berichtete beispielsweise die Hauptreserve Königsberg am 24. August: »Eine wilde Panik hatte die Bevölkerung ergriffen. Gerüchte von tierischer Grausamkeit der russischen Horden, besonders der Kosaken, liefen wie ein Lauffeuer von Mund zu Mund.«[347] Dass solche Über-treibungen nicht selten gezielt instrumentalisiert wurden, zeigte Morgens bereits angesprochene Klage beim Kaiser über das Verhalten Prittwitz':
»Wäre doch Bülow oder irgendein anderer Armeeführer und vor allem ein anderer Chef hier, wir konnten [sic] trotz Überzahl der Russen glatt siegen

[343] BArch, RH 61/735, Oberstleutnant von Dommes an Generalmajor Graf Waldersee, 14.8.1914.
[344] Moltke in einem Brief an Conrad, 10.2.1913, zit. nach Grawe, Deutsche Feindaufklärung, S. 352 f.
[345] Kürenberg, Rußlands Weg nach Tannenberg, S. 155. Kürenberg/Reichel distanzierte sich persönlich gleichwohl von den Nationalsozialisten.
[346] Showalter, Tannenberg, S. 159.
[347] BArch, RH 61/1344, Reichsarchiv/Sichtungsabteilung Gruppe III/Hauptmann a.D. von Moltke: Landsturm und Festungen Königsberg und Lötzen während der Tannenberger Schlacht (1919), S. 35.

und brauchten dieses schöne Land nicht den Kosaken, die alles niederbrennen, Frauen schänden und die Verwundeten verstümmeln, überlassen.«[348]
Da nutzte es wenig, wenn Lambsdorff nach dem Krieg einsah: »Selbstverständlich waren manche der in aufgeregter Zeit entstandenen Gerüchte übertrieben.«[349] Denn in der Zeit relativiert wurden sie nicht, obwohl sich gerade am mitunter tatsächlich verbrecherischen Treiben der Kosaken auch russländische Offiziere störten:

> »Die Patrouillen beschäftigten sich [schon beim Überschreiten der deutschen Grenze], anstatt das Gelände aufzuklären, mit Plünderung, sie fingen Hühner und Gänse [...] Wenn sie an Seen kamen, entkleideten sie sich und fingen Gänse und Enten. Schweine brachten sie heran und schlachteten sie. Hinter dem Regiment folgte eine ganze Herde Kühe und Schafe. Angetroffene Häuser plünderten sie und vernichteten alles.«[350]

Manches mag man hier mit dem Hungern der Soldaten angesichts der kaum vorhandenen Verpflegung erklären können, allerdings nicht das Niederbrennen von Gehöften, und Plündern ist etwas anderes als Requirieren. Für den Krieg in Ostpreußen gilt also die wissenschaftliche Binseneinsicht, dass es wie in jeder kriegerischen Auseinandersetzung eine genaue Unterscheidung braucht zwischen Maßnahmen und Zerstörungen, die dem eigentlichen Kriegsgeschehen zugeordnet, und solchen, die als Grenzüberschreitungen oder gar als Verbrechen gewertet werden müssen. Die durch die Literatur mäandernden »Russengräuel« sind jedenfalls ein Ergebnis der Rezeptionsgeschichte, die ihren Anfang in der Selbstlegitimierung der flüchtenden Ostpreußen nahm. Auf dem Weg von Bartenstein nach Nordenburg stellte Dohna-Schlobitten am 18. August fest: »Die armen Leute fliehen vor den Russen, über deren Schandtaten die wildesten Gerüchte verbreitet werden.«[351] Wo umgekehrt keine Flüchtlinge durchgekommen waren, erwartete die Bevölkerung den Einzug der gegnerischen Truppen eher gefasst.[352]

Dass die russländischen Verbände mitunter für ihre Requirierungen bezahlten, bezeugen verschiedene Meldungen dazu ebenso wie die umfangreichen Bargeldbestände, welche die Truppen mitführten und die sich später in der deutschen Beute wiederfanden; dazu legte man eigens den Rubelkurs auf 2,50 Mark fest. Allerdings geschah dies wenigstens genauso oft auch nicht, zudem wurden die Preise für das Requirierte meist willkürlich errechnet, und so koppelten sich etliche Maßnahmen, die militärischen Zwecken dienten, in der Überlieferung von diesem Hintergrund ab. Auch das Konfiszieren oder Zerstören von Fahr- und Motorrädern sowie Waffen oder die Geiselnahme zum Schutz vor Übergriffen aus der Zivilbevölkerung und strenge Bestrafungen bei Sabotageakten wie dem Zerstören von Telefon- oder Telegrafenleitungen subsummierte man beispielsweise hernach unter »Kriegsgräuel«.[353] Obwohl die einzige umfassende Untersuchung der

[348] BArch, RH 61/735, General von Morgen an Oberst Freiherr von Marschall, 21.8.1914.
[349] BArch, RH 61/1383, Regierungspräsident a.D. Graf Dr. von Lambsdorff an das Reichsarchiv, 3.9.1924, S. 3, Reichsarchiv Nr. 11888, Anlage, 5.9.1924.
[350] BArch, RH 61/1326, Auszug aus dem Kriegstagebuch des Oberleutnants Kuprikow (russ. Inf.Rgt. 23, 6. Inf.Div., XV. AK), S. 2.
[351] BArch, RH 61/735, Graf A.[lfred zu] Dohna[-Schlobitten], Der Feldzug in Ostpreußen 1914, undatiert (1920), S. 5.
[352] Gause, Die Russen in Ostpreußen, S. 26.
[353] Showalter, Tannenberg, S. 160 f.; Gause, Die Russen in Ostpreußen, S. 93–97.

Ereignisse in Ostpreußen durch den seinerzeitigen Geschichtslehrer und späteren Leiter des Königsberger Stadtarchivs, Fritz Gause – persönlich alles andere als slawophil und als Kriegsfreiwilliger an der Ostfront eingesetzt –, bereits 1931 zum Schluss kam, »[i]m großen ganzen ist also die Vorstellung, das russische Heer sei wie eine Horde wilder Barbaren in Ostpreußen eingefallen und habe dort nur geplündert, gesengt und gemordet, durchaus falsch«[354], lancierte die amtliche Überlieferung die genau gegenteilige Bewertung: »Von den Russen war der Krieg mit einer Grausamkeit und mit rücksichtsloser Willkür geführt worden, die jeder Beschreibung spottet. Eine blühende Provinz war in kurzer Zeit zur Wüste verwandelt worden.«[355]

Dabei verschwieg Gause keineswegs, dass russländische Soldaten zahlreiche Gewalttaten begingen, von Plünderungen, Diebstählen, Raub, Brandstiftungen und körperlichen Übergriffen bis hin zur Vergewaltigung und zum Mord.[356] Seine Befunde liefern jedoch das für kriegerische Auseinandersetzungen typische heterogene Bild, in dem die Grenzen verschwimmen. Die verbrecherischen Vorgänge geschahen jedenfalls gegen den ausdrücklichen Willen der zarischen Heeresleitung, deren erste Proklamationen schon beim Einmarsch wiederholten, der Krieg werde nur gegen die deutschen Truppen, nicht die deutsche Bevölkerung geführt.[357] Trotzdem wurden einmal mehr gerade Frauen Opfer sexueller Gewalttaten. Seriöse Berechnungen gehen von einem Minimum von 338 Fällen sexueller Gewaltanwendung durch zarische Soldaten aus; regelmäßig handelte es sich dabei um Vergewaltigungen, aus denen wenigstens 37 sogenannte Russenkinder hervorgingen.[358]

Vielerorts wurden die bis ins Detail befohlenen Verhaltensvorgaben für die Soldaten auch eingehalten, wohl nicht zuletzt wegen der drakonischen Strafandrohungen bis hin zur Erschießung.[359] Als es beispielsweise nach der Besetzung Neidenburgs am 22. August in der Stadt »ungeachtet des strengen Befehls des Kommand. Generals, nichts zu nehmen«, offenbar zu umfassenden Plünderungen gekommen war, ließ der zuständige Divisionskommandeur, Generalleutnant Fedor Torklus, tatsächlich drei Männer erschießen.[360] Davon wussten Arbeiten, die sich an der Meistererzählung orientierten, nichts zu berichten, wohl aber, dass »die Russen plünderten, [Wohnungen] zerstörten [...] und [...] die Kirche nieder[brannten]«.[361] Ein Beispiel dafür findet sich in Stadt und Kreis Ortelsburg,

---

[354] Gause, Die Russen in Ostpreußen, S. 90. Der damalige Studienrat am Goethe-Oberlyzeum in Königsberg, der Geschichte, Germanistik und Geografie studiert hatte und 1921 promoviert wurde, wurde 1938 mit der Leitung des dortigen Stadtarchivs betraut und avancierte in den 1950er-Jahren zu einem der Protagonisten der sich neu ausprägenden »Ostforschung«. Siehe Forstreuter, Nachruf für Fritz Gause, S. 30, sowie Watson, »Unheard-of Brutality«, S. 783 f.

[355] BArch, RH 61/1330, Der erste Russeneinfall, S. 2 f.

[356] Siehe dazu die ausführliche Beschreibung, aber durchaus differenzierte und ausgewogene Bewertung bei Gause, Die Russen in Ostpreußen, S. 121–235.

[357] Siehe dazu die abgedruckten Beispiele in ebd., S. 82–84.

[358] Watson, »Unheard-of Brutality«, S. 796 f.

[359] Belege dafür finden sich bei Gause, Die Russen in Ostpreußen, S. 84–90 und 225.

[360] BArch, RH 61/1326, Auszug aus dem Kriegstagebuch des Oberleutnants Kuprikow (russ. Inf.Rgt. 23, 6. Inf.Div., XV. AK), S. 3.

[361] Lezius, Von Fehrbellin bis Tannenberg, S. 439.

wo 131 Zivilisten getötet, 200 verschleppt sowie 726 Wohn- und 1545 Wirt-
schaftsgebäude zerstört wurden. Der materielle Gesamtschaden wurde mit
30 Millionen Mark beziffert:

> »Ortelsburg ist eine gewaltige Anklage gegen die Unkultur der Russen. Nicht
> ehrliche Kriegsarbeit, nicht das Geschützfeuer im ehrlichen Kampfe hat hier
> wie fast überall die furchtbaren Verwüstungen angerichtet und unschuldige
> Menschen, Frauen und Kinder ins größte Elend gebracht, sondern sinnlose
> Zerstörungswut einer mittelalterlichen Kriegführung.«[362]

Umgekehrt existieren wiederum positive Befunde hinsichtlich des Verhaltens
der zarischen Truppen wie aus Groß Bössau, wo ihr Benehmen gar »gerühmt«
wurde,[363] oder aus Allenstein: Nach der widerstandslosen Besetzung der Stadt
ab dem Nachmittag des 27. August durch Truppen des russländischen XIII. AK
fingen dessen ausgehungerte Soldaten entgegen des ausdrücklichen Befehls
ihres Kommandierenden Generals umgehend an zu requirieren und sich zu
betrinken.[364] Kljuev ließ dieses Treiben sofort unterbinden, sodass selbst die
deutsche Rezeption urteilte, die russländischen Truppen hätten sich während der
allerdings nur kurzen Besetzung größtenteils »musterhaft« verhalten:[365] »Vor jedes
Lebensmittelgeschäft kam sogleich ein Posten, der sogar Einhalt gebieten wollte,
als die geschlossenen Läden polizeilich geöffnet wurden.«[366] Das galt aber nicht in
gleichem Maße für die deutsche Bevölkerung: Von den rund 40 000 Einwohnern
war die große Mehrheit zwar auf die Nachricht vom Anrücken zarischer Verbände
am 25. August geflohen. Doch unter den kaum mehr als 5000 in der Stadt
Verbliebenen hielten es manche mit dem Eigentum anderer nicht so genau, denn
nicht die gegnerischen Soldaten, sondern »der Pöbel plünderte das Restaurant des
Hauptbahnhofes, erbrach und plünderte viele Läden und Wohnungen«. Aus der
Not heraus geschah dies indes nicht, denn das Proviantamt hatte noch tags zuvor
an alle, die es haben wollten, kostenlos große Mengen an Kommissbrot verteilt.[367]
Die russländischen Truppen verlangten hingegen zwar enorme Mengen an
Lebensmitteln – unter anderem 120 000 kg Brot, was den eklatanten Nahrungs-
mangel dort belegt –, bezahlten aber fast alles bar. Wegen des raschen Abzuges
mussten dann lediglich 25 000 kg Brot geliefert werden, ferner 4000 kg Reis,
ebenso viel Zucker und vieles mehr.[368] Selbst der als alles andere denn slawophil
geltende Ludendorff erklärte zu diesem Kontext noch 1937:

> »Hierbei muss ich aber betonen, dass bei dem Russeneinfall im August 1914
> die russische Truppe musterhafte Ordnung bewahrte. Mir sind Fälle bekannt,

---

[362] Siehe BArch, RH 61/1380, F. Nicolai, Wiederaufbau Ostpreußens, S. 12. Zu den Zerstörungen in Ortelsburg siehe auch die Schilderung von François, der dort vor der Schlacht an
den Masurischen Seen zwischenzeitlich Quartier bezogen hatte; François, Marneschlacht
und Tannenberg, S. 251 f.
[363] BArch, PH 5 II/180, KTB 8. Armee: XVII. AK an AOK 8, 26.8.1914, 10.45 Uhr, fol. 171.
[364] Wehrt, Tannenberg, S. 203 f.
[365] Fischer, Bei Tannenberg, S. 56.
[366] Von Flandern bis Polen, S. 324–328, bes. S. 326. Ähnliche Beispiele finden sich in anderen
Berichten dieses Bandes, ebd., S. 312–316 und 358–361, allerdings auch dezidiert negative wie z.B. ebd., S. 318 f., 332 und 338 f.
[367] Fischer, Bei Tannenberg, S. 56.
[368] Ebd., S. 56; Gause, Die Russen in Ostpreußen, S. 98.

in denen Offiziere die Weinkeller und Speisevorräte auf Gütern bewachen ließen. Nur Kosaken werden Gräueltaten nachgesagt.«[369] Obwohl jedoch auch der deutschen Bevölkerung verboten wurde, Alkohol an russländische Soldaten zu verkaufen, sind in diesem Zusammenhang vielerorts »[s]chwerste Strafen [...] angekündigt und auch verhängt worden«.[370] Noch häufiger sind die Drangsalierungen von den jeweiligen Vorgesetzten allerdings nicht oder wenigstens nicht mit dem letzten Nachdruck verfolgt worden.[371] Ex post hat man solche Vorgänge regelmäßig relativiert oder erneut in den Kontext einer ethnischen Minderwertigkeit eingeordnet:

> »Anfangs suchten die höheren Führer die zurückgebliebene Bevölkerung vor Übergriffen zu bewahren. Grausame Strafen wurden an den Übeltätern vollzogen. Aber die Zügellosigkeit der meist rohen Völker wuchs so schnell, dass die Führer bald machtlos dagegen wurden. Selbst Offiziere beteiligten sich an Plünderungen. Und die niedrigsten Grausamkeiten gegen Frauen und Mädchen konnten kaum noch verhindert werden. Der Höhepunkt viehischer Grausamkeit und barbarischer Zerstörungswut wurde erreicht, als unsere Truppen siegreich vordrangen und die Russen das Ende ihrer Herrschaft erkannten. Da wurden oft die Bewohner zusammengetrieben, wie eine Viehherde behandelt und schließlich erschossen [...] Als Vorwand galt die angeblich feindselige Haltung der Zivilbevölkerung [...] Wir dürfen die Untaten des Einzelnen nicht zu stark bemessen. Es waren ja eben schlecht disziplinierte Horden halbwilder Völker, die in Anschauungen lebten, die dem gesitteten Westeuropa längst entfallen waren.«[372]

In der Tat ist es an zahllosen Stellen zu Zwangsmaßnahmen gegenüber Landesbewohnern gekommen. Sie wurden zu allerlei Hilfsleistungen genötigt, vor allem zu Fahr- und Transportdiensten, wodurch sie in Gefechte oder zwischen die Fronten gerieten. Insgesamt, so die Auswertung Gauses, sollen sich diese Leistungen aber im Rahmen des Kriegsvölkerrechts bewegt haben.[373] Manche Kommandeure gingen allerdings auch so weit, Städten Kontributionen für das eigene Wohlverhalten abzuverlangen und bis zur Bezahlung Geiseln zu nehmen. Lyck musste beispielsweise 75 000 Mark, Tilsit 50 000 Mark jeweils binnen 24 Stunden aufbringen, Rößel 30 000 und Rastenburg 22 000 Mark.[374] Ohnehin sind – abgesehen von den ersten Patrouillen – die meisten Taten offensichtlich nicht den Fronttruppen zuzurechnen, sondern zuvorderst den Trains und insbesondere den nachfolgenden Verbänden, denen zunächst Besatzungsaufgaben zugewiesen waren, die selbst also noch gar nicht im Gefecht gestanden hatten.[375] Gleichwohl sind es Frontsoldaten gewesen, die in der Nacht vom 28. auf den 29. August deutsche Verwundete in Hohenstein überfielen und bis auf wenige, denen noch

---

[369] Ludendorff, Tannenberg, S. 81.
[370] BArch, RH 61/1380, F. Nicolai, Wiederaufbau Ostpreußens, S. 16; Watson, »Unheard-of Brutality«, S. 809 f.
[371] Gause, Die Russen in Ostpreußen, S. 145.
[372] BArch, RH 61/1380, F. Nicolai, Wiederaufbau Ostpreußens, S. 13, 15.
[373] Gause, Die Russen in Ostpreußen, S. 100–103.
[374] Ebd., S. 98 f.
[375] Ebd., S. 122 f.; Prof. Müller: I. Einschaltung zu BArch, RH 61/1380, F. Nicolai, Wiederaufbau Ostpreußens, S. 4.

die Flucht gelang, töteten.[376] Und die 6. Landwehrbrigade meldete am 30. August ihrem vorgesetzten I. Reservekorps, Kosaken hätten in einem deutschen Lazarett in Seeburg »übel gehaust u. unsere dort noch im Lazarett liegenden Verwundeten massakriert«. Below ließ daraufhin »Ordnung schaffen u. befahl jeden so ergriffenen Kosaken zu hängen«.[377]

Trotz dieser verbrecherischen Übergriffe war die Perzeption des Kriegsgegners im Zarenreich im Gegensatz zur deutschen Seite »höchst facettenreich«.[378] Propagandistisch spielten während des August 1914 die Vorgänge rund um die deutsche Besetzung des Grenzortes Kalisz indes eine wesentliche Rolle: In der 65 000-Einwohner-Stadt in Russisch-Polen lagen 1914 die Garnison für das 14. Kleinrussische Dragonerregiment und das Hauptquartier einer Brigade der 14. Kavalleriedivision. Sie wurde in der Nacht auf den 3. August vom II. Bataillon des 7. Westpreußischen Infanterie-Regiments Nr. 155, das rund 25 Kilometer entfernt in Ostrowo stationiert war und zur 10. Infanteriedivision des V. AK gehörte, besetzt.[379] Das Bataillon wurde am 7. August an die Westfront abgezogen und durch zwei Bataillone des Landwehrinfanterieregiments Nr. 7 der 3. Landwehrdivision ersetzt. Aus ungeklärten Gründen kam es in den Tagen nach der Besetzung zu diversen Schusswechseln, die bis zum deutschen Artilleriebeschuss der Stadt eskalierten. Dadurch wurde nicht nur deren Kern großflächig zerstört – circa 500 Gebäude –, sondern auch mindestens 100 Einwohnerinnen und Einwohner, manche Schätzungen gehen deutlich darüber hinaus, von deutschen Soldaten getötet, teilweise auch willkürlich erschossen. Die Umstände, obwohl noch während des Krieges untersucht, wurden nie endgültig aufgeklärt. Als sicher aber gilt, dass wenigstens die Zerstörungen gezielt herbeigeführt wurden. Was im Stadtzentrum nach dem Beschuss noch stand, ist von deutschen Soldaten bis zum 22. August geplündert und anschließend niedergebrannt worden. Die Vorgänge wurden rasch bekannt und von beiden Seiten propagandistisch ausgeschlachtet.[380] Dabei bezeugen Berichte von zarischen Soldaten auch andernorts Übergriffe deutscher Truppen auf russländischem Territorium. Beispielsweise sagte Oberleutnant Kuprikov vom Infanterieregiment 23 der 6. Infanteriedivision des XV. AK nach seiner Gefangennahme aus, er sei mit seinem Regiment am 21. August durch den nach Einwohnerberichten von deutschen Soldaten vor ihrem Rückzug angezündeten Grenzort Janowo marschiert.[381]

Im Kontext solcher Vorkommnisse und der gezielten Propaganda verbreiteten sich innerhalb der zarischen Truppen rasch Gerüchte, nach denen Soldaten hinter-

---

[376] BArch, PH 5 II/107, KTB 8. Armee/Funkspruch Lt Breuer, Adjutant beim Kommando Train der 3. Reservedivision, an AOK 8, 29.8.1914, 12.15 Uhr, fol. 24.

[377] BArch, RH 61/1353, Abschrift des Tagebuchs des Generals O. von Below, S. 59.

[378] Jahn, Die Germanen, S. 177.

[379] Siehe dazu Kraus, Handbuch, T. 6, Bd 2, S. 243 f.

[380] Engelstein, »A Belgium of Our Own«; Górny, Der Feind im Osten, S. 176, sowie grundsätzlich Thakur-Smolarek, Der Erste Weltkrieg und die polnische Frage. Die Zerstörung wird auch im Werk des Reichsarchivs und in der Regimentsgeschichte erwähnt, aber als Selbstverteidigungs- bzw. Sühnemaßnahme gerechtfertigt; Der Weltkrieg 1914 bis 1918, Bd 2, S. 49. Nach dem Eintrag im KTB der 8. Armee ging es gegen »die feindselige Haltung der Bevölkerung«, BArch, PH 5 II/183, KTB 8. Armee: Eintrag vom 10.8.1914, fol. 6.

[381] BArch, RH 61/1326, Auszug aus dem Kriegstagebuch des Oberleutnants Kuprikow (russ. Inf.Rgt. 23, 6. Inf.Div., XV. AK), S. 1.

rücks oder von Heckenschützen angegriffen worden seien.[382] Darüber hinaus soll
sich die ostpreußische Bevölkerung aktiv an der Verteidigung der eigenen Heimat
beteiligt haben:

>»Die Teilnehmer des ostpreußischen Feldzugs bestätigten ziemlich überein-
stimmend das vorzüglich organisierte Zusammenarbeiten der örtlichen deutschen Bevölkerung mit den Truppen. Freiwillige Schützen sausten mit ihren
Rädern und Motorrädern durch das ganze Land und erkundeten unsere Stellungen, außerdem signalisierte die Bevölkerung unseren Vormarsch, indem
sie Brände entfachte, Windmühlen in Gang setzte, die Glocken läutete.
Spione und Kundschafter umgaben unsere Truppen von allen Seiten, was ihre
Tätigkeit natürlich erschwerte und andererseits es dem Gegner erleichterte,
sich von unseren Absichten ein Bild zu machen.«[383]

Tuchman erzählt sogar – erneut freilich ohne Quellenbelege – von deutschen Soldaten, die »als Bauern, ja sogar Bauersfrauen verkleidet« Beobachterdienste ausgeführt hätten.[384] In welchem Ausmaß derartige Aktionen stattfanden, inwiefern
sie ausgeschmückt oder frei erfunden wurden, ist kaum mehr festzustellen. Auf
deutscher Seite fanden sie jedenfalls dankbare Aufnahme in die Meistererzählung,
weil ein gemeinsamer Abwehrkampf von Bevölkerung und Truppen gegen die
Invasoren sicherlich ebenso eine Wunschvorstellung abbildete, zumal angesichts der Nachkriegsentwicklung infolge des Versailler Vertrages, wie solche
Erzählungen die Vorurteile russländischer Soldaten bestätigten, nach denen alle
Deutschen Spione seien sowie Brunnen und Lebensmittel vergifteten. Manche
nahmen deswegen Speisen und Getränke erst an, wenn sie vorgekostet worden
waren, und schliefen nicht in deutschen Häusern.[385] Dabei stellte Gause in
seiner detaillierten Untersuchung immerhin für die übergroße Mehrheit der
ostpreußischen Bevölkerung fest, dass sie gar »nicht daran [dachte] zu spionieren«,
noch weniger habe sie Sabotage betrieben; sie habe im Allgemeinen »viel zu viel
Furcht vor den Russen [besessen], um sich ihnen zu widersetzen«.[386] Umgekehrt
seien die zarischen Soldaten der Ansicht gewesen, »[d]em Deutschen war eben
alles zuzutrauen. An List und Schlauheit kam ihm der Russe nicht gleich.« Für
Gause erklärte sich aus dem hier mitschwingenden Unterlegenheitsgefühl deren
vermeintliche Erkenntnis, es gebe »nur ein durchgreifendes Mittel: Gewalt, das
Netz zu zerreißen, mit dem man umgarnt werden sollte, alles niederzuschießen,
was verdächtig war.« Seiner Ansicht nach waren

>»[a]us diesen psychologischen Voraussetzungen auf beiden Seiten, aus
deutscher und russischer Kriegspsychose [...] die beiden schlimmsten Wir-

---

382 Showalter, Tannenberg, S. 160 f.; Górny, Der Feind im Osten, S. 175.
383 Daniloff, Rußland im Weltkriege, S. 222. Zu Beispielen solcher Meldungen an die militäri-
      sche Führung siehe Meldung I. Res.Korps an AOK 8, 25.8.1914 (»Aussage v. Landeseinw.«),
      abgedruckt bei Elze, Tannenberg, S. 292; Ferngespräch Ludendorff an OHL, 29.8.1914,
      0.20 Uhr, abgedruckt ebd., S. 323 f.; Aufzeichnung des AOK, 31.8.1914, 3.50 Uhr, ab-
      gedruckt ebd., S. 340; Aufzeichnung des AOK, 24.8.1914, 15.30 Uhr, abgedruckt ebd.,
      S. 282.
384 Tuchman, August 1914, S. 311 f., Zitat S. 312.
385 Gause, Die Russen in Ostpreußen, S. 33 f. Dort auch zu weiteren Gerüchten, ebd.,
      S. 36–39; Noskoff, Der Mann, der Tannenberg verlor, S. 44–46.
386 Gause, Die Russen in Ostpreußen, S. 203 f.

kungen des Russeneinfalls zu erklären, die Flucht der Zivilbevölkerung und die russischen Gräueltaten«.[387]

Zwei nachweisbare Massaker russländischer Soldaten sind in diesem Kontext in Bischofstein und Abschwangen eruierbar, bei denen am 29. August 36 beziehungsweise 61 ostpreußische Zivilisten erschossen wurden. Beiden Kriegsverbrechen gingen offensichtlich Überfälle deutscher Soldaten voraus, die von den zarischen Verantwortlichen den Bewohnern zugeordnet wurden.[388] Das Gros der Schäden in den Ortschaften und Gehöften sowie die meisten Zerstörungen der Infrastruktur entstanden jedoch durch Kriegshandlungen, um die Bewegungen des jeweiligen Gegners zu beeinträchtigen, und vor allem durch Artilleriebeschuss, nicht etwa durch willkürliche Brandstiftung.[389] Dafür waren freilich beide Seiten verantwortlich: In manchen Städten wie Schirwindt stand kaum noch ein Haus, weil sie erst von russländischen, später von deutschen Geschützen bombardiert worden waren.[390] Etliche Dörfer in Ostpreußen wurden in unterschiedlichem Ausmaß zerstört und ausgeplündert, andere waren wiederum gar nicht betroffen.[391] Schützengräben, Drahtverhaue und Unterstände durchzogen die Landschaft, in der man ganze Waldstücke abgeholzt hatte, um Schussfeld zu schaffen, und in der sich hinterher der Kriegsschrott türmte: »Berge von Konservenbüchsen sind aufgehäuft. Allerlei Hausrat, Fenster und Türen aus zerstörten Häusern, wertvolle Möbelstücke, Wagen, Schlitten, Knochen, Pferdekadaver liegen in den Straßengräben.«[392]

Die Mühle in Cujen vor der Festung Boyen wurde am 24. August 1914 von der deutschen Besatzung abgebrannt, um das eigene Schussfeld zu optimieren[393]. Zuvor war bereits die Brücke bei Rothof nahe Lyck von der 3. Reservedivision zerstört worden, um den russländischen Vormarsch dort zu stören[394]. Vor allem beim Rückzug nach der Schlacht von Gumbinnen ordnete das AOK 8 aus demselben Grund Brückensprengungen – beispielsweise im Falle des Viadukts über den Kanal südostwärts Lötzen am 21. August[395] – sowie das Zerstören von Telefonleitungen[396] und Eisenbahnverbindungen an[397]. Nach der Befreiung Ostpreußens waren

---

[387] Ebd., S. 39.

[388] Watson, »Unheard-of Brutality«, S. 806 f. Zur verbreiteten Furcht unter den russländischen Soldaten vor deutschen Partisanen siehe ebd., S. 807 f.

[389] Showalter, Tannenberg, S. 159.

[390] BArch, RH 61/1380, F. Nicolai, Wiederaufbau Ostpreußens, S. 7 f. So erging es beispielsweise auch Eydtkuhnen und Goldap, ebd., S. 8 f. und 10; François, Marneschlacht und Tannenberg, S. 165.

[391] BArch, RH 61/1380, F. Nicolai, Wiederaufbau Ostpreußens, S. 4: »[N]eben sinnloser Zerstörung fanden wir auch vollkommen Erhaltenes.«

[392] Ebd., S. 7. Siehe dazu beispielhaft den Bericht über Zerstörungen und Plünderungen in Pillkallen, ebd., S. 6 f.

[393] BArch, N 87/36, Einschließung der Feste Boyen vom 23.8. bis 8.9.1914, Eintrag vom 24.8.1914.

[394] BArch, RH 61/1331, Hauptmann von Ditfurth, 3. Reservedivision, 6. Landwehrbrigade und Kommandantur Lötzen 1.–20.8.1914, S. 14.

[395] BArch, PH 5 II/180, KTB 8. Armee/Befehl Graf Waldersee an Kommandantur Lötzen, 21.8.1914, 11.45 Uhr, fol. 80 f.

[396] BArch, PH 5 II/183, KTB 8. Armee: Armeebefehl vom 21.8.1914, 21.45 Uhr, fol. 26.

[397] BArch, PH 5 II/180, KTB 8. Armee/AOK/Ia Nr. 654 g, 21.8.1914, fol. 77. Zwei Tage später waren die Eisenbahnen dann sogar »gründlich zu zerstören«; BArch, PH 5 II/183,

während des Wiederaufbaus alleine im Oberpostdirektionsbezirk Gumbinnen über 3000 Kilometer Linie, 13 000 Kilometer Leitung, 5000 Sprechstellen und 162 Ortsnetze wiederherzustellen.[398] Gerade die vor der Armee Rennenkampfs zurückweichenden deutschen Verbände setzten das Mittel der Brückenzerstörungen angesichts ihrer eigenen militärischen Schwäche umfangreich ein, um deren Vordringen zu verzögern: Am 24. August sprengten sie die Pregel-Brücke bei Taplacken[399], am 26. August die Brücke bei Friedland[400]; sie sperrten diejenigen bei Stellinnen und Lapiau und bereiteten sämtliche Alle-Brücken zur Sprengung vor[401]. Dabei kam es auch zu Missgeschicken: So wurde die Alle-Brücke bei Schippenbeil am 27. August von den dort eingesetzten Pionieren ohne Befehl gesprengt, die Gründe dafür konnten nicht ermittelt werden.[402] Und auch im Süden Ostpreußens hatte das AOK 8 seinem XX. AK befohlen, »[i]m Falle Zurückgehens Bahnen im weitesten Umfang [zu] zerstören«.[403] Erst als am 27. August die Verstärkungen aus dem Westen zugesagt worden waren, verbot das AOK 8 weitere Eisenbahnzerstörungen.[404]

Dasselbe Mittel wendete auch der russländische Gegner an, als Rennenkampf infolge des deutschen Rückzugs nach Gumbinnen am 22. August 1914 den Befehl erhielt, die Bahnlinien jetzt zu unterbrechen, um einen schnellen gegnerischen Rückzug zu verhindern; lediglich wichtige technische Anlagen blieben weiterhin davon ausgenommen.[405] Diese Einschränkung wurde erst nach dem Desaster bei Tannenberg aufgehoben: Nun sollte sich das bis dahin gegen Königsberg operierende russländische XX. AK ab dem 31. August zur Verteidigung einrichten und dazu die Deime-Übergänge abbrechen, um einen schnellen gegnerischen Übergang zu verhindern. Ihre Kavallerie zerstörte derweil zahlreiche Bahnstrecken und die Bahnhöfe von Landsberg, Bischofstein und Rössel.[406] Ohnehin entstanden die meisten Verheerungen, Plünderungen und Grausamkeiten durch russländische Truppen erst bei deren Rückzug: »Beim Abzug raubte jeder, was er bekommen konnte. Auf unzähligen Wagen wurde es

---

KTB 8. Armee: Eintrag vom 23.8.1914, fol. 27–29, hier fol. 28, sowie BArch, PH 5 II/180, Befehle an das Reservekorps und das XVII. AK bei ihrem Marsch nach Südwesten bei KTB 8. Armee: Telegramm aus Coblenz (v. Moltke) an AOK 8, 21.8.1914, 15.45 Uhr, fol. 82.

[398] BArch, N 591/58, Oberstleutnant Praun: Die Nachrichtenverbindungen um die Schlacht bei Tannenberg. In: Deutsche Nachrichtentruppen (Die F-Flagge), 1938, fol. 1.

[399] BArch, RH 61/1344, Reichsarchiv/Sichtungsabteilung Gruppe III/Hauptmann a.D. von Moltke: Landsturm und Festungen Königsberg und Lötzen während der Tannenberger Schlacht (1919), S. 37.

[400] BArch, PH 5 II/183, KTB 8. Armee: Eintrag vom 26.8.1914, fol. 32 f., hier fol. 33.

[401] BArch, RH 61/1344, Reichsarchiv/Sichtungsabteilung Gruppe III/Hauptmann a.D. von Moltke: Landsturm und Festungen Königsberg und Lötzen während der Tannenberger Schlacht (1919), S. 47.

[402] Ebd., S. 88.

[403] BArch, PH 5 II/180, KTB 8. Armee/AOK/Ia Nr. 776 g an Gen.Kdo. I. Res.Korps, 23.8.1914, 17.20 Uhr, fol. 102. Insbesondere war die »Bahn Soldau–Strasburg nachhaltig [zu] zerstören«.

[404] BArch, PH 5 II/180, KTB 8. Armee: AOK 8 an Gouvernements Königsberg, Graudenz und Thorn, 27.8.1914, fol. 164.

[405] BArch, RH 61/1333, Kurt Freiherr von der Osten-Sacken, Die Operationen der russischen 1. (Njemen-)Armee vom 16. bis 31.8.1914 (1920), Eintrag vom 22.8.1914.

[406] Ebd., Eintrag vom 31.8.1914.

weggeschafft. Die Offiziere waren nicht besser als die Mannschaften«.[407] Doch auch in diesem Kontext existieren Gegenbeispiele: So erreichte die russländische 1. Kavalleriedivision bei gewaltsamen Erkundungen in Richtung Allenstein nach unbedeutenden Gefechten mit deutschen Patrouillen und Sicherungsposten bis zum Mittag des 31. August die Gegend von Trautzig–Nickelsdorf dicht vor der Stadt, zog sich dann aber wieder zurück, weil sie nirgendwo Verbindung zu den eigenen Truppen finden konnte. Ihr Kommandeur, Generalleutnant Romejko-Gurko, verzichtete dabei nach eigenen Angaben auf den Artilleriebeschuss der Stadt, um die zivilen Bewohner zu schonen.[408]

Auch die Flüchtlingstrecks wurden von den zarischen Verbänden meist in Ruhe gelassen, sofern sie die militärischen Bewegungen nicht beeinträchtigten. Nach Gauses Auswertung halten sich Berichte von Übergriffen und Hilfeleistungen die Waage.[409] Dabei empfanden selbst die deutschen Truppen die Flüchtlinge als »besonders störend«, wie Ludendorff seinen »Kriegserinnerungen« anvertraute: »Sie zählten viele Tausend, waren zu Fuß und zu Wagen unterwegs und sperrten die Straßen. Sie klebten an der Truppe.«[410] Die »sich immer steigernden Flüchtlings-massen« behinderten das Fortkommen der Truppen insgesamt erheblich und verstopften die Wege derart, dass die Verbände teilweise neben den Straßen marschieren mussten.[411] Am 24. August bat die 1. Kavalleriedivision das AOK 8 darum, »die durch Zivilbehörden veranlasste Landflucht unterbinden [zu] lassen, alle Straßen mit Fahrzeugen und Vieh überfüllt, ernste Gefahr für Bewegung von Truppen und Kol. bestehen; Verpflegung sehr erschwert«.[412]

Allerdings hatten die Behörden in weiten Teilen der Provinz ihre Arbeit zu diesem Zeitpunkt längst eingestellt und vermochten daher gar nicht die Fluchtbewegung einzudämmen oder wenigstens zu organisieren – nicht zuletzt, weil sie niemand über die Kriegsereignisse informierte.[413] Erst nachdem sich im Zuge des Abmarsches der eigenen Truppen nach der Schlacht bei Gumbinnen offenbar weitere »[e]influssreiche Männer [...] mit der Bitte um Schutz« an den preußischen König gewendet hatten[414], unterrichtete der Chef des Stellvertre-tenden Generalstabes der 8. Armee, General der Infanterie Kurt Freiherr von Manteuffel, am 22. August den Unterstaatssekretär im Königlich-Preußischen Innenministerium und andere Vertreter der preußischen Regierung über den

---

[407] Prof. Müller: I. Einschaltung zu BArch, RH 61/1380, F. Nicolai, Wiederaufbau Ost-preußens, S. 4 und 9; und mit diversen Beispielen Gause, Die Russen in Ostpreußen, S. 215–222.

[408] BArch, RH 61/1333, Kurt Freiherr von der Osten-Sacken, Die Operationen der russischen 1. (Njemen-)Armee vom 16. bis 31.8.1914 (1920), Eintrag vom 31.8.1914.

[409] Gause, Die Russen in Ostpreußen, S. 63 f.

[410] Ludendorff, Meine Kriegserinnerungen, S. 17.

[411] BArch, RH 61/1353, Abschrift des Tagebuchs des Generals O. von Below, S. 36, sowie grundsätzlich BArch, RH 61/1344, Reichsarchiv/Sichtungsabteilung Gruppe III/Haupt-mann a.D. von Moltke: Landsturm und Festungen Königsberg und Lötzen während der Tannenberger Schlacht (1919), S. 14; Hoffmann, Die Aufzeichnungen, Bd 2, S. 266; und zu weiteren Beispielen Gause, Die Russen in Ostpreußen, S. 55–57.

[412] Fernspruch 1. Kav.Div. an AOK 8, 24.8.1914, 22.50 Uhr, abgedruckt bei Elze, Tannenberg, S. 287.

[413] Zu den einschlägigen Vorwürfen gegen die Behörden und zu den Hintergründen siehe Gause, Die Russen in Ostpreußen, S. 50–55.

[414] Kabisch, Streitfragen des Weltkrieges, S. 76 f.

Rückzug der 8. Armee hinter die Weichsel.[415] Am Tag zuvor hatte das AOK 8 noch den Oberpräsidenten Windheim »um einen Hinweis an die Bevölkerung [ersucht], dass es empfehlenswert sei, wenn die Bevölkerung vor den Russen nicht flüchtet. Anwesen, in denen sich Bewohner befinden, dürften eher geschont werden als verlassene.« Als dieser das Ansinnen mit der Bemerkung zurückwies, solche Hinweise würden »wenig Glauben und Beachtung finden«, befahl das stellvertretende Generalkommando am 23. August den Bezirkskommandos Bartenstein und Rastenburg, »Anschläge zur Beruhigung der Bevölkerung zu veranlassen«, damit diese an ihren Wohnsitzen blieben. Doch schon einen weiteren Tag später teilte der Oberpräsident dem AOK 8 mit, »dass trotz Warnung und Zurückhaltungsversuchen viele Tausende im Zuge nach Westen seien«. Am 27. August entschuldigte er sich bei seinem Ministerium, »von Seiten der Behörden sei alles geschehen die Flüchtlinge zu halten«, und wo das nicht gelang, sei »auf militärische Anordnung [...] der Zug der Fliehenden weiter westwärts geleitet worden«.[416]

Dass jener nicht mehr aufzuhalten war, dafür sorgten auch Weisungen wie die der Etappen-Inspektion der 8. Armee vom 22. August 1914 an die Regierungspräsidenten in Marienburg und Königsberg, die Bevölkerung darüber zu benachrichtigen, das in den Kreisen ostwärts der Weichsel vorhandene Vieh an eigens hierfür eingerichteten Sammelstellen abzugeben. Solche Maßnahmen beförderten nicht nur die Fluchtbereitschaft der Bevölkerung, sie gingen auch an der Realität vorbei, in der sich die Viehhalter kaum von ihrem Besitz trennen mochten. Entsprechend klassifizierte der Regierungspräsident in Königsberg auch dieses Vorhaben als »ganz undurchführbar«. Er habe stattdessen seine Landräte angewiesen, einen »zweckmäßigen Rückzug mit Vieh und Ernte möglichst zu organisieren, Vieh und Erntebestände auf verschiedenen Wegen verteilt [...] schleunigst über die Weichsel«.[417] Die Flucht der Landesbewohnerinnen und -bewohner nahm deswegen immer weiter zu und kam in den ersten Tagen der Schlacht um Tannenberg einem zeitgenössischen Bericht nach »einer Völkerwanderung nach vielen Tausenden zählend« gleich:

»Die Wagen waren mit Hausgerät aller Art beladen, es war mitgenommen, was jeder für das Wertvollste hielt. Die Straßen waren verstopft, auf den Feldern hatten sich Wagenburgen gebildet, große und kleine Viehherden weideten auf den Äckern. Die Gendarmen standen recht ratlos in der Menge. Sie war nicht fortzubringen, sie klebte an der Truppe.«[418]

[415] BArch, RH 61/1383, Reichsarchiv Nr. 13704: Bitte um Stellungnahme an General der Infanterie a.D. Freiherr von Manteuffel zur Äußerung des Unterstaatssekretärs im Königlich-Preußischen Ministerium des Inneren, Drews, 28.10.1921, S. 1.

[416] BArch, RH 61/1383, Reichsarchiv: Fragebogen Nr. 150: Räumung Ostpreußens 1914, 29.12.1923.

[417] BArch, RH 61/1383, Reichsarchiv Nr. 18942: Fragebogen Nr. 149: Räumung Ostpreußens 1914, 29.12.1923; BArch, PH 5 II/180, TB 8. Armee: Telegramm Regierungspräsident Königsberg an AOK 8, 23.8.1914, 3.40 Uhr, fol. 96. Siehe hierzu auch Grosse, Die Schlacht bei Gumbinnen, S. 78, und Gause, Die Russen in Ostpreußen, S. 58 f.: Demnach seien »schätzungsweise 20 000 Pferde und 60 000 Rinder damals gerettet worden«; dazu waren neun Sammelstellen eingerichtet worden.

[418] BArch, RH 61/53, Denkschrift »Tannenberg« von Generalleutnant [Karl Ritter] von Wenninger (1916), S. 23.

Von solchen Zuständen berichtete auch die Hauptreserve Königsberg am
24. August:

> »Nur mit Mühe konnte sich die Division auf den durch Rückzugskolonnen
> angefüllten Straßen den Weg bahnen. Gendarmerieposten versuchten, die
> Dorfstraßen für die Truppen frei zu halten und die geängstigten, fliehenden
> Einwohner auf die Nebenwege abzuleiten, aber immer wieder drängten
> die traurigen Züge von Greisen, Weibern und Kindern mit hochbepackten
> Karren und Wagen, die die in höchster Angst und Eile zusammengeraffte
> Habe der Ärmsten enthielten, gegen die große gerade Straße an. Eine wilde
> Panik hatte die Bevölkerung ergriffen [...] und jagte sie von Haus und Hof.
> Nur nach Westen, nach Westen, immer weiter schleppte sich Zug um Zug die
> Straßen entlang, ein trauriges, trostloses Bild! Dazwischen schoben sich die
> Marschkolonnen der zurückmarschierenden Truppen. Es war vergebene Müh'
> die große Straße von den Flüchtlingen freizuhalten. An einer Stelle herunter
> gewesen, drängten sie an einer anderen wieder hinauf, um auf dem festen
> Boden der Chaussee schneller dem Unheil entrinnen zu können.«[419]

Tatsächlich flohen die meisten Flüchtlinge zwar grob Richtung Westen, aber
meist nur so weit sie mussten, blieben aber größtenteils diesseits der Weichsel in
Westpreußen, viele in der Gegend am Frischen Haff entlang von Elbing bis nach
Königsberg. Dort wurden sie gegen Erntehilfe oder andere Gegenleistungen von
der örtlichen Bevölkerung aufgenommen, »bildeten vielfach aber auch eine Land-
plage«.[420] Wo sie zwischen die Fronten oder gar in die Gefechte gerieten, litten die
Flüchtenden selbst große Not, wie eben während der Schlacht bei Tannenberg, in
der bald »[a]lle großen Straßen [...] von Flüchtlingskolonnen verstopft« waren.[421]
Noch am 29. August telegrafierte der Regierungspräsident in Königsberg an den
Innenminister:

> »Landflucht stetig zunehmend. Entsetzliches Flüchtlingselend im ganzen
> Regierungsbezirk. Maßnahmen, Flucht aufzuhalten, wirkungslos [...] Schutz
> durch Zivilbehörden unmöglich [...] Allgemeine Stimmung immer gedrückter
> [...] Hebung nur durch rasche Veröffentlichung jedes Waffenerfolges auf öst-
> lichem Kriegsschauplatz möglich. Schweigen lastet schwer auf Bevölkerung;
> erregte Erbitterung gegen Staatsregierung.«[422]

Für Lambsdorff war es allerdings »bedenklich, die sehr bedauerlichen Folgen des
Fehlens allgemeiner Kriegsvorbereitungen [...] dem Verhalten einzelner Beamten
in der Hauptsache aufzubürden«.[423] In einem Staatstelegramm hatte der Königs-
berger Regierungspräsident im Gegenteil der militärischen Führung schwere
Vorwürfe gemacht: »Militärische Befehle förderten Flucht unnötigerweise [...]
Militärbefehlshaber machen Zivilbehörden grundlos für Flucht verantwortlich«[424]

---

[419] BArch, RH 61/1344, Reichsarchiv/Sichtungsabteilung Gruppe III/Hauptmann a.D. von
       Moltke: Landsturm und Festungen Königsberg und Lötzen während der Tannenberger
       Schlacht (1919), S. 35.
[420] Gause, Die Russen in Ostpreußen, S. 60.
[421] BArch, N 591/58, Oberstleutnant Praun: Die Nachrichtenverbindungen um die Schlacht
       bei Tannenberg. In: Deutsche Nachrichtentruppen (Die F-Flagge), 1938, fol. 5.
[422] Zit. nach Gause, Die Russen in Ostpreußen, S. 54 f.
[423] BArch, RH 61/1383, Regierungspräsident a.D. Graf Dr. von Lambsdorff an das Reichs-
       archiv, 3.9.1924, S. 3, Reichsarchiv Nr. 11888, Anlage, 5.9.1924.
[424] Zit. nach Gause, Die Russen in Ostpreußen, S. 55.

– durchaus nicht zu Unrecht, betrachtet man die empathiefreie Art und Weise, wie Mackensen die Zusammenhänge noch in seinen Nachkriegserinnerungen schilderte:

»Nächst der Hitze und dem Staub belästigte den Marsch der Truppen erheblich die Flucht der Landeseinwohner. Ganze Dorfschaften waren unterwegs und versperrten kopflos und verängstigt mit ihren schwer bepackten Wagen aller Art und nebenher laufendem Vieh die Straßen. Den Marschkolonnen vorausgesandte Reiter mussten Ordnung schaffen, eine Straßenseite frei zu machen und wo angängig Wagen und Vieh seitwärts der Wege anzuhalten suchen. Berufene Verwaltungsorgane und Führer waren bei den Flüchtigen selten anzutreffen und zur beruhigenden Mitwirkung zu gebrauchen [...] Frauen gaben mehrfach Beispiele von Umsicht und Mut [...] Auch manches Landstädtchen fanden wir fast menschenleer [...] Die Kopflosigkeit mancher Behörde steigerte sich zur Anordnung von Sperren und Zerstörung von Brücken und Straßen, die von den Truppen noch benutzt werden mussten [...] Schon während der Mobilmachung waren Eindrücke dieser Art mir nicht erspart geblieben. Der bürokratischen Alltäglichkeit fällt es schwer, sich Kriegszuständen anzupassen. Durch Einziehung zur Truppe war der militärisch einsichtsvolle Teil der Beamtenschaft seinem Wirkungskreis entzogen. Stellvertreter und Unterorgane hatten die Geschäfte übernommen. Dem Vaterland mit der Waffe in der Hand zu dienen, galt dem dazu befähigten preußischen Beamten im August 1914 nach alter Überlieferung als höchste Pflicht. Obliegenheiten der Verwaltung und wirtschaftlicher Natur wurden der Verteidigung des Vaterlandes nachgeordnet. Aber wenn ein ganzes Volk seine waffenfähige Mannschaft gegen den Feind sendet und seine ganze sittliche und wirtschaftliche Kraft gegen diesen einsetzen muss, dann sind tatkräftige Führer und Autoritäten auch in der Heimat vonnöten. Der Ausgang des Weltkrieges hat es bewiesen. Sollten wir wieder einmal einen Mobilmachungsplan entwerfen, so müssen darin die Folgen der allgemeinen Wehrpflicht in jener Beziehung vermehrt Beachtung finden.«[425]

Die Flüchtlingsströme behinderten die Truppenbewegungen und -transporte in Ostpreußen nicht allein auf den Straßen und Wegen, sondern auch hinsichtlich der Eisenbahn tatsächlich massiv. Bereits am 23. August 1914 brachten Sonderzüge etwa 2500 Flüchtlinge aus Ostpreußen alleine nach Berlin und Brandenburg, beide bevorzugte Ziele der Fluchtbewegung. Dort wurde eigens eine Beratungsstelle eingerichtet, welche die Flüchtlinge unterstützte, die Bevölkerung zur Hilfe aufrief und deren daraufhin mannigfach eingehenden Spenden verteilte. Mit den Flüchtlingen kamen allerdings diverse Geschichten ins Reich, teilweise auch eindeutige Gräuelmärchen von »abgeschlagenen Köpfen, verbrannten Kindern und vergewaltigten Frauen«;[426] zwischen dem 25. und 27. August waren es dann bereits annähernd 10 000.[427] Das wiederum wurde von der deutschen Propaganda und den deutschen Medien weit verbreitet und fast schon zur Hetze

---

[425] BArch, RH 61/1336, August von Mackensen, Der Feldzug in Ostpreußen, S. 11 f.

[426] Shreve, Kriegszeit, S. 66, sowie grundsätzlich Verhey, Der »Geist von 1914«, S. 158. Oberdörfer, Kriegsschauplatz Ostpreußen, S. 315, spricht dagegen nur von »über 1000 Menschen«, die aus Ostpreußen in der Reichshauptstadt Zuflucht suchten.

[427] Oberdörfer, Kriegsschauplatz Ostpreußen, S. 315; Watson, »Unheard-of Brutality«, S. 816 f.

gegen die russländischen Invasoren instrumentalisiert.[428] Deren Slogans verfingen allgemein und mit langanhaltender Wirkung teilweise bis in unsere Tage, obwohl die Forschung sie zum größten Teil inzwischen als Erfindungen enttarnt hat.[429] Zeitgenössisch wurden solche Bilder gerne zur Aufstachelung der deutschen Truppen verwendet.

»Soldaten des I. Armeekorps! Den Süden Ostpreußens haben wir vom Feinde befreit. Jetzt nähern wir uns unserem Korpsbezirk und den russischen Horden, die unsere Familien aus der Heimat vertrieben und unsere Wohnstätten niedergebrannt haben. Jetzt kommt die Abrechnung.«[430]

Vergleichsweise unerwähnt blieb gleichwohl, wie rasant im Chaos der massenhaften Flucht jede innere Ordnung verloren gegangen war, »[k]ein Gesetz [...] mehr [galt], kein Eigentum [...] geachtet [wurde]«, dass auch gar nicht wenige Ostpreußen damals selbst »schamlos geraubt und geplündert« hatten.[431] Mancherorts bildeten sich regelrechte Banden, die, kaum dass ein Ort oder ein Gehöft verlassen worden war, das Eigentum raubten oder in den Städten Geschäfte und Gasthäuser plünderten. Flüchtlinge sollen sogar mit ihren ausgeschmückten Geschichten bewusst andere zur Flucht veranlasst haben, um sich dann an deren zurückgelassenem Hab und Gut zu bereichern, was zur Gegenrede führte, »die Russen benahmen sich viel anständiger als die Flüchtlinge«. Mancherorts machten dabei offenbar russländische Soldaten mit deutschen Zivilisten wiederum gemeinsame Sache, teilweise vergriffen sich auch deutsche Soldaten an verlassenem Eigentum: »Kurz, es wurde alles gestohlen, was nicht niet- und nagelfest war.«[432]

Der durch die Fluchtbewegung entstandene faktisch rechtsfreie Raum war also enorm und wurde von vielen Ostpreußen auch ausgenutzt. Einige Landräte fanden hernach heraus, dass etliche »den Russen« zugeschriebene Plünderungen in Wirklichkeit von deutschen Zivilisten begangen worden waren.[433] Auch Dohna-Schlobitten konstatierte: »Die Flüchtlinge nahmen auch, wenn sie durch verlassene Orte kommen, alles mit, was nicht weißglühend oder schwer wie ein Amboss war.«[434] Dass solches Verhalten wenigstens nicht regelmäßig der eigenen Not geschuldet war, belegen verschiedentliche Berichte deutscher Soldaten. Below vermerkte beispielsweise in seinem Tagebuch:

»Zugleich [ab dem 23. August] trieb sich in den leer werdenden Ortschaften an und neben ihr [der Vormarschstraße des I. Reservekorps] schon wüstes Gesindel plündernd herum, das wir leider nicht richtig fassen konnten. Nur 2 solcher Halunken konnte ich einmal an die Bäume der Straße binden lassen.«[435]

[428] Shreve, Kriegszeit, S. 67, sowie grundsätzlich Watson, »Unheard-of Brutality«, S. 813–815; Vermeiren, The Tannenberg Myth, S. 781; Górny, Der Feind im Osten.
[429] Boockmann, Deutsche Geschichte im Osten Europas.
[430] Auszug aus dem Korpsbefehl des I. AK am 5.9.1914 vor der Schlacht an den Masurischen Seen; François, Marneschlacht und Tannenberg, S. 252.
[431] Gause, Die Russen in Ostpreußen, S. 45.
[432] Ebd., S. 47–50, Zitate S. 47 f., sowie S. 140 f., Zitat S. 140.
[433] Showalter, Tannenberg, S. 159.
[434] BArch, RH 61/735, Graf A.[lfred zu] Dohna[-Schlobitten], Der Feldzug in Ostpreußen 1914, undatiert (1920), S. 19.
[435] BArch, RH 61/1353, Abschrift des Tagebuchs des Generals O. von Below, S. 36.

Im Ergebnis konzediert Gause, die große Mehrheit der Flüchtlinge habe sich zwar anständig und rechtskonform verhalten, aber »der durch die Flucht überhaupt verursachte Schaden ist nicht abzuschätzen. Er dürfte kaum geringer gewesen sein als der, der auf den Feind zurückzuführen ist, wenn man von den in der Schlacht unvermeidlichen Schäden absieht.«[436] Unerwähnt lässt er allerdings, dass es im Oktober 1914 offenbar besonderer Militärgerichte bedurfte, um die durch deutsche Flüchtlinge angerichteten Schäden und Plünderungen im Zaum zu halten.[437]

Wer konnte, kehrte jedenfalls bereits direkt nach dem Ende der Schlacht wieder in seine Heimat zurück[438], trotz der Ermahnungen des Oberpräsidenten und erneut gegen den Willen des AOK 8, das noch Mitte September vor einer Rückkehr warnte[439] – zu Recht: Nach dem Rückzug der deutschen Truppen im November 1914 auf die Masuren-Stellung kam es zu einer zweiten Flüchtlings-welle, die allerdings mit rund 525 000 Flüchtenden nicht ganz so umfangreich verlief wie die vom Sommer 1914 mit etwa 800 000.[440] Vor allen Dingen wurde sie von den Behörden besser beziehungsweise überhaupt irgendwie organisiert – was nicht zuletzt daran lag, dass die zivilen Stellen dieses Mal über die militärischen Entwicklungen unterrichtet worden waren. Eigens ernannte Kommissare, in der Regel die jeweiligen Regierungspräsidenten, sorgten für die Verteilung der Flüchtlinge ebenso wie für deren Transport:[441] Hatte man bei der ersten Welle lediglich rund 10 000 Flüchtende nach Pommern sowie 22 000 in den Regierungsbezirk Frankfurt/Oder verbracht und befanden sich alleine in Königsberg zur Höchstzeit etwa 16 000 Flüchtlinge[442], konnten bei der zweiten Welle immerhin 175 000 Menschen gezielt evakuiert und aufgeteilt werden: Rund 20 000 Flüchtlinge kamen im Regierungsbezirk Danzig unter, 34 000 wurden nach Pommern transportiert, 25 000 in den Regierungsbezirk Frankfurt/Oder, 12 000 nach Potsdam, 11 000 nach Magdeburg, 21 000 nach Schleswig, 20 000 nach Lüneburg, 18 000 nach Stade, 8000 nach Mecklenburg-Schwerin und 6000 nach Osnabrück.[443] Sie kehrten in Masse von Frühjahr bis Herbst 1915 in ihre jeweilige Heimat zurück, doch erst mit dem 1. Januar 1917 konnte die staatliche Unterstützung für die ostpreußischen Flüchtlinge eingestellt werden.[444]

Derweil hatte man schon nach den Schlachten von Tannenberg und an den Masurischen Seen umgehend mit dem Wiederaufbau Ostpreußens begonnen. Dazu wurde unter dem ab dem 1. Oktober 1914 neu eingesetzten Oberpräsidenten

---

[436]   Gause, Die Russen in Ostpreußen, S. 49.
[437]   Watson, »Unheard-of Brutality«, S. 788.
[438]   BArch, RH 61/1380, F. Nicolai, Wiederaufbau Ostpreußens, S. 5.
[439]   Gause, Die Russen in Ostpreußen, S. 62, erwähnt ein Schreiben des AOK 8 vom 13. September, das vor einer Rückkehr warnte, und entsprechende Ermahnungen seitens des Oberpräsidenten noch am 19. September.
[440]   Traba, Ostpreußen, S. 39, bezieht sich auf zeitgenössische Arbeiten von Albert Brackmann, damals Professor für mittelalterliche Geschichte in Königsberg, der später eine fatale Rolle in der sogenannten Ostforschung im »Dritten Reich« spielte; siehe dazu Mommsen, Vom »Volkstumskampf«, S. 183. Die amtliche Überlieferung benannte 400 000 Flüchtlinge, BArch, MSg 2/3404, Ostpreußen, S. 2.
[441]   Zur zweiten Fluchtwelle siehe Gause, Die Russen in Ostpreußen, S. 65–71.
[442]   Ebd., S. 59 f.
[443]   Ebd., S. 69 f.
[444]   Ebd., S. 78.

Adolf Tortilowicz von Batocki-Friebe eigens eine »Kriegshilfskommission« eingerichtet, die sich außerdem mit Entschädigungsfragen beschäftigte. Auf An-
regung der Behörden und nach einem Aufruf Wilhelms II. vom 27. August an
alle Staatsorgane zur Zusammenarbeit und zur Einheit mit der Bevölkerung
war zuvor bereits eine Welle der Solidarität entstanden, die in ein Netzwerk
von Solidaritäts- und Hilfsorganisationen mündete.[445] Zentralisiert wurden die
privaten Anstrengungen in der alsbald gegründeten »Ostpreußenhilfe: Verband
Deutscher Kriegshilfsvereine für zerstörte ostpreußische Städte und Ortschaften«,
die bis Mai 1916 rund zwölf Millionen Mark erhalten haben soll.[446] Ob dazu
auch der an anderer Stelle erwähnte Hilfe- und Spendenaufruf des Königsberger
Oberbürgermeisters gehörte, der von anderen Behörden unterstützt in allen Teilen
des Deutschen Reiches verbreitet worden war und insgesamt acht Millionen Mark
an Spendengeldern zusammenbrachte, ist unklar, allerdings wahrscheinlich.[447]
Diverse Städte im Deutschen Reich übernahmen darüber hinaus Patenschaften
über ostpreußische Gemeinden. Mit ihrer Hilfe gelang es noch während des
Krieges, die beispielsweise ganz zerstörten Gemeinden Gerdauen, Goldap,
Neidenburg (Patenstadt Köln), Soldau (Berlin-Charlottenburg), Stallupönen,
Eydtkuhnen und Schirwindt wieder aufzubauen, andere nur teilweise zerstörte
wie Hohenstein (Leipzig), Lyck (Oppeln), Lötzen (Frankfurt am Main) oder
Ortelsburg (Berlin-Wilmersdorf und Wien) maßgeblich zu unterstützen.[448] In der
gesamten Provinz wurden darüber hinaus Sammelstellen für Metall und Waffen
eingerichtet, um den Kriegsschrott zu beseitigen. Daran beteiligte sich vor allem
die örtliche Bevölkerung, die jedoch wegen der damit verbundenen Lebensgefahr
dafür bezahlt wurde, denn allenthalben fanden sich nicht explodierte Granaten.[449]
Die »Kriegshilfskommission« untersuchte zudem das vermeintlich völker-
rechtswidrige Verhalten der russländischen Truppen in allen ostpreußischen
Regierungsbezirken. Ihre Erhebungen dauerten bis zum Herbst 1916 an und
wurden im Ergebnis sowohl der politischen als auch der militärischen Führung
des Deutschen Reiches, jedoch nicht der Öffentlichkeit mitgeteilt. Außerdem
erhielten deutsche Behörden und fremde Regierungen Informationen in Form
einer Denkschrift vom 23. März 1915 mit dem programmatischen Titel:
»Gräueltaten russischer Truppen gegen deutsche Zivilpersonen und deutsche
Kriegsgefangene«. Sie enthielt »nur einen kleinen Teil aller Gräueltaten und
nicht die schlimmsten« und war lediglich »zur vertraulichen Kenntnisnahme«
bestimmt. Dort sprach Batocki-Friebe von 10 000 niedergebrannten Gebäuden,

[445] Traba, Ostpreußen, S. 42 f.; Gause, Die Russen in Ostpreußen, S. 62 f. Demnach war
      Batocki bereits am 24. September zum Kommissar für das Flüchtlingswesen in Ostpreußen
      bestimmt worden. Zu den privaten Hilfsorganisationen siehe ebd., S. 73 f. Batockis Bruder
      fiel als Rittmeister und Kommandant des Hauptquartiers des Generalkommandos I. AK
      am 12. September 1914; François, Marneschlacht und Tannenberg, S. 270.
[446] Watson, »Unheard-of Brutality«, S. 818 f.
[447] Gause, Die Russen in Ostpreußen, S. 61; Kossert, Masuren, S. 239 f., sowie ausführli-
      cher Kossert, Ostpreußen, S. 204–208, der in diesem Kontext auf die dadurch wachsen-
      de Verbundenheit weiter Reichsgebiete mit der Provinz Ostpreußen hinweist, die in der
      Nach- und Zwischenkriegszeit erhebliche Virulenz entwickelte.
[448] BArch, MSg 2/3404, Ostpreußen, S. 2; Kossert, Masuren, S. 239.
[449] BArch, RH 61/1380, F. Nicolai, Wiederaufbau Ostpreußens, S. 6 f., und darin beispielhaft
      den Bericht über Zerstörungen und Plünderungen in Pillkallen.

80 000 geplünderten Wohnungen und Tausenden verschleppten oder getöteten Zivilisten.[450]

Diese Zahlen sind, wie nicht unüblich in solchen Fällen, umstritten. Als einigermaßen gesichert kann angenommen werden, dass circa 1500 Zivilisten ihr Leben verloren, über 41 000 Gebäude zerstört und rund 60 000 beschädigt sowie etwa 80 000 Wohnungen geplündert worden sind.[451] Der gesamte Sachschaden wurde auf etwa 1,5 Milliarden Mark beziffert.[452] Darüber hinaus sollen 433 Zivilisten verwundet und 873 332 Stück Vieh verloren[453] sowie weitere tausend Landesbewohner nach Sibirien verschleppt worden sein.[454] Derartige Verschleppungen fanden auch, aber nicht ausschließlich willkürlich statt, trotz der Aussage Lambsdorffs, wonach »[v]ielfach [...] ganze Ortschaften, ohne Unterschied von Alter und Geschlecht der Bewohner, einschließlich der Greisinnen und Säuglinge, in rücksichts- und sinnloser Weise verschleppt worden [sind]«.[455] Gause belegt stattdessen, dass sie in ihrem planmäßigen Anteil den deutschen Streitkräften vor allem potenzielle Soldaten entziehen sollten, was also beim Rückzug der russländischen Truppen und insbesondere dort geschah, wo er noch organisiert verlief.[456] Der amtlichen Überlieferung nach handelte es sich um rund 11 000 Menschen, darunter fast 2000 Kinder, von denen etwa 7300 nach dem Krieg heimkehrten.[457] Traba behauptet hingegen, es habe sich um rund 13 000 Verschleppte gehandelt, von denen nur wenige nach Kriegsende wiederkamen.[458] Den Auswertungen von Gause nach kehrten bis zum Jahreswechsel

---

450 Gause, Die Russen in Ostpreußen, S. 149 f. Der Bericht ist darin abgedruckt als: Greueltaten russischer Truppen, Anl. 1, S. 9–11. Siehe dazu auch Hoeres, Die Slawen, S. 190 f.

451 Watson, »Unheard-of Brutality«, S. 793; Traba, Ostpreußen, S. 41; Gause, Die Russen in Ostpreußen, S. 148 f. Zu einer Aufstellung der durch russländische Soldaten getöteten Zivilpersonen nach Regierungsbezirken und Ortschaften siehe ebd., S. 229. Kershaw, Das Ende, S. 150, zählt dagegen für August/September 1914 etwa 350 000 Flüchtlinge, was deutlich zu wenige wirkt, spricht aber auch von 40 000 zerstörten Gebäuden und 1500 getöteten Zivilisten. Im Vergleich dazu sprach Brackmann, Die Russengreuel in Ostpreußen, S. 545 f., von 34 000 zerstörten Gebäuden, etwa 100 000 geplünderten Häusern sowie 1629 getöteten und 433 verwundeten Zivilisten, die amtliche Überlieferung dagegen von 34 000 zerstörten Gebäuden, davon 11 000 Wohnhäuser; BArch, MSg 2/3404, Ostpreußen, S. 2. Der amtlichen Überlieferung nach sollen rund 3000 Zivilisten getötet worden sein; BArch, MSg 2/3404, Ostpreußen, S. 2.

452 BArch, MSg 2/3404, Ostpreußen, S. 2.

453 Brackmann, Die Russengreuel in Ostpreußen, S. 545 f. In der amtlichen Überlieferung sind die Viehverluste mit 136 000 Pferden und 232 000 Rindern beziffert, BArch, MSg 2/3404, Ostpreußen, S. 2. Bei Gause, Die Russen in Ostpreußen, S. 71, finden sich von ihm geschätzte 200 000 Schweine, 50 000 Schafe, 10 000 Ziegen und 600 000 Hühner.

454 Janßen, Und morgen die ganze Welt, S. 86; Traba, Ostpreußen, S. 39. In neueren Überblicksdarstellungen ist von 707 ermordeten und 2713 deportierten Zivilisten die Rede; Kossert, Masuren, S. 239. Watson, »Unheard-of Brutality«, S. 793 f. und 822 f., weist dagegen 1491 Tote und 13 005 Verschleppte nach.

455 BArch, RH 61/1383, Regierungspräsident a.D. Graf Dr. von Lambsdorff an das Reichsarchiv, 3.9.1924, S. 3, Reichsarchiv Nr. 11888, Anlage, 5.9.1924.

456 Watson, »Unheard-of Brutality«, S. 798–800; Gause, Die Russen in Ostpreußen, S. 236–282; ebd., S. 222–224, auch Beispiele; zum Vorgehen S. 237; eine Aufstellung nach Landkreisen S. 246.

457 BArch, MSg 2/3404, Ostpreußen, S. 2.

458 Traba, Ostpreußen, S. 41.

1918/19 indes 8274 Menschen zurück, 1440 waren zwischenzeitlich verstorben und von 3855 war der Verbleib unbekannt. Dass einige von diesen noch 1919 und später nach Ostpreußen zurückgekehrt seien, andere sich freiwillig im Russländischen niedergelassen hätten, nahm er als wahrscheinlich an, jedoch nur für eine Minderheit dieser hohen Unbekanntenzahl.[459]

Bei diesen Aufzählungen machen sich also wie bei der gesamten Meistererzählung zur ostpreußischen Geschichte teilweise und mitunter bis heute politische Ambitionen bemerkbar, die häufig mit einem kulturmissionarischen Anspruch und antirussischen Untertönen unterlegt wurden, die sich allzu oft mit antisemitischen vermischen.[460] Zeitgleich zur weiter oben beschriebenen Legendisierung Hindenburgs durch Kürenberg/Reichel formulierte Carl Mühlmann, 1914 charakterisierter Rittmeister und Adjutant von General der Kavallerie Otto Liman von Sanders, 1934 die stramm national-chauvinistische Sichtweise im Jargon der Zeit:

> »Der Sieg von Tannenberg rettete Ostpreußen. Kein Zweifel, dass mit dem Verlust der Schlacht das Land verloren gewesen wäre. Es blieb dann nur übrig, die Trümmer der 8. Armee hinter die Weichsel zu nehmen. Eine halbe Million Russen hätte die Ostmark überflutet. Was ihr dann bevorstand, zeigten die Spuren, die der Feind in dem von ihm durchzogenen Teil hinterlassen hatte. Aus blühenden Ortschaften und fruchtbaren Landstrichen waren rauchende Trümmerhaufen und Wüsteneien geworden. Russisches Schicksal hätte die zurückbleibende Bevölkerung erwartet. Bestes deutsches Land, gedüngt von deutschem Blute, Kornkammer des Reiches, Born kraftvoller Jugend und bodenständigen Bauerntums, ein Mittelpunkt und eine Zierde deutschen Geisteslebens war dann unwiederbringlich verloren [...] Ohne den Sieg von Tannenberg wäre der deutsche Krieg im Osten schwerlich zu einem glücklichen Ende gebracht worden.«[461]

Mit der Realität von 1914 hatten diese Aussagen wenig gemein. Aber die Flüchtlingsberichte »verdichteten jedenfalls das Bild von den unzivilisierten und grausamen Barbaren aus dem Osten«, das eben nicht erst 1933 erfunden wurde und von Anfang an Teil der Meistererzählung über die Schlacht von Tannenberg war.[462] Wesentlich weniger zahlreich, doch immerhin vorhanden, waren auch zeitgenössische Hinweise, dass die Fluchtbewegungen in Ostpreußen ihre Entsprechungen in der Flucht der französischen und russländischen Bevölkerung nach dem jeweiligen Einmarsch der deutschen Truppen fanden. Gause kam dabei zu einem noch heute aktuell erscheinenden Ergebnis:

> »Die weitgehende Übereinstimmung in den verschiedenen Fluchtbewegungen des Weltkrieges beweist, dass die besondere seelische Disposition der Kriegspsychose nicht auf Ostpreußen beschränkt war, sondern in allen vom Krieg ergriffenen Gebieten herrschte. Es war die verständliche Furcht vor den Schrecken des modernen Krieges, aber auch die Tatsache, dass die Völker einan-

---

[459] Gause, Die Russen in Ostpreußen, S. 282.
[460] Hoeres, Die Slawen, S. 192–194. Siehe als zeitgenössisches Beispiel BArch, RH 61/1336, August von Mackensen, Der Feldzug in Ostpreußen, S. 1 f.
[461] BArch, RH 61/1341, Carl Mühlmann: Tannenberg 1914, 5.9.(1934), S. 14.
[462] Hoeres, Die Slawen, S. 190 f.

der vielleicht zu wenig kannten und dass eines vom anderen nur Schlimmes erwartete, die zur Flucht getrieben und damit viel Elend geschaffen haben.«[463] Tatsächlich war das Verhalten der russländischen Truppen durchaus vergleichbar mit dem der deutschen bei der Invasion Belgiens und Frankreichs. In Relation zur Einwohnerzahl fielen dem russländischen Einmarsch 0,086 Prozent der Bevölkerung zum Opfer, dem deutschen 0,078.[464] An anderen Fronten und von anderen Armeen sind ähnliche Verbrechen in solchen Ausmaßen bekannt, dass Watson konstatiert: »Violence against civilians was a European way of war in August 1914.«[465] Auch im deutschen Kontext wurden Nachrichten über entsprechende Gewalttaten der Gegner jedenfalls gezielt eingesetzt, um die Bevölkerung von der Notwendigkeit des Krieges zu überzeugen.[466]

Ein wesentlicher Effekt der umfangreichen Fluchtbewegung des Sommers 1914 auf den weiteren Fortgang der operativen Kriegsereignisse in Ostpreußen im August 1914 war in jedem Fall, dass sie bei der russländischen militärischen Führung »den Eindruck einer vollkommenen Evakuierung Ostpreußens« erweckte.[467] Auch das bestärkte sie in der Einschätzung, »dass die Deutschen so weit östlich von ihrer Basis an der Weichsel keinen ernsthaften Widerstand planten«.[468]

6. Meistererzählung und historische Realität

Der schon zitierte Mühlmann war es auch, der die deutsche Meistererzählung über die Schlacht von Tannenberg weiterspann und sie mit den zwischenzeitlich zunehmend einschlägigen antislawischen und chauvinistischen Untertönen des sich implementierenden »Dritten Reiches« garnierte:

»Die Annahme des deutschen Generalstabes hatte ihre Richtigkeit. Je eine russische Armee marschierte an der Ostgrenze Ostpreußens am Njemen und gegenüber der Südgrenze am Narew auf. Aber die ersten kriegerischen Ereignisse nahmen einen anderen Verlauf, als deutscherseits erwartet und erhofft. Wohl hatte die deutsche Führung der mit der Verteidigung Ostpreußens betrauten 8. Armee den Vorteil der inneren Linie ausnutzen wollen. Sie hatte sich im Angriff auf die Njemen-Armee gestürzt, aber die Schlacht von Gumbinnen am 20. August wurde nicht siegreich zu Ende geführt. Ihre Fortführung schien der deutschen Führung nicht ratsam, da die Narew-Armee schneller als berechnet sich der deutschen Grenze näherte und ihr weiterer Vormarsch westlich der Masurischen Seen in den Rücken der 8. Armee führen musste. Schwere Verluste und Rückmarsch, dazu das niederdrückende Bild der Flucht der Bevölkerung vor den einmarschierenden Russen: fürwahr, eine starke

---

[463] Gause, Die Russen in Ostpreußen, S. 79.
[464] Watson, »Unheard-of Brutality«, S. 803 f.
[465] Ebd., S. 823. Zu den bei Weitem höheren Todeszahlen in der serbischen und vor allem der ukrainischen Bevölkerung siehe ebd., S. 823 f.
[466] Ebd., S. 825.
[467] Daniloff, Rußland im Weltkriege, S. 208.
[468] Tuchman, August 1914, S. 311 f.

Belastung der Truppe. Auch die Festigkeit und Zielsicherheit der Führung
schien ins Wanken zu geraten. Sie bereitete zwar mit halbem Herzen eine
Operation gegen die Narew-Armee vor, dachte aber mehr an Rückzug hinter
die Weichsel. Glaubte die Führung nicht mehr an Sieg, wie sollte die Truppe
daran glauben? Viel stand auf dem Spiel, ein unglücklicher, kaum wieder gut
zu machender Kriegsbeginn im Osten und der Verlust einer der treuesten und
wertvollsten deutschen Provinzen. Neue Kräfte waren nicht so von Nöten als
neue Führung, die das erschütterte Vertrauen bei der Unterführung und der
Truppe wiederherstellte.«[469]

Sichtbar verband sich hier die »gute alte« mit der von den Nationalsozialisten aus-
gerufenen »Neuen Zeit«.

Einer anderen Veröffentlichung stellte Mackensen ein Vorwort voran, das wenigstens ebenso deutlich die gemeinsame Schnittmenge umriss:

»Mit dem Sieg von Tannenberg im August 1914 bewiesen Führung und
Truppen der Deutschen eine Überlegenheit über den Gegner, die nicht nur
unmittelbar Ost- und Westpreußen vor der russischen Heerflut bewahrte,
sondern in ihrer Nachwirkung während des ganzen Weltkrieges die deutschen
Führer und Frontkämpfer, vom Gefühl der Sieghaftigkeit des Deutschtums
über das Russentum beseelt, fortgesetzt Erfolge bis zum Zusammenbruch des
Zarenreiches erringen ließ.«[470]

Diese neue Führung bewertete Mühlmann gleich anschließend entsprechend:
»Ihre ersten Eindrücke im Armeehauptquartier Marienburg waren wenig
erfreulich. Es hatte in den letzten Tagen eben die feste Hand gefehlt; nun war sie
aber wieder da, in wenigen Stunden setzte sich das neue Armee-Oberkommando
durch, beherrschte es die Lage.«[471] Sie sei es gewesen, die das Lösen der deutschen Truppen vom Gegner bei Gumbinnen angeordnet und sie sogleich in die
Schlacht von Tannenberg geführt habe:

»Zwei dieser Korps, das XVII. Armeekorps und das I. Reservekorps, hatten
nach Weisung der bisherigen Armeeführung aus dem Raum von Insterburg
zwischen Königsberg und den Masurischen Seen in südwestlicher Richtung
nördlich an Allenstein vorbei zurückzugehen. Das I. Armeekorps sollte im
Bahntransport die Gegend von Deutsch Eylau erreichen, um unter Umständen einen Schlag gegen die westliche Flanke der Narew-Armee zu führen.
Dieser stand längs der ostpreußischen Südgrenze das verstärkte XX. Armeekorps in vorbereiteter Stellung zwischen Gilgenburg und nördlich von
Neidenburg gegenüber. Das Korps stand also etwa in der Mitte zwischen
Weichsel und Masurischen Seen, um, so gut es ging, diesen breiten Raum
abzuriegeln und einen einbrechenden Gegner weder westlich noch östlich
vorbeizulassen [...] Über Stärke und Kriegsgliederung der Russen war man
leidlich unterrichtet [...] Gewaltig war auch die russische Überlegenheit an
Reiterei und Geschützen. Unerschütterlich blieb gleichwohl der deutsche
Siegeswille [...] Was am 20. August gegen die Njemen-Armee missglückt war,
musste nun gegen die Narew-Armee unter günstigeren Kampfbedingungen
erneut versucht werden. Mit diesem festen Willen kamen Hindenburg und

---

[469] Mühlmann, Tannenberg 1914, S. 3 f.
[470] Mackensen, Vorwort.
[471] Mühlmann, Tannenberg 1914, S. 4.

Ludendorff nach Marienburg, an diesem Entschluss hielten sie in allen
den kritischen Zuspitzungen der kommenden Tage unverrückbar fest. Der
operative Grundgedanke war der der doppelseitigen Umfassung durch
Vereinigung der einzelnen Armeeteile nach vorwärts auf dem Schlachtfelde!
Statt in die Zange der konzentrisch vorrückenden russischen Armee zu geraten,
sollte unter Abriegelung gegen Osten der russischen Südarmee ein Cannae
bereitet werden. Das verstärkte XX. Armeekorps hatte die russische Front
zu binden, das I. Armeekorps die westliche, das XVII. Armeekorps und das
I. Reservekorps – oder zum mindesten Teile von ihnen – die östliche Flanke des
Feindes durch Umfassung zu schlagen und dann die Einkreisung zu vollenden.
Dieser Schlachtplan war angesichts der Lage von unerhörter Kühnheit und
getragen von beispiellosem Vertrauen auf die Leistungsfähigkeit der Truppe.
Seine erfolgreiche Durchführung verlangte die Zusammenfassung der ganzen
Kraft gegen die Narew-Armee, mithin eine fast gänzliche Entblößung vor der
Njemen-Armee.«[472]
An dieser Kontextualisierung stimmte so gut wie nichts, aber sie entsprach
zumindest in den mitgeteilten Fakten der amtlichen Überlieferung durch das
Reichsarchiv. Dort war zu lesen, der deutsche Entschluss sei gewesen:
»Ausnutzung der Trennung beider russischer Armeen in Ostpreußen zu einem
entscheidenden Schlag gegen die südliche 2. (Narew-)Armee. Dazu: vorerst
Abwehr der Mitte (verst. XX. AK) gegen den russischen Westflügel nördl.
Soldau und Stoß in die Westflanke und den Rücken unter gleichzeitiger
Heranführung des XVII. A.K. und I. Res.Korps gegen Ostflügel und Ostflanke
der Narew-Armee. Belassung nur äußerst geringer Kräfte gegenüber der nörd-
lichen 1. (Njemen-)Armee.«[473]
Dabei konnten es auch schon die Zeitgenossen besser wissen. Der bayerische
Militärbevollmächtige im Großen Hauptquartier und Ludendorff-Vertraute
Generalmajor Karl Ritter von Wenninger schrieb in seiner Denkschrift »Tannen-
berg« bereits 1915:
»Es steht also fest, dass Hindenburg-Ludendorff weder einen festen fertigen
Schlachtplan mitbrachten, noch einen solchen am ersten Abend in Marien-
burg fertigstellten. Auch andere Legenden verdienen hier aufgelöst zu werden:
Hindenburg kannte die Gegend von Tannenberg nur flüchtig [...] Ludendorff
hatte eine Generalstabsreise unter Schlieffen im Kreise Neidenburg mitgemacht,
gelegentlich auch taktische Aufgaben an der Seensperre gestellt.«[474]
Genau diese Art der Darstellung aber wollte das Reichsarchiv eben nicht transportieren. Seine Mitarbeiter erforschten durchaus bis ins Detail hinein Abläufe,
Ereignisse und Hintergründe der Schlacht wie der Ereignisse in Ostpreußen 1914.
Dabei dürfte eine weit größere Informationsmenge zusammengetragen worden
sein als diejenige, welche heute nach der Zerstörung des Potsdamer Archivs noch
zur Verfügung steht. Statt einer wissenschaftlichen Analyse präferierten sie aber
eine Präsentation unter den politischen Rücksichtnahmen der Zeit; vor allem
war man dort bedacht, die Institution Militär keinesfalls in schlechtem Licht zu

---

[472] Ebd., S. 4–6.
[473] BArch, MSg 2/3404, Schlacht bei Tannenberg 1914 (Ein tageweiser Überblick).
[474] BArch, RH 61/53, Denkschrift »Tannenberg« von Generalleutnant [Karl Ritter] von
Wenninger (1916), S. 20.

präsentieren und außerdem nicht selbst zwischen die Stühle zu geraten.[475] Im
Abschlussbericht des Reichsarchivs nach der Befragung der Zeitzeugen hieß
es 1921, die eingegangenen Berichte seien in ihren allgemein militärischen
Betrachtungen durchaus interessant, würden sich aber »augenblicklich nicht zum
Druck eignen«:

> »Es ist größtenteils eine scharfe Polemik gegen S.M. und die von ihm
> erwählten Berater, namentlich gegen den Reichskanzler und noch mehr gegen
> das Militärkabinett. Wenn auch mehr indirekt richtet der Angriff sich aber
> auch gegen den Generaloberst v. Moltke, insofern als er dem Kampfe mit dem
> M.C. ausgewichen ist, namentlich als er sich darüber klar geworden war, dass
> der Generaloberst v. Prittwitz nicht der geeignete Mann sei, um den überaus
> schwierigen Verhältnissen bei einem Zweifrontenkrieg in Ostpreußen gerecht
> zu werden. Also schon im Frühjahr 1914! Wenn er seiner Stellung gewachsen
> gewesen wäre, hätte Moltke hieraus schon damals eine Cabinettsfrage machen
> müssen, sich aber nicht hinhalten und vertrösten lassen sollen. – Ist es angezeigt,
> dies schon jetzt in der Öffentlichkeit wieder, wenn auch mit schonendem
> Finger anzudeuten? Und man kann doch unmöglich dem aus dem Wege gehen,
> wenn man sich mit den Ereignissen während der Augusttage 1914 überhaupt
> beschäftigen will; ganz besonders deshalb, weil Prittwitz doch eine ganze Kette
> von schweren Missgriffen begangen hat [...] Dabei kommt man dann auf das
> höchst fragwürdige Verhalten des Generals v. Pr. dem Gen. v. F. gegenüber
> zu sprechen. Jeder Laie wird sagen, war es unerhört, daß Pr. sich eine Woche
> lang in dieser Weise von einem Untergebenen auf der Nase herumspielen ließ?
> Was waren das für Zustände in der Armee, die mit dem Blute von Tausenden
> gebüßt werden mussten? – Ist es heute schon angezeigt, durch eine auch nur
> angedeutete Kritik dem Radikalismus Wasser auf die Mühle zu leiten? [...]
> Man hat das Gefühl, Prittwitz hat sich in seinem Telefongespräch mit Moltke
> geradezu um seinen Hals geredet. Jede Beleuchtung der Lage muss dies doch
> in aller Schärfe betonen und zu dem Schluss kommen, es war die allerhöchste
> Zeit diesen Heeresverderber und verzagten Führer endlich zu beseitigen [...]
> Auch hier ist aber wieder die Frage, ob es im Staatsinteresse liegt, unseren
> zur Beschimpfung der Armee allemal bereiten Kreisen diese Zustände erneut
> aufzutischen, [...] da ich immer auf dem Standpunkt gestanden habe, [...] das
> [sic] solche dem Ansehen des Heeres schädlichen Vorkommnisse noch nicht
> in der Öffentlichkeit breit getreten werden dürfen. So sehr ich bereit bin, der
> Wahrheit und den Interessen des Stabschefs bei A.O.K. 8 zu dienen, müsste
> ich eine grobe Taktlosigkeit auf mich nehmen, wenn ich in das Wespennest
> von Tannenberg stechen wollte.«[476]

Die eigentlichen Zusammenhänge hatten sich also ganz offensichtlich schon
in dieser vergleichsweise frühen Recherchephase offenbart, doch sah man eine
scheinbar höhere Verantwortung, ja gar ein »Staatsinteresse« in der Ignorierung
dieser Feststellungen. Stattdessen war man bereit, Prittwitz zum Sündenbock
zu stempeln und dabei Waldersee mit zu opfern – ganz so also, wie es Moltke
seinerzeit bei der Entscheidung zur Ablösung des Führungsduos getan hatte. Dass

[475] Zur grundsätzlichen Disposition des Reichsarchivs siehe in der Zusammenfassung Pöhl-
       mann, Kriegsgeschichte und Geschichtspolitik, S. 157–161.
[476] BArch, RH 61/556, Reichsarchiv, Stellungnahme von Zwehl, 2.3.1921.

»Tannenberg« inzwischen zu einem Thema geworden war, an dessen »heldischen«
Ausformulierungen offenbar verschiedene Personen großes Interesse hatten, denen
man wohl lieber nicht in die Quere kommen mochte, zeigt die Bezeichnung als
»Wespennest«. Wie sich ganz grundsätzlich daran die Vorgehensweise des Reichsarchivs orientierte, wie wenig man sich dabei einer ernstgemeinten Aufarbeitung
verpflichtet sah, lässt sich aus diversen Schriftwechseln herauslesen, mit denen
Mitarbeiter des Reichsarchivs Einlassungen Einzelner kommentierten. So
war beispielsweise »[d]er Name des Kommandeurs II./Gren. 4 [...] allerdings
absichtlich weggelassen worden, da es sich in der Darstellung nicht darum handelt
Persönlichkeiten, die versagt haben, zu brandmarken, sondern zu unterstreichen,
was *Besonderes* geleistet worden ist.«[477]

Es ging also ausschließlich um die Aufbereitung von Sachverhalten im Sinne
der übergeordneten Zielsetzung. Entsprechend fragten die verschickten Frage-
bögen gezielt danach, ob »noch besondere Leistungen hervorzuheben« seien.[478]
Und was für Personen galt, galt auch für Großverbände: Den kurzzeitigen Rückschlag der 2. Infanteriedivision am 27. August beim noch zu schildernden Angriff
auf Usdau hielt man im Reichsarchiv für nicht der Erwähnung wert:
»Es soll aber versucht werden sowohl am 27. als auch in der weiteren Darstellung
noch mehr zu unterstreichen, was gerade die 2. Infanterie-Division vorher
schon (Stallupönen–Gumbinnen) geleistet hatte, und hervorgehoben werden,
wie die Zuversicht und Angriffsfreudigkeit von Führer und Truppe trotz der
Hergänge des 27.8. kaum gelitten hat.«[479]
Diese Vorgehensweise stieß mitunter durchaus auf Kritik, so bei Lambsdorff:
»Eine *ausführliche* Geschichte der Kriegsereignisse und ihrer Vorbereitung in
Ostpreußen ist offenbar nicht gewünscht worden, obwohl die Unterlagen dazu
an amtlichen Daten, Schriften und Äußerungen Beteiligter z.Zt. hinreichend
vorhanden sind.«[480]
Aber Tannenberg hatte sich zu diesem Zeitpunkt längst als Legende verselbststän-
digt und war immer weiter ausgeschmückt worden – mit den entsprechenden
Auswirkungen bei den Veteranen. Der damalige Ia der 37. Infanteriedivision,
Major von Gaza, beschwerte sich 1927 über die Reichsarchivs-Schilderung:
»Wenn man miterlebt, welcher Geist damals in unserer Division herrschte,
dann kann man über den so häufig bedenklichen Ton des Entwurfs, der
m. Erachtens zuweilen an Kleinmütigkeit und Besorgtheit grenzt, wirklich
bekümmert sein. Besonders die Schlusssätze über die Schilderung des Gefechts
von Lahna–Orlau, die doch besonders geeignet sind, um die Tüchtigkeit und
Tätigkeit einer Truppe noch einmal, zusammenfassend, herauszuarbeiten

477 BArch, RH 61/1317, Theobald von Schäfer, Oberarchivrat beim Reichsarchiv und Mitarbeiter des Bandes Tannenberg, an General der Infanterie von Falk, 30.3.1927. Hervorhebung im Original.
478 BArch, RH 61/1317, 37. Infanteriedivision 1914 Lahna/Orlau und in Polen. Fragen des
Generalleutnants von Staabs an Oberst von Gaza und dessen Antwort, 28.2.1927.
479 BArch, RH 61/1317, Theobald von Schäfer, Oberarchivrat beim Reichsarchiv und
Mitarbeiter des Bandes Tannenberg, an General der Infanterie von Falk, 30.3.1927.
480 BArch, RH 61/1383, Regierungspräsident a.D. Graf Dr. von Lambsdorff an das Reichsarchiv, 3.9.1924, S. 1, Reichsarchiv Nr. 11888, Anlage, 5.9.1924. Hervorhebung im
Original.

und hervorzuheben, sind nach meinem Dafürhalten geradezu als *matt* zu
bezeichnen.«[481]
Und weiter:
>»Für jeden Soldaten bleibt doch, gleichgültig wo er sonst noch gefochten hat,
die Teilnahme an der denkwürdigen Vernichtungsschlacht von Tannenberg
die schönste Erinnerung und ganz besonders dann, wenn er die fast 8-tägigen
einleitenden Gefechte mitgemacht und, wie es bei unserer Division der Fall
war, schließlich im Brennpunkt, bei Hohenstein, gekämpft hat.«[482]
Zunehmend wurde also auch der einfache Soldat in das Geschehen einbezogen,
die Leistung des Einzelnen in der Summe des militärischen Handelns bewertet,
was freilich die Haltbarkeit des Mythos verlängerte, weil er immer umfangreichere
Identifizierungsmöglichkeiten bot. Schließlich entwickelte sich das Narrativ da-
hingehend, dass es quasi eine verschworene Tannenberg-Gemeinschaft gegeben
habe, während der Schlacht wie hernach: »From general to private the victors
were a band of brothers, and all the brothers were valiant in the defense of their
violated Fatherland.«[483]
Angesichts dieser offensichtlich weit verbreiteten Sichtweise auf die Schlacht
verwundert es wenig, wenn das Reichsarchiv sich ihr anschloss, zumal sie im
Ergebnis präsentierte, was man sich dort von Anfang an gewünscht hatte. Im
Vorwort zu Elzes Standardwerk zur Schlacht legitimierte man dessen Bewertung,
die dazu noch massiv durch Hindenburg als zwischenzeitliches Staatsoberhaupt
und Symbolfigur der »alten« Armee beeinflusst und instrumentalisiert worden
war:
>»Die Schlacht bei Tannenberg ist in ihren Ausmaßen überschaubar und das
urkundliche Material ist in den Aktenbeständen des Reichsarchivs wie in
den Veröffentlichungen beteiligter Männer so hinreichend vorhanden, dass
hier der Versuch unternommen werden konnte, die Schilderung mit einer
Quellensammlung zu verbinden.«[484]
In dieser Quellensammlung steht das Agieren des AOK 8 im Mittelpunkt, was
suggeriert, Hindenburg und Ludendorff hätten jederzeit das Heft des Handelns
in der Hand gehabt und die Schlacht im wahrsten Sinne des Wortes geführt. Ihr
Entscheidungsstrang vermittelt bei dieser Zusammenstellung einen klaren Plan,
mindestens jedoch eine Idee des Gefechtes, der man über alle Widrigkeiten treu
geblieben sei. In der Verbindung zwischen den inzwischen allseits eingeübten
Zuschreibungen »Frontkämpfertum« und »deutsche Feldherrnkunst« fand die
Verklärung der Schlacht in der Zeit des Nationalsozialismus zum Höhepunkt:
>»Tannenberg bietet ein geradezu klassisches Beispiel dafür, wie unbeugsamer
Wille des Feldherrn, Hingabe, Opferbereitschaft und begeisterter Schwung der
Truppe, zu einer innigen gegenseitigen vertrauensvollen kameradschaftlichen
Schicksalsgemeinschaft verschmolzen, eine fast verlorene bitterernste Kriegs-
lage schlagartig meisterten, wie kühne Entschlussfreudigkeit und rücksichts-

---

[481] BArch, RH 61/1317, 37. Infanteriedivision 1914 Lahna/Orlau und in Polen. Fragen des
      Generalleutnants von Staabs an Oberst von Gaza und dessen Antwort, 28.2.1927. Hervor-
      hebung im Original.
[482] Ebd.
[483] Showalter, Tannenberg, S. 353.
[484] Elze, Tannenberg, S. 9, Vorwort; siehe dazu das entsprechende Akten- bzw. Schriftenver-
      zeichnis in ebd., S. 349–351 und 353–364.

loses Zupacken in wenigen Tagen einen einzigartigen Sieg an die deutschen Fahnen hefteten.«[485]
Vor allem die zwischenzeitlich zur Legende gewordene Standhaftigkeit Hindenburgs findet hier ihren Niederschlag, was umso cleverer daherzukommen scheint, als mit ihr die Umtriebigkeit Ludendorffs relativiert werden kann, die sonst womöglich in den Vordergrund getreten wäre. Voraussetzung hierfür wiederum war, die Kämpfe, die sich durch die Verschiebung der deutschen Verbände aus dem Norden in den Süden Ostpreußens ergaben, als einzelne Schlacht zu etikettieren. Hierzu wurden die folgenden Ereignisse in eine Reihenfolge und einen Kontext gestellt, der genau das umschrieb:
»Die 4 Abschnitte der Schlacht:
1. Abschnitt – 23.–25.8.: Aufmarsch und einleitende Kämpfe
2. Abschnitt – 26. u. 27.8.: Der Sieg über die feindl. Flügelkorps
3. Abschnitt – 28. u. 29.8.: Die Einkreisung und der Sieg über die russ. Mitte
4. Abschnitt – 30. u. 31.8.: russische Entsatz- und Durchbruchsversuche, Abschluss der Schlacht.«[486]
Dabei auftretende Ungereimtheiten fielen schon den Bearbeitern des Weltkriegswerkes im Reichsarchiv auf. Fast immer fragten sie in der Korrespondenz mit den handelnden Personen nach, nicht überall gab es zufriedenstellende Antworten, noch mehr aber wurden sie dem unausgesprochenen Prae untergeordnet, dass die Funktion der deutschen Führungsorganisation bestätigt werden musste. Angesichts der fast zehnjährigen Beschäftigungsdauer des Reichsarchivs mit diesem Themenkomplex darf dabei unterstellt werden, dass die Legendisierung der Schlacht zwischenzeitlich derart fortgeschritten war und dabei so viele handfeste Vorteile erbrachte, dass es schlicht nicht gewollt gewesen sein dürfte, zu einem anderen Urteil zu kommen. So sind die Berichte von Prittwitz und Waldersee zu den Abläufen aus ihrer Sicht weder rezipiert noch in irgendeiner Weise veröffentlicht worden, obwohl deren Ablösung schon zeitgenössisch einen durchaus kritischen Diskurs auslöste.[487] Daher ist es unabdingbar, den Verlauf der nach der Schlacht bei Gumbinnen folgenden Geschehnisse so detailliert wie möglich zu verfolgen, um etwaige Zusammenhänge zu veri- oder falsifizieren. Entscheidend ist es dabei, zu überprüfen, inwieweit sie tatsächlich nach irgendeinem Plan oder einer Idee des Gefechts abliefen. Denn bis heute verstellt die propagandistisch ausgeleuchtete Instrumentalisierung der Schlacht den Blick für die realistischen Abläufe.[488]

---

[485] Rohrscheidt, Über Stallupönen und Gumbinnen, S. 62.
[486] BArch, MSg 2/3404, Schlacht bei Tannenberg 1914 (Ein tageweiser Überblick).
[487] BArch, RH 61/735, Generalmajor z.D. [Georg] Graf [von] Waldersee, bisher Chef des Generalstabes der 8. Armee: Bericht über die Ereignisse in Ostpreußen vom 20. bis 22. August 1914, 24.8.1914; und BArch, RH 61/735, G[eorg] v[on] Waldersee: Meine Erlebnisse zu Beginn des Krieges 1914 (September 1914); sowie zur entsprechenden Diskussion im Überblick Kabisch, Streitfragen des Weltkrieges, S. 77–81.
[488] Kossert, Masuren, S. 229.

IV. Der Kampf im Süden

1. Die Wendung gegen die russländische 2. Armee

a) Der Einmarsch der Armee Samsonovs

Die russländische 2. Armee sammelte sich in der ersten Augusthälfte hinter dem Narew, trat am 17. August aus der Linie Augustowo–Nowogeorgiewsk an und marschierte planmäßig zwei Tage nach der Armee Rennenkampf am 19. August in Ostpreußen ein.[1] Ihr Oberbefehlshaber Samsonov, der seit 1906 kein Truppenkommando mehr innegehabt hatte, zunächst als Chef des Stabes im Militärbezirk Warschau und ab 1909 als Generalgouverneur von Turkestan verwendet worden war, ließ seine Truppen zuvor vor allem im Schießen und Exerzieren ausbilden. Bis zum Abrücken aus Augustowo hatten einige bereits erhebliche Marschleistungen zu absolvieren, beispielsweise das Leibgarderegiment Kexholm der 3. Garde-Division des XXIII. AK, das am 12. August Gottesdienst und Parade absolvierte und in der darauffolgenden Woche rund 120 Kilometer zurücklegen musste.[2]

Wie Rennenkampf rückte auch Samsonov auf breiter Front in Ostpreußen ein. Nachdem das II. AK, sein eigentliches rechtes Flügelkorps, an die russländische 1. Armee überstellt worden war und die beiden zarischen Armeen ohnehin durch die etwa 80 Kilometer breite Masurische Seenplatte getrennt wurden, also durch einen Marschweg von circa drei Tagen, schob Samsonov auf Befehl Žilinskijs das VI. AK unter General der Infanterie Aleksandr Aleksandrovič Blagoveščenskij zusammen mit der 4. Kavalleriedivision unter Generalleutnant Anton Aleksandrovič Tolpygo in die Lücke zwischen sich und Rennenkampf.[3] Beide zogen nun äußerst rechts von Lomza auf Ortelsburg, in der Mitte folgten mit großem Abstand das XIII. unter Generalleutnant Kljuev und das XV. AK unter General der Infanterie Nikolaj Nikolaevič Martos von Ostrolenka beziehungsweise Rozan in allgemeiner Richtung Allenstein. Die linke Flanke bildete von Mlawa aus das I. AK unter Generalleutnant Leonid Konstantinovič Artamonov zusammen mit

---

[1]   Die Marschstrecken finden sich bei Giehrl, Tannenberg, S. 30; die Versammlungsorte der jeweiligen Verbände bei François, Marneschlacht und Tannenberg, S. 141–144.

[2]   BArch, RH 61/1326, Kriegstagebuch des russischen Generalmajors Malinowski, Kdr. des Leibgarde Regts. Kexholm, vom 31.7. bis 30.8.1914, S. 1–4. Das Regiment wurde am 22. August mit der Bahn nach Mlawa transportiert, ehe es tags darauf nach Ilowo weitermarschierte.

[3]   Keegan, Der Erste Weltkrieg, S. 210; Stone, The Eastern Front, S. 59.

https://doi.org/ https://doi.org/10.1515/9783110733518-004

einer Division des XXIII. AK unter General der Infanterie Kiprian Antonovič Kondratovič, dessen zweite an die Mitte herangezogen wurde.[4]

Mit seinen neuneinhalb Infanterie- und drei Kavalleriedivisionen, rund 600 Geschützen und fast 400 Maschinengewehren waren Samsonovs Verbände der deutschen 8. Armee numerisch überlegen, litten jedoch unter denselben Problemen wie Rennenkampf; vor allem der Nachschub hatte sich auch hier »als zu einem Vormarsch nicht vollkommen vorbereitet erwiesen«.[5] Die Vorratsspeicher im heimatlichen Teil des Aufmarschgebietes waren nur teilweise gefüllt, dem Train fehlte es an Fuhrwerken, den Pferden ebenso an Futter wie den Soldaten an Verpflegung; weil zu wenig Feldbäckereien existierten, war sogar ein »fühlbarer Mangel an Brot« entstanden. Dass die Verbände aus Geheimhaltungsgründen tief im eigenen Hinterland aus den Eisenbahnwaggons ausgeladen worden waren, den weiteren Weg also zu Fuß hatten zurücklegen müssen, und dazu nach dem vermeintlichen Sieg bei Gumbinnen von Žilinskij noch zur Eile angetrieben wurden, um die aus dem Norden ausweichenden deutschen Verbände abzuschneiden, ehe sie sich hinter der Weichsel verschanzten, forderte rasch seinen Tribut. Angesichts der großen Hitze sowie zum Schutz vor Aufklärung durch die deutschen Fliegerkräfte waren Samsonovs Männer nur nachts marschiert – was durchaus erfolgreich war, denn die deutsche Seite erkannte die Stärke der gegnerischen Kräfte erst sehr spät.[6] Als sie nach einer guten Woche Marsch – alleine am 21. August hatten sie rund 50 Kilometer auf sandigen Wegen zurückgelegt – am Abend des 22. August auf einer Breite von etwa 70 Kilometern die Linie Ortelsburg–Willenberg–Neidenburg–Soldau erreichten, waren sie nicht nur stark erschöpft, sondern nach zeitgenössischen Berichten auch bereits halb verhungert. Bis dahin war es zu keinen ernsthaften Gefechten gekommen, die spärlichen deutschen Grenzschutzverbände hatten sich stetig zurückgezogen, die Bevölkerung der Region war größtenteils auf der Flucht. In dieser Situation erfuhr Samsonov durch den zarischen Nachrichtendienst von starken gegnerischen Truppen im Raum Neidenburg–Gilgenburg–Soldau.[7]

Wegen des Abzugs seines rechten Flügelkorps hatte er seinen eigentlichen Auftrag, nach dem er die Linie Rudczanny–Passenheim erreichen und dort nach Norden Richtung Seeburg–Rastenburg eindrehen sollte, allerdings bereits abgeändert und seine Armee schon ab dem Überschreiten der Grenze Richtung Norden gewendet. Seinem darüber offenbar erzürnten Oberbefehlshaber hatte er erklärt, damit könnte er den Abstand zwischen den beiden russländischen Armeen

---

[4] Von rechts nach links in der Gliederung II. AK, 4. Kavalleriedivision, VI., XIII., XV. AK, 2. Infanteriedivision des XIII. AK, I. AK, 6. und 15. Kavalleriedivision. Als Reserve dislozierte Samsonov eine seiner besten Divisionen, nämlich die 3. Garde-Division des XIII. AK, zunächst in Ssokolka, dann in Augustowo; siehe Kürenberg, Rußlands Weg nach Tannenberg, S. 122–125; Giehrl, Tannenberg, S. 30; Danilov, Rußland im Weltkriege, S. 209, zur Aufmarschordnung ebd., S. 210; zur Gliederung bis auf die Brigadeebene siehe Loewenstern/Bertkau, Mobilmachung, S. 116, Anl. 12.

[5] Danilov, Rußland im Weltkriege, S. 195.

[6] Hoffmann, Die Aufzeichnungen, Bd 2, S. 25.

[7] Stevenson, Der Erste Weltkrieg, S. 93; Danilov, Rußland im Weltkriege, S. 211 f.; Bathe, Tannenberg, S. 65 und 69; Kürenberg, Rußlands Weg nach Tannenberg, S. 125; Tuchman, August 1914, S. 313 und 345; Noskoff, Der Mann, der Tannenberg verlor, S. 24 f.; Solka/ Schertler, Tannenberg 1914, S. 166; Tannenberg 1914, S. 98.

und außerdem die Strapazen für seine Männer verringern, eine Verbindung und eventuell gegenseitige Unterstützung seien sonst kaum möglich.[8] Durch diese Richtungsänderung avancierten die just aufgeklärten deutschen Truppen zu einer Flankenbedrohung, der Žilinskij begegnete, indem er befahl, das I. AK unter Artamonov dort zurückzuhalten.[9] Wie Samsonov hielt er sie angesichts der antizipierten Lageentwicklung im Norden entweder für ausweichende Verbände der deutschen 8. Armee oder für herbeigerufene Hilfstruppen aus den Weichselfestungen.[10] Nachdem ihm Ortelsburg und Neidenburg feindbesetzt gemeldet worden waren, setzte der Oberbefehlshaber der 2. Armee also davon entsprechend unbeeindruckt für den 23. August sein VI. AK auf Ortelsburg an, das I. und XV. AK sollten die Linie Neidenburg–Soldau nehmen und die 2. Division des XXIII. AK sich bei Mlawa zum Stoß in den Rücken des Gegners bereithalten. Sein XIII. AK im Zentrum hatte sich darauf einzustellen, seine Nachbarkorps gegebenenfalls zu unterstützen. Žilinskij war dieses Vorgehen weiterhin »nicht energisch genug. Befehle nochmals schnelles und entschiedenes Handeln«;[11] aber Samsonov verwies erneut auf den desaströsen Zustand seiner Männer.[12]

Schon am Abend des 22. August gelang einem Infanteriebataillon des XV. AK jedoch die Einnahme Neidenburgs, das zuvor von der Artillerie in Brand geschossen worden war.[13] Angeblich waren die berittenen Vorausabteilungen von Bewohnern aus den Fenstern heraus beschossen worden, woraufhin der Kommandierende General Martos die Stadt bombardieren ließ.[14] Dieser überraschend einfache Erfolg überzeugte offenbar auch Samsonov davon, dass die deutschen Truppen sich sehr viel schneller zurückgezogen hatten als erwartet. Er glaubte nun nicht mehr daran, seinen Gegner gegen die Seenplatte drücken zu können, und drehte seine Truppen wieder weiter nach Westen ein: Das VI. AK musste im Raum Ortelsburg anhalten, während das XIII. am 23. August westlich auf Jedwabno und das XV. auf Orlau und Frankenau marschieren, das I. AK im Raum Soldau weiterhin die linke Flanke gegen etwaige deutsche Verstärkungen von der Weichsel her decken und die 2. Division des XXXIII. AK die Lücke zwischen dem XV. und I. AK füllen sollten. Damit würde er, so seine Meldung an den weiterhin wenig erbauten Žilinskij, die deutsche Rückzugslinie abschneiden und anschließend sogar rascher ins Deutsche Reich vordringen können. Außerdem verspreche die Einnahme der Bahnlinie Soldau–Mlawa den dringend benötigten Nachschub, weil sich sein Ausladebahnhof zu diesem Zeitpunkt 90 Kilometer hinter seinen Truppen befand und lediglich über unbefestigte Straßen zu erreichen

---

8 Showalter, Tannenberg, S. 213 f.
9 Stevenson, Der Erste Weltkrieg, S. 93.
10 Tuchman, August 1914, S. 345.
11 Zit. nach Buchfinck, Tannenberg 1914, S. 235; wortgleich abgedruckt bei Noskoff, Der Mann, der Tannenberg verlor, S. 25.
12 Showalter, Tannenberg, S. 218.
13 BArch, RH 61/1326, Gefechtsbericht der 6. Kompanie, Infanterieregiment 32, XV. AK über die Kämpfe vom 23. bis 27. August 1914, S. 1; BArch, RH 61/1326, Gefechtsbericht des II. Bataillons, Infanterieregiment 38, XV. AK, über das Gefecht bei Lahna am 23./24. August 1914.
14 BArch, RH 61/1326, Auszug aus dem Kriegstagebuch des Oberleutnants Kuprikow (russ. Inf.Rgt. 23, 6. I.D., XV.), S. 2 f.

war.[15] Sein Oberbefehlshaber bewertete es hingegen als äußerst kritisch, dass die 2. Armee durch diese Maßnahmen ihren Abstand zur 1. wieder vergrößerte und zudem die beiden Flügel Samsonovs zu untätig blieben[16] – womit Žilinskij nicht unrecht hatte: Das Anhalten des I. AK bei gleichzeitigem Vorstoß des Zentrums entfernte beide voneinander, sodass sich aus der geplanten Flankensicherung die Isolierung eines Viertels der Verbände entwickeln konnte. Genau gegenüber des russländischen I. AK positionierte sich inzwischen nämlich François' I. AK, ohne dass die zarischen Stäbe dies bemerkten.[17]

Als am 23. August der Vormarsch des Zentrums von Neidenburg aus begann, gerieten die russländischen Truppen dann bereits nach wenigen Kilometern bei Dietrichsdorf in deutsches Gewehr- und Schrapnellfeuer, während sich die deutsche Infanterie auf keine ernsten Gefechte einließ, sondern sich Richtung Lahna zurückzog.[18] Das XV. AK stieß weiter nach Nordwesten vor und traf am Nachmittag auf den linken Flügel des deutschen XX. AK, den eine von nur zwei aktiven Infanteriedivisionen bildete, die Scholtz zur Verfügung hatte. Sofort griff Martos mit seiner 6. Infanteriedivision links und der 8. rechts die ihm gegenüber in vorbereiteten Stellungen auf der Linie Kownatken-See–Lahna–Orlau liegende deutsche 37. Infanteriedivision an, die durch Teile der 70. Landwehrbrigade verstärkt worden war. Daraus entwickelte sich das Gefecht bei Orlau und Lahna. Mit ihm begann am 23. August die zweite Phase des Krieges um Ostpreußen, der Kampf gegen die zarische 2. Armee im Süden.[19]

Schon mit dieser ersten größeren Begegnung wurden entscheidende Weichen für die weitere, für die deutsche Seite so erfolgreich verlaufende Entwicklung gestellt – allerdings aus der situativen Not heraus, nicht wegen irgendwelcher grundsätzlichen Planungen. Am späten Abend dieses Tages meldete Hindenburg überhaupt erst seine Übernahme des Oberbefehls an die OHL und teilte dabei seine Absicht mit: »Vereinigung der Armee zum 26.8. beim XX. A.K. zum umfassenden Angriff geplant.«[20] Während sein AOK 8 bis zum nächsten Tag von Marienburg nach Riesenburg verlegte, zog der engere Stab sogleich weiter nach Tannenberg.[21] Er selbst fuhr derweil mit dem Auto die Gefechtsstände von François und Scholtz ab.[22] Die Wahl des neuen Hauptquartiers spricht im Übrigen

15 Stevenson, Der Erste Weltkrieg, S. 93.

16 Showalter, Tannenberg, S. 221. Im Gegensatz dazu behauptet Strachan, The First World War, S. 327, diese Richtungsänderung sei Samsonov von Žilinskij befohlen worden.

17 Stevenson, Der Erste Weltkrieg, S. 93.

18 BArch, RH 61/1326, Gefechtsbericht der 6. Kompanie, Infanterieregiment 32, XV. AK über die Kämpfe vom 23. bis 27. August 1914, S. 2; BArch, RH 61/1326, Gefechtsbericht des II. Bataillons, Infanterieregiment 32, XV. AK, über die Kämpfe vom 23.–29. August 1914, S. 1.

19 BArch, PH 5 II/183, KTB 8. Armee: Eintrag vom 24.8.1914, fol. 29 f.; Keegan, Der Erste Weltkrieg, S. 210; Stone, The Eastern Front, S. 59; Showalter, Tannenberg, S. 222; Hoffmann, Tannenberg wie es wirklich war, S. 24; Mühlmann, Tannenberg 1914, S. 217.

20 BArch, PH 5 II/180, KTB 8. Armee/AOK 8/Ia Nr. 804 g an Generalstab Coblenz, 23.8.1914, 23.00 Uhr, fol. 109 f., hier fol. 110.

21 Hoffmann, Tannenberg wie es wirklich war, S. 26; Giehrl, Tannenberg, S. 28. In Tannenberg bezog der engere Stab das Schulhaus, Fischer, Bei Tannenberg, S. 67 f.

22 BArch, RH 61/735, Graf A.[lfred zu] Dohna[-Schlobitten], Der Feldzug in Ostpreußen 1914, undatiert (1920), S. 12.

ebenfalls nicht für einen »großen Plan«. Riesenburg lag zwar rund 40 Kilometer
südlich des bisherigen in Marienburg, war aber immer noch rund 80 Kilometer
hinter den Linien des XX. AK und genauso nahe an der Weichsel.

b) Das Gefecht bei Lahna und Orlau

Bei den Dörfern Orlau und Lahna befand sich der linke Flügel des deutschen
XX. AK, das um die Hauptreserve Graudenz unter Generalmajor Fritz von Unger
sowie die 70. Landwehrbrigade unter Generalmajor Adolf Breithaupt verstärkt
worden war und das den ungefähr 100 Kilometer breiten Raum zwischen
Neidenburg und dem Spirdingsee zu halten hatte.[23] Das Armeekorps stand
dazu in teilweise verschanzten Stellungen auf der Linie Gilgenburg–Frankenau–
Orlau–Kurken.[24] Den rechten Flügel bildeten westlich von Gilgenburg die
Landwehrtruppen Ungers, ostwärts der Stadt vom Großen Damerau- bis hart an
den Kownatken-See schloss sich die 41. Infanteriedivision unter Generalmajor
Leo Sontag an, rechts und links des Kownatken-Sees die 70. Landwehrbrigade.
Daneben hatte die 37. Infanteriedivision unter Generalleutnant Hermann von
Staabs, die erst in den Morgenstunden des 23. August in die Linie Michalken–
Frankenau–Lahna–Orlau eingerückt war, gerade mit dem Stellungsbau begon-
nen.[25]

Der Kommandierende General des XX. AK, General der Artillerie Friedrich
von Scholtz, ein 1913 geadelter gebürtiger Flensburger, hatte seine militärische
Karriere als kriegsfreiwilliger Fahnenjunker im deutsch-französischen Krieg
begonnen und sollte Anfang 1917 noch Oberbefehlshaber der 8. Armee
werden.[26] Seit dem 20. August hatte er immer wieder zuversichtliche Meldungen
durchgegeben lassen: »Das Armeekorps rechnet [....] auf keine Unterstützung
und braucht auch keine Unterstützung. Hauptsache, dass oben gesiegt wird; hier

---

[23]   Giehrl, Tannenberg, S. 25. Die Division Ungers bestand aus Landwehr und immobilen
       Ersatztruppen der Weichselfestungen in Stärke von 18 Infanteriebataillonen, 6 Eskadronen,
       8 Feld- und 2 schweren Batterien; Tannenberg. Ein deutsches Schicksal, S. 11; François,
       Marneschlacht und Tannenberg, S. 243. Eigentlich war Fritz von Unger als Kommandeur
       für die 1. Kavalleriedivision vorgesehen gewesen. Dieses Kommando erhielt dann jedoch
       am 2. August Generalleutnant Hermann Brecht, wovon Unger erst vor Ort erfuhr. Below
       meinte dazu: »Es ist das einzige Versehen gewesen, das mir in der Mobilmachung bekannt
       geworden ist.« Unger wurde stattdessen »zur Verfügung des Gouvernements Graudenz
       gestellt und machte als Führer der Hauptreserve dieser Festung die schönen Tage von
       Tannenberg an entscheidender Stelle mit.« Siehe BArch, RH 61/1353, Abschrift des
       Tagebuchs des Generals O. von Below, S. 8.
[24]   Tannenberg. Ein deutsches Schicksal, S. 11; Kürenberg, Rußlands Weg nach Tannenberg,
       S. 179.
[25]   Schäfer, Tannenberg, S. 30.
[26]   Siehe Notz, General v. Scholtz. Das XX. AK war am 1. Oktober 1912 auf- und der I. Armee-
       Inspektion unterstellt worden und hatte seitdem sein Hauptquartier in Allenstein bezogen.
       Von der Aufstellung an bis zum 18. September 1915 wurde es von General der Artillerie
       Friedrich von Scholtz geführt. Während des Ersten Weltkrieges war es vom 26. Mai bis
       zum 28. September 1915 gleichzeitig dem Oberkommando der 8. Armee zugeteilt. Im
       Oktober wurde das XX. AK der neu aufgestellten 9. Armee unterstellt.

werden wir schon halten«;[27] man werde »die Sache schon machen«[28], und mehr
noch: »Verstärktes XX. A.K. wird den Angriff in befestigter Stellung annehmen
und hofft aus ihr zum Angriff übergehen zu können. Armeekorps ist voller
Zuversicht.«[29]

Seine Männer waren angesichts neuntägiger Märsche bei unzureichender Verpflegung allerdings ebenfalls schon vor Beginn der eigentlichen Kampfhandlungen
erschöpft und hungrig.[30] Während der rechte Flügel und das Zentrum des XX. AK
in offenem Gelände für die Abwehr günstig standen, hatte die 37. Infanteriedivision am linken Flügel im Quellgebiet der Alle einen sehr unübersichtlichen Abschnitt zu verteidigen, mit einer tief und steil eingeschnittenen, teilweise sump-
figen Wiesenniederung. Direkt davor erstreckte sich ein großes Waldgebiet,
das sich nordostwärts Neidenburg beginnend über 30 Kilometer bis an den
Alle-Lauf heranschob. Gerade hier, am schwächsten Punkt der deutschen Ver-
teidigungslinie, näherten sich die russländischen Truppen, die am Morgen des
23. August vor Neidenburg aufgeklärt worden waren. Die ausgedehnten Wald-
flächen erschwerten zwar die Sicht, aber die zarischen Soldaten beschossen das
deutsche Luftschiff »Z. V« durch fortgesetztes Salvenfeuer und gaben so ihre
vorderste Linie ungefähr zu erkennen. Als gegen 10 Uhr die letzten deutschen
Patrouillen aus dem Vorgelände zurückweichen mussten, war klar, dass sich die
russländischen Verbände gegen die Linie Frankenau–Orlau entwickelten, während
sie weiter westlich zurückhingen. Scholtz hatte dies erkannt und glaubte dem
Angriff standhalten zu können. Außerdem hoffte er bis spätestens zum 24. August
auf Verstärkung durch die 3. Reservedivision, die auf seinen Antrag hin gerade
mit der Bahn aus dem Norden kommend in Allenstein ausgeladen wurde, einen
guten Tagesmarsch entfernt also. Als dann um 14 Uhr die gegnerische Artillerie
das Feuer auf die deutschen Stellungen vom Kownatken-See bis nach Orlau
eröffnete und später auf den Bereich unmittelbar westlich des Sees ausdehnte,
bestätigten sich die deutschen Aufklärungserkenntnisse über die Ausdehnung der
zarischen Linien.[31]

Unter dem Schutz des eigenen Artilleriefeuers und mit MG-Unterstützung
griffen die russländische 6. und 8. Infanteriedivision sofort an, kamen aber gegen
starkes deutsches Abwehrfeuer nur zäh voran. Frankenau, Lahna und Orlau wurden
in Brand geschossen, Lahna im abendlichen Häuserkampf genommen, Orlau
durch einen deutschen Gegenangriff unter Einsatz aller Reserven wieder verloren.
Bei diesem fielen bis auf einen alle beteiligten deutschen Bataillonskommandeure,
die ihn tatsächlich zu Pferd angeführt hatten. Was von Lahna, das umgehend von
den russländischen Soldaten befestigt wurde, noch stand, wurde am nächsten
Vormittag durch deutschen Artilleriebeschuss zerstört, woraufhin sich die

---

[27] Auszug aus KTB XX. AK, 20.8.1914, abgedruckt bei Elze, Tannenberg, S. 226.
[28] Aufzeichnungen des XVII. AK zum Rückzug hinter die Weichsel, 20.8.1914, abgedruckt
      ebd., S. 227 f., Zitat S. 228.
[29] Antwort XX. AK auf Anfrage OHL, 21.8.1914, abgedruckt ebd., S. 236.
[30] Schäfer, Tannenberg, S. 30.
[31] Ebd., S. 30 f.; Hoffmann, Die Aufzeichnungen, Bd 2, S. 246; BArch, RH 61/1326,
      Gefechtsbericht der 6. Kompanie, Infanterieregiment 32, XV. AK, über die Kämpfe vom
      23. bis 27. August 1914, S. 3.

zarische Infanterie auch von dort wieder zurückziehen musste.[32] Bei Frankenau
drangen derweil die angreifenden Soldaten der 6. Infanteriedivision nach heftigen
Kämpfen vor allem deswegen nicht durch, weil deren eigene Artillerie ihr Feuer
nicht verlegte und damit der Infanterie den Angriffsweg versperrte.[33]

Doch nicht nur auf russländischer Seite funktionierte die Kommunikation
nicht, auch auf der deutschen hatte sich das Gefecht beinahe von Anfang an
einer einheitlichen Führung entzogen. Bei manchen Verbänden brach schon am
Nachmittag die Verbindung zum Korpsgefechtsstand ab und konnte erst am
späten Abend wiederhergestellt werden.[34] Bis dahin überschlugen sich bei Scholtz
Meldungen, die eine Überflügelung der eigenen linken Flanke befürchten ließen.[35]
Als der Kommandierende General am Abend zudem vom AOK 8 die Weisung
erhielt, mit den eigenen Kräften zu haushalten und jeglichen Kampf um Ortsbesitz
zu vermeiden, und gleichzeitig die Information, die 3. Reservedivision würde
vorläufig bei Allenstein zurückgehalten, weil es aus Sicht des AOK 8 alleine darauf
ankomme, den Gegner noch zwei Tage hinzuhalten, gab Scholtz alle etwaigen
offensiven Gedanken auf. Stattdessen entschloss er sich, seinen bedrohten linken
Flügel zurückzunehmen, um ihn weiteren Angriffen zu entziehen.[36] Obwohl er
am späten Abend noch vom Sieg seiner 37. Infanteriedivision bei Orlau erfuhr,
blieb er bei dieser Entscheidung.[37] Angesichts seiner schweren Verluste besonders
an Offizieren, des Risikos, am nächsten Tag überflügelt zu werden, und weil
er keinerlei Verbindung mehr zum AOK 8 herzustellen vermochte, ließ er das
Gefecht abbrechen und seine mitgenommenen Verbände ordnen, was in der
Nacht und aufziehendem Nebel ohnehin nur mit Mühe gelang.[38]

Um 2 Uhr nachts übermittelte sein Generalstabschef, Oberst Hell, Staabs den
Befehl, seine 37. Infanteriedivision auf die 15 Kilometer lange Linie zwischen
Gilgenburg und Mühlen zurückzunehmen und beiderseits des Mühlen-Sees
aufzustellen. Noch am selben Tag bestätigten abgefangene gegnerische Funksprüche die ernste Gefahr, die dessen Division und damit dem gesamten XX. AK
gedroht hatte: Tatsächlich hatte Samsonov sein gesamtes XIII. AK in die Gegend
von Persing und damit in den Rücken der deutschen 37. Infanteriedivision
herangeführt und hätte damit den deutschen linken Flügel am 24. August mit
dem XV. AK vor der deutschen Front und dem XIII. AK aus dem Osten in die

---

[32]   Siehe hierzu die detaillierte Schilderung bei Schäfer, Tannenberg, S. 32–38, und Bathe,
        Tannenberg, S. 66 f., sowie grundsätzlich aus russländischer Perspektive die Gefechtsberichte
        der 6. Kompanie, Infanterieregiment 32, XV. AK, über die Kämpfe vom 23. bis 27. August
        1914, S. 3, des IV. Bataillons, Infanterieregiment 31, XV. AK, über das Gefecht bei Lahna
        am 23. August 1914, des II. Bataillons, Infanterieregiment 38, XV. AK, über das Gefecht
        bei Lahna am 23./24. August 1914, und des III. Bataillons, Infanterieregiment 31, XV. AK,
        über das Gefecht bei Lahna; alle in BArch, RH 61/1326.
[33]   BArch, RH 61/1326, Auszug aus dem Kriegstagebuch des Oberleutnants Kuprikow (russ.
        Inf.Rgt. 23, 6. I.D., XV. AK), S. 3–5.
[34]   BArch, RH 61/1317, 37. Infanterie-Division 1914 Lahna/Orlau und in Polen. Fragen des
        Generalleutnant von Staabs an Oberst von Gaza und dessen Antwort, 28.2.192.
[35]   Auszug aus KTB XX. AK, 23.8.1914; abgedruckt bei Elze, Tannenberg, S. 281.
[36]   Kürenberg, Rußlands Weg nach Tannenberg, S. 181 f.; Auszug aus KTB XX. AK,
        23.8.1914, abgedruckt bei Elze, Tannenberg, S. 281.
[37]   Hoffmann, Tannenberg wie es wirklich war, S. 25.
[38]   Giehrl, Tannenberg, S. 28 f.; Schäfer, Tannenberg, S. 36–41.

Das Gefecht bei Lahna und Orlau am 23.8.1914

©ZMSBw
08520–02

Zange genommen. Als Martos' Verbände am Morgen des 24. August wieder
vorfühlten, war die deutsche 37. Infanteriedivision jedoch bereits ausgewichen.[39]
Von all dem erfuhr das AOK 8 erst am Mittag des 24. August, als sich
Hindenburg und Ludendorff im Gefechtsstand des XX. AK einfanden.[40] Sie
billigten Scholtz' Entscheidung nicht nur, sondern beorderten die aus Allenstein
herankommende 3. Reservedivision an den linken Flügel des XX. AK. Dort
sollte sie zunächst den weiteren Rückzug der 37. Infanteriedivision decken und
anschließend als Korpsreserve Verwendung finden.[41] Das AOK 8 musste Zeit
gewinnen, weil sowohl die 3. Reservedivision als auch das I. AK erhebliche
Schwierigkeiten beim Bahntransport bekommen hatten. Bei Lahna und Orlau
war jene allerdings mit ungefähr 1500 Mann Verlusten auf deutscher und etwa
4000 auf russländischer Seite teuer erkauft worden.[42] Während der gesamten Tannenberger Operation sollte kein deutscher Großverband mehr Offiziere an einem
Tag verlieren als die 24 der 73. Infanteriebrigade, die im Brennpunkt der Kämpfe
stand. Von den 28 Offizierverlusten der gesamten 37. Infanteriedivision bis Ende
August entfielen 21 auf eben diesen 23. August.[43] Alleine die Yorckschen Jäger
(Jägerbataillon 1) büßten an diesem Tag 17 ihrer 24 Offiziere ein, dazu noch
254 Unteroffiziere und Mannschaften.[44] Und auf der gegnerischen Seite sah es
ähnlich verheerend aus: Bei einem der angreifenden russländischen Regimenter
waren neun der 16 Kompanieführer tot, eine der Kompanien hatte alle Offiziere
und 120 Mann verloren.[45]
Vielleicht war die Heftigkeit dieses ersten größeren Gefechts der Grund,
weswegen die russländischen Verbände weder am 24. noch am 25. August den
Stellungsbereich des XX. AK weiter angriffen, aber auch abgesehen davon bedurf-
ten die Soldaten der Ruhe. Den von ihren Kommandeuren geforderten Ruhetag
lehnte Žilinskij jedoch ab.[46] Weil Martos, der als vortrefflicher Soldat galt, nicht
nachstieß, gelang es der 37. Infanteriedivision jedenfalls, sich zurückzuziehen
und in ihrem neuen Stellungsbereich zur Verteidigung einzurichten.[47] In dieser

[39] Giehrl, Tannenberg, S. 28 f.; XX. AK/Ia Nr. 58: Meldung an AOK, 24.8.1914, 11.10 Uhr,
       abgedruckt bei Elze, Tannenberg, S. 283.
[40] XX. AK/Ia Nr. 58: Meldung an AOK, 24.8.1914, 11.10 Uhr, abgedruckt bei Elze,
       Tannenberg, S. 283: Meldung an AOK, 24.08., 11:10: »Das XX. A.K. stand von gestern
       Abend 0500 [...] ab mit der 37. Inf.Div. in hartem Kampf gegen etwa zwei fdl. Divisionen.
       Mehrfach wurden unsere Stellungen, besonders am äußersten linken Flügel vom Gegner
       genommen, ihm jedoch schließlich nach Einsatz der letzten Reserven entrissen. Während
       der Nacht dauernd Gefechtsberührung.«
[41] Showalter, Tannenberg, S. 227 und 233.
[42] Schäfer, Tannenberg, S. 37 und 40–43; Showalter, Tannenberg, S. 228; BArch, MSg 2/3404,
       Schlacht bei Tannenberg 1914 (Ein tageweiser Überblick). Auf dem Ehrenfriedhof Orlau
       ruhen 1430 Kriegsopfer des Gefechts bei Orlau, 329 deutsche, darunter 57 unbekann-
       te, und 1101 russländische, die im Gegensatz zu den deutschen Toten in Massengräbern
       beigesetzt wurden. Siehe http://www.volksbund.de/kriegsgraeberstaetten.html?stadt=4800
       (letzter Zugriff 2.3.2018).
[43] BArch, MSg 2/2987, Ehrentafel, wie auch zum Folgenden.
[44] Bathe, Tannenberg, S. 67–69; Giehrl, Tannenberg, S. 28 f.; Kürenberg, Rußlands Weg
       nach Tannenberg, S. 180.
[45] Giehrl, Tannenberg, S. 31; Tannenberg, S. 184.
[46] Strachan, The First World War, S. 329; Stone, The Eastern Front, S. 63.
[47] Noskoff, Der Mann, der Tannenberg verlor, S. 45; Showalter, Tannenberg, S. 228.

unklaren Lage meldete Scholtz zwar Bedenken an, doch Ludendorff wischte sie unmissverständlich vom Tisch: »Das Korps muss sich in seiner Stellung bis zum letzten Mann halten.«[48] Wie ambivalent er selbst die Lage beurteilte, zeigte sich in seiner Meldung an die OHL am frühen Abend des 24. August: »Stimmung entschlossen, wenn auch schlimmer Ausgang nicht ausgeschlossen.«[49]

Aber Samsonov nutzte seinen ersten Erfolg nicht aus, obwohl er die deutschen Truppen nur zum Rückzug gezwungen, jedoch nicht geschlagen hatte[50] – mit fatalen Folgen: Das von Scholtz angeordnete Zurückbiegen der eigenen Linien avancierte für das AOK 8 zu einer wesentlichen Voraussetzung für den weiteren rasch erfolgreichen Verlauf der Ereignisse.[51] Denn dadurch erhielt das XX. AK eine weiter nach Norden gerichtete Front, weswegen sich die russländischen Truppen bis fast nach Allenstein ausdehnen und dabei gen Westen eindrehen mussten. So boten sie später den aus dem Norden anmarschierenden Truppen des I. Reservekorps und XVII. AK die offene Flanke. Zum damaligen Zeitpunkt konnten sie damit freilich nicht rechnen, denn den rechten russländischen Armeeflügel bildete das inzwischen von Ortelsburg aus nordwärts operierende VI. AK, welches dazu also zuerst geschlagen werden musste. Die Chance dazu wiederum erkannte das AOK 8 und dirigierte die beiden deutschen Armeekorps am 24. August auf Ortelsburg anstatt auf Allenstein um.[52] Für diesen hernach hochgelobten Entschluss gab es situativ allerdings kaum Alternativen. Ein gegnerisches Armeekorps auf der eigenen Flanke zu ignorieren, barg die Gefahr der Überflügelung, die man keinesfalls eingehen durfte. Diese Alternativlosigkeit brachte auch Hindenburgs Telegramm am Abend des 24. August an die OHL zum Ausdruck:

»Entschluss: Stellung XX. Korps zu erhalten, da Rückzug dieselbe Wirkung wie Niederlage. Abtransport I. Korps verzögert. I. R. und XVII. A.K. werden an linken Flügel herangezogen. Stimmung entschlossen, wenn auch schlimmer Ausgang nicht ausgeschlossen.«[53]

In der mythisch-verklärten Meistererzählung hört sich dies jedoch ganz anders an: »Diese Geistestat Hindenburgs-Ludendorffs [sic] vollzog sich gegen alle Regeln der Kriegskunst – allen genialen Taten ist das eigen, zum Entsetzen der Spießer – es gibt kaum eine militärische Generalstabsregel, die nicht in den Tagen vom 23. bis 31. August 1914 durchbrochen worden wäre.«[54]

Das Zusammenwirken Hindenburgs und Ludendorffs wurde darüber hinaus als eines beschrieben, »das es nur einmal in der preußischen Geschichte gegeben

---

[48] Ferngespräch CdS XX. AK mit Ludendorff, 24.8.1914, (abends), abgedruckt bei Elze, Tannenberg, S. 288.
[49] Aufzeichnung OHL: Ferngespräch Gen. Ludendorff mit Hptm. Geyer (OHL), 24.8.1914, 18.30 Uhr, abgedruckt ebd., S. 284 f., Zitat S. 285.
[50] Tuchman, August 1914, S. 339 f.
[51] So auch die Einschätzung bei Hoffmann, Die Aufzeichnungen, Bd 2, S. 35. Er bezeichnete das Zurückbiegen des linken Flügels des XX. AK als »eine kleine, an sich belanglose Episode [...], die aber für den weiteren Fortgang der Schlacht von ausschlaggebender Bedeutung war«.
[52] Mühlmann, Tannenberg 1914, S. 217.
[53] Zit. nach Belt, Die ersten Wochen des Großen Krieges, S. 34.
[54] Tannenberg. Ein deutsches Schicksal, S. 10.

hat: Blücher und Gneisenau«.[55] Doch die Realität erwies sich seinerzeit wesentlich profaner. Am Abend des 24. August orientierte das AOK 8 seine Generalkommandos über die Lage:

> »Verstärktes XX. A.K. hat gestern 23.8. mit der 37. Inf.Div. den Angriff des russischen XV. A.-Ks. abgeschlagen und steht jetzt in Linie Nordrand Forst Kosten–Gilgenburg–Hohenstein. Starke russische Kräfte vor der Front des XX. A.-Ks. in ungefähr Linie Gegend nördlich und südlich Soldau–Skottau–Persing. Weitere feindliche Kolonnen sind heute 24.8. von Ortelsburg in nördlicher Richtung marschiert. Verstärktes XX. A.K. hält die Stellung [...] Ich bin bis 0730 [...] Riesenburg und demnächst Ostausgang Löbau.«[56]

Und dass Blücher auf dem Weg in die Schlacht eben noch einen »flüchtigen Besuch« abgestattet hätte, wie Hindenburg es an diesem 24. August bei seiner Schwägerin auf Gut Neudeck, rund 20 Kilometer vom Armeegefechtsstand in Riesenburg entfernt, getan haben soll, ist ebenfalls nicht bekannt.[57] Richtig bleibt, dass die deutschen Truppen weiter an die russländischen herangeführt worden sind.[58] Tatsächlich ergaben sich die Zusammenhänge jedoch aus der Lageentwicklung heraus: Das XX. AK stand unter Druck, das I. AK und die 3. Reservedivision steckten mit Teilen auf der Bahn fest und das I. Reservekorps marschierte zusammen mit dem XVII. AK auf den nun mal einzigen zur Verfügung stehenden leistungsfähigen Straßen schnurstracks auf den Gegner zu.

c) Das Begegnungsgefecht auf dem linken deutschen Flügel

In seinen »Kriegserinnerungen« nahm Ludendorff zu Recht an, die russländische Seite habe sich nach den ersten Gefechten bereits als Sieger gefühlt.[59] Wie Rennenkampf nach der Schlacht bei Gumbinnen sah sich der Oberbefehlshaber der 2. Armee nach Orlau durch das Zurückweichen der deutschen Truppen in seiner einmal gefassten Lagebeurteilung bestätigt und meinte weiterhin einen vollen deutschen Rückzug auf die Weichsel zu erkennen.[60] Und wie der Oberbefehlshaber der zarischen 1. Armee setzte auch Samsonov nach diesem vermeintlichen Erfolg in den folgenden beiden Tagen nicht energisch nach, sondern ordnete seine Verbände neu, ehe er am 26. August das XV. AK mit seinen drei Divisionen, der 6. und 8. sowie der 2. Infanteriedivision des XXIII. AK zum weiteren Angriff im Zentrum anhob.[61] Um dem deutschen Rückzug zu folgen, drehte er sein XIII. AK weiter nach Westen ein und ließ es nun statt auf die Linie Allenstein–Seeburg auf Allenstein–Osterode marschieren. Sein I. AK hatte bei Soldau die 2. Armee weiterhin vor etwaigen deutschen Verstärkungen von der Weichsel her zu sichern und das VI. AK auf dem rechten Flügel auf Rothfließ

---

55 Kürenberg, Rußlands Weg nach Tannenberg, S. 151.
56 AOK 8/Ia Nr. 841 g: Armee-Befehl für den 25.8., 24.8.1914, 20.40 Uhr, abgedruckt bei Elze, Tannenberg, S. 285.
57 Görlitz, Hindenburg, S. 78; Pyta, Hindenburg, S. 49.
58 BArch, MSg 2/3404, Schlacht bei Tannenberg 1914 (Ein tageweiser Überblick).
59 Ludendorff, Meine Kriegserinnerungen, S. 17.
60 Tuchman, August 1914, S. 345; Strachan, The First World War, S. 328; Hoffmann, Die Aufzeichnungen, Bd 2, S. 35.
61 Giehrl, Tannenberg, S. 34; Tuchman, August 1914, S. 345 f.

vorzurücken.[62] Das Auftreten der Armeekorps Below und Mackensen dort kam
für ihn völlig überraschend; seiner letzten Information nach war das XVII. AK bei
Gumbinnen panisch geflohen.[63]

Um diese russländischen Bewertung wusste wiederum die deutsche Seite: Am
24. August erfuhr das AOK 8, die zarische Heeresleitung habe »offiziell große
Erfolge bei Gumbinnen und Lyck« mitgeteilt, wo das »XX. deutsche AK [...] in die
Flucht geschlagen« worden sei.[64] Daraus konnte man dort unschwer schließen, dass
der Gegner davon ausging, sein Einmarsch verlaufe bis dato planmäßig. Als tags
darauf noch ein Funkspruch Rennenkampfs und zwei Funksprüche Samsonovs
abgefangen werden konnten, lagen die russländischen Karten endgültig offen.
Für das weitere Vorgehen im Süden sind die beiden von Samsonov relevant.[65] Im
ersten, der das AOK 8 am Morgen des 25. August erreichte, hieß es:

> »25.8. geht XIII. A.K. mit Hauptkräften in die Linie Jinnendorf–Kurken,
> XV. K. Paulsgut, XXIII. Michalken – Gr. Gardinen. I. A.K. führt linke Flanke.
> VI. A.K. besetzt Bischofsburg und sichert rechten Flügel der Armee nach
> Rastenburg. Die 4. Kav.Div. zur Verfügung des Korps.-Kdrs. Armeestabs-
> quartier Ostrolenka. Samsonov«.[66]

Kurz darauf traf der zweite ein, der das Führungsduo auf dem Weg an die Front
bei der Durchfahrt durch Löbau erreichte. Mit ihm präzisierte Samsonov den
ersten Befehl für sein XIII. AK:

> »Nach dem Kampf an der Front des XV. Korps ging das Korps des Gegners
> am 24.8. in allgemeiner Richtung auf Osterode zurück. Bei Gilgenburg
> war nach Gerüchten eine Landwehrbrigade. Unsere 1. Armee setzt die Ver-
> folgung des Gegners fort, der auf Königsberg–Rastenburg zurückgeht.
> Der 2. Armee befehle ich, am 25.8. die Front Allein–Osterode anzugrei-
> fen. Am 25.8. sollen die Korps mit den Hauptkräften die Richtung neh-
> men: XIII. Korps Gimmendorf–Kurken, XV. Korps Nadrau–Paulsgut,
> XXIII. Korps Michalken–Gr. Gardienen. Die Korpsgrenzen sind: zwischen
> XIII. und XV. Korps Muschaken–Schwedrich–Naglage. Zwischen XV. u.
> XXIII. Korps Neidenburg–Wittigwalde. Das I. Korps bleibt in dem erreichten
> Raum u. sichert den linken Flügel der Armee. VI. Korps geht in den Raum
> Bischofsburg–Rotfliess u. sichert den rechten Flügel gegen Rastenburg. Die
> dem Korpsführer unterstellte 4. K.D. bleibt in Sensburg u. soll zwischen den
> Linien Rastenburg–Bartenstein u. Seeburg–Heilsberg aufklären.«[67]

Diese Informationen ermöglichten es dem AOK 8 – aber eben erst jetzt –, so
etwas wie einen Operationsplan für einen Angriff auf die russländische 2. Armee
zu entwerfen. Dabei musste es darauf ankommen, den gewonnenen Wissens-

---

[62]   Showalter, Tannenberg, S. 232–234; Giehrl, Tannenberg, S. 32.
[63]   Tuchman, August 1914, S. 346 f.; Stone, The Eastern Front, S. 63.
[64]   BArch, PH 5 II/180, KTB 8. Armee/AOK 8/Ia Nr. 844 g, 24.8.1914, fol. 119 f., hier
       fol. 120.
[65]   Zu Rennenkampfs Funkspruch vgl. Kap. III.4.
[66]   BArch, PH 5 II/180, KTB 8. Armee/AOK 8/Ia Nr. 882 g: Funkspruch von Gouvernement
       Thorn: russ. Funkspruch, 25.8.1914, 9.40 Uhr, fol. 126.
[67]   Zit. nach BArch, N 591/58, Oberstleutnant Praun: Die Nachrichtenverbindungen um die
       Schlacht bei Tannenberg. In: Deutsche Nachrichtentruppen (Die F-Flagge), 1938, fol. 4.
       Demnach war der unverschlüsselte Funkspruch von der Funkenstation des AOK 8 und der
       Festungsfunkstelle Thorn aufgenommen worden.

vorsprung so rasch wie möglich auszunutzen. Umgehend wurde dem I. Reservekorps und XVII. AK befohlen, ihren Vormarsch zu beschleunigen und einen
gemeinsamen Angriff auf das rechte Flügelkorps des Gegners zu verabreden.
Ein weiteres Mal gehörte dazu kein Feldherrngenie, denn man wusste, wo sich
der Gegner befand und was er zu tun beabsichtigte. Dass bei einem Erfolg eine
Umfassung nun möglich wurde, lag aber insbesondere an der Lageentwicklung
nach dem Gefecht bei Orlau. Durch das westliche Eindrehen des russländischen
XIII. AK bot es die Gelegenheit, ihm in die nach einem Sieg gegen das VI. AK
ungedeckte Flanke zu stoßen. Von diesem Moment an musste das deutsche
Zentrum weiterhin unbedingt standhalten, während sich der Schwerpunkt der
deutschen Gefechtsführung auf die beiden Flügel verlagerte.

Bis zu diesem 24. August hatten die beiden deutschen Armeekorps, die den
Rückweg aus dem Norden Ostpreußens zu Fuß durchführen mussten, nämlich
keinen Kampfauftrag. Nach dem Rückzug vom Gumbinner Schlachtfeld rasteten
sie zunächst, vor allem das XVII. AK musste seine versprengten Verbände wieder
zusammensammeln. Gegen 6.00 Uhr des 22. August ging dann der Befehl des
AOK 8 ein, der sowohl Lage als auch Auftrag für Belows Truppen klärte:

»Der Gegner an der Angerapp, gegen den I. RK mit vollem Erfolg gekämpft
haben [sic], ist bis jetzt nicht gefolgt. Starke feindl. Kräfte vom Narew her
im Anmarsch. Die Armee wird in Westpreußen nach dem rechten Flügel
vereinigt, um gegen den feindl. linken Flügel dieser neuen Kräfte vorzugehen. I. RK erreicht mit Nachhuten am 22. Nordenburg und Gegend von
Dietrichshof. Weitermarsch über Schippenbeil, Heilsberg, Wormditt. Nachhuten sind mit Brückensprengungen u. Telegrafen-Zerstörungen zu beauf-
tragen. Verbindung mit Nachbarkolonnen ist unerlässlich. Es wird empfohlen
Nachrichtenoffiziere zu entsenden.«[68]

Daraufhin marschierte das I. Reservekorps Richtung Süden ab und erreichte mit
seiner 1. Reservedivision Nordenburg, mit seiner 36. Reserve-Infanteriedivision
Kurkenfeld, etwa sieben Kilometer ostwärts, ohne jegliche Feindberührung. Die
erste Order des neuen Führungsduos vom 23. August, den Marsch hinter die Alle
fortzusetzen, erreichte ihren Adressaten allerdings erst am Abend des nächsten
Tages. In Belows Bewertung bedeutete sie, den Blick mehr nach hinten auf die
Armee Rennenkampf zu richten, während sein Reservekorps zusammen mit
dem XVII. AK möglichst rasch an die Armee herangeführt werden sollte.[69] Um
Mitternacht des 23. auf den 24. August war auch schon ein ergänzender Armeebefehl erfolgt, der Belows Sichtweise bestätigte, es gehe in erster Linie darum, sich
schnell von der russländischen 1. Armee zu distanzieren:

»I. R.K. muss am 25. mit starkem Marsch über Seeburg hinaus nehmen. Es
ist deshalb schon am 24. über Schippenbeil hinaus möglichst Gelände zu

[68] Befehl AOK 8 an I. Res.Korps, 22.8.1914, zit. nach BArch, RH 61/1353, Abschrift des
      Tagebuchs des Generals O. von Below, S. 33.
[69] Befehl AOK 8 an I. Res.Korps, 23.8.1914, zit. nach ebd., S. 35: »I. R.K. gewinnt 24. VIII.
      näheren Anschluss an Armee u. erreicht Gegend Gr. Schwansfeld. Kol. u. Trains auf Straße
      Barkenshein–Heilsberg–Frauendorf–Wormditt. XVII. AK erreicht Gegend östl. Friedland.
      Eisenbahnen sind gründlich zu zerstören.«

gewinnen. 6. Landwehr-Brigade hat Befehl Richtung Bischofsheim an I. R.K. heranzumarschieren. Tritt unter Befehl I. R.K. AOK 8.«[70] Below und Mackensen hatten nach ihrem Abzug vom Gumbinner Schlachtfeld allerdings größtenteils selbstständig gehandelt, wie bereits geschildert, bis das AOK 8 am Mittag des 25. August durch Landesbewohner über das Telefonnetz vom Vormarsch des russländischen VI. AK von Ortelsburg aus nach Norden erfuhr. Diese Information ergänzte den von Samsonov abgefangenen Funkspruch und bestätigte die Einsicht, dieser Vorstoß diene der Verbindung zwischen der russländischen 1. und 2. Armee. Das musste deutscherseits unbedingt verhindert werden. Gleichzeitig erkannte man darin die Chance, gegen diesen relativ isolierten Gegner mit den beiden eigenen Armeekorps vorzugehen.[71] Showalter hält deswegen Žilinskijs Befehl an Samsonov, sein VI. AK und eine Kavalleriedivision weiter nach Norden zu schicken, um seine rechte Flanke vor aus Gumbinnen abziehenden deutschen Truppen zu schützen, für

> »ein sehr theoretisches und wenig durchdachtes Manöver: Wenn sich die deutschen Truppen wirklich auf die Weichsel zurückziehen würden, dann sicher nicht Richtung der Angriffslinie des Gegners. Es könnte sich dort also nur um Versprengte oder Nachzügler handeln, für die der Kräfteansatz mit anderthalb Korps viel zu hoch war.«[72]

Tatsächlich aber hatten die beiden deutschen Armeekorps gar keine anderen als die eingeschlagenen Wege zur Verfügung, um rasch von Rennenkampf fortzukommen. Insofern war Žilinskijs Gedanke durchaus zielorientiert. Dass der Kommandierende General des russländischen VI. AK, Blagoveščenskij, ohne ausreichende Aufklärung vorausmarschierte – nicht zuletzt dafür hatte doch wohl Samsonov ihm eine seiner Kavalleriedivisionen zur Verfügung gestellt –, war der eigentliche und schwerwiegende Fehler. Nach dem KTB der 8. Armee wurde der Befehl zum Angriff auf das russländische VI. AK zwar bereits am Abend des 24. August gegeben, allerdings blieb dieser noch eher vage:

> »I. R.K. bricht in früher Stunde von Gr. Schwansfeld über Seeburg auf, um Feind, der von Ortelsburg aus nach Norden marschiert, anzugreifen, wo er ihn findet. Auf Mitwirkung des XVII. A.K's. wird gerechnet. XVII. A.K. erreicht am 25.8. über Bartenstein mit einer Division Bischofstein, mit der anderen Gr. Schwansfeld.«[73]

[70] Befehl AOK 8 an I. Res.Korps, 23./24.8.1914, zit. nach BArch, RH 61/1353, Abschrift des Tagebuchs des Generals O. von Below, S. 35.
[71] BArch, PH 5 II/180, KTB 8. Armee/AOK 8/Ia Nr. 907 g: Meldung I. Reservekorps aus Bischofstein, 25.8.1914, 12.50 Uhr, fol. 130; Showalter, Tannenberg, S. 229.
[72] Showalter, Tannenberg, S. 232.
[73] Zit. nach BArch, RH 61/1344, Reichsarchiv/Sichtungsabteilung/Gruppe 3/Hauptmann a.D. von Moltke: Landsturm und Festungen Königsberg und Lötzen während der Tannenberger Schlacht (1919), S. 41; wortgleich in BArch, PH 5 II/180, KTB 8. Armee/AOK 8/Ia Nr. 841 g an Gen.Kdo. XVII., 24.8.1914, 21.50 Uhr, fol. 121 f., hier fol. 122. Ausführlicher als Befehl AOK 8 an I. Res.Korps, 24.8.1914, zit. nach BArch, RH 61/1353, Abschrift des Tagebuchs des Generals O. von Below, S. 37: »Verst. XX. AK hält Gilgenburg–Hohenstein vor 2–3 feindl. Korps. Weitere fdl. Kräfte sind von Ortelsburg her heute (24.) Richtung Bischofsburg vormarschiert. I. R.K. bricht am 25.VIII. zu frühester Tageszeit über Seeburg auf u. greift Feind an, wo es ihn findet. Es hat dabei den Rücken möglichst auf Gottstadt zu nehmen. Die unterstellte 6. Ldw.Brig., heute Rastenburg, ist auf Bischofstein in Marsch gesetzt. XVII. AK schiebt 1. Division über Bartenstein auf Bischof-

Nach den Erkenntnissen des Reichsarchivs ist eine entsprechende Order jedoch erst am 25. August um 12.00 Uhr abgefasst und von Major Drechsel, dem Nachrichtenoffizier des AOK beim I. Reservekorps, um 21.20 Uhr Below übergeben worden. Darin war allerdings der Angriff auf Teile der »Wilnaer Armee in Gegend Bischofsstein« angeordnet, der noch am 25. August erfolgen sollte.[74] Ob es sich bei der Zuordnung des Gegners zur »Wilnaer«, also der 1. Armee, um einen Überlieferungsfehler handelt, muss offen bleiben, jedenfalls wäre ein Angriffsbefehl schon am 24. August einem Vorstoß ins Ungewisse gleichgekommen, denn belastbare Informationen über den Gegner erhielt das AOK 8 eben erst tags darauf. Und auch dann war unklar, ob nicht in dessen Rücken etwa weitere russländische Verbände marschierten.[75] Auch nach Aussage Hoffmanns hatte man sich im AOK 8 erst am 25. August dazu entschlossen, das XVII. AK zum Angriff hinzuziehen.[76] Dann aber besaßen die beiden Armeekorps angesichts der gegnerischen Kräftedislozierung und der eigenen Marschwege kaum andere Optionen, als sich den Weg freizukämpfen. Das bewertete Below offenbar ebenso, inklusive der sich dadurch vielleicht bietenden Möglichkeiten:

> »Das Bild war für Kriegsverhältnisse geradezu märchenhaft klar: der Feind in Staffeln rechts vorwärts im Vormarsch nach Norden, die Mitte bereits aus dem strategischen Rahmen nach links herausgerissen, die operative Ordnung gestört.«[77]

Trotz eines weiteren 50-Kilometer-Marsches des XVII. AK und eines immerhin 30 Kilometer langen des I. Reservekorps erreichten beide am 25. August den Gegner nicht. Allerdings waren ihre Soldaten am Rande der Erschöpfung. Vor allem das XVII. AK beklagte in manchen Verbänden bis zu 50 Prozent an Marschausfällen, aber auch Below meldete, seine Männer seien »stark ermüdet«; beide Armeekorps wurden außerdem weiterhin durch Flüchtlinge erheblich behindert. Dennoch befahl Ludendorff am frühen Abend Mackensen, den Gegner am nächsten Tag zusammen mit Belows Truppen bei Bischofsburg anzugreifen.[78] Fliegermeldungen hatten inzwischen das russländische VI. AK mit einer Division in Ortelsburg und mit der anderen im Raum Rothfließ–Bischofsburg bestätigt.[79] Beide Armeekorps koordinierten ihr Vorgehen, indem sie verlassene Postämter in der Gegend mit eigenem Personal besetzten und Leitungen zu ihren Verbänden einrichteten; diese Praxis wurde auch in den folgenden Tagen

---

stein. Sie wird dem I. R.K. unterstellt. Die andere Division des XVII. AK marschiert auf Gr. Schwansfeld. 1. Kav.Divis. geht nach Gerdauen. AOK 8 841.p.«

[74] BArch, RH 61/1383, Reichsarchiv/Sichtungsabteilung/Gruppe III/4: Fragen über die Schlacht bei Tannenberg 26.8.14, 11.11.1919, S. 1.

[75] BArch, RH 61/1353, Abschrift des Tagebuchs des Generals O. von Below, S. 39; BArch, N 87/21, Otto von Below: Berichtigung zu Hoffmann: »Tannenberg wie es wirklich war«, fol. 60.

[76] Hoffmann, Die Aufzeichnungen, Bd 2, S. 267.

[77] BArch, RH 61/1350, Die Verhältnisse auf der rechten deutschen Armeeflanke (1920), S. 5–7; BArch, RH 61/53, Denkschrift »Tannenberg« von Generalleutnant [Karl Ritter] von Wenninger (1916), S. 26–29, Zitat S. 29.

[78] BArch, PH 5 II/180, KTB 8. Armee/AOK 8/Ia Nr. 907 g: Meldung I. Reservekorps aus Bischofstein, 25.8.1914, 12.50 Uhr, fol. 130; BArch, RH 61/1353, Abschrift des Tagebuchs des Generals O. von Below, S. 36, sowie BArch, RH 61/1336, August von Mackensen, Der Feldzug in Ostpreußen, S. 10.

[79] BArch, RH 61/1353, Abschrift des Tagebuchs des Generals O. von Below, S. 40 f.

erfolgreich angewendet, wobei dann in nicht unerheblichem Umfang auf liegen-
gebliebenes russländisches Material zurückgegriffen werden konnte.[80] Die eigene
Kavallerieaufklärung Belows lieferte dazu genaue Ergebnisse, sodass er sein
Reservekorps um das Südende des Dader Sees herumführen wollte, um den
Gegner zusammen mit der 6. Landwehrbrigade in dessen linker Flanke und im
Rücken zu fassen, während Mackensen mit seinem XVII. AK die russländische
rechte Flanke bei Groß Lautern angreifen sollte.[81] Als Belows Vorhut am
26. August früher als geplant auf die russländischen Spitzen traf, nahm er das
Gefecht sofort an.[82]

Gute zwei Stunden später meldete ihm das XVII. AK, dass es seinerseits auf
die vordere Division des anmarschierenden Gegners gestoßen sei und dessen
zweite bei Bischofstein, rund 30 Kilometer nördlich Bischofsburg, raste.[83] Der
deutsche Angriff kam also für das zarische VI. AK offenbar aus dem Nichts.
Dessen eigentlicher Auftrag war es gewesen, von Ortelsburg aus Bischofsburg
zu nehmen, dort eine schwache Besatzung zu belassen und weiter nach Norden
vorzustoßen. Angesichts der Entwicklung vor Orlau hatte Samsonov seinen Plan
am 25. August bekanntlich geändert und dem Armeekorps samt der ihm unterstellten 4. Kavalleriedivision den Angriff auf Allenstein befohlen. Doch während
Blagoveščenskij dafür gerade die Vorbereitungen traf, erreichte ihn am frühen
Morgen des 26. August eine weitere Order seines Oberbefehlshabers, nach der er
nun bei Bischofsburg als Flankenschutz verbleiben sollte. Weil dieser letzte Befehl
aber nicht mehr an alle seine Verbände durchgegeben werden konnte, hing der
Kommandierende General des VI. AK in der Luft und entschied sich in einer Art
Schnittmenge zwischen beiden Befehlen, eine Brigade in Bischofsburg zu belassen und mit dem Gros Richtung Allenstein zu marschieren. Eigene Aufklärung
hatte er dabei vollständig außer Acht gelassen, und als ihm eine Fliegermeldung
Truppen auf dem Weg nach Südwesten ankündigte, hielt er diese für Verbände
des russländischen II. AK, seines vormaligen rechten Nachbarkorps also. So liefen
seine Spitzen völlig unvorbereitet in den Angriff Belows und Mackensens hinein.[84]

Tatsächlich war das russländische II. AK zwar zwischenzeitlich an die 1. Armee überstellt worden, aber es war noch immer in der Nähe und stellte eine
ernste Gefahr für die deutsche Offensive dar. Zwar wurde es am 25. August auf
dem Marsch von Possessern auf Angerburg aufgeklärt, bewegte sich also von
den beiden deutschen Armeekorps weg, war aber noch kaum einen Tagesmarsch
entfernt. Weil es angesichts der deutschen Feste Boyen in Lötzen nicht durch

[80] BArch, N 591/58, Oberstleutnant Praun: Die Nachrichtenverbindungen um die Schlacht
      bei Tannenberg. In: Deutsche Nachrichtentruppen (Die F-Flagge), 1938, fol. 5.
[81] BArch, RH 61/1353, Abschrift des Tagebuchs des Generals O. von Below, S. 39; BArch,
      RH 61/1383, Reichsarchiv/Sichtungsabteilung/Gruppe III/8: Fragen zur Schlacht bei
      Tannenberg 26.8.14, betr. 36. I.D. im Gefecht bei Lautern am 26.8., 18.12.1919; Show-
      alter, Tannenberg, S. 242 und 245 f.; Strachan, The First World War, S. 329.
[82] BArch, PH 5 II/180, KTB 8. Armee: Meldung I. Reservekorps, 26.8.1914, 6.50 Uhr,
      fol. 142; BArch, RH 61/1353, Abschrift des Tagebuchs des Generals O. von Below, S. 39 f.
[83] BArch, PH 5 II/180, KTB 8. Armee: XVII. AK an AOK 8, 26.8.1914, 10.50 Uhr, fol. 147.
[84] Showalter, Tannenberg, S. 243 und 247; Strachan, The First World War, S. 328 f.; Stone,
      The Eastern Front, S. 64 f.; BArch, RH 61/1344, Reichsarchiv/Sichtungsabteilung/Grup-
      pe 3/Hauptmann a.D. von Moltke: Landsturm und Festungen Königsberg und Lötzen
      während der Tannenberger Schlacht (1919), S. 56.

die Seenplatte dringen konnte, umging es jene nördlich, sollte am 26. August
Angerburg nehmen und sich dann mit der 1. Armee bei Sensburg vereinigen.
Vorsichtshalber setzte das AOK 8 die 1. Kavalleriedivision auf das II. AK an, um
gegebenenfalls Below und Mackensen irgendwie den Rücken freizuhalten.[85]

Die Sperrung des Durchgangs durch die Masurische Seenplatte durch die
Feste Boyen hatte sich damit schon jetzt als wesentlich erwiesen. Sie war bereits am 24. August von russländischen Verbänden angegriffen und zur Über-
gabe aufgefordert worden, was ihr Kommandant in zeittypischem Pathos
mit den Worten verweigert haben soll: »Die Feste Lötzen wird nur als Trüm-
merhaufen übergeben.«[86] Dabei unterstanden Oberst Hans Busse außer seiner
Festungsartillerie lediglich zwei Infanteriebataillone, ein Zug Dragoner und
ein Sammelsurium von Hilfstruppen in der Bandbreite von einer Landwehr-
pionierabteilung bis zu einem Scheinwerferzug. Seine Artillerieausstattung war
immerhin beeindruckend: 18 9-cm-Geschütze, drei 10-cm-Batterien zu vier
Geschützen, eine 15-cm-Ringkanonenkompanie zu vier Geschützen und eine
schwere Feldhaubitzenbatterie, insgesamt also 42 Geschütze, zu denen noch
28 Revolverkanonen kamen.[87] Die Festung war damit in der Tat der »kleine,
aber modern bewaffnete Platz [...] an der wichtigsten Stelle in der Masurischen
Seenkette« und für die deutsche Gefechtsplanung so wichtig, dass er nach der
Schlacht bei Gumbinnen von der 3. Reservedivision eine zuvor abgetretene
schwere Batterie zurückerhalten hatte.[88] Lediglich ab dem Mittag des 27. August
kam es zu einem Artillerieduell um die Festung, das bis zur Dunkelheit anhielt.[89]
Ansonsten gruben sich die russländischen Verbände vor ihr ein und betrieben
lediglich Aufklärung Richtung Süden.[90] Dass sie »nicht einmal den Versuch
gemacht haben, diese kleine Festung [...] wegzunehmen«, blieb für das AOK 8
»einer der vielen unglaublichen Fehler der Russen«, zumal dadurch »Lötzen als
Ausfallstor in unserer Hand [geblieben] ist«.[91]

---

[85]   BArch, PH 5 II/180, KTB 8. Armee: Gouvernement Königsberg an AOK 8: Abgefangener
       russischer Funkspruch vom 26.8.1914, 12.21 Uhr, fol. 149; BArch, RH 61/1344, Reichs-
       archiv/Sichtungsabteilung/Gruppe 3/Hauptmann a.D. von Moltke: Landsturm und Fes-
       tungen Königsberg und Lötzen während der Tannenberger Schlacht (1919), S. 54 f.
[86]   Der Schriftwechsel des Kommandanten von Lötzen mit Kondratjev am 24. August 1914
       ist abgedruckt bei Elze, Tannenberg, S. 288 f.
[87]   BArch, RH 61/1344, Reichsarchiv/Sichtungsabteilung/Gruppe 3/Hauptmann a.D. von
       Moltke: Landsturm und Festungen Königsberg und Lötzen während der Tannenberger
       Schlacht (1919), S. 4 f. Dort auch zur genaueren Zusammenstellung der Kräfte.
[88]   Kürenberg, Rußlands Weg nach Tannenberg, S. 174 f. Busse hatte sie vor der Schlacht bei
       Gumbinnen der 3. Reservedivision mitgeben müssen.
[89]   BArch, RH 61/1333, Kurt Freiherr von der Osten-Sacken, Die Operationen der russischen
       1. (Njemen-)Armee vom 16.–31.8.1914 (1920), Eintrag vom 27.8.1914. Ausführlicher zu
       diesen Vorgängen siehe BArch, RH 61/1344, Reichsarchiv/Sichtungsabteilung/Gruppe 3/
       Hauptmann a.D. von Moltke: Landsturm und Festungen Königsberg und Lötzen während
       der Tannenberger Schlacht (1919), S. 79–82.
[90]   Giehrl, Tannenberg, S. 73 f.; Kürenberg, Rußlands Weg nach Tannenberg, S. 175 f.;
       BArch, N 87/36, Lötzen und Feste Boyen vom 1.–23. August 1914.
[91]   BArch, RH 61/735, Graf A.[lfred zu] Dohna[-Schlobitten], Der Feldzug in Ostpreußen
       1914, undatiert (1920), S. 18; BArch, N 87/36, Einschließung der Feste Boyen vom
       23.8.–8.9.14.

Ab dem 25. August hatte man die Festung nämlich sich selbst überlassen müssen.[92] Der letzte Befehl an sie lautete, die Linie Lötzen–Schimonken–Talter-Kanal–Rheim–Klein Stürlack–Kamionken »unter allen Umständen zu halten«, wofür man dem Festungskommandanten noch alle zehn Landsturmkompanien und die beiden Landwehrbatterien entlang der Seenkette unterstellte. Außerdem blieben dort 70 »Fußkranke« der 6. Landwehrbrigade und 120 nicht marschfähige Soldaten des I. Reservekorps zurück. Nach Berechnung des AOK hatte sich die Festungsbesatzung darauf einzurichten, vier bis sechs Wochen auf sich allein gestellt handeln zu müssen, ehe sie auf Unterstützung hoffen durfte.[93] Auch dies ist im Übrigen ein Hinweis darauf, dass es zu diesem Zeitpunkt keinen Plan für die Umfassung Samsonovs gegeben hat; dieser wäre kaum auf einen derart langen Zeitraum ausgelegt gewesen.

Tags darauf war die Festung gänzlich von russländischen Truppen eingeschlossen, die mit der Telefonverbindung nach Königsberg auch deren letzte Verbindung zur Außenwelt kappten. Zur Verbindungsaufnahme blieben nur mehr Brieftauben übrig und der Dampfer »Ernst«, mit dem Busse Aufklärung Richtung Angerburg betreiben wollte, dabei jedoch unter heftiges Feuer geriet. Stadt und Festung waren außerdem mit rund 20 000 Flüchtlingen überfüllt.[94] So erfuhr das AOK 8 sogar von der Ablehnung des Kapitulationsangebotes für die Festung erst am 31. August durch »Taubenpost«.[95] Zu diesem Zeitpunkt war die Belagerung bereits seit drei Tagen aufgehoben, und von dort ausgeschickte Kfz-Patrouillen konnten keinen Gegner mehr finden.[96] Eine gewaltsame Aufklärung mit einer gemischten Abteilung in Bataillonsstärke traf bei Kruglanken und Possessern auf russländische Truppen, musste aber nach kurzem Gefecht den Rückzug antreten.[97] Als einzige weitere Unternehmung warf die Besatzung am 31. August südwestlich des Spirding-Sees zwei Kompanien des russländischen VI. AK und nordwestlich Lötzen bei Kruglanken ein Bataillon des II. AK.[98]

---

[92] Showalter, Tannenberg, S. 232.

[93] BArch, RH 61/1344, Reichsarchiv/Sichtungsabteilung/Gruppe 3/Hauptmann a.D. von Moltke: Landsturm und Festungen Königsberg und Lötzen während der Tannenberger Schlacht (1919), S. 42 f. Siehe zu diesem Kontext auch Busse, Aus der belagerten Feste Boyen.

[94] BArch, RH 61/1344, Reichsarchiv/Sichtungsabteilung/Gruppe 3/Hauptmann a.D. von Moltke: Landsturm und Festungen Königsberg und Lötzen während der Tannenberger Schlacht (1919), S. 59 f. und 100. Zu weiteren Aufklärungsfahrten des Dampfers siehe ebd., S. 149. Zu den Flüchtlingszahlen siehe Traba, Ostpreußen, S. 40 f.; zu den Verhältnissen Gause, Die Russen in Ostpreußen, S. 60 f. Nach dem Eintrag im KTB 8. Armee riss die Verbindung zu Lötzen erst am Vormittag des 29.8.; BArch, PH 5 II/183, KTB 8. Armee: Eintrag vom 29.8.1914, fol. 42–44, hier fol. 42. Zu den Kämpfen siehe auch die Schilderung bei Schlachtfelder in Ostpreußen, S. 83–86.

[95] BArch, PH 5 II/183, KTB 8. Armee: Eintrag vom 31.8.1914, fol. 46–48, hier fol. 48.

[96] BArch, RH 61/1344, Reichsarchiv/Sichtungsabteilung/Gruppe 3/Hauptmann a.D. von Moltke: Landsturm und Festungen Königsberg und Lötzen während der Tannenberger Schlacht (1919), S. 99.

[97] Ebd., S. 112–114. Dabei hatte die Abteilung zwei Tote, zwei Vermisste und vier Verwundete zu beklagen.

[98] BArch, PH 5 II/183, KTB 8. Armee: Eintrag vom 1.9.1914, fol. 48–51, hier fol. 50.

Insofern wirkte sich die Festung Lötzen durch ihre bloße Existenz erheblich auf den Fortgang der Ereignisse im Süden aus, weil es das russländische II. AK zu einer Umrundung der Seenplatte zwang. Am Nachmittag des 26. August wurde es von Angerburg kommend in Drengfurth und Gerdauen aufgeklärt. Da angenommen wurde, dass es seinen Vormarsch über Rastenburg und Korschen fortsetzen würde, befahl das AOK 8 der 1. Kavalleriedivision, ihn zu verzögern, »um es von der Entscheidung Bischofsburg fernzuhalten«.[99] Die war jedoch bis zum Abend des 26. August gefallen: Im Zusammenwirken der beiden deutschen Armeekorps war das russländische VI. AK umfassend geschlagen worden, hatte 5300 Mann an Toten und Verwundeten, 1700 an Gefangenen sowie 30 Geschütze verloren – auch weil die zarische 4. Kavalleriedivision, die etwa 15 Kilometer ostwärts bei Rössel stand, nicht in die Kämpfe eingriff.[100] Wahrscheinlich war sie gar nicht zur Unterstützung aufgefordert worden, denn der Schock, unvermittelt von einem solch starken Gegner attackiert zu werden, hatte die zarischen Verbände in völlige Konfusion gestürzt. Eine Infanteriedivision war vollständig aufgerieben worden, die zweite aber noch gefechtsfähig; sie hatte sich bei und ostwärts Raschnung verschanzt. Dennoch befahl Blagoveščenskij den Rückzug, der im Laufe der Nacht in ein derartiges Chaos geriet, dass er bis zum Morgen in der Führungslosigkeit des Armeekorps endete. Ohne zunächst wirklich verfolgt zu werden, zogen sich die Verbände über 40 Kilometer bis in den Raum Ortelsburg zurück. Ihr Kommandierender General scheint selbst derart konsterniert gewesen zu sein, dass er sich die Niederlage erst in der Nacht an Samsonov zu melden getraute.[101]

Verglichen mit diesem Fiasko blieben die deutschen Verluste überschaubar, lediglich die 6. Landwehrbrigade meldete »starke Verluste«.[102] Sie waren immerhin so umfassend, dass die Brigade nicht mehr weiter vorgehen konnte und Mackensen sie zum Schutz seiner rückwärtigen Verbindungen zurücklassen musste.[103] Trotzdem, wie nicht unüblich dieser Zeit, maß Below die Tapferkeit der Truppe an ihren Verlusten:

»Die Landwehr war mit Wut darauf gegangen, ohne die Verluste zu scheuen. Daher verlor das brave L.Rgt. 34 in diesen wenigen Stunden 19 Offz. tot u. 15 verwundet. (Das 1. G.Rgt.z.F. hat bei seinem vielbewunderten Angriff auf St. Privat 18. VIII. 70 verloren: 16 Offz. tot, 20 verwundet.)«[104]

---

[99] BArch, PH 5 II/180, KTB 8. Armee: AOK 8 an 1. Kav.Div, 26.8.1914, »zwischen 4–6 nachm.« Uhr, fol. 153.

[100] BArch, RH 61/1353, Abschrift des Tagebuchs des Generals O. von Below, S. 42; Stone, The Eastern Front, S. 65.

[101] BArch, RH 61/1353, Abschrift des Tagebuchs des Generals O. von Below, S. 43; BArch, PH 5 II/180, KTB 8. Armee: XVII. AK an AOK 8, 27.8.1914, 7.00 Uhr, fol. 166; Showalter, Tannenberg, S. 245 f.; Strachan, The First World War, S. 329; Tuchman, August 1914, S. 350.

[102] BArch, PH 5 II/180, KTB 8. Armee: Nachrichtenoffizier XVII. AK an AOK 8, 27.8.1914, 14.00 Uhr, fol. 175.

[103] Ebd.: XVII. AK an AOK 8, 27.8.1914, 16.40 Uhr, fol. 177 f. Hoffmann behauptete indes, davon habe das AOK 8 einmal mehr nichts erfahren, Hoffmann, Die Aufzeichnungen, Bd 2, S. 302.

[104] BArch, RH 61/1353, Abschrift des Tagebuchs des Generals O. von Below, S. 42.

Während der folgenden Ereignisse konnte die 6. Landwehrbrigade nur mehr zusammen mit der 1. Kavalleriedivision zur Sicherung gegen die immer noch durch das russländische II. AK drohende Gefahr eingesetzt werden. Gemeinsam nahmen sie das Verzögerungsgefecht auf, als dieses am 27. August Drengfurth erreichte. Das II. AK drängte aber nicht entschieden vorwärts und entwickelte so geringe Durchschlagskraft, dass sich eine der beiden deutschen Kavalleriebrigaden am 29. August sogar noch am Vorstoß des XVII. AK nach Süden beteiligen konnte, während die andere Brigade zusammen mit der 6. Landwehrbrigade ausreichte, um das II. AK bei Lautern festzuhalten.[105] Hätte es entschieden angegriffen, wären die deutschen Truppen freilich in eine missliche Lage geraten. Die beiden deutschen Armeekorps hatten zwar das russländische VI. AK vor sich zurückgeschlagen, nicht jedoch vernichtet. Es fing sich in der Linie der 2. Armee wieder, hing nun allerdings deutlich hinter deren vormarschierendem Zentrum zurück. Weil seine Armeekorps keine ausreichende Verbindung zueinander besaßen und die eigene Aufklärung völlig versagte, konnte Samsonov die Lage zu diesem Zeitpunkt aber nicht überblicken, folglich auch nicht adäquat reagieren. In der deutschen Literatur wurde der 25. August im Nachhinein zum Beginn der Umfassungsoperation umgedeutet. An diesem Tag sei der endgültige Entschluss zum Angriff gefasst, der Plan zur Ringumfassung und Vernichtung möglichst umfangreicher gegnerischer Kräfte abgeschlossen und aus diesen Anordnungen heraus am 27. August die eigentliche Schlacht von Tannenberg begonnen worden.[106] In Wirklichkeit war dem AOK 8 der Sieg seiner beiden Armeekorps auf dem linken Flügel überhaupt erst am Morgen des 27. August bekannt geworden.[107] Den eigenen Gefechtsstand hatte man bereits in der Nacht vom 25. auf den 26. August von Riesenburg gute 50 Kilometer weiter südwestlich nach Löbbau und damit hinter das I. AK verlegt, von dem man Entscheidendes erwartete.[108] Zusammen mit dem XX. AK sollte es ab dem nächsten Morgen »mit großer Energie« eine Offensive starten und Usdau nehmen.[109] Doch schon die erste Phase des Angriffs auf die Seebener Höhen erwies sich dann als längst nicht so erfolgreich, wie man es sich gewünscht hatte, weswegen sich auch das XX. AK

[105] Hoffmann, Die Aufzeichnungen, Bd 2, S. 298 f. Siehe zu den Ereignissen dort ausführlich BArch, RH 61/1344, Reichsarchiv/Sichtungsabteilung/Gruppe 3/Hauptmann a.D. von Moltke: Landsturm und Festungen Königsberg und Lötzen während der Tannenberger Schlacht (1919), S. 71–78, 98, 106–112, 126 und 144–149.

[106] BArch, RH 61/53, Denkschrift »Tannenberg« von Generalleutnant [Karl Ritter] von Wenninger (1916), S. 31, 34, 36–46. Ähnlich auch BArch, RH 61/1336, August von Mackensen, Der Feldzug in Ostpreußen, S. 12 f.: »Das Gefecht bei Lautern ward der Auftakt zur Entscheidung von Tannenberg. Die Bahn zur Umfassung der Narew-Armee war in Richtung Jedwabno für das Armeekorps frei.«

[107] BArch, N 591/58, Oberstleutnant Praun: Die Nachrichtenverbindungen um die Schlacht bei Tannenberg. In: Deutsche Nachrichtentruppen (Die F-Flagge), 1938, fol. 5.

[108] Giehrl, Tannenberg, S. 42; BArch, RH 61/735, Graf A.[lfred zu] Dohna[-Schlobitten], Der Feldzug in Ostpreußen 1914, undatiert (1920), S. 12.

[109] BArch, RH 61/1383, Reichsarchiv/Sichtungsabteilung/Gruppe III/11: Fragen zur Schlacht bei Tannenberg, XX. AK, 27.8.14, 22.12.1919, S. 1 und 3; BArch, RH 61/53, Denkschrift »Tannenberg« von Generalleutnant [Karl Ritter] von Wenninger (1916), S. 24 f. und 26; Showalter, Tannenberg, S. 229; Tuchman, August 1914, S. 341 und 343.

im Zentrum weiter hinhaltend gegen die russländischen XIII. und XV. AK verteidigen musste.[110] Der tatsächliche Angriff auf diese beiden begann dann erst ab dem 28. August, 4 Uhr.[111]

2. Die Schlacht von Tannenberg

a) Zurückdrängen der beiden russländischen Flügel

Bis zu den Ereignissen des 25. August waren die Handlungsmöglichkeiten des AOK 8 in erster Linie von den Operationen des Gegners abhängig. Dass dann nahezu zeitgleich zum Sieg im Begegnungsgefecht auf der eigenen linken Flanke der russländische Operationsplan in deutsche Hände geriet, änderte dies grundlegend. Damit gewann das AOK 8 die Überzeugung, Samsonov habe die Zurücknahme des linken Flügels beim XX. AK tatsächlich als einen deutschen Rückzug auf Osterode interpretiert und wollte daher mit seinen beiden zentralen Armeekorps auf die Linie Osterode–Allenstein nachstoßen, während Rennenkampf seinen Vormarsch auf Königsberg und Rastenburg ungerührt fortsetzte. Einen etwaigen deutschen Gegenangriff erwartete Samsonov höchstens auf seiner linken Flanke. Darauf hatte er aber sein I. AK vorbereitet, sodass er erwartete, dieses würde den Vorstoß im Zentrum decken. Damit war das AOK 8 vollständig im Bilde, die fortlaufenden Aufklärungsergebnisse ergänzten das Lagebild logisch. Weil also weder die russländische 1. Armee nach Süden eindrehte noch die 2. nach Orlau mit Nachdruck angriff, hatte das AOK 8 die notwendige Zeit gewonnen und konnte seine Befehle an die eigenen Armeekorps geben, um sie in die entscheidende Phase zu führen.

Abhängig war alles aber nach wie vor davon, dass Rennenkampf nicht doch noch seine Absichten änderte oder etwa wenigstens den Bahntransport des I. AK störte, womit man auf der deutschen Seite jederzeit rechnete. Daher mochte man im AOK 8 die Nachricht, die russländische 1. Armee rücke inzwischen immerhin vor, aber nur langsam und weiterhin auf Königsberg, bis zum Erhalt der abgefangenen Funksprüche am 25. August nicht recht glauben. Von der massiven Fehleinschätzung der Lage durch die russländischen Verantwortlichen, es laufe alles nach deren Plan, war man im AOK 8 derart überrascht, dass man zunächst eine Falle witterte. In jedem Fall aber hatte diese Fehleinschätzung ein Zeitfenster für das Vorgehen gegen die zarische 2. Armee geöffnet, das Samsonovs Einschwenken gegen die eingeknickte Flanke des XX. AK unwissentlich erheblich unterstützte.[112] Zum Gelingen aber musste das deutsche Zentrum jetzt unbedingt halten, während Ludendorff François zur Eile drängte. Wegen dessen Schwierigkeiten beim Bahntransport befanden sich aber längst nicht

---

[110] BArch, MSg 2/3404, Schlacht bei Tannenberg 1914 (Ein tageweiser Überblick).

[111] BArch, RH 61/1383, Reichsarchiv Nr. 2075: Fragebogen Nr. 118: Tannenberg 27./28.8., 16.2.1922, S. 2.

[112] BArch, RH 61/53, Denkschrift »Tannenberg« von Generalleutnant [Karl Ritter] von Wenninger (1916), S. 31; Abschriften der Funksprüche gingen an die Generalkommandos I. und XX. AK; Hoffmann, Die Aufzeichnungen, Bd 2, S. 258.

alle Teile seines I. AK auf der rechten deutschen Flanke.[113] Dort hatten einige
Scharmützel am 24. August im Raum Rybno und Groß-Damerau-See zwischen
den Verbänden Ungers und russländischen Truppen aller Waffen den Vormarsch
starker gegnerischer Kräfte bis in die Linie Groß Grieben–Bergling und ostwärts
in deutlicher Staffelung als linken Flügel der zarischen 2. Armee erkennen lassen.
Er reichte weiter über Usdau und Borchersdorf bis Soldau und konnte die rechte
Flanke des XX. AK damit leicht umgehen. Das Detachement Ungers und die
5. Landwehrbrigade unter Generalleutnant Friedrich von Mülmann, die sich dort
gerade formierte, vermochten das kaum zu verhindern, also musste François aus
Sicht des AOK 8 rasch eingreifen. Dass der Gegner sich dann jedoch defensiv
verhielt, zunächst seine Truppen zu verstärken schien und nur bis auf die Seebener
Höhen vorrückte, konnte man sich dort nicht erklären. Erst am 27. August
enthüllte ein abgefangener russländischer Funkspruch, dass Artamonov irrtümlich
vom Anmarsch zweier österreichischer Armeekorps auf Strasburg ausgegangen
war und sich gegen sie zur Verteidigung eingerichtet hatte.[114] Woher dieses
Gerücht kam, lässt sich nicht mehr nachvollziehen. Möglicherweise stammte es
von Einwohnern, die in einigen Dörfern die einmarschierenden russländischen
Truppen freudig begrüßt haben sollen, weil man sie für Österreicher gehalten
habe: »In weiten Teilen der Provinz war nämlich das Gerücht verbreitet, dessen
Ursprung nicht feststellbar ist, dass die verbündeten Österreicher den bedrängten
Ostpreußen zu Hilfe gekommen seien.«[115]
    Möglich also, dass auch der Kommandierende General des zarischen I. AK die-
ser Mär aufgesessen war und dabei seine ohnehin spärlichen Aufklärungsergebnisse
in den falschen Kontext einordnete. Denn bei den in Strasburg am 23. und
24. August ausgeladenen Truppen handelte es sich um die Hauptreserve inklusive
eines Bataillons schwerer Feldhaubitzen aus der Festung Thorn sowie ein Detachement der Festung Graudenz, die nach der Gumbinner Schlacht abgerufen und
dem I. AK unterstellt worden waren. Sie vereinigten sich dort mit der sich bereits
vor Ort befindlichen 5. Landwehrbrigade.[116] Aus Sicht der russländischen Führung, die von Anfang an einen Gegenangriff von der Weichsel her befürchtet und
Artamonov aufgefordert hatte, sich darauf einzustellen und gegebenenfalls nicht
weiter vorzurücken, erfüllte sich damit ein weiteres erwartetes Szenario. Dass es
sich jedoch um für eine Offensive viel zu schwache deutsche Kräfte handelte,
erkannte sie nicht – ein weiteres Mal, weil auch der Kommandierende General

[113] BArch, PH 5 II/180, KTB 8. Armee/AOK 8/Ia Nr. 777 g an I. A.K., 23.8.1914, 17.20 Uhr,
fol. 104; BArch, PH 5 II/180, KTB 8. Armee/AOK 8/Ia Nr. 806 g an Gouvernement
Thorn, 24.8.1914, 10.30 Uhr, fol. 114.
[114] BArch, RH 61/1350, Die Verhältnisse auf der rechten deutschen Armeeflanke (1920),
S. 3–5; BArch, PH 5 II/180, KTB 8. Armee: Nachrichtenoffizier Thorn: Abgefangener
Funkspruch des Kommandierenden Generals des russischen I. AK, 27.8.1914, 6.40 Uhr,
fol. 165.
[115] Gause, Die Russen in Ostpreußen, S. 27.
[116] BArch, RH 61/1350, Die Verhältnisse auf der rechten deutschen Armeeflanke (1920),
S. 3; BArch, PH 5 II/180, KTB 8. Armee/AOK 8/Ia Nr. 798 g an Detachement Graudenz
(Lüttwitz) Gosslershausen, 23.8.1914, fol. 111; BArch, PH 5 II/180, KTB 8. Armee/
AOK 8/Ia Nr. 768 g an Gouvernement Thorn, 23.8.1914, 16.00 Uhr, fol. 104; BArch,
PH 5 II/180, KTB 8. Armee/AOK 8/Ia Nr. 777 g an I. A.K., 23.8.1914, 17.20 Uhr,
fol. 104; BArch, PH 5 II/180, KTB 8. Armee/AOK 8/Ia Nr. 806 g an Gouvernement
Thorn, 24.8.1914, 10.30 Uhr, fol. 114.

des zarischen I. AK seine Aufklärung dramatisch vernachlässigte. Seine Verbände hatten am 24. August Usdau besetzt und waren weiter auf Gilgenburg vorgerückt, verschanzten sich nach dem erwähnten Gefechtskontakt vorerst aber auf den Seebener Höhen.[117] Auch Artamonovs Männer waren nämlich zwischenzeitlich ausgehungert und erschöpft. Sie bestanden zu einem hohen Prozentsatz aus Industriearbeitern aus St. Petersburg, wo das I. AK in Friedenszeiten stationiert war. Deren Motivation und Zuverlässigkeit misstraute man grundsätzlich, die Fähigkeiten ihres Kommandierenden Generals galten darüber hinaus eher als durchschnittlich.[118]

Auf der Gegenseite brachte François seine Divisionen zwar ab dem 25. August in ihre Stellungsbereiche, bat aber das AOK 8, im Kontext eines eventuellen Angriffs auf das XX. AK nicht eingesetzt zu werden, da »weder Art[illerie] noch Kav[allerie] da ist«.[119] Weil entgegen den deutschen Erwartungen die russländischen Truppen weder vor ihm noch im Zentrum aktiv wurden, billigte man dort den Vorschlag, bestand aber darauf, dass sein I. AK ab 4 Uhr des 26. August die Seebener Höhen und ab 10 Uhr Usdau nehmen musste. Das XX. AK sollte den Angriff unterstützen und sich auf eine Offensive »auf seiner ganzen Front mit starkem rechten Flügel« vorbereiten; dazu war ihm eigens die 3. Reservedivision in den Raum Hohenstein zugeführt worden.[120]

Gegen diesen Auftrag meldete François erneut erhebliche Bedenken an, weil ihm außer der Hälfte seiner Batterien auch noch das Grenadierregiment 1 fehlte, das er zwischenzeitlich an das XX. AK hatte abgeben müssen.[121] Weil die bisherigen Gefechte einschließlich Gumbinnen sein Armeekorps ungefähr 16 Prozent seiner Gefechtsstärke, etwa 4000 Mann, gekostet hatten, glaubte er, sich das nicht leisten zu können. Alleine bei seinem Pillauer Infanterieregiment 43 fehlten beispielsweise bereits 24 Offiziere und 726 Mann. Seine gesamte Kavallerie und vor allem die schwere Artillerie sowie deren Kommandeure und die Munitionskolonnen befanden sich darüber hinaus noch immer auf dem Bahntransport. Trotzdem lehnte Ludendorff mit Unterstützung Hindenburgs diesen Einspruch nach einer offenbar heftigen Auseinandersetzung ab, obwohl Hoffmann und Scholtz François den Rücken stärkten und Letzterer versicherte, er brauche keine Verstärkungen.[122] Also quittierte der Kommandierende General des I. AK am

---

[117] Danilov, Rußland im Weltkriege, S. 214.

[118] Showalter, Tannenberg, S. 233; Noskoff, Der Mann, der Tannenberg verlor, S. 39.

[119] BArch, PH 5 II/180, KTB 8. Armee/AOK 8/Ia Nr. 904 g: Korpsbefehl I. A.K., 25.8.1914, 11.15 Uhr, fol. 128 f.; BArch, PH 5 II/180, KTB 8. Armee/AOK 8 Nr. 905 g: Meldung von I. A.K., 25.8.1914, 12.45 Uhr, fol. 129 f., hier fol. 130.

[120] BArch, PH 5 II/180, KTB 8. Armee/AOK 8/Ia Nr. 880: Armeebefehl für den 26.8., 25.8.1914, fol. 131.

[121] Das Grenadierregiment 1 war das erste, das im Norden verladen worden war und bis zum 23.8. in den Süden durchkam, ehe die Bahnverzögerungen virulent wurden. Daher unterstellte das AOK 8 das Regiment zunächst dem XX. AK, Hoffmann, Die Aufzeichnungen, Bd 2, S. 251.

[122] BArch, RH 61/1383, Reichsarchiv: Fragebogen Nr. 114: Tannenberg (ohne Datum); Buchfinck, Tannenberg 1914, S. 216; Kürenberg, Rußlands Weg nach Tannenberg, S. 184 f.; zum weiteren Verlauf siehe auch ebd., S. 200–202, sowie Giehrl, Tannenberg, S. 35 f.; Tuchman, August 1914, S. 341, dort auch zum Streit zwischen Ludendorff und François; schließlich François, Gehorsam und Verantwortungspflicht, S. 21.

Abend den Eingang des Befehls: »Angriff wird, dem Befehl entsprechend, mit der vorhandenen schwachen Artillerie durchgeführt.«[123]

Trotz aller berechtigten Einwände von François – tatsächlich wurden seine letzten Einheiten erst am Abend des 26. August ausgeladen[124] – wollte Ludendorff unbedingt die Gunst der Stunde ausnutzen, die das Verharren Rennenkampfs im Norden zu bringen schien.[125] Vom Erfolg auf dem linken Flügel hatte er noch keine Kenntnis, und ob er schon um die beiden abgefangenen russländischen Funksprüche wusste, ist unklar. Wenigstens der Befehl Samsonovs für den nächsten Tag ging wohl erst hinterher ein, er spielte also bei der Auseinandersetzung mit François keine Rolle.[126] Außerdem spricht der Angriffsbefehl an das XX. AK gegen eine Umfassungsabsicht des AOK 8 zu diesem Zeitpunkt: Dessen Offensive drängte den Gegner zurück, anstatt ihn festzuhalten, im Kontext einer Umfassung hätte man ihm aber im genauen Gegenteil die Verteidigung, im kühneren Fall sogar das Verzögern befehlen müssen. Beim Auftrag an das I. AK handelte es sich also um einen klassischen Stoß in die Flanke des Gegners, von einer Umfassungsabsicht war keine Rede.

Am selben Tag nahmen die Verbände Mülmanns Lautenburg und schlossen damit zu den Bataillonen des I. AK auf.[127] Ein am Abend abgefangener russländischer Funkspruch bestätigte zudem den Schwerpunkt Samsonovs in dessen Zentrum, während sein I. AK auf dem linken Flügel halten sollte: »Ich befehle der Armee anzugreifen in allg. Richtung Osterode, dem I. AK in seinem Bezirk zu bleiben, seine Aufgabe zu erfüllen [...] Mehr rechts das XXIII. und XXIII. A.K. [sic] [...] auf der Linie Michalken–Gr. Gardienen. Samsonoff [sic].«[128] Die eigene Aufklärung meldete zeitgleich, dass nur eine Division des russländischen I. AK bei Usdau stand, die zweite hingegen zurückgezogen bei Soldau disloziert war. Das dürfte bei Ludendorff die Hoffnung genährt haben, mit einem sofortigen Angriff von François die linke Armeeflanke des Gegners aufreißen zu können, obwohl sein I. AK nun auf eine russländische Abwehrfront traf, statt wie zunächst erhofft den Gegner auf dessen Vormarsch in Flanke und Rücken fassen zu können.[129] Dieser hatte sich inzwischen jedoch auf der Linie Heinrichsdorf–Gr. Koschlau–Seeben in unübersichtlichem Gelände in einer Tiefe von neun Kilometern in mehreren gut getarnten Stellungslinien hintereinander eingegraben – vor allem auf dem fast vier Kilometer langen Höhenrücken, der vor Usdau von Nord nach Süd verlief und das westliche Vorgelände um etwa 25 Meter überragte. Eckpfeiler seiner Verteidigung

---

[123] BArch, PH 5 II/180, KTB 8. Armee: Meldung Gen.Kdo. I., 25.8.1914, 24.00 Uhr, fol. 139.

[124] BArch, RH 61/53, Denkschrift »Tannenberg« von Generalleutnant [Karl Ritter] von Wenninger (1916), S. 30.

[125] Wehrt, Tannenberg, S. 135 f.; Kürenberg, Rußlands Weg nach Tannenberg, S. 185–187; François, Gehorsam und Verantwortungspflicht, S. 18.

[126] BArch, RH 61/1383, Reichsarchiv: Fragebogen Nr. 114: Tannenberg (ohne Datum). Siehe auch Anfrage I. AK an AOK 8, 25.8.1914, 12.30 Uhr, abgedruckt bei Elze, Tannenberg, S. 292.

[127] Giehrl, Tannenberg, S. 35 f.; Bathe, Tannenberg, S. 78.

[128] BArch, PH 5 II/180, KTB 8. Armee: Gouvernement Königsberg an AOK 8, 25.8.1914, 22.00 Uhr, fol. 135.

[129] BArch, RH 61/53, Denkschrift »Tannenberg« von Generalleutnant [Karl Ritter] von Wenninger (1916), S. 35 f.; BArch, RH 61/1341, Carl Mühlmann: Tannenberg 1914, 5.9.(1934), S. 7 f.

Angriff des deutschen I. Armee-korps westlich Usdau, 26.8.1914

Eichwalde (Dembien)

Jeglia

Rybno

Neudorf

Wansen

1. Gren.

Bergling

Sezuplienen

Gr. Grieben

Preußen

1.

Kostener Forst

Tautschken

Kl. Grieben

Usdau

Kopaniarze 41. 2. 43.

Seeben

3.

Kl. Koschlau 33. 22.

Meischlitz

24.

4.

45.

Gr. Koschlau

Grallau

Fichtenwalde

Gr. Tauersee

2.

44.

3. 4.

6.

XXX
I.
François

0   1   2   3   4   5 km

Kl. Tauersee

Kl. Tauersee

Heinrichsdorf

Ruttkowitz

Skurpien

9. Ldw.

3. Gde.

5. Ldw.

Ciborz   2. Ldw.   Kl. Lensk

Priom

©ZMSBw
08519-02

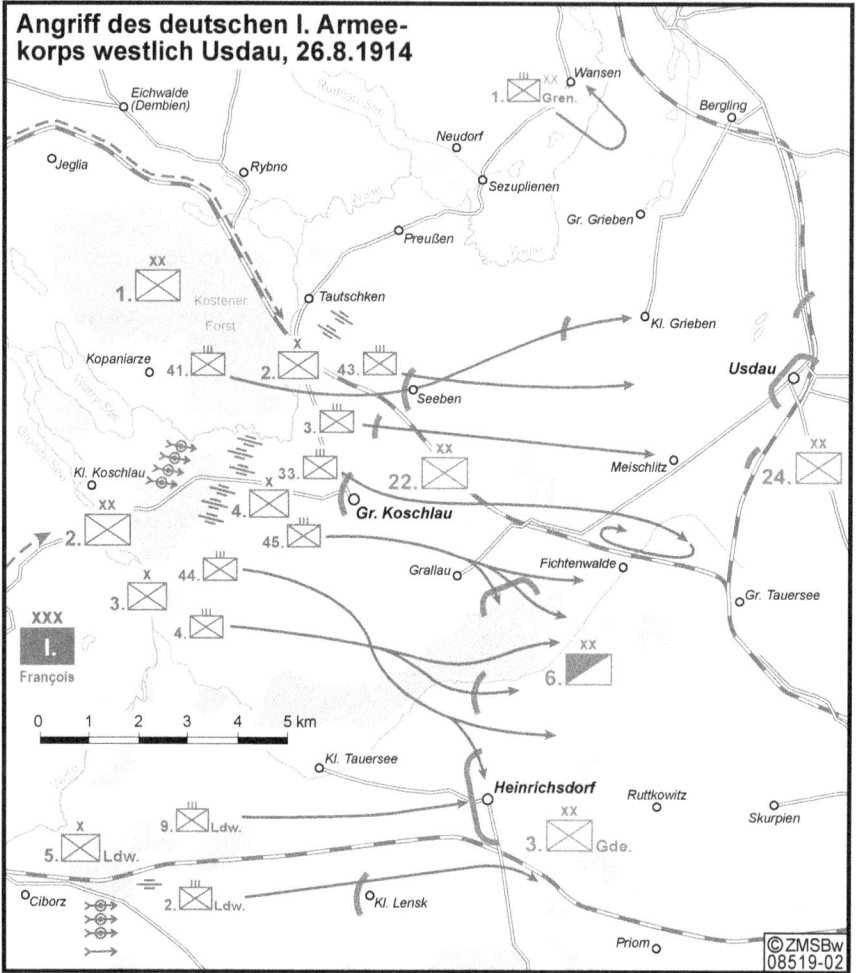

bildete im Norden Usdau mit dem den Höhenzug krönenden Mühlenberg, während je eine Brigade mit Artillerie nach Seeben und Grallau vorgeschoben worden war. Die 3. Garde-Division und die 1. Schützenbrigade waren außerdem im Anmarsch aus Mlawa, die 6. Kavalleriedivision stand bei Heinrichsdorf, die 15. Kavalleriedivision südlich Lautenburg zur Unterstützung bereit.[130]

Gegen diese Linie trat das deutsche I. AK wie befohlen um 4 Uhr des 26. August zum Angriff an, um zunächst die Seebener, dann die Usdauer Höhen zu nehmen, im Schwerpunkt die 1. Infanteriedivision unter Generalleutnant Richard von Conta mit acht Bataillonen und vier Batterien. Die 2. Infanteriedivision unter Generalleutnant Adalbert von Falk sollte flankierend über Groß Koschlau und Groß Tauersee vorstoßen, die Truppen Mülmanns zeitlich versetzt ab 7 Uhr

---

[130] François, Gehorsam und Verantwortungspflicht, S. 22; Bathe, Tannenberg, S. 76; Wehrt, Tannenberg, S. 168.

von Lautenburg aus auf Heinrichsdorf–Borchersdorf antreten.[131] François hatte
das AOK 8 noch einmal gewarnt, der Angriff müsste »mit unzureichenden
Kräften« geführt werden, weil noch 16 Batterien, sieben Munitionskolonnen,
drei Infanteriebataillone, vor allen Dingen aber vier schwere Batterien und die
gesamte Kavallerie fehlten; daher könne er »für Ausgang nicht einstehen«.[132]
Zwar wurden seine ausstehenden Verbände ununterbrochen weiter ausgeladen,
mussten aber noch bis zu 15 Kilometer auf das Gefechtsfeld marschieren. Dass
bis zum Mittag noch immer rund ein Drittel seiner Artillerie nicht vor Ort war,
wog umso schwerer, als ein deutscher Flieger russländische Schützengräben am
nordwestlichen Rand und ostwärts Usdaus aufklärte, gegen die sich die deutsche
Infanterie »bei glühender Hitze in lichten Wellen« heranarbeiten musste.[133]
Zudem wurden Mülmanns Trains und Gefechtsstand zwischen Strasburg und
Lautenburg von der russländischen 15. Kavalleriedivision angegriffen. Nur durch
die Unterstützung des durch Fernsprecher herbeigerufenen Panzerzuges der
Festung Thorn konnte dort eine Umfassung der Landwehrbrigade, wenn nicht
des gesamten I. AK verhindert werden.[134] Weil Artamonov seine starke Kavallerie
ausschließlich zum Flankenschutz und nicht zur Aufklärung eingesetzt hatte,
vermutete er, dass ihm ein starker Gegner gegenüberstand, wusste es aber nicht
genau. Er suchte sein Heil daher zeittypisch im Angriff dorthin, wo er sicher
Truppen annehmen konnte, nämlich die von ihm als Österreicher perzipierten
Landwehrverbände bei Strasburg.[135] Diesen Vorfall nutzte François als Vorwand,
um seine beiden Infanteriedivisionen anzuhalten und das AOK 8 darum zu
bitten, den Angriffszeitpunkt nun doch selbst wählen zu dürfen.[136] Das AOK 8
blieb davon jedoch unbeeindruckt: Hindenburg – gerade frisch vom Kaiser zum
Generaloberst befördert[137] – verlangte knapp sofortige Meldung, »sobald Seeben
genommen ist«.[138] Daraufhin ordnete François den neuerlichen Angriff an:
»Auf Befehl des A.O.K. ist der Angriff mit den zur Zeit verfügbaren Kräften
durchzuführen. Die beiden Divisionen und Detachement Mülmann beginnen
die Angriffsbewegung um 1 nachm. und zwar: 1. I.-D. von Seeben auf Usdau,

131 Giehrl, Tannenberg, S. 40.
132 Fernspruch I. AK an AOK 8, 26.8.1914, 5.30 Uhr; abgedruckt bei Elze, Tannenberg,
   S. 299; BArch, RH 61/1383, Reichsarchiv/Sichtungsabteilung/Gruppe III/1: Fragen
   über die Schlacht bei Tannenberg 26.8.14, 11.11.1919, S. 2; BArch, PH 5 II/180, KTB
   8. Armee: Fernspruch Gen.Kdo. I. an AOK 8, 26.8.1914, 5.30 Uhr, fol. 142.
133 BArch, PH 5 II/180, KTB 8. Armee: I. AK an AOK 8, 26.8.1914, 10.10 Uhr, fol. 146;
   Bathe, Tannenberg, S. 76; Strachan, The First World War, S. 329.
134 BArch, RH 61/1350, Die Verhältnisse auf der rechten deutschen Armeeflanke (1920), S. 8;
   Giehrl, Tannenberg, S. 51; Bathe, Tannenberg, S. 78 f.; Wehrt, Tannenberg, S. 169 f.
135 Showalter, Tannenberg, S. 252. Ein abgefangener russländischer Funkspruch hatte »die
   Anwesenheit bedeutender feindlicher Kräfte« im Raum Gilgenburg–Rybno durch die
   Meldung »von Spionen« mitgeteilt. Siehe BArch, PH 5 II/180, KTB 8. Armee: Fernspruch
   Königsberg an AOK 8: russischer Funkspruch vom 25.8., 26.8.1914, 13.30 Uhr, fol. 141.
136 BArch, PH 5 II/180, KTB 8. Armee: Fernspruch I. A.K. an AOK 8, 26.8.1914, 08.40 Uhr,
   fol. 143; BArch, PH 5 II/180, KTB 8. Armee: I. AK an AOK 8, 26.8.1914, 11.15 Uhr,
   fol. 147 f.
137 Mühlmann, Tannenberg 1914, S. 213–224, hier S. 221.
138 BArch, PH 5 II/180, KTB 8. Armee: AOK an I. AK, 26.8.1914, 11.25 und 11.45 Uhr
   sowie I. AK an AOK 8, 26.8.1914, 11.35 Uhr, fol. 148; BArch, PH 5 II/180, KTB 8. Armee: Korpsbefehl I. AK, 26.8.1914, 11.00 Uhr, fol. 148 f.

2. I.-D. über Gr. Koschlau auf Gr. Tauersee. Det. Mülmann von Gr. Tauersee nach Lage der Verhältnisse über Heinrichsdorf auf Gut Rutkowitz oder auf Vw. Thienhof. Vor dem Angriff sind die Mannschaften nach Möglichkeit aus den Feldküchen zu verpflegen. Nach bisherigen Erkundungen sind Verschanzungen zu erwarten bei Usdau sowie östl. Gr. Grieben.«[139]
Trotzdem ließ er seine Verbände erst eine Stunde später angreifen und gab hinterher zu, »die Durchführung bewusst verzögert [zu] habe[n]«, weil ihm ein Angriff seiner 1. Infanteriedivision mit ihren nur acht Bataillonen und vier Batterien, denen es zudem an Munition mangelte, auf die verschanzte russländische Infanterie entlang der Seebener Höhen als »eine taktische Unbesonnenheit« erschienen sei.[140] Tatsächlich gelang es erst der neu herangefahrenen Artillerie, die Attacke so vorzubereiten, um den Gegner aus dessen Stellungen zu vertreiben. Die aus Zeitnot offen aufgefahrenen deutschen Geschütze gerieten dabei allerdings ihrerseits unter starken russländischen Artilleriebeschuss.[141] Auch bei der 2. Infanteriedivision, die in vehemente Waldkämpfe verwickelt worden war, brachte erst das Eingreifen des Rastenburger Grenadierregiments 4, das seit Mittag von der Ausladung in Montowo direkt auf das Gefechtsfeld marschiert und den russländischen Truppen in die Flanke gestoßen war, die Entscheidung: Der Gegner wurde zurückgedrängt und verlor rund 500 Mann alleine an Toten.[142]
Im weiteren Tagesverlauf gelang es dem I. AK dennoch nur mehr, die Ausgangsstellungen für einen Angriff auf Usdau zu nehmen. Die 5. Landwehrbrigade war gegen hart kämpfend auf ihre Hauptstellung Usdau ausweichende russländische Infanterie und deren sehr gut schießende Artillerie noch am weitesten vorgerückt, nämlich bis zum brennenden Heinrichsdorf. Der rechte Flügel des I. AK erreichte die Linie Heinrichsdorf–Bahnhof Grallau, die 1. Infanteriedivision Meischlitz–Groß Grieben. Damit standen die deutschen Truppen vier bis fünf Kilometer vor Usdau, während sich ihre Gegner im Ort und südlich anschließend auf den Höhen westlich der Bahn Gilgenburg–Soldau verschanzt hatten.[143] Weil die sehr gut wirkenden russländischen Artilleriestellungen nicht aufgeklärt werden konnten und François bei Gumbinnen immerhin gelernt hatte, wie wichtig ein vernünftiger Feuerplan für das Gelingen eines Angriffs gegen einen verschanzten zarischen Gegner war, brach er die Offensive um 15.45 Uhr ab.[144] Von dieser Entwicklung enttäuscht, befahl das AOK 8 den Angriff gegen Usdau für den folgenden Tag »mit größter Energie«.[145] François' linker Nachbar, Scholtz, hatte ihn schon an diesem Tag mit seiner Artillerie unterstützen müssen. Für die zu erwartenden harten Kämpfe am nächsten Tag verabredeten beide nicht nur weitere artilleristische Hilfe, sondern vor allem die Abstellung eines Detachements unter Generalleutnant Max von Schmettau, dem Kommandeur der Hauptreserve Thorn, ab 4.00 Uhr des nächsten Tages. Es sollte von Bergling im Norden aus die

[139] I. AK: Korps-Befehl, 26.8.1914, 11.30 Uhr, abgedruckt bei Elze, Tannenberg, S. 301.
[140] François, Gehorsam und Verantwortungspflicht, S. 21.
[141] Bathe, Tannenberg, S. 76 f.; Wehrt, Tannenberg, S. 168.
[142] Bathe, Tannenberg, S. 77 f.
[143] AOK 8 an XX. AK, 26.8.1914, 13.05 Uhr, abgedruckt bei Elze, Tannenberg, S. 302; Hoffmann, Tannenberg wie es wirklich war, S. 37; Bathe, Tannenberg, S. 78 f.; Tannenberg. Ein deutsches Schicksal, S. 16.
[144] Showalter, Tannenberg, S. 237 f.
[145] Giehrl, Tannenberg, S. 40 f., Zitat S. 41; Wehrt, Tannenberg, S. 170.

rechte russländische Flanke angreifen.[146] Entsprechend orientierte das AOK 8 am
Abend des 26. August seine Truppen über die Lage:
»Vor dem verstärkten I. A.K. und dem verstärkten XX. A.K. steht der Feind
anscheinend mit einer starken Gruppe um Borchersdorf, mit einer Div. bei
Usdau, mit 1–2 A.-Ks. dicht massiert um Gr. Gardienen–Waplitz. Weitere
russische Kräfte sind im Anmarsch von Kurken und östl. auf Allenstein. Verst.
I. und verst. XX. A.K. greifen morgen 27.8. 0400 [...] mit größter Energie
an. I. A.K. stark rechts gestaffelt auf Usdau. XX. A.K. unterstützt den Angriff
I. A.-Ks. durch starken Angriff auf Usdau und geht im Übrigen in seiner
bisherigen Angriffsrichtung vor. Nach der Wegnahme von Usdau kommt es
darauf an, dass der Feind gegenüber dem XX. A.K. von Usdau her aufgerollt
wird. Hierzu ist es geboten, dass auch das I. A.K. mit möglichst starken
Kräften auf Neidenburg vorstößt. Im Übrigen liegt dem verst. I. A.K. der
Flankenschutz gegen Borchersdorf ob. [...] A.O.K. vorläufig Löbau.«[147]
Nach wie vor ging es dem AOK 8 also nicht um eine Umfassung der russländischen
2. Armee. Dafür sprechen auch die widersprüchlichen Befehle an das XVII. AK,
von dessen Erfolg auf dem linken deutschen Flügel das AOK 8, wie bereits erwähnt,
zum Zeitpunkt des eben zitierten Angriffsbefehls noch gar keine Kenntnis hatte.
Entscheidend für die Entstehung einer Umfassungsmöglichkeit auf dieser Flanke
war überhaupt erst das im besten Fall als entschlossen zu bezeichnende Vorgehen
Mackensens, der beinahe ohne Rücksicht auf Verluste vorwärtsstieß – ein
Vorhaben, von dem er das AOK 8 erst noch überzeugen musste. Dort erwartete
man die Entscheidung nämlich auf dem gegenüberliegenden, also rechten
deutschen Flügel. Am frühen Morgen des 27. August verließen Hindenburg,
Ludendorff und Hoffmann ihr Hauptquartier bei Löbau, um von einer kleinen
Höhe am Südende des Damerausees ungefähr sieben Kilometer vor Usdau den
Fortgang der Kämpfe zu überwachen.[148] Hierhin und zu den Gefechtsständen des
XX. AK und der 3. Reservedivision, zu der bis dahin noch gar keine Verbindung
bestanden hatte, hatte man umgehend Nachrichtenverbindungen verlegen
lassen.[149] Dennoch blieben die Nachrichtenverbindungen auch auf deutscher
Seite ein veritables Führungsproblem. Als das Führungsduo beispielsweise am
Mittag auf den Gefechtsstand von Scholtz nach Frögenau weiterzog, besaß es
dort gar keine Verbindung zu den Armeekorps Mackensen und Below und nur
ein dauernd gestörtes Feldtelefon zu François.[150] Das erschwerte den Kontakt zu
Letzterem zusätzlich, der sich weiterhin mehr bei seinen Divisionsgefechtsständen

---

[146] Schmettau stand dort allerdings erst um 6.00 Uhr bereit: François, Gehorsam und Verant-
       wortungspflicht, S. 25 f.; Bathe, Tannenberg, S. 80.
[147] BArch, PH 5 II/180, KTB 8. Armee/AOK/Ia Nr. 926 an I. und XX. AK, 26.8.1914,
       21.00 Uhr, fol. 158 f.; AOK 8/Ia Nr. 926 an I. A.K., 26.8.1914, 21.00 Uhr, abgedruckt
       bei Elze, Tannenberg, S. 304 f.
[148] Hoffmann, Tannenberg wie es wirklich war, S. 51 f.; Tuchman, August 1914, S. 352.
[149] BArch, N 591/58, Oberstleutnant Praun: Die Nachrichtenverbindungen um die Schlacht
       bei Tannenberg. In: Deutsche Nachrichtentruppen (Die F-Flagge), 1938, fol. 4 f.
[150] Ebd., fol. 6; BArch, PH 5 II/180, KTB 8. Armee: Fernspruch von Postamt Montowo
       an General Ludendorff, 27.8.1914, 18.20 Uhr, fol. 174. Demnach teilte das Postamt
       Montowo Ludendorff mit, »dass kein Material und keine Mannschaften vorhanden sind,
       um den Befehl auszuführen, die zerstörte Verbindung zum Gen.Kdo. I. A.K. wiederherzu-
       stellen oder nachzusehen«.

aufhielt als auf seinem eigenen. Drahtverbindungen waren bei ihm zwar in ausreichendem Maße verbaut, aber nicht genutzt worden: »Man zog es vor, Offiziere im Kraftwagen zum Übermitteln von Nachrichten zu verwenden.«[151]

Bei Usdau hatten Hindenburg und Ludendorff zuvor den Sieg des deutschen I. AK miterlebt. Nachdem um Mitternacht seine letzten Truppen endlich ausgeladen worden waren, hatte François um 4 Uhr den Angriffsbefehl gegeben.[152] Die 2. Infanteriedivision trat gegen Tauersee, die 1. zusammen mit dem von Scholtz gesandten Detachement Schmettau auf Usdau an, während Mülmanns Landwehrbrigade gleichzeitig Borchersdorf nehmen musste. Die deutsche Artillerie bereitete den Angriff so gut vor, dass die vom Rückzug tags zuvor bereits demotivierten russländischen Soldaten aus ihren Gräben flohen und die 1. Infanteriedivision rasch, mit nur geringen Verlusten den Nordflügel der Usdauer Höhen besetzen konnte. Daraufhin rückte Schmettau am linken Flügel der Division ein und stieß von Norden auf Usdau vor. Währenddessen sahen sich die 2. Infanteriedivision und die 5. Landwehrbrigade am rechten deutschen Flügel jedoch mit einem Gegenangriff der neu zugeführten russländischen 3. Gardedivision und 1. Schützenbrigade konfrontiert, der sich zu einem verlustreichen Abwehrkampf entwickelte, bei dem die deutschen Verbände noch vormittags unter schweren Verlusten einige Kilometer zurückgedrängt wurden.[153] Erst in der Gegend von Heinrichsdorf gelang es, die Masse der Landwehrinfanterie wieder zum Stehen zu bringen. Einzelne Teile fluteten zwar weiter zurück, ein Bataillon panikartig gar bis nach Montowo, doch bis zum Mittag konnte Mülmann seine Brigade wieder bis Ruttkowitz nach vorne führen, weiterhin unter schweren Gefechten. Erst als es auf dem deutschen linken Flügel gelungen war, bis Tauersee vorzustoßen und Usdau zu nehmen, konnte François mit seiner 1. Infanteriedivision für Entlastung sorgen und die russländischen Truppen dort auf Soldau zurückdrängen. Im Zusammenwirken mit der Artillerie kam am Nachmittag auch der rechte deutsche Flügel wieder gegen starken gegnerischen Widerstand voran und erreichte am Abend Priom. Vor allem die 5. Landwehrbrigade hatte dabei den gesamten Nachmittag über heftige Kämpfe zu bestehen, ehe der letzte russländische Stützpunkt Skurpien genommen und der Durchbruch geschafft war. Damit stand das I. AK mit seinem rechten Flügel bei Priom nördlich der Bahn Lauterburg–Neidenburg, beiderseits der Strecke Gilgenburg–Soldau und auf den Höhen von Borchersdorf und westlich davon.[154] Die gegnerischen Verbände hatten sich bis nach Soldau zurückgezogen – zwar

---

[151] BArch, N 591/58, Oberstleutnant Praun: Die Nachrichtenverbindungen um die Schlacht bei Tannenberg. In: Deutsche Nachrichtentruppen (Die F-Flagge), 1938, fol. 4. François meinte dazu, »[d]er Autoverkehr arbeitete zuverlässiger als die Fernsprechverbindung, die dem schnellen Wechsel der Standorte nicht zu folgen vermochte«, François, Marneschlacht und Tannenberg, S. 230.
[152] Wehrt, Tannenberg, S. 186; François, Gehorsam und Verantwortungspflicht, S. 26.
[153] François, Gehorsam und Verantwortungspflicht, S. 25 f.; Tannenberg. Ein deutsches Schicksal, S. 19; Giehrl, Tannenberg, S. 48 f.; Tuchman, August 1914, S. 351 f.; Hoffmann, Tannenberg wie es wirklich war, S. 52; Bathe, Tannenberg, S. 80–84.
[154] François, Gehorsam und Verantwortungspflicht, S. 25 f.; Tannenberg. Ein deutsches Schicksal, S. 19; Giehrl, Tannenberg, S. 48 f.; Tuchman, August 1914, S. 351 f.; Hoffmann, Tannenberg wie es wirklich war, S. 52; Bathe, Tannenberg, S. 80–84; François, Marneschlacht und Tannenberg, S. 213 f.

Angriff des deutschen I. Armeekorps auf Usdau am 27.8.1914

	Deutsche	Russen
früher Morgen	→	→
im Tagesverlauf	→	→

XXXX
8.
Hindenburg

Kahlborn

Wansen

Abt. Schmettau XX.

Bergling

Moschnitz

Neudorf

Rauschken

Sezuplienen

Lindenau

1. III Gren.
Gr. Grieben

Preußen

8. Tle. Ul.

Frödau

1. X

Kl. Grieben

1. XX

41. X

Seeben

XXX I. François

Usdau

2. X

3. III Gren.
Meischlitz

24. XX

Krämersdorf

Schönkau

33. III Füs.

Grallau

4. X
Fichtenwalde

Gr. Tauersee

2. XX

22. XX

4. III Gren.

3. X   44. X

Niostoy

3. XX Tle. Gde.

Fylitz

Heinrichs-dorf

45. X

Ruttkowitz

Skurpien

Borchersdorf

9. III Ldw.

5. XX Ldw.

1. X

2. III Ldw.

Kl. Lensk

10. Tle. Jg.

0   1   2   3 km

Priom

Pierlawken

Kexholm III

Soldau

15. XX

Grodtken

Hohendorf

½ 6. XX

©ZMSBw
08521-02

hart kämpfend, aber gegen den Willen und ohne Wissen Samsonovs.[155] Für
Hoffmann war dieser 27. August »der entscheidende Tag der Schlacht«.[156]

Die eigentliche Einnahme Usdaus war dabei deutlich weniger spektakulär
verlaufen als zuvor befürchtet. Bis 11 Uhr vormittags hatte das deutsche Artilleriefeuer durch die Batterien des I. und XX. AK nämlich so nachhaltig gewirkt, dass
die Infanterie nur noch geringen Widerstand vorfand. Dafür stand das ganze
Dorf in Flammen und war übersät mit toten sowie verwundeten Menschen
und Pferden.[157] Besonders die schweren Feldhaubitzen hatten sich verheerend
ausgewirkt: Die Häuser lagen fast vollständig in Trümmern, alle Fenster waren
zersplittert, die Dächer verbrannt.[158] Angesichts dessen liest sich die zeitgenössische
heroisierende Beschreibung des Sturmangriffs der 1. Infanteriedivision auf das
brennende Dorf wie eine Erzählung aus einer anderen Welt. Hier vermischte sich
die Kriegführung des 19. signifikant mit der des 20. Jahrhunderts:

> »So hatten wir uns auf 100–150 m an den Feind herangearbeitet, und ich
> gab Befehl zum Aufpflanzen des Seitengewehrs [...] Es war ein Angriff wie für
> den Schlachtenmaler gemacht. Die in losen Schützenlinien tief gegliederte
> 2. Infanteriebrigade ging mit entrollten Fahnen wie auf dem Exerzierplatz
> vor, die aufgepflanzten Seitengewehre blitzten in der Sonne; Usdau bildete ein
> Flammenmeer.«[159]

Am Abend des 27. August war damit zwar ein wichtiger Sieg errungen, aber
vor dem deutschen I. AK standen noch immer veritable, weil relativ geordnet
zurückgewichene russländische Verbände bei Soldau, während die beiden gegnerischen Armeekorps im Zentrum weiter angriffen. Sie bedeuteten nicht nur für
das deutsche I. AK, sondern die gesamte 8. Armee eine evidente Bedrohung der
eigenen rechten Flanke. Zudem schien inzwischen auch Žilinskij in seinem weit
entfernten Hauptquartier zu bemerken, dass wohl doch nicht alles nach Plan
verlief. Da Rennenkampfs Truppen im Norden weiterhin auf keine ernsthafte
deutsche Verteidigung getroffen waren, gelangte er immerhin zur Einsicht, die
deutschen Kräfte dort überschätzt zu haben. Deswegen befahl der Oberbefehlshaber der Nordwestfront der 1. Armee, nun mit lediglich zwei Armeekorps weiter
auf Königsberg vorzugehen, die Stadt ab dem 27. August einzuschließen und auf
die Ablösung durch Verbände der 2. Welle zu warten. Die Festung barg für die
russländische Operationsplanung eine nicht unerhebliche Flankenbedrohung,
und die sechs Reservedivisionen, die sie eigentlich blockieren sollten, waren bis
dato noch nicht eingetroffen.[160] François meinte sogar beim russländischen Gegner
»einen heillosen Respekt vor der Festung Königsberg mit ihren verborgenen
Kräften« zu erkennen, weswegen dieser es nicht gewagt habe, »das unheimliche
Königsberg in Flanke und Rücken zu lassen«, bevor die zur Einschließung vorgesehenen Reservedivisionen vor Ort waren.[161]

---

[155] Giehrl, Tannenberg, S. 56.
[156] Hoffmann, Die Aufzeichnungen, Bd 2, S. 280.
[157] Bathe, Tannenberg, S. 80; Hoffmann, Tannenberg wie es wirklich war, S. 52; Showalter,
       Tannenberg, S. 254; Hoffmann, Die Aufzeichnungen, Bd 2, S. 275.
[158] Fischer, Bei Tannenberg, S. 111.
[159] Zit. nach Uhle-Wettler, Höhe- und Wendepunkte deutscher Militärgeschichte, S. 154.
[160] Tuchman, August 1914, S. 338 und 348 f.
[161] François, Marneschlacht und Tannenberg, S. 276.

Mit seinen übrigen Armeekorps sollte Rennenkampf aber gleichzeitig zur Verfolgung des Gegners übergehen, von dem man immer noch annahm, er zöge sich auf die Weichsel zurück und würde dazu zunächst den Anschluss an das deutsche XX. AK suchen, das durch die 2. Armee inzwischen gestellt und bereits von Neidenburg abgeschnitten worden sei. Žilinskijs beabsichtigte daher, »die Deutschen gegen das Meer zu drücken und sie am Abzug über die Weichsel zu verhindern [sic]«. Die Angriffsfront der 1. Armee richtete er jetzt auf die Linie Elbing–Saalfeld aus, anstatt Samsonovs Armee Unterstützung zu bringen.[162] Noch immer hatte man in der russländischen Führung die Brisanz der Lage nicht ansatzweise erkannt, obwohl man am 27. August Rennenkampf darüber orientierte, die bei Gumbinnen geschlagen geglaubten deutschen Truppen hätten inzwischen die 2. Armee im Süden angegriffen und er sollte deswegen den linken Flügel seiner 1. Armee so weit wie möglich nach Süden verschieben. Dass für Žilinskij Königsberg das operative Ziel der 1. Armee blieb, beweist, wie wenig realistisch er die Lage Samsonovs einschätzte, vermutlich wegen fehlender entsprechender Meldungen auch gar nicht besser hätte einschätzen können. Die wirkliche Tragweite der Ereignisse war bei ihm jedenfalls zu diesem Zeitpunkt noch nicht angekommen.[163]

Ganz anders François: Als jener am frühen Abend des 27. August durch eine Fliegermeldung erfuhr, dass sich die russländischen Truppen in Soldau weder zum Gegenangriff formierten noch sich verschanzten, sondern sich in völliger Konfusion zurückzogen, beauftragte er den Kommandeur des traditionsreichen Ulanenregimentes »Graf zu Dohna« (Ostpreußisches) Nr. 8, Oberst Friedrich Schäffer von Bernstein, für den nächsten frühen Morgen mit seinem Verband, den zwei Kavallerieschwadronen Schmettaus, einer eilig zusammengestellten Radfahrerkompanie und einer Batterie Feldkanonen so schnell wie möglich von Klenzkau aus über Groß Koschlau nach Neidenburg vorzustoßen, die Straße dorthin zu blockieren und »russische Kräfte, die gestern und heute gegen XX. AK kämpften, auf ihrer Rückzugslinie anzugreifen und zu vernichten«.[164] Das AOK 8 billigte diesen Entschluss und erweiterte ihn – inzwischen um den Sieg auf dem linken deutschen Flügel wissend – darum, so schnell wie möglich nicht nur Neidenburg, sondern mit der Kavallerie auch Willenberg, rund 40 weitere Kilometer ostwärts, zu erreichen. In der Meistererzählung von Elze ist allerdings nur der Befehl des AOK 8 angeführt; ein Hinweis, dass die Initiative von François ausging, fehlt dort.[165] Dabei finden sich gute Argumente, dem Urteil Strachans zu

---

[162] BArch, RH 61/1333, Kurt Freiherr von der Osten-Sacken, Die Operationen der russischen 1. (Njemen-)Armee vom 16.–31.8.1914 (1920), Eintrag vom 26.8.1914; Showalter, Tannenberg, S. 300 f.

[163] Showalter, Tannenberg, S. 302 f.; Tuchman, August 1914, S. 352 f.; Rohrscheidt, Über Stallupönen und Gumbinnen, S. 54; BArch, RH 61/1341, Carl Mühlmann: Tannenberg 1914, 5.9.(1934), S. 8.

[164] BArch, PH 5 II/180, KTB 8. Armee: Korpsbefehl I. AK, 28.8.1914, 7.45 Uhr, fol. 185 f.; Meldung I. AK an AOK, 28.8.1914, 7.45 Uhr, abgedruckt bei Elze, Tannenberg, S. 315; Hoffmann, Die Aufzeichnungen, Bd 2, S. 287. Schäffer von Bernstein erhielt dafür »diejenigen Teile d. Kav. zugeteilt, welche dem Det. Schmettau angehören, sowie Batterie Böhnke (I/16) und Radf.-K. 41«.

[165] BArch, PH 5 II/180, KTB 8. Armee/AOK an I. AK, 28.8.1914, 8.00 Uhr, fol. 186, Elze, Tannenberg, S. 138 f. und 316. Siehe dazu auch François, Gehorsam und Verantwor-

folgen, nach dem der Kommandierende General des I. AK der eigentliche Initiator der Einkreisung der russländischen 2. Armee gewesen sei. Indem er die Chance nutzte, die ihm durch Samsonovs Entscheidung angeboten wurde, sich auf das Zentrum zu konzentrieren, abermals Befehle ignorierte und anstatt Richtung Lahna vorzustoßen die Verbindungsstraße Neidenburg–Willenberg besetzte, konnte sich der Kreis erst schließen. Im Grunde hatte François den Entschluss Samsonovs außerdem selbst maßgeblich beeinflusst, da er – befehlswidrig – eben erst einen Tag später auf Usdau angriff. Dadurch meinte Samsonov, die Entscheidung im Zentrum suchen zu können, nicht auf den Flanken.[166]

Zeitgleich zum Erfolg auf dem rechten deutschen Flügel und während die erschöpfte Infanterie der Landwehrbrigade nach dem Sieg gegen das russländische VI. AK auf dem linken deutschen Flügel das Schlachtfeld aufräumte, hatten alle anderen Verbände dort nämlich ihren Vormarsch gen Süden weiter fortgesetzt.[167] Mackensens Truppen verfolgten den Gegner über Bischofsburg bis nach Passenheim und Mensguth. Er meldete dem AOK 8, die russländischen Truppen seien vollständig im Rückzug auf die Grenze begriffen, sein Armeekorps habe über 2000 Gefangene gemacht sowie zwei gegnerische Batterien erbeutet und 50 weitere Geschütze seien zerstört oder verlassen aufgefunden worden.[168] Weil der entsprechende Nachschubzug nicht eingetroffen war, mangelte es seinen Männern jedoch inzwischen an Infanteriemunition. Er bat hier dringend um Ersatz, »da Kraft des Angriffs sonst fraglich«.[169] Dass das AOK 8 beiden deutschen Armeekorps auf diesem Flügel daraufhin befahl, »mit allen irgend verfügbaren Kräften« Richtung Jedwabno vorzustoßen, »um in den bevorstehenden, längere Zeit andauernden Kampf einzugreifen«, also mit dem russländischen Zentrum, beweist, wie wenig man dort noch am 27. August über eine Umfassung nachdachte.[170]

Zudem platzte in den aufkommenden Enthusiasmus am Mittag dieses Tages die Nachricht des Allensteiner Oberbürgermeisters, seine Stadt sei von starken russländischen Truppen besetzt worden, denen weitere Kräfte folgten. Das AOK 8 drehte daraufhin sofort das I. Reservekorps nach Westen zum Entsatz ein.[171] Eine daraufhin angesetzte Offizierpatrouille der 3. Reservedivision schätzte die gegnerischen Kräfte auf etwa eine Infanteriedivision, die das AOK 8 richtigerweise dem aus Süden vorrückenden russländischen XIII. AK zuordnete. Vom I. Reservekorps durfte sich nur noch eine Brigade Richtung Passenheim an der Verfolgung beteiligen, mit seinen Hauptkräften hatte Below indes Patricken, Wyranden, Groß Parden und Preilowo zu erreichen und sich dort so zu positionieren, dass er

---

tungspflicht, S. 29; sowie Giehrl, Tannenberg, S. 58.

[166] Strachan, The First World War, S. 329; Buchfinck, Tannenberg 1914, S. 225. Ähnlich entscheidend bewertete auch Hoffmann das Vorgehen von François, Hoffmann, Die Aufzeichnungen, Bd 2, S. 264.

[167] BArch, RH 61/1353, Abschrift des Tagebuchs des Generals O. von Below, S. 43.

[168] Ebd.; Showalter, Tannenberg, S. 286.

[169] BArch, PH 5 II/180, KTB 8. Armee: Fernspruch XVII. AK an AOK 8, 27.8.1914, 2.50 Uhr, fol. 163.

[170] BArch, PH 5 II/180, KTB 8. Armee/AOK an XVII. AK, 27.8.1914, 12.30 Uhr, fol. 166 f.

[171] I. Res.Korps: Meldung an AOK 8, 27.8.1914, 12.45 Uhr, abgedruckt bei Elze, Tannenberg, S. 306 f., hier S. 307; BArch, N 591/58, Oberstleutnant Praun: Die Nachrichtenverbindungen um die Schlacht bei Tannenberg. In: Deutsche Nachrichtentruppen (Die F-Flagge), 1938, fol. 5.

am folgenden Tag »je nach den Umständen entsprechend gegen Allenstein oder in südlicher Richtung verwendet [...] werden« konnte.[172]

Da Belows eigene Aufklärung bis zum Abend die vorliegenden Erkenntnisse über den Gegner bei Allenstein bestätigte, entschied er sich für einen Angriff am nächsten Tag ab 8.20 Uhr und bat dazu um Unterstützung durch das XVII. AK. Das AOK 8 akzeptierte und setzte das I. Reservekorps mit Teilen des XVII. AK auf Allenstein an, dessen andere Teile gleichzeitig die Verfolgung fortsetzen sollten. Vom Vorschieben einer Brigade des I. Reservekorps war jetzt nicht mehr die Rede, die Lage im Zentrum schien dem AOK 8 wesentlicher als eine mögliche Umfassung.[173] Weil sich die Truppen des russländischen VI. AK im Laufe des Tages aber weiter zurückgezogen hatten, öffneten sie damit den Weg in die Flanke des im Zentrum bis nach Allenstein vorgedrungenen XIII. AK. »Die beginnende Einkreisung trat uns damit schon deutlicher vor die Seele«, erfasste Below in seinem Tagebuch die damalige Situation.[174] Auch beim AOK 8 kristallisierte sich frühestens im Verlaufe dieses Tages angesichts der Erfolge auf den Flanken diese Option heraus, wenn auch noch zögerlich. Das Reichsarchiv versuchte bis 1923, die für eine eindeutige Bewertung einer solchen Entscheidung wesentlichen Abläufe zwischen dem AOK 8, dem I. Reservekorps und dem XVII. AK vom 27. bis zum 29. August zu klären.[175]

Demnach stand an diesem 27. August das I. AK nördlich Soldau, wollte den Gegner dort am nächsten Tag über die Grenze zurückwerfen und zur überholenden Verfolgung auf Neidenburg übergehen. Das XX. AK lag von südlich Mühlen-See bis Reichenau, westlich von Hohenstein, die von der OHL zur Verstärkung entsandte 1. Landwehrdivision war bei Osterode und ostwärts im Eintreffen, das I. Reservekorps etwa zehn Kilometer südlich Wartenburg mit Front nach Westen und das XVII. AK knapp 15 Kilometer südlich Bischofsburg mit Front nach Süden und Südwesten. Aus diesen Stellungsbereichen heraus befahl das AOK 8 am Abend des 27. August die Einschließung des Gegners westlich des Großen Maransen- und des Großen Plautziger-Sees. Dazu sollte das inzwischen um die 3. Reservedivision verstärkte XX. AK zusammen mit der 1. Landwehrdivision und dem I. Reservekorps die beiden zentralen russländischen Armeekorps, das XIII. und XV. AK, im Angriff einschließen. Dabei war es die Aufgabe des I. Reservekorps, nördlich des Allensteiner Stadtforstes über Klaukendorf–Bartung auf Stabigotten–Grieslienen vorzugehen, während das XVII. AK den Gegner auf dem linken Flügel weiter zu verfolgen hatte.

Dieses Ergebnis entspricht auch dem Armeebefehl vom Abend des 27. August für den 28. August. Nach ihm sollten das XX. AK, die 1. Landwehr- und die 3. Reservedivision sowie das I. Reservekorps mit Teilen des XVII. AK das russ-

[172] BArch, PH 5 II/180, KTB 8. Armee: I. Reservekorps an AOK 8, 27.8.1914, 12.45 Uhr, fol. 172 f., hier fol. 173; I. Res.Korps: Ferngespräch mit AOK 8, 27.8.1914, 21.00 Uhr, abgedruckt bei Elze, Tannenberg, S. 308 f., hier S. 308; BArch, RH 61/1353, Abschrift des Tagebuchs des Generals O. von Below, S. 44.

[173] BArch, PH 5 II/180, KTB 8. Armee: I. Reservekorps an AOK 8, 27.8.1914, 21.00 Uhr, fol. 177; BArch, RH 61/1383, Reichsarchiv: Fragebogen Nr. 120: Tannenberg 27.–29.8.14, 27.9.1923, S. 2.

[174] BArch, RH 61/1353, Abschrift des Tagebuchs des Generals O. von Below, S. 44.

[175] BArch, RH 61/1383, Reichsarchiv: Fragebogen Nr. 120: Tannenberg 27.–29.8.14, 27.9.1923, S. 1 f.

ländische XV. und XIII. AK »im Angriff« einschließen, das I. AK, welches zwischenzeitlich den Gegner bei Usdau geworfen hatte, den »Rücken der Einkreisung« decken.[176] Die vergleichsweise schwachen Teile, welche das AOK 8 dabei auf seinem linken Flügel zur Verfolgung der ausweichenden Truppen des zarischen VI. AK ansetzte, und die gleichzeitigen Befehle an François zielten jedoch auf eine wesentlich engere Umfassung, als sie dann tatsächlich gelungen ist, wie noch gezeigt wird. Siegesgewiss meldete Ludendorff der OHL am späten Abend des 27. August immerhin den erfolgreichen Fortgang der Ereignisse: »Hoffen, morgen Abend mit der gesamten russischen Südgruppe aufgeräumt zu haben.«[177]

Das war zu diesem Zeitpunkt zumindest eine arg positive Bewertung der eigenen Lage. Gleichzeitig hatte die eigene Aufklärung nämlich nicht nur russländische Verstärkungen für den linken Flügel bei Mlawa und Soldau erkannt, sondern auch Teile der 1. Armee bei Drengfurth und Gerdauen – nahe genug, dass zumindest Teile von Rennenkampfs Armee doch noch im Süden einzugreifen vermochten.[178] Vor allen Dingen bestand die Gefahr, dass sich das russländische XIII. AK weiter nordwärts wenden, sich mit dem möglicherweise doch noch entschlossen vorrückenden II. AK, das an diesem Tag die Linie Wehlau–Allenburg–Gerdauen erreichte, vereinigen und damit dem deutschen linken Flügel und Zentrum in den Rücken fallen könnte. Das war vermutlich auch die entscheidende Überlegung im AOK 8, als man Belows Gedanken übernahm, sofort mit seinem und Mackensens Armeekorps das XIII. anzugreifen. Der marschierte mit seinem I. Reservekorps am 27. August ohnehin umgehend auf den zarischen Gegner bei Allenstein zu, ohne auf Mackensen zu warten. Dessen Verbände hatten mit Front nach Süden derweil Mensgut erreicht, weswegen er nur widerstrebend seine Verfolgung unterbrach und umkehrte.[179] Am Abend des 27. August befahl das AOK 8 beiden Armeekorps, am folgenden Tag möglichst frühzeitig auf Allenstein anzutreten, während das XX. AK ab 4 Uhr mit der 3. Reserve- und der 37. Infanteriedivision von Westen und der 1. Landwehrdivision von Norden her das russländische Zentrum angreifen sollte.[180]

Für diese Offensive kam die 1. Landwehrdivision unter Generalleutnant Georg Freiherr von der Goltz, über deren Zuweisung die OHL das AOK 8 am 25. August informierte, gerade noch zur rechten Zeit.[181] Sie war ab dem 24. August in Schleswig-Holstein verladen, ihr Abtransport aber auch durch den gleichzeitigen Transport des IX. Reservekorps nach Lüttich erschwert worden.[182] Zunächst waren für diese Verstärkung Ausladung und Einsatz auf dem rechten Armeeflügel

[176] BArch, PH 5 II/180, KTB 8. Armee/AOK/Ia Nr. 957: Armeebefehl für den 28.8., 27.8.1914, 21.30 Uhr, fol. 178.
[177] Aufzeichnungen der OHL, 27.8.1914, abgedruckt bei Elze, Tannenberg, S. 313.
[178] Showalter, Tannenberg, S. 240 f.
[179] BArch, MSg 2/3404, Schlacht bei Tannenberg 1914 (Ein tageweiser Überblick); Showalter, Tannenberg, S. 263 f.; François, Gehorsam und Verantwortungspflicht, S. 32.
[180] Giehrl, Tannenberg, S. 53; und ähnlich Tannenberg. Ein deutsches Schicksal, S. 21; sowie BArch, RH 61/1353, Abschrift des Tagebuchs des Generals O. von Below, S. 47.
[181] Showalter, Tannenberg, S. 230.
[182] BArch, RH 61/1400, Reichsarchiv/Sichtungsabteilung/Gruppe III/Oberleutnant Blankenstein: 1. Landwehr-Division in der Schlacht bei Tannenberg, 27.–31.8.14 (Mai 1920), S. 1 und 14.

bei Strasburg, im Armeebefehl des 27. August dann jedoch der Transport nach Osterode vorgesehen, der Einsatz sollte also nicht mehr am rechten Armeeflügel, sondern im Zentrum erfolgen. Wie es zu dieser Entscheidung kam, ist aus den Akten nicht ersichtlich.[183] Nach der Nachkriegsschilderung Hoffmanns seien die ersten Festlegungen der Ausladebahnhöfe nur einstweilige gewesen, »die endgültige Festsetzung war ja vor dem 27. nicht nötig«.[184] Dabei dürfte es sich jedoch um eine klassische Ex-post-Aussage handeln, welche die damaligen Entscheidungen dem späteren Ergebnis unterordnete. Wahrscheinlicher ist, dass die Maßnahme auf das zwischenzeitliche Umdenken im AOK 8 zurückzuführen ist, nach dem das deutsche Zentrum der Verstärkung viel eher bedurfte als die Flügel. Denn hielt die Mitte nicht stand, konnte sich ein russländischer Durchbruch dort sehr rasch zu einer umfassenden Katastrophe für die 8. Armee ausweiten.

b) Das Gefecht im Zentrum: Hohenstein

Der Entschluss, sein XIII. AK ins Zentrum zum XV. zu beordern und mit aller Macht anzugreifen, war also eine mehr als zielführende Option für Samsonov.[185] Ein Durchbruch dort hätte die deutschen Verbände in eine Ost- und Westgruppe aufgesplittert, was angesichts der Möglichkeit, die Armee Rennenkampf aus dem Norden herunterzuziehen, während er selbst noch eigene Verstärkungen erwartete, kein schlechter Plan war. Dass inzwischen sein rechter Flügel zusammengebrochen war, erfuhr der Oberbefehlshaber der russländischen 2. Armee allerdings erst am Morgen des 27. August. Tags zuvor hatte er endlich seinen Gefechtsstand von Ostrolenka nach Neidenburg verlegt, wo er um 16 Uhr eintraf. Zwischenzeitlich war er für seine Kommandeure nicht erreichbar gewesen und auch dort verfügte er nur über einen Feldgefechtsstand, sodass Nachrichten über fünf Stationen geleitet werden mussten. Er hatte keinen direkten Kontakt zu Rennenkampf und lediglich eine schwache Verbindung zu Žilinskij.[186] Die russländische Führung war sich dieses Problems bewusst und hatte schon am 25. August eine neue Funkstation nach Wilna abgeschickt, doch derweil nahmen die Ereignisse ihren Lauf.[187] Angeblich beim Abendessen am 26. August erreichte Samsonov nämlich ein Hilferuf von Artamonov, der für sein I. AK um Verstärkung bat. Der Oberbefehlshaber genehmigte den Einsatz der halben 3. Garde-Division, die inzwischen in Soldau angekommen war, befahl ihm jedoch, seine Stellungen bis zum letzten Mann zu halten. Außerdem sandte er einen Generalstabsoffizier zum XV. AK,

---

[183] BArch, RH 61/1350, Die Verhältnisse auf der rechten deutschen Armeeflanke (1920), S. 5; BArch, RH 61/1383, Reichsarchiv/Sichtungsabteilung/Gruppe III/6: Fragen über die Schlacht bei Tannenberg 26.8.14, 11.11.1919. Nach Aussage Hoffmanns war der Einsatz deswegen noch nicht klar definiert, weil man im AOK 8 die Lageentwicklung abwarten wollte. Als wahrscheinlicher erachtete man dort zu diesem Zeitpunkt den Angriff des rechten deutschen Flügels. Siehe Hoffmann, Die Aufzeichnungen, Bd 2, S. 255.
[184] BArch, RH 61/1343, Generalmajor Max Hoffmann an das Reichsarchiv, 5.1.1921, S. 1.
[185] So argumentiert auch Showalter, Tannenberg, S. 266 f.
[186] Wehrt, Tannenberg, S. 184; Strachan, The First World War, S. 326; Buchfinck, Tannenberg 1914, S. 236.
[187] BArch, PH 5 II/180, KTB 8. Armee: Abgefangener russischer Funkspruch vom 25.8.1914, 14.00 Uhr, fol. 145.

um von dort aus dessen 8. Infanteriedivision zur Stärkung der rechten Flanke von Artamonov in Marsch zu setzen.[188] Als er sich am nächsten Morgen zum Gefechtsstand von Martos begab, dessen XV. AK er im Brennpunkt der Kämpfe wähnte, erhielt auf dem Weg um 9.30 Uhr durch einen Melder Kenntnis von der Niederlage seines VI. AK, schob sie jedoch dem Unvermögen Blagoveščenskijs zu, anstatt darin eine wesentliche deutsche Bedrohung zu erkennen.[189] Und da er erst einen weiteren Tag später über die Niederlage auf seinem linken Flügel informiert wurde, verdichtete sich bei Samsonov das Lagebild zu spät, um zu begreifen, dass die Operationen den Absichten der russländischen Führung zuwiderliefen.[190] Auch deswegen dürfte er sich dazu entschieden haben, von vorne zu führen, nachdem er am Morgen des 28. August über Funk von Žilinskij die Nachricht erhalten hatte, er habe Rennenkampf befohlen, mit seiner Kavallerie die deutschen Linien zu durchstoßen und mit der 2. Armee Fühlung aufzunehmen. Trotz des Verlustes seiner Flügelkorps wollte Samsonov im Zentrum weiter angreifen, um die deutschen Truppen festzuhalten, bis die Verstärkung durch die 1. Armee auf dem Schlachtfeld erschien. Dabei erkannte er seine linke Flanke als wunden Punkt, setzte Artamonov ab und befahl dessen kommissarischem Nachfolger, Generalleutnant Otto Leonidas Sirelius, bis dato Kommandeur der 3. Garde-Division, mit den zugeführten Reserven zum Gegenangriff überzugehen und die Flanke der Armee um jeden Preis zu decken.[191] Denn auch aus russländischer Perspektive wurde der »eilige und unmotivierte Rückzug« des eigenen I. AK aus Usdau als unnötig, gleichwohl aber schlachtentscheidend bewertet. Gründe hierfür konnte man nicht ausmachen, vor allem blieb unverständlich, warum der Rückzug auf Mlawa und nicht auf Neidenburg ausgeführt worden war, wo man Anschluss an die eigenen Verbände gefunden hätte.[192]

Im Zentrum war es dem russländischen XIII. AK am Nachmittag des 26. August gelungen, Stabigotten zu nehmen; das XV. AK nahm Grieslienen und Hohenstein. Zwar konnte der rechte Flügel des deutschen XX. AK gleichzeitig südlich des Mühlen-Sees bis in die Gegend nordostwärts des Kovnatken-Sees vordringen, vermochte aber einen Angriff des russländischen XV. AK auf die Landwehrtruppen nördlich des Mühlen-Sees auf seiner linken Flanke nur durch die Heranziehung der 3. Reserve- und 37. Infanteriedivision aus der Front bei Mühlen hinter den rechten Flügel des XX. AK abzuwehren.[193] Eigentlich wollte Martos die Besetzung Hohensteins dem XIII. AK überlassen, aber Kljuev sandte am 26. August nur »einen geringen Teil« seines Armeekorps dorthin und setzte

---

[188] Giehrl, Tannenberg, S. 42 f.; Kürenberg, Rußlands Weg nach Tannenberg, S. 204 f.; Noskoff, Der Mann, der Tannenberg verlor, S. 46 f.

[189] Showalter, Tannenberg, S. 269; Stone, The Eastern Front, S. 65; Noskoff, Der Mann, der Tannenberg verlor, S. 64.

[190] Zu diesem Ablauf siehe Strachan, The First World War, S. 327—330, sowie Tuchman, August 1914, S. 350.

[191] Tuchman, August 1914, S. 350 f.; Wehrt, Tannenberg, S. 256; Showalter, Tannenberg, S. 309. Siehe dazu auch die Argumentation bei Showalter, Tannenberg, S. 268 f.; Noskoff, Der Mann, der Tannenberg verlor, S. 48 f.

[192] Danilov, Rußland im Weltkriege, S. 220 f.

[193] BArch, MSg 2/3404, Schlacht bei Tannenberg 1914 (Ein tageweiser Überblick); Showalter, Tannenberg, S. 240 f.; Giehrl, Tannenberg, S. 43 und 51.

ansonsten seinen Vormarsch auf Allenstein fort.[194] Erst als ihn noch während
seines Einmarsches in die Stadt ein Hilferuf von Martos erreichte, schickte er ihm
immerhin eine seiner Brigaden.[195]

Vom Besitz Allensteins versprach sich Kljuev die Lebensmittel, über die er
selbst nicht verfügte. Gerade hatte er sich nämlich über »den Mangel an Verpfle-
gungsmitteln« beschwert, weil die Transporte »nicht zur rechten Zeit infolge des
Straßenzustandes« kämen, und unmissverständlich gefordert: »Sofort Verpflegung
nachsenden per Bahn bis Mlawa und dann Transport auf Chaussee.«[196] Wie alle
anderen russländischen Truppen hatte auch ihn der letzte Verpflegungsnachschub
am 22. August erreicht.[197] Die enormen Mengen, die er nach der Besetzung der
Stadt von deren Oberbürgermeister verlangte, unterstreichen die zwischenzeitliche
Not seiner Männer: 120 000 kg Brot, 4000 kg Reis, ebenso viel Zucker und
vieles mehr.[198] Sie waren nicht nur hungrig, sondern auch total erschöpft: Alleine
dieses Armeekorps hatte in den vergangenen zwölf Tagen ohne Ruhephase rund
250 Marschkilometer hinter sich gebracht.[199] Dass dies der eigentliche Grund für
seinen Einmarsch gewesen sein dürfte, bestätigte Kljuevs Meldung an Samsonov,
wonach er Allenstein einem anderen Armeekorps lassen wollte – womit er nur
das VI. AK meinen konnte, von dessen Niederlage er also nichts zu wissen schien
– und stattdessen dem XV. AK »zu Hilfe« kommen würde. Samsonov billigte
Kljuevs Entschluss und forderte ihn auf, »so schnell wie möglich« vorzurücken.[200]

In Literatur und Quellen finden sich indes unterschiedliche Erklärungen für
Kljuevs Abzug aus Allenstein und Angriff auf Hohenstein: Wehrt und Tuchman
meinten, der Kommandierende General habe am Nachmittag des 27. August
durch Fliegermeldungen den Anmarsch zweier deutscher Divisionen auf der
Straße aus Bischofsburg angezeigt bekommen und daraufhin vorsichtshalber
eine Patrouille losgeschickt, die tatsächlich auf deutsche Truppen traf.[201] Showalter führte hingegen aus, Kljuev habe seit zwei Tagen keine Nachrichten erhalten
und deswegen zwei Flugzeuge ausgeschickt, um die Lage zu klären. Sie hätten
ihm die deutschen Truppen in seinem Rücken jedoch als russländische gemeldet,
wohl weil weder seine Piloten noch er selbst sich deutsche Verbände derart weit
südostwärts vorstellen konnten. Nur so sei zu erklären, weswegen er eines der
Flugzeuge mit Nachrichten für Blagoveščenskij zurückschickte, das allerdings
zwischen den deutschen Truppen landete, die man für eigene hielt. Dass weder
das Ausbleiben dieses Piloten noch die Nachricht eines seiner Divisionskomman-

[194] BArch, PH 5 II/180, KTB 8. Armee: Gouvernement Thorn: Abgefangener russischer
Funkspruch des Kommandierenden Generals XIII. AK an den Chef des Stabes der
2. Armee, 27.8.1914, 11.30 Uhr, fol. 170.
[195] Wehrt, Tannenberg, S. 203 f.
[196] BArch, PH 5 II/180, KTB 8. Armee: Abgehörter russischer Funkspruch General Kljuev an
General Ernow, 26.8.1914, 7.00 Uhr, fol. 143.
[197] Siehe z.B. BArch, RH 61/1326, Gefechtsbericht der Regimenter der 1. Brigade der
2. Infanteriedivision des XXIII. AK, S. 13 und 30.
[198] Fischer, Bei Tannenberg, S. 56; Gause, Die Russen in Ostpreußen, S. 98.
[199] Hoffmann, Die Aufzeichnungen, Bd 2, S. 260.
[200] BArch, PH 5 II/180, KTB 8. Armee: Fu.St. Richthofen an AOK 8: Abgefangene russische
Funksprüche, 27.8.1914, 11.00 Uhr, fol. 170.
[201] Wehrt, Tannenberg, S. 204–208; Tuchman, August 1914, S. 350, vertrat die Ansicht,
Kljuev habe erst deswegen beschlossen, Martos zu Hilfe zu eilen und Allenstein dem
VI. AK zu überlassen.

deure, seine Verbände seien von westwärts marschierenden Truppen beschossen worden, Kljuev alarmierten, ist Showalter unverständlich.[202] Auch Below vermerkte in seinem Tagebuch, der Vormarsch seines Reservekorps sei von einem russländischen Flieger aufgeklärt, jener jedoch abgeschossen worden, weswegen er die Lageentwicklung nicht zu melden vermochte.[203]

Fest steht, dass sich Kljuev am 27. August entschloss, Martos zu Hilfe zu kommen, und trotz des Antreibens durch Samsonov erst in der Morgendämmerung des 28. August von Allenstein auf Grieslienen abrückte und dann noch in Stabigotten zwei Stunden rastete, um seine Männer mit den aus Allenstein erpressten Lebensmitteln zu verpflegen.[204] Möglicherweise war der Hunger unter seinen Soldaten schlicht zu groß; in Sorge hinsichtlich der militärischen Lage scheint er allerdings nicht gewesen zu sein, obwohl seine Truppen bereits auf dem Weg Richtung des rund 30 Kilometer entfernten Hohensteins mit den Spitzen von Belows Verbänden aneinandergerieten und seit den Mittagsstunden im artilleristischen Feuerkampf mit ihnen standen. Um 10.30 Uhr hatte die deutsche Luftaufklärung nämlich eine gegnerische Kolonne mit Ende in Allenstein gemeldet, die um 9.15 Uhr schon Dorotowo erreicht hatte, also ziemlich genau die Mitte der Strecke Allenstein–Hohenstein.[205] Auf diesem Marsch erreichte Kljuev eine Nachricht von Martos, inzwischen seine einzige Verbindung zur Außenwelt, die ihm Samsonovs Befehl mitteilte, unter das Kommando des XV. AK zu treten und mit ihm gemeinsam weiter im Zentrum anzugreifen.[206] Damit geriet nun Hohenstein in den Brennpunkt der Kämpfe.[207] Für die deutsche Seite nicht auszudenken wäre gewesen, wenn Kljuev erkannt hätte, dass er auf der Höhe von Allenstein die deutschen Stellungen bereits überflügelt hatte, und er von dort der 8. Armee mit einer westlich ausholenden Bewegung in den Rücken gefallen wäre.

Hohenstein, wo im August 1914 etwa 5000 Einwohner lebten, erhebt sich auf einer Anhöhe rund 150 Meter über dem Meeresspiegel.[208] Dort stand das russländische XV. AK mit seinem rechten Flügel und Front nach Westen. Seinen linken Flügel bildete bei Waplitz das 1. Infanterieregiment der 3. Gardedivision und zu ihrer Unterstützung nahte das XIII. AK aus Allenstein. Der deutsche Gefechtsplan vom Abend des 27. August sah bekanntlich vor, das I. AK auf Neidenburg und das XX. AK über Waplitz in den Rücken des vor seiner Front stehenden Gegners und auf Hohenstein vorstoßen zu lassen. Dazu hatte zunächst die 41. Infanteriedivision schon in der Nacht die Enge von Waplitz zu besetzen.

[202] Showalter, Tannenberg, S. 267.
[203] BArch, RH 61/1353, Abschrift des Tagebuchs des Generals O. von Below, S. 44.
[204] BArch, RH 61/1326, Gefechtsbericht der 1. Artillerie-Brigade (September 1914) an den Kommandeur der 2. Abteilung der 1 Artilleriebrigade des XIII. AK, 28.8.1914, S. 1.
[205] BArch, PH 5 II/180, KTB 8. Armee: Flieger-Abt. 16 an AOK 8, 28.8.1914, 10.30 Uhr, fol. 188.
[206] Showalter, Tannenberg, S. 277; Strachan, The First World War, S. 330 f.; BArch, RH 61/1326, Gefechtsbericht der 1. Artillerie-Brigade (September 1914) an den Kommandeur der 2. Abteilung der 1. Artilleriebrigade des XIII. AK, 28.8.1914, S. 2. Nach Letzterem fiel Abendverpflegung an diesem Tag aufgrund fehlender Feldküchen aus.
[207] Siehe zu einer Übersicht über die Kämpfe dort BArch, RH 61/53, Denkschrift »Tannenberg« von Generalleutnant [Karl Ritter] von Wenninger (1916), S. 39–44.
[208] Eine knappe Beschreibung des zeitgenössischen Hohenstein findet sich bei Fischer, Bei Tannenberg, S. 61.

Im Anschluss sollten die 3. Reserve- und links von ihr die 37. Infanteriedivision
vom rechten Flügel aus ab 4 Uhr in nordostwärtiger Richtung auf Hohenstein
vorgehen, die 1. Landwehrdivision ab 5 Uhr von Manchengut im Norden aus
in südlicher Richtung auf die Stadt antreten.[209] Dazu standen die 41. Infanteriedivision südlich des Mühlen-Sees, die Truppen Ungers und die 3. Reservedivision von Mühlen bis südlich Reichenau hinter der Drewenz und die
37. Infanteriedivision befand sich auf dem Marsch in die Gegend westlich
Reichenau, wo gegnerische Truppen gemeldet worden waren.[210]

Doch am Morgen des 28. August lief alles gänzlich anders als geplant: Schon
beim Anmarsch in Nacht und dichtem Nebel verirrten sich die Truppen der
41. Infanteriedivision unter Generalmajor Leo Sontag und gerieten ungewollt
in Gefechte mit russländischen Vorposten. Davon erfuhr aber weder der
Kommandierende General des XX. AK, der die Offensive immerhin koordinieren
sollte, noch der Kommandeur der 3. Reservedivision, Morgen, der auf den
Angriff Sontags wartete, um sich ihm mit seinem eigenen Angriff auf Hohenstein
anzuschließen. Weil die Nachrichtenverbindungen des XX. AK derart miserabel
waren, dass Scholtz lediglich über eine schwächliche Leitung zum I. AK verfügte,
konnten beide nichts anderes tun als abzuwarten. Als nichts geschah, entschloss
sich Morgen, dessen Division bislang noch an keinen Kämpfen beteiligt gewesen
war und seit 4 Uhr bereitstand, um 7 Uhr selbstständig zum Angriff.[211] Er hatte
bereits tags zuvor den Gegner bei Hohenstein von Reichenau aus angreifen sollen,
den Befehl jedoch nicht ausgeführt, weil er seine Position nicht für aussichtsreich
genug hielt, worüber er das AOK 8 jedoch erst abends unterrichtet hatte.[212] Scholtz
war mit dieser neuerlichen Eigenmächtigkeit alles andere als einverstanden, gab
aber nolens volens nun auch der 37. Infanteriedivision den Angriffsbefehl. Von
dieser wiederum rückte unbegreiflicherweise nur der rechte Flügel vor, während
die 73. Infanteriebrigade in ihrer bisherigen Position verblieb.[213] Zwischenzeitlich
hatte Sontag nicht nur Scholtz seine Niederlage eingestanden, sondern noch
hinzugefügt, dass er nicht wisse, ob er seinen Abschnitt würde halten können.[214]
Eine deutsche Fliegermeldung hatte am 28. August außerdem ergeben, dass die
russländischen Truppen um 9 Uhr ihre Stellungen südlich, südwestlich, westlich
sowie nördlich Hohenstein hielten und lediglich weiter vorgeschobene Bereiche
geräumt hatten.[215] In dieser Situation sollte die aus Norden heranmarschierende
1. Landwehrdivision entscheidende Entlastung bringen. Sie war vorgerückt, ohne

[209] BArch, PH 5 II/183, KTB 8. Armee: Armeebefehl für den 28.8., 27.8.1914, fol. 36; BArch,
PH 5 II/180, KTB 8. Armee/AOK/Ia Nr. 957: Armeebefehl für den 28.8., 27.8.1914,
21.30 Uhr, fol. 178; Giehrl, Tannenberg, S. 57; Ludendorff, Tannenberg, S. 116 und
123; BArch, RH 61/53, Denkschrift »Tannenberg« von Generalleutnant [Karl Ritter] von
Wenninger (1916), S. 39 f.
[210] BArch, RH 61/1383, Reichsarchiv Nr. 2075: Fragebogen Nr. 118: Tannenberg 27./28.8.,
16.2.1922, S. 1.
[211] Siehe ausführlich dazu Showalter, Tannenberg, S. 270–274.
[212] Buchfinck, Tannenberg 1914, S. 218; Hoffmann, Die Aufzeichnungen, Bd 2, S. 266.
[213] BArch, RH 61/1383, Reichsarchiv/Sichtungsabteilung/Gruppe III/11: Fragen zur Schlacht
bei Tannenberg, XX. AK, 27.8.14, 22.12.1919, S. 1 und 3.
[214] Showalter, Tannenberg, S. 278.
[215] BArch, PH 5 II/180, KTB 8. Armee: Flieger-Abt. 16 an AOK 8, 28.8.1914, 10.30 Uhr,
fol. 188.

das Eintreffen all ihrer Truppen abzuwarten, dennoch um Stunden verspätet, tauchte aber immerhin überraschend für den Gegner auf.[216]

Die 1. Landwehrdivision bestand aus Landwehr- und Ersatzmännern ohne Maschinengewehre, Pioniere, Nachrichtentruppen, Feldküchen und eigenen Nachschub sowie lediglich je zwei leichten und schweren Feldartilleriebatterien.[217] Zuvor bei Lübeck zum Schutz vor etwaigen britischen Landungen disloziert, war sie erst am späten Nachmittag des 27. August nach 50-stündigem Bahntransport eingetroffen.[218] Wie bereits erwähnt, hatte das AOK 8 für sie zunächst Ausladung und Einsatz auf dem rechten Armeeflügel bei Strasburg vorgesehen[219], sie dann jedoch nach Osterode, letztlich sogar Allenstein umgeleitet, musste sie wegen dessen zwischenzeitlicher gegnerischer Besetzung aber kurzfristig in Bissellen ausladen, rund 15 Kilometer nördlich von Hohenstein.[220] Zu diesem Zeitpunkt hatte ihr Kommandeur keine Ahnung von der Lage der 8. Armee. Erst als am Abend der vom AOK 8 als Ia zugeteilte Major Ernst von der Lieth-Thomsen eintraf und ab 20 Uhr eine Telefonverbindung dorthin bestand, wurde Goltz in die Lage und seinen Auftrag eingewiesen: Mit einem von ihm vermuteten gegnerischen Vorgehen aus Allenstein brauchte er demnach nicht zu rechnen, stattdessen sollte er ab 4 Uhr des folgenden Tages unter Sicherungen an der Passarge und den Straßen nach Hohenstein über Manchengut auf Hohenstein angreifen. Aufgrund eines Zugzusammenstoßes, der bei Bergfriede, südwestlich Osterode, die Bahnstrecke blockierte, waren bis dahin allerdings nur sieben Infanteriebataillone, vier Eskadronen Kavallerie und eine einzige Batterie Feldkanonen vor Ort. Kurzerhand ließ er deswegen den Kommandeur der 34. Landwehrbrigade, Generalleutnant Ernst von Pressentin, am Ausladebahnhof zurück, der die ausstehenden Verbände auf das Gefechtsfeld nachführen sollte.[221]

Da einzelne Bataillone aufgrund des dichten Nebels die Vormarschstraße nicht fanden, verzögerte sich der Abmarsch am nächsten Morgen bereits erheblich und

---

[216] Tannenberg. Ein deutsches Schicksal, S. 22.

[217] BArch, RH 61/1400, Reichsarchiv/Sichtungsabteilung/Gruppe III/Oberleutnant Blankenstein: 1. Landwehr-Division in der Schlacht bei Tannenberg, 27.–31.8.14 (Mai 1920), S. 14.

[218] Tannenberg. Ein deutsches Schicksal, S. 15 und 18; BArch, MSg 2/858, C. Ritgen: Tannenberg und das IX. Reservekorps, S. 2; BArch, RH 61/1400, Reichsarchiv/Sichtungsabteilung/Gruppe III/Oberleutnant Blankenstein: 1. Landwehr-Division in der Schlacht bei Tannenberg, 27.–31.8.14 (Mai 1920), S. 1 und 14.

[219] BArch, RH 61/1350, Die Verhältnisse auf der rechten deutschen Armeeflanke (1920), S. 5; BArch, RH 61/1383, Reichsarchiv/Sichtungsabteilung/Gruppe III/6: Fragen über die Schlacht bei Tannenberg 26.8.14, 11.11.1919.

[220] BArch, PH 5 II/183, KTB 8. Armee: Eintrag vom 27.8.1914, fol. 33–36, hier fol. 35; und wie auch zu den weiteren Schilderungen BArch, RH 61/1322, Oberst Göldner an das Reichsarchiv, (April 1927): Bemerkungen zum Manuskript.

[221] BArch, MSg 2/3404, Schlacht bei Tannenberg 1914 (Ein tageweiser Überblick); Ferngespräch Landw-Div an AOK, 28.8.1914, 3.20 Uhr, abgedruckt bei Elze, Tannenberg, S. 315; grundsätzlich BArch, RH 61/1400, Reichsarchiv/Sichtungsabteilung/Gruppe III/ Oberleutnant Blankenstein: 1. Landwehr-Division in der Schlacht bei Tannenberg, 27.–31.8.14 (Mai 1920), S. 1–5. Zu ihrer Kriegsgliederung siehe ebd., Anl. 1, zur Übersicht der eintreffenden Verbände ebd., Anl. 2, zur letztlichen Dislozierung ebd., Anl. 3; BArch, PH 5 II/180 KTB 8. Armee: Meldung von der Goltz an AOK 8, 28.8.1914, 3.20 Uhr, fol. 184.

die mindere Ausbildung der Landwehrmänner wirkte sich im Verlauf des folgenden Gefechts noch fataler aus: Als die vordersten Spitzen und der Divisionsstab gegen 9 Uhr endlich das Gefechtsfeld am Südrand des Kämmereiwaldes, nördlich von Hohenstein, erreichten, setzte Goltz seine Truppen unter Führung des Kommandeurs der 33. Landwehrbrigade, Generalmajor Victor von Oertzen, der 1912 aus gesundheitlichen Gründen aus dem Dienst ausgeschieden, zu Kriegsbeginn aber reaktiviert worden war, zum Angriff auf die ihm feindbesetzt gemeldeten Höhen südostwärts von Sprechan an. Das vordere Regiment geriet dabei rund einen Kilometer vor der Oberförsterei Hohenstein unter russländisches Infanteriefeuer, wich zurück, wurde aber von den eigenen Truppen für Feind gehalten und ebenfalls beschossen.[222] Im weiteren Tagesverlauf geschah es noch öfter, dass manche ihr Feuer oder gar gleich den Angriff einstellten, weil sie anhand der Uniformen Freund von Feind nicht zu unterscheiden vermochten.[223] Das eigentlich die Vorhut bildende Kavallerieregiment wurde von gegnerischer Infanterie und Artillerie zudem auf den Höhen längs der Straße Hohenstein–Mörken so gründlich zersprengt, dass größere Teile erst wieder am Nachmittag des 29. August verwendungsfähig waren. Obwohl zwischenzeitlich weitere Landwehrkompanien aus Bissellen herangeführt und alle verfügbaren Truppen auf den dort verschanzten Gegner angesetzt worden waren, kam der Angriff bis gegen 11.30 Uhr nur auf circa 1000 Meter an die russländischen Stellungen heran. Erst das Auftauchen der 3. Reservedivision, deren Verbände inzwischen bis ostwärts Sauden vorangekommen waren, brachte wieder Bewegung in die Landwehrtruppen. Weil deren Gegner zwischenzeitlich unbemerkt in südostwärtiger Richtung ausgewichen war, lief ihr Sturmangriff jedoch ins Leere, geriet vollständig durcheinander und entzog sich jeder koordinierten Führung. Die »Landwehrleute waren als Läufer zu langsam«, bilanzierte der Bearbeiter des Reichsarchivs später, »die Reserveoffiziere vergaßen häufig zu melden, die Bataillone führten ihre Kämpfe selbstständig«.[224]

Schon ab 11 Uhr war außerdem entgegen der Lageorientierung und umso überraschender gegnerische Infanterie aus Allenstein bei Grieslienen eingetroffen. Zwar gelang es der schon auf dem Gefechtsfeld dislozierten Feldbatterie und einer eben aus Bissellen nachgezogenen zweiten, sie 600 Meter vor der eigenen Stellung zum Stehen zu bringen, doch damit musste die 1. Landwehrdivision nun faktisch gegeen zwei Gegner kämpfen, wobei die Verbindung zwischen den beiden Fronten abriss, was das Führungschaos komplettierte. Im Kämmereiwald kam es beispielsweise zu Scharmützeln auf kürzeste Distanz, vielerorts beschossen sich die deutschen und zarischen Soldaten auch untereinander. Goltz zog zwar seine Truppen um 13.20 Uhr aus dem Kämmereiwald auf die Höhen bei Wilcken zurück, im allgemeinen Durcheinander, das durch die ständig von Bissellen aus ins Gefecht nachgeführten Einheiten verstärkt wurde, erreichte dieser Befehl die Hälfte seiner Kompanien jedoch nicht. Dadurch gerieten diese wiederum in das Vorfeld des Angriffes der 37. Infanteriedivision, die von Scholtz inzwischen auf die aus Allenstein heranmarschierenden Verbände des russländischen XIII. AK bei Grieslienen angesetzt worden war. Obwohl der Chef des Generalstabes der

---

[222] BArch, RH 61/1400, Reichsarchiv/Sichtungsabteilung/Gruppe III/Oberleutnant Blankenstein: 1. Landwehr-Division in der Schlacht bei Tannenberg, 27.–31.8.14 (Mai 1920), S. 4–6.

[223] Ebd., S. 8.

[224] Ebd., S. 6–9, Zitat S. 9; Hoffmann, Die Aufzeichnungen, Bd 2, S. 286.

**Gliederung der deutschen
8. Armee am 26.8.1914**

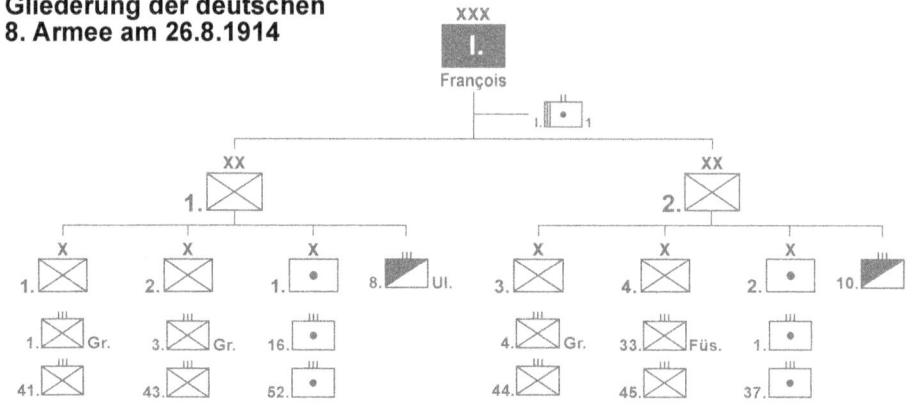

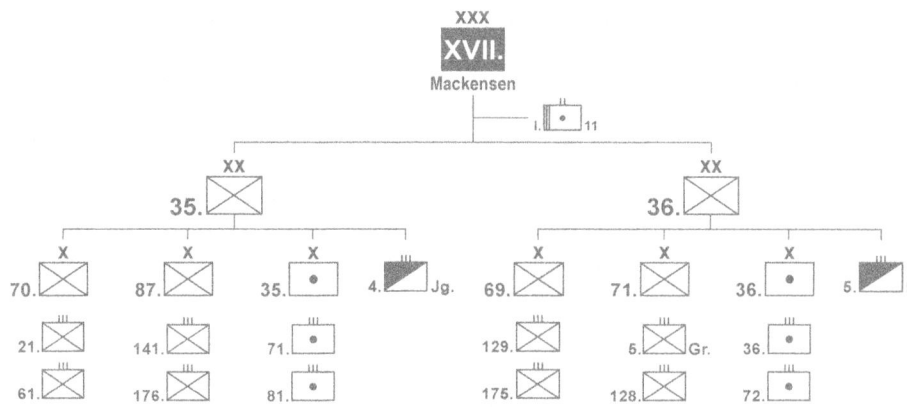

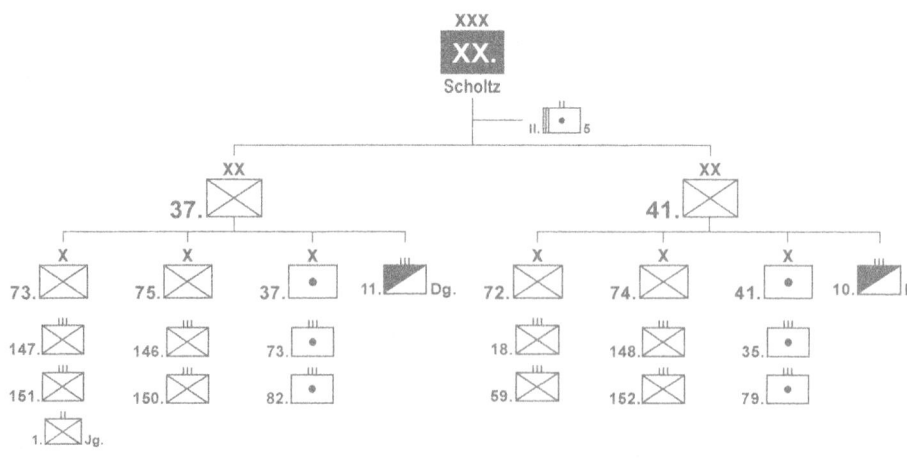

XXX
I.
François

I. • 1

XX 1.

XX 2.

X 1. X 2. X 1. • 8. Ul. X 3. X 4. X 2. • 10.

1. Gr. 3. Gr. 16. • 4. Gr. 33. Füs. 1. •

41. 43. 52. • 44. 45. 37. •

XXX
XVII.
Mackensen

I. • 11

XX 35.

XX 36.

X 70. X 87. X 35. • 4. Jg. X 69. X 71. X 36. • 5.

21. 141. 71. • 129. 5. Gr. 36. •

61. 176. 81. • 175. 128. 72. •

XXX
XX.
Scholtz

II. • 5

XX 37.

XX 41.

X 73. X 75. X 37. • 11. Dg. X 72. X 74. X 41. • 10.

147. 146. 73. • 18. 148. 35. •

151. 150. 82. • 59. 152. 79. •

1. Jg.

Abkürzungen:	A.K.	Armeekorps	Gr	Grenadier	L.	Landwehr	Stv.	Stellvertretende
	Dg.	Dragoner	Hus.	Husaren	LSt.	Landsturm	Tle.	Teile
	Ers.	Ersatz	Jg.	Jäger	Ul.	Ulanen		
	Füs.	Füsilier	K.	Kavallerie	R.	Reserve		

© ZMSBw
08529-02

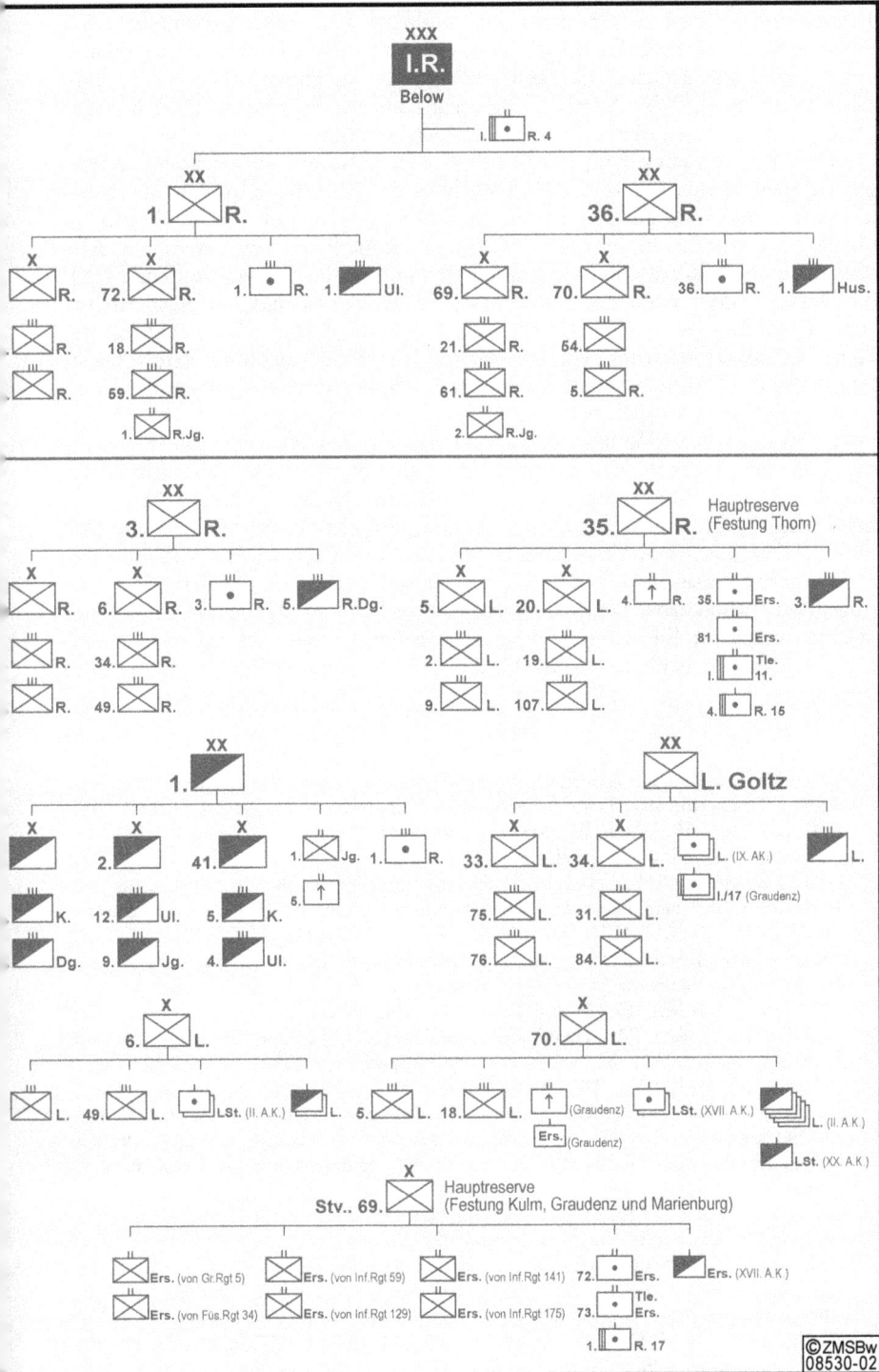

XXX
I.R.
Below

I. R. 4

XX
1. R.

XX
36. R.

X
R. 72. R. 1. R. 1. Ul.

X
69. R. 70. R. 36. R. 1. Hus.

R. 18. R.

21. R. 54.

R. 59. R.

61. R. 5. R.

1. R.Jg.

2. R.Jg.

XX
3. R.

XX
35. R. Hauptreserve (Festung Thorn)

X
R. 6. R. 3. R. 5. R.Dg.

X
5. L. 20. L. 4. R. 35. Ers. 3. R.

R. 34. R.

81. Ers.

2. L. 19. L.

I. Tle. 11.

R. 49. R.

9. L. 107. L.

4. R. 15

XX
1.

XX
L. Goltz

X
2. 41. 1. Jg. 1. R.

X
33. L. 34. L. L. (IX. AK.) L.

K. 12. Ul. 5. K.

5.

75. L. 31. L.

I./17 (Graudenz)

Dg. 9. Jg. 4. Ul.

76. L. 84. L.

X
6. L.

X
70. L.

L. 49. L. LSt. (II. A.K.) L. 5. L. 18. L. L. (Graudenz) LSt. (XVII. A.K.) L. (II. A.K.)

Ers. (Graudenz)

LSt. (XX. A.K.)

X
Stv.. 69. Hauptreserve (Festung Kulm, Graudenz und Marienburg)

Ers. (von Gr.Rgt 5) Ers. (von Inf.Rgt 59) Ers. (von Inf.Rgt 141) 72. Ers. Ers. (XVII. A.K.)

Ers. (von Füs.Rgt 34) Ers. (von Inf.Rgt 129) Ers. (von Inf.Rgt 175) 73. Tle. Ers.

1. R. 17

1. Landwehrdivision, Hauptmann Paul Göldner, wiederholt persönlich beim
Kommandeur der 37. Infanteriedivision, Generalleutnant Hermann von Staabs,
vorsprach, schoss dessen Artillerie in die eigenen Landsturmeinheiten im Kämmereiwald hinein.[225] Nach dem Krieg dazu vom Reichsarchiv konkret befragt,
konnte sich Staabs an diesen Vorfall nicht mehr erinnern.[226]

Trotz aller Pannen gelang es im Laufe des Vormittages mit vereinten Kräften,
insbesondere wegen des resoluten Vorgehens der 3. Reservedivision, die russländischen Verbände auf Hohenstein zurückzudrängen und um 12.30 Uhr in
die Stadt einzudringen, wo ein verbissener Häuserkampf entbrannte; alleine
gegenüber der 3. Reservedivision starben über 600 russländische Soldaten.[227] Von
der Dramatik dort zeugte noch lange nach dem Krieg mancher dem Reichsarchiv
zugesendete Bericht über den »Schneid der Russen«.[228] Gleichzeitig traf allerdings
beim AOK 8 die Nachricht ein, dass die 41. Infanteriedivision auf dem rechten
Flügel des XX. AK bei ihrem Vorstoß auf Waplitz ihrerseits angegriffen und
schwer geschlagen worden war und sich auf dem Rückzug befand.[229] Sie hatte
etwa 1300 Mann verloren und war so hart getroffen, dass sie erst im Laufe
des folgenden Tages wieder marschfähig werden sollte.[230] Damit drohte nicht
nur der rechten Flanke des XX. AK die Überflügelung, vielmehr hätte ein
russländischer Durchbruch an dieser Stelle die deutsche Front zwischen dem XX.
und I. AK zerschnitten. Umgehend befahl das AOK 8 deswegen François, seine
2. Infanteriedivision heranzuführen, »um einen Durchbruch des Feindes durch
Angriff zu verhindern«, doch jener reagierte nicht.[231] Als François knappe drei
Stunden später die Einnahme von Soldau meldete, wiederholte das AOK 8 um
11.45 Uhr nachdrücklich den Befehl, die zurückgehende 41. Infanteriedivision

---

[225] BArch, RH 61/1400, Reichsarchiv/Sichtungsabteilung/Gruppe III/Oberleutnant Blanken-
stein: 1. Landwehr-Division in der Schlacht bei Tannenberg, 27.–31.8.14 (Mai 1920),
S. 10 f., Zitat S. 10; BArch, RH 61/1317 und BArch, RH 61/1322, Stellungnahme des
Oberst Göldner an das Reichsarchiv vom 27.4.1927.

[226] Siehe dazu BArch, RH 61/1317, Schriftwechsel des Reichsarchivs mit Staabs im Jahr
1927, der von seinem Generalstabsoffizier und seinerzeitigen Hauptmann unterstützt
wurde: BArch, RH 61/1317, »Äußerung des Oberst a.D. von Gaza«, 12.4.1927, sowie im
Gegensatz dazu BArch, RH 61/1322, »Stellungnahme des Oberst Göldner«, 27.4.1927,
der angibt, dreimal bei Staabs vorgesprochen zu haben.

[227] Showalter, Tannenberg, S. 275 und 300; Giehrl, Tannenberg, S. 57 f.; Tannenberg. Ein
deutsches Schicksal, S. 22; Ludendorff, Tannenberg, S. 124 f.; François, Gehorsam und
Verantwortungspflicht, S. 29. François nennt als Angriffszeitpunkt allerdings 8.30 Uhr.

[228] Siehe z.B. BArch, RH 61/1322, Oberst Göldner, Kommandant der Festung Königsberg,
5.5.1927, S. 2. Bei den Kämpfen um und in Hohenstein wurden das Rathaus und 189 weitere Gebäude zerstört. Noch während des Krieges begann jedoch mithilfe der Patenstadt
Leipzig der Wiederaufbau, der 1923 mit der Einweihung des neuen Rathauses abgeschlossen wurde.

[229] Giehrl, Tannenberg, S. 58, sowie ähnlich Tannenberg. Ein deutsches Schicksal, S. 21 f.;
François, Gehorsam und Verantwortungspflicht, S. 27–29.

[230] Giehrl, Tannenberg, S. 66 und 69; Tannenberg. Ein deutsches Schicksal, S. 24 f.; Hoffmann,
Die Aufzeichnungen, Bd 2, S. 283 f. Nach Uhle-Wettler, Höhe- und Wendepunkte deutscher Militärgeschichte, S. 155, betrugen die deutschen Verluste 2400 Mann.

[231] BArch, PH 5 II/183,KTB 8. Armee: Eintrag vom 28.8.1914, fol. 37; François, Gehorsam
und Verantwortungspflicht, S. 31.

zu unterstützen: »Im Übrigen ist weiter zur Verfolgung auf Lahna vorzugehen. Alles kommt auf das I. A.K. an.«[232]

François' Absicht nach seinem Durchbruch bei Usdau war es aber bekanntlich, Soldau und Neidenburg zu nehmen und weiter auf Willenberg vorzustoßen, um sich nach Möglichkeit dort mit den aus Norden heranziehenden Truppen von Mackensens XVII. AK zu vereinigen und damit den Ring um die beiden zentralen russländischen Armeekorps zu schließen. Dazu mussten seine Verbände so weit südlich wie möglich gen Osten vorstoßen, ansonsten wäre die Entfernung zum Gegner verkürzt worden.[233] Weil also alles eine Frage der Ausnutzung von Raum und Zeit war, hatte er seine mobilen Truppen unter Schäffer von Bernstein vorausgeschickt und marschierte selbst mit seiner 1. Infanteriedivision im Zentrum, der 5. Landwehrbrigade rechts sowie dem Detachement Schmettau links in den Morgenstunden des 28. August auf Soldau. Seine nach den Gefechten bei Usdau angeschlagene 2. Infanteriedivision hielt er bei Groß Tauersee als Reserve zurück, um sie Schäffer hinterherzuschicken, falls er sie bei Soldau nicht benötigen würde. Er konnte die Stadt jedoch kampflos besetzen und ließ dort die 5. Landwehrbrigade als Sicherung nach Süden stehen.[234] Den Ergebnissen der eigenen Luftaufklärung nach hatte sich das russländische I. AK über Soldau hinaus weiter südlich bis zum Ilovo-See zurückgezogen, sodass sich François noch am Vormittag des 28. August mit seiner 2. Infanteriedivision und Schmettaus Verband gerade auf Neidenburg in Marsch setzte, als er just vom AOK 8 in Richtung Lahna umdirigiert werden sollte.[235] Er ignorierte den Befehl zwar nicht gänzlich, wie Showalter behauptete, dieser hat aber auch nicht unrecht, wenn er meinte: »As long as Hermann von François was commanding, I Corps would fight its battles his own way.«[236] Auch dem Kommandierenden General des I. AK musste freilich bewusst sein, dass ein Ein- oder gar Durchbruch bei der 41. Infanteriedivision eine ernsthafte Bedrohung darstellte. Also schickte er seine 1. Infanteriedivision weiterhin in Richtung Neidenburg und Muschaken, seine 2. jedoch nach Grünfließ, gerade einmal sieben Kilometer südwestlich von Lahna, sodass er dem Befehl des AOK 8 doch irgendwie nachkam. Stattdessen setzte er das ohnehin mobile Detachement unter Schäffer, der Neidenburg auch noch feindbesetzt vorgefunden hatte und dessen Einnahme François deswegen an Schmettaus Verband delegierte, auf die Verbindungsstraße Neidenburg–Willenberg an. Schäffer sollte den gegnerischen Truppen im Zentrum den Rückzug zur Grenze verlegen, indem er entlang der Strecke überall dort Sperrkommandos einrichtete, wo Wege von Norden her auf die Verbindungsstraße mündeten.[237]

[232] BArch, PH 5 II/183, KTB 8. Armee: Eintrag vom 28.8.1914, fol. 37; Ludendorff, Tannenberg, S. 123, spricht von mehrmaligen Versuchen, François zu erreichen.
[233] Tuchman, August 1914, S. 356 f.; rançois, Marneschlacht und Tannenberg, S. 218 f.
[234] BArch, PH 5 II/180, KTB 8. Armee: Korpsbefehl I. AK, 28.8.1914, 7.45 Uhr, fol. 185 f.
[235] BArch, PH 5 II/183, KTB 8. Armee: Eintrag vom 28.8.1914, fol. 37–41, hier fol. 41; Showalter, Tannenberg, S. 280.
[236] Showalter, Tannenberg, S. 278–280, Zitat S. 279.
[237] François, Gehorsam und Verantwortungspflicht, S. 31; Ludendorff, Tannenberg, S. 126; Showalter, Tannenberg, S. 304; Giehrl, Tannenberg, S. 72; Tannenberg. Ein deutsches Schicksal, S. 23. Siehe dazu die Meldungen des I. AK und Befehle des AOK, 28.8.1914, 11.45 Uhr, 12.15 Uhr und 13.30 Uhr, alle abgedruckt bei Elze, Tannenberg, S. 319.

Dieses Vorgehen deckte sich jetzt wieder mit der Befehlsgebung des AOK 8, denn nachdem das russländische XV. AK im Raum Waplitz–Hohenstein im Laufe des Tages geworfen worden war, erließ man dort umgehend einen Armeebefehl, nach dem das I. AK dem »auf der Flucht nach Südosten« befindlichen Gegner »den Weg zu verlegen« hatte, indem es mit seiner 1. Infanteriedivision Muschaken, mit der 2. Grünfließ und mit seiner Kavallerie, den Radfahrern und der Artillerie Willenberg erreichte[238] – was teilweise bereits geschehen war: Schmettau hatte Neidenburg schon gegen Mittag genommen, brach dann um 1 Uhr nachts wieder auf und stand nach stetigen Kämpfen mit zurückflutenden russländischen Soldaten am Abend des 29. August vor Willenberg, dem sich von Norden gleichzeitig Vortruppen des XVII. AK näherten.[239] Als sich François' Kavalleriespitzen in der Nacht bei Willenberg mit der Vorhut Mackensens vereinigten, wurden große Teile der russländischen 2. Armee, die eigentlich den vermeintlichen Rückzugsweg ihres deutschen Gegners abschneiden und ihn einschließen wollten, selbst umfasst. François zog seinen Gefechtsstand nach Neidenburg vor und ließ die Stadt durch zwei Bataillone Infanterie und zwei Batterien sichern. Am nächsten Tag sollte die 1. Infanteriedivision Schmettau auf Willenberg folgen, die 2. Neidenburg gegen einen möglichen russländischen Gegenangriff decken.[240]

Ob Ludendorff in diesem Szenario über den erneuten Ungehorsam von François die Nerven verloren hatte, wie verschiedentlich in der Literatur behauptet, wird inzwischen durchaus kontrovers bewertet.[241] Pyta schreibt die Erzählungen um Ludendorffs vermeintlichen Nervenzusammenbruch wohl zu Recht dem Narrativ von Hindenburg als standhaftem, in der Krise die Nerven bewahrenden Feldherrn zu.[242] Denn die Lage auf der deutschen Seite hatte sich nach der Einnahme Hohensteins am frühen Nachmittag rasch entspannt, weil jene die russländischen Truppen offenbar nachhaltig demoralisierte, zumal der von Westen geführte Angriff der 37. Infanteriedivision auf die aus Allenstein vorrückenden Truppen des russländischen XIII. AK dessen weiteres Vordringen bei Grieslienen und damit die Verbindung zum zarischen XV. AK verhinderte.[243]

Diese eminente Gefahr war vom AOK 8 in der Tat unterschätzt worden. Dort glaubte man das XIII. AK weiterhin bei Allenstein und erfuhr erst um 8.15 Uhr des 28. August durch einen abgefangenen russländischen Funkspruch, dass jenes im Gegenteil beabsichtigte, ab Mittag in die Kämpfe bei Hohenstein einzugreifen. Daraufhin wollte man das I. Reservekorps auf diesen Gegner ansetzen, Below hatte aber bereits selbstständig entsprechend gehandelt.[244] Schon tags zuvor war er bekanntlich vom linken deutschen Armeeflügel auf das russländische XIII. AK

---

[238] BArch, PH 5 II/183, KTB 8. Armee: Armeebefehl vom 28.8.1914, 13.30 Uhr, fol. 37 f.
[239] François, Gehorsam und Verantwortungspflicht, S. 31; Ludendorff, Tannenberg, S. 126; Showalter, Tannenberg, S. 304; Giehrl, Tannenberg, S. 72; Tannenberg. Ein deutsches Schicksal, S. 23. Siehe dazu die Meldungen des I. AK und Befehle des AOK, 28.8.1914, 11.45 Uhr, 12.15 Uhr und 13.30 Uhr, alle abgedruckt bei Elze, Tannenberg, S. 319.
[240] Showalter, Tannenberg, S. 304; Giehrl, Tannenberg, S. 72.
[241] Keegan, Der Erste Weltkrieg S. 216.
[242] Pyta, Hindenburg, S. 50 f.
[243] Giehrl, Tannenberg, S. 70 f.; Tannenberg. Ein deutsches Schicksal, S. 25.
[244] BArch, PH 5 II/183, KTB 8. Armee: Eintrag vom 28.8.1914, fol. 37–41, hier fol. 39. Die Zusammenhänge werden ohne diesen KTB-Eintrag und deswegen unzureichend eingeordnet bei Giehrl, Tannenberg, S. 62 f., und Wehrt, Tannenberg, S. 262 f.

zumarschiert und hatte schon am Vorabend dem AOK 8 seine Absicht mitgeteilt, am nächsten Morgen zusammen mit dem XVII. AK auf Allenstein anzugreifen, um seinen erschöpften Soldaten zuvor noch eine kurze Ruhephase zu gönnen.[245] Gerade als er dann morgens aus dieser Position heraus angetreten war, meldete ihm sein zur Aufklärung eingesetztes Reserve-Husarenregiment 1, dass die Stadt vom Gegner bereits wieder geräumt worden sei. Below entschied sich daraufhin, sein Reservekorps auf Stabigotten–Hohenstein einzudrehen und den abrückenden Gegner in dessen Rücken zu fassen.[246] Kaum befohlen, landete bei ihm ein Kurierflugzeug des AOK 8 mit der Meldung, das gesamte russländische XIII. AK sei von Allenstein Richtung Hohenstein abgerückt, er habe jetzt »auf dem kürzesten Wege auf Stabigotten–Grieslienen zu marschieren«. Below war derart begeistert von den ineinandergreifenden Maßnahmen, dass er ausgerufen haben will: »Das ist ja wie im Kriegspiel!«[247] Umgehend teilte er Mackensen mit, dessen Hilfe nun nicht mehr zu benötigen, der wiederum wegen des Hin und Her in Rage geriet. Er ließ sein Armeekorps halten und schickte Hauptmann Bartenwerfer aus seinem Stab per Flugzeug zum AOK 8. Von dort erhielt er die Bestätigung: Below sollte das XIII. AK angreifen und das XVII. AK seinen Marsch nach Süden fortsetzen, um die russländische Rückzugslinie abzuschneiden.[248]

Belows Begeisterung erhielt indes einen kurzzeitigen Dämpfer, als Generalmajor Kurt Kruge mitteilte, seine 36. Reserve-Infanteriedivision würde doch Allenstein angreifen müssen, weil er dort noch gegnerische Truppen aufgeklärt habe.[249] Während Kruge die Stadt einnahm – die letzten russländischen Truppen wichen schon auf den deutschen Artilleriebeschuss hin aus, der jedoch nur zu geringen Beschädigungen in Allenstein führte –, griff Belows 1. Reservedivision den Train des XIII. AK bei Zasdroß an.[250] Kljuev hatte ihn schon bei seinem Vormarsch über Wuttrienen auf Allenstein dort zurückgelassen, um schneller voranzukommen, und er hatte noch nicht wieder den Anschluss geschafft: »Die Straße Zasdroß–Imendorf stand daher voll von Fahrzeugen, in die die 1. Res. Div. gerade hineinstieß«, schrieb Below in seinem Tagebuch.[251] Erst »[i]n harten Waldgefechten« gelang es, den Gegner auf die Hohensteiner Chaussee zurückzudrängen, wo die vorderste 1. Reserve-Infanteriebrigade vor dem stark besetzten Dorotowo, auf halber Strecke zwischen Allenstein und Hohenstein also, festgehalten wurde. Dabei setzte der Gegner mit offenbar »auf Bäumen« eingesetzten Maschinengewehren den deutschen Truppen schwer zu. Immerhin

---

[245] BArch, PH 5 II/180, KTB 8. Armee: I. Reservekorps an AOK 8, 27.8.1914, 21.00 Uhr, fol. 177; Showalter, Tannenberg, S. 286 f.; Giehrl, Tannenberg, S. 70.

[246] BArch, RH 61/1353, Abschrift des Tagebuchs des Generals O. von Below, S. 45; BArch, RH 61/1383, Reichsarchiv: Fragebogen Nr. 120: Tannenberg 27.–29.8.14, 27.9.1923, S. 4 f.

[247] BArch, RH 61/1353, Abschrift des Tagebuchs des Generals O. von Below, S. 45.

[248] Showalter, Tannenberg, S. 287 f.; François, Gehorsam und Verantwortungspflicht, S. 34; BArch, RH 61/1353, Abschrift des Tagebuchs des Generals O. von Below, S. 46.

[249] BArch, RH 61/1353, Abschrift des Tagebuchs des Generals O. von Below, S. 46.

[250] Ebd., S. 48. Siehe ergänzend zu den Hintergründen BArch, RH 61/1383, Reichsarchiv: Fragebogen Nr. 120: Tannenberg 27.–29.8.14, 27.9.1923, S. 7 f., sowie Showalter, Tannenberg, S. 288.

[251] BArch, RH 61/1353, Abschrift des Tagebuchs des Generals O. von Below, S. 47; BArch, PH 5 II/180, KTB 8. Armee: Telegramm aus Allenstein, 28.8.1914, 8.30 Uhr, fol. 194. Dabei wurde eine Kriegskasse mit 800 000 Rubel erbeutet.

konnte nahezu die gesamte Bagage des XIII. AK erbeutet werden, darunter eine
Kriegskasse mit einer Million Rubel. Sogleich ergänzten die Stäbe ihre Bestände
vor allem um Feldtische und Feldküchen sowie ein Scherenfernrohr, »das unserem
eigenen, erst im letzten Augenblick in Königsberg aufgetriebenen, weit überlegen
war«, wie Below eingestand. Außerdem fanden sich eine erhebliche Anzahl von
Feldpostmarken, die bereits für die Besetzung Ostpreußens vorbereitet worden
waren, sowie der gegnerische Aufmarschplan.[252] Kljuevs Verbände, die eigentlich
Martos zu Hilfe kommen wollten, wurden damit selbst angegriffen, sowohl frontal
von der 37. Infanteriedivision als auch im Rücken von der 1. Reservedivision.
Daraus entwickelten sich bis tief in die Nacht hinein harte Gefechte, sodass er
mit seiner Infanterie nicht zum Hohensteiner Gefechtsfeld vorstoßen konnte.[253]

Davon wiederum erfuhren weder der Kommandierende General des bei
Hohenstein hart bedrängten russländischen XV. AK noch dessen Vorgesetzter
Samsonov, der um 11.30 Uhr auf Martos' Gefechtsstand in Nadrau, etwa acht
Kilometer südostwärts der Stadt, eintraf.[254] In der Hoffnung auf Rennenkampfs
Unterstützung sowie mit dem zwischenzeitlichen Wissen um den deutschen
Durchbruch auf seinem linken Flügel und das Versagen des Nachschubs und
Verbindungswesens hatte sich der Oberbefehlshaber der 2. Armee dazu entschlossen, seine Truppen auf dem Schlachtfeld direkt zu führen, um noch
zu retten, was zu retten war. Bevor er sein Hauptquartier in Neidenburg am
28. August mit dem Auto verließ, hatte Samsonov mit seinem Gepäck allerdings
auch seine Funkgeräte an seinen rückwärtigen Hauptgefechtsstand in Janowo geschickt, einen Grenzort etwa 20 Kilometer ostwärts von Neidenburg, und sich
damit selbst dieser Kommunikationsmittel beraubt. Er mag geglaubt haben,
seine Truppen über Martos' Gefechtsstand führen zu können, der jedoch längst
keine Verbindung mehr zu irgendwem besaß. Allerdings wurde auch Neidenburg wenige Stunden später von Schmettaus Truppen besetzt.[255] Als er unterwegs
von einem Melder die Nachricht von der Niederlage auf seinem rechten Flügel
erhielt, stieg Samsonov mit Offizieren seines Stabes vom Auto auf Pferde um
und schickte seine restliche Bedeckung über Neidenburg Richtung Ostrolenka in
die scheinbare Sicherheit.[256] Dass seine Entscheidungen angesichts des wenigen,
was er von der Lage wusste, bis zum Punkt, an dem er Neidenburg verließ,
nachvollziehbar gewesen waren, gestand ihm sogar Hoffmann zu; »[u]nbegreiflich
wird sein Verhalten erst«, nachdem er seine Flügelkorps verloren habe und dann
dennoch im Zentrum weiter habe angreifen lassen, urteilte der Ia der 8. Armee.[257]

Auf Martos' Gefechtsstand begriff Samsonov jedoch schnell, dass dort ohne
Verbindung nichts zu machen war. Beide hofften noch bis zum Nachmittag auf
das XIII. AK, das sich aber eben nicht zu ihnen durchzuschlagen vermochte.

---

[252] BArch, RH 61/1353, Abschrift des Tagebuchs des Generals O. von Below, S. 47 f.
[253] Showalter, Tannenberg, S. 290.
[254] Ebd., S. 297 f.; Buchfinck, Tannenberg 1914, S. 237.
[255] Danilov, Rußland im Weltkriege, S. 216 f. und 219; Tuchman, August 1914, S. 355; Giehrl,
       Tannenberg, S. 67; Noskoff, Der Mann, der Tannenberg verlor, S. 56; BArch, N 591/58,
       Oberstleutnant Praun: Die Nachrichtenverbindungen um die Schlacht bei Tannenberg. In:
       Deutsche Nachrichtentruppen (Die F-Flagge), 1938, fol. 7.
[256] Giehrl, Tannenberg, S. 68; Buchfinck, Tannenberg 1914, S. 237 f.
[257] Hoffmann, Tannenberg wie es wirklich war, S. 92 f.; Hoffmann, Die Aufzeichnungen,
       Bd 2, S. 311.

Währenddessen zogen sich immer mehr Verbände des XV. AK abgekämpft zurück
und zeigten erste Auflösungserscheinungen. Daraufhin entschied sich Samsonov,
sein XV. AK auf Neidenburg und sein XIII. auf Kurken zurückzunehmen.[258]
Wie groß derweil das Durcheinander war, erlebte er am eigenen Leib, als der
Gefechtsstand, den eine Pionier- und eine Infanteriekompanie deckten, plötzlich
von der eigenen Artillerie beschossen wurde und die Bedeckungstruppen daraufhin in Panik aufeinander feuerten. Samsonov wollte nach Neidenburg zurück-
reiten, erfuhr aber bei Orlau, dass die Stadt inzwischen in deutschen Händen
war.[259] Also versuchte er mit seinem Stab und einer kleinen Bedeckung sein
rückwärtiges Hauptquartier in Janowo zu erreichen, kam aber nicht durch und
suchte stattdessen bei Willenberg Anschluss an sein VI. AK. Als er auch dort
auf deutsche Truppen stieß, kehrte er auf der Suche nach eigenen Verbänden
wieder um. Im Wald nahe der Försterei Rokitka soll er sich dann angeblich
selbst erschossen haben.[260] Zunächst vor Ort bestattet, wurde sein Grab 1915
wiederentdeckt und sein Leichnam von seiner Frau nach Hause geholt.[261]
    Auf seinem Weg soll er angeblich miterlebt haben, wie ein russländisches
Regiment den Rückzug antrat. Samsonov habe den Regimentskommandeur
sofort seines Kommandos enthoben und es einem jungen Pionier-Oberstleutnant,
der gerade in der Nähe stand, übertragen. Als auch der es nicht schaffte, das
Regiment zu ordnen und zum Angriff zu führen, soll er sich vor Samsonovs
Augen erschossen haben.[262] Abgesehen vom unklaren Wahrheitsgehalt dieser
Episode, von der Hermann Giehrl berichtete, damals als Hauptmann Chef
des Stabes der 6. Landwehrbrigade,[263] veranschaulicht sie doch das zwischen
zeitliche Chaos auf dem Gefechtsfeld. Bekannt ist jedenfalls, dass Samsonov bei
mehreren Verbänden auf dem Hohensteiner Gefechtsfeld hielt und versuchte,
seine Männer zu motivieren, weil sich zunehmend Auflösungserscheinungen
zeigten.[264]
    Die russländische Führung verlor innerhalb dieser Ereignisse jedenfalls so rasch
den Überblick, dass sie die durch den Erfolg bei Waplitz gegenüber der 41. Infanteriedivision entstandene große Chance, dem Gefecht eine entscheidende
Wendung zu ihren Gunsten zu geben, überhaupt nicht erkannte und nicht einmal
örtlich nutzte. Ob die angeschlagenen Verbände Sontags einem energischen russ-

---

[258] Showalter, Tannenberg, S. 297 f.; Noskoff, Der Mann, der Tannenberg verlor, S. 72 f.
[259] Giehrl, Tannenberg, S. 69 und 76. Siehe dazu auch die detaillierten Schilderungen bei
    Wehrt, Tannenberg, S. 241–245, 248 f., 259 und 266.
[260] Showalter, Tannenberg, S. 309; Danilov, Rußland im Weltkriege, S. 218.
[261] BArch, RH 61/53, Denkschrift »Tannenberg« von Generalleutnant [Karl Ritter] von Wen-
    ninger (1916), S. 46. Siehe zu dieser Odyssee die detaillierte Beschreibung bei Noskoff, Der
    Mann, der Tannenberg verlor, S. 82–129, zur Heimholung des Leichnams ebd., S. 153–168.
[262] Giehrl, Tannenberg, S. 69; Buchfinck, Tannenberg 1914, S. 238. Laut Noskoff, Der Mann,
    der Tannenberg verlor, S. 79 f., handelte es sich allerdings um einen Vertrauten Samsonovs
    aus dessen Stab, Oberst Shilizow, den er aus seiner letzten Verwendung in Turkestan mitge-
    bracht hatte.
[263] Militär-Wochenblatt Nr. 19 vom 12.8.1919, die Personalakte Hermann von Giehrls findet
    sich im Bayerischen Kriegsarchiv München, OP 67855. Für diesen Hinweis danke ich mei-
    nem Kollegen Markus Pöhlmann.
[264] BArch, RH 61/1326, Kriegstagebuch des russischen Generalmajors Malinowski, Kdr. des
    Leibgarde Regts. Kexholm, vom 31.7. bis 30.8.1914, S. 5; BArch, RH 61/1326, Gefechts-
    bericht der Regimenter der 1. Brigade der 2. Infanteriedivision des XXIII. AK, S. 31.

Die Kämpfe bei Hohenstein am 28.8.1914

	Deutsche	Russen
um 8 Uhr (morgens)		
Vormarsch/Angriff	⟶	⟶
Rückzug	⋯⟶	⋯⟶
bis 13 Uhr (mittags)		
Anmarsch	⟶	⟶
Vormarsch/Angriff	⟶	⟶
Rückzug	⟶	⟶

©ZMSBw
08522-03

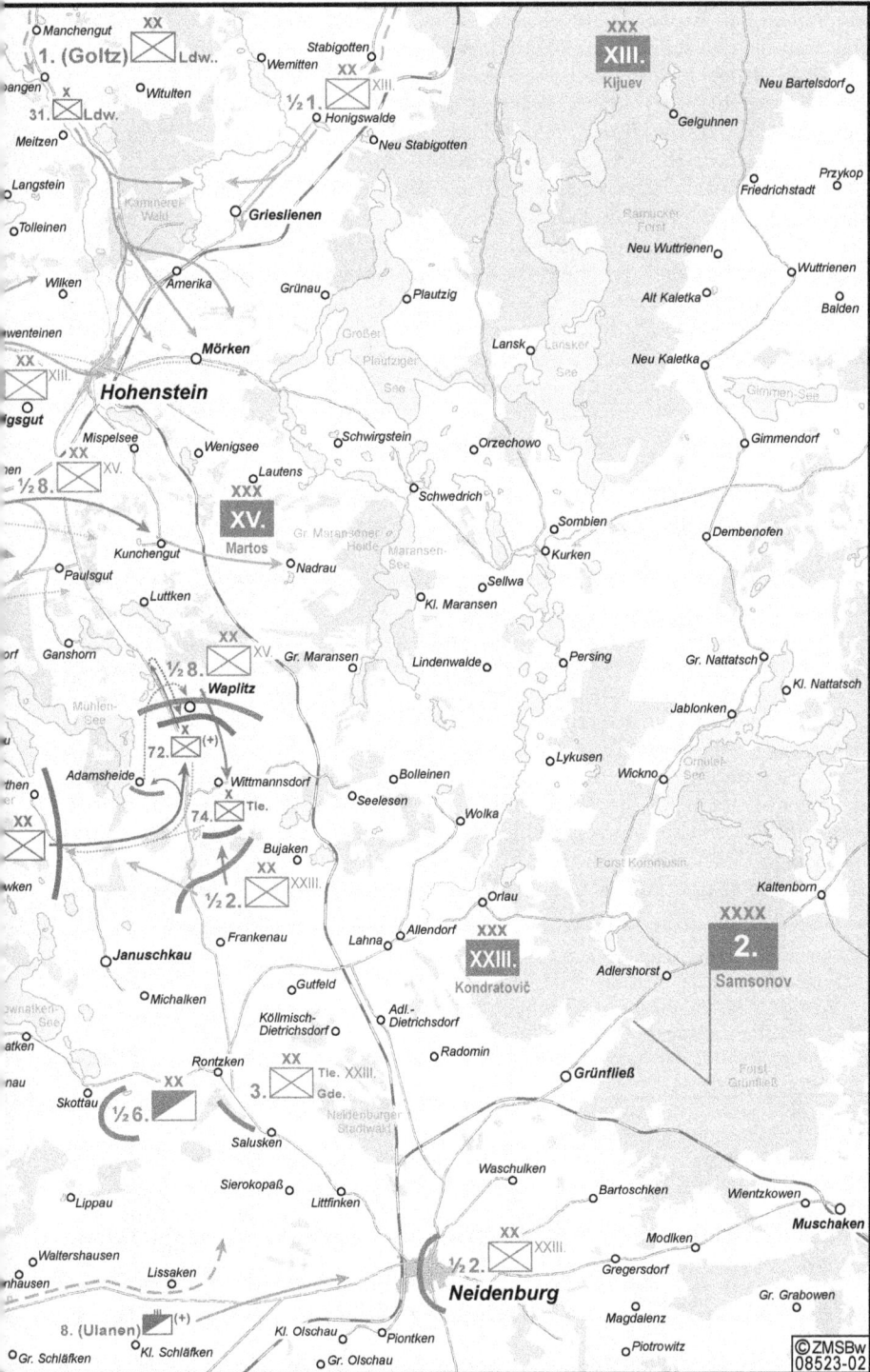

Manchengut

1. (Goltz) XX Ldw..

Wemitten

Stabigotten

XXX
XIII.
Kijuev

Neu Bartelsdorf

angen

X
31. Ldw.

Witulten

½ 1. XX XIII.

Honigswalde

Gelguhnen

Meitzen

Neu Stabigotten

Friedrichstadt

Przykop

Langstein

Ramucker
Forst

Tolleinen

Grieslienen

Neu Wuttrienen

Wuttrienen

Wilken

Amerika

Grünau

Plautzig

Alt Kaletka

Balden

wenteinen

XX
XIII.

Mörken

Großer
Plautziger
See

Lansk

Lansker
See

Neu Kaletka

Gimmen-See

Hohenstein

gsgut

Mispelsee

Wenigsee

Schwirgstein

Orzechowo

Gimmendorf

nen

XX
XV.

½ 8.

Lautens

XXX
XV.
Martos

Schwedrich

Sombien

Dembenofen

Kunchengut

Nadrau

Gr. Maransener
Heide

Maransen-
See

Kurken

Paulsgut

Luttken

Sellwa

Kl. Maransen

orf

Ganshorn

XX
XV.

Gr. Maransen

Lindenwalde

Persing

Gr. Nattatsch

Kl. Nattatsch

½ 8.

Waplitz

Jablonken

Mühlen-
See

72. X (+)

Lykusen

Wickno

Ornitel-
See

Kaltenborn

Adamsheide

Wittmannsdorf

Bolleinen

then

74. X Tle.

Seelesen

Wolka

Forst Kommusin

XX

Bujaken

XX
XXIII.

Orlau

XXXX
2.
Samsonov

wken

½ 2.

Januschkau

Frankenau

Lahna

Allendorf

XXX
XXIII.
Kondratovič

Adlershorst

Forst
Grünfließ

Michalken

Gutfeld

Adl.-
Dietrichsdorf

nwalken-
See

Köllmisch-
Dietrichsdorf

Radomin

Grünfließ

atken

Rontzken

XX
Tle. XXIII.

nau

XX

3. Gde.

Neidenburger
Stadtwald

Skottau

½ 6.

Salusken

Waschulken

Bartoschken

Wientzkowen

Lippau

Sierokopaß

Littfinken

Modlken

Muschaken

Waltershausen

Lissaken

XX
XXIII.

½ 2.

Gregersdorf

Gr. Grabowen

nhausen

Neidenburg

Magdalenz

8. (Ulanen) (+)

Kl. Olschau

Piontken

Piotrowitz

Gr. Schläfken

Kl. Schläfken

Gr. Olschau

©ZMSBw
08523-02

ländischen Nachstoßen standgehalten hätten, ist mehr als fraglich.[265] Stattdessen machten die deutschen Truppen ab dem Mittag derartige Fortschritte, dass man im AOK 8 den Kampf für bereits entschieden hielt und um 13.30 Uhr dem XX. AK befahl, sofort die Verfolgung des sich zurückziehenden Gegners aus der Linie Wronowo–Hohenstein in Richtung Lahna–Kurken aufzunehmen.[266] Dabei versuchten aber nur die russländischen Truppen im Zentrum und auf der linken Flanke nach Süden zu entkommen, während die rechte Flanke derweil ihre Stellungen bei Mörken und damit die lose Anschlussmöglichkeit zum eigenen XIII. AK hielt. Die 3. Reservedivision ging dorthin zusammen mit sechseinhalb Infanteriebataillonen und einer Feldbatterie der völlig auseinandergerissenen 1. Landwehrdivision vor, die sich inzwischen am Mispel-See hatten sammeln können, zu einem Angriff kam es jedoch nicht mehr.[267] Die Landwehrtruppen gelangten dabei noch bis in die Gegend von Ganshorn, die 3. Reservedivision bis in den Raum Paulsgut.[268] Am folgenden Morgen brannten die Gefechte wieder auf, wobei Landwehrverbände ihren Gegner Richtung Süden verfolgten und dabei etwa 7000 erschöpfte und ausgehungerte russländische Soldaten gefangen nahmen, ihrerseits aber evidente Verluste erlitten: Die 33. Landwehrbrigade beklagte 89 Tote, 450 Verwundete und 438 Vermisste – von denen sich in den folgenden Tagen die Mehrzahl wieder einfand –, von der 34. Landwehrbrigade existieren keine Verlustzahlen, sie sollen jedoch »ziemlich erheblich« gewesen sein.[269] Goltz brauchte immerhin bis zum Abend des 29. August, um seine Division wieder zu sammeln, und verfügte dann noch immer nicht über die Munitionskolonnen und irgendwelche Verpflegung. Wegen des »Fehlen[s] jeder Sanitätsformation« konnte er zudem seine Verwundeten nicht adäquat versorgen und seine beiden Feldbatterien blieben gänzlich verschollen.[270]

Nach der durch die hereinbrechende Dunkelheit erzwungenen Unterbrechung des Gefechts war sich das AOK 8 des vollständigen Sieges sicher: Die russländischen XXIII., XV. und XIII. AK seien »in den Waldungen südöstl. Hohenstein–Allenstein zersprengt«, das I. AK »in voller Flucht von Mlawa auf Warschau« und das VI. »vollständig vernichtet, in voller Flucht auf Ortelsburg«.[271] Schon am Nachmittag hatte man Mackensens XVII. AK befohlen, möglichst rasch die möglichen Rückzugslinien des Gegners nach Osten zu blockieren und gleichzeitig weiter nach

[265] Buchfinck, Tannenberg 1914, S. 224. Trotz des Rückzugs ihres Gegners erreichten Sontags unentschlossen vorrückende Truppen bis zum Abend nur das kaum zehn Kilometer entfernte Orlau; Showalter, Tannenberg, S. 303.

[266] Giehrl, Tannenberg, S. 61.

[267] BArch, RH 61/1400, Reichsarchiv/Sichtungsabteilung/Gruppe III/Oberleutnant Blankenstein: 1. Landwehr-Division in der Schlacht bei Tannenberg, 27.–31.8.14 (Mai 1920), S. 12 f.; Showalter, Tannenberg, S. 285; Giehrl, Tannenberg, S. 71.

[268] Giehrl, Tannenberg, S. 61; BArch, RH 61/1400, Reichsarchiv/Sichtungsabteilung/Gruppe III/Oberleutnant Blankenstein: 1. Landwehr-Division in der Schlacht bei Tannenberg, 27.–31.8.14 (Mai 1920), S. 14.

[269] Giehrl, Tannenberg, S. 71; Showalter, Tannenberg, S. 282 f.; BArch, RH 61/1400, Reichsarchiv/Sichtungsabteilung/Gruppe III/Oberleutnant Blankenstein: 1. Landwehr-Division in der Schlacht bei Tannenberg, 27.–31.8.14 (Mai 1920), S. 14.

[270] Landwehr-Division von der Goltz: Meldung an AOK 8, 29.8.1914, 14.40 Uhr; abgedruckt bei Elze, Tannenberg, S. 327; BArch, PH 5 II/183, KTB 8. Armee: Eintrag vom 29.8.1914, fol. 42–44, hier fol. 42.

[271] BArch, PH 5 II/183, KTB 8. Armee: Eintrag vom 28.8.1914, fol. 37–41, hier fol. 41.

Süden vorzustoßen: »Verfolgung bis zum letzten Atemzuge, große Erfolge, wenn energisch draufgegangen wird. Vorwärts!«[272] Um 21.30 Uhr meldete es der OHL schließlich: »Einkreisung der 2. Russischen Armee nach menschlichem Ermessen gelungen«, fügte aber vorsichtig hinzu, dass genauere Nachrichten angesichts noch ausstehender Meldungen der Armeekorps aufgrund der großen Entfernungen noch nicht vorlägen.[273] Angeblich hat Hoffmann in diesem Kontext Ludendorff, als dieser den sicheren Sieg vor Augen die Lagemeldung abfassen ließ, auf die Idee gebracht, statt Frögenau als Erstellungsort Tannenberg zu verwenden;[274] der wiederum reklamierte die Idee hernach für sich.[275]

Auch die russländische Seite erkannte das Gefecht als verloren an, als Martos am frühen Abend des 28. August seinem XV. AK den Befehl zum Rückzug gab. Das XIII. AK, zu dem er wie auch zum Oberkommando überhaupt keine Verbindung mehr besaß, war noch immer nicht eingetroffen, während er selbst sich von allen Seiten angegriffen sah. Innerhalb seiner Truppen herrschte inzwischen ein solches Durcheinander, dass sie sich mit nicht unerheblichen Verlusten sogar gegenseitig beschossen.[276] Seit der Nacht vom 27. auf den 28. August hatte das Oberkommando keinerlei Nachrichten mehr über die Lage an seine Verbände durchgegeben, was das Chaos vollkommen machte.[277] Das Leibgarderegiment Kexholm, das am 26. August von Ilovo aus nach Soldau, tags darauf weiter über Skettau nach Rontzken marschiert war, wo es am 28. August nach rund 40 Kilometern eintraf, gibt ein Beispiel für die jetzt einsetzende Orientierungslosigkeit:

Zunächst erhielt es am frühen Abend des 28. August den Befehl, sich nach Neidenburg zurückzuziehen, zehn Kilometer südostwärts von Rontzken. Weil es die Stadt aber bereits in deutschen Händen vorfand, drehte es Richtung des weitere zehn Kilometer nördlich liegenden Lahna ab und erreichte, während es durch deutsches Artilleriefeuer erhebliche Verluste erlitt, bis um 2 Uhr am 29. August Orlau. Dort musste es um 6 Uhr wieder zum Vormarsch antreten, obwohl es zu diesem Zeitpunkt bereits kaum mehr Munition besaß und seit zwei Tagen keinerlei Verpflegung, dafür aber eine persönliche Ansprache von Samsonov erhalten hatte, der mit seinem Stab bekanntlich selbst durch die Gegend irrte.[278] Sein folgender Vorstoß auf die Linie Radomin–Dietrichsdorf wurde umgehend durch einen deutschen Flieger aufgeklärt und das Regiment kurz darauf durch Artilleriebeschuss weiter schwer dezimiert, ehe ein deutscher Infanterieangriff es am frühen Nachmittag zum Rückzug zwang. Durch »mörderisches Feuer«

---

[272] BArch, RH 61/1383, Befehl AOK 8 an das XVII. AK, 28.8.1914, 14.45 Uhr; Reichsarchiv: Fragebogen Nr. 120: Tannenberg 27.–29.8.14, 27.9.1923, S. 4 f.

[273] Siehe ergänzend zu den Hintergründen ebd., S. 5.

[274] Schäfer, Tannenberg, S. 84.

[275] Ludendorff, Meine Kriegserinnerungen, S. 44: »Die Schlacht wurde auf meinen Vorschlag die Schlacht von Tannenberg genannt, als Erinnerung an jenen Kampf, in dem der Deutsche Ritterorden den vereinigten litauischen und polnischen Armeen unterlag.«

[276] Giehrl, Tannenberg, S. 66 f.; BArch, RH 61/1317, Reichsarchiv/Wehrgeschichtliche Abteilung: 37. I.D. am 28.8. und 29.8.1914, 23.4.1927, S. 2.

[277] BArch, RH 61/1326, Gefechtsbericht der Regimenter der 1. Brigade der 2. Infanteriedivision des XXIII. AK, S. 18.

[278] BArch, RH 61/1326, Kriegstagebuch des russischen Generalmajors Malinowski, Kdr. des Leibgarde Regts. Kexholm, vom 31.7. bis 30.8.1914, S. 5; BArch, RH 61/1326, Gefechtsbericht der Regimenter der 1. Brigade der 2. Infanteriedivision des XXIII. AK, S. 13, 23 und 30.

hindurch wichen die Truppen ab 16 Uhr zunächst auf Orlau und schließlich auf den Wald nördlich Muschaken aus. Dort trafen sie erneut auf deutsche Truppen und gerieten in das allgemeine Chaos zurückflutender Verbände der russländischen XIII. und XV. AK, wodurch auch jegliche Führung innerhalb des Regimentes zusammenbrach. Nach einem letzten Gefecht tags darauf bei Klein Dankheim ergaben sich seine überlebenden 15 Offiziere und 204 Unteroffiziere und Mannschaften. In diesen drei Tagen hatte das Regiment somit 29 Offiziere sowie 2379 Mannschaften und Unteroffiziere verloren.[279]

Nachdem Kljuev, der mit der Verbindung zu Martos seinen letzten Kontakt zur Außenwelt verloren hatte, seinem XIII. AK gegen Mitternacht des 28. auf den 29. August ebenfalls den allgemeinen Rückzug befohlen hatte, um seine Truppen wenigstens noch geordnet zurückführen zu können, erging es diesen nicht besser:[280] Er wich zunächst von Mörken nach Kurken aus, fand den Raum jedoch von der 3. Reservedivision besetzt und entschied sich daraufhin, sein Armeekorps Richtung Osten zur Grenze zu führen, bis er bei Kaltenborn von deutschen Truppen gestellt wurde.[281] Dabei legten seine Männer fast 70 Kilometer in 40 Stunden zurück, ohne Wasser und Verpflegung, die meisten zwischenzeitlich ohne Munition. In der folgenden Nacht verlor das XIII. AK jede Ordnung und löste sich auf.[282] Etwa 15 Kilometer ostwärts Neidenburg igelten sich seine Reste ein und hielten sich mithilfe von vier deutschen Beutegeschützen noch die Nacht des 30. August über; die Mehrzahl von ihnen fiel, der Rest ging in Gefangenschaft. Jede Koordination auf der russländischen Seite, so rudimentär auch immer sie bis dahin bestanden hatte, ging in den Wäldern zwischen Hohenstein, Neidenburg und Willenberg endgültig verloren.[283] Auf den Rundruf der zentralen Funkstelle Warschau an sechs Funkstationen der 2. Armee antwortete bereits am 29. August keine einzige mehr – worum die deutsche Führung wusste.[284]

Das AOK 8 hatte bereits am Abend des 28. August das I. Reservekorps, von dessen heftigen Waldkämpfen man keine Kenntnis hatte und deswegen über seine zu geringe Fortschritte enttäuscht war, zur Eile angetrieben. Um 20.30 Uhr befahl es Below per Flugzeugkurier, »unaufhaltsam auf Stabigotten–Grieslinen vorzugehen u. den Feind noch heute anzugreifen. Es gilt die Vernichtung der Division, die auf Hohenstein vorgeht.«[285] Das gelang aus bereits genannten Gründen nicht

[279] BArch, RH 61/1326, Kriegstagebuch des russischen Generalmajors Malinowski, Kdr. des Leibgarde Regts. Kexholm, vom 31.7. bis 30.8.1914, S. 6–9.
[280] BArch, RH 61/1326, Gefechtsbericht der Regimenter der 1. Brigade der 2. Infanteriedivision des XXIII. AK, S. 13–49.
[281] Giehrl, Tannenberg, S. 66 f.; Showalter, Tannenberg, S. 303 und 307 f.; BArch, RH 61/1326, Gefechtsbericht der 1. Artillerie-Brigade (September 1914) an den Kommandeur der 2. Abteilung der 1. Artilleriebrigade des XIII. AK, 28.8.1914, S. 3.
[282] Showalter, Tannenberg, S. 308; BArch, RH 61/1326, Gefechtsbericht der 1. Artillerie-Brigade (September 1914) an den Kommandeur der 2. Abteilung der 1. Artilleriebrigade des XIII. AK, 28.8.1914, S. 3.
[283] Von den Kämpfen berichten: BArch, RH 61/1326, Auszug aus dem Kriegstagebuch des Oberleutnants Kuprikow (russ. Inf.Rgt. 23, 6. I.D., XV. AK), S. 5–7, sowie Strachan, The First World War, S. 331, und Tuchman, August 1914, S. 358.
[284] BArch, PH 5 II/107, KTB 8. Armee/SS Posen an AOK Osterode, 29.8.1914, 18.10 Uhr, fol. 018.
[285] Befehl AOK 8 an I. Res.Korps, 29.8.1914, zit. nach BArch, RH 61/1353, Abschrift des Tagebuchs des Generals O. von Below, S. 48 f.

mehr, aber nach dem Rückzug nun auch des russländischen XIII. AK sollten
Belows Truppen am 29. August schleunigst angreifen und das XVII. AK ab 6 Uhr
marschbereit auf weitere Befehle warten. Seinen eigenen Angaben nach war diese
Order seinerzeit aber bereits durch einen eigenen Korpsbefehl überholt. Darin
hatte er seiner 1. Reservedivision befohlen, unter Zurücklassung der Bagage in
mehreren Kolonnen zu »früheste[r] Aufbruchstunde« und unter Ignorierung
von Marschverlusten »unaufhaltsam Richtung Hohenstein« vorzustoßen, wenn
möglich gar unter »Benutzung des Bahnkörpers für Infanterie«. Die 36. sollte der
1. Reserve-Infanteriedivision im Angriff folgen, die Gefechtsreserve von Zasdroß
bis zum Bahnhof Ganglau vorrücken, während er selbst sich nach Dorotowo
begab.[286] Das AOK 8 bestätigte daraufhin zwar grundsätzlich die Absicht Belows,
verlangte aber, dass die 36. Reserve-Infanteriedivision über Wuttrienen Richtung
Jedwabno zu marschieren habe. Handschriftlich hatte offenbar Hindenburg
persönlich ergänzt: »Ich erwarte, dass meine Befehle genau befolgt werden. Bei
der gegenwärtigen komplizierten Lage ist dies doppelt dringend erforderlich.«[287]
    Dieser Zusatz geschah nicht ohne Grund: Der OHL hatte das AOK 8
nämlich um Mitternacht des 28. August mitteilen müssen, die Schlacht sei zwar
gewonnen, aber die »Einkesselung der 2 russ. A.K.s wird wohl nicht mehr gelingen.« Dafür machte man die Reibungen in der Ausführung der eigenen Befehle
verantwortlich, daher die Forderung Hindenburgs – die jedoch folgenlos blieb:
Am Morgen des 29. August meldete der Nachrichtenoffizier des AOK 8 beim
I. Reservekorps, »die Ausführung des Befehls [...] stoße auf Schwierigkeiten«, das
gesamte I. Reservekorps befinde sich bereits auf dem Marsch nach Hohenstein
und das XVII. AK sei gar nicht aufzufinden. Das AOK 8 erwiderte, es sei »mit
den einmal getroffenen Maßnahmen beider Korps einverstanden«, und ordnete
für das XVII. AK nun die Verfolgung »nur bis in Linie Ortelsburg–Passenheim.
Kavallerie bis Friedrichshof« an.[288]
    Die zunächst zu optimistische Beurteilung der Lage durch das AOK 8 am
Vorabend ist in der Tat auf die schlechten Nachrichtenverbindungen zurückzuführen. Ludendorff gestand in seinen »Kriegserinnerungen« ein, das Oberkommando habe auf die Entwicklung der Gefechte um Allenstein und Hohenstein
kaum Einfluss nehmen können, weil es gar keine Verbindung zu den Truppen
dort besaß; erst am Abend habe man Näheres über den Verlauf des Tages erfahren:
»Mit dem I. A.K. verband uns eine jämmerliche Feldfernsprechleitung. Mit
den anderen Verbänden war Verbindung überhaupt nicht möglich.«[289] Seit der
ersten Meldung an die OHL war das AOK 8 deswegen davon ausgegangen, der
Gegner im Zentrum ziehe sich fluchtartig zurück, während das I. AK bereits
am Nachmittag die Höhen westlich Neidenburg genommen sowie Kavallerie
und Artillerie nach Willenberg vorausgeschickt habe. Erst danach erhielt man
dort Kenntnis von den schweren Waldgefechten des I. Reservekorps und erfuhr,

---

[286] Ebd., S. 48.

[287] Befehl AOK 8 an I. Res.Korps, 29.8.1914, zit. nach ebd., S. 49 f.; BArch, PH 5 II/183,
KTB 8. Armee: Eintrag vom 29.8.1914, fol. 42–44, hier fol. 42.

[288] Siehe ergänzend zu den Hintergründen BArch, RH 61/1383, Reichsarchiv: Fragebogen
Nr. 120: Tannenberg 27.–29.8.14, 27.9.1923, S. 5 f., Zitat S. 6. Zum Nichtauffinden
des XVII. AK siehe BArch, PH 5 II/107, KTB 8. Armee/Fernspruch Nachrichtenoffizier
I. R.K., 29.8.1914, 6.50 Uhr, fol. 15.

[289] Ludendorff, Meine Kriegserinnerungen, S. 18 f., Zitat S. 18.

dass die 3. Reservedivision nicht wie geplant schon Schwedrich erreicht hatte, sondern durch heftigen russländischen Widerstand bei Nadrau festgehalten worden war. Insofern hatte wohl eine Ernüchterung der zunächst euphorisierten Stimmung im AOK 8 eingesetzt.[290] Dafür machte man dort weiterhin das kaum zu kontrollierende Verhalten der Kommandierenden Generale verantwortlich:

> »Die Schlacht ist gewonnen [...] Die Zahl der Gefangenen wohl mehrere 1000; es hätten aber bei sachgemäßerem Verhalten unserer A.-Ks. beträchtlich mehr sein können. Unsere A.-Ks. stark nervös, Ruhe dringend nötig, zunächst aber energische Verfolgung [...] in zwei Tagen ist der Feind auf diesem Teil des Kriegsschauplatzes erledigt. A.O.K. 29.8. voraussichtlich Allenstein.«[291]

Aus der umgekehrten Perspektive blieb es für Below bis lange nach Kriegsende ein persönliches Ärgernis, dass die wiederholten Waldgefechte vom AOK 8 nicht entsprechend gewürdigt wurden: »Nicht die schlechten Sandwege, sondern das hartnäckige Waldgefecht verzögerte unseren Vormarsch. Von ihm scheinen die Glieder des damaligen A.O.K. 8 noch heute nichts zu wissen.«[292] Er ignorierte daher »trotz des Zusatzes des Oberbefehlshabers«, wie er in sein Tagebuch schrieb, die Anweisung zur Verschiebung seiner 36. Reserve-Infanteriedivision, »da diese Division noch nachts vor Dorothowo mit der dort kämpfenden 1. Res. Div. zusammengetroffen war, u. durch den Marsch Wuttrienen–Jedwabno voraussichtlich kampflos in der Welt herumgeirrt haben würde [sic]«.[293]

Stattdessen setzte er seine Gefechtsreserve, die Reserve-Jägerbataillone I und II sowie eine Maschinengewehrkompanie nebst »allem, was dort ist«, sofort über Wuttrienen auf Kurken in Marsch. Sie sollten den Gegner angreifen, »wo sie auf ihn stoßen«, denn – wie er seinen Männern dabei mitteilte: »Die Narew-Armee ist vollständig geschlagen; es handelt sich um die Ausnutzung eines glänzenden Erfolgs.«[294] Seine Truppe geriet allerdings in der Gegend von Wuttrienen in ein »hartnäckiges Gefecht« und konnte erst durch vor Hohenstein freigewordene und nachgesandte Batterien entscheidend unterstützt werden.[295] Währenddessen lief aber der Angriff seiner beiden Divisionen offenbar planmäßig. Seinen eigenen Angaben nach will er zu Pferd von vorne geführt haben, »immer treibend u. Marschstockungen, meist durch Feldküchen u. Ähnliches bereitet, beseitigend«, bis das Reservekorps »in breiter Front« den Waldrand nördlich Grieslienen erreichte: »Und nun entrollte sich vor uns das herrliche Bild der großen Feldschlacht«, wie er in seinem Tagebuch schrieb.[296] Was Below sah, war das vom russländischen XIII. AK »hart bedrängt[e]« XX. AK. Da seine Verbände fast rechtwinklig auf

---

[290] Siehe ergänzend zu den Hintergründen BArch, RH 61/1383, Reichsarchiv: Fragebogen Nr. 120: Tannenberg 27.–29.8.14, 27.9.1923, S. 7 f.

[291] Aufzeichnung der OHL: Telephonische Meldung Ludendorff an OHL, 29.8.1914, 12.20 Uhr; abgedruckt bei Elze, Tannenberg, S. 323 f., hier S. 323.

[292] BArch, N 87/21, Otto von Below: Berichtigung zu Hoffmann: »Tannenberg wie es wirklich war«, fol. 61. Siehe zu diesen Beschwernissen seit Beginn der Mobilmachung die Aussagen bis zum 19. August bei BArch, RH 61/1408, XX. AK vom 10.–20.8.1914 (ohne Datum), S. 44.

[293] BArch, RH 61/1353, Abschrift des Tagebuchs des Generals O. von Below, S. 50.

[294] Ebd., S. 50 f.

[295] Ebd., S. 54.

[296] Ebd., S. 51 f.

das Kampfgeschehen trafen, fuhr es den russländischen Truppen in deren unge-
schützte Flanke. Sie hatten sich »[a]ugenscheinlich [...] auf jene Truppen verlassen, mit denen wir uns am Tage zuvor u. in der Nacht herumzuschleppen hatten.
Dass sie vernichtet waren, schien nicht bekannt zu sein. Nicht einmal Patrouillen
traten uns entgegen.«[297]

In Wirklichkeit hatte Below seinerzeit wohl nicht allzu viel vom Gefechtsfeld
sehen können. Abgesehen von der Topografie des Raumes, die einen wie von ihm
beschriebenen Übersichtspunkt nicht hinreichend bietet, war man sich selbst im
AOK 8 am Morgen des 29. August über die Lage vor Hohenstein nicht ganz im
Klaren, weil auch die Beobachter aus den Flugzeugen durch den Qualm und
Bodennebel nichts zu erkennen vermochten.[298] Noch als Ludendorff am späten
Nachmittag vor Ort eintraf, fand er Hohenstein »in hellen Flammen stehend«.[299]

Zu diesem Zeitpunkt hatten die konzentrischen Angriffe des verstärkten
XX. AK aus der Linie Mühlen–Hohenstein nach Westen und des I. Reservekorps
von Grieslienen her nach Süden die noch vorhandenen gegnerischen Kräfte
engültig zersprengt, dabei Teile der Landwehrdivision zusammen mit der
3. Reservedivision Mörken genommen, den Gegner über die Seenenge nach
Osten zurückgeworfen und Schlaga-Mühle erreicht. Die 41. Infanteriedivision
verfolgte den auseinanderbrechenden Gegner daraufhin in Richtung auf Orlau,
die 3. Reservedivision auf Kurken.[300] Dass Below zwischenzeitlich die Verbindung
zu seiner 1. Reservedivision gänzlich verloren hatte, erwähnte er im Übrigen
nicht.[301] Dennoch schloss sich am 29. August die Einkreisung im Norden zwischen
Hohenstein, Neidenburg und Jedwabno[302], nachdem sich am Mittag Teile seiner
Truppen und des XX. AK im Angriff in einem Wäldchen südostwärts Sprechan
»die Hand gereicht« hatten. Der größte Teil des Gegners vor Hohenstein hatte
sich zu diesem Zeitpunkt schon ergeben, die ausweichenden Truppen wurden
weiter verfolgt.[303] Jetzt erst billigte das AOK 8 das selbstständige Vorpreschen
des XVII. AK auf Jedwabno und bis nach Willenberg immerhin nachträglich.[304]
Außerdem ordnete es an, »noch am selben Abend möglichst viel Truppen nach
Allenstein zu schaffen zur Deckung gegen einen Angriff Rennenkampfs«. Below
glaubte an dessen Erscheinen angeblich noch immer nicht, schickte aber die
um ein Bataillon verstärkte 69. Reserve-Infanteriebrigade umgehend nach
Allenstein zurück, das sie ab Mitternacht nach einem erneuten Marsch von mehr

---

[297] Ebd., S. 52.
[298] BArch, PH 5 II/107, KTB 8. Armee/Fliegermeldung an F.Fl.Abt. 16, 29.8.1914, 8.45 Uhr,
       fol. 13 f.
[299] Ludendorff, Tannenberg, S. 133; BArch, RH 61/735, Graf A.[lfred zu] Dohna[-Schlo-
       bitten], Der Feldzug in Ostpreußen 1914, undatiert (1920), S. 15.
[300] BArch, RH 61/1400, Reichsarchiv/Sichtungsabteilung/Gruppe III/Oberleutnant Blanken-
       stein: 1. Landwehr-Division in der Schlacht bei Tannenberg, 27.–31.8.14 (Mai 1920),
       S. 15 f.; BArch, MSg 2/3404, Schlacht bei Tannenberg 1914 (Ein tageweiser Überblick).
[301] BArch, PH 5 II/107, KTB 8. Armee/Fernspruch Nachrichtenoffizier I. R.K., 29.8.1914,
       6.50 Uhr, fol. 015.
[302] Mühlmann, Tannenberg 1914, S. 213–224, hier S. 220; Tannenberg. Ein deutsches
       Schicksal, S. 26 f.
[303] BArch, PH 5 II/107, KTB 8. Armee/Major von Eggeling an AOK 8, 29.8.1914, 12.50 Uhr,
       fol. 022.
[304] BArch, PH 5 II/183, KTB 8. Armee: Eintrag vom 29.8.1914, fol. 42–44, hier fol. 43.

als 30 Kilometern erreichte und wohin Below ihr am frühen Abend mit seinem Generalkommando folgte.[305]

Damit hatte das AOK 8 die Führung wieder in die Hand bekommen, die zwischenzeitlich völlig verloren gegangen war. Denn Mackensens Armeekorps hatte man für den 28. August zunächst die Bereitstellung zwischen Wartenburg und Allenstein befohlen. Der »behielt trotzdem die Augen auf Jedwabno gerichtet und Spitzen bei Passenheim und Ortelsburg«, weil »[w]idersprechende Weisungen und Befehle und die schwankende Verbindung mit dem örtlich und persönlich wechselnden Armee-Oberkommando [...] in diesen Tagen der Führung des Armeekorps schwere Stunden [bereiteten]«.[306] Als ihm seine eigenen Aufklärungspatrouillen Allenstein feindfrei meldeten, ließ er sein XVII. AK kurzerhand in vier Kolonnen wieder in südlicher Richtung antreten und zog noch vor Mitternacht in Passenheim ein, das er von den zurückweichenden russländischen Truppen zerstört vorfand. Seine Verbände waren jenen inzwischen aber so nahe, dass sie dort zusammen mit einer zurückgelassenen Munitionskolonne noch 200 000 Rubel erbeuteten. Bis in die späte Nacht hinein stießen sie weiter bis Ortelsburg sowie in die Gegend westlich davon vor. Im Morgengrauen des 29. August hatten seine Verbände den zarischen Truppen bei Burdungen und Marschallen und später auch bei Jedwabno, Malga sowie südlich den Weg zur Grenze versperrt; die erbrachten Marschleistungen waren also enorm.[307] Mackensens Artillerie nahm dabei vor allem die russländische Kavallerie und die Trosse unter Feuer: »Was nicht liegen blieb oder sich ergab, flüchtete südwärts und dort der 35. Inf.Div. in die Arme.«[308] Tatsächlich war es nach Gefangenenaussagen vor allem das fast durchgehende und offenbar treffsichere deutsche Schrapnellfeuer, das den russländischen Soldaten nicht nur in dieser Phase erheblich zusetzte.[309]

Gleichzeitig war auch der weitere Plan im Süden gelungen: Die zwischenzeitlich um fünf Bataillone verstärkte 1. Infanteriedivision verdichtete die 36 Kilometer lange Sperrlinie zwischen Neidenburg–Willenberg, an der bis zum 31. August fast ununterbrochene Kämpfe gegen zarische Soldaten entbrannten, die sich auf eigenes Staatsgebiet durchzuschlagen versuchten. Währenddessen marschierte die 2. Infanteriedivision von Grünfließ aus vor, Mülmanns 5. Landwehrbrigade – inzwischen dem AOK 8 direkt unterstellt – hielt Soldau, und südlich Neidenburg sicherten ein Bataillon und zwei Batterien gegen Mlawa.[310] Bereits am 29. August hatten sich die Spitzen der Armeekorps François und Mackensen getroffen und damit die Umfassung der bei Hohenstein geschlagenen russländischen Armeekorps durch Sperrung der nach Südosten und Osten führenden Rückzugswege zwischen

---

[305] BArch, RH 61/1353, Abschrift des Tagebuchs des Generals O. von Below, S. 54–56, Zitat S. 54.

[306] BArch, RH 61/1336, August von Mackensen, Der Feldzug in Ostpreußen, S. 13.

[307] Ebd., S. 14; Showalter, Tannenberg, S. 263; Ludendorff, Tannenberg, S. 133; Wehrt, Tannenberg, S. 260.

[308] BArch, RH 61/1336, August von Mackensen, Der Feldzug in Ostpreußen, S. 14.

[309] BArch, RH 61/1326, Gefechtsbericht der Regimenter der 1. Brigade der 2. Infanteriedivision des XXIII. AK, S. 28 und 33.

[310] BArch, MSg 2/3404, Schlacht bei Tannenberg 1914 (Ein tageweiser Überblick); Giehrl, Tannenberg, S. 72 f.; François, Gehorsam und Verantwortungspflicht, S. 35 und 38; Ludendorff, Tannenberg, S. 126 und 134 f.; François, Tannenberg, S. 45.

Willenberg, Ortelsburg und Passenheim auch im Süden geschlossen.[311] Lediglich Mülmann meldete aus Soldau, das »fürchterlich durch das Feuer unserer eigenen Artillerie gelitten« hatte und dadurch größtenteils zerstört worden war,[312] Probleme, als er am 29. August von russländischer Artillerie beschossen wurde, seine Reihen aber bereits unter »preußischem« Artilleriebeschuss gelitten hätten. Daher sei ihm irgendein Vorgehen derzeit nicht möglich: »Mein Entschluss kann daher nur der sein, mich hier totschießen zu lassen – das kann der Feind, wenn er nur will [...] Mit Munition und Verpflegung kann ich alles leisten, in der augenblicklichen Verfassung nicht viel.«[313]

Derweil kabelte Hindenburg seinem Kaiser noch am selben Abend den Sieg über die zarische 2. Armee und verkündete umfassende Beute sowie 10 000 Gefangene.[314] Umgehend antwortete Wilhelm II. begeistert: Die 8. Armee habe sich »für immer den Dank des Vaterlandes erworben«: »Übermitteln Sie den braven Truppen Meine warme Kaiserliche Anerkennung.«[315] Das tat der Oberbefehlshaber am späten Abend mittels eines Armeebefehls, in dem er seinen Männern mitteilte, »der Feind ist vollständig geschlagen und zersprengt«. Er sprach ihnen seine »vollste Anerkennung« aus und ordnete seine Truppen zum weiteren Vorgehen.[316]

c) Die Abwehr der russländischen Entsatzangriffe

Angesichts dieser Lageentwicklung blickte man im AOK 8 sehr viel beruhigter nach Norden, obwohl man in der Nacht zum 29. August erfuhr, dass sich Rennenkampfs 1. Armee tags zuvor nun doch noch Richtung Süden in Bewegung gesetzt hatte.[317] Der Funkspruch Žilinskijs war offenbar abgefangen und am Morgen an das deutsche Oberkommando weitergeschickt worden. Vorsichtshalber ordnete dieses für die Festung Königsberg an, »den Abmarsch der Wilnaer Armee

---

[311] BArch, RH 61/1336, August von Mackensen, Der Feldzug in Ostpreußen, S. 14; BArch, RH 61/1341, Carl Mühlmann: Tannenberg 1914, 5.9.(1934), S. 10–12. In der Literatur herrscht keine Einigkeit darüber, welche Truppen sich wo genau als erstes trafen. Nach Bathe, Tannenberg, S. 123, war es ein »Hauptmann Tamms mit seinem Bataillon der Thorner 21er« bei Kannwiesen; laut Keegan, Der Erste Weltkrieg, S. 217, traf das ermländische Infanterieregiment 151 des I. AK auf die 5. Blücher-Husaren des XVII. AK, und nach Giehrl, Tannenberg, S. 82, die Brigade von Trotha der 1. ID bei Rettkowen auf Truppen Mackensens.

[312] Fischer, Bei Tannenberg, S. 111: »Von dem ungewöhnlich großen Marktplatz ist auch nicht ein Haus unversehrt geblieben [...], von der großen Marktkirche sind nur einige Mauerreste übrig«.

[313] General von Mülmann an AOK 8, 29.8.1914, 2.40 Uhr, abgedruckt bei Elze, Tannenberg, S. 306 f., hier S. 324.

[314] Showalter, Tannenberg, S. 307.

[315] Schreiben Wilhelm II. an AOK 8, 29.8.1914, abgedruckt bei Elze, Tannenberg, S. 330; BArch, PH 5 II/107, KTB 8. Armee: Wilhelm II. an Oberbefehlshaber 8. Armee, 29.8.1914, fol. 19.

[316] BArch, PH 5 II/107, KTB 8. Armee/AOK 8/Ia Nr. 992 g, 29.8.1914, 22.00 Uhr, fol. 23 f.

[317] Ludendorff, Tannenberg, S. 128; BArch, N 591/58, Oberstleutnant Praun: Die Nachrichtenverbindungen um die Schlacht bei Tannenberg. In: Deutsche Nachrichtentruppen (Die F-Flagge), 1938, fol. 5; Buchfinck, Tannenberg 1914, S. 228 f.

in westlicher und südwestl. Richtung zu verhindern«[318] – was dann bis Anfang September 1914 mit zwei Angriffsunternehmungen über die Deime und auf Friedland offenbar so umfassend geschah[319], dass man am 3. September daran erinnern musste, der Einsatz der Hauptreserve sei vor der Offensive der gesamten Armee in einigen Tagen »nicht erwünscht«[320]. Von Königsberg aus wurde sogar ein Luftangriff auf russländische Artilleriestellungen bei Muszden geflogen.[321]

Bis dahin hatte Rennenkampfs Hauptstreitmacht ihren Vormarsch im Großen und Ganzen ungestört und langsam fortgesetzt. Ebenso gemächlich vollzog er dann auch die ihm von Žilinskij befohlene Wendung von Teilen seiner Truppen Richtung Süden angesichts »der schwierigen Lage der 2. Armee, die bei Bischofsburg, Gilgenburg und Soldau angegriffen wurde«. Dafür erhielt er sogar Verbände aus der Reserve, um eines seiner Armeekorps bei der Einschließung Königsbergs zu ersetzen, sodass er mit seinem linken Flügel auf Bartenstein und gleichzeitig mit der Kavallerie zur Unterstützung von Samsonovs rechter Flanke auf Bischofsburg vorrücken konnte. Darüber informierte Žilinskij, wie bereits beschrieben, am frühen Morgen des 28. August auch Samsonov.[322] Doch zum einen waren die Truppen der russländischen 1. Armee zu diesem Zeitpunkt noch zwischen 50 und 70 Kilometer von Allenstein und zwischen 70 und fast 100 Kilometer von Hohenstein entfernt. Zum anderen kam es dabei nur um die Festung Boyen ab dem Mittag des 27. August zu einem Artillerieduell, das bis zur Dunkelheit anhielt.[323] Dass sein Oberbefehlshaber der Nordwestfront erst jetzt handelte, hatte Samsonov letztlich sich selbst zuschreiben. Zwei Tage lang hatten diesen keinerlei Nachrichten von seiner 2. Armee erreicht, weswegen er von deren Schicksal keine Ahnung hatte.[324]

Aus Sicht des AOK 8 konnten Rennenkampfs Verbände nun zwar noch Richtung Süden an-, aber dort kaum mehr erfolgreich eingreifen. Fraglich war alleine, ob man sich der zarischen 1. Armee jetzt schon würde stellen müssen. Deswegen ließ das AOK 8 vorsichtshalber eine Division von Belows Reservekorps bei Allenstein stehen und Front nach Norden machen und zog außerdem die Landwehrverbände von Unger und Goltz zur Verstärkung heran.[325] Die 1. Landwehrdivision wurde

---

[318] BArch, PH 5 II/183, KTB 8. Armee: Eintrag vom 29.8.1914, fol. 42–44, hier fol. 43.
[319] Ebd.: Eintrag vom 1.9.1914, fol. 48–51, hier fol. 50; ebd.: Eintrag vom 2.9.1914, fol. 51 f., hier fol. 52.
[320] Ebd.: Eintrag vom 3.9.1914, fol. 52 f., hier fol. 53. Siehe zu diesem Kontext auch BArch, RH 61/1344, Reichsarchiv/Sichtungsabteilung/Gruppe 3/Hauptmann a.D. von Moltke: Landsturm und Festungen Königsberg und Lötzen während der Tannenberger Schlacht (1919), S. 120 f. und 143.
[321] BArch, PH 5 II/107, KTB 8. Armee/Armee-Telegr. Abteilung 8 an AOK Osterode, 29.8.1914, 9.00 Uhr, fol. 13.
[322] BArch, RH 61/1333, Kurt Freiherr von der Osten-Sacken, Die Operationen der russischen 1. (Njemen-)Armee vom 16.–31.8.1914 (1920), Eintrag vom 28.8.1914.
[323] Ebd., Eintrag vom 27.8.1914. Ausführlicher zu diesen Vorgängen siehe BArch, RH 61/1344, Reichsarchiv/Sichtungsabteilung/Gruppe 3/Hauptmann a.D. von Moltke: Landsturm und Festungen Königsberg und Lötzen während der Tannenberger Schlacht (1919), S. 79–82.
[324] Tuchman, August 1914, S. 359.
[325] Showalter, Tannenberg, S. 296 f.; Hoffmann, Die Aufzeichnungen, Bd 2, S. 299; BArch, RH 61/1344, Reichsarchiv/Sichtungsabteilung/Gruppe 3/Hauptmann a.D. von Moltke: Landsturm und Festungen Königsberg und Lötzen während der Tannenberger Schlacht (1919), S. 120 f. und 143.

dazu am Mittag des 29. August aus den Gefechten genommen, sammelte bis zum folgenden Tag ihre bei Hohenstein auseinandergerissenen Verbände und erhielt zunächst den Auftrag, ab dem 31. August in Langgut, vier Kilometer nördlich Bissellen, die Engen zwischen Eising, Nahrung und Narien-See zu sperren. Stattdessen schickte man sie dann aber noch am 30. August von Hohenstein über Paulsgut nach Waplitz, wo sie sich den dort bereits ruhenden Landwehrmännern Ungers anschloss. Beide Kommandeure hatten gemeldet, ihre Männer seien an der Grenze ihrer Leistungsfähigkeit angelangt. Sie sollten deswegen als Armee-reserve verwendet werden, mussten beide allerdings schon einen Tag später zur Unterstützung des I. AK bei der Abwehr des russländischen Entsatzversuches auf Neidenburg eingesetzt werden. Dass sie dazu nur in der Lage waren, weil sie ihr Gepäck unter der Aufsicht »minder Marschfähiger« zurücklassen durften, belegt, wie angeschlagen sie waren.[326] Da sich während des Vormittages die Lage in Neidenburg klärte, konnten sie immerhin zu ihren Biwakplätzen zurückbeordert und für den folgenden Tag unter Mithilfe der Bevölkerung mit dem Aufräumen des Schlachtfeldes im Raum Januschken–Frankenau–Lahna–Dietrichswalde–Salusken–Skettau–Kownatken beauftragt werden.[327] Ab dem 3. September bezog die 1. Landwehrdivision anschließend Grenzschutzstellungen bei Mlawa, Kuklin und Janowo.[328] Eines ihrer Regimenter sollte – unter der Führung eines Brigade-kommandeurs, wohlgemerkt – zum allgemein geplanten Angriff auf die zarische 1. Armee im Norden hinzutreten, falls es die Lage verlangte.[329]

Auch das XVII. AK und die zweite Division des I. Reservekorps wurden vom AOK 8 ab dem 31. August gewendet, um gegen Rennenkampfs Truppen zu sichern; die 1. Kavalleriedivision sollte dabei die Aufklärung Richtung Lötzen übernehmen, obwohl sie schon am 29. August gemeldet hatte, nur mehr zur Nah-, aber nicht mehr zur Fernaufklärung einsetzbar zu sein, weil ihre Pferde kaum mehr im Trab zu führen seien.[330] Laut Meistererzählung hatte »[d]ie ernster gewordene Rückenbedrohung«

»am 28. August, kaum dass der deutsche Sieg bei Tannenberg sich ankündigte, Generalfeldmarschall von Hindenburg zu dem Befehl [veranlasst], die bei der weiteren Durchführung des Kampfes entbehrlichen Kräfte, das I. Reservekorps und andere Verbände, aus der Schlacht herauszuziehen, um sie zu neuem Kampf gegen Norden bereitzustellen«.[331]

---

[326] BArch, RH 61/1400, Reichsarchiv/Sichtungsabteilung/Gruppe III/Oberleutnant Blanken-stein: 1. Landwehr-Division in der Schlacht bei Tannenberg, 27.–31.8.14 (Mai 1920), S. 17–19, Zitat S. 19; Giehrl, Tannenberg, S. 64; Showalter, Tannenberg, S. 292.

[327] BArch, RH 61/1400, Reichsarchiv/Sichtungsabteilung/Gruppe III/Oberleutnant Blanken-stein: 1. Landwehr-Division in der Schlacht bei Tannenberg, 27.–31.8.14 (Mai 1920), S. 20.

[328] BArch, PH 5 II/183, KTB 8. Armee: Eintrag vom 3.9.1914, fol. 52 f., hier fol. 52.

[329] Ebd.: Eintrag vom 4.9.1914, fol. 54 f., hier fol. 55.

[330] Giehrl, Tannenberg, S. 63 f.; BArch, PH 5 II/107, KTB 8. Armee/Fernspruch von 1. Kav. Div. an AOK 8, 29.8.1914, 14.15 Uhr, fol. 025.

[331] BArch, RH 61/1341, Carl Mühlmann: Tannenberg 1914, 5.9.(1934), S. 12. Ähnlich bei BArch, RH 61/1336, August von Mackensen, Der Feldzug in Ostpreußen, S. 17, allerdings ohne Datumsangabe: »Noch auf dem Schlachtfelde von Tannenberg [...] hatte General von Hindenburg bei Allenstein Maßregeln gegen den Anmarsch der Njemen-Armee getroffen. Einzelne Teile des XVII. AK wurden dazu bereitgestellt.«

Tatsächlich erfolgte ein solcher Befehl erst am Mittag des 29. August, vorher hatte
das AOK 8 keine ausreichende Kenntnis über die Lage bei der russländischen
1. Armee, und dann erhielt ihn nur eine Division von Belows Reservekorps,
das in der Tat zu diesem Zeitpunkt entbehrlich und außerdem ebenso völlig
erschöpft war wie die Landwehrtruppen. Die Vorkehrungen, die das AOK 8
gegen das Vorrücken der Armee Rennenkampf traf, dienten dabei mindestens
in gleichem Maße bereits dem ohnehin notwendigen Aufmarsch gegen sie.
Vor allem die gerade aus dem Westen als Verstärkung eingetroffenen Truppen
wurden sofort entsprechend disloziert, nämlich das XI. AK unter dem eben zum
General der Infanterie beförderten Otto von Plüskow bei Allenstein und das
Garde-Reservekorps unter General der Artillerie Max von Gallwitz bei Elbing.[332]
Außer diesen beiden Armeekorps waren noch die 3. Kavalleriedivision sowie
zwei sächsische und eine preußische Infanteriebrigade zugeführt worden.[333] Ihre
Ausladungen, für das Garde-Reservekorps bei Mühlhausen, Grünau und Elbing,
das XI. AK bei Allenstein, Biessellen und Osterode sowie die 8. Kavalleriedivision
unter Generalleutnant Günther Graf von der Schulenburg bei Mohrungen
und Rotenberg-Riesenburg, begannen allerdings erst ab dem 2. September und
dauerten bis zum Nachmittag des 6. September.[334] Deswegen mussten zunächst
die vorhandenen Großverbände bis zum Abend des 31. August entsprechende
Stellungsbereiche beziehen: Das Zentrum bildeten beiderseits von Allenstein das
I. Reservekorps westlich und südlich der Stadt sowie die 37. Infanteriedivision
südostwärts und die 6. Landwehrbrigade bei Wartenburg. Auf dem Ostflügel
schloss sich das XVII. AK an, auf dem Westflügel war zunächst die 1. Landwehr-
division geplant.[335] Noch das größte Problem, außer den neuerlich immensen
Marschleistungen der Verbände, stellten dabei versprengte russländische Soldaten
dar, die überall in der Gegend umherstreiften und mit denen es an vielen
Stellen zu Scharmützeln kam. Außerdem musste die Bevölkerung Allensteins,
in den Tagen zuvor ihrer Vorräte durch die zarischen Truppen beraubt, aus den
deutschen Armeebeständen mitversorgt werden, die ohnehin durch die horrende
Zahl Kriegsgefangener geschmälert wurden; Entlastung brachten hier immerhin
die zahlreich erbeuteten Feldküchen des Gegners.[336]

Dafür, dass das AOK 8 wichtige Teile seiner Verbände im Vergleich zu den
Angaben der Meistererzählung recht spät in Stellung brachte, existierten seinerzeit gute Gründe: Zwar hatte Žilinskij der russländischen 1. Armee zwischenzeitlich dezidiert befohlen, nun mit zwei Armeekorps auf Allenstein, mit der
2. Kavalleriedivision unter Generalleutnant Chan Gussejn Nachičevanskij auf
Preußisch Eylau–Wormditt und der 1. Romejko-Gurkos auf Seeburg–Bischofsburg zu marschieren. Aber am Abend des 29. August erreichte die 1. Armee nur
die Linie Schelecken–Rastenburg–Lauterhagen, lediglich die vier Kavalleriedivisionen kamen etwas weiter voran, und trotzdem waren die Truppen immer

---

[332] Ludendorff, Tannenberg, S. 128.
[333] BArch, RH 61/735, Graf A.[lfred zu] Dohna[-Schlobitten], Der Feldzug in Ostpreußen
       1914, undatiert (1920), S. 18 f.
[334] BArch, PH 5 II/183, KTB 8. Armee: Einträge vom 2. und 3.9.1914, fol. 51–53.
[335] Zu diesen und weiteren vorbereitenden Maßnahmen siehe BArch, RH 61/1353, Abschrift
       des Tagebuchs des Generals O. von Below, S. 56 f. und 59 f., sowie Giehrl, Tannenberg,
       S. 74 f. und 81, und Showalter, Tannenberg, S. 306 f.
[336] BArch, RH 61/1353, Abschrift des Tagebuchs des Generals O. von Below, S. 57 f.

noch zwischen 50 und 70 Kilometer von Allenstein entfernt.[337] Zudem scheint
wenigstens Žilinskij im Verlauf des Tages mit seiner Verbindung zu den Verbänden der 2. Armee auch gleich den Überblick verloren zu haben. Dass
Samsonov gar nicht mehr am Leben war, wusste er vermutlich nicht, als er am
30. August Rennenkampf eingestehen musste, er habe keinerlei Ahnung, wo das
XIII., XV. und Teile des XXIII. AK geblieben seien, seit sie vom Oberbefehlshaber
der 2. Armee in den Kampf um Hohenstein–Neidenburg geführt worden waren;
gegnerische Kavallerie habe außerdem dessen rückwärtigen Gefechtsstand in
Janowo genommen. Daher übernahm Žilinskij jetzt selbst die Führung der
2. Armee und befahl dem I., VI. und Teilen des XXIII. AK, gegen Willenberg–
Neidenburg vorzurücken, während Rennenkampf wenigstens einen Kavallerievorstoß in den Raum Allenstein–Passenheim zur Klärung der Lage und Unterstützung für Samsonov unternehmen sollte. Der Oberbefehlshaber der 1. Armee
nahm daraufhin am Abend des 30. August seine beiden südlich auf Allenstein
angesetzten Armeekorps wieder auf die Linie Friedland–Schippenbeil–Rössel
zurück. Statt mit der Infanterie wollte er mit seiner gesamten Kavallerie aus
der Linie Lindenhof, südlich Domnau–Angerburg angreifen, die gegnerischen
Stellungen durchbrechen und bis Allenstein vorrücken. Dass auch dieser Auftrag
noch in der folgenden Nacht widerrufen wurde, umreißt die Dimensionen der
sich dramatisch ausweitenden Konfusion auf der zarischen Seite, durch die einmal
mehr nicht alle Truppen informiert werden konnten.[338] Die 1. Kavalleriedivision
brach schließlich um Mitternacht zum 31. August als einzige zur gewaltsamen
Erkundung auf, erreichte nach Scharmützeln mit deutschen Patrouillen und
Sicherungsposten bis zum Mittag auch die Gegend von Trautzig–Nickelsdorf
dicht vor Allenstein, zog sich dann aber wieder zurück, weil sie logischerweise
nirgendwo Anschluss an eigene Verbände fand.[339] Auch bei Wormditt wiesen
deutsche Sicherungstruppen einen örtlichen Kavallerievorstoß ab.[340] Seine vordersten Spitzen meldeten Rennenkampf, sie seien auf deutsche Infanteriedivisionen gestoßen, die mit Artillerie und »Panzerautos« verstärkt worden seien; sie
selbst hätten sich deswegen sofort wieder zurückziehen müssen.[341] Am Mittag des

---

[337] BArch, RH 61/1333, Kurt Freiherr von der Osten-Sacken, Die Operationen der rus-
sischen 1. (Njemen-)Armee vom 16.–31.8.1914 (1920), Eintrag vom 29.81914: Das
II. AK erreichte den Raum Schelecken–Peschlitz–Powangen und Gallingen–Wuslack–
Rastenburg–Angerbirg–Ogonken–Possessern–Kruglanken–Widminnen, das III. AK den
Raum Sielacken–Romau–Bieberswalde–Frischenau, das IV. AK Albrechtsdorf–Borken–
Lauterhagen, die 1. Garde-Kavalleriedivision Mühlhausen, die 2. Garde-Kavalleriedivision
Domnau, die 2. Kavalleriedivision Frauendorf und die 1. Kavalleriedivision Bischofstein.
[338] BArch, RH 61/1333, Kurt Freiherr von der Osten-Sacken, Die Operationen der russischen
1. (Njemen-)Armee vom 16.–31.8.1914 (1920), Eintrag vom 30.8.1914.
[339] Ebd., Eintrag vom 31.8.1914.
[340] Tannenberg 1914, S. 106; BArch, N 591/58, Oberstleutnant Praun: Die Nachrichtenverbindungen um die Schlacht bei Tannenberg. In: Deutsche Nachrichtentruppen (Die
F-Flagge), 1938, fol. 7 f.; BArch, RH 61/1344, Reichsarchiv/Sichtungsabteilung/Gruppe 3/
Hauptmann a.D. von Moltke: Landsturm und Festungen Königsberg und Lötzen während der Tannenberger Schlacht (1919), S. 122. Zum Gefecht bei Wormditt siehe ebd.,
S. 152–156; außerdem die Schilderung bei Schlachtfelder in Ostpreußen, S. 136 f.
[341] Danilov, Rußland im Weltkriege, S. 219; BArch, RH 61/1344, Reichsarchiv/Sichtungs-
abteilung/Gruppe 3/Hauptmann a.D. von Moltke: Landsturm und Festungen Königsberg
und Lötzen während der Tannenberger Schlacht (1919), S. 122.

31. August bestätigten deutsche Flieger jedenfalls den umfassenden Rückzug der gesamten russländischen 1. Armee.[342]

Ähnlich desaströs verliefen auch die Entsatzversuche im Süden, wo Žilinskij ab dem 30. August versuchte, mit Gegenangriffen von Ortelsburg und Mlawa aus die deutsche Umfassung der zentralen Armeekorps aufzusprengen. Zeitgleich zum Vorstoß Rennenkampfs griff das VI. AK den linken deutschen Flügel bei Ortelsburg an, das I. AK von Mlawa aus auf Neidenburg. Der erstgenannte Angriff wurde offenbar recht halbherzig von bei Myscyniec wieder gesammelten Resten des VI. AK zusammen mit der 4. Kavalleriedivision durchgeführt und konnte von Teilen der deutschen 35. Infanteriedivision rasch abgewehrt werden.[343] Dabei wirkten sogar rund 300 deutsche Soldaten der 41. Infanteriedivision mit, die bei den Kämpfen um Waplitz am 28. August gefangen genommen und zwischenzeitlich von Mackensens Truppen befreit worden waren.[344] Die russländischen Verbände zogen sich daraufhin weit hinter die Grenze bis ins rund 80 Kilometer entfernte Ostrolenka zurück.[345]

Schwerwiegender, vor allem für die Stadt und ihre Bevölkerung, entwickelte sich demgegenüber der Angriff auf Neidenburg im Süden. Die Stadt war bekanntlich bereits am 22. August von russländischer Artillerie beschossen und anschließend besetzt worden. Dem dabei entstandenen Brand fielen neben der Kirche noch über 200 weitere Gebäude zum Opfer.[346] Zwischenzeitlich von deutschen Truppen zurückerobert und dabei erneut beschädigt, wurde es im Zuge des russländischen Entsatzangriffes am 30./31. August wiederum mit über 300 Granaten bombardiert und bot nach dem Abschluss der Kampfhandlungen nach Zeitzeugenberichten »ein Bild der Zerstörung wie Soldau«.[347] Der Wiederaufbau konnte anschließend zwar umgehend mithilfe der Patenstadt Köln in die Wege geleitet werden,[348] die Besatzungsphase ging aber als »die Schreckens-

---

[342] Giehrl, Tannenberg, S. 86 f. Siehe zu diesen Vorgängen auch Mühlmann, Tannenberg 1914, S. 220, und ähnlich Belt, Die ersten Wochen des Großen Krieges, S. 37.

[343] BArch, PH 5 II/183, KTB 8. Armee: Eintrag vom 30.8.1914, fol. 44–46, hier fol. 44. Siehe zu den Einzelheiten BArch, MSg 2/3404, Schlacht bei Tannenberg 1914 (Ein tageweiser Überblick); BArch, RH 61/1353, Abschrift des Tagebuchs des Generals O. von Below, S. 58 f.; BArch, PH 5 II/107, KTB 8. Armee/AOK 8/Ia Nr. 1016: Armeebefehl, 30.8.1914, 19.30 Uhr, fol. 45; BArch, RH 61/53, Denkschrift »Tannenberg« von Generalleutnant [Karl Ritter] von Wenninger (1916), S. 45 f.; Showalter, Tannenberg, S. 316 f.; Buchfinck, Tannenberg 1914, S. 229 f.; siehe auch die Schilderung bei Schlachtfelder in Ostpreußen, S. 134–136.

[344] BArch, RH 61/1336, August von Mackensen, Der Feldzug in Ostpreußen, S. 14. Die Männer der 41. Infanteriedivision waren als eigenes Bataillon in das XVII. AK eingegliedert worden.

[345] BArch, PH 5 II/183, KTB 8. Armee: Eintrag vom 2.9.1914, fol. 51 f., hier fol. 52.

[346] Nach Kossert, Ostpreußen, S. 124, wurden von den 370 bebauten Grundstücken der Stadt 193 Wohn- und Hinterhäuser, 8 Scheunen, 3 Getreidespeicher, 4 Werkstätten, 1 Maschinenfabrik und 1 Kirche durch Feuer zerstört.

[347] Fischer, Bei Tannenberg, S. 111; François, Tannenberg, S. 46 und 60; Lezius, Von Fehrbellin bis Tannenberg, S. 439; sowie im Überblick dazu BArch, RH 61/53, Denkschrift »Tannenberg« von Generalleutnant [Karl Ritter] von Wenninger (1916), S. 45.

[348] Guttzeit, Ostpreußen in 1440 Bildern, S. 74; BArch, RH 61/1380, F. Nicolai, Wiederaufbau Ostpreußens, S. 12: »Erstaunlich unbeschädigt« sei dabei die Ordensritterburg geblieben.

tage von Neidenburg« in die Stadtgeschichte ein. Der damalige Bürgermeister Andreas Kuhn kommentierte dies später:

»Die gleichmäßig brennende Stadt konnte man mit der Hölle auf Erden vergleichen. Die Glut war so groß, dass die schönen Lindenbäume auf dem Bürgersteig verbrannten, und die Menschen es auf dem Bürgersteig vor Hitze nicht aushalten konnten [...] Die einrückenden russischen Truppen, etwa 20 000 Mann der verschiedensten Waffengattungen [...] bewegten sich daher nur mitten auf der Straße.«[349]

In diesen beiden letzten Augusttagen war das russländische I. AK unter Sirelius von Mlawa her wieder vorgerückt.[350] Er hatte das Kommando bekanntlich erst am 28. August übernommen und sofort alle verfügbaren Truppen – zusammengesammelte Reste des I. AK, der 1. Schützenbrigade und der 3. Garde-Division in Stärke etwa einer Division – zum Gegenangriff auf Neidenburg vereinigt.[351] Davon erhielt François bereits am Nachmittag des 29. August durch eine Fliegermeldung Kenntnis: Eine gegnerische Brigade sei bei Mlawa auf dem Vormarsch, eines ihrer Regimenter bereits auf 15 Kilometer an Neidenburg heran. Für den nächsten Morgen ordnete er deswegen Luftaufklärung an, die nun gar ein ganzes russländisches Armeekorps bestätigen wollte.[352] Per Flugzeugkurier ließ er die Nachricht umgehend nach Osterode zum AOK bringen,[353] von wo man sofort die Landwehrdivisionen Goltz und Unger sowie die 3. Reserve- und die 41. Infanteriedivision zur Unterstützung des I. AK in Marsch setzte[354]. François selbst beorderte seine 2. Infanteriedivision gegen diesen Gegner, verlegte seinen Gefechtsstand am 30. August nach Modlken, ostwärts Neidenburg, und leitete von dort aus das Gefecht.[355] Sein größter Trumpf waren dabei seine 16 Batterien, die er nördlich der Stadt disloziert hatte. Außerdem nahm die schwere Artillerie Mülmanns von Gaberau aus die gegnerischen Verbände flankierend unter Feuer, die deswegen erst im Schutze der einbrechenden Dunkelheit am 30. August

---

[349] Kossert, Ostpreußen, S. 118.

[350] BArch, RH 61/53, Denkschrift »Tannenberg« von Generalleutnant [Karl Ritter] von Wenninger (1916), S. 45. Der offizielle Nachfolger Artamonovs, Generalleutnant Aleksandr Aleksandrovič Duškevič, war zwar inzwischen eingetroffen, dennoch führte Sirelius den Entsatzangriff, Duškevič wollte mit dem Gros der verbliebenen Truppen folgen; Noskoff, Der Mann, der Tannenberg verlor, S. 145–147.

[351] Zu einem Überblick über den Verlauf des Entsatzversuches siehe Showalter, Tannenberg, S. 310–313 und 317.

[352] Flieg.-Abt. 14: Fliegermeldung, abgeworfen in Neidenburg, 30.8.1914, 10.20 Uhr, abgedruckt bei Elze, Tannenberg, S. 335 f. Siehe dazu auch BArch, MSg 2/3755, Bericht vom zwischenzeitlichen Oberpostrat und Major d.R. Mertens: Verantwortungsfreudigkeit bei Fliegern; siehe auch François, Tannenberg, S. 58, sowie François, Gehorsam und Verantwortungspflicht, S. 38. Hiernach waren die vordersten Spitzen noch 3 km von Neidenburg entfernt; nach Noskoff, Der Mann, der Tannenberg verlor, S. 143 f., sollten es noch 6 km gewesen sein.

[353] François, Gehorsam und Verantwortungspflicht, S. 38–40; Bathe, Tannenberg, S. 123 f.

[354] AOK 8 an I. AK: Fliegermeldung, 30.8.1914, 12.35 Uhr, abgedruckt bei Elze, Tannenberg, S. 337; Giehrl, Tannenberg, S. 78; BArch, PH 5 II/183, KTB 8. Armee: Armeebefehl vom 30.8.1914, 19.30 Uhr, fol. 44–46, hier fol. 45 f.

[355] François, Gehorsam und Verantwortungspflicht, S. 40 f.

die Stadt angriffen und auch einnahmen.[356] Bereits in der folgenden Nacht räumten sie Neidenburg jedoch wieder und zogen sich erneut nach Süden über die Grenze zurück, sodass der auf sie angesetzte deutsche Gegenangriff der 41. Infanteriedivision am folgenden Morgen ins Leere stieß.[357] Angeblich war Sirelius von einem in der Stadt befreiten Kosakenoffizier vor einer deutschen Falle gewarnt worden.[358] Das AOK 8 hatte die zunächst zur Hilfe gesandten Truppen angesichts der Lageentwicklung schon am 30. August angehalten und in ihre eigentlichen Räume und Aufträge zurückbeordert.[359] Am 1. September zogen sich die zarischen Verbände sogar aus dem rund 30 Kilometer entfernten Mlawa auf das fast 20 Kilometer weiter südlich gelegene Stupka zurück.[360] Ihr Entsatzversuch hat etwa 350 russländischen Soldaten das Leben gekostet, circa 1000 waren außerdem verwundet oder gefangen genommen worden.[361]

Mit diesen Rückschlägen vor Neidenburg und Ortelsburg musste sich die russländische Führung die »völlige Niederlage der 2. Armee« eingestehen. Was noch von ihr übrig war, sollte sich auf die Linie Ostrolenka–Nowogeorgiewsk zurückziehen, die 1. Armee hinter die Angerapp und deren bislang noch gegen Königsberg operierendes XX. AK dazu die Deime-Übergänge zerstören, um mögliche gegnerische Übergänge zu verhindern. Die Kavallerie der 1. Armee unterbrach daraufhin zahlreiche Bahnstrecken und zerstörte die Bahnhöfe von Landsberg, Bischofstein und Rössel.[362] In einem Telefongespräch zwischen den Generalstabschefs der Nordwestfront und der 1. Armee wurde sogar noch eine weitere Zurücknahme der eigenen Front erwogen, dies lehnte Rennenkampf jedoch mit dem Hinweis ab, ein solcher Rückzug würde sich verheerend auf die Moral seiner Männer auswirken. Stattdessen ordnete er die Einnahme von Lötzen an, das er offenbar, wie das AOK 8 auch, als wesentliches Ausfallstor für einen deutschen Angriff bewertete, mit dem ab dem 1. September gegen die eigenen XX. und III. AK gerechnet wurde. Deswegen ließ man umgehend die Linie

---

[356] BArch, PH 5 II/183, KTB 8. Armee: Eintrag vom 1.9.1914, fol. 48−51, hier fol. 49; ebd.: Eintrag vom 3.9.1914, fol. 52 f., hier fol. 53; Tuchman, August 1914, S. 358; Giehrl, Tannenberg, S. 80; Tannenberg. Ein deutsches Schicksal, S. 26 f. Hoffmann sprach sogar von 20 Batterien; Hoffmann, Die Aufzeichnungen, Bd 2, S. 305. Nach Noskoff, Der Mann, der Tannenberg verlor, S. 143 f., sollen die russländischen Truppen fast in Stärke eines Armeekorps aufgetreten sein. Er ging wohl von der Zahl der beteiligten Divisionen aus, ohne zu berücksichtigen, dass es sich um jeweils zertrümmerte Reste dieser Großverbände handelte.

[357] Giehrl, Tannenberg, S. 84 f.; Tannenberg. Ein deutsches Schicksal, S. 27; François, Marneschlacht und Tannenberg, S. 234−236.

[358] Noskoff, Der Mann, der Tannenberg verlor, S. 146 f.

[359] BArch, PH 5 II/183, KTB 8. Armee: Eintrag vom 31.8.1914, fol. 46−48, hier fol. 47.

[360] BArch, PH 5 II/107, KTB 8. Armee/Fernspruch Gen.Kdo. I. AK an AOK 8, 1.9.1914, 12.00 Uhr, fol. 81; BArch, PH 5 II/183, KTB 8. Armee: Eintrag vom 2.9.1914, fol. 51 f., hier fol. 52.

[361] I. AK/Nr. 1256 g.: Fernspruch an AOK 8, 3.9.1914, 16.05 Uhr; abgedruckt bei Elze, Tannenberg, S. 347.

[362] BArch, RH 61/1333, Kurt Freiherr von der Osten-Sacken, Die Operationen der russischen 1. (Njemen-)Armee vom 16.−31.8.1914 (1920), Eintrag vom 31.8.1914; Buchfinck, Tannenberg 1914, S. 229.

Deime–Nordenburg–Angerburg–Widminnen zur Verteidigung ausbauen; das Armeeoberkommando verblieb dabei in Insterburg.[363]

Bis zum Abend des 31. August erlosch auch die letzte Gegenwehr bei den eingekesselten Resten der russländischen 2. Armee, zu deren Soldaten die halbherzig vorgetragenen Entsatzversuche nicht hatten durchdringen können.[364] Damit war für das AOK 8 die Schlacht von Tannenberg beendet. An die OHL hatte Ludendorff bereits am späten Nachmittag telefonisch gemeldet:

> »Gestern kamen neue russische Truppen von Mlawa her, wollten in Richtung Neidenburg, wurden heute abgewiesen. Die Schlacht ist damit beendet, Armee stellt sich zu neuen Operationen bereit. XI. und Garde-Res.-K. sind trotz dem Sieg [sic] erwünscht, obwohl Armee Rennenkampf zurückgeht.«[365]

Das AOK 8 verlegte am 2. September von Osterode nach Allenstein.[366] Während Hindenburg und Ludendorff nach eigener Aussage dort »[i]n der protestantischen Kirche [...] Gott dem Allmächtigen tiefbewegt Dank« sagten[367], arbeiteten die Generalstäbe bereits an den Befehlen für die Offensive gegen die russländische 1. Armee, auf die sich auch ihre Truppen vorbereiten. Am 3. September erging dazu der Vormarschbefehl an die deutsche 8. Armee, der zur Schlacht an den Masurischen Seen (5.–13. September 1914) führen sollte.[368] Doch schon seit dem 30. August beschäftigten sich die Verbände mit den logistischen Nachbereitungen: Waffen, Munition und Gerät wurden ersetzt, Post- und Fernsprechverbindungen geordnet, der Umgang mit der Kriegsbeute geregelt sowie Vorbereitungen für die Ausstattung der Truppe mit Winterausrüstung getroffen.[369]

Was sich in den letzten Tagen der Schlacht innerhalb der deutschen Umfassung abgespielt hat, war beinahe unbeschreiblich: Als sich im Laufe des 29. August die Nachricht wie ein Lauffeuer unter den russländischen Soldaten verbreitete, deutsche Truppen würden die Rückzugswege versperren, setzte eine stetig zunehmende Fluchtbewegung Richtung der eigenen Grenze ein. Immer mehr russländische Verbände ließen ihre Trains, Geschütze und zuvor eingebrachten Gefangenen zurück, um schneller fortzukommen. Ihre zwischenzeitlichen Verluste vor allem an Offizieren waren immens, manche Kompanien waren nur noch 40–80 Mann

---

[363] Die Linie verlief exakt über Deime–Sielacken–Bieberswalde–Friedrichsdorf–Kukehnen–Trausen–Gerdauen–Assaunen–Nordenburg–Groß Guja–Stawken–Angerburg–Possessern–Kruglanken bis nach Widminnen, ebd., dort auch zur Gliederung der zarischen 1. Armee in der Nacht vom 31.8. zum 1.9.1914. Osten-Sacken spekulierte, dass die Anwesenheit des Großfürsten Nikolai Nikolaevič auf Rennenkampfs Gefechtsstand diesen zur Offensive auf Lötzen veranlasst habe, um seine Handlungsfähigkeit zu demonstrieren. Der Oberkommandierende habe sich an die Front begeben, weil auch er »unsicher geworden« sein soll; Buchfinck, Tannenberg 1914, S. 236 f.

[364] Solka/Schertler, Schlachten der deutschen Geschichte, S. 168; Ludendorff, Tannenberg, S. 135.

[365] Ferngespräch Ludendorff mit Oberstleutnant Tappen, 31.8.1915, 17.00 Uhr, abgedruckt bei Elze, Tannenberg, S. 342.

[366] BArch, PH 5 II/183, KTB 8. Armee: Eintrag vom 2.9.1914, fol. 51 f., hier fol. 51.

[367] Ludendorff, Meine Kriegserinnerungen, S. 20.

[368] Ludendorff, Tannenberg, S. 138; Uhle-Wettler, Höhe- und Wendepunkte deutscher Militärgeschichte, S. 240.

[369] Siehe dazu die Befehle im BArch, PH 5 II/186, KTB 8. Armee ab dem 30.8.1914, fol. 6–11; sowie BArch, PH 5 II/183, KTB 8. Armee: Einträge ab dem 2.9.1914, ab fol. 51.

stark, einige mussten von Unteroffizieren geführt werden.[370] Dass die Einheiten im Zuge der Kampfhandlungen durcheinandergerieten und jede Verbindung untereinander verloren, komplettierte das Chaos. Regelmäßig entschieden die verbliebenen Vorgesetzten daher, sich einzeln oder in Gruppen selbstständig durchzuschlagen, und irrten anschließend mit ihnen durch die Wälder in grober Richtung Grenze. Dabei stießen sie immer wieder auf deutsche Truppen, die sofort das Feuer auf sie eröffneten,[371] teilweise sogar mit Maschinengewehren aus Automobilen heraus;[372] mancherorts wurden sie auch von Einheimischen beschossen.[373] Im allgemeinen Durcheinander feuerten die Soldaten mitunter auf die eigenen Kameraden – durchaus auf beiden Seiten: Auch deutsche Befehle warnten ausdrücklich »vor Beschießung eigener Truppen«.[374]

Die waldreichen Gegenden zwischen Hohenstein, Neidenburg und Willenberg waren zeitgenössischen Berichten nach voll von allerlei fortgeworfenem oder liegengelassenem Kriegsgerät, von umgestürzten Fahrzeugen über Maschinengewehr- und Patronenkarren bis hin zu Artilleriegranaten. Wo sich Einheiten zusammengefunden hatten und versuchten, sich selbstständig durchzukämpfen, wurden sie an der Sperrlinie entlang der Straße Neidenburg–Willenberg, bei Willenberg selbst und nördlich davon durch Truppen des I. und XVII. AK sowie des Detachements Schmettau gestellt, was im besten Fall mit der Gefangennahme endete.[375] Nur an wenigen Stellen kam es noch zu einigermaßen koordinierten

---

[370] BArch, RH 61/1326, Gefechtsbericht der Regimenter der 1. Brigade der 2. Infanteriedivision des XXIII. AK, S. 29 f. Zu den Offizierverlusten siehe z.b. BArch, RH 61/1326, Übersicht über die Offiziers-Verluste der russischen 2. I.D. des XXIII. AK in der Zeit vom 24.8. bis 14.9.1914.

[371] Siehe z.B. BArch, RH 61/1326, Gefechtsbericht der Regimenter der 1. Brigade der 2. Infanteriedivision des XXIII. AK, S. 44 f. und 49, sowie ergänzend Solka/Schertler, Schlachten der deutschen Geschichte, S. 168.

[372] BArch, RH 61/1326, Auszug aus den Berichten und Aussagen einiger Angehörigen des russischen I.R. 5 (2. I.D. des XXIII. AK) über die Gefechte vom 26.8.–3.9.1914.

[373] BArch, RH 61/1326, Gefechtsbericht der 1. Artillerie-Brigade (September 1914) an den Kommandeur der 2. Abteilung der 1. Artilleriebrigade des XIII. AK, 28. August 1914, S. 3 f., Zitat S. 4: »[E]inige von ihnen wurden mit der Waffe in der Hand gefangen und durchgeprügelt.«

[374] AOK 8/Ia Nr. 983: Befehl des A.O.K., 29.8.1914; abgedruckt bei Elze, Tannenberg, S. 330; BArch, RH 61/1317, Reichsarchiv/Wehrgeschichtliche Abteilung: 37. I.D. am 28.8. und 29.8.1914, 23.4.1927, S. 1 f. Zu weiteren Beispielen siehe Showalter, Tannenberg, S. 314 f.; Tannenberg. Ein deutsches Schicksal, S. 21; Kürenberg, Rußlands Weg nach Tannenberg, S. 207; BArch, RH 61/1326, Auszug aus dem Bericht des Zahlmeisters der 2. Artillerie-Brigade (September 1914) an den Kommandeur der 2. Abteilung der 1. Artilleriebrigade des XIII. AK, 28. August 1914, S. 4 f.; BArch, RH 61/1326, Auszug aus den Berichten und Aussagen einiger Angehörigen des russischen I.R. 5 (2. I.D. des XXIII. AK) über die Gefechte vom 26.8.–3.9.1914; BArch, RH 61/1326, Gefechtsbericht der Regimenter der 1. Brigade der 2. Infanteriedivision des XXIII. AK, S. 28, 38 und 47.

[375] BArch, PH 5 II/183, KTB 8. Armee: Eintrag vom 30.8.1914, fol. 44–46, hier fol. 44. Siehe zu den Einzelheiten BArch, MSg 2/3404, Schlacht bei Tannenberg 1914 (Ein tageweiser Überblick); BArch, RH 61/1353, Abschrift des Tagebuchs des Generals O. von Below, S. 58 f.; BArch, PH 5 II/107, KTB 8. Armee/AOK 8/Ia Nr. 1016: Armeebefehl, 30.8.1914, 19.30 Uhr, fol. 45, und BArch, RH 61/53, Denkschrift »Tannenberg« von Generalleutnant [Karl Ritter] von Wenninger (1916), S. 45 f., sowie Showalter, Tannenberg, S. 316 f. Zur ausführlichen Schilderung der chaotischen Zustände siehe als Beispiel BArch, RH 61/1326,

Durchbruchsversuchen mit Artillerieunterstützung und entsprechend heftigen
Kämpfen, zum Beispiel bei Malga und Malgarofen, etwa zehn Kilometer
nordwestlich von Willenberg, wo das XVII. AK noch »ernste Angriffe« abwehren
musste,[376] oder bei Kannwiesen und Puchallowen, ungefähr auf halber Strecke
zwischen Neidenburg und Willenberg: Hier »[bewies] der russische Soldat noch
einmal seine vortrefflichen Soldateneigenschaften der unbedingten Hingabe und
der größten Tapferkeit«, wie Giehrl konzedierte, und »[vollbrachte] Heldentaten
der Tapferkeit«, wie Lezius bemerkte.[377] Dabei stiegen die Gefangenenzahlen und
das erbeutete Kriegsgerät auf deutscher Seite von Tag zu Tag. Das Detachement
Schmettau meldete bereits zum Abend des 29. August 12 000 Gefangene,
darunter 92 Offiziere, und die Wegnahme von 25 Geschützen.[378] Am 30. August
machte alleine das I. AK weitere rund 20 000 Gefangene, das XVII. AK am
30. und 31. August ebenso viele, die 1. Infanteriedivision, Schmettau und die
Korpskavallerie zusätzliche 60 000; hinzu kamen 231 Geschütze und 42 Maschi-
nengewehre sowie eine Kriegskasse mit einer halben Million Rubel.[379]
Bis zum 31. August fielen damit fast alle Soldaten der russländischen XIII. und
XV. AK, die es bis dahin geschafft hatten, lebend oder tot in deutsche Hände.[380] Die
Gefangenenzahl stieg bis zum 3. September noch auf 92 000, darunter 13 Generale.
Angesichts der vermutlichen Verluste von rund 30 000 Mann können die zentralen
russländischen Armeekorps als komplett (XIII. und XV. AK) beziehungsweise zur
Hälfte (XXIII. AK) vernichtet gelten. Die beiden Flügelkorps waren in ihrem
Kampfwert außerdem so geschwächt, dass sie keinen vollwertigen Gegner mehr
abgaben. Von den rund 700 Geschützen der 2. Armee fielen 350 ebenso in
deutsche Hand wie in gewaltigem Umfang weiteres Kriegsgerät aller Art, sofern
es nicht zerstört worden war. Damit hatte die russländische 2. Armee annähernd
zwei Drittel ihrer materiellen Gefechtskraft verloren, ohne die psychologischen
Folgen dieser desaströsen Niederlage bei den Soldaten in Rechnung zu stellen.[381]
»Der Erfolg unserer Schlacht ist enorm«, schrieb Hoffmann am 31. August in seine
Aufzeichnungen, »größer als wir annehmen konnten.«[382]
Die gesamte Kriegsbeute aneinandergereiht hätte, so berechnete der Sieger
rasch, eine Strecke von 150 Kilometern benötigt.[383] Einiges darunter war den

---

Gefechtsbericht der 1. Artillerie-Brigade (September 1914) an den Kommandeur der
2. Abteilung der 1. Artilleriebrigade des XIII. AK, 28. August 1914, S. 4–9.
[376] BArch, RH 61/1336, August von Mackensen, Der Feldzug in Ostpreußen, S. 15.
[377] Giehrl, Tannenberg, S. 83, sowie zu Beispielen S. 82 f.; Lezius, Von Fehrbellin bis
Tannenberg, S. 442, sowie zu Beispielen S. 444–446.
[378] François, Tannenberg, S. 45.
[379] Giehrl, Tannenberg, S. 85. Bei François, Tannenberg, S. 45, ist sogar von einer »Kriegskasse
mit einer Million Rubel in Silber und Papierscheinen« die Rede.
[380] Giehrl, Tannenberg, S. 76. Zu den Gefechtshandlungen dort siehe z.B. BArch, RH 61/1326,
Gefechtsbericht des II. Bataillons, Infanterieregiment 31, XV. AK, über die Kämpfe vom
27. bis 30. August 1914.
[381] Ludendorff, Tannenberg, S. 134 f.; Tannenberg. Ein deutsches Schicksal, S. 27; Bathe,
Tannenberg, S. 124, Tannenberg 1914, S. 104 f.; BArch, RH 61/1341, Carl Mühlmann:
Tannenberg 1914, 5.9.(1934), S. 12 f.; BArch, MSg 2/3404, Schlacht bei Tannenberg
1914 (Ein tageweiser Überblick).
[382] Hoffmann, Die Aufzeichnungen, Bd 1, S. 53: Kriegsaufzeichnung vom 31.8.1914.
[383] François, Tannenberg, S. 68; Lezius, Von Fehrbellin bis Tannenberg, S. 447, der seiner
Leserschaft noch verdeutlichte, dies sei »fast so viel wie Berlin–Halle«.

deutschen Truppen hochwillkommen. Besonders die Feldlazarette und -küchen waren begehrt, vor allen Dingen bei den berittenen Verbänden sowie den Reserve- und Landwehr-Formationen, die bis dato damit nicht ausgerüstet waren. Nach Einschätzung Mackensens waren gerade sie eine wesentliche Voraussetzung für die »[u]nvergeßlich[en] [...] Marschleistungen der Infanterie [...] in den heißen Augusttagen des Jahres 1914«.[384] Trotz der drückenden Hitze mussten die Soldaten auf beiden Seiten Gewaltmärsche von bis zu 60 Kilometern bei Tag und Nacht durchführen, obwohl sie dabei fast ununterbrochen im Kampf standen. Dadurch stiegen bei der Infanterie die Ausfälle erheblich, vor allem bei den Reserve- und Landwehrformationen, was die Einsicht schärfte, dass sich »die vor dem Feldzug umstrittene neue Vermehrung des Trosses [...] den Ruf eines fortan unentbehrlichen Kriegsmittels« geschaffen habe.[385] Darüber hinaus konnten aus der Beute die eigenen Bestände mit Material für den Bau von Feldbefestigungen sowie Fernmeldedraht und Munition aufgefüllt werden.[386] Der Fernsprech-Kommandeur des I. Reservekorps, Hauptmann Preyer, konnte davon so viel zusammenbringen, »dass er fortan den weitgehendsten Anforderungen gewachsen war«.[387] Lediglich den Reitpferden bestätigte man oft eine schlechte Qualität.[388]

Doch nicht nur materiell, auch persönlich profitierten insbesondere die Generale von diesem Schlachtensieg, allen voran Hindenburg, dem dafür der Pour le Mérite verliehen wurde und der sich mit ihm und dem folgenden Sieg an den Masurischen Seen seinen Nimbus als vermeintlicher Befreier Ostpreußens sicherte.[389] An seiner Seite machte nicht nur Ludendorff Karriere, der für die Schlacht von Tannenberg, wie Hoffmann und François, das EK II erhielt:[390] Alle drei Kommandierenden Generale stiegen später zu Armee-Oberbefehlshabern auf – François folgte Below bei der 8. Armee, Mackensen erhielt die 11. Die Divisionskommandeure Conta und Morgen avancierten zu Kommandierenden Generalen, Falk hingegen nur kurzfristig, blieb aber immerhin stellvertretender Kommandierender General; für alle inklusive sind dabei die entsprechenden Beförderungen im Dienstgrad gewesen, Mackensen brachte es gar noch zum Generalfeldmarschall.[391] Als steinerne Auszeichnung benannte Wilhelm II. noch 1918 die Wehrtürme der Marienburg nach Hindenburg, Ludendorff, Mackensen, Scholtz, François und Below.[392] Alle anderen beteiligten Soldaten konnten sich

---

[384]   BArch, RH 61/1336, August von Mackensen, Der Feldzug in Ostpreußen, S. 9.

[385]   BArch, RH 61/1341, Carl Mühlmann: Tannenberg 1914, 5.9.(1934), S. 9 f.; Zitat BArch, RH 61/1336, August von Mackensen, Der Feldzug in Ostpreußen, S. 9 f.; François, Marneschlacht und Tannenberg, S. 250.

[386]   BArch, RH 61/1353, Abschrift des Tagebuchs des Generals O. von Below, S. 55; BArch, RH 61/1336, August von Mackensen, Der Feldzug in Ostpreußen, S. 15 und 18.

[387]   BArch, RH 61/1353, Abschrift des Tagebuchs des Generals O. von Below, S. 58.

[388]   BArch, RH 61/1336, August von Mackensen, Der Feldzug in Ostpreußen, S. 15.

[389]   Telegramm Wilhelm II. an Generaloberst von Hindenburg, 1.9.1914, abgedruckt bei Elze, Tannenberg, S. 343; Pyta, Hindenburg, S. 93–101.

[390]   Ludendorff, Meine Kriegserinnerungen, S. 20. Den Pour le Mérite hatte er kurz zuvor für seinen Einsatz bei der Einnahme von Lüttich erhalten, ebd., S. 16; Hoffmann, Die Aufzeichnungen, Bd 1, S. 54: Kriegsaufzeichnung vom 9.9.1914; François, Marneschlacht und Tannenberg, S. 262.

[391]   Zu den persönlichen Vorteilen für Below, François, Conta, Heineccius, Stabs, Hell und Schmidt von Schmidtseck siehe im Überblick Showalter, Tannenberg, S. 349 f.

[392]   François, Marneschlacht und Tannenberg, S. 249.

immerhin im entstehenden Glanz des Mythos sonnen. Zudem gewährte ihnen Hindenburg »für die besonders anstrengenden Tage vom 24. bis 30. August [...] aus erbeuteten russischen Geldern eine außerordentliche Zulage in Höhe des siebenfachen Tagesbetrages des Gehalts oder der Löhnung. Die Zulage ist in deutschen Geld zu zahlen.« Sie wurde, sehr preußisch, im Endbetrag im Sinne der Kriegsbesoldungsvorschrift abgerundet.[393] Außerdem bat das AOK 8 nach dem Ende der Schlacht »um Vorschläge von Unteroffizieren und Mannschaften, die im offenen Kampfe feindliche Fahnen genommen haben und einer besonderen Belohnung dafür würdig sind. Beim AOK 8 sind für diesen Zweck 500 Mark verfügbar.«[394]

Beide Seiten versuchten auch, rasch Lehren aus dem gerade Erlebten zu ziehen und die Mängel abzustellen, vor allem hinsichtlich der Kommunikation: Das AOK 8 zog nun beispielsweise seine Armeetelegrafenabteilung, die bislang in Dirschau disloziert gewesen war, rund 100 Kilometer vom Gefechtsfeld entfernt, auf Hohenstein und Allenstein nach und forderte die Einrichtung von Verbindungen zu den unterstellten Truppen, was in der Schlacht an den Masurischen Seen bereits wertvolle Dienste leistete.[395] Auf der Gegenseite hatte die russländische Führung ebenfalls ihre Versäumnisse in diesem Bereich erkannt und verbot fortan das unverschlüsselte Durchgeben von Funksprüchen bei Androhung der Todesstrafe.[396]

Gerade die mangelhafte Kommunikation hatte zudem immer wieder dafür gesorgt, dass sich sowohl deutsche als auch russländische Soldaten in der Unübersichtlichkeit des Gefechtsfeldes untereinander beschossen hatten oder von der eigenen Artillerie unter Feuer genommen worden waren.[397] Auf zarischer Seite ereignete sich dabei am Abend des 24. August im Wald nördlich und westlich Lippau einer der schwersten Vorfälle dieser Art, der rund 100 Verwundete kostete.[398] Vor allem nachts wuchs dieses Risiko derart, dass Soldaten der Nachrichtenabteilungen ihre Arbeit schließlich verweigerten, weil sie dauernd von eigenen Leuten beschossen würden.[399]

---

[393] BArch, PH 5 II/186, KTB 8. Armee/AOK 8: Armee-Tagesbefehl, 4.9.1914, fol. 9; BArch, PH 5 II/186, KTB 8. Armee/AOK 8: Armee-Tagesbefehl, 5.9.1914, fol. 11. Zum Schicksal der beteiligten deutschen Verbände siehe Showalter, Tannenberg, S. 350 f.

[394] BArch, PH 5 II/186, KTB 8. Armee/AOK 8: Armee-Tagesbefehl, 9.9.1914, fol. 11.

[395] BArch, N 591/58, Oberstleutnant Praun: Die Nachrichtenverbindungen um die Schlacht bei Tannenberg. In: Deutsche Nachrichtentruppen (Die F-Flagge), 1938, fol. 8 f.

[396] Ebd. Zu entsprechenden Meldungen über Stärke und Marschrichtung zarischer Verbände siehe z.B. BArch, RH 61/1344, Reichsarchiv/Sichtungsabteilung/Gruppe 3/Hauptmann a.D. von Moltke: Landsturm und Festungen Königsberg und Lötzen während der Tannenberger Schlacht (1919), S. 24, oder BArch, N 87/36, Einschließung der Feste Boyen vom 23.8.–8.9.14, Eintrag vom 25.8.1914; BArch, RH 61/1408, XX. AK vom 10.–20.8.1914 (ohne Datum), S. 18, 32 f. und 126.

[397] Showalter, Tannenberg, S. 314 f.; Tannenberg. Ein deutsches Schicksal, S. 21

[398] BArch, RH 61/1326, Gefechtsbericht der Regimenter der 1. Brigade der 2. Infanteriedivision des XXIII. AK an den Brigadekommandeur vom 11.12.1914, S. 3.

[399] Kürenberg, Rußlands Weg nach Tannenberg, S. 207. Zu weiteren Beispielen siehe BArch, RH 61/1326, Gefechtsbericht der Regimenter der 1. Brigade der 2. Infanteriedivision des XXIII. AK, S. 28, 38 und 47, oder BArch, RH 61/1326, Auszug aus dem Bericht des Zahlmeisters der 2. Artillerie-Brigade (September 1914) an den Kommandeur der 2. Abteilung der 1. Artilleriebrigade des XIII. AK, 28. August 1914, S. 4 f.

Von deutscher Seite wurden reihenweise ähnliche Beispiele berichtet: So geriet im Vorlauf des Gefechtes von Orlau die Kavallerie der 70. Landwehrbrigade in einem Wäldchen bei Thurau noch vor der deutschen Frontlinie durch eigenes Artilleriefeuer in schwere Bedrängnis und wich deswegen auf die deutschen Linien aus. Weil sie keine Lanzen hatte, wurde sie von den eigenen Truppen für Feind gehalten und erneut unter Beschuss genommen.[400] Andernorts schossen Soldaten auf »Posten in Kraftwagen [...], ohne dass dem Wagenführer ein Zeichen zum Halten gegeben wurde«. Dazu befahl das AOK am 30. August ein klares Verfahren: Erst wenn auf die eindeutigen Zeichen nicht reagiert würde, durfte das Feuer eröffnet werden. Den Kraftfahrern empfahl man darüber hinaus, bei Annäherung an Ortschaften und deren Durchfahrung »ein Tempo von nicht mehr als 30 Kilometer« nicht zu überschreiten; Zuwiderhandlungen würden »mit aller Strenge« bestraft.[401] Möglicherweise bezog sich das auf einen Zwischenfall, von dem François nach der Wiedereinnahme Neidenburgs berichtete: Dabei war der Kommandeur der 3. Reservedivision, Morgen, am 31. August mit zwei Kraftfahrzeugen in hohem Tempo durch die Stadt gefahren und von einem Gendarmen sowie umstehenden Soldaten beschossen worden, wobei zwei Insassen starben und einer schwer verwundet wurde.[402]

Auf beiden Seiten versuchte die militärische Führung mit solchen Regelungen den erkannten Ausbildungslücken entgegenzuwirken. Schon am 29. August hatte das AOK 8 beispielsweise befohlen:

»In den letzten Kämpfen ist es bedauerlicherweise vorgekommen, dass die eigenen Truppen sich gegenseitig beschossen haben und besonders auch von der Artillerie im Rücken befeuert sind. Sämtliche Mannschaften der Armee haben auf den Rücken bzw. den Tornister große weiße Lappen zu nähen. Die Schützenlinien haben helle Fähnchen oder Tafeln mitzuführen, die rückwärts der Stellung, feindwärts gegen Sicht gedeckt, in die Erde zu stecken sind. Es wird außerdem darauf hingewiesen, dass die deutschen Soldaten Helme, die Russen Mützen tragen. Die Artillerie – besonders auch die schwere – hat sich zu vergewissern, ehe sie das Feuer eröffnet, ob die Möglichkeit vorhanden ist, dass sie auf eigene Truppe schießt [...] Die Artillerie ihrerseits muss mehr als bisher dahin streben, den Abstand zwischen sich und der Infanterie nicht zu groß werden zu lassen. Es fehlt an verschiedenen Stellen an hinreichender Verbindung der höheren Kommandobehörden innerhalb der Armeekorps. Die Generalkommandos haben dauernd für eingehende Unterweisung über die Lage an die unterstellten Divisionen und gesicherte Verbindung mit ihnen Sorge zu tragen. Versagt die Drahtverbindung, so kann und muss die innige Verbindung mit dem Pferd gesucht werden [...] Eine rückwärtige Bewegung hat nur auf ausdrücklichen, durch einen Offizier überbrachten schriftlichen Befehl der vorgesetzten Dienststelle einzutreten. Ich mache die Chefärzte und Sanitätsoffiziere der San.-Anstalten dafür persönlich verantwortlich, dass sie ihre Sanitätsmannschaften in strengster militärischer Ordnung halten.

---

[400] Schäfer, Tannenberg, S. 31 f. Zu weiteren Beispielen siehe BArch, RH 61/1400, Reichsarchiv/Sichtungsabteilung/Gruppe III/Oberleutnant Blankenstein: 1. Landwehr-Division in der Schlacht bei Tannenberg, 27.–31.8.14 (Mai 1920), S. 10.

[401] BArch, PH 5 II/186, KTB 8. Armee/AOK 8: Armee-Tagesbefehl, 1.9.1914, fol. 7–9, Zitate fol. 8.

[402] François, Marneschlacht und Tannenberg, S. 238.

Widrigenfalls werde ich andere Maßnahmen treffen, um die militärische Zucht und Ordnung sicherzustellen. Ein frühzeitiges Zurückführen von Gefangenen verbiete ich, ebenso Befehle an Truppen zum Aufräumen des Schlachtfeldes, bevor die Entscheidung gefallen ist. Die Trains sind häufig so nahe gefolgt, dass sie die Truppenbewegungen gestört haben. Sie sind grundsätzlich erst dann auf das Gefechtsfeld zu führen, wenn die Entscheidung gefallen ist. Mannschaften, die Nachrichten über ein Zurückgehen verbreiten, sind ohne weiteres festzunehmen und vor ein Kriegsgericht zu stellen. Die Mannschaften der Fernsprechabteilungen haben ohne den Befehl eines Offiziers Mitteilungen über die Lage in keinem Fall zu geben.«[403]
Hier zeigte sich gleich eine ganze Reihe von Mängeln, von der fehlenden Vorbereitung der eigenen Truppen schon beim Erkennen des Gegners über die unzureichende Zusammenarbeit der Artillerie mit der Infanterie, was nicht zuletzt eben auch ein Kommunikationsproblem darstellte, bis hin zum Verbreiten von Gerüchten. Vor der Schlacht an den Masurischen Seen wurde der Befehl noch einmal insoweit abgeändert, dass Kavallerie, Artillerie und Trains von der entsprechenden Kennzeichnung wieder ausgenommen wurden, während »bei den Fußtruppen nur einzelne (etwa 2 Mann jeder Gruppe) diese Lappen weiter tragen«.[404] Auf russländischer Seite wiederum befahl die Heeresleitung ihren Truppen, fürderhin die Zeltbahnen unter die Mäntel zu schnallen; sie seien sonst ein zu guter Zielpunkt für gegnerische Schützen.[405]
Wie viele Soldaten dem »Friendly Fire« zum Opfer fielen, ist nicht bekannt, so wie sich bei den Verlust- und Gefangenenzahlen insgesamt ein diffuses Bild ergibt: In der Literatur wird durchgehend die Zahl der bei Tannenberg gemachten russländischen Gefangenen auf 92 000 taxiert; sie wurde im Tagesbefehl der 8. Armee vom 5. September 1914 genannt und seither wohl übernommen.[406] Dabei ist es der Forschung bis heute nicht gelungen, die genaue Zahl der russländischen Gefangenen im Gewahrsam der Mittelmächte zu bestimmen. Als »vorsichtig geschätzte Mindestzahl« wird von 2,1 Millionen Soldaten der zarischen Streitkräfte ausgegangen; wie viele von ihnen jeweils im Deutschen Reich oder Österreich-Ungarn waren, ist ungewiss.[407] Als einigermaßen gesichert kann gelten, dass von den russländischen Gefangenen im deutschem Gewahrsam nicht mehr als fünf Prozent starben, während es umgekehrt bei den deutschen mehr als 20 Prozent gewesen sein dürften – was viel mehr der im Russländischen Reich herrschenden Not sowie der Überforderung als einer unmenschlichen Behandlung der Kriegsgefangenen zugeschrieben werden muss.[408] In Ostpreußen wurden

[403] AOK 8/Ia Nr. 983: Befehl des A.O.K., 29.8.1914; abgedruckt bei Elze, Tannenberg, S. 330.

[404] BArch, PH 5 II/186, KTB 8. Armee/AOK 8: Armee-Tagesbefehl, 5.9.1914, fol. 11.

[405] BArch, PH 5 II/180, KTB 8. Armee: Gouvernement Königsberg: Abgefangener russischer Funkspruch, 27.8.1914, fol. 167.

[406] BArch, PH 5 II/186, KTB 8. Armee/AOK 8: Armee-Tagesbefehl, 5.9.1914, fol. 10 f., hier fol. 11; übernommen in Der Weltkrieg 1914 bis 1918. Die militärischen Operationen zu Lande, Bd 2, S. 240; BArch, MSg 2/3404, Schlacht bei Tannenberg 1914 (Ein tageweiser Überblick); BArch, RH 61/1341, Carl Mühlmann: Tannenberg 1914, 5.9.(1934), S. 12.

[407] Nachtigal, Die Kriegsgefangenen-Verluste, S. 202 f.

[408] Allerdings ohne Nachweis für diese Behauptung Baberowski, Einführende Bemerkungen, S. 148 f. Zu den Verlusten in der Kriegsgefangenschaft an der Ostfront siehe grundsätzlich

die russländischen Kriegsgefangenen regelmäßig als Wiederaufbauarbeiter eingesetzt.[409]

An den Kaiser meldete das AOK 8 am 3. September jedenfalls, man habe
»über 90 000 Mann« als Gefangene eingebracht.[410] Sie wurden vom 30. August
bis zum 3. September nach dem westlichen Weichselufer abtransportiert.[411]
Unter den Kriegsgefangenen befanden sich auch die beiden Kommandierenden
Generale des XIII. und XV. AK. Schon am Nachmittag des 30. August war Martos
bei seinem Versuch, mit dem Auto über die Grenze zu fliehen, von deutschen
Truppen gefangen genommen und anschließend ins Hauptquartier der 8. Armee
nach Osterode gebracht worden.[412] Von ihren Soldaten fanden sich lediglich rund
3000 des XIII. AK hinter der Grenze wieder, beim I. und VI. AK waren es nicht
mehr als die Stärke je einer Division, beim XV. AK und der 2. Division kaum mehr
als 2000 Mann.[413] Sowohl das XIII. als auch das XV. AK mussten neu aufgestellt
werden; beide waren im Januar 1915 noch nicht wieder marschbereit.[414]

Das Reichsarchiv gab als deutsche Gesamtverluste für die Schlacht bei
Tannenberg 12 000 Mann an[415], für Gumbinnen 14 000.[416] Nach dem Sanitätsbericht des deutschen Heeres waren es dagegen deutlich mehr, nämlich im Zeitraum vom 21. bis 31. August 18 189 Tote und Vermisste sowie 11 777 Kranke
und Verwundete, insgesamt also 29 966 Mann Verluste, davon dauerhaft 22 098.

Nachtigal, Die Kriegsgefangenen-Verluste, zum Umgang mit ihnen insgesamt siehe Kriegsgefangene im Europa des Ersten Weltkrieges.

[409] BArch, RH 61/1380, F. Nicolai, Wiederaufbau Ostpreußens, S. 12.

[410] AOK 8/Nr. 1237 g: Telegramm an Seine Majestät dem Deutschen Kaiser, 3.9.1914,
12.50 Uhr, abgedruckt bei Elze, Tannenberg, S. 346.

[411] Auch in diesem Kontext wurde ihre Zahl mit »über 90 000« angegeben: BArch, PH 5 II/183,
KTB 8. Armee: Eintrag vom 3.9.1914, fol. 52 f., hier fol. 53; BArch, RH 61/1336, August
von Mackensen, Der Feldzug in Ostpreußen, S. 15 f. Nach Tuchman, August 1914, S. 360,
habe es für den Abtransport der Kriegsgefangenen 60 Züge gebraucht.

[412] Showalter, Tannenberg, S. 314. Martos' Gefangennahme schildert Wehrt, Tannenberg,
S. 269 f. Siehe dazu auch bestätigend BArch, RH 61/735, Graf A.[lfred zu] Dohna
[-Schlobitten], Der Feldzug in Ostpreußen 1914, undatiert (1920), S. 16 f. Tuchman,
August 1914, S. 357, berichtet, Martos sei in ein kleines Hotel in Osterode gebracht und
dort von Hindenburg und Ludendorff besucht worden. Beide hätten mit ihm russisch ge-
sprochen, Hindenburg angeblich unbeholfen und mit schwerem Akzent, Ludendorff in
perfekter Manier.

[413] Showalter, Tannenberg, S. 323. Noskoff, Der Mann, der Tannenberg verlor, S. 141, behauptete dagegen, 200 Offiziere sowie 15 000 Unteroffiziere und Mannschaften hätten
sich jenseits der Grenze wieder eingefunden.

[414] Tannenberg 1914, S. 105; Tuchman, August 1914, S. 360. Dort wird behauptet, vom
XIII. und XV. AK hätten sich lediglich etwa 50 Offiziere und 2100 Unteroffiziere und
Mannschaften wieder zusammengefunden.

[415] Der Weltkrieg 1914 bis 1918, Bd 2, S. 243. Ludendorff, Tannenberg, S. 140, benannte
12 000 Mann, davon 5000 tot und 7000 verwundet; ebenso wie Tannenberg. Erich Ludendorff v. Alexander Samsonov, S. 185. Bei Bei Tannenberg 1914, in: Solka/Schertler, Schlachten der deutschen Geschichte, S. 168, waren es gar nur 4000 Tote und 6800 Verwundete,
während bei Tannenberg. Ein deutsches Schicksal, S. 27, von 13 000 Toten und Verwundeten
zu lesen ist; Uhle-Wettler, Höhe- und Wendepunkte deutscher Militärgeschichte, S. 161,
spricht von 10 000 Toten und Verwundeten. Wie Janßen, Und morgen die ganze Welt,
S. 86, auf lediglich 5000 tote deutsche Soldaten kommt, ist ungewiss.

[416] Der Weltkrieg 1914 bis 1918. Die militärischen Operationen zu Lande, Bd 2, S. 239.

Damit lag der Anteil der Schlacht bei Tannenberg an den Gesamtverlusten im Osten bis zum Jahresende 1914 bei 11,3 Prozent. Im Vergleich dazu beliefen sich die Durchschnittsverluste der sieben deutschen Armeen im Westen im selben Zeitraum auf 17 400 Tote und Vermisste sowie 12 466 Kranke und Verwundete.[417]

Wie grundsätzlich zu Beginn des Ersten Weltkrieges entwickelten sich dabei auch im Osten vor allem die Offizierverluste zunächst dramatisch:[418] Alleine im Zeitraum zwischen dem 23. und dem 31. August, letztlich also der Schlacht bei Tannenberg, verlor die 8. Armee 142 Offiziere, nahezu 80 Prozent (116) von ihnen gehörten der Dienstgradgruppe der Leutnante bis Hauptmann an, 40 Prozent dieser Ausfälle (58) entfielen alleine auf den 28. August. Der Verband mit den höchsten Tagesverlusten war die 73. Infanteriebrigade, die in der 37. Infanteriedivision innerhalb des XX. AK eingesetzt war und im Gefecht bei Orlau am 24. August 24 Offiziere verlor. Dementsprechend war die 37. Infanteriedivision diejenige mit den höchsten Offizierverlusten, nämlich 28, das XX. AK das Armeekorps mit den größten Offizierverlusten (64), gefolgt vom I. Reservekorps mit 36; die beiden anderen aktiven Armeekorps, das I. und XVII., verloren 19 beziehungsweise neun, die beiden Landwehrbrigaden sechs (6.) beziehungsweise vier (70.).

Bei den russländischen Verlusten variieren die Zahlen in der Literatur noch deutlicher; sie reichen von 7000 bis 50 000 alleine bei den Toten.[419] Die entsprechende Konfusion führte in neueren Überblicksdarstellungen, die eher auf historisch Interessierte denn Fachleute zielen, gar dazu, die Zahlen so zu vermischen, dass dort von 120 000 Mann Verlusten und zusätzlich 92 000 Gefangenen geredet wird.[420] Neuere russländische Forschungen kommen zu teilweise anderen, differenzierteren Ergebnissen: Demnach verlor die russländische 2. Armee insgesamt 120 219 Mann, darunter 5522 Tote, 12 326 Verwundete und 75 435, die vermisst oder gefangen genommen wurden.[421]

---

[417] Sanitätsbericht, Bd 2 S. 36–45.

[418] BArch, MSg 2/2987, Ehrentafel; wie auch zum Folgenden.

[419] Keegan, Der Erste Weltkrieg, S. 217. Bei Tannenberg 1914, S. 168, finden sich 6739 tote russländische Soldaten; bei Janßen, Und morgen die ganze Welt, S. 86, 7000; bei Tannenberg. Ein deutsches Schicksal, S. 27, 30 000 Tote und Verwundete; jeweils 50 000 bei Ludendorff, Tannenberg, S. 140, Tannenberg, S. 184, Rohrscheidt, Über Stallupönen und Gumbinnen, S. 52, Buchfinck, Tannenberg 1914, S. 239, und Stevenson, Der Erste Weltkrieg, S. 57–60.

[420] Kossert, Masuren, S. 231. Bei Otto, Tod bei Tannenberg, hier S. 178, sind es gar 93 000 Gefangene, dafür werden die deutschen Verluste drastisch auf »nur 10 000 Tote und Verwundete« gekürzt.

[421] Nelipovič, Russkij front Pervoj mirovoj vojny, S. 28–30. Für den Hinweis und die Auswertung danke ich meiner Kollegin Emilie Terre.

Verluste der russländischen 2. Armee[a]

Großverband	tot (O – U/M)	verwundet (O – U/M)	vermisst/gefangen (O – U/M)	Gesamtverluste (O – M)
2. Armee	5522 (220 – 5302)	12 326 (542 – 11 784)	75 435 (1298 – 74 137)	120 219 (2451 – 117 768)
I. AK	972 (29 – 943)	2111 (117 – 1994)	4067 (51 – 4016)	7150 (197 – 6953)
VI. AK	557 (24 – 533)	1223 (50 – 1173)	5.461 (57 – 5404)	7241 (131 – 7110)
XIII. AK	1.197 (45 – 1152)	1729 (86 – 1643)	35 474 (525 – 34 949)	38 300 (656 – 37 744
XV. AK	1783 (66 – 1717)	27 762 (448 – 27 314)	10 079 (382 – 9697)	39 624 (896 – 38 728
XXIII. AK	753 (36 – 717)	5792 (176 – 5616)	19 229 (250 – 18 979)	25 744 (465 – 25 309)
4. KD	96 (8 – 88)	224 (27 – 197)	49 (2 – 47)	366 (37 – 329)
6. KD	64 (2 – 62)	168 (13 – 155)	161 (12 – 149)	393 (27 – 366)
15. KD	50 (5 – 45)	139 (9 – 130)	36 (2 – 34)	225 (16 – 209)

Zu den nicht unerheblichen Verwundetenzahlen ist anzumerken, dass dort nicht zwischen denen zu unterscheiden ist, die leichter verwundet gewesen sind und deswegen vergleichsweise rasch wieder zur Verfügung standen, und den schwerer Verwundeten. Die Etappeninspektion der 8. Armee stellte jedenfalls fest, dass dort »wiederholt viele gefechtsfähige Leichtverwundete [ankamen], die bei der großen Bagage, ja sogar bei der Truppe hätten bleiben können«. Dabei scheint es sich durchaus nicht um Ausnahmen gehandelt zu haben, denn das AOK 8 befahl am 30. August, dass künftig »die Kommandeure und Truppenärzte [...] mit größter Schärfe dafür zu sorgen [haben], dass Leute, deren Gefechtsfähigkeit nur unwesentlich verringert ist, oder deren Gefechtsfähigkeit nach Ablauf einiger Tage wieder zu erwarten ist, bei der Truppe bleiben«.[b] Wirklich erfolgreich war diese Anordnung offenbar nicht: Am 14. September, also nach dem Ende der Schlacht an den Masurischen Seen, musste das AOK 8 erneut mahnen, »dafür Sorge zu tragen, dass Leichtverwundete sich nicht willkürlich und vereinzelt auf den Rückmarsch begeben«, sondern auf den jeweiligen Verbandplätzen gesammelt würden.[c]

---

[a]   Nelipovič, Russkij front Pervoj mirovoj vojny, S. 28-30.
[b]   BArch, PH 5 II/186, KTB 8. Armee/AOK 8/Ic Nr. 257, Tagesbefehl, 30.8.1914, fol. 5.
[c]   BArch, PH 5 II/186, KTB 8. Armee/AOK 8: Armee-Tagesbefehl, 14.9.1914, fol. 13.

V. Die Rückkehr in den Norden

1. Die Schlacht an den Masurischen Seen

Mit dem Sieg bei Tannenberg war die russländische Invasion Ostpreußens freilich nicht zurückgeschlagen. Noch während die Verbände sich wieder ordneten, ihren Nachschub organisierten, die Munitionsbestände ergänzten und mit dem Aufräumen des Schlachtfeldes beschäftigt waren, traf das AOK 8 die Vorbereitungen für den Angriff auf die russländische 1. Armee.[1] Derweil lagerte das I. Reservekorps am 1. September 1914 zusammen mit der 3. Reserve- und der 1. Landwehrdivision sowie der 70. Landwehrbrigade im weiten Rund um Neidenburg, das XVII. AK sammelte sich bei Jedwabno, um Allenstein das XX. AK samt der 6. Landwehrbrigade. Mühlmanns 5. Landwehrbrigade stand bei Soldau zur Sicherung der Grenze und die 1. Kavalleriedivision, weiterhin damit beauftragt, die Fühlung mit der russländischen 1. Armee zu halten, lieferte sich im Raum Bischofsburg noch Scharmützel mit gegnerischen Reiterverbänden. Gegenüber Rennenkampfs Armee im Norden hielt die Hauptreserve Königsberg mit ihrer 2. und 9. Landwehr-, je einer Ersatz- und Kavalleriebrigade sowie einer starken Komponente schwerer Artillerie die befestigte Deime-Stellung besetzt. In den Weichselfestungen befanden sich keine nennenswerten Kräfte mehr und in Posen nur noch eine einzige Brigade. Daher waren die aus dem Westen ankommenden Verbände, das XI. AK und das Garde-Reservekorps, eine dringend notwendige Verstärkung für die Offensive gegen die russländische 1. Armee.[2]

Moltke hatte bereits am 23. August beschlossen, sie zusammen mit der 1. Landwehrdivision nach dem Osten zu schicken, und ihr Eintreffen dem AOK 8 am 27. August mitteilen lassen.[3] Um deren Entsendung entbrannten von Anfang

---

[1] Zur Neugruppierung der deutschen Truppen noch auf dem Schlachtfeld von Tannenberg siehe BArch, RH 61/1386, Südflügel der 8. Armee Anfang Sept. 1914 (undatiertes Manuskript). Dort auch zu den beteiligten AK im Einzelnen, den Absichten der Führung usw. Ergänzend und weiterführend siehe BArch, RH 61/1388, Hans von Tieschowitz: Die von der 8. Armee in der Zeit von Mitte September bis Ausgang des Jahres 1914 geführte strategische Verteidigung (undatiertes Manuskript).

[2] BArch, RH 61/185, Die Säuberung Ostpreussens, Eintrag vom 1.9.1914; BArch, N 87/36, Wissen und Wehr, November 1921, fol. 8 f.

[3] BArch, RH 61/1344, Reichsarchiv/Sichtungsabteilung/Gruppe 3/Hauptmann a.D. von Moltke: Landsturm und Festungen Königsberg und Lötzen während der Tannenberger Schlacht (1919), S. 94 f.; BArch, PH 5 II/180, KTB 8. Armee: AOK 8 an Gouvernements Königsberg, Graudenz und Thorn, 27.8.1914, fol. 164; Tannenberg, S. 183.

https://doi.org/ https://doi.org/10.1515/9783110733518-005

an gleichwohl heftige Diskussionen, zumal angesichts der Marne-Schlacht vom
5. bis 12. September 1914, die den deutschen Siegeszug im Westen stoppte und
den »Schlieffenplan« damit zum Scheitern verurteilte:

> »Bei den Betrachtungen über die Ursachen des Rückschlages in der deutschen
> Offensive an der Marne, September 1914, ist vielfach die Ansicht zutage
> getreten, dass dieser Rückschlag hätte vermieden werden können, wenn nicht
> die O.H.L. verfrüht zwei Armeekorps und eine Kavallerie-Division nach
> Ostpreußen abtransportiert hätte, wo sie bekanntlich erst eintrafen, nachdem
> die Schlacht von Tannenberg schon geschlagen war.«[4]

Auch Kürenberg schloss sich hernach der Meinung an, die beiden Armeekorps
hätten bei der Offensive an der Marne entscheidend gefehlt, und verweist auf
ein Telefongespräch zwischen Ludendorff und Oberst Tappen, dem Chef der
Operationsabteilung im Großen Hauptquartier in Koblenz, in der Nacht zum
26. August, in dem der Generalstabschef der 8. Armee mitgeteilt haben soll, er
halte die Verstärkungen für

> »absolut nicht nötig [...], weil sie für diese im Gang befindliche Schlacht
> sowieso zu spät kommen würden. [...] Ich bitte, nur dann Verstärkungen zu
> schicken, wenn sie im Westen absolut entbehrlich sind. Falls der Westen die
> Korps braucht, werden wir uns auch weiterhin behelfen!«[5]

Während Hoffmann das Telefongespräch und die Aussage bestätigte, das AOK 8
habe um diese Unterstützung nicht gebeten,[6] geht Tuchman noch weiter und
behauptet, Ludendorff habe gar »entsetzt« abgelehnt, weil »[d]ie zwei Korps,
die für Tannenberg zu spät kamen, [...] an der Marne fehlen [sollten]«.[7] Dabei
ordnete sie den Kontext der Entsendung eigentlich korrekt ein:

> »Zwei der Korps [...] hatten im Kampf um Namur an der Verbindungsstelle
> zwischen der deutschen Zweiten und Dritten Armee gestanden, und wurden
> nun, nach dem Fall der belgischen Festung, von General von Bülow zu
> anderweitiger Verwendung freigegeben. Am 26. August wurden sie zusammen
> mit der 8. Kavalleriedivision abgetreten und traten im Fußmarsch [...] den
> Weg zu den deutschen Verladebahnhöfen an.«[8]

Tatsächlich war es eben nicht so, dass »das Garde-Res.Korps [...] aus seinem
Einsatzraum bei Presles südostwärts Charleroi, das XI. AK aus seinem bei
Florennes westlich Dinant abgezogen und auf Befehl der OHL nach Osten
beordert« wurden, wie es der Generalstabschef des XI. AK, der damalige Generalmajor Traugott von Sauberzweig, hinterher darstellte, sondern sie waren dort
bereits zur weiteren Verwendung frei geworden. Dass »[d]iese Maßnahme der
Obersten Heeresleitung [...] eine erhebliche und verhängnisvolle Schwächung des
entscheidenden deutschen rechten Flügels [bedeutete]«, ist ergo eine verfälschend
verkürzte Wiedergabe des Sachverhalts.[9] Womöglich hätten sich die beiden
Armeekorps dort als zuführbare Verstärkung entscheidend auswirken können,

---

[4] BArch, N 87/36, Wissen und Wehr, November 1921.
[5] Kürenberg, Rußlands Weg nach Tannenberg, S. 188 f.
[6] Hoffmann, Tannenberg wie es wirklich war, S. 76, So auch seine Einschätzung bei Hoff-
     mann, Die Aufzeichnungen, Bd 2, S. 41.
[7] Tuchman, August 1914, S. 364.
[8] Ebd., S. 344 f.
[9] BArch, RH 61/1358, Generalleutnant [Traugott] von Sauberzweig, Die Schlacht an den
     Masurischen Seen im September 1914, S. 3.

ihr zwischenzeitlicher Abzug aus der Frontlinie nach der Eroberung Namurs hatte mit den Entwicklungen im Osten allerdings nichts zu tun, sondern war schlicht der Enge des Gefechtsfeldes geschuldet. Ob man diese Truppen, aus der militärischen Perspektive heraus betrachtet, anschließend jedoch der Westfront gleich ganz entziehen durfte, darf hingegen schon hinterfragt werden. Der durch eine russländische Offensive erzwungene Abzug deutscher Kräfte an die Ostfront war immerhin das grundlegende strategische Ziel des französischen Generalstabes für seine Gespräche mit dem zarischen Bündnispartner vor dem Krieg. Insofern ist die Erörterung dieses Zusammenhangs angesichts des fast zeitgleichen Scheiterns des »Schlieffenplanes« von nicht unwesentlicher Bedeutung. Schon die Zeitgenossen haben diese Frage entsprechend kontrovers diskutiert. Die New York Times leitartikelte beispielsweise am 8. Oktober 1914: »We now know that it was the swift and costly Russian invasion of East Prussia which, more than anything else, saved Paris.«[10]

Stevenson meinte dagegen, die Entsendung sei gerade auf den Rat Ludendorffs erfolgt und »weniger aus Angst als aus übermäßigem Selbstbewusstsein«, weil Moltke und seine Berater »wohl einen Sieg ohne habsburgische Unterstützung an[strebten]«.[11] Hierfür findet er durchaus bereits zeitgenössisch Unterstützer: Wenninger, dessen »Denkschrift Tannenberg« 1916 bekanntlich in enger Abstimmung mit Ludendorff erschien,[12] führte die Entscheidung ebenfalls auf die »Hochstimmung in Koblenz« angesichts des rasanten Vorstoßes der Armee Kluck sowie der Erfolge an den anderen Frontabschnitten in dieser Phase des Krieges zurück.[13] Er orakelte deswegen, »[d]ie ›Gewitterwolke Rennenkampf‹« schien »der O.H.L. offenbar noch mehr auf den Nerven [zu stehen] als dem A.O.K. 8«,[14] während Hoffmann mutmaßte:

>»Es muss wohl, so unbegreiflich das heute klingt, bei der Obersten Heeresleitung [...] nach den bis zum 25. August von den Armeen vorliegenden Nachrichten der Glaube geherrscht haben, dass die große Entscheidungsschlacht im Westen bereits geschlagen und zugunsten des deutschen Heeres entschieden sei.«[15]

Letzteres mag angesichts der für die OHL unübersichtlichen Lage in Ostpreußen am 22. und 23. August, als die Entscheidung getroffen wurde, zutreffen. Bis die Verbände vor Ort waren, hatte sich die Lage jedoch grundlegend geändert, weswegen die Truppen bei der 8. Armee nicht überall begeisterte Aufnahme fanden. Als beispielsweise Below am Abend des 1. September von ihnen erfuhr, fürchtete er vor allem um seine eigenen Lorbeeren für den gerade errungenen Sieg:

---

[10] Zit. nach Oberdörfer, Kriegsschauplatz Ostpreußen, S. 322.
[11] Stevenson, Der Erste Weltkrieg, S. 93; ähnlich auch Ferguson, The Pity of War, S. 182.
[12] Ludendorff, Einführung, hier S. 6: Ludendorff und Wenninger hatten sich vor dem Ersten Weltkrieg in Berlin kennengelernt. Wenninger wandte sich im Herbst 1915 an Ludendorff, »um über die Schlacht von Tannenberg Näheres zu erfahren«. Der briefliche Austausch im Frage- und Antwort-Stil, der sich daraus entwickelte, findet sich teilweise im Anhang faksimiliert und abgeschrieben, Wenninger, Die Schlacht von Tannenberg., S. 51–61.
[13] BArch, RH 61/53, Denkschrift »Tannenberg« von Generalleutnant [Karl Ritter] von Wenninger (1916), S. 31 f.
[14] Ebd., S. 49.
[15] Hoffmann, Die Aufzeichnungen, Bd 2, S. 298.

»Das Erscheinen dieser Regimenter aus dem Westen begrüßten wir mit
Zurückhaltung, denn, wenn es uns auch Zeugnis ablegte, dass dort Alles gut
ging, waren wir andererseits fest überzeugt, auch allein mit Rennenkampf fertig
zu werden u. sahen in der Teilnahme weiterer Kräfte nur eine Schmälerung
unseres jungen Ruhms, auf den wir schon stolz zu werden begannen.«[16]

Diese Ablehnung registrierte auch Sauberzweig, der seinerseits wiederum bis
zuletzt versucht hatte, mit seinem XI. Armeekorps im Westen zu bleiben:[17]

»Ihre Unterstützung ist nicht mehr notwendig. Mit Rennenkampf werden wir
alleine fertig. Wir haben Sie nicht angefordert.‹ Mit diesen Worten wurden wir,
das Generalkommando XI. AK, bei unserer Ankunft in Allenstein empfangen.
Und das Oberkommando hatte durchaus Recht. Der Sieg von Tannenberg
hatte im Osten eine völlig veränderte Lage geschaffen. Das günstige Ergebnis
ließ sich aber schon am 29. August vorm. kurz vor Beendigung der Schlacht,
übersehen. Wäre der Verzicht an diesem Tage ausgesprochen worden, so
würde die Abbeförderung, die beim XI. AK erst am 29. August nachm.,
beim Garde-R.K. sogar erst am 30. begann, gewiss unterblieben sein. Dass
die Korps umsonst nach ihren Einladestationen marschiert waren, fiel nicht
ins Gewicht. Sie konnten mit der Bahn dem rechten Flügel wieder zugeführt
werden.«[18]

Die Diskussion fokussierte also alleine die Schlacht von Tannenberg, und für sie
trafen die Verstärkungen allerdings zu spät ein. Angesichts der Lage zum Zeitpunkt
der Entscheidung, sie zu entsenden, war eine solche Entwicklung jedoch nicht
abzusehen, schon gar nicht eine derart rasante. Außer Acht blieb außerdem, dass
es, wie gezeigt, gleich mehrere Momente während der Schlacht gab, in denen sie
auch einen ganz anderen Ausgang hätte nehmen können. In einem solchen Fall
wäre das Schicksal der 8. Armee sehr wahrscheinlich ähnlich verlaufen wie das der
Armee Samsonovs. Und weil eigene Reserven nicht zur Verfügung standen, hätte
es dann Verstärkungen bedurft, die eben nirgendwo anders herkommen konnten
als aus dem Westen, von wo sie in einem solchen Fall aber kaum mehr rechtzeitig
in Ostpreußen hätten eintreffen können. Abgesehen davon wurden die Truppen
für die kommende Schlacht an den Masurischen Seen sehr wohl benötigt, denn
auch mit ihnen reichte es nur zu einem taktischen Erfolg, wie noch gezeigt werden
wird. Ob dieser ohne sie gelungen wäre, ist indes mehr als fraglich. François
beispielsweise forderte schon nach der Tannenberger Schlacht die Zuweisung von
Ersatzformationen und Verstärkung, um seine Aufgaben erfüllen zu können; die
6. Landwehrbrigade brauchte wegen der hohen Ausfälle dringend Offiziersersatz.[19]
Dabei erlitten andere Verbände noch deutlich höhere Verluste.

Vollständig ausgeklammert wurde in dieser Diskussion zudem, dass auch die
Zuweisung der 1. Landwehrdivision in den Entscheidungskontext um Verstär-

---

[16]   BArch, RH 61/1353, Abschrift des Tagebuchs des Generals O. von Below, S. 61; BArch,
       RH 61/1336, August von Mackensen, Der Feldzug in Ostpreußen, S. 18.
[17]   BArch RH61/1358, Generalleutnant [Traugott] von Sauberzweig, Die Schlacht an den
       Masurischen Seen im September 1914, S. 3.
[18]   Ebd., S. 2.
[19]   BArch, PH 5 II/107, KTB 8. Armee/Fernspruch Gen.Kdo. I. AK/Ia an AOK 8, 30.8.1914,
       6.05 Uhr, fol. 28; BArch, PH 5 II/107, KTB 8. Armee/Fernspruch KG I. AK an AOK 8,
       30.8.1914, 6.25 Uhr, fol. 28; BArch, PH 5 II/107, KTB 8. Armee/Fernspruch 6. Land-
       wehrbrigade an AOK 8, 30.8.1914, 8.15 Uhr, fol. 31 f.

kungen für den Osten gehörte. Interessanterweise wurde in ihrem Zusammenhang jedoch in umgekehrter Zielrichtung argumentiert, nämlich ob es nicht besser gewesen wäre, das gesamte IX. Reservekorps statt gen Westen in den Osten zu schicken, wo es noch rechtzeitig hätte eintreffen können, während es wiederum in der Marne-Schlacht gar nicht eingriff, weil man es vor Antwerpen dislozierte.[20] Im Reichsarchiv vermutete man nach dem Krieg außerdem, die Entscheidung könnte auch mit der Enttäuschung beim österreich-ungarischen Verbündeten über die schwachen deutschen Truppen im Osten zu tun gehabt haben. Mit den dann entsendeten Verbänden übertraf die OHL nämlich die Wien vorher zugesagten Kräfte in einer Stärke von 13 Divisionen um eine weitere.[21]

Wie gezeigt, band das AOK 8 die Armeekorps aus dem Westen jedenfalls umgehend in die eigene Operationsführung mit ein. Weil man dort schon bei den Vorsichtsmaßnahmen gegenüber Rennenkampf die beabsichtigte Offensive gegen die russländische 1. Armee vor Augen hatte, stand die 8. Armee bereits im direkten Anschluss an die Tannenberger Schlacht zum Vormarsch in die Ausgangsstellungen für den Angriff bereit, der ab dem 4. September begann. Ihr gegenüber hatte sich die russländische 1. Armee zwischen Mauer-See und Pregel zur Verteidigung eingerichtet[22] und war bis Anfang September 1914 mit dem XXII. AK aus St. Petersburg und dem II. sibirischen AK verstärkt worden[23]. Auf der Basis von Fliegermeldungen und Aufklärungsergebnissen der Kavallerie sowie abgefangenen russländischen Funksprüchen entstand für das AOK 8 ein klares Lagebild über diesen Gegner: Er hatte die Linie Deime–Wehlau–Allenburg–Gerdauen–Angerburg besetzt und diese »unter allen Umständen zu halten«.[24] Nach den Erfahrungen der 2. Armee war Rennenkampf so vorsichtig geworden, seine Mitte hinter die Alle und den Omulew zurückzuziehen und unter der erzwungenen Hilfe der örtlichen Bevölkerung umfangreiche Befestigungen anzulegen.[25] Die Schwäche seiner Aufstellung bestand jedoch darin, dass zwölf seiner Divisionen an der Deime gegenüber Königsberg auf einer etwa 30 Kilometer langen Linie standen, während nur sieben die anderen rund 65 Kilometer seiner Frontlinie abdecken mussten.[26] Nach wie vor rechnete man auf der russländischen Seite mit einem starken Angriff von Königsberg her – eine Bewertung, die Ludendorff offenbar durch gezielte Falschmeldungen befördert hatte.[27] Das AOK 8 wollte daher mit zwei Armeekorps samt zwei Kavalleriedivisionen über

---

[20] BArch, MSg 2/858, C. Ritgen: Tannenberg und das IX. Reservekorps, S. 4.

[21] BArch, RH 61/1383, Reichsarchiv Nr. 7804: Fragebogen Nr. 137: August 1914 – Verstärkung für den Osten, 22.6.1923.

[22] BArch, MSg 2/3404, Kriegsgeschichte des heutigen Ostpreußens, S. 4; siehe dort auch die Beschreibung der weiteren Ereignisse bis zum November 1914.

[23] Showalter, Tannenberg, S. 325; Kabisch, Streitfragen des Weltkrieges, S. 81. Dazu kam noch das III. sibirische AK, das in der Schlacht an den Masurischen Seen allerdings nicht eingesetzt wurde; François, Marneschlacht und Tannenberg, S. 278.

[24] Zit. nach einem abgefangenen russischen Funkspruch am 1.9.1914, in: BArch, N 87/36, Wissen und Wehr, November 1921, fol. 8.

[25] BArch RH61/1358, Generalleutnant [Traugott] von Sauberzweig, Die Schlacht an den Masurischen Seen im September 1914, S. 4; BArch, RH 61/185, Die Säuberung Ostpreussens, Eintrag vom 1.9.1914; BArch, RH 61/53, Denkschrift »Tannenberg« von Generalleutnant [Karl Ritter] von Wenninger (1916), S. 49.

[26] Strachan, The First World War, S. 332.

[27] Stone, The Eastern Front, S. 67 f.

Lötzen den gegnerischen linken Flügel umfassen lassen, während die übrigen
vier Armeekorps frontal angriffen. Die Südgrenze Ostpreußens musste derweil
gegen die Reste der russländischen 2. Armee von der Hauptreserve Graudenz, der
35. Reserve- und 1. Landwehrdivision sowie der 70. Landwehrbrigade gesichert
werden. Sie sollten diese Aufgabe aber offensiv lösen, die Grenzsicherung dann
an Landsturmverbände übergeben und sich anschließend dem Umfassungsflügel
anschließen.[28] Dazu wurden die vorhandenen Landwehrverbände eigens zu einem
Landwehrkorps unter dem Kommando von Goltz zusammengefasst, das bis zum
4. September Mlawa einnahm.[29]
	Am 5. September war der Aufmarsch insgesamt abgeschlossen, tags darauf trat
die 8. Armee an, mit 132 Bataillonen gegen 176 russländische erneut numerisch
klar unterlegen; ihr AOK 8 verlegte am 7. September von Allenstein nach Rössel.[30]
Das XVII. und I. AK gingen zusammen mit der 3. Reservedivision durch die
Masurische Seenplatte und sie südlich umgehend vor, um den russländischen
Südflügel zu umfassen; das Garde-Reservekorps, das I. Reservekorps, das XI. und
XX. AK gingen die gegnerischen Stellungen ab dem 8. September frontal an.[31]
Mackensens XVII. AK marschierte dazu über Sensburg auf Lötzen, rechts davon
das I. AK auf Nikolaiken und Johannisburg mit der 3. Reservedivision hinter
seinem rechten Flügel und links das XX. AK über Rastenburg auf Angerburg.[32]
Mackensens Truppen sollten die Entscheidung bringen, scheiterten jedoch
mehrmals mit ihren Attacken, sodass erneut François den Durchbruch schaffen
musste. Dessen Truppen profitierten dabei erheblich von dem ihnen bekannten
Terrain. Contas 1. Infanteriedivision griff beispielsweise auf demselben Weg an,
auf dem sie nur wenige Wochen zuvor im Rahmen einer Korpsgefechtsübung
gegen die 2. Infanteriedivision, seinerzeit noch unter dem Kommando Belows,

---

[28]	BArch, RH 61/185, Die Säuberung, Einträge vom 1. und 3.9.1914. Zum Ansatz der
	deutschen Truppen, zu Aufmarsch und Schilderung der Schlacht siehe BArch, RH 61/1386,
	Versammlung und Aufmarsch hinter der Seenlinie, S. 1–17; BArch, RH 61/1353,
	Abschrift des Tagebuchs des Generals O. von Below, S. 61–83, sowie BArch, RH 61/1336,
	August von Mackensen, Der Feldzug in Ostpreußen, S. 18 f., und BArch RH 61/1358,
	Generalleutnant [Traugott] von Sauberzweig, Die Schlacht an den Masurischen Seen im
	September 1914, S. 1–4 f. Der Armeebefehl für den 2. bis 4.9.1914 findet sich in BArch,
	N 87/36, Wissen und Wehr, November 1921, fol. 11.
[29]	François, Marneschlacht und Tannenberg, S. 251. Ihm gehörte die Hauptreserve Thorn
	(35. Reservedivision) unter Schmettau mit den beiden gemischten Landwehrbrigaden 5
	und 6 sowie der 70. Landwehrbrigade unter Breithaupt.
[30]	BArch, PH 5 II/183, KTB 8. Armee: Eintrag vom 7.9.1914, fol. 58 f., hier fol. 58; BArch,
	RH 61/735, Graf A.[lfred zu] Dohna[-Schlobitten], Der Feldzug in Ostpreußen 1914,
	undatiert (1920), S. 19 f.; Hoffmann, Die Aufzeichnungen, Bd 2, S. 45; BArch, RH 61/185,
	Die Säuberung, Eintrag vom 6.9.1914. Auch in diesem Kontext variieren die Zahlen in der
	Literatur bis hin zu 184 Bataillonen mit 1074 Geschützen auf der deutschen Seite und
	228 Bataillonen mit 924 Geschützen auf der russländischen bei Stone, The Eastern Front,
	S. 67; oder 212 deutschen gegenüber 256 russländischen Bataillonen bei François, Marne-
	schlacht und Tannenberg, S. 278, wo allerdings alle deutschen Verbände eingerechnet
	wurden, also auch die Festungs- und die im Grenzschutz stehenden Landwehrtruppen.
[31]	BArch, MSg 2/3404, Kriegsgeschichte des heutigen Ostpreußens, S. 4; Hoffmann, Die
	Aufzeichnungen, Bd 2, S. 46.
[32]	BArch, RH 61/1336, August von Mackensen, Der Feldzug in Ostpreußen, S. 18.

angetreten war.[33] Nach einem Marsch von rund 120 Kilometern in vier Tagen schloss das I. AK jedenfalls am 9. September zur rechten Flanke des XVII. AK auf und nahm mit seinen Verbänden am folgenden Tag Lyck. Die russländische Führung zog daraufhin ab der Nacht vom 9. auf den 10. September ihren linken Flügel um fast 50 Kilometer zurück und gab die Schlacht damit verloren. Möglicherweise hatte Rennenkampf in dieser Phase die Übersicht verloren, weil er innerhalb von 24 Stunden gleich viermal seinen Gefechtsstand wechselte, wodurch er faktisch die Verbindung zu seinen Truppen abbrach.[34] Vielleicht fürchtete er aber auch das Schicksal Samsonovs und reagierte deswegen übervorsichtig.[35] Immerhin vermochte er seine Armee auf diese Weise der drohenden Umfassung zu entziehen – eine Chance, die man im AOK 8 wiederum nicht rechtzeitig realisierte.[36] Dort war man womöglich von einer Nachricht am 9. September abgelenkt, nach der – fast schon in einer Duplizität der Ereignisse zur Schlacht von Gumbinnen am 20. August – im Süden mindestens zwei russländische Armeekorps sowie mehrere Kavalleriedivisionen auf die Südgrenze Ostpreußens zumarschierten. Obwohl gegen diesen Gegner zwischenzeitlich nur mehr drei schwache deutsche Landwehrbrigaden standen, wurde der Angriff vom AOK 8 dieses Mal fortgesetzt.[37] In der anschließenden Verfolgung bis an den Njemen heran, bei der die deutschen Truppen binnen vier Tagen etwa 100 Kilometer zurücklegten, erlitten die gegnerischen Armeekorps dramatische Verluste: Zwischen 30 000 und 45 000 Mann wurden gefangen genommen, zwischen 50 000 und 70 000 getötet oder verwundet, dazu rund 150 Geschütze erbeutet; die deutschen Verluste betrugen vergleichsweise wenige 9000 Mann.[38]

---

[33] François, Marneschlacht und Tannenberg, S. 258.
[34] Strachan, The First World War, S. 332 f.; BArch, MSg 2/3404, Kriegsgeschichte des heutigen Ostpreußens, S. 4.
[35] Stone, The Eastern Front, S. 68, sowie ausführlicher François, Marneschlacht und Tannenberg, S. 60–268.
[36] BArch, RH 61/185, Die Säuberung, Einträge vom 10.–14.9.1914; Der Weltkrieg 1914 bis 1918. Die militärischen Operationen zu Lande, Bd 2, S. 316 f. Zur Schlacht an den Masurischen Seen siehe auch die Schilderung bei BArch, RH 61/1358, Generalleutnant [Traugott] von Sauberzweig, Die Schlacht an den Masurischen Seen im September 1914, sowie BArch, RH 61/1386, Versammlung und Aufmarsch hinter der Seenlinie, S. 18–31; BArch, RH 61/735, Graf A.[lfred zu] Dohna[-Schlobitten], Der Feldzug in Ostpreußen 1914, undatiert (1920), S. 21–29; Showalter, Tannenberg, S. 326; Stevenson, Der Erste Weltkrieg, S. 94 f.; Solka/Schertler, Schlachten der deutschen Geschichte, S. 168.
[37] BArch, RH 61/185, Die Säuberung, Eintrag vom 9.9.1914; Hoffmann, Die Aufzeichnungen, Bd 2, S. 46 f.
[38] BArch, RH 61/185, Die Säuberung, Einträge vom 10.–14.9.1914; Der Weltkrieg 1914 bis 1918. Die militärischen Operationen zu Lande, Bd 2, S. 316 f.; BArch, PH 5 II/186, KTB 8. Armee/AOK 8: Armee-Tagesbefehl, 15.9.1914, fol. 15 f., hier fol. 16; BArch, MSg 2/3404, Kriegsgeschichte des heutigen Ostpreußens, S. 4. Zur Schlacht an den Masurischen Seen siehe auch die detaillierten Schilderungen bei BArch RH61/1358, Generalleutnant [Traugott] von Sauberzweig, Die Schlacht an den Masurischen Seen im September 1914, und BArch, RH 61/1386, Versammlung und Aufmarsch hinter der Seenlinie, S. 18–31, sowie ergänzend BArch, RH 61/735, Graf A.[lfred zu] Dohna[-Schlobitten], Der Feldzug in Ostpreußen 1914, undatiert (1920), S. 21–29, und Showalter, Tannenberg, S. 326.

Derweil waren die deutschen Verbände an der Südgrenze Ostpreußens vor den neuformierten Resten der russländischen 2. Armee, die man im AOK 8 hinter dem Narew wähnte, zunächst ausgewichen. Nach der Entscheidung im Norden traten sie ab dem 15. September zum Gegenangriff an und zwangen den Gegner auch hier zum Rückzug.[39] Damit waren die zarischen Invasionstruppen, die sich dieses Mal einer Einkreisung rechtzeitig entzogen, zwar fast aus Ostpreußen vertrieben worden, dennoch erschütterten die schweren Niederlagen bei Tannenberg und an den Masurischen Seen die russländische Nordwestfront enorm: Neben den immensen personellen und materiellen Verluste hatten sie vor allem für die Moral der zarischen Truppen fatale Folgen, die während des gesamten weiteren Krieges an der Ostfront spürbar blieben.[40]

Die 1. Armee klar geschlagen, die 2. vernichtet und ihr Oberbefehlshaber tot, zwei der fünf Kommandierenden Generale gefangen, drei wegen Unfähigkeit entlassen – kein Wunder also, dass man diese Nachrichten im Zarenreich zunächst zurückhielt. Intern handelte man dagegen schon und ersetzte Žilinskij als Oberbefehlshaber der Nordwestfront am 17. September durch General der Infanterie Nikolai Vladimirovič Russkii, der bis dahin die russländische 3. Armee höchst erfolgreich in Galizien geführt hatte. Spätestens jetzt hätte es allerdings tiefgreifender Veränderungen in der Kommandostruktur bedurft, ähnlich der Reaktion des französischen Verbündeten nach dem für ihn beinahe desaströsen Kriegsauftakt. Das jedoch geschah nicht, und so setzte sich auch dieses grundsätzliche Problem der zarischen Kriegführung in den nächsten Jahren fort.[41] Doch in der russländischen Öffentlichkeit herrschte zunächst Jubel über den großen Sieg, der zur gleichen Zeit an der galizischen Front über die österreichisch-ungarischen Truppen errungen worden war. Dort hatte man in einer Reihe von Gefechten zwischen dem 23. August und dem 10. September mit dem Höhepunkt in der Schlacht von Lemberg dem Gegner fast 250 000 Mann an Verlusten zugefügt, weitere rund 100 000 gefangen genommen, weit über 400 Geschütze erbeutet und ihn zu einem Rückzug von etwa 240 Kilometern bis an den Rand der Karpaten gezwungen. Die russländischen Verluste waren zwar ähnlich hoch, konnten jedoch ausgeglichen werden.[42]

Diese Ereignisse wiederum führten bei den deutschen Truppenführern zu einer noch stärkeren Überhöhung des eigenen Erfolges, waren doch die russländischen Armeen, gegen die man selbst gekämpft hatte, nicht gerade minderwertiger gewesen als die in Galizien.[43] Schon mit der Einstellung der Verfolgung der bei den Masurischen Seen geschlagenen gegnerischen Truppen am 14. September begann Hindenburg mit den Planungen für eine Angriffsoperation zur Entlastung

---

[39]   BArch, RH 61/185, Die Säuberung, Eintrag vom 16.9.1914; BArch, N 87/36, Wissen und Wehr, November 1921, fol. 9.
[40]   Lakowski, Ostpreußen 1944/45, S. 31.
[41]   Strachan, The First World War, S. 335.
[42]   BArch, RH 61/185, Österreichisch-ungarische Front in Galizien und Polen, Einträge vom 7.–11.9.1914; Showalter, Tannenberg, S. 326 f.; Tuchman, August 1914, S. 362 f.; Oberdörfer, Kriegsschauplatz Ostpreußen, S. 313 f.; Noskoff, Der Mann, der Tannenberg verlor, S. 11.
[43]   Stevenson, Der Erste Weltkrieg, S. 95.

der österreichisch-ungarischen Verbände in Galizien.[44] Allerdings entwickelte die OHL unter ihrem neuen Chef, Generalmajor Erich von Falkenhayn, der seit dem 14. September Moltke ersetzte, eigene Vorstellungen, zumal sie vom k.u.k. Generalstabschef, General der Infanterie Franz Conrad von Hötzendorf, am 15. September angesichts des galizischen Desasters um ein unmittelbares Zusammenwirken gebeten worden war.[45] Weil bis dahin die deutsche Unterstützung alleine aus dem Landwehrkorps Woyrsch bestand, verfügte sie am 17. September die Aufstellung der deutschen 9. Armee unter Hindenburg, dem gleichzeitig die Leitung über alle Operationen im Osten übertragen wurde, und übergab den Oberbefehl über die 8. Armee an General der Artillerie Richard von Schubert.[46] Ihm verblieben das I. AK, das I. Reservekorps, die 3. Reserve- und die 1. Kavalleriedivision, die Hauptreserve Königsberg und die bisherigen Landwehrverbände.[47]

Da das Große Hauptquartier bereits zwei Tage zuvor die Nachricht verbreitet hatte, nun habe man die letzten zarischen Truppen aus Ostpreußen vertrieben, stürzte sich die deutsche Presselandschaft auf diese Nachricht und setzte damit den endgültigen Startschuss für den Heldenkult um Hindenburg.[48] Doch es kam erneut anders: Rennenkampf, der bis dahin hinhaltend gekämpft und auf die ihm zugewiesene 10. Armee unter General der Infanterie Faddej Vasil'evič Sivers gewartet hatte, startete am 25. September zum Gegenangriff und warf die deutschen Verbände erneut auf die Angerapp-Stellung zurück, ungefähr also auf die Linie, auf der bei Gumbinnen die erste große Schlacht geschlagen worden war. Und obwohl die 8. Armee bis dahin etwa 100 000 Mann verloren hatte,[49] entwickelte sich der Feldzug in Ostpreußen zum enormen propagandistischen Erfolg, insbesondere die Schlacht von Tannenberg: »Die Schlacht war ein gewaltiges Ereignis«, schrieb Ludendorff noch 1935:

»Sie und die Schlacht an den Masurischen Seen im September 1914 [...] ermöglichten es, die inzwischen in Galizien geschlagene österreichisch-ungarische Armee unmittelbar zu unterstützen. Diesem Zweck dienten die Operationen in Südpolen mit ihrem Vormarsch aus Oberschlesien gegen die Weichsel im Oktober 1914.«[50]

---

[44] BArch, RH 61/1388, Hans von Tieschowitz, Die von der 8. Armee in der Zeit von Mitte September bis Ausgang des Jahres 1914 geführte strategische Verteidigung, S. 1.

[45] BArch, RH 61/185, Österreichisch-ungarische Front in Galizien und Polen, Eintrag vom 15.9.1914, sowie grundsätzlich Höbelt, »So wie wir haben nicht einmal die Japaner angegriffen«, und Dornik, Des Kaisers Falke.

[46] BArch, RH 61/1388, Hans von Tieschowitz, Die von der 8. Armee in der Zeit von Mitte September bis Ausgang des Jahres 1914 geführte strategische Verteidigung, S. 2; BArch, RH 61/185, Österreichisch-ungarische Front in Galizien und Polen, Eintrag vom 7.9.1914.

[47] François, Marneschlacht und Tannenberg, S. 286.

[48] Pyta, Hindenburg, S. 93–101.

[49] Stevenson, Der Erste Weltkrieg, S. 94 f.; Keegan, Der Erste Weltkrieg, S. 219; ausführlicher Stone, The Eastern Front, S. 92–107.

[50] Ludendorff, Schlußbetrachtung, in: Die Schlacht, S. 43–50, hier S. 43 f.

2. Der Herbstfeldzug 1914[51]

Im Norden der Ostfront sah sich der neue Oberbefehlshaber der 8. Armee, General der Artillerie Richard von Schubert, vor einer schwierigen Lage, als er am 19. September im AOK 8, inzwischen in Insterburg, eintraf.[52] Der 64-jährige Schubert war 1911 pensioniert, zu Beginn des Weltkrieges aber reaktiviert worden und hatte als Kommandierender General des XIV. Reservekorps mit der 7. Armee an der Westfront gekämpft.[53] Zunächst war er für den Oberbefehl über die ab dem 17. September an der schlesisch-polnischen Grenze neu aufzustellende 9. Armee vorgesehen gewesen, die aus zwei Armeekorps der 8. Armee und zwei weiteren in Ostpreußen rekrutierten Armeekorps bestehen sollte. Ludendorff sollte sein Generalstabschef werden.[54] Wegen der Dringlichkeit entschied sich Falkenhayn jedoch um, übertrug Schubert das Kommando über die 8. und Hindenburg das über die 9. Armee, mit der er umgehend bei Krakau den Anschluss an die österreichisch-ungarische Front suchen musste. Weil der zwischenzeitliche »Held von Tannenberg« gleichzeitig die operative Gesamtleitung im Osten erhielt, beließ man ihm Ludendorff.[55] Stattdessen bekam Schubert den bisherigen Oberquartiermeister der 8. Armee, Generalmajor Grünert, als Generalstabschef zugeteilt.[56]

Vor seiner Front stand die russländische 2. Armee mit etwa 6 ½ Infanterie- und drei Kavalleriedivisionen südlich des Narew, die nur mit Teilen an der Schlacht bei den Masurischen Seen beteiligte 10. Armee mit sechs Infanterie- und einer Kavalleriedivision am oberen Bobr und die 1. Armee mit immer noch 8 ½ Infanterie-, acht Reserve- und 4 ½ Kavalleriedivisionen hinter dem Njemen zwischen Olita und Kowno. Schubert selbst verfügte hingegen nur über drei schwache Gruppen: Die erste auf dem rechten Flügel bei Prasnysch bildeten die Hauptreserven der Festungen Thorn und Graudenz zusammen mit der 70. Landwehrbrigade. Die zweite Gruppe in der Mitte bestand aus der 1. Landwehrdivision bei Grajewo, der 3. Reservedivision bei Augustowo und der 1. Kavalleriedivision bei Suwalki nebst dem sich im Anmarsch befindenden I. AK mit der 6. Landwehrbrigade. Die dritte Gruppe auf dem linken Flügel schließlich setzte sich aus dem I. Reservekorps, der Landwehrdivision Königsberg sowie der aus Tilsit stammenden 9. Landwehrbrigade zusammen. Damit waren die insgesamt etwa zehn deutschen Infanteriedivisionen, davon die Hälfte Land- wehr- und Ersatztruppen, samt einer Kavalleriedivision den 29 russländischen Infanterie- und 8 ½ Kavalleriedivisionen, davon nur rund ein Drittel Reserve-

---

[51] Siehe hierzu Der Weltkrieg 1914 bis 1918, Bd 6.
[52] BArch, RH 61/1388, Hans von Tieschowitz, Die von der 8. Armee in der Zeit von Mitte September bis Ausgang des Jahres 1914 geführte strategische Verteidigung, S. 2.
[53] Priesdorff, Soldatisches Führertum, Bd 10, S. 410–415.
[54] BArch, RH 61/185, Österreichisch-ungarische Front in Galizien und Polen, Eintrag vom 15.9.1914.
[55] Ebd., Eintrag vom 17.9.1914. Zu den Operationen der 9. Armee siehe Hoffmann, Die Aufzeichnungen, Bd 2, S. 51–63.
[56] BArch, RH 61/1388, Hans von Tieschowitz, Die von der 8. Armee in der Zeit von Mitte September bis Ausgang des Jahres 1914 geführte strategische Verteidigung, S. 2.

formationen, numerisch etwa 1:3 unterlegen.[57] Daher hatte man zusätzliche Verteidigungsanlagen an der ostpreußischen Südgrenze bei Mlawa sowie im Norden bei Wirballen angelegt, die Befestigungsanlagen von Lötzen erweitert und mit dem Stellungsbau an der Angerapp begonnen. Schuberts Auftrag war es, mit seiner 8. Armee »Ost- und Westpreußen gegen einen erneuten Einfall [zu] schützen«.[58] Seine Front reichte dabei über 350 Kilometer von Ciechanow bis Tauroggen, er ging allerdings davon aus, sein Gegner wäre angesichts der erlittenen Niederlagen zunächst zu keiner größeren Unternehmung in der Lage. Um ihm eine größere eigene Stärke zu suggerieren, beabsichtigte Schubert seine Aufgabe offensiv zu lösen. Wie seine Vorgänger hatte er sich mit der Eigenwilligkeit von François auseinanderzusetzen, der auch jetzt Befehle nicht befolgte, ohne das AOK davon zeitgerecht in Kenntnis zu setzen.

Entgegen der deutschen Annahme hatte die russländische Führung die zwischenzeitliche Schwächung der deutschen 8. Armee sehr wohl längst erkannt und am 25. September mit der 1. und 10. Armee über den Njemen hinweg angegriffen.[59] Als Schubert angesichts dieser bedrohlichen Lageentwicklung für die 8. Armee Anfang Oktober seine geplanten Offensivoperationen in defensive wandelte, um nicht in eine Umfassung hineinzulaufen, widersetzte sich François nicht nur, sondern nutzte erneut sein Immediatsrecht beim Kaiser: Im Kontext des Rückzuges der 8. Armee an die Angerapp – »[a]us Gründen, die mir unverständlich [sind]« – »fühl[t]e [er sich] verpflichtet [...] Euer Majestät zu melden«: »Die Operationen der letzten 10 Tage lassen erkennen, dass der Oberbefehlshaber schlecht beraten ist.«[60]

Damit löste er eine knappe Anfrage der OHL bei Schubert über dessen weitere operativen Absichten aus; außerdem bestellte Wilhelm II. den Oberbefehlshaber für den 4. Oktober 1914 »zu persönlicher Rücksprache« in sein Großes Hauptquartier nach Charleville ein, während er gleichzeitig das Kommando über die 8. Armee François übertrug – offiziell zunächst zwar in Vertretung, aber ein gleichzeitiges Telegramm Falkenhayns ergänzte den Auftrag:

> »S.M. hat Ihnen das Kommando über die 8. Armee in der Voraussetzung übertragen, dass Sie alles daran setzen werden, durch umfassende Operationen gegen die Russen, Ihren bisherigen Erfolgen neue hinzuzufügen. Eine Beschränkung wird Ihnen nicht auferlegt.«[61]

---

[57] Ebd., S. 2 f.; BArch, RH 61/185, Österreichisch-ungarische Front in Galizien und Polen, Eintrag vom 17.9.1914; BArch, RH 61/185, Die Ereignisse in Ostpreussen, Eintrag vom 19.9.1914.

[58] BArch, RH 61/1388, Hans von Tieschowitz, Die von der 8. Armee in der Zeit von Mitte September bis Ausgang des Jahres 1914 geführte strategische Verteidigung, S. 3; BArch, RH 61/185, Österreichisch-ungarische Front in Galizien und Polen, Eintrag vom 17.9.1914.

[59] BArch, RH 61/1388, Hans von Tieschowitz, Die von der 8. Armee in der Zeit von Mitte September bis Ausgang des Jahres 1914 geführte strategische Verteidigung, S. 4 f.; BArch, RH 61/185, Die Ereignisse in Ostpreussen, Einträge vom 27.9.–1.10.1914.

[60] Zit. nach BArch, RH 61/1388, Hans von Tieschowitz, Die von der 8. Armee in der Zeit von Mitte September bis Ausgang des Jahres 1914 geführte strategische Verteidigung, S. 9. Zur Lageentwicklung bis dahin siehe BArch, RH 61/185, Die Ereignisse in Ostpreussen, Einträge vom 27.9.–3.10.1914.

[61] Zit. nach BArch, RH 61/1388, Hans von Tieschowitz, Die von der 8. Armee in der Zeit von Mitte September bis Ausgang des Jahres 1914 geführte strategische Verteidigung,

Tatsächlich konterkarierte François die Absichten Schuberts, indem er bereits am folgenden Tag mit fünf Divisionen angriff. Anfangs gelang es ihm auch, den Gegner zurückzuwerfen, doch bereits tags darauf lief sich der Angriff fest. Notgedrungen musste er daraufhin zur Verteidigung übergehen und damit zu genau dem Plan, für den Schubert abberufen worden war, nun allerdings in einer prekären Situation, aus der ihn erst der Angriff der deutschen 9. Armee erlöste, weil er russländische Truppenverschiebungen Richtung Süden erzwang.[62] Schubert hatte also recht daran getan, auf diese Chance zu warten; angesichts seiner zwischenzeitlichen Verluste musste stattdessen nun François am 8. Oktober sogar Verstärkungen bei der OHL beantragen, die mit dem neu aufgestellten XXV. Reservekorps ab dem 12. Oktober auch eintrafen.[63] Trotz des Hinweises von dessen Kommandierendem General, dem 1913 in den Ruhestand versetzten und bei Kriegsbeginn reaktivierten 63-jährigen General der Infanterie Reinhard Freiherr von Scheffer-Boyadel, sein Reservekorps sei »trotz dringendem Wunsch an den Feind zu kommen, [...] nicht verwendungsfähig«, setzte François es schon einen Tag später zum Angriff an, als der russländische Gegner immer mehr Truppen in den Süden abzog.[64] In der Folge verlor das XXV. Reservekorps bis Ende Oktober 11 500 Mann, 4500 davon durch Krankheit, musste am 26. Oktober aus dem Angriff genommen werden und konnte hernach nur als Flankenschutz dienen. Selbst bei François' I. AK forderten die großen Strapazen der andauernden Angriffe, die inzwischen sogar zu Munitionsmangel geführt hatten, immensen Tribut: Alleine am 24. Oktober verlor es 3470 Mann.[65] Insofern war der Angriff von Hindenburgs 9. Armee, der endlich den österreichisch-ungarischen Truppen die ersehnte Hilfe bringen sollte, eher eine Entlastung für François, als dass er diesen seinerseits zu unterstützen vermochte – was so ziemlich das genaue Gegenteil dessen war, was Schubert seinerzeit hatte erreichen wollen. François hatte einmal mehr seinen eigenen Krieg geführt:

»Die 8. Armee unterstand zwar dem Oberkommando-Ost, d.h. dem General v. Hindenburg, von dort erhielt ich indessen weder Anweisungen noch leitende Gesichtspunkte. Bindend blieb für mich daher der Allerhöchste Auftrag, Ost- und Westpreußen zu schützen.«[66]

Ohnehin kam diese Offensive der 9. Armee sehr spät. Ihr Auftrag war es, zwar selbstständig, aber im Einvernehmen mit der österreichisch-ungarischen Heeresleitung gegen die Flanke und den Rücken der russländischen Heeresgruppe

---

S. 10 f. Nach François' Aussage erhielt er den Oberbefehl bereits am 3. Oktober mit dem Auftrag, »Ost- und Westpreußen zu schützen«; François, Marneschlacht und Tannenberg, S. 286.

[62] BArch, RH 61/1388, Hans von Tieschowitz, Die von der 8. Armee in der Zeit von Mitte September bis Ausgang des Jahres 1914 geführte strategische Verteidigung, S. 12 f.; BArch, RH 61/185, Die Kämpfe in Ostpreussen, Einträge vom 5. und 6.10.1914

[63] BArch, RH 61/185, Die Kämpfe in Ostpreussen, Einträge vom 5. und 6.10.1914 sowie Einträge vom 6. und 9.10.1914.

[64] Zit. nach BArch, RH 61/1388, Hans von Tieschowitz, Die von der 8. Armee in der Zeit von Mitte September bis Ausgang des Jahres 1914 geführte strategische Verteidigung, S. 14; BArch, RH 61/185, Die Kämpfe in Ostpreussen, Eintrag vom 13.10.1914.

[65] BArch, RH 61/1388, Hans von Tieschowitz, Die von der 8. Armee in der Zeit von Mitte September bis Ausgang des Jahres 1914 geführte strategische Verteidigung, S. 15; BArch, RH 61/185, Die Kämpfe in Ostpreussen, Einträge vom 24. und 26.10.1914.

[66] François, Marneschlacht und Tannenberg, S. 287.

vor der k.u.k. Front zu operieren. Es hatte etlicher Besprechungen zwischen Hindenburg und Conrad von Hötzendorf bedurft, ehe man sich auf ein konkretes gemeinsames Vorgehen zu einigen vermochte.[67] Am 25. September hielten die österreichisch-ungarischen Truppen schließlich ihren Rückzug an und drei Tage später trat die 9. Armee, zu der neben dem Garde-Reservekorps das XI., XVII. und XX. AK sowie das Landwehrkorps Woyrsch, die Hauptreserve Posen und die 8. Kavalleriedivision gehörten, insgesamt also elf Infanteriedivisionen und eine Kavalleriedivision, aus ihrem Versammlungsraum nördlich Krakau den Vormarsch Richtung Kielce an.[68] Den nun vereint operierenden Verbänden der Verbündeten standen insgesamt 42 zarische Infanterie- und elf Kavalleriedivisionen mit rund einer halben Million Mann und 1578 Geschützen gegenüber, gegen die es in harten Gefechten bis Ende Oktober immerhin gelang, die Lage an der österreichisch-ungarischen Front wenigstens zu stabilisieren.[69] Der gemeinsame Angriff auf Warschau und Ivangorod scheiterte hingegen: Bereits am 14. Oktober mussten sich die deutschen Truppen wieder zurückziehen, und nur weil die russländischen Verbände nicht energisch nachstießen, scheiterte auch deren Gegenoffensive bis zum 26. Oktober, sodass die deutschen Truppen schließlich geordnet in ihre Ausgangsstellungen zurückgeführt werden konnten.[70]

Hindenburg befahl daraufhin François, alle verfügbaren Kräfte an die 9. Armee abzugeben, doch der ließ die ersten entsprechenden Telegramme gänzlich unbeantwortet und entsandte erst nach erheblichem Druck inklusive eines achttägigen Telegrammwechsels mit dem Oberbefehlshaber im Osten (Ober Ost) ab dem 6. November das I. und XXV. Reservekorps. Obwohl ausdrücklich kampfkräftige, »zur Offensive befähigte Truppenkörper« gefordert waren, gab er seine schwächsten Verbände ab. François hatte seine eigene Offensivoperation bereits am 31. Oktober einstellen müssen, doch er nahm erst jetzt seine Linien bis nach Stallupönen zurück, griff von dort aus am 7. November aber erneut an.[71] Damit überraschte er zwar seinen russländischen Gegner und brachte auch 4000 Gefangene ein, er musste die Operation aber bereits am 8. November wieder abbrechen, weil er sein eigenes Zentrum vollständig aufgerissen hatte.[72] Der Kommandeur der dadurch isolierten 3. Reservedivision, Curt von Morgen, warnte daraufhin telefonisch den Generalstab des Ober Ost, der seit November 1914 das deutsche Besatzungsgebiet an der Ostfront verwaltete,[73] »die Anordnungen des Generals von François seien unverständlich und müssten zur Katastrophe führen«.

---

[67] BArch, RH 61/185, Österreichisch-ungarische Front in Galizien und Polen, Einträge vom 18. bis 23.9.1914.

[68] Ebd., Einträge vom 25. und 28.9.1914.

[69] Ebd., Eintrag vom 30.9.1914. Zu den Vorgängen im Einzelnen siehe BArch, RH 61/185, Polnisch-galizischer Kriegsschauplatz, Einträge vom 1.10.–31.10.1914.

[70] Khavkin, Russland gegen Deutschland, S. 72 f.

[71] BArch, RH 61/185, Die Kämpfe in Ostpreussen, Einträge vom 30.10. und 2.11.1914; BArch, RH 61/1388, Hans von Tieschowitz, Die von der 8. Armee in der Zeit von Mitte September bis Ausgang des Jahres 1914 geführte strategische Verteidigung, S. 16. François hatte zunächst nur die 35. Reservedivision des I. Reservekorps abgegeben, Hindenburg ihn aber am 5.11. auch zur Überstellung von dessen 1. Reservedivision gezwungen. Zu François' Sicht siehe François, Marneschlacht und Tannenberg, S. 287 f.

[72] BArch, RH 61/1388, Hans von Tieschowitz, Die von der 8. Armee in der Zeit von Mitte September bis Ausgang des Jahres 1914 geführte strategische Verteidigung, S. 16.

[73] Siehe hierzu grundsätzlich Liulevicius, Kriegsland im Osten.

Daher sei »[s]ofortige Abhilfe [...] dringend notwendig«. Für seine Division erbat er im gleichen Atemzug förmlich die Teilnahme an der Offensive der 9. Armee. In einem dadurch ausgelösten Telefongespräch mit Ludendorff bat François um die Enthebung von seinem Kommando, woraufhin das Große Hauptquartier ihn durch Otto von Below als Oberbefehlshaber der 8. Armee ersetzte. François hatte damit seinen Posten auf dieselbe Art und Weise verloren, wie er ihn sich wenige Wochen zuvor angeeignet hatte.[74]

Below ordnete seine nur mehr aus 6 ½ Infanteriedivisionen, die Hälfte davon Landwehrformationen, und einer Kavalleriedivision bestehende 8. Armee, beabsichtigte aber ebenfalls, die Verteidigung offensiv zu führen. Am 13. November griff er bei der Rominter Heide an, musste seine Truppen nach kurzfristigem Erfolg drei Tage später aber wieder auf die Linie Darkehmen–Gumbinnen zurücknehmen und sich dort zur Verteidigung einrichten. Da die OHL ihm Verstärkungen verweigerte, verzichtete er notgedrungen auf weitere Offensiven und musste dem Ober Ost sogar noch eine der beiden ihm verbliebenen aktiven Divisionen, die 1. Infanteriedivision, zur vermeintlichen Hauptentscheidung zur Verfügung stellen. Mit der Handvoll verbliebener Divisionen schaffte er es immerhin, den sechs russländischen Armeekorps vor seiner Front das weitere Vordringen zu verwehren.[75] Nach einer deutschen Großoffensive aus dem Raum Lodz vom 11. November an, welche die zarischen Truppen in die Defensive zwang, konnte die Katastrophe für die österreichisch-ungarischen Streitkräfte wenigstens verhindert werden; Ende November erstarrte die gesamte Ostfront von der Ostsee bis zu den Karpaten.[76]

Erst im Januar 1915, als die OHL dem Ober Ost weitere vier Armeekorps zuwies – darunter war nur das XXI. AK von der Westfront kampferprobt, bei den anderen handelte es sich um die drei neu aufgestellten XXXIX., XXXVIII. und XXXX. Reservekorps –, konnte mit ihnen die neue deutsche 10. Armee gebildet werden. Sie sammelte sich bis zum 25. Januar im Raum Insterburg–Tilsit und drängte anschließend in ihrer Winteroffensive den zarischen Gegner endgültig aus Ostpreußen heraus – am 10. Februar 1915 erreichten die Truppen russländischen Boden. Mitte März führte ein zarischer Gegenangriff noch einmal zu einer viertägigen Besetzung Memels, doch nach dessen Abwehr musste sich die russländische 10. Armee tief auf eigenes Territorium zurückziehen. Dabei erlitt sie mit 110 000 Mann und Hunderten Geschützen erneut herbe Verluste.[77] Dies sollte jedoch nur der Auftakt für weitere katastrophale Niederlagen der zarischen

---

[74] Zit. nach BArch, RH 61/1388, Hans von Tieschowitz, Die von der 8. Armee in der Zeit von Mitte September bis Ausgang des Jahres 1914 geführte strategische Verteidigung, S. 16 f. In seiner eigenen Darstellung wollte François selbst »Seine Majestät um eine andere Verwendung« gebeten haben; François, Marneschlacht und Tannenberg, S. 289.

[75] BArch, RH 61/1388, Hans von Tieschowitz, Die von der 8. Armee in der Zeit von Mitte September bis Ausgang des Jahres 1914 geführte strategische Verteidigung, S. 17–19; BArch, N 87/13, 8. Armee: Kämpfe und Einsätze im Osten: Kriegsgliederung gegenüberstehender russischer Streitkräfte, 14.11.1914–15.1.1915; BArch, N 87/12, 8. Armee: Einsatz im Osten: Armeebefehle und besondere Anordnungen, 25.1.2.1914 bis 20.2.1915.

[76] Oberdörfer, Kriegsschauplatz Ostpreußen, S. 318 f., sowie ausführlich Rauchensteiner, Der Erste Weltkrieg, S. 247–325.

[77] Lakowski, Ostpreußen 1944/45, S. 33; Oberdörfer, Kriegsschauplatz Ostpreußen, S. 319 f., sowie ausführlicher Stone, The Eastern Front, S. 107–121.

Streitkräfte sein, die im Juni 1915 in den berüchtigten »Großen Rückzug« mündeten. Alle offensiven Pläne der russländischen militärischen Führung waren damit endgültig gescheitert, der Krieg im Osten fand von nun an ausschließlich auf eigenem Territorium statt.[78]

Der dafür bezahlte Preis war auf beiden Seiten enorm: Alleine während dieser Kämpfe in Ostpreußen kamen bis zum März 1915 insgesamt 61 000 Soldaten ums Leben, darunter 28 203 deutsche und 33 677 russländische.[79] Mehr als ein Drittel der deutschen Toten stammte dabei aus Ost- und Westpreußen, 6641 aus Ost- und 4048 aus Westpreußen.[80] Inklusive der Schwerverwundeten verloren die deutschen Streitkräfte auf dem östlichen Kriegsschauplatz bis Ende des Jahres 1914 dauerhaft 195 254 Mann, davon 22 098 im August, 24 134 im September, 37 590 im Oktober, 56 026 im November und 55 406 im Dezember 1914.[81]

Auf zarischer Seite war es noch weit schlimmer verlaufen: Die Kämpfe alleine der ersten beiden Kriegsmonate führten bis September 1914 zu einem Gesamtverlust von 250 000 gut ausgebildeten Soldaten, von denen etwa 145 000 in Gefangenschaft gerieten, sowie zu beträchtlichen, nur schwer zu ersetzenden Materialverlusten.[82] Neuere russländische Forschungen geben die Verlustzahlen mit 4394 Offizieren sowie 232 887 Unteroffizieren und Mannschaften für die gesamte »Ostpreußische Operation« an, alles in allem 237 281, rechnen also Tote, Verwundete, Vermisste und Gefangene für die Schlachten von Tannenberg und an den Masurischen Seen im Zeitraum vom 17. August bis zum 15. September 1914 ein.[83] Bei gleichzeitigen deutschen Verlusten von insgesamt 42 630 Mann verloren die zarischen Streitkräfte in Ostpreußen damit Soldaten im Verhältnis von etwa 6:1 zu ihrem Gegner. Von den deutschen Verlusten fanden 7056 Mann den Tod, 26 661 wurden verwundet und 8852 gingen in Gefangenschaft oder wurden vermisst.[84]

Kein Wunder also, dass der Verlauf der Kämpfe um Ostpreußen den verantwortlichen zarischen Generalen ihre Karriere, teilweise auch Gesundheit oder gar das Leben kostete: Samsonovs Vorgesetzter Žilinskij wurde nach seiner Ablösung als Oberbefehlshaber der Nordwestfront ins Kriegsministerium versetzt und bis zum Herbst 1916 lediglich als Verbindungsoffizier im französischen Hauptquartier eingesetzt und schied nach einer weiteren Verwendung im Kriegsministerium am 19. September 1917 aus gesundheitlichen Gründen aus dem Dienst. Noch im selben Jahr wurde er nach einem gescheiterten Fluchtversuch ins Ausland von Bolschewiki verhaftet und anschließend erschossen.[85] Rennenkampf, der dauernden Vorwürfe wegen seiner deutsch-baltischen Herkunft bis hin zum Verrat wohl überdrüssig, quittierte im Oktober 1915 den Dienst, offiziell aus

[78]   Siehe zum weiteren Fortgang z.B. die Schilderung Hoffmanns bei Hoffmann, Die Aufzeichnungen, Bd 2, S. 75–232.
[79]   Dehnen, Die Kriegsgräber in Ostpreußen, S. 11; Traba, Ostpreußen, S. 37, Anm. 8.
[80]   Dehnen, Über die Zahl der Gefallenen, S. 329.
[81]   Die Verluste des Weltkrieges, Tafel 8.
[82]   Lakowski, Ostpreußen 1944/45, S. 31; Khavkin, Russland gegen Deutschland, S. 71.
[83]   Nelipovič, Russkij front Pervoj mirovoj vojny, S. 24–30.
[84]   Ebd., S. 32–37.
[85]   Zalesskij, Kto byl kto; http://www.grwar.ru/persons/persons.html?id=48 (letzter Zugriff 30.5.2018); Jepančin, Moi vospominanija, hier S. 113 f. Für die Hinweise und Übersetzungen danke ich meiner Kollegin Emilie Terre.

familiären Gründen, und zog sich auf sein Landgut am Schwarzen Meer zurück. Nach der Februarrevolution 1917 wurde er verhaftet, zunächst in der Peter- und-Paul-Festung inhaftiert, dann aufgrund mangelnder Beweise nach der Oktoberrevolution freigelassen. Wei er sich 1918 weigerte, sich der Roten Armee anzuschließen, wurde er von Rotarmisten am 16. März verhaftet und am 1. April 1918 erschossen.[86]

Auch für die Kommandierenden Generale der bei Tannenberg vernichteten russländischen Armeekorps bedeutete die Niederlage das zwischenzeitliche Karriereende: Der schon während der Schlacht seines Postens enthobene Leonid Konstantinovič Artamonov fand sich ab dem 28. August 1914 zuerst in der Reserve des Militärbezirks Minsk wieder, ab Frühjahr 1916 dann des Petersburger Militärbezirks. Vom 29. Januar bis 12. April 1917 erhielt er kurzfristig das Kommando über die 18. Sibirische Schützen-Division, wurde dann jedoch endgültig aus dem Dienst entlassen. Das geriet ihm nach dem Krieg unter der sowjetischen Herrschaft nicht zum Nachteil: Er konnte sich erneut seinen wissenschaftlichen Forschungen widmen, bis 1921 im Statistischen Amt des Moskauer Magistrats und bis 1924 als Ingenieur im Moskauer Komitee des Staatlichen Bauamts sowie im Moskauer Militärtechnischen Amt; er ver- starb 1932.[87] In der Reserve des Minsker Militärbezirks war er auf Aleksandr Aleksandrovič Blagoveščenskij, der am 30. August 1914 sein Kommando verloren hatte, und Kiprian Antonovič Kondratovič getroffen. Ersterer schied am 2. März 1915, offiziell aus gesundheitlichen Gründen, aus dem Dienst und verstarb am 19. März 1918 in Moskau an einer Lungenentzündung.[88] Kondratovič erhielt dagegen am 17. Mai 1917 das Kommando über die 75. Infanteriedivision und stellte sich nach dem Kriegsende den »Weißen« zur Verfügung. Nach der Oktoberrevolution in den Zentralen Weißrussischen Militärrat gewählt, leitete er das Organisationsbüro der weißrussischen Armee, im Anschluss an die Proklamation der Weißrussischen Volksrepublik am 25. März 1918 stieg er zum Mitglied des Volkssekretariats der Volksrepublik Weißrusslands auf. Im Dezember 1918 avancierte er noch zum faktischen Verteidigungsminister und war in dieser Funktion Mitglied der Delegation bei der Versailler Friedenskonferenz. Nach der polnischen Okkupation des westlichen Weißrussland 1920 ging Kondratovič nach Litauen ins Exil, wo er bis zu seinem Rücktritt 1921 Vizeminister für Volksverteidigung war. Bis zu seinem Tod am 31. Oktober 1932 lebte er auf seinem Gut bei Grodno (Lidskij uezd).[89]

Kljuev und Martos, die zusammen mit weiteren elf Generalskameraden bei Tannenberg in deutsche Gefangenschaft gerieten, erlebten dort das Ende des Krieges im Osten. Nach ihrer Freilassung schlossen sie sich den »Weißen« im Russischen Bürgerkrieg an. Kljuev, der zu Jahresbeginn 1919 zwischenzeitlich nach Kopenhagen emigriert war, kehrte im Juli 1919 zurück, erlebte den Sieg der Roten Armee als Generalquartiermeister im Stab des Oberbefehlshabers und ging

[86] Vgl. http://www.grwar.ru/persons/persons.html?id=16 (letzter Zugriff 30.5.2018); Golicyn, General Pavel Karlovič Rennenkampf, hier S. 560–576; Zalesskij, Kto byl kto, S. 517–521. Für die Hinweise und Übersetzungen danke ich meiner Kollegin Emilie Terre.
[87] Vgl. http://www.grwar.ru/persons/persons.html?id=26 (letzter Zugriff 30.5.2018).
[88] Vgl. http://www.grwar.ru/persons/persons.html?id=30 (letzter Zugriff 30.5.2018).
[89] Vgl. http://www.grwar.ru/persons/persons.html?id=53 (letzter Zugriff 30.5.2018); Doku- menty perioda komandovanija generalom ot kavalerii, bes. S. 341.

anschließend nach Finnland, wo er am 29. Dezember 1921 verstarb.[90] Martos musste sich mehrere Monate lang medizinischen Behandlungen in sowjetischen Hospitälern unterziehen, reiste anschließend als gebürtiger Ukrainer nach Kiew, wurde dort aber verhaftet und kam nur aufgrund seiner guten Beziehungen zum Kriegsminister des jungen ukrainischen Staates wieder frei. Er kämpfte auf der Krim gegen die Rote Armee und floh im März 1920 aus Novorossijsk zuerst nach Saloniki, dann nach Zagreb, von wo aus er als Angehöriger des ukrainischen Kriegsministeriums und Mitglied der Offiziersvereinigung des Generalstabes weiter gegen die Bolschewiki agitierte; er verstarb am 14. Oktober 1933.[91]

---

[90] Vgl. http://www.grwar.ru/persons/persons.html?id=50 (letzter Zugriff 30.5.2018); Zalesskij, Kto byl kto, S. 310–311.
[91] Vgl. http://www.grwar.ru/persons/persons.html?id=63 (letzter Zugriff 30.5.2018); Zalesskij, Kto byl kto, S. 396 f.

VI. Das Gesamtbild der Schlacht

»Stets hatte das A.O.K., auch auf freiem Felde Tische und Stühle aufgebaut, Karten ausgebreitet, in welche Freund und Feind eingezeichnet wurden, Telefonverbindung mit dem nächsten Postamt und von dort zu allen Kommandobehörden, Funkenstationen zur Hand, Automobile mit Nachrichten- und Erkundungsoffizieren in nächster Nähe. Alles dieses im Vereine mit den Fliegern und russischen Funksprüchen arbeitete glänzend.«[1]

So wollte der Generaladjutant der 8. Armee, Graf Dohna-Schlobitten, die Führung der Schlacht von Tannenberg in der Erinnerung transportieren: Modernes wie präzises deutsches Feldherrentum, stets Herr der Lage und klar in der Befehlsgebung. In dieser Sichtweise wurde er zeitgenössisch scheinbar von vormals Verantwortlichen auf russländischer Seite unterstützt, die wie Jurij Danilov zwischenzeitlich freilich angesichts von Revolutionen und Bürgerkrieg exiliert waren. Dieser meinte, es sei besonders »die Kriegskunst unserer Gegner [...] zu unterstreichen, eine Kriegskunst, die vor allem darin bestand, mit großer Klugheit jeden unserer Fehler sich zunutze zu machen. Sie verstanden es, auch einmal etwas zu wagen, und schwebten mehr als einmal zwischen Sieg und Niederlage«.[2] Ganz im Gegensatz dazu stellte Max Hoffmann zeitglich klar: »Was den Verlauf der Schlacht anbetrifft, so kann man nicht leugnen, daß eine Reihe der wichtigsten Geschehnisse nicht auf die Befehle des Oberkommandos hin erfolgte, sondern auf Grund eigener Initiative der Unterführer«.[3]

Trotzdem konzentrierte sich die vor allem vom Potsdamer Reichsarchiv lancierte Meisterzählung darauf, den Wert und die Leistung der kaiserlichen militärischen Elite in den Vordergrund zu rücken. Obwohl den Bearbeitern dort guten Gewissens professionelle Recherche attestiert werden kann, sollte das Ergebnis kein wissenschaftliches Werk sine ira et studio sein, sondern ein affirmatives Bekenntnis »zum nationalen deutschen Machtstaat, der den Wechsel des politischen Systems überdauert hatte«, sowie zum preußisch geprägten Militär als dessen »wichtigste[r] Säule«, wie das Wirken des Reichsarchivs von Markus Pöhlmann charakterisiert worden ist.[4] Insofern ist auch seinem Urteil zuzustimmen, dass »das Hauptinteresse der Reichswehr die Garantie eines generalstabsmäßigen Kriegswerkes und die Erledigung militärfachlicher Forschungsarbeiten zu Kriegserfahrungen« war und dass die von ihm konstatierte »Remilitarisierung

---

[1]   BArch, RH 61/735, Graf A.[lfred zu] Dohna[-Schlobitten], Der Feldzug in Ostpreußen 1914, undatiert (1920), S. 13.
[2]   Danilov, Rußland im Weltkriege, S. 221.
[3]   So Max Hoffmann nach Hoffmann, Die Aufzeichnungen, Bd 2, S. 310.
[4]   Pöhlmann, Kriegsgeschichte und Geschichtspolitik, S. 159.

https://doi.org/ https://doi.org/10.1515/9783110733518-006

der Kriegsgeschichtsschreibung im Zuge der allgemeinen Wiederaufrüstung [der 1930er-Jahre] [...] somit letztlich nur noch eine bereits zehn Jahre zuvor begonnene Entwicklung [vollendete]«.[5]

Hier bildet sich die fatale Koinzidenz zwischen der Politik der Reichswehrführung, durchaus im Verbund mit anderen, nicht zuletzt ministeriellen Ressorts, und weiten Teilen der deutschen Bevölkerung in prägnanter Weise ab, die den gesamtgesellschaftlichen Rechtsruck in der zweiten Hälfte der Weimarer Republik formatierte. Dabei stellt die von Messerschmidt so herausgearbeitete »Teilidentität der Ziele« von weiten Teilen des Militärs mit dem Nationalsozialismus das eine große Puzzlestück dar, die Hoffnung auf einen die Geschicke leitenden *starken Mann* das andere. Letztere Position nahm zwischenzeitlich Hindenburg ein, der nicht zuletzt in seiner Zuschreibung als Ersatzkaiser solche Sehnsüchte in seiner Person verband, was ihn schlussendlich just in dieser Phase zum Reichspräsidenten prädestinierte. Die bis ins Absurde reichende Verehrung seiner Person verdankte er dabei vor allen Dingen dem Nimbus des Siegers von Tannenberg und weiter noch dem vermeintlichen Retter Ostpreußens. Dass dieser Ruhm sich zunehmend auf ihn alleine fokussierte, je weiter das historische Ereignis sich zeitlich entfernte, steuerte Hindenburg ebenso instinktsicher, wie er seinerzeit den Erfolg angesichts allgemeiner Bedürfnisse in der deutschen Bevölkerung umgehend zu vermarkten wusste. Wie wenig sich demgegenüber abweichende Bewertungen durchsetzten, unterstreicht allerdings nicht nur die Vehemenz des Willens derjenigen, die ganz bewusst das Narrativ eines von seinen Fähigkeiten überzeugten und deswegen in sich ruhenden Feldherrn transportierten, sondern auch die Empfänglichkeit weiter Teile der deutschen Bevölkerung für eine Heldengeschichte aus dem Weltkrieg, dessen Rezeption immer mehr vom Verdikt des »Schandfriedens von Versailles« in begrifflicher Union mit der Dolchstoßlegende usurpiert worden war. Dahinter mussten selbst Urteile eher unverdächtiger Zeitgenossen wie Wenninger und Nicolai, die gleichwohl tiefen Einblick in die Geschehnisse auch hinter den Kulissen hatten, zurückstehen. Im Tagebuch des Geheimdienstchefs findet sich beispielsweise nach einem Vortrag Ludendorffs vor dem Kaiser zur Tannenberger Schlacht schon am 30. August 1917 der Eintrag, er sei

> »aber fest überzeugt, dass kein einziger von ihnen, wie auch Hoffmann und die anderen Mitarbeiter Ludendorffs und seine Unterführer die Kraft gehabt hätten, einen solchen Entschluss auch durchzuführen. Hierin, nicht im Finden des Entschlusses, lag Ludendorffs Stärke auch außerhalb der militärischen Kriegführung. Es war das Verhängnis, dass das Wort höher galt, als die Tat und Ludendorff, der einzige Tatkräftige, nicht zum Herrn über die vielen Klugen gemacht wurde, um ihre vielseitige, aber darum zersplitterte Begabung und oft bestes Wollen in die Tat umzusetzen.«[6]

Insoweit ist die vom ersten Tag an betriebene Instrumentalisierung der Schlacht von Tannenberg aus Sicht der Beteiligten und Miterlebenden verständlich und nachvollziehbar. Dieser Vorgang passt sich reibungsfrei in die von der Forschung herausgearbeiteten Kontexte für die soziopolitischen Entwicklungen in der Weimarer Republik im Allgemeinen wie der Reichswehr als so perzipierter »Staat

---

[5] Ebd., S. 161.
[6] RGVA 1414-1-14, Kriegsaufzeichnungen W. Nicolai: Eintrag vom 30.8.1917. Für diesen Hinweis danke ich meinem Kollegen Christian Stachelbeck.

im Staate« im Besonderen ein. Umso erstaunlicher ist, wie wenig diese Zusam-
menhänge in der geschichtswissenschaftlichen Beschäftigung mit der Schlacht
bislang Berücksichtigung fanden. Denn von dieser Anfangsthese ist es nur ein
kleiner Schritt zur Hinterfragung der durch die Reichsarchivwerke mitgeteilten
Abläufe und Details zur Schlacht. Selbst ihr Herauslösen aus den sie umgebenden
Ereignissen während des Kampfes um Ostpreußen und die damit verbundene
Zuweisung eines besonderen historischen Ortes wurde kaum infrage gestellt:
In den Veröffentlichungen sind die Geschehnisse davor regelmäßig der mehr
oder weniger als unzureichend klassifizierten Führung von Prittwitz/Waldersee
geschuldet, während die Übernahme durch Hindenburg/Ludendorff als Start-
schuss für die Befreiung Ostpreußens bis hin zum endlichen Sieg im Osten
etikettiert worden ist. Selbst die Schlacht von Gumbinnen, der an einem einzigen
Tag weit mehr deutsche Soldaten zum Opfer fielen als in den Tannenberger Tagen
zusammengerechnet, wurde in diesem Zusammenhang als Höhepunkt eines von
Anfang an fehlgeleiteten Feldzuges verortet; sie fand bis heute ebenso wenig
wissenschaftliche Aufarbeitung wie die nachfolgende Schlacht an den Masurischen
Seen, die quasi als Epilog zu jener von Tannenberg verkam. Dabei konnte hier
gezeigt werden, dass beide Szenarien tatsächlich der Grundlagenforschung be-
dürfen, denn die erste Schlacht wurde abgesehen vom Oberbefehlshaber und
seinem Generalstabschef vom identischen Führungspersonal geschlagen wie die
Tannenberger und die zweite gar vom selben Führungsduo und aus einer sehr viel
besseren Ausgangslage heraus.

Diese fehlende wissenschaftliche Präzision ist es auch, die an den bislang vor-
liegenden Forschungen bemängelt werden muss und die zu einem »weiteren Buch«
über Tannenberg den Ausschlag gaben. Während sich dabei die grundlegenden
Erkenntnisse durchaus bestätigten, sind an einigen Stellen Ungereimtheiten
aufgetaucht, denen bisher nicht nachhaltig nachgegangen worden ist. An dieser
Stelle verbindet sich die rudimentäre Betrachtung der Geschehnisse rund um die
Tannenberger Schlacht mit den Versäumnissen gegenüber der Ostfront des Ersten
Weltkrieges insgesamt. Sie muss auch nach der hundertsten Wiederkehr des
Ersten Weltkrieges noch immer als »vergessene Front« angesprochen werden, was
umgekehrt zwar wieder das eingeschränkte Forschungsinteresse an Tannenberg
erklären hilft, gleichwohl jedoch eine ganze Reihe von Forschungsdesideraten
markiert.

Unstrittig ist in diesem Kontext die Vorgeschichte zum Beginn des Ersten
Weltkrieges in Ostpreußen: Der »Schlieffenplan« war die Antwort der deutschen
Militärs auf die Bedrohung des Zweifrontenkrieges angesichts der deutschen
Außenpolitik. In diesem Rahmen erhielt die Front im Osten den Status eines
Nebenkriegsschauplatzes, wo der Abwehrkampf um Zeitgewinn geführt werden
musste, bis die im Westen planmäßig siegreichen Armeen zur Verstärkung
eintrafen. Weil im Osten kein »Center of Gravity« ausgemacht werden konnte,
dessen Einnahme eine rasche siegreiche Beendigung des Krieges bei einem Ostaufmarsch versprechen würde, ja grundsätzlich überhaupt kein wesentlicher Interessenkonflikt mit dem Zarenreich bestand, sollte die Entscheidung im Westen
gesucht werden. Eine wesentliche Grundvoraussetzung für diesen Zeitgewinn war
ein zu Schlieffens Zeiten noch tatsächlich erwartbarer schwerfälliger Aufmarsch
der russländischen Streitkräfte. Dass man in St. Petersburg aus dem Desaster im
Krieg gegen Japan Lehren gezogen hatte und durchaus um Abhilfe bemüht war,
wurde in Berlin zunehmend alarmiert zur Kenntnis genommen. Erst die Arbeit

von Grawe hat dabei den Beweis erbracht, wie wenig überraschend der sehr viel raschere zarische Aufmarsch für die deutsche militärische Führung im August 1914 kam. Bis dato war man der Erklärung der Meistererzählung grundsätzlich gefolgt, nach der die deutschen Verteidiger damit nicht gerechnet hatten. Im Gegenteil hatte der deutsche Generalstab die entsprechende Entwicklung vergleichsweise früh erkannt und die politische Leitung darauf aufmerksam gemacht. Bethmann Hollweg meinte jedoch die russländische Kriegserklärung zu benötigen, um die Gefolgschaft der deutschen Arbeiterschaft, respektive deren politischer Vertretung, sicherzustellen. Damit stürzte er seine Militärs in eine prekäre Lage, die sich plötzlich deutlich schneller als in den Planungen antizipiert einem Angreifer aus dem Osten gegenübersahen, ohne ausreichende Kräfte gegen ihn ins Feld führen zu können. Die durchaus zutreffenden Erkenntnisse der Feindaufklärung, gerade hinsichtlich der beschleunigten Mobilisierungsmaßnahmen, besagten, man könne selbst insbesondere wegen des artilleristischen Vorteils mit einer überlegenen Führungskunst und Kampfkraft kontern. Geliebäugelt wurde außerdem zumindest hinter den Kulissen mit einer zeitweisen Preisgabe Ostpreußens. Unbedingt zu halten hatte der Oberbefehlshaber im Osten nach der gültigen Weisungslage ohnehin lediglich die Weichsellinie – eine schiere Notwendigkeit, ansonsten wäre der Gegner ohne nennenswerte Gegenwehr auf Berlin vorgestoßen. Hoffnungen setzte man jedoch vor allen Dingen auf den österreichisch-ungarischen Verbündeten, dessen Schlagkraft man offenbar für ausreichend erachtete, um die zarische »Dampfwalze« zumindest so lange aufzuhalten oder doch von den deutschen Grenzen fernzuhalten, bis die Truppen aus dem Westen frei geworden wären. Insofern diente die Zurückhaltung in den Generalstabsgesprächen mit Conrad von Hötzendorf, in denen Moltke nur vage Entlastungsangriffe zusagte, wohl in gleichem Maße der Selbstversicherung Berlins wie der Delegierung der Verantwortlichkeit für die Ostfront an Wien.

Auf der gegnerischen Seite koordinierten Paris und St. Petersburg ihr Vorgehen. Auch wenn die Versprechungen der zarischen militärischen Führung nicht umfassend Gefallen bei ihrem französischen Partner fanden, so wurde dessen zentrale Forderung, nämlich eine möglichst rasche Offensive« gegen die deutschen Verbände mit essenzieller Übermacht, doch früh zugesichert. Für Frankreich kam es alleine darauf an, den deutschen Generalstab zu zwingen, für den Westen vorgesehene Truppen in den Osten zu senden. Im Zarenreich galt hingegen das Habsburgerreich als eigentlicher Gegner. Wie auf deutscher Seite ergab sich die Frontstellung gegenüber Berlin alleine aus den Bündnissystemen. Zudem fürchtete die militärische Führung die deutsche Schlagkraft und entwickelte daher einen operativen Plan, der in erster Linie die Flankenbedrohung aus Ostpreußen heraus ausschalten sollte. Anschließend erst wollte man einen strategischen Schlag gegen das Deutsche Reich führen. Mit mehr Mut zur eigenen Courage hätte ein Angriff auf die Schnittstelle der deutschen-österreichisch-ungarischen Front Moltkes Kriegspläne rasch einem eklatanten Stresstest unterzogen. Wie blank dessen Nerven lagen, zeigte sich an seiner überstürzten Entscheidung, erst drei, dann immerhin zwei Armeekorps aus dem Westen in den Osten zu verschieben. Dass er zuvor die Offensive um jeden Preis gefordert hatte, dürfte seine Befürchtung verdeutlichen, gegen die russländischen Verbände nicht ausreichend lange standhalten zu können. Um die kaum vorhandenen militärischen Vorbereitungen der ostpreußischen Provinz gegenüber einer russländischen Invasion musste er jedenfalls wissen. Von daher blieben ohnehin nur zwei Möglichkeiten: Entweder

die Verteidigung an der Weichsellinie oder ein rascher operativer Erfolg gegen
die aufmarschierenden zarischen Truppen, der diese von weiteren offensiven
Unternehmungen abhielt.

Damit blieb Prittwitz gar nichts anderes übrig als anzugreifen. Sein Problem
war allerdings, dass er weit nach Norden marschieren musste und angesichts
der Eigenmächtigkeiten von François mehr als Getriebener in die Schlacht bei
Gumbinnen ging. Fraglich bleibt an dieser Stelle, ob es im Kontext seiner Vor-
gabe, die Weichsellinie unbedingt zu halten, nicht zielführender gewesen wäre,
sich von Anfang an der russländischen 2. Armee zuzuwenden statt der 1., auch
wenn das eine Preisgabe ostpreußischer Gebiete bedeutet hätte. Diese Überlegung scheint allerdings nie eine Rolle gespielt zu haben, weder in den Vorkriegsüberlegungen noch zu dem Zeitpunkt, als der Aufmarsch der Armee
Samsonovs erkannt worden war. Warum diese trotz der Übereinstimmung des
Geschehens mit den Erwartungen nicht als ernste Gefahr eingestuft wurde,
dürfte eines der Geheimnisse der ersten Kriegswochen bleiben. Sowohl das
AOK 8 als auch die OHL schätzten diese Bedrohung völlig falsch ein, und hier
drängt sich nicht zum ersten Mal der Verdacht auf, dass die deutsche Seite mit
einer kaum verständlichen Überheblichkeit gen Osten geblickt hat. Dass man
es mit zwei russländischen Armeen zu tun bekommen würde, war ebenso klar
wie deren Trennung durch die Masurische Seenplatte; darauf basierte schließlich
die deutsche Abwehrüberlegung. Erstaunlicherweise existierte dazu ebenso wenig
eine Alternative wie schon zum »Schlieffenplan« selbst. Warum man sich auf die
erste einmarschierende warf, während man die zweite zunächst marginalisierte,
ist deswegen nur oberflächlich nachvollziehbar und sollte sich rasch rächen,
zumal die Schlacht von Gumbinnen nahezu aus der Bewegung heraus ohne
überzeugende Aufklärung gegenüber dem gegnerischen Vormarsch geschlagen
wurde. Dazu fehlte es nicht nur an der Zeit, sondern auch an dem Willen von
Prittwitz, der den Anschein erweckte, sich bei der Annahme von Rennenkampfs
Armee nicht zwischen Angriff und Verteidigung entscheiden zu können; Ersteres
sollte, Zweiteres *wollte* er und nahm deswegen François' Alleingang zum Anlass,
schlussendlich die defensive Variante zu wählen.

Dennoch muss dem Kommandierenden General des I. AK die Verantwortung
dafür zugesprochen werden, Walderees Operationsplan maßgeblich durchkreuzt
zu haben, als er in einer Art Hybris, sich als alleiniger Retter Ostpreußens zu
gerieren, die Verbände Rennenkampfs nur mit seinem Armeekorps und ohne
Rücksprache mit dem AOK 8 am 18. August bei Stallupönen angriff. Prittwitz
agierte folgerichtig, beorderte das I. AK zurück, seine beiden anderen Armeekorps
heran und rief notgedrungen bei Gumbinnen zur Schlacht, die erneut François
begann, ohne abzuwarten, dass die anderen deutschen Verbände ihre Ausgangsstellungen erreicht hatten. Anschließend reüssierten nur seine Truppen vorläufig,
sahen sich am Abend des 20. August jedoch von einer Überflügelung bedroht
und brauchten Hilfe von den Nachbarkorps, welche diese wiederum nicht zu
leisten vermochten, weil sie selbst unter erheblichen Druck geraten waren.
Lediglich Belows I. Reservekorps am rechten deutschen Flügel führte sein Gefecht
vergleichsweise erfolgreich, während im Zentrum ein deutsches Desaster nur
verhindert wurde, weil der russländische Gegner seine Chance nicht zu nutzen
verstand. Bei dem dort eingesetzten XVII. AK und der Hauptreserve Königsberg
sollte es zwei volle Tage dauern, bis sie wieder vollständig einsatzbereit waren.
Dass die deutschen Kommandierenden Generale hernach die Entscheidung von

Prittwitz zum Abbruch der Schlacht derart massiv beschimpften, bezeugt entweder ihre fehlende Übersicht über die Gesamtsituation oder eine Überheblichkeit, die über die Grenze des professionell so eben noch Vertretbaren hinausreichte – und zwar schon ohne die Gefahr einzubeziehen, welche durch den endlich erkannten Vormarsch der russländischen 2. Armee den eigenen Nachschub- und Rückzugs-linien von der und auf die Weichsel drohte.

Prittwitz' Entscheidung zum Abbruch der ohnehin überhastet eingegangenen Schlacht, für deren Ausgang mehr nachteilige als vorteilhafte Auspizien vorlagen, noch dazu angesichts des Zeitdrucks, unter den er durch Samsonovs Auftauchen geriet, war also nachvollziehbar und im Kontext seines Auftrages, auf jeden Fall die Weichsellinie zu halten, absolut richtig. Selbst wenn er bei Gumbinnen noch gesiegt hätte, war eine erfolgreiche Fortführung des Feldzuges nach einem potenziellen Abschneiden seiner Nachschublinien durch die im Süden vormar-schierenden gegnerischen Truppen illusorisch. Umso unverständlicher sind seine der Überlieferung nach ans Panische grenzenden Lageunterrichtungen an die OHL, die ihrerseits zeitgleich mit konterkarierenden Ansichten durch Prittwitz übelmeinende Generale der 8. Armee bombardiert wurde. Aus den Akten ist heute nicht mehr herauszulesen, wer seinerzeit wann wen wie und auf welchem Weg informiert hat. Überhaupt liegen die Entscheidungsprozesse im Großen Hauptquartier inklusive des Großen Generalstabes nach wie vor in einer diffusen Wolke aus militärischen und sachfremden Hintergründen, die nur schwer auflös-bar zu sein scheint. Zweifellos versuchte in Koblenz jedenfalls eine ganze Reihe von Personen die Lage in Ostpreußen aus den unterschiedlichsten Gründen in ihrer Sichtweise darzustellen, nicht nur Militärs. Der drohende Verlust der eigenen Güter in der Provinz dürfte hier ebenso eine Rolle gespielt haben wie die Relativierung der eigenen Verantwortung angesichts des dort rasant um sich greifenden Chaos im Zusammenhang mit einer umfassenden Fluchtbewegung der Bevölkerung.

In diesem Gesamtkonglomerat von fehlenden militärischen und zivilen Kriegsvorbereitungen in Ostpreußen trotz ständiger perzipierter drohender Gefahr aus dem Osten machte man vor allem den Oberbefehlshaber der 8. Armee zum Sündenbock und notgedrungen auch dessen Generalstabschef. Dass bei der Suche nach einer Lösung die Wahl auf den als großes operatives Talent geltenden Ludendorff fiel, belegt die These von Groß, dass die Differenzen hinsichtlich der Operationsführung der Grund für die Abberufung des Führungsduos waren, weniger, dass Prittwitz bei Moltke und seinen Kommandierenden Generalen offensichtlich kein Vertrauen genoss. Immerhin war der Chef der OHL bereit, dafür seinen eigentlichen Vertrauensmann Waldersee zu opfern. Nur dadurch eröffnete sich wiederum die Chance für Hindenburg, an prominenter Position reaktiviert zu werden, wofür er bis dahin gar nicht vorgesehen gewesen war. Als Partner des fachlich hochtalentierten, aber schwierigen Charakters Ludendorff schien er die beste Besetzung eben weil man mit seiner Persönlichkeit gerade nicht größere eigene Aktivität verband. Dass Hindenburg dabei von seinem umfassenden Netzwerk profitierte, muss allerdings genauso erwähnt werden wie die scheinbar vollständige Unterschätzung seiner informellen Fähigkeiten, die sich in der instinktsicheren Ausnutzung des folgenden Schlachtenerfolges auf fatale Art und Weise zeigen sollte.

Jener große Sieg auf dem Schlachtfeld war wiederum nicht irgendeinem großen Plan geschuldet. Vielmehr konnte gezeigt werden, dass es sogar schwierig ist, überhaupt von einem Plan zu sprechen. Ludendorff selbst hat später immer wieder darauf hingewiesen, die jeweiligen Entscheidungen seien lageabhängig getroffen worden. Gehör fand er damit jedoch nicht, zu schnell hatte sich das Narrativ vom Sieger Hindenburg als Retter Ostpreußens verbreitet, das dieser selbst lancierte und gekonnt instrumentalisierte. Tatsächlich aber liefen beim AOK 8 schon die Maßnahmen, sich gegen die russländische 2. Armee zu wenden, als das neue Führungsduo eintraf. Mit großer Wahrscheinlichkeit waren es Hoffmann und Grünert, die Prittwitz relativ rasch umgestimmt hatten. Warum dieser die Lageänderung nicht an die OHL meldete, ist ungewiss. Vielleicht war es ihm schlicht unangenehm, sich nach seiner fast panischen Bewertung tags zuvor nun geläutert zu zeigen, vielleicht war er sich aber auch seines Rückhalts beim Kaiser zu sicher. Fakt bleibt jedoch, dass die eingeleiteten Truppenbewegungen ohnehin alternativlos waren, ganz gleich, ob man die 8. Armee nun auf die Weichsel zurückführen oder gegen die Armee Samsonovs wenden wollte. Die wenigen leistungsfähigen Straßen und Eisenbahnrouten ließen schlicht keine anderen Marschwege zu. Und auch die rasche Verstärkung des XX. AK im Süden war zwingend: Scholtz' Armeekorps musste einen eventuellen Rückmarsch ebenso sichern wie die eigenen Nachschublinien von den Weichselübergängen her, so oder so also fürs erste seine Stellung gegen Samsonovs Verbände verteidigen.

Diese Einsichten dürfte schon Prittwitz gewonnen haben. Sie lagen derart auf der Hand, dass auch das neue Führungsduo keinen Grund zum Eingreifen sah. Erst wenn man sich mit dem XX. AK vereinigt hatte, würde sich erweisen, welche Optionen aus der zwischenzeitlichen Lageentwicklung erwuchsen. Vielmehr war es nun Ludendorff selbst, der bremste, weil ihm Hoffmann zu forsch agierte, als er ohne weiteres Zuwarten Samsonov angreifen wollte. Dem Generalstabschef saß der Gedanke, Rennenkampf könnte nach Süden einschwenken und die deutschen Truppen zwischen seinen und Samsonovs Verbänden in die Zange nehmen, wesentlich drückender im Nacken als seinem Ia mit dessen veritabler Verachtung gegenüber dem militärischen Leistungsvermögen des russländischen Gegners. Die Furcht vor einem solchen Szenario avancierte von Anfang an zur größten Sorge Ludendorffs, womit auch erklärt sein dürfte, weswegen kein weitergehender Operationsplan gegen Samsonovs Armee ersonnen wurde: Wäre die russländische 1. Armee nach Süden eingeschwenkt, wäre der Plan im selben Moment obsolet geworden. Dieser Albdruck begann sich bei Ludendorff ab dem 27. August zu lösen, nachdem die beiden deutschen Flügel erfolgreich waren. Erst jetzt plante er eine klare Offensivoperation gegen die zentralen zarischen Armeekorps und noch zu diesem Zeitpunkt wählte er ein Vorgehen, das eine Umfassung viel weiter nördlich vorsah, die deswegen auch zu einem deutlich bescheideneren Erfolg geführt hätte. Es war das erneute befehlswidrige Verhalten seiner Kommandierenden Generale – durch François bei Usdau und außerdem durch Mackensen auf dem linken deutschen Flügel –, das die Voraussetzungen für den umfassenden Sieg schuf. Ersterem hatte Ludendorff einen früheren Angriff befohlen, in dem François angesichts seiner zu diesem Zeitpunkt noch ausstehenden Truppen zu Recht ein erhebliches Risiko erkannte; sein Zuwarten ließ außerdem Samsonov etliche Stunden im Glauben, es laufe alles nach den eigenen Vorstellungen, wodurch er seine Verbände weiter in die spätere Umfassung hineinführte. Der draufgängerische Mackensen verfolgte derweil rücksichtslos und zunächst befehlswidrig das russländische VI. AK, das er zusammen mit Belows I. Reservekorps zuvor geschlagen hatte, und sorgte mit diesem Stoß auf der rechten Flanke für die weitreichende Umfassung der zwischenzeitlich im Zentrum geschlagenen zarischen Verbände.

Im Vergleich dazu war Ludendorffs Operationsplanung für den 28. August eher konservativ und in ihren Erfolgsaussichten begrenzt: Obwohl sein Gegner bereits beide Flügelkorps eingebüßt hatte, setzte er zwar zum allgemeinen Angriff an, ließ dabei jedoch auch das XX. AK im eigenen Zentrum vorrücken. Hinsichtlich einer beabsichtigten Umfassung war dies ein wenig zielführender Gedanke, denn in diesem Kontext wäre das bloße Standhalten hilfreicher gewesen, um den eigenen Flügeln eine weitere Ausholbewegung zu ermöglichen. Außerdem ignorierte er dabei – bislang von der Forschung nicht thematisiert – die Gefahr, durch dieses Vorrücken dem russländischen XIII. AK immer mehr den eigenen Rücken anzubieten. Wäre diese Lageentwicklung von dessen Kommandierendem General, Kljuev, erkannt worden, hätte sich das deutsche XX. AK eines Gegners vor der Front und im Rücken erwehren müssen. Ludendorffs vehemente Aufforderung an Below, Kljuevs Armeekorps endlich anzugehen – ein Angriff, für den er zunächst auch Mackensens XVII. AK vorsah –, dürfte den Moment abbilden, an dem er dieser Bedrohung gewahr wurde. Below hatte indes schon selbstständig in diesem Sinne gehandelt und die Gefahr abgewendet, während auch die Vorwärtsbewegung des XX. AK vor allem deswegen von Erfolg gekrönt war, weil sich eigentlich niemand so recht an die Befehle hielt: Schon der Beginn des Angriffs mit Sontags Fehlschlag bei Mühlen stellte die gedachte Durchführung infrage. Dass Morgen seine 3. Reservedivision ohne Kenntnis der Lage dennoch in die Schlacht warf, Scholtz seine 37. Infanteriedivision deswegen zähneknirschend hinterherschicken musste, von dieser wiederum zunächst nur eine Brigade antrat, und der Stoß der 1. Landwehrdivision von Norden aus auf Hohenstein einem Desaster gleichkam, trug zu dem kompletten Durcheinander bei, das sich irgendeiner zentralen Führung von Anfang an entzog. Dass François schließlich auf die Aufforderung Ludendorffs, die Lücke bei Mühlen zu decken, gar nicht erst antwortete und stattdessen weiterhin seinen eigenen Krieg führte, lässt die zentrale Aussage der Meistererzählung, es habe sich bei der Schlacht um ein Musterbeispiel deutscher Feldherrenkunst gehandelt, beinahe lächerlich erscheinen. Vielmehr muss man der bereits in der Einleitung erwähnten Bewertung von François unumwunden zustimmen, nach der »[d]er Historiker [...] erkennen [wird], dass die erfolgreichste Schlacht des Weltkrieges, wie keine andere, eine Schlacht der Befehlsreibungen war«.[7]

Denn bei genauerer Betrachtung bekam das AOK 8 seine Kommandierenden Generale eigentlich nie wirklich unter Kontrolle. Das war zum einen den Nachrichtenverbindungen geschuldet[8], die im Meisternarrativ deutlich besser dargestellt wurden, als sie tatsächlich waren, zum anderen allerdings auch ein unerwünscht negativer Effekt der regelmäßig gelobten Auftragstaktik und der vergleichsweise selbstherrlichen Stellung der Kommandierenden Generale innerhalb der deutschen militärischen Hierarchie. Auch das wurde in der Auseinandersetzung der 1920er-Jahre bereits von Hoffmann moniert, war allerdings im

---

[7]   François, Gehorsam und Verantwortungspflicht, S. 10.

[8]   Geheimer Nachrichtendienst und Spionageabwehr des Heeres [...], NARA, Records of the German Armed Forces High Command, 1914–1945, National Archives Microfilm Publication No. T77, Roll 1508, S. 27 f.

allgemeinen Selbstlegitimierungsdiskurs der führenden Militärs kein erwünschter
Beitrag:

> »Die Erziehung unserer Führer zum selbstständigen Handeln hatte, wie man
> sieht, auch ihre Nachteile. Es ist möglich, dass hierbei das Gefühl, dass bei
> den großen taktischen Übungsarbeiten die sogenannte Patentlösung stets ein
> Abweichen vom gegebenen Befehl war, bei unseren Führern zu Beginn des
> Krieges eine gewisse Rolle gespielt hat.«[9]

Derselbe Hoffmann pries indes auch die Vorderseite dieser Medaille:

> »Tannenberg ist nicht das Werk eines einzelnen Mannes. Es ist das Ergebnis
> der ausgezeichneten Schulung und Erziehung unserer Führung und der un-
> vergleichlichen Leistungen des deutschen Soldaten.«[10]

Diesen Zwiespalt der deutschen Führerausbildung nahm auch die Forschung
im Kontext der Tannenberger Schlacht wahr, für die man sie wie Stevenson als
Vorteil reklamierte:

> »Ihr dezentralisiertes Befehlssystem, das an der Marne schlecht funktionierte,
> hatte es ihnen hier ermöglicht, einen Plan zur Wiederherstellung ihrer Schlag-
> kraft auszuarbeiten, und François die Möglichkeit geboten, zu seiner Ausfüh-
> rung die Initiative zu ergreifen.«[11]

Auch wenn dieser Gedanke für sich alleine etwas zu kurz greift, so umreißt er
doch den eigentlichen Kern des deutschen Erfolges bei Tannenberg, nämlich das
den deutschen Führern unisono gemeinsame Bild von der Art dieser Schlacht und
wie sie zu gewinnen war. Im Grunde, so bilanzierte Zuber zu Recht, wiederholten
die deutschen Truppenführer dort »einfach nur Schlieffens Kriegsspiel von 1894
unter realen Kriegsbedingungen«.[12] Zu ergänzen wäre an dieser Stelle, dass dieses
Kriegsspiel seither schon so oft wiederholt worden war, dass die Tannenberger
Lösung, wie gezeigt wurde, im August 1914 tatsächlich zum Allgemeingut
deutscher Kriegführung im Osten gehörte. Ihre Anziehungskraft rührte daher,
dass sie die leitenden Gedanken der operativen Überväter der preußisch-deutschen
Streitkräfte, Moltke (d. Ä.) und Schlieffen, synthetisch miteinander verbanden,
wie sie von Groß unlängst komprimiert herausgearbeitet worden sind: die Vernichtungsschlacht durch Umfassung und das rasche offensive Operieren auf der
inneren Linie.

Ohne alle anderen von der Forschung markierten Faktoren damit gering-
schätzen zu wollen, bestand darin das eigentliche Geheimnis des Erfolges von
Tannenberg. Die bisherigen Argumente sind deswegen nicht weniger von Belang:
Die bessere artilleristische Ausrüstung, insbesondere mit den schweren Kalibern,
verschaffte den deutschen Truppen freilich eine erheblich höhere Durchschlagskraft und beeindruckte die russländischen Soldaten massiv. Der gezielte
Einsatz der Fliegerei für Aufklärung und Verbindung, überhaupt der Einsatz der
funktechnischen Möglichkeiten zum Senden eigener, aber auch zum Abhören
gegnerischer Nachrichten sorgte selbstverständlich für ein deutlich besseres Lagebild als beim zarischen Gegenüber. Zweifellos brachte darüber hinaus die Aus-

---

[9]   Hoffmann, Tannenberg wie es wirklich war, S. 40 f.
[10] Hoffmann, Die Aufzeichnungen, Bd 2, S. 309.
[11] Stevenson, Der Erste Weltkrieg, S. 94.
[12] Zuber, Strategische Überlegungen, hier S. 37 f.; Schlieffen, Die taktisch-strategischen Auf-
      gaben, S. 1–50; Schlieffen, Die Großen Generalstabsreisen, S. 5–50.

nutzung der Eisenbahn veritable Vorteile, obwohl hier zu relativieren ist, dass der Verkehr alles andere als reibungslos verlief und der Gegner über gar keine Bahnstrecke im Gefechtsraum verfügte. Zudem galt all dies ebenso für die anderen Gefechte vor und nach Tannenberg. Dass gerade Tannenberg zu diesem umfassenden Sieg avancierte, lag letzten Endes vornehmlich an drei Komponenten: erstens an dem schon benannten Kriegsbild gerade dieser Schlacht – man war sich sicher, was zu tun war und wie die Nachbarn handelten; zweitens an dem sich daraus speisenden Selbstbewusstsein, das außerdem noch durch das grundsätzliche Überlegenheitsgefühl gegenüber dem russländischen Militär gestärkt wurde; und drittens an den geradezu haarsträubenden Fehlern, die auf zarischer Seite während der Kämpfe um Ostpreußen begangen worden sind.

Vorauszuschicken ist auch in diesem Kontext, dass sich die bislang in diversen Arbeiten vorgestellten Mängel in der Ausbildung und Ausrüstung der eigenen Streitkräfte allesamt wiederfinden, vom fehlenden Verständnis für die Nutzung der technischen Möglichkeiten bis hin zum faktisch nicht vorhandenen Nachschub für die Invasionstruppen, welcher die russländischen Soldaten rasch sehr nahe an den Hungertod führte und in seinen Auswirkungen auf die Kampfkraft bislang eher noch unterschätzt worden ist. Unstrittig ist ebenfalls die zu geringe Anzahl an Offizieren und Unteroffizieren sowie deren schlechte Ausbildung, was sich nicht nur während der Gefechte abträglich bemerkbar machte, in denen vorteilhafte Situationen meist nicht erkannt, geschweige denn ausgenutzt wurden, sondern auch in der umgehend zusammenbrechenden Ordnung innerhalb der deutschen Umfassung. Darüber hinaus muss die Leistung der zarischen militärischen Führung je nach der betreffenden Ebene zweifellos als schlecht bis desaströs angesprochen werden. Allerdings sind in den bisherigen Arbeiten die Hintergründe und Kontexte dafür zu wenig beachtet worden, die man stattdessen regelmäßig der Agonie des Zarenreiches zurechnete oder gar irgendeiner zu oft ethnisch verquast konnotierten Rückständigkeit.

Trotz aller dargestellten Mängel der russländischen Kriegführung bleibt festzuhalten, dass man in St. Petersburg sehr wohl an der Abstellung dieser seit dem Krieg mit Japan evidenten Monita arbeitete. Oft mangelte es dabei – darin den anderen kriegführenden Staaten nicht unähnlich – an politischem Willen und in der Folge am Bereitstellen der notwendigen finanziellen Mittel, deutlich weniger indes am militärischen Verständnis. Die Absprachen mit dem französischen Bündnispartner, auf der Generalstabsebene immerhin die einzigen funktionierenden aller Kriegsteilnehmer, schufen zwar äußere Verlässlichkeiten, in gleichem Maße jedoch auch Abhängigkeiten. Der zentralen Zusage einer raschen Offensive gegenüber dem Deutschen Reich folgte deswegen ein operativer Plan, der durchaus erfolgversprechend war. Mit zwei Armeen rechts und links der Masurischen Seenplatte zeitlich versetzt in Ostpreußen einzumarschieren, die deutsche Streitmacht dort in den Norden zu locken, um ihr derweil im Süden die Rückzugswege abzuschneiden und sie zu umfassen, war ebenso naheliegend wie umsetzbar. Zu diesen Überlegungen gehörte auch die mit den vorab und verdeckt durchgeführten Mobilmachungsmaßnahmen deutlich verkürzte Aufmarschzeit der Invasionsverbände. Dass man dabei Logistik und Nachschub allzu gering schätzte, markiert gleichfalls kein Alleinstellungsmerkmal für die zarische militärische Führung, wirkte sich allerdings angesichts der aus Geheimhaltungsgründen von Anfang an zu Fuß marschierenden und daher schon bei Beginn der Gefechte erschöpften Soldaten fatal aus.

Dennoch gelang sowohl die Tarnung des Aufmarsches der Armee Samsonovs als auch das Herauflocken des Gros der deutschen Streitkräfte in den Norden Ostpreußens. Der Kardinalfehler der zarischen Generalität, das ist im Nachhinein klar, war aber, dass die deutschen Streitkräfte nach ihrem Räumen des Schlachtfeldes von Gumbinnen als geschlagen angesehen wurden und man einfach davon ausging, sie zögen sich hinter die Weichsel respektive auf die Festung Königsberg zurück, ohne diese Einschätzung durch die eigene Aufklärung verifizieren zu lassen. Schier unbegreiflich ist die Naivität, mit der diese einmal getroffene Lagebeurteilung unhinterfragt die Entscheidungsgrundlage für alle weiteren Maßnahmen blieb. Dabei ist zwar die unsichere Verbindung zwischen dem Hauptquartier der Nordwestfront und denen von Rennenkampf und Samsonov in Rechnung zu stellen, doch gerade diese Tatsache hätte die Oberbefehlshaber dazu animieren müssen, selbstständig für die Verbindung untereinander und vor allem für eigene Aufklärung vorauszusorgen. Stattdessen marschierten die zarischen Truppen nahezu blind durch Ostpreußen, während beide Armeen ihren jeweils eigenen Krieg führten. Das aber wurde letzten Endes dem gesamten russländischen Feldzugsplan und vor allen Dingen den Männern Samsonovs zum Verhängnis, die darüber ihre Freiheit, Gesundheit oder gar das Leben verloren.

Inwieweit in diesem Zusammenhang die so wahrgenommene Feindschaft zwischen beiden Armeeoberbefehlshabern eine wirkliche Rolle spielte, bleibt ungewiss. Tatsächlich wäre ein Zusammenwirken Samsonovs und Rennenkampfs die Voraussetzung für eine erfolgreiche Kampagne gewesen, und in Wirklichkeit kommunizierten sie nicht miteinander. Aber auch Žilinskij, dem es eigentlich oblag, das Vorgehen seiner zwei Armeen zu koordinieren, tat das nicht, weswegen die Armeeoberbefehlshaber angesichts der starren Befehlshierarchie in den zarischen Streitkräften davon ausgehen durften, alles laufe nach Plan. Abgesehen davon funktionierte auch die Kommunikation wenigstens innerhalb der russländischen 2. Armee nicht besser. Es handelte sich also eher um ein grundsätzliches Problem denn um ein persönliches zwischen den beiden Streithähnen des Bahnhofs von Mukden.

So bleibt die völlig falsche Lageperzeption die Basis, auf der sich in den folgenden Tagen eine ganze Reihe von Entschlüssen vollzog, die für sich selbst und im Kontext dessen, was Rennenkampf und Samsonov wussten, gar nicht verfehlt waren, unter den veränderten Vorzeichen aber fehlgehen mussten. Das begann bereits mit der Abgabe des russländischen II. AK von der 2. an die 1. Armee. In der irrigen Annahme, Rennenkampf brauchte wegen der heftigen deutschen Gegenwehr bei Stallupönen und Gumbinnen Verstärkung, nahm Žilinskij Samsonov dessen rechtes Flügelkorps, das dort fortan fehlte, im neuen Verband aber relativ nutzlos durch Ostpreußen marschierte. Diese Sinnlosigkeit verband es wiederum mit der 1. Armee, die sich viel zu langsam und ohne eine klare Idee des Gefechts stur Richtung Königsberg bewegte, offenbar ohne alternative Überlegungen anzustellen, obwohl sich der erwartete deutsche Gegner nicht stellte. Womöglich glaubte Rennenkampf selbst daran, mit dem so perzipierten Sieg bei Gumbinnen sei es das schon gewesen, nun stünde als Nächstes die Belagerung der ostpreußischen Hauptstadt an. Auch wenn ihm zugestanden werden muss, dass er bereits veritable Verluste zu beklagen hatte und sein Nachschub nur zögerlich eintraf – seine Vernachlässigung jeglicher nachhaltiger Aufklärung bleibt völlig unverständlich. Sie ist auch nicht mit der Vorsicht zu erklären, die bei ihm anschließend sowohl beim zu späten Vorstoß in den Süden als auch in der Schlacht bei den Masurischen Seen handlungsleitend gewesen zu sein scheint, denn gerade dann hätte er aufklären und die Verbindung zu Žilinskij halten müssen.

Bei Samsonov, dessen Armee eigentlich die Hauptaufgabe im Rahmen des zarischen Feldzugsplanes zu lösen hatte, liegen die Dinge etwas komplexer. Zunächst glaubte wohl auch er – zumal nach der Einnahme von Neidenburg und Soldau sowie dem ersten Gefecht bei Orlau –, alles verlaufe nach Wunsch. Die Zurücknahme des linken Flügels des deutschen XX. AK interpretierte er wie Rennenkampf bei Gumbinnen als Rückzug des Gegners und wähnte sich offenbar gleichfalls beinahe am Ziel. Der Vormarsch seines Zentrums und dessen Eindrehen Richtung Westen in der irrigen Annahme, er verfolge damit einen ausweichenden Gegner, während er sein linkes Flügelkorps zur Absicherung grenznah stehen ließ und sein rechtes zur Verbindungsaufnahme mit Rennenkampf weiter nach Norden stieß, riss seine Armeekorps auseinander. Da sich seine Männer wegen der noch weitaus höheren Marschleistungen als jene der 1. Armee bald nach Überschreiten der Grenze am Rande der Erschöpfung befanden, verringerte er zusätzlich das Vormarschtempo und verschaffte seinem Gegner so unwissentlich die notwendige Zeit für den Aufmarsch gegen ihn. Als er dann selbst am 26. August seinen Gefechtsstand nach vorne verlegte und in Neidenburg dislozierte, wurden nahezu zeitgleich seinen beiden Flügelkorps geschlagen, völlig überraschend für ihn und die Kommandierenden Generale vor Ort. Vermutlich erst in dieser Situation dürfte ihm bewusst geworden sein, dass er es mitnichten mit einem geschlagen, sich auf die Weichsel zurückziehenden Gegner zu tun hatte, sondern mit einer ihn gezielt angreifenden deutschen Armee.

Die Entscheidung daraufhin dennoch im Zentrum zu suchen, war gleichwohl eine realistische Option, weil ihm Žilinskij zusicherte, er werde Rennenkampf zur Unterstützung schicken. Unverständlich bleibt in diesem Zusammenhang jedoch, weswegen Samsonov sich selbst aller noch so rudimentären Kommunikationsmittel beraubte, als er Neidenburg verließ. Trotzdem war seine Lage noch zu diesem Zeitpunkt nicht derart hoffnungslos, wie es die Meistererzählung glauben machen will. Der kurzfristige Erfolg bei Mühlen am 28. August hatte durchaus das Potenzial, die deutsche Abwehrfront aufzusprengen. Ganz zu schweigen von der Chance, die sich ergeben hätte, wäre Kljuev von Allenstein aus statt nach Hohenstein in den Rücken des deutschen XX. AK marschiert. Beide Varianten hätten das AOK 8 in Verbindung mit der vorrückenden russländischen 1. Armee vor kaum zu lösende Probleme gestellt.

Erst nachdem diese Chancen vertan waren, war auch das Schicksal von Samsonovs Armee besiegelt. Seine noch versuchte Zurücknahme der zentralen Armeekorps in bereits von deutschen Truppen besetzte Räume und die eigene Odyssee bis hin zu seiner vermutlichen Selbsttötung belegen dabei nur, wie umfassend Samsonov zu diesem Zeitpunkt den Überblick verloren hatte. Falsche Entschlüsse aufgrund falscher Beurteilung der Lage oder nicht vorhandener Informationen setzten sich auf der nachgeordneten Führungsebene in gleichem Maße fort, sowohl bei Kljuev als auch bei Blagoveščenskij und Artamonov. Alle drei waren sich zu keinem Zeitpunkt der wirklichen Verhältnisse bewusst, weil sie ebenso wenig Aufklärung betrieben. Während Blagoveščenskijs VI. AK deswegen auf dem rechten zarischen Flügel von Below und Mackensen überrascht wurde und er dabei die Kontrolle über sein Armeekorps verlor, zog sich Artamonov mit seinem I. AK zu früh und dann auf Soldau anstatt Neidenburg zurück. Sie öffneten damit ihrer Armee die Flanken und schufen die Voraussetzung für die vernichtende Umfassung. Bei all dem mag die horrende Unterversorgung ihrer Soldaten, die außer unter den extremen Marschleistungen noch unter Hunger und Durst zu leiden hatten, eine wichtigere Rolle gespielt haben als von der Forschung bislang berücksichtigt – von entscheidender Bedeutung waren indes die evidenten Fehler in der Führung. Deren Entschlüsse ähnelten tatsächlich solchen aus dem 19. Jahrhundert, ein Operieren im Gefechtsraum überforderte diese zarischen Generale massiv.

Das Schicksal von Samsonovs Armee war damit gleichwohl besiegelt. Die Männer wollten sich schließlich durch die Wälder zwischen Hohenstein, Neidenburg und Willenberg den Weg zurück über die Grenze freikämpfen. Den Wenigsten ist dies im rasch um sich greifenden Chaos gelungen, auch weil ernsthafte Versuche, die eingeschlossenen eigenen Truppen zu entsetzen, nicht stattfanden. In einer letzten Aufwallung, doch noch die Führung des Feldzuges zu übernehmen, setzte Žilinskij nicht nur Rennenkampf aus dem Norden in Marsch, sondern befahl den Resten seines VI. AK im Raum Ortelsburg und des I. AK im Raum Neidenburg, anzugreifen. Viel zu spät hatte er begriffen, was eigentlich vor sich ging. Rennenkampfs Truppen aber waren zu weit vom Geschehen entfernt, um noch wirkungsvoll eingreifen zu können, und ohne sie verkamen die Entsatzangriffe auf beiden Flanken zur Makulatur. Die russländische 2. Armee war vernichtet, die 1. richtete sich umgehend zur Verteidigung gegen den nun erwarteten deutschen Angriff auf sie ein.

Wie nachhaltig sich dieser Schock auswirkte und die russländischen Soldaten auf allen Ebenen demoralisierte, zeigte sich in der folgenden Schlacht an den Masurischen Seen. Trotz einer zusammenhängenden Abwehrfront im für die Verteidigung nicht ungünstigen Terrain gelang es den russländischen Verbänden nicht, den deutschen Angriff aufzuhalten. Ihre frühzeitige Zurücknahme war dabei sicher vom Bestreben Rennenkampfs geleitet, dem Schicksal Samsonovs zu entgehen. Tatsächlich stabilisierten erst massive russländische Verstärkungen bei gleichzeitiger Aufsplitterung der deutschen Kräfte, die nun noch den österreichisch-ungarischen Verbündeten unterstützen mussten, die zarische Front gegenüber Ostpreußen; zu Beginn des Jahres 1915 mussten sie es dennoch endgültig räumen. Zwischenzeitliche kleinere zarische Erfolge sollten dabei nicht darüber hinwegtäuschen, dass es der russländischen Führung nicht mehr gelang, das Heft des Handelns in die Hand zu bekommen. Allerdings schaffte es auch die deutsche nicht, eine wirkliche Entscheidung herbeizuführen.

Beide Kontexte waren bei nüchterner Bewertung der jeweils eigenen Möglichkeiten freilich bereits vor dem Krieg vorherzusehen, was die Absurdität belegt, ihn dennoch begonnen zu haben. Die deutsche Seite hatte immerhin schon 1913 den optionalen Ostaufmarsch endgültig ad acta gelegt, weil kein Center of Gravity erkennbar war, und die zarischen Verantwortlichen wussten sehr genau um die eigenen Unzulänglichkeiten. Erstere hielten sich am Gedanken der eigenen operativen Überlegenheit fest, die im Westen zum raschen Erfolg und damit zur Erledigung des entscheidenden Verbündeten Russlands führen sollte, Letztere meinten, die Bündnisverpflichtungen gegenüber Paris als wesentlicher bewerten zu müssen als die ureigenen Interessen. Das auf zarischer Seite begonnene »Große Programm« hatte nämlich durchaus das Potenzial, die eklatanten Mängel der eigenen Streitkräfte zu beseitigen. Ob die horrenden finanziellen Mittel, welche dafür aufzuwenden waren, die Agonie des Zarenreiches nicht ebenfalls beschleunigt hätte, steht dabei auf einem anderen Blatt. Jedenfalls führten beide Seiten einen Krieg, den sie zu diesem Zeitpunkt nach menschlichem Ermessen nicht gewinnen konnten. Die Hintergründe hierfür sind andernorts umfassend diskutiert worden. Für den vorliegenden Kontext ist daraus das Fazit relevant, dass weder in Berlin noch St. Petersburg irgendwelche alternativen Planungen existierten, was zu tun sei, wenn dieser erste Ansatz nicht von Erfolg gekrönt war.

Diese nicht ausreichende Beschäftigung mit einem Krieg gegen den östlichen Gegner bildet sich zudem in der nicht vorhandenen Vorbereitung Ostpreußens trotz dessen operativ exponierter Lage ab. Militärisch war kaum etwas geschehen, um die Provinz zu schützen, und in ziviler Hinsicht gleich gar nichts zum Schutz der Bevölkerung. Dem nach Gumbinnen ausbrechenden Chaos mit zu Hunderttausenden panisch fliehenden Einwohnerinnen und Einwohnern erwies sich die ostpreußische Verwaltung nicht gewachsen. Niemand hatte sich zuvor um diese Eventualität gekümmert, entsprechende – allerdings zurückhaltend vorgetragene – Bedenken seitens des Ober- und der Regierungspräsidenten wurden von Berlin marginalisiert, was Königsberg wiederum obrigkeitshörig schluckte. Dabei muss jedoch in Rechnung gestellt werden, wie wenig mehrheitsfähig Ausgabe für einen militärischen Ausbau der wirtschaftlich unbedeutenden Randprovinz im Kaiserreich gewesen sein dürften, wo man regelmäßig Schwierigkeiten hatte, den jeweiligen Wehretat durchzusetzen. Nicht zuletzt deswegen fokussierte man sich ex post auf die tatsächlichen, meistens jedoch überzogenen »Gräueltaten« der russländischen Invasoren und zeitweiligen Besatzer – entgegen früh vorliegender, ganz anders lautender Forschungsergebnisse etwa von Gause. Auch in diesem Kontext überdeckte hernach der Selbstlegitimierungsdiskurs die historischen Fakten und vor allem die personellen wie institutionellen Verantwortlichkeiten. Flucht wie Zerstörungen wurden innerhalb der Meistererzählung stattdessen als Motiv für die Verteidigung der Heimat gegen einen als »barbarisch« gebrandmarkten Gegner herangezogen.

Dabei konnte auf Einschreibungen rekurriert werden, die in weiten Teilen der deutschen Bevölkerung präsent waren und Stereotypen transportierten, mit denen noch im Zweiten Weltkrieg die Wehrmacht in Hitlers Vernichtungsfeldzug gen Osten zog. Wie nachhaltig sie verfingen, belegt schon die Erfolgsgeschichte der Benennung der Schlacht nach einem Ort, der lediglich am Rande des Geschehens lag, wegen seiner historischen Konnotation aber begeistert aufgenommen wurde. Dadurch mutierte ein freilich bedeutender militärischer Erfolg zu einem epischen Sieg, um den sich rasch Legenden zu ranken vermochten, die allen voran von Hindenburg selbst inszeniert wurden. Die davon ausgehende Strahlkraft blendete umgehend jegliche objektive Sichtweise, wodurch unbemerkt blieb, dass der operative Erfolg von Tannenberg einer strategischen Niederlage gleichkam, weil veritable Kräfte von der Front im Westen abgezogen werden mussten. Damit erfüllte das russländisch-französische Bündnis im August 1914 das, was man sich in Paris von ihm versprach – auch wenn man sich dort weit mehr erhofft hatte.

Überstrahlen sollte der Sieg von Tannenberg zudem die deutsche Niederlage an der Marne Anfang September 1914 und das damit verbundene Scheitern des »Schlieffenplanes«, was alle realitätsignorierenden Illusionen über einen kurzen Krieg endgültig zerstörte. In diesem Moment half das Narrativ von der Verteidigung der Heimat gegen noch dazu unzivilisierte Invasoren aus dem Osten, die Fortführung des Krieges »gegen eine Welt von Feinden«, wie er von Wilhelm II. proklamiert worden war, zu legitimieren. Tannenberg, obwohl nur ein Sieg an der Ostfront, avancierte so zum Synonym nicht nur für einen erfolgreichen Abwehrkampf, sondern auch zur Selbstlegitimierung der deutschen militärischen Führung insgesamt. Dort hat man sehr wohl um die erheblichen Schwächen des Schlieffen'schen Konzeptes gewusst, aber gleichwohl dessen Alternativlosigkeit angesichts der außenpolitischen Entwicklung akzeptiert. Anstatt der politischen Führung von einem Kurs abzuraten, der im Fall des Falles auf einen Mehrfrontenkrieg hinauslaufen musste, arrangierte man sich mit dieser Realität und suchte die antizipierte Bedrohung für die eigenen Zwecke zu nutzen. Auch in Erziehung und Ausbildung der eigenen Truppen erklärte man Schlieffens Umfassungs- und Vernichtungsgedanken zur einzig siegbringenden operativen Variante. Dass sie bei Tannenberg so erfolgreich umgesetzt werden konnte, schien diesen Ansatz zu verifizieren, obwohl er im Westen zeitgleich scheiterte. Umso nachdrücklicher wurde er in der Meistererzählung dezidiert als Ergebnis deutscher Kriegskunst eingeschrieben, die auf diese Weise ihre Anziehungskraft auf die militärisch Verantwortlichen erhöhte.

Die gesteigerte Attraktivität kulminierte schließlich in der »Blitzkriegstaktik« des Zweiten Weltkrieges, wo diese Art der Kriegführung zwar erneut ihre Grenzen aufgezeigt bekam, weil sie weiterhin ein operatives Instrumentarium blieb und eben kein strategisches, aber dennoch bis auf den heutigen Tag ihrer Bewunderer findet. Zu sehr vereinigen sich in ihr all diejenigen Elemente, die militäraffine und männlichkeitsfanatische Charaktere als Inbegriffe soldatischen Handelns empfinden: Feuer und Bewegung sowie draufgängerische Action mit dem Potenzial zum so verstandenen Heldentum, motiviert kämpfende Kameraden verbunden durch dieselbe Idee des Gefechts und den Hang zum Pathos.

Insofern ist es kaum verwunderlich, wie attraktiv die Inszenierung von Tannenberg auf die Miterlebenden wirkte. Die Beteiligten profitierten teilweise enorm davon, und zumal die verantwortlichen Generale erhöhten ihr militärisches und soziales Prestige deutlich, sogar weit über das Ende des letztlich verlorenen Krieges hinaus. Zahlreiche Autoren und Verlage erzielten erstaunliche Absatzzahlen für Beschreibungen und Erzählungen über die Schlacht. Zusammen mit Tannenberg-Ehrenmal und -Tourismus verankerten sie Schlacht wie Ort fest in der (reichs-)deutschen Erinnerungskultur. Sie verbanden sich allerdings gleichzeitig in fataler Koinzidenz mit dem sogenannten Schandfrieden von Versailles, der so verstanden auch für die Abtretung ostwärtiger Gebiete an Polen verantwortlich gemacht wurde, obwohl es sich dabei um Rückgaben zuvor gewaltsam angeeigneter Territorien handelte. Die langfristigen Folgen der Legendisierung überstiegen damit um ein Vielfaches die tatsächliche Bedeutung dieser Schlacht, die deswegen dringend einer neuerlichen Bewertung, vor allem aber einer wissenschaftlichen Verortung bedurfte. Das war der Grund für »ein weiteres Buch über Tannenberg«, das sich gleichzeitig allerdings als Motivator versteht für weitere Forschungen zu diversen Desideraten, die für die »vergessene Front« im Osten Europas im Allgemeinen und Ostpreußen im Besonderen markiert werden mussten. Gerade in ihrer notwendigen Kontextualisierung innerhalb des Zeitalters der Weltkriege versprechen sie spannende Einsichten.

Anhang

Generallegende

Taktische Zeichen

(Armee-)Korps

Infanteriedivision

Kavalleriedivision

Infanteriebrigade

Kavalleriebrigade

Artilleriebrigade

Infanterieregiment

Kavallerieregiment

Artillerieregiment

Infanteriebataillon

Maschinengewehrabteilung

Feldartillerieabteilung

Fußartillerieabteilung

Kavallerieschwadron

Feldartilleriebatterie

Fußartilleriebatterie

Ersatzkompanie

Bewegungen

Stellungslinie

Bewegung, Angriff

Eisenbahntransport, Anmarsch

Rückzug

Angriff abgewiesen

Artilleriewaffen

7,7 cm Feldkanone 96 n.A.

10,5 cm leichte Feldhaubitze 98/09

15 cm schwere Feldhaubitze 13

10 cm Kanone 04/12

Abkürzungen

A.K.	Armeekorps	Gren./Gr.	Grenadier	R.	Reserve
Dg.	Dragoner	Hus.	Husaren	Stv.	Stellvertretende
Ers.	Ersatz	Jg.	Jäger	Tle.	Teile
Füs.	Füsilier	L./Ldw.	Landwehr	Ul.	Ulanen
Gde.	Garde	LSt.	Landsturm		

Anmerkungen

Um den operationsgeschichtlichen Ablauf möglichst verständlich und übersichtlich abzubilden, wurden alle Karten in diesem Band an die weithin geläufigen taktischen Zeichen der Bundeswehr (außer Kraft gesetzte ZDv 1/11) angelehnt. Die oben aufgeführten taktischen Zeichen sind jeweils in blauer Färbung für deutsche Truppen und in roter Färbung für russländische Truppen verwendet worden.
Bewegungssignaturen für Vormarsch, Angriff oder Ausweichen (Rückzug) sind in den Kartenlegenden nur bei zeitlichen Verläufen erklärt.

©ZMSBw
08524-03

https://doi.org/ https://doi.org/10.1515/9783110733518-007

Abkürzungen

a.D.	außer Dienst
AK, A.K.	Armeekorps
AOK, A.O.K.	Armeeoberkommando
BArch	Bundesarchiv
Bhf.	Bahnhof
CdS	Chef des Stabes
F.Fl.Abt.	Feldfliegerabteilung
Frhr.	Freiherr
g, g.	geheim
Gen.Kdo.	Generalkommando
Gen.Oberst	Generaloberst
Gr.	Groß/e/er (bei geografischen Namen)
Gr.H.Q.	Großes Hauptquartier
ID, I.D.	Infanteriedivision
Inf.Div.	Infanteriedivision
Inf.Rgt.	Infanterieregiment
Kav.Div.	Kavalleriedivision
KD, K.D.	Kavalleriedivision
Kol.	Kolonne
KTB	Kriegstagebuch
M.C.	Militärkabinett
MSg	Militärgeschichtliche Sammlung (Aktensignatur)
N	Nachlass (Aktensignatur)
NARA	The National Archives and Records Administration, Washington, DC
NL	Nachlass (Aktensignatur)
OHL	Oberste Heeresleitung
O.Q.	Oberquartiermeister
PH	Preußen – Heer (Aktensignatur)
Res.	Reserve
Rgt.	Regiment
RGVA	Rossijskij Gosudarstvennyj Voennyj Archiv [Russländisches Staatliches Militärarchiv]
RH	Reich – Heer (Aktensignatur)
R.K.	Reservekorps
S.M.	Seine(r) Majestät
Z.	Zeppelin
z.D.	zum Dienst

https://doi.org/ https://doi.org/10.1515/9783110733518-008

Quellen- und Literaturverzeichnis

1. Unveröffentlichte Quellen

a) Bundesarchiv-Militärarchiv (BArch)

MSg 2/2987, Ehrentafel

MSg 2/3404, Kriegsgeschichte des heutigen Ostpreußens

MSg 2/3404, Ostpreußen

MSg 2/3404, Schlacht bei Tannenberg 1914 (Ein tageweiser Überblick)

MSg 2/3755, Bericht Oberpostrat und Major d.R. Mertens: Verantwortungsfreudigkeit bei Fliegern

MSg 2/858, C. Ritgen: Tannenberg und das IX. Reservekorps

N 87/12, 8. Armee: Einsatz im Osten: Armeebefehle und besondere Anordnungen, 25.12.1914–20.2.1915

N 87/13, 8. Armee: Kämpfe und Einsätze im Osten: Kriegsgliederung gegenüberstehender russischer Streitkräfte, 14.11.1914–15.1.1915

N 87/20, Otto von Below, Die Verteidigung der Seen- und Angerapp-Stellung

N 87/21, Otto von Below, Berichtigung zu Hoffmann: »Tannenberg wie es wirklich war«

N 87/36, Einschließung der Feste Boyen vom 23.8.–8.9.14, Eintrag vom 25.8.1914

N 87/36, Lötzen und Feste Boyen vom 1.–23. August 1914

N 87/36, Wissen und Wehr, November 1921

N 591/58, Oberstleutnant Praun: Die Nachrichtenverbindungen um die Schlacht bei Tannenberg. In: Deutsche Nachrichtentruppen (Die F-Flagge), 1938

NL August Lindner, Schlieffen – Hindenburg. Legenden und Märchen um zwei preußische Soldaten. Büsum 1964

PH 5 II/107, KTB 8. Armee

PH 5 II/179, KTB 8. Armee

PH 5 II/180, KTB 8. Armee

PH 5 II/183, KTB 8. Armee

PH 5 II/186, KTB 8. Armee

RH 61/53, Denkschrift »Tannenberg« von Generalleutnant [Karl Ritter] von Wenninger (1916)

RH 61/53, Reichsarchiv/Kriegsgeschichtliche Abteilung, Betr. zum Schreiben Reichswehrministerium/Heeresausbildungsabteilung, Chef (an 29.12.1934): Angelegenheit Generalfeldmarschall von Hindenburg/General Ludendorff

https://doi.org/ https://doi.org/10.1515/9783110733518-009

RH 61/90 und RH 61/395, Die Entwicklung des deutschen Festungssystems
  von 1871–1914
RH 61/183, Das Gefecht an der Mlawka. Das erste siegreiche Gefecht des
  XVII. A.K. im Weltkriege. Nach amtlichen Quellen von Hauptmann Moss-
  dorf
RH 61/183, Grenzschutz Ost: Grenz-, Bahn-, Küstenschutz im Bereich des
  XVII. Armeekorps, Anlage H 1: Abschnitts-Besatzungen der Festung Boyen
  Mitte August 1914
RH 61/185, Die Ereignisse in Ostpreussen
RH 61/185, Die Säuberung Ostpreussens
RH 61/185, Die Kämpfe in Ostpreussen
RH 61/185, Österreichisch-ungarische Front in Galizien und Polen
RH 61/185, Polnisch-galizischer Kriegsschauplatz, Einträge vom
  1.10.–31.10.1914
RH 61/556, Reichsarchiv, Stellungnahme von Zwehl, 2.3.1921
RH 61/735, Aufzeichnungen des Generalmajor [Georg] Graf [von] Waldersee:
  Aktenvermerk des Chef des Generalstabes der 8. Armee. Niederschrift im An-
  schluß an den Vortrag, 12.8.1914
RH 61/735, G[eorg] v[on] Waldersee: Meine Erlebnisse zu Beginn des Krieges
  1914 (September 1914)
RH 61/735, Generalmajor z.D. [Georg] Graf [von] Waldersee, bisher Chef des
  Generalstabes der 8. Armee: Bericht über die Ereignisse in Ostpreußen vom
  20.–22. August 1914, 24.8.1914
RH 61/735, Major [Alfred] von [Vollard-]Bockelberg an das Reichsarchiv,
  25.10.1920
RH 61/735, Mitteilungen des Generals [Ewald] von Massow an das
  Reichsarchiv zu Fragebogen 4, 25.3.1921
RH 61/735, Oberstleutnant [Wilhelm] von Dommes an Generalmajor [Georg]
  Graf [von] Waldersee, 14.8.1914
RH 61/735, Graf A.[lfred zu] Dohna[-Schlobitten], Der Feldzug in Ostpreußen
  1914, undatiert (1920)
RH 61/735, Max Hoffmann an das Reichsarchiv, 2.10.1920
RH 61/735, Prittwitz an Hindenburg, 18.9.1914
RH 61/735, Schreiben General [Kurt] von Morgen an Oberst [Ulrich] Frei-
  herrn von Marschall, 21.8.1914
RH 61/735, Schreiben Major a.D. [Bodo] von Harbou an das Reichsarchiv
  Potsdam, 18.10.1920
RH 61/735, Telegramm des Chefs des Militär-Cabinetts, [Moriz] Frhr. v. Lyn-
  cker, an Generalmajor [Paul] Grünert, 22.8.1914
RH 61/744, Bestand Heeresluftschiffe und ihre Kommandanten
RH 61/748, Fahrten des »Z. IV«
RH 61/762, Major a.D. von Harbou an das Reichsarchiv Potsdam, 18.10.1920
RH 61/993, Materialsammlung Generalfeldmarschall August von Mackensen
  (1924–1935)
RH 61/1149, Die Divisionsfunkerabteilungen. Tätigkeit, Einsatz und Verwen-
  dung von Funkenkleinstationen
RH 61/1313, Ludwig Menges, Die Verteidigung des deutschen Ostens (1945)
RH 61/1317 und RH 61/1322, Stellungnahme des Oberst [Paul] Göldner an
  das Reichsarchiv vom 27.4.1927

RH 61/1317, 37. Infanterie-Division 1914 Lahna/Orlau und in Polen. Fragen des Generalleutnant von Staabs an Oberst von Gaza und dessen Antwort, 28.2.1927

RH 61/1317, Reichsarchiv/Wehrgeschichtliche Abteilung: 37. I.D. am 28.8. und 29.8.1914, 23.4.1927

RH 61/1317, Schriftwechsel des Reichsarchivs mit Staabs im Jahr 1927

RH 61/1317, Theobald von Schäfer, Oberarchivrat beim Reichsarchiv und Mitarbeiter des Bandes Tannenberg, an General der Infanterie von Falk, 30.3.1927

RH 61/1318, Reichsarchiv: Zu den Fragen des Herrn Generalleutnants [Ernst] Kabisch vom 17.8.25, 15.9.1925

RH 61/1322, Oberst [Paul] Göldner, Kommandant der Festung Königsberg, 5.5.1927

RH 61/1326, Auszug aus dem KTB des Oberleutnants Kuprikow (russ. Inf. Rgt. 23, 6. I.D., XV. AK)

RH 61/1326, Auszug aus den Berichten und Aussagen einiger Angehörigen des russischen I.R. 5 (2. I.D. des XXIII. AK) über die Gefechte vom 26.8.–3.9.1914

RH 61/1326, Gefechtsbericht der 1. Artillerie-Brigade (September 1914) an den Kommandeur der 2. Abteilung der 1. Artilleriebrigade des XIII. AK, 28. August 1914

RH 61/1326, Gefechtsbericht der 6. Kompanie, Infanterieregiment 32, XV. AK über die Kämpfe vom 23. bis 27. August 1914

RH 61/1326, Gefechtsbericht der Regimenter der 1. Brigade der 2. Infanterie-division des XXIII. AK, S. 13 und 30

RH 61/1326, Gefechtsbericht des II. Bataillons, Infanterieregiment 38, XV. AK, über das Gefecht bei Lahna am 23./24. August 1914

RH 61/1326, Gefechtsbericht des II. Bataillons, Infanterieregiment 31, XV. AK, über die Kämpfe vom 27. bis 30. August 1914

RH 61/1326, Gefechtsbericht des III. Bataillons, Infanterieregiment 31, XV. AK, über das Gefecht bei Lahna

RH 61/1326, Gefechtsbericht des IV. Bataillons, Infanterieregiment 31, XV. AK, über das Gefecht bei Lahna am 23. August 1914

RH 61/1326, Kriegstagebuch des russischen Generalmajors Malinowski, Kdr. des Leibgarde Regts. Kexholm, vom 31.7. bis 30.8.1914

RH 61/1326, Übersicht über die Offiziers-Verluste der russischen 2. I.D. des XXIII. AK in der Zeit vom 24.8. bis 14.9.1914

RH 61/1330, Der erste Russeneinfall

RH 61/1331, Hauptmann von Ditfurth, 3. Reserve-Division, 6. Landwehr-Brigade und Kommandantur Lötzen 1.–20.8.1914, S. 17

RH 61/1333, Kurt Freiherr von der Osten-Sacken, Die Operationen der russi-schen 1. (Njemen-)Armee vom 16.–31.8.1914 (1920)

RH 61/1336, August von Mackensen, Der Feldzug in Ostpreußen

RH 61/1337, Auszug aus einem Brief des Generals [Richard] von Conta (Juli 1929)

RH 61/1341, Carl Mühlmann, Tannenberg 1914, 5.9.(1934)

RH 61/1343, Generalmajor Max Hoffmann, 20.5.1921

RH 61/1343, Max Hoffmann an das Reichsarchiv, 5.1.1921

RH 61/1344, Reichsarchiv/Sichtungsabteilung/Gruppe 3/Hauptmann a.D. von Moltke: Landsturm und Festungen Königsberg und Lötzen während der Tannenberger Schlacht (1919)

RH 61/1350, Die Verhältnisse auf der rechten deutschen Armeeflanke (1920)

RH 61/1353, Abschrift des Tagebuchs des Generals O[tto] von Below

RH 61/1358, Generalleutnant [Traugott] von Sauberzweig, Die Schlacht an den Masurischen Seen im September 1914

RH 61/1380, F. Nicolai, Wiederaufbau Ostpreußens

RH 61/1380, Prof. Müller: I. Einschaltung zu F. Nicolai, Wiederaufbau Ostpreußens

RH 61/1383, Regierungspräsident a.D. Graf Dr. [Georg] von Lambsdorff an das Reichsarchiv, 3.9.1924, Reichsarchiv Nr. 11888, Anlage, 5.9.1924

RH 61/1383, Reichsarchiv Nr. 1076: Fragebogen Nr. 134: Feldzugseröffnung in Ostpreußen (Januar 1923)

RH 61/1383, Reichsarchiv Nr. 11943: Stellungnahme des Vorsitzenden der Landwirtschaftskammer Ostpreußens, [Adolf Tortilowicz] von Batocki[-Friebe] (Oktober 1921)

RH 61/1383, Reichsarchiv Nr. 13704: Bitte um Stellungnahme an General der Infanterie a.D. Freiherr [Kurt] von Manteuffel zur Äußerung des Unterstaatssekretärs im Königlich-Preußischen Ministerium des Inneren, [Wilhelm] Drews, 28.10.1921

RH 61/1383, Reichsarchiv Nr. 13704: Bitte um Stellungnahme an Generalmajor [Walter] Freiherr Schmidt von Schmidtseck zur Äußerung von Waldersees, 12.12.1921

RH 61/1383, Reichsarchiv Nr. 18913 an Generalleutnant a.D. [Georg] Graf von Waldersee, Mai 1926: Fragebogen 111c: Gumbinnen, Mai 1926, S. 1 f.

RH 61/1383, Reichsarchiv Nr. 18942: Fragebogen Nr. 149: Räumung Ostpreußens 1914, 29.12.1923

RH 61/1383, Reichsarchiv Nr. 2784: Fragebogen Nr. 118: Verstärkung nach Ostpreußen August 1914, 28.2.1922

RH 61/1383, Reichsarchiv Nr. 7804: Fragebogen Nr. 137: August 1914 – Verstärkung für den Osten, 22.6.1923

RH 61/1383, Reichsarchiv: Fragebogen Nr. 114: Tannenberg (ohne Datum)

RH 61/1383, Reichsarchiv: Fragebogen Nr. 120: Tannenberg 27.–29.8.14, 27.9.1923

RH 61/1383, Reichsarchiv: Fragebogen Nr. 121: Verstärkung nach Ostpreußen August 1914, 20.3.1923

RH 61/1383, Reichsarchiv: Fragebogen Nr. 150: Räumung Ostpreußens 1914, 29.12.1923

RH 61/1383, Reichsarchiv/Fragebogen 1a: Grenzschutz Ostpreussen 1914, 20.12.1928

RH 61/1383, Reichsarchiv/Sichtungsabteilung/Gruppe III: Fragebogen 94: Stallupönen und Schlacht bei Gumbinnen, 26.9.1921

RH 61/1383, Reichsarchiv/Sichtungsabteilung/Gruppe III/11: Fragen zur Schlacht bei Tannenberg, XX. AK, 27.8.14, 22.12.1919

RH 61/1383, Reichsarchiv/Sichtungsabteilung/Gruppe III/11: Fragen zur Schlacht bei Tannenberg, XX. AK, 27.8.14, 22.12.1919

RH 61/1383, Reichsarchiv/Sichtungsabteilung/Gruppe III/4: Fragen über die Schlacht bei Tannenberg 26.8.14, 11.11.1919, S. 1

RH 61/1383, Reichsarchiv/Sichtungsabteilung/Gruppe III/6: Fragen über die
    Schlacht bei Tannenberg 26.8.14, 11.11.1919
RH 61/1383, Reichsarchiv/Sichtungsabteilung/Gruppe III/8: Fragen zur
    Schlacht bei Tannenberg 26.8.14, betr. 36. I.D. im Gefecht bei Lautern am
    26.8., 18.12.1919
RH 61/1386, Südflügel der 8. Armee Anfang Sept. 1914 (undatiertes Manu-
    skript)
RH 61/1386, Versammlung und Aufmarsch hinter der Seenlinie
RH 61/1388, Hans von Tieschowitz, Die von der 8. Armee in der Zeit
    von Mitte September bis Ausgang des Jahres 1914 geführte strategische
    Verteidigung
RH 61/1400, Reichsarchiv/Sichtungsabteilung Gruppe III/Oberleutnant
    Blankenstein: 1. Landwehr-Division in der Schlacht bei Tannenberg,
    27.–31.8.14 (Mai 1920)
RH 61/1402, Reichsarchiv/Sichtungs-Abteilung Gruppe III, Oberleutnant Klemp:
    I. Armeekorps und Hauptreserve Königsberg 19.–21.8.1914. Schlacht bei
    Gumbinnen und Gawaiten
RH 61/1408, Meldung der 6. Kav.Div. an General Martos (XV. A.K.) aus Kuk-
    lin vom 21.8.14, 12.50 Uhr, über die Tätigkeit der 6. K.D. am 20.8.14
RH 61/1408, XX. AK vom 10.–20.8.1914 (ohne Datum)

            b) The National Archives and Records Administration,
                        Washington, DC (NARA)

Geheimer Nachrichtendienst und Spionageabwehr des Heeres, Bd 2: Welt-
    krieg, Teil 2: Im Weltkrieg 1914–1918, 1. und 2. Abschnitt. Im Auftrag
    der Abwehrabteilung des Reichskriegsministerium bearb. von Gempp,
    Generalmajor a.D., zuletzt (1927) der Heeres-Abwehrabteilung im Reichs-
    wehrministerium; Records of the German Armed Forces High Command,
    1914–1945, National Archives Microfilm Publication No. T77, Roll 1508

            c) Rossijskij Gosudarstvennyj Voennyj Archiv (RGVA)
                 [Russländisches Staatliches Militärarchiv]

1414-1-14, Kriegsaufzeichnungen W. Nicolai

2. Gedruckte Quellen und Literatur

Afflerbach, Holger, Der Dreibund. Europäische Großmacht- und Allianzpolitik vor dem Ersten Weltkrieg, Wien, Köln 2002 (= Veröffentlichungen der Kommission für Neuere Geschichte Österreichs, 92)

Afflerbach, Holger, Falkenhayn. Politisches Denken und Handeln im Kaiserreich, München 1994 (= Beiträge zur Militärgeschichte, 42)

Afflerbach, Holger, Die militärische Planung des Deutschen Reiches im Ersten Weltkrieg. In: Der Erste Weltkrieg. Wirkung, S. 280–318

Altieri, Riccardo, »Sterben unter fremden Bannern«. Polnische Soldaten im Ersten Weltkrieg. In: Spielball der Mächte. Beiträge zur polnischen Geschichte. Hrsg. von Riccardo Altieri und Frank Jacob, Bonn 2014, S. 184–207

Angelow, Jürgen, Kalkül und Prestige. Der Zweibund am Vorabend des Ersten Weltkrieges, Köln [u.a.] 2000

Angelow, Jürgen, Der Weg in die Urkatastrophe. Der Zerfall des alten Europa 1900–1914, Berlin 2010 (= Deutsche Geschichte im 20. Jahrhundert, 2)

Armstrong, Richard N., Tactical Triumph at Tannenberg. In: Military History, 3 (1997), S. 58–64, 80

Arnold, Udo, Tannenberg/Grunwald als politisches Symbol im 19./20. Jahrhundert. In: Krajobraz grunwaldzki w dziejach polsko-krzyzackich i polsko-niemieckich na przestrzeni wieków. Wokól mitów i rzeczywistości. Tradycje kulturowe i historyczne ziem pruskich. Red.: Jan Gancewski, Olsztyn 2009, S. 7–18

Assmann, Aleida, Der lange Schatten der Vergangenheit. Erinnerungskultur und Geschichtspolitik, München 2006

Aufmarsch 1913/14. In: Der Schlieffenplan, S. 467–477

Baberowski, Jörg, Einführende Bemerkungen. In: Die vergessene Front, S. 147–152

Bathe, Rolf, Tannenberg. Der Einsatz des letzten Mannes, Berlin 1939 (= Kleine Wehrmacht-Bücherei, 3)

Becker, Jean-Jacques, und Gerd Krumeich, Der große Krieg. Deutschland und Frankreich 1914–1918, Essen 2010

Belt, J.C. van den, Die ersten Wochen des Großen Krieges. Lüttich, Marne-Ourcq, Tannenberg, Lemberg. Mit 11 Kartenskizzen, Berlin 1922

Bereit zum Krieg. Kriegsmentalität im Wilhelminischen Deutschland 1890–1914. Beitrag zur historischen Friedensforschung. Hrsg. von Jost Dülffer und Karl Holl, Göttingen 1986

Berger, Peter L., und Thomas Luckmann, Die gesellschaftliche Konstruktion der Wirklichkeit. Eine Theorie der Wissenssoziologie, Frankfurt a.M. 1998

Berghahn, Volker, Der Erste Weltkrieg, München 2003

Bergien, Rüdiger, Vorspiel des »Vernichtungskrieges«? Die Ostfront des Ersten Weltkrieges und das Kontinuitätsproblem. In: Die vergessene Front, S. 393–408

Bircher, Eugen, und Ernst Clam, Krieg ohne Gnade. Von Tannenberg zur Schlacht der Zukunft, Zürich 1937

Birk, Eberhard, Die Schlacht von Tannenberg, August 1914. In: Der Erste Weltkrieg 1914–1918. Der deutsche Aufmarsch in ein kriegerisches Jahrhundert.

Im Auftrag des ZMSBw hrsg. von Markus Pöhlmann, Harald Potempa und Thomas Vogel, München 2014, S. 18–21

Blau, Erich-Günter, Die operative Verwendung der deutschen Kavallerie im Weltkrieg 1914–18, München 1934 (= Münchener Historische Abhandlungen, 7)

Bloch, Max, »Arbeiterverräter«, »Sozialchauvinisten«, »Lakaien der Bourgeoisie«. Der sozialdemokratische Reformismus in Kaiserreich und Weimarer Republik als Desiderat einer postideologischen Forschung. In: Mitteilungsblatt des Instituts für soziale Bewegungen, 45 (2011), S. 89–98

Boockmann, Hartmut, Deutsche Geschichte im Osten Europas. Ostpreußen und Westpreußen, Berlin 2002

Brackmann, Albert, Die Russengreuel in Ostpreußen. In: Deutsche Kriegswochenschau, Nr. 37 vom 19.8.1917, S. 545–547

Braun, Hans-Joachim, Krieg der Ingenieure? Technik und Luftkrieg 1914 bis 1945. In: Erster Weltkrieg – Zweiter Weltkrieg, S. 193–210

Bremm, Klaus-Jürgen, Armeen unter Dampf. Die Eisenbahnen in der europäischen Kriegsgeschichte 1871–1918, Hövelhof 2013

Bremm, Klaus-Jürgen, Von der Chaussee zur Schiene. Militärstrategie und Eisenbahnen in Preußen von 1833 bis zum Feldzug von 1866, München 2005 (= Militärgeschichtliche Studien, 40)

Bülowius, Alfred, und Bruno Hippler, Das Infanterie-Regiment von Boyen (5. Ostpreußisches) Nr. 41 im Weltkriege 1914–1918, Berlin 1929 (= Erinnerungsblätter deutscher Regimenter, 262)

Buchfinck, Ernst, Tannenberg 1914. In: Der Genius des Feldherrn. 10 kriegsgeschichtliche Studien. Hrsg. von der Deutschen Gesellschaft für Wehrpolitik und Wehrwissenschaften, Potsdam [u.a.] 1937, S. 207–239

Burk, Kurt, Handbuch zur Geschichte der Festungen des historischen deutschen Ostens. Hrsg. vom Ludwig-Petry-Institut Mainz, Osnabrück 1995

Busse, Hans, Aus der belagerten Feste Boyen. Feldzugsbriefe des Kommandanten Oberst Busse. Hrsg. von Marie Busse, Berlin 1919

Canis, Konrad, Der Weg in den Abgrund. Deutsche Außenpolitik 1902–1914, Paderborn [u.a.] 2011

Carsten, Francis L., Der preußische Adel und seine Stellung in Staat und Gesellschaft bis 1945. In: Europäischer Adel 1750–1950. Hrsg. von Hans-Ulrich Wehler, Göttingen 1989 (= Geschichte und Gesellschaft, Sonderheft, 13), S. 112–125

Chickering, Roger, Hindenburg, Paul von Beneckendorff und von. In: Enzyklopädie Erster Weltkrieg, S. 554–557

Chickering, Roger, Imperial Germany and the Great War, 1914–1918, Cambridge [u.a.] 2004

Churchill, Winston S., The Unknown War. The Eastern Front, London 1931

Clark, Christopher, Die Schlafwandler. Wie Europa in den Ersten Weltkrieg zog, München 2013

Collins, D.N., The Franco-Russian Alliance and Russian Railways, 1891–1914. In: Historical Journal, 16 (1973), S. 777–788

Cron, Hermann, Geschichte des Deutschen Heeres im Weltkriege 1914–1918, Berlin 1937 (= Geschichte der Königlich Preußischen Armee und des Deutschen Reichsheeres, 5)

Danilov, Jurij N., La Russie dans la Guerre Mondiale (1914–1917), Paris 1927

Danilov, Jurij N., Rußland im Weltkriege 1914−1915, Jena 1925

Das ist Militärgeschichte! Probleme, Projekte, Perspektiven. Für Bernhard R. Kroener zum 65. Geburtstag. Hrsg. von Christian Th. Müller und Matthias Rogg, Paderborn [u.a.] 2013

Dehnen, Max, Die Kriegsgräber in Ostpreußen 1914/15. Die Zuordnung der auf ostpreußischem Boden befindlichen Kriegsgräber aus den Jahren 1914/15 zu den Gefechtshandlungen, Würzburg 1966 (= Beihefte zum Jahrbuch der Albertus-Universität Königsberg, Pr., 27)

Dehnen, Max, Über die Zahl der Gefallenen auf dem ostpreußischen Boden 1914/15. In: Jahrbuch der Albertus-Universität zu Königsberg, 16 (1966), S. 313−330

Demeter, Karl, Das Reichsarchiv. Tatsachen und Personen, Frankfurt a.M. 1969

Deubner, Christian, Ludwig Deubner: A Professor from Königsberg and the Birth of German Signal Intelligence in WW I. In: Journal of Intelligence History, 18 (2019), 2, S. 164−198

Deutsche Erinnerungsorte. Hrsg. von Etienne François und Hagen Schulze, 3 Bde, München 2003

Das deutsche Feldeisenbahnwesen, Bd 1: Die Eisenbahnen zu Kriegsbeginn. Bearb. im Reichsarchiv, Berlin 1928

Deutschlands Osten − Polens Westen. Vergleichende Studien zur geschichtlichen Landeskunde. Hrsg. von Matthias Weber, Frankfurt a.M., New York 2001

Dobrorolski, Sergej, Die Mobilmachung der russischen Armee 1914, Berlin 1922

Dokumenty perioda komandovanija generalom ot kavalerii P.K. fon Rennen-kampfom 1-j armiej Severo-Zapadnogo Fronta. Ijul'−sentjabr' 1914 g. In: General Rennenkampf, S. 325−384

Dorndorf, Georg, Das Infanterie-Regiment Nr. 43, Berlin 1923 (= Erinnerungs-blätter deutscher Regimenter, 79)

Dornik, Wolfram, Des Kaisers Falke. Wirken und Nach-Wirken von Franz Conrad von Hötzendorf. Mit einer Nachbetrachtung von Verena Moritz und Hannes Leidinger, Innsbruck 2013

Dumbsky, Walter, Die deutschen Festungen von 1871 bis 1914. Strategische Be-deutung und technische Entwicklung, Frankfurt a.M. [u.a.] 1987 (= Erlanger historische Studien, 11)

Dynamiken der Gewalt. Krieg im Spannungsfeld von Politik, Ideologie und Gesellschaft. Festschrift für Bernd Wegner. Hrsg. von Ulrich Lappenküper, Michael Jonas und Oliver von Wrochem, Paderborn [u.a.] 2015

Ekdahl, Sven, Die Schlacht bei Tannenberg 1410. Quellenkritische Untersu-chungen, Bd 1: Einführung und Quellenlage, Berlin 1982 (= Berliner Histo-rische Studien, 8)

Elze, Walter, Tannenberg. Das Deutsche Heer von 1914. Seine Grundzüge und deren Auswirkung im Sieg an der Ostfront. Im Einvernehmen mit dem Reichsarchiv, Breslau 1928

The Encyclopedia of World War I. A Political, Social and Military History, 5 vols. Ed. by Spencer Tucker, Santa Barbara 2005

Engelstein, Laura, »A Belgium of Our Own«. The Sack of Russian Kalisz, August 1914. In: Kritika. Explorations in Russian and Eurasian History, 10 (2009), 3, S. 441−473

Enzyklopädie Erster Weltkrieg. Hrsg. von Gerhard Hirschfeld, Gerd Krumeich und Irina Renz, 2. Aufl., Paderborn [u.a.] 2014

Epkenhans, Michael, »Je eher, desto besser«. Die militärische Führung in Deutschland und der Ausbruch des Ersten Weltkrieges 1914. In: Dynamiken der Gewalt, S. 131–147

Epkenhans, Michael, Der Erste Weltkrieg 1914–1918, Paderborn [u.a.] 2015

Das 1. Masurische Infanterie-Regiment Nr. 146 1897–1919, Berlin 1929 (= Erinnerungsblätter deutscher Regimenter, 312)

Der Erste Weltkrieg und das 20. Jahrhundert. Hrsg. von Jay Winter, Geoffrey Parker und Mary R. Habeck, Hamburg 2002

Der Erste Weltkrieg in der populären Erinnerungskultur. Hrsg. von Barbara Korte [u.a.], Essen 2008 (= Schriften der Bibliothek für Zeitgeschichte, N.F., 22)

Der Erste Weltkrieg. Wirkung, Wahrnehmung, Analyse. Im Auftrag des MGFA hrsg. von Wolfgang Michalka, München, Zürich 1994

Erster Weltkrieg – Zweiter Weltkrieg. Ein Vergleich. Krieg, Kriegserlebnis, Kriegserfahrung in Deutschland. Im Auftrag des MGFA hrsg. von Bruno Thoß und Hans-Erich Volkmann, Paderborn [u.a.] 2002

Ettighoffer, Paul C., Tannenberg. Eine Armee wird zu Tode marschiert. Ein Bericht, Gütersloh 1939

Ferguson, Niall, Der falsche Krieg. Der Erste Weltkrieg und das 20. Jahrhundert, München 2001

Ferguson, Niall, The Pity of War. Explaining World War I, New York 1998

Fischer, Paul, Bei Tannenberg 1914 und 1410. Die Schlacht bei Tannenberg-Grünfelde am 15. Juli 1410 und die Schlachten bei Gilgenburg-Hohenstein-Ortelsburg (Schlacht bei Tannenberg) 27., 28., 29. August 1914. Mit Lebensgeschichte des Generalfeldmarschalls von Hindenburg, Lissa i. Preußen 1915

Fischer, Fritz, Griff nach der Weltmacht. Die Kriegszielpolitik des kaiserlichen Deutschlands 1914/18, Düsseldorf 1961

Fleischer, Wolfgang, Deutsche Artillerie 1914–1918, Stuttgart 2013

Fleischer, Wolfgang, Militärtechnik des Ersten Weltkriegs. Entwicklung, Einsatz, Konsequenzen, Stuttgart 2014

Flemming, Thomas, und Bernd Ulrich, Heimatfront. Zwischen Kriegsbegeisterung und Hungersnot – wie die Deutschen den Ersten Weltkrieg erlebten, München 2014

Flockerzie, Lawrence J., Poland's Louvain. Documents on the Destruction of Kalisz, August 1914. In: The Polish Review, 28 (1983), 4, S. 73–87

Förster, Jürgen, Weltanschauung als Waffe. Vom »Vaterländischen Unterricht« zur »Nationalsozialistischen Führung«. In: Erster Weltkrieg – Zweiter Weltkrieg, S. 287–300

Förster, Stig, Der deutsche Generalstab und die Illusion des kurzen Krieges 1871–1914. Metakritik eines Mythos. In: Militärgeschichtliche Mitteilungen, 54 (1995), 1, S. 61–95

Förster, Stig, Der doppelte Militarismus. Die deutsche Heeresrüstungspolitik zwischen Status-quo-Sicherung und Aggression, 1890–1913, Stuttgart 1985 (= Veröffentlichungen des Instituts für europäische Geschichte Mainz, 118)

Förster, Stig, Ein militarisiertes Land? Zur gesellschaftlichen Stellung des Militärs im Deutschen Kaiserreich. In: Das Deutsche Kaiserreich 1890–1914. Hrsg. von Bernd Heidenreich und Sönke Neitzel, Paderborn [u.a.] 2011, S. 157–174

Förster, Stig, Im Reich des Absurden. Die Ursachen des Ersten Weltkrieges. In: Wie Kriege entstehen. Zum historischen Hintergrund von Staatenkonflikten.

Hrsg. von Bernd Wegner, Paderborn [u.a.] 2000 (= Krieg in der Geschichte, 4), S. 211–252

Förster, Stig, Russische Pferde. Die deutsche Armeeführung und die Julikrise 1914. In: Das ist Militärgeschichte, S. 63–82

Foley, Robert T., Der Schlieffenplan. Ein Aufmarschplan für den Krieg. In: Der Schlieffenplan, S. 101–116

Forstreuter, Kurt, Nachruf für Fritz Gause (1893–1973). In: Preußenland, 12 (1974), S. 30

François, Hermann von, Gehorsam und Verantwortungspflicht. Erläutert an den Befehlsreibungen während der Schlacht bei Tannenberg, Berlin 1932

François, Hermann von, Marneschlacht und Tannenberg. Betrachtungen zur deutschen Kriegsführung der ersten sechs Kriegswochen, Berlin 1920

François, Hermann von, Tannenberg. Das Cannae des Weltkrieges in Wort und Bild, Berlin 1926

Frontwechsel. Österreich-Ungarns »Großer Krieg« im Vergleich. Hrsg. von Wolfram Dornik, Julia Walleczek und Stefan Wedrac, Wien [u.a.] 2014

Fuller, William C., Jr., Die Ostfront. In: Der Erste Weltkrieg und das 20. Jahrhundert, S. 34–70

Gall, Lothar, Eisenbahn in Deutschland. Von den Anfängen bis zum Ersten Weltkrieg. In: Die Eisenbahn in Deutschland. Von den Anfängen bis zur Gegenwart. Hrsg. von Lothar Gall und Manfred Pohl, München 1999, S. 13–70

Gause, Fritz, Die Russen in Ostpreußen 1914/15. Im Auftrag des Landeshauptmanns der Provinz Ostpreußen, Königsberg 1931

Gayl, Wilhelm von, Der politische und wirtschaftliche Kampf um Ostpreußen seit dem Ende des 19. Jahrhunderts, Münster 1934 (= Schriftenreihe/Wirtschaftswissenschaftliche Gesellschaft zu Münster i.W., 28)

Geißler, Ernst, und Heinrich Herrfahrt, Königlich Preußisches Landwehr-Infanterie-Regiment König Wilhelm II. von Preußen, Oldenburg, Berlin 1924 (= Erinnerungsblätter deutscher Regimenter, 106)

General Rennenkampf. Red. Ruslan G. Gagkuev, Moskva 2017 (= Belye Voiny, 9)

Geschichte des 1. Ermländischen Infanterie-Regiments Nr. 150, Teil 1. Hrsg. von der Vereinigung der Offiziere des Regiments, Zeulenroda 1932 (= Aus Deutschlands großer Zeit, 57)

Geschichte des Grenadier-Regiments König Friedrich der Große (3. Ostpreußisches) Nr. 4. Hrsg. von Alfred Dieterich, Berlin 1928 (= Erinnerungsblätter deutscher Regimenter, 297)

Geschichte ohne Grenzen? Europäische Dimensionen der Militärgeschichte vom 19. Jahrhundert bis heute. Im Auftrag des ZMSBw hrsg. von Jörg Echternkamp und Hans-Hubertus Mack, Berlin 2017

Giehrl, Hermann von, Tannenberg, Berlin 1923

Görlitz, Walter, Der deutsche Generalstab. Geschichte und Gestalt, Frankfurt a.M. 1953

Görlitz, Walter, Hindenburg, Paderborn 2005

Golicyn, V.V., General Pavel Karlovič Rennenkampf. In: General Rennenkampf, S. 387–586

Golovine, Nicholas N., The Russian Army in the World War, New Haven 1931

Górny, Maciej, Der Feind im Osten. Gewalt, Propaganda und Kultur an der Ost- und Südostfront im Ersten Weltkrieg. In: Geschichte ohne Grenzen?, S. 175–184

Grabau, Albert, Das Festungsproblem in Deutschland und seine Auswirkungen auf die strategische Lage von 1870–1914, Berlin 1935 (= Neue Deutsche Forschungen, Abteilung Kriegswissenschaft, 1)

Grabau, Rudolf, Die Verkehrstruppen des deutschen Heeres 1899–1914, Much 2005

Grawe, Lukas, Deutsche Feindaufklärung vor dem Ersten Weltkrieg. Informationen und Einschätzungen des deutschen Generalstabs zu den Armeen Frankreichs und Rußlands 1904 bis 1914, Paderborn [u.a.] 2017 (= Zeitalter der Weltkriege, 16)

Das Grenadier-Regiment Kronprinz (1. Ostpreußisches) Nr. 1 im Weltkriege, Bd 1: Die Ereignisse von Kriegsbeginn bis zum 31. Juli 1916. Hrsg. von Franz von Gottberg, Berlin 1927 (= Erinnerungsblätter deutscher Regimenter, 217)

Greueltaten russischer Truppen gegen deutsche Zivilpersonen und deutsche Kriegsgefangene [Denkschrift], [Berlin 1915]

Groehler, Olaf, Geschichte des Luftkriegs 1910 bis 1980, Berlin (Ost) 1981

Groß, Gerhard P., Das Dogma der Beweglichkeit. Überlegungen zur Genese der deutschen Heerestaktik im Zeitalter der Weltkriege. In: Erster Weltkrieg – Zweiter Weltkrieg, S. 143–166

Groß, Gerhard P., Einleitung. In: Die vergessene Front, S. 1–9

Groß, Gerhard P., Myth and Reality. The History of Auftragstaktik in the German Army. In: Mission Command – Wishful Thinking? Ed. by Palle Ydstebø and Tommy Jeppsson, Stockholm 2018, S. 20–38

Groß, Gerhard P., Mythos und Wirklichkeit. Geschichte des operativen Denkens im deutschen Heer von Moltke d.Ä. bis Heusinger, Paderborn [u.a.] 2012 (= Zeitalter der Weltkriege, 9)

Groß, Gerhard P., There Was a Schlieffen Plan. Neue Quellen. In: Der Schlieffen-plan, S. 117–160

Grosse, Walther, Die Schlacht bei Gumbinnen. Die Kämpfe in Ostpreußen vom 17. bis 20. August 1914, Tilsit 1939

Grosse, Walther, Tannenberg 1914. Eine kurze Darstellung der großen Vernichtungsschlacht, Berlin 1939

Guttzeit, Emil Johannes, Ostpreußen in 1440 Bildern. Geschichtliche Darstellungen, Augsburg 2001

Habeck, Mary R., Die Technik im Ersten Weltkrieg – von unten gesehen. In: Der Erste Weltkrieg und das 20. Jahrhundert, S. 101–132

Helms, Dietrich, »Das war der Herr von Hindenburg«. Mythenbildung und informelle Propaganda in der deutschen Musikproduktion des Ersten Weltkrieges. In: Musik bezieht Stellung, S. 63–100

Helms, Dietrich, Kristin Bultmann und Sebastian Vaupel, »Und dich grüßt so manches Lied«. Verzeichnis von Liedern über Paul von Hindenburg. In: Musik bezieht Stellung, S. 101–119

Hennig, Kurt, Das Infanterie-Regiment (8. Ostpreußisches) Nr. 45 (Insterburg-Darkehnen) im Weltkrieg 1914–18, Oldenburg 1928 (= Erinnerungsblätter deutscher Regimenter, 246)

Herrmann, Matthias, Das Reichsarchiv 1919–1945. Eine archivische Institution im Spannungsfeld der deutschen Politik, 2 Bde, unveröff. Dissertation, Humboldt-Universität zu Berlin 1994

Herwig, Holger H., The Dynamics of Necessity. German Military Policy during the First World War. In: Military Effectiveness, vol. 1: The First World War. Ed. by Allan R. Millett and Williamson Murray, London [u.a.] 1988, S. 80–115

Herwig, Holger H., The Marne, 1914. The Opening of World War I and the Battle that Changed the World, New York 2011; dt. Ausg.: Marne 1914. Eine Schlacht, die die Welt veränderte?, Paderborn [u.a.] 2016 (= Zeitalter der Weltkriege, 13)

Hillgruber, Andreas, Das Rußland-Bild der führenden deutschen Militärs vor Beginn des Angriffs auf die Sowjetunion. In: Das Rußlandbild im Dritten Reich. Hrsg. von Hans-Erich Volkmann, Köln [u.a.] 1994, S. 125–140

Hindenburg, Paul von, Aus meinem Leben, Leipzig 1920

Hirschfeld, Gerhard, und Gerd Krumeich, Deutschland im Ersten Weltkrieg, Frankfurt a.M. 2013

Höbelt, Lothar, »So wie wir haben nicht einmal die Japaner angegriffen.« Österreich-Ungarns Nordfront 1914/15. In: Die vergessene Front, S. 87–119

Höbelt, Lothar, Schlieffen, Beck, Potiorek und das Ende der gemeinsamen deutsch-österreichisch-ungarischen Aufmarschpläne im Osten. In: Militärgeschichtliche Mitteilungen, 36 (1984), 2, S. 7–30

Hoegen, Jesko von, Der Held von Tannenberg. Genese und Funktion des Hindenburg-Mythos, Köln [u.a.] 2007

Hoeres, Peter, Die Slawen. Perzeptionen des Kriegsgegners bei den Mittelmächten. Selbst- und Feindbild. In: Die vergessene Front, S. 179–200

Hörnemann, Daniel, Krieg auf Schienen. Eisenbahnen und Eisenbahner in zwei Weltkriegen, Erfurt 2009

Hofbauer, Martin, Germany 600 Years Ago. The Battle in Tannenberg 1410. In: Military Conflicts in the 20th Century., S. 17–28

Hoffmann, Max, Die Aufzeichnungen des Generalmajors Max Hoffmann, 2 Bde. Hrsg. von Karl-Friedrich Nowak, Berlin 1929

Hoffmann, Detlev, Die Grunwald/Tannenberg-Monumente. Zu den nationalen Denkmalkulturen in Polen und Deutschland. In: Deutschlands Osten – Polens Westen, S. 277–298

Hoffmann, Dieter, Der Sprung ins Dunkle oder Wie der 1. Weltkrieg entfesselt wurde, Leipzig 2010

Hoffmann, Max, Tannenberg wie es wirklich war, Berlin 1926

Hoffmann, Traugott, und Ernst Jahn, Geschichte des Infanterie-Regiments Graf Dönhoff (7. Ostpreußisches) Nr. 44, Berlin 1930 (= Erinnerungsblätter deutscher Regimenter, 309)

Hoppe, Joachim, Der anonyme Sieger von Tannenberg. In: Soldat und Technik, 3 (1995), S. 180 f.

Horn, Eva, Im Osten nichts Neues. Deutsche Literatur und die Ostfront des Ersten Weltkriegs. In: Die vergessene Front, S. 217–230

Horne, John, und Alan Kramer, Deutsche Kriegsgreuel 1914. Die umstrittene Wahrheit, Hamburg 2004

Jahn, Hubertus F., Die Germanen. Perzeptionen des Kriegsgegners in Russland zwischen Selbst- und Feindbild. In: Die vergessene Front, S. 165–177

Jahn, Peter, »Zarendreck, Barbarendreck«. Die russische Besetzung Ostpreußens 1914 in der deutschen Öffentlichkeit. In: Verführungen der Gewalt, S. 223–242

Jahr, Christoph, Gewöhnliche Soldaten. Desertion und Deserteure im deutschen und britischen Heer 1914–1918, Göttingen 1998 (= Kritische Studien zur Geschichtswissenschaft, 123)

Janßen, Karl-Heinz, Und morgen die ganze Welt … Deutsche Geschichte 1871–1945, Bremen 2003

Jany, Curt, Geschichte der Preußischen Armee vom 15. Jahrhundert bis 1914, Bd 4: Die Königlich Preußische Armee und das Deutsche Reichsheer 1807 bis 1914, Osnabrück 1967

Jepančin, N.A., Moi vospominanija o general-ad'jutante P.K. Rennenkampfe. In: General Rennenkampf, S. 98–127

Kabisch, Ernst, Streitfragen des Weltkrieges 1914–1918, Stuttgart 1924

Kaiser Wilhelm II. als Oberster Kriegsherr im Ersten Weltkrieg. Quellen aus der militärischen Umgebung des Kaisers 1914–1918. Bearb. und eingel. von Holger Afflerbach, München 2005

Kampf, Herbert, Der deutsche Infanterist und der russische Infanterist (Zeichnungen). In: Grosse, Tannenberg 1914

Kaufmann, Stefan, Kommunikationstechnik und Kriegführung 1815–1945. Stufen telemedialer Rüstung, München 1996

Keegan, John, Der Erste Weltkrieg. Eine europäische Tragödie, Reinbek bei Hamburg 2000

Kempa, Robert, Die Feste Boyen in Giżycko (Lötzen). Ein praktischer Reiseführer, Giżycko 2012

Kennan, George F., The Decline of Bismarck's European Order. Franco-Russian Relations, 1875–1890, Princeton, NJ 1979

Kennan, George F., Die schicksalhafte Allianz. Frankreich und Rußland am Vorabend des Ersten Weltkrieges, Köln 1990

Kershaw, Ian, Das Ende. Kampf bis in den Untergang. NS-Deutschland 1944/45, München 2011

Khavkin, Boris, Russland gegen Deutschland. Die Ostfront des Ersten Weltkrieges in den Jahren 1914 bis 1915. In: Die vergessene Front, S. 65–85

Kirschner, Jan, Auf Schienen durch die Nordsee. 75 Jahre Hindenburgdamm, Flensburg 2002

Knäusel, Hans G., Zeppelin. Die Geschichte der Zeppelin-Luftschiffe. Konstrukteure, Technik, Unternehmen, Oberhaching 2000

Knoll, Werner, Das Kriegsspiel als Übungs- und Ausbildungsmethode. Zu seiner Entwicklung und Anwendung in deutschen Heeren des 19. und 20. Jahrhunderts. Allgemeiner Überblick von seiner Entstehung bis zum Ende des Zweiten Weltkrieges. In: Zeitschrift für Heereskunde, Nr. 446, 2012, S. 168–179

Koch, Christian, Der Hindenburgkult und das Tannenberg-Denkmal, Norderstedt 2009

Kossert, Andreas, Masuren. Ostpreußens vergessener Süden, München 2006

Kossert, Andreas, Ostpreußen. Geschichte und Mythos, München 2005

Kossert, Andreas, »Und drescht ihr nur die Reußen«. Der Erste Weltkrieg in Ostpreußen. In: Osteuropa, 64 (2014), 2/4, S. 59–72

Kraus, Jürgen, Die Deutsche Armee im Ersten Weltkrieg. Uniformierung und Ausrüstung 1914 bis 1918, Wien 2004 (= Kataloge des Bayerischen Armeemuseums Ingolstadt, 2)

Kraus, Jürgen, Handbuch der Verbände und Truppen des deutschen Heeres 1914–1918, Teil 6: Infanterie, Bd 1: Infanterie-Regimenter, Wien 2007; Bd 2: Reserve- und Landwehr-Infanterie, Wien 2012

Kriegsgefangene im Europa des Ersten Weltkriegs. Hrsg. von Jochen Oltmer, Paderborn [u.a.] 2006 (= Krieg in der Geschichte, 24)

Król, Eugeniusz Cezary, Besatzungsherrschaft in Polen im Ersten und Zweiten Weltkrieg. Charakteristik und Wahrnehmung. In: Erster Weltkrieg – Zweiter Weltkrieg, S. 577–591

Kronenbitter, Günther, »Krieg im Frieden«. Die Führung der k.u.k. Armee und die Großmachtpolitik Österreich-Ungarns 1906–1914, München 2003 (= Studien zur internationalen Geschichte, 13)

Kronenbitter, Günther, Die militärische Planung der k.u.k. Armee und der Schlieffenplan. In: Der Schlieffenplan, S. 205–220

Krüger, Walter, und Johannes Krüger, Das Tannenberg-National-Denkmal. Eine Erläuterung von den Erbauern, Allenstein o.J. [1928]

Krumeich, Gerd, Juli 1914. Eine Bilanz, Paderborn [u.a.] 2014

Krumeich, Gerd, Sine ira et studio? Ansichten einer wissenschaftlichen Militärgeschichte. In: Was ist Militärgeschichte?, S. 91–102

Kühne, Thomas, und Benjamin Ziemann, Militärgeschichte in der Erweiterung. Konjunkturen, Interpretationen, Konzepte. In: Was ist Militärgeschichte?, S. 9–46

Kürenberg, Joachim von, Rußlands Weg nach Tannenberg, Berlin 1934

Kusber, Jan, Die russischen Streitkräfte und der deutsche Aufmarsch beim Ausbruch des Ersten Weltkrieges. In: Der Schlieffenplan, S. 257–268

Laeger, Alfred, Das Feldartillerie-Regiment Prinz August von Preußen (1. Litauisches) Nr. 1, 1772–1919, Zeulenroda 1939 (= Aus Deutschlands großer Zeit, 118)

Lakowski, Richard, Ostpreußen 1944/45. Krieg im Nordosten des Deutschen Reiches. Paderborn [u.a.] 2016 (= Zeitalter der Weltkriege, 15)

Lange, Sven, Hans Delbrück und der »Strategiestreit«. Kriegführung und Kriegsgeschichte in der Kontroverse 1879–1914, Freiburg i.Br. 1995 (= Einzelschriften zur Militärgeschichte, 40)

Lapp, Gerhard, Das 1. Ostpr[eußische] Feldartillerie-Regiment Nr. 16, Oldenburg 1928 (= Erinnerungsblätter deutscher Regimenter, 236)

Leonhard, Jörn, Die Büchse der Pandora. Geschichte des Ersten Weltkriegs, Bonn 2014

Lezius, Martin, Von Fehrbellin bis Tannenberg. 300 Jahre deutscher Kriegsgeschichte, Bd 2, Berlin 1937

Liedtke, Leo, Das Füsilier-Regiment Graf Roon (Ostpreußisches) Nr. 33 im Weltkriege 1914–1918, Berlin 1935 (= Deutsche Tat im Weltkrieg, 26)

Lieven, Dominic, Pro-Germans and Russian Foreign Policy 1890–1914. In: The International History Review, 2 (1980), S. 34–54

Linke, Horst Günther, Das zarische Rußland und der Erste Weltkrieg. Diplomatie und Kriegsziele 1914–1917, München 1982

Liulevicius, Vejas Gabriel, Kriegsland im Osten. Eroberung, Kolonisierung und Militärherrschaft im Ersten Weltkrieg 1914–1918, Hamburg 2002

Loewenstern, Elard von, und Friedrich Bertkau, Mobilmachung, Aufmarsch und erster Einsatz der deutschen Luftstreitkräfte im August 1914, Berlin 1939 (= Kriegsgeschichtliche Einzelschriften der Luftwaffe, 3)

Lohr, Eric, Nationalizing the Russian Empire. The Campaign against Enemy Aliens during World War I, Cambrigde, MA [u.a.] 2003 (= Russian Research Center Studies, 94)

Ludendorff, Erich, Einführung. In: Wenninger, Die Schlacht von Tannenberg, S. 3–7

Ludendorff, Erich, Mein militärischer Werdegang. Blätter der Erinnerung an unser stolzes Heer, München 1933

Ludendorff, Erich, Meine Kriegserinnerungen 1914–1918, Berlin 1919; 3. Aufl., Berlin 1937

Ludendorff, Erich, Tannenberg. Geschichtliche Wahrheit über die Schlacht, München 1939

Lullies, Hans, Landeskunde von Ost- und Westpreußen, Nachdruck des Originals von 1919, Paderborn 2011

MacDonogh, Giles, Tannenberg. Erich Ludendorff v. Alexander Samsonov, 23 August–2 September 1914. In: Giles MacDonogh, The Great Battles. 50 Key Battles from the Ancient World to the Present Day, London 2010, S. 180–185

Machtan, Lothar, Bismarck. In: Deutsche Erinnerungsorte, Bd 2, S. 86–104

Mackensen, August von, Vorwort. In: Rohrscheidt, Über Stallupönen und Gumbinnen, S. 3

McMeekin, Sean, Russlands Weg in den Krieg. Der Erste Weltkrieg – Ursprung der Jahrhundertkatastrophe, München 2014

MacMillan, Margaret, The War that Ended Peace. The Road to 1914, New York 2013

Maser, Werner, Hindenburg. Eine politische Biographie, 2. Aufl., Rastatt 1990

Meissner, Hans-Otto, Junge Jahre im Reichspräsidentenpalais. Erinnerungen an Ebert und Hindenburg 1919–1934, Esslingen, München 1988

Menning, Bruce W., Bayonets before Bullets. The Imperial Russian Army, 1861–1914, Bloomington, IN [u.a.] 2000

Menning, Bruce W., Mukden to Tannenberg. Defeat to Defeat, 1905–1914. In: The Military History of Tsarist Russia. Ed. by Frederick W. Kagan and Robert Higham, Basingstoke 2002, S. 203–225

Menning, Bruce W., The Offensive Revisited. Russian Preparation for Future War, 1906–-1914. In: Reforming the Tsar's Army. Military Innovation in Imperial Russia from Peter the Great to the Revolution. Ed. by Bruce W. Menning and David Schimmelpenninck van Oye, Cambridge 2010, S. 215–231

Menning, Bruce W., The Role of I.N. Danilov and M.V. Alekseev in Russian War Planning before 1914. In: International History Review, 25 (2003), S. 775–798

Menning, Bruce W., War Planning and Initial Operations in the Russian Context. In: War Planning 1914. Ed. by Richard F. Hamilton and Holger H. Herwig, New York 2010, S. 80–142

Menzel, Birgit, August 1914. Aleksandr Solženicyn und die russische Literatur zum Krieg in den ersten Kriegsjahren. In: Die vergessene Front, S. 231–248

Meyer, Peter, Luftschiffe. Die Geschichte der deutschen Zeppeline, Bonn 1996

Meyer, Werner, Das Infanterie-Regiment von Grolman (1. Posensches) Nr. 18 im Weltkriege, Oldenburg 1929 (= Erinnerungsblätter deutscher Regimenter, 285)

Mick, Christoph, »Den Vorvätern zum Ruhm – den Brüdern zur Ermutigung«. Variationen zum Thema Grunwald/Tannenberg. In: zeitenblicke, 3 (2004), 1, <http://zeitenblicke.historicum.net/2004/01/mick/index.html> (letzter Zugriff 16.5.2018)

Military Conflicts in the 20th Century. Political and Military Aspects. Papers from the 10th annual Conference of the Euro-Atlantic Conflict Studies Working Group, Warsaw, 25–27 May 2010. Ed. by Dariusz Stanisław Kozerawski, Warsaw 2010

Mombauer, Annika, Helmuth von Moltke and the Origins of the First World War, Cambridge 2001

Mombauer, Annika, Die Julikrise. Europas Weg in den Ersten Weltkrieg, München 2014

Mombauer, Annika, Der Moltkeplan. Modifikation des Schlieffenplans bei gleichen Zielen? In: Der Schlieffenplan, S. 79–99

Mommsen, Wolfgang J., Vom »Volkstumskampf« zur nationalsozialistischen Vernichtungspolitik in Europa. Zur Rolle der deutschen Historiker unter dem Nationalsozialismus. In: Deutsche Historiker im Nationalsozialismus. Hrsg. von Winfried Schulze und Otto Gerhard Oexle, Frankfurt a.M. 1999, S. 183–214

Morrow, John H., Jr., The Great War in the Air. Military Aviation from 1909 to 1921, London 1993

Mühlmann, Carl, Tannenberg 1914. In: Schicksalsschlachten der Völker. Hrsg. von Friedrich von Cochenhausen unter Mitwirkung namhafter Offiziere und Historiker, Leipzig, Berlin 1937, S. 213–224

Müller, Karl-Bernhard, und Michael A. Tegtmeier, Militärgeschichtlicher Reiseführer. Tannenberg, Hamburg [u.a.] 2000

Münkler, Herfried, Politische Mythen und nationale Identität. Vorüberlegungen zu einer Theorie politischer Mythen. In: Mythen der Deutschen. Deutsche Befindlichkeiten zwischen Geschichten und Geschichte. Hrsg. von Wolfgang Frindte und Harald Pätzolt, Opladen 1994 (= Politische Psychologie, 3), S. 21–28

Musik bezieht Stellung. Funktionalisierungen der Musik im Ersten Weltkrieg. Hrsg. von Dietrich Helms, Stefan Hanheide, Claudia Glunz und Thomas Schneider, Göttingen 2013

Nachtigal, Reinhard, Die Kriegsgefangenen-Verluste an der Ostfront. Eine Übersicht zur Statistik und zu Problemen der Heimatfronten 1914/15. In: Die vergessene Front, S. 201–215

Napp, Niklas, Die deutschen Luftstreitkräfte im Ersten Weltkrieg, Paderborn [u.a.] 2017

Narskij, Igor, Kriegswirklichkeit und Kriegserfahrung russischer Soldaten an der russischen Westfront 1914/15. In: Die vergessene Front, S. 249–261

Nebelin, Manfred, Ludendorff. Diktator im Ersten Weltkrieg, München 2010

Neiberg, Michael S., and David Jordan, The Eastern Front, 1914–1920. From Tannenberg to the Russo-Polish War, London 2008

Neitzel, Sönke, Weltkrieg und Revolution 1914–1918/19, Berlin 2008 (= Deutsche Geschichte im 20. Jahrhundert, 3)

Neitzel, Sönke, Zum strategischen Mißerfolg verdammt? Die deutschen Luft-streitkräfte in beiden Weltkriegen. In: Erster Weltkrieg – Zweiter Weltkrieg, S. 167–192

Nelipovič, Sergej G., Russkij front Pervoj mirovoj vojny. Poteri storon. 1914 [Die Russische Front des Ersten Weltkrieges. Verluste der Seiten], Moskva 2017

Noskoff, Aleksandr A., Der Mann, der Tannenberg verlor, 12. Aufl., Berlin 1934

Notz, Ferdinand von, General v. Scholtz. Ein deutsches Soldatenleben in großer Zeit, Berlin 1937

Nübel, Christoph, Durchhalten und Überleben an der Westfront. Raum und Körper im Ersten Weltkrieg, Paderborn [u.a.] 2014 (= Zeitalter der Weltkriege, 10)

Nübel, Christoph, Die Mobilisierung der Kriegsgesellschaft. Propaganda und All-tag im Ersten Weltkrieg in Münster, Münster 2008 (= Münsteraner Schriften zur Volkskunde. Europäische Ethnologie, 14)

Oberdörfer, Lutz, Kriegsschauplatz Ostpreußen. Planungen, Strategien und An-nahmen der europäischen Großmächte vor dem Ersten Weltkrieg. In: Beiträge zur Militärgeschichte des Preußenlandes von der Ordenszeit bis zum Zeitalter der Weltkriege. Hrsg. von Bernhart Jähnig, Marburg 2010 (= Tagungsberichte der Historischen Kommission für ost- und westpreußische Landesforschung, 25), S. 233–332

Olden, Rudolf, Hindenburg oder der Geist der preußischen Armee, Nürnberg 1948

Ortenburg, Georg, Waffe und Waffengebrauch im Zeitalter der Millionenheere, Bonn 1992 (= Heerwesen der Neuzeit, Abt. 5, Das Zeitalter der Millionen-heere, 1)

Otto, Hans-Dieter, Tod bei Tannenberg (Ostpreußen, 17.–31. August 1914). In: Hans-Dieter Otto, Lexikon der militärischen Irrtümer. Von Salamis bis zum Irak-Krieg, 2. Aufl., München 2007, S. 171–179

Paddock, Troy R.E., Creating the Russian Peril. Education, the Public Sphere and National Identity in Imperial Germany, 1890–1914, Rochester, NY 2010

Petrauskas, Rimvydas, und Darius Staliunas, Die drei Namen der Schlacht. Er-innerungsketten um Tannenberg/Grunwald/Žalgiris. In: Verflochtene Er-innerungen. Polen und seine Nachbarn im 19. und 20. Jahrhundert. Hrsg. von Martin Aust, Krzystof Ruchniewicz und Stefan Troebst, Köln 2009, S. 119–136

Pietsch, Paul, Die Formations- und Uniformierungsgeschichte des preußischen Heeres 1808–1914, Bd 1: Fußtruppen (Infanterie, Jäger und Schützen, Pioniere) und deren Landwehr, 2., verm. Aufl., Hamburg 1963

Piper, Ernst, Nacht über Europa. Kulturgeschichte des Ersten Weltkrieges, Berlin, München 2013

Plickert, Heinrich, Das 2. Ermländische Infanterie-Regiment Nr. 151 im Welt-kriege, Oldenburg 1929 (= Erinnerungsblätter deutscher Regimenter, 263)

Pöhlmann, Markus, German Intelligence at War, 1914–1918. In: Journal of Intelligence History, 2 (2005), S. 25–54

Pöhlmann, Markus, Kriegsgeschichte und Geschichtspolitik. Der Erste Weltkrieg. Die amtliche deutsche Militärgeschichtsschreibung 1914–1956, Paderborn [u.a.] 2002 (= Krieg in der Geschichte, 12)

Pöhlmann, Markus, Der Panzer und die Mechanisierung des Krieges. Eine deutsche Geschichte 1890 bis 1945, Paderborn [u.a.] 2016 (= Zeitalter der Weltkriege, 14)

Pöhlmann, Markus, Stein, Hermann von. In: Neue Deutsche Biographie. Hrsg. von Hans Günter Hockerts, Bd 25: Stadion – Tecklenborg, Berlin 2013, S. 148 f.

Pöhlmann, Markus, Tod in Masuren. Tannenberg, 23. bis 31. August 1914. In: Schlachten der Weltgeschichte. Von Salamis bis Sinai. Hrsg. von Markus Pöhlmann, Stig Förster und Dierk Walter, 3. Aufl., München 2002, S. 279–293

Pölking, Hermann, Ostpreußen. Biographie einer Provinz, Berlin 2011

Potthoff, Heinrich, Die Sozialdemokratie von den Anfängen bis 1945, Bonn 1975 (= Kleine Geschichte der SPD, 1)

Potthoff, Heinrich, und Susanne Miller, Kleine Geschichte der SPD, 1848–2002, 8., aktual. und erw. Aufl., Bonn 2002

Preußen in Ostmitteleuropa. Geschehensgeschichte und Verstehensgeschichte. Hrsg. von Matthias Weber, Koblenz 2003 (= Schriften des Bundesinstituts für Kultur und Geschichte der Deutschen im Östlichen Europa, 21)

Priesdorff, Kurt von, Soldatisches Führertum, 10 Bde, Bd 10, Hamburg (1942)

Pyta, Wolfram, Geteiltes Charisma. Hindenburg, Hitler und die deutsche Gesellschaft im Jahre 1933. In: Das Jahr 1933. Die nationalsozialistische Machteroberung und die deutsche Gesellschaft. Hrsg. von Andreas Wirsching, Göttingen 2009 (= Dachauer Symposien zur Zeitgeschichte, 9), S. 47–69

Pyta, Wolfram, Hindenburg. Herrschaft zwischen Hohenzollern und Hitler, München 2007

Randewig, Kunibert, Die deutsche Funkaufklärung in der Schlacht bei Tannenberg. In: Deutsche Nachrichtentruppen (Die F-Flagge), 9 (1936), S. 154–157, und 10 (1936), S. 135—138

Rangliste der Königlich Preußischen Armee und des XIII. (Königlich Württembergischen) Armeekorps für 1913. Hrsg. vom Kriegsministerium, Berlin 1913

Rauchensteiner, Manfried, Der Erste Weltkrieg und das Ende der Habsburgermonarchie 1914–1918, Wien [u.a.] 2013

Reichherzer, Frank, »Alles ist Front!« Wehrwissenschaften in Deutschland und die Bellifizierung der Gesellschaft vom Ersten Weltkrieg bis in den Kalten Krieg, Paderborn [u.a.] 2012 (= Krieg in der Geschichte, 68)

Reinicke, Helmut, Deutschland hebt ab. Der Zeppelinkult. Zur Sozialpathologie der Deutschen, Köln 1998

Rohrscheidt, Walter von, Über Stallupönen und Gumbinnen zum Deutschen Vernichtungssieg bei Tannenberg vom 26. bis 31. August 1914. Die Rätsel um Rennenkampf und Samsonow? Auch nach russischen Quellen bearb. Volkstümlich geschildert, Braunschweig 1937

Rosenboom, Sebastian, Im Einsatz über der »vergessenen Front«. Der Luftkrieg an der Ostfront im Ersten Weltkrieg, Potsdam 2013 (= Potsdamer Schriften zur Militärgeschichte, 23)

Rottmann, Hans, Die Russische Armee. Ihre jetzige Organisation, neue Uniformierung usw., Leipzig 1912

Der russisch-japanische Krieg 1904/05. Anbruch einer neuen Zeit? Hrsg. von Maik Hendrik Sprotte, Wolfgang Seifert und Heinz-Dietrich Löwe, Wiesbaden 2007

Sailer, Gert, Das Ende des Tannenbergdenkmals. Eine Dokumentation, Karlsruhe 1987

Samuels, Martin, Command or Control? Command, Training and Tactics in the British and German Armies, 1888–1918, London 1996

Sanborn, Joshua A., Imperial Apocalypse. The Great War and the Destruction of the Russian Empire, Oxford [u.a.] 2014

Sanitätsbericht über das deutsche Heer (Deutsches Feld- und Besatzungsheer) im Weltkriege 1914/1918. Hrsg. vom Heeres-Sanitätsinspektion, 3 Bde, Bd 2: Der Sanitätsdienst im Gefechts- und Schlachtenverlauf im Weltkriege 1914/1918, Berlin 1938

Schäfer, Theobald von, Tannenberg, Oldenburg i.O., Berlin 1927 (= Schlachten des Weltkrieges, 19)

Scheer, Tamara, Österreich-Ungarns Besatzungsmacht in Russisch-Polen während des Ersten Weltkrieges (1915–1918). In: Zeitschrift für Ostmitteleuropa-Forschung, 58 (2009), 4, S. 538–571

Schenk, Frithjof Benjamin, Tannenberg/Grunwald. In: Deutsche Erinnerungsorte, Bd 1, S. 438–454

Schillmann, Fritz, Das Grenadier-Regiment König Friedrich Wilhelm I. (2. Ostpreußisches) Nr. 3 im Weltkriege 1914–1918, Berlin 1924 (= Erinnerungsblätter deutscher Regimenter, 118)

Schlachtfelder in Ostpreußen. Von der Zeit des Deutschen Ritterordens bis zum Ersten Weltkrieg. Bearb. von aktiven und ehemaligen Offizieren im Wehrkreis I. Hrsg. vom Wehrkreis-Kommando I, Königsberg 1932; Neuaufl. Schnellbach 2015Schlachtfelder in Ostpreußen

Schlieffen, Alfred von, Gesammelte Schriften, Bd 2, Berlin 1913

Schlieffen, Alfred von, Die Großen Generalstabsreisen – Ost – aus den Jahren 1891–1905, Berlin 1938 (= Dienstschriften des Chefs des Generalstabes der Armee Generalfeldmarschalls Graf von Schlieffen, 2)

Schlieffen, Alfred von, Die taktisch-strategischen Aufgaben aus den Jahren 1891–1905, Berlin 1937 (= Dienstschriften des Chefs des Generalstabes der Armee Generalfeldmarschalls Graf von Schlieffen, 1)

Der Schlieffenplan. Analyse und Dokumente. Im Auftrag des MGFA und der Otto-von-Bismarck-Stiftung hrsg. von Hans Ehlert, Michael Epkenhans und Gerhard P. Groß, Paderborn [u.a.] 2006 (= Zeitalter der Weltkriege, 2)

Schmidt, Stefan, Frankreichs Außenpolitik in der Julikrise. Ein Beitrag zur Geschichte des Ausbruchs des Ersten Weltkrieges, München 2007

Schmidt, Stefan, Frankreichs Plan XVII. Zur Interdependenz von Außenpolitik und militärischer Planung in den letzten Jahren vor Ausbruch des Großen Krieges. In: Der Schlieffenplan, S. 221–256

Schöpflin, George, The Functions of Myth and a Taxonomy of Myths. In: Myths and Nationhood. Ed. by George Schöpflin and Geoffrey Hosking, New York 1997, S. 19–35

Schwarzmüller, Theo, Zwischen Kaiser und »Führer«. Generalfeldmarschall August von Mackensen. Eine politische Biographie, 2., durchges. Aufl., München 2001

Sergejew, Jewgenij, »Diplomaten mit Schulterstücken« und ihre Sicht der deutsch-russischen Beziehungen am Vorabend des Ersten Weltkrieges. In: Verführungen der Gewalt, S. 71–94

Showalter, Dennis E., Even Generals Wet Their Pants. The First Three Weeks in East Prussia. In: War and Society, 2 (1984), S. 60–86

Showalter, Dennis E., Tannenberg. Clash of Empires, 1914, Hamden, CT 1991

Shreve, John, Kriegszeit. Das ländliche Deutschland 1914–1919. Belzig und der Kreis Zauch-Belzig, Berlin 2014

Siebert, Heinrich, Geschichte des Infanterie-Regiments Generalfeldmarschall von Hindenburg (2. Masurisches) Nr. 147 im Weltkriege, Oldenburg 1927 (= Erinnerungsblätter deutscher Regimenter, 202)

Siegel, Carsten, Deutschlands vergessene Front? Die Bedeutung Ostpreußens in den Verteidigungsplanungen des Deutschen Reiches bis 1914, unveröffentl. Masterarbeit, Universität Potsdam 2016

Smoot, Andrew H., A Battle Lost. Re-Examining the Role of German Radio Intelligence in the Battle of Gumbinnen. In: Intelligence and National Security, 32 (2017), S. 286–299

Snyder, Jack, The Ideology of the Offensive. Military Decision Making and the Disaster of 1914, Ithaca 1984

Solka, Michael, und Otto Schertler, Tannenberg 1914, in: Michael Solka und Otto Schertler, Schlachten der deutschen Geschichte. Die wichtigsten Siege und Niederlagen zwischen 9 n.Chr. und 1945, München 2010, S. 165–169

Solženicyn, Aleksandr I., August Vierzehn, München 1972

Stachelbeck, Christian, Deutschlands Heer und Marine im Ersten Weltkrieg, München 2013 (= Beiträge zur Militärgeschichte – Militärgeschichte kompakt, 5)

Stachelbeck, Christian, Militärische Effektivität im Ersten Weltkrieg. Die 11. Bayerische Infanteriedivision 1915 bis 1918, Paderborn [u.a.] 2010 (= Zeitalter der Weltkriege, 6)

Stein, Oliver, Das Kriegsministerium und der Ausbau des deutschen Heeres 1871–1914. In: Das ist Militärgeschichte, S. 48–62

Stein, Oliver, Die deutsche Heeresrüstungspolitik 1890–1914. Das Militär und der Primat der Politik, Paderborn [u.a.] 2007 (= Krieg in der Geschichte, 39)

Stevenson, David, Armaments and the Coming of War. Europe, 1904–1914, Oxford, New York 1996

Stevenson, David, Der Erste Weltkrieg 1914–1918, Düsseldorf 2006

Stone, Norman, The Eastern Front, 1914–1917, London [u.a.] 1975

Storz, Dieter, Die Schlacht der Zukunft. Die Vorbereitung der Armeen Deutschlands und Frankreichs auf den Landkrieg des 20. Jahrhunderts. In: Der Erste Weltkrieg. Wirkung, S. 252–279

Strachan, Hew, The First World War, Oxford 2001

Stüttgen, Dieter, Die preußische Verwaltung des Regierungsbezirks Gumbinnen 1871–1920, Berlin 1980 (= Studien zur Geschichte Preußens, 30)

Suchomlinov, Vladimir A., Erinnerungen, Berlin 1924

Szlanta, Piotr, Der Erste Weltkrieg von 1914 bis 1915 als identitätsstiftender Faktor für die moderne polnische Nation. In: Die vergessene Front, S. 153–164

Tannenberg. Ein deutsches Schicksal. Hrsg. von Achim von Arnim, Berlin (1935)

Tannenberg – Grunwald – Žalgiris 1410: Krieg und Frieden im späten Mittelalter. Hrsg. von Werner Paravicini, Rimvydas Petrauskas und Grischa Vercamer, Wiesbaden 2012 (= Deutsches Historisches Institut Warschau: Quellen und Studien, 26)

Tannenberg 1914. In: Die Vernichtungsschlacht in kriegsgeschichtlichen Beispielen. Im Auftrage der Heeresinspektion des Erziehungs- und Bildungswesens bearb. von Gunther Frantz, Berlin 1928, S. 98–107

Terre, Emilie, »Die Deutschen verbrauchen Material, wir Menschenleben«. Die Brusilov-Offensive 1916. In: Materialschlachten 1916. Ereignis, Bedeutung, Erinnerung. Im Auftrag des ZMSBw hrsg. von Christian Stachelbeck, Paderborn [u.a.] 2017 (= Zeitalter der Weltkriege, 17), S. 125–146

Thakur-Smolarek, Keya, Der Erste Weltkrieg und die polnische Frage. Die Interpretationen des Kriegsgeschehens durch die zeitgenössischen polnischen Wortführer, Berlin 2014 (= Osteuropa, 48)

Thoß, Bruno, Die Zeit der Weltkriege. Epochen als Erfahrungseinheit? In: Erster Weltkrieg – Zweiter Weltkrieg, S. 7–30

Tietz, Jürgen, Das Tannenberg-Nationaldenkmal. Architektur, Geschichte, Kontext, Berlin 1999

Traba, Robert, Ostpreußen. Die Konstruktion einer deutschen Provinz. Eine Studie zur regionalen und nationalen Identität 1914–1933, Osnabrück 2010 (= Klio in Polen, 12)

Treitschke, Heinrich von, Das deutsche Ordensland Preußen. In: Preußische Jahrbücher, Bd 10, 1862, S. 95–151

Tuchman, Barbara, August 1914, Frankfurt a.M. 2004

Turnbull, Stephen, Tannenberg 1410. Disaster for the Teutonic Knights, Oxford 2003

Turner, L.C.F., The Russian Mobilisation in 1914. In: The War Plans of the Great Powers, 1880–1914. Ed. by Paul M. Kennedy, London [u.a.] 1979, S. 252–268

Uhle-Wettler, Franz, Tannenberg 1914 und die Bewährung des Heeres der Kaiserzeit. In: Franz Uhle-Wettler, Höhe- und Wendepunkte deutscher Militärgeschichte, Hamburg [u.a.] 2000, S. 135–170

Venohr, Wolfgang, Ludendorff. Legende und Wirklichkeit, Berlin, Frankfurt a.M. 1993

Verführungen der Gewalt. Russen und Deutsche im Ersten und Zweiten Weltkrieg. Hrsg. von Karl Eimermacher und Astrid Volpert, München 2005 (= West-Östliche Spiegelungen, N.F. 1)

Die vergessene Front. Der Osten 1914/15. Ereignis, Wirkung, Nachwirkung. Im Auftrag des MGFA hrsg. von Gerhard P. Groß, Paderborn [u.a.] 2006 (= Zeitalter der Weltkriege, 1)

Verhey, Jeffrey, Der »Geist von 1914« und die Erfindung der Volksgemeinschaft, Hamburg 2000

Die Verluste des Weltkrieges. Hrsg. vom Reichskriegsministerium, Berlin 1935

Vermeiren, Jan, The Tannenberg Myth in History and Literature, 1914–1945. In: European Review of History/Revue européenne d'histoire, 5 (2018), S. 778–802

Der Völkerkrieg. Eine Chronik der Ereignisse seit dem 1. Juli 1914, Bd 2. Hrsg. von Casimir H. Baer, Stuttgart 1914

Von Flandern bis Polen. Feldpostbriefe der Täglichen Rundschau aus dem Weltkriege, Berlin 1915

Was ist Militärgeschichte? Hrsg. von Thomas Kühne und Benjamin Ziemann, Paderborn [u.a.] 2000 (= Krieg in der Geschichte, 6)

Watson, Alexander, »Unheard-of Brutality«. Russian Atrocities against Civilians in East Prussia, 1914–1915. In: The Journal of Military History, 86 (2014), 4, S. 780--825

Wegner, Bernd, Einführende Bemerkungen. In: Erster Weltkrieg – Zweiter Weltkrieg, S. 135–141

Wehrt, Rudolf von, Tannenberg. Wie Hindenburg die Russen schlug, Berlin 1934

Der Weltkrieg 1914 bis 1918. Die militärischen Operationen zu Lande, 14 Bde. Bearb. im Reichsarchiv, Berlin 1925–1944

Wenninger, Karl von, Die Schlacht von Tannenberg. Hrsg. von Erich Ludendorff, München 1935

Werth, German, Tannenberg. In: Enzyklopädie Erster Weltkrieg, S. 919–920

Wette, Wolfram, Militarismus in Deutschland. Geschichte einer kriegerischen Kultur, Frankfurt a.M. 2011

Wheeler-Bennett, John W., Der hölzerne Titan. Paul von Hindenburg, Tübingen 1969

Wien, Bernhard, Weichensteller und Totengräber. Ludendorff, von Hindenburg und Hitler 1914–1937, Norderstedt 2013

Zachau, Johannes, 2. Litthauisches [sic] Feldartillerie-Regiment Nr. 37, Oldenburg 1932 (= Erinnerungsblätter deutscher Regimenter, 347)

Zalesskij, K.A., Kto byl kto v Pervoj mirovoj vojne. Biografičeskij enciklopedičeskij slovar' [Wer war wer im Ersten Weltkrieg. Biografisches enzyklopädisches Wörterbuch], Moskva 2003

Ziessow, Karl-Heinz, Der Erste Weltkrieg. Kriegswahrnehmung und Erinnerung in der Region, Cloppenburg 2009

Zimmermann, John, Die Schlacht von Tannenberg 1914. Ein großer deutscher Sieg und eine strategische Niederlage. In: Die Mittelmächte und der Erste Weltkrieg. Symposium 16. bis 18. Juni 2014. Hrsg. von M. Christian Ortner und Hans-Hubertus Mack, Wien 2016, S. 116–141

Zimmermann, John, Von den operativen und erinnerungsgeschichtlichen Dimensionen eines Raumes. Die Schlacht von Tannenberg 1914 als Paradebeispiel räumlicher Inszenierung. In: Militärgeschichtliche Zeitschrift, 73 (2014), 2, S. 349–365

Zinzow (Leutnant der Reserve), Königlich preußisches Landwehr-Infanterie-Regiment Nr. 9, Berlin 1930 (= Erinnerungsblätter deutscher Regimenter, 299)

Zuber, Terence, Strategische Überlegungen in Deutschland zu Kriegsbeginn. In: Die vergessene Front, S. 35–48

Personenregister

https://doi.org/ https://doi.org/10.1515/9783110733518-010

Krieg in Ostpreußen, 17.–24.08.1914

Legende:

- Staatsgrenze Deutsches Reich
- Provinzgrenze
- Eisenbahnlinie
- Hauptverkehrsstraße
- Festung
- Großstadt
- Stadt
- kleinere Stadt/Ortschaft
- Einzelgefechte

Höhenangaben:
- 300 m
- 250 m
- 200 m
- 150 m
- 100 m
- 50 m
- unter 50 m

0 10 20 30 40 50 km

8. Hindenburg — Gefechtsstand Armee

2. Samsonov

III. Jepančin — (Armee-)Korps

I. François

- xx Infanterie-Division
- xx Kavallerie-Division
- x Infanterie-Brigade
- Stellungslinie
- geplante Stellungslinie
- Bewegung, Angriff
- Eisenbahntransport, Anmarsch
- Rückzug

Abkürzungen: R. Reserve — Ldw. Landwehr

Ortsnamen:
RUSSISCHES REICH
OSTSEE
Kurisches Haff

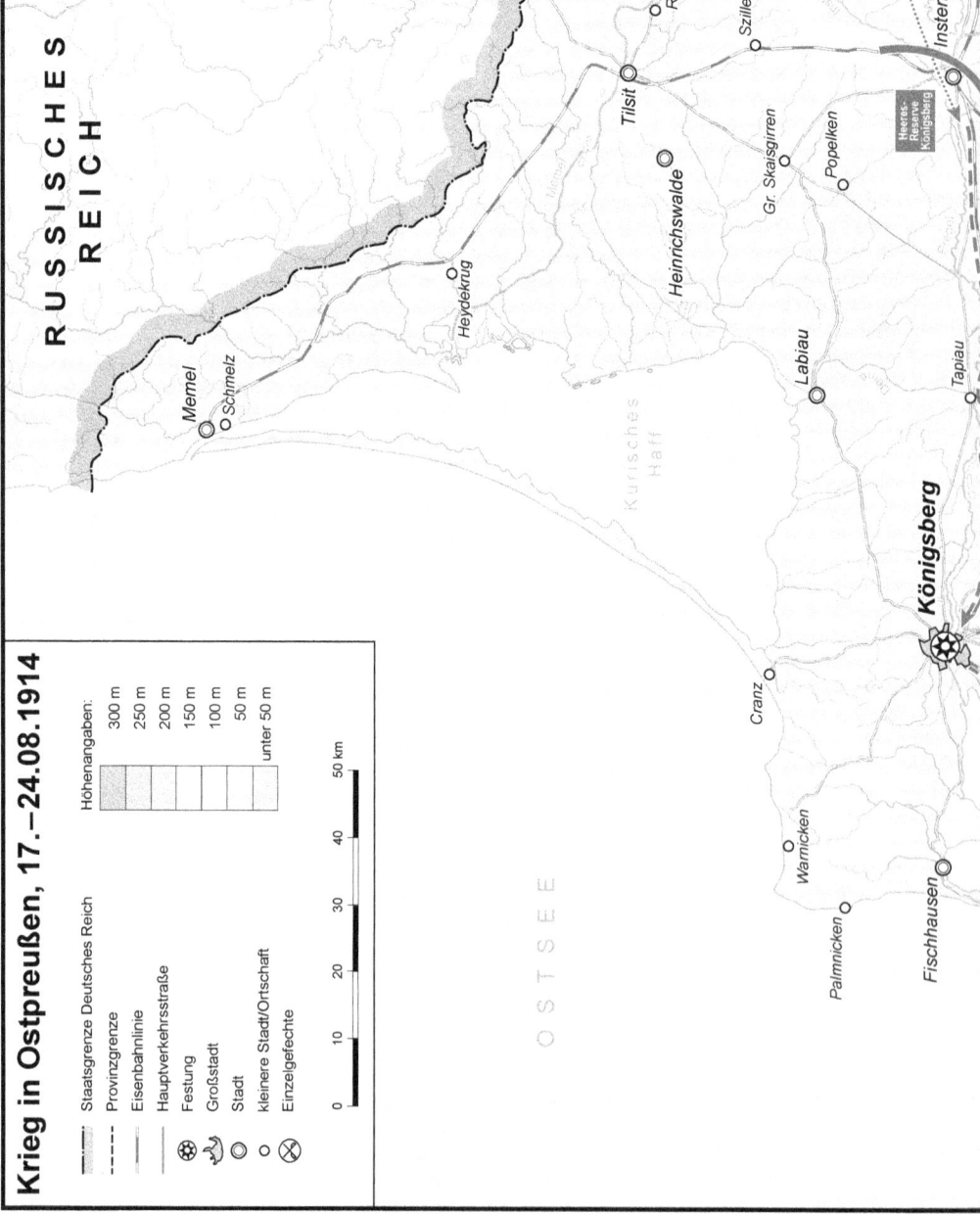

Memel, Schmelz, Heydekrug, Tilsit, Ragnit, Szillen, Gr. Skaisgirren, Heinrichswalde, Popelken, Labiau, Tapiau, Cranz, Warnicken, Palmnicken, Fischhausen, Königsberg, Heeres-Reserve Königsberg, Insterburg, Gumbinnen, Stallupönen, Pillkallen, Lasdehnen, Schirwindt, Vladislavov, Eydtkuhnen, Verzbolov (Wirballen), Smirnov, Šaki

XX. Šmirnov — François
XX. Verzbolov (Wirballen)

RUSSISCHES REICH

DEUTSCHES REICH

Ostpreussen

Army/unit labels:
- IV. — Alijev
- 1. — Rennenkampf / Suwalki
- II. — Scheidemann
- I.R. — Below
- XX — 3.R. / Ldw. / Lötzen
- 8. — Prittwitz / Hindenburg (ab 22.8.)
- 2. — Samsonov
- VI. — Blagoveščenskij
- XIII. — Martos
- XV. — Kljuev
- XXIII. — Kondratovič
- XX. — Scholtz
- I. — Artamonov
- 4.
- 5. Ldw.
- 15.

Place names:
Szittkehmen, Pilžerosi, Goldap, Kowahlen, Marggrabowa, Widminnen, Lyck, Rajgro, Gonion, Trostjany, Vizna, Zambrow, Lomža, Radzilov, Ščučin, Drygallen, Johannisburg, Arys, Nikolaiken, Spirding See, Sensburg, Rudczanny, Peitschendorf, Kolno, Myšinec, Ostrolenka, Krasnosel'c, Friedrichshof, Choržele, Prasnys, Janov, Mlawa, Kucbork, Mlawa, Kljuev, Soldau, Usdau, Lahna, Orlau, Grünfließ, Neidenburg, Gilgenburg, Tannenberg, Mühlen, Hohenstein, Wuttrienen, Ortelsburg, Willenberg, Allenstein, Wartenburg, Alt Wartenburg, Bischofsburg, Gr. Bossau, Korschen, Bischofstein, Lautern, Seeburg, Guttstadt, Liebstadt, Mohrungen, Osterode, Saalfeld, Lobau, Neumark, Deutsch Eylau, Rosenberg, Christburg, Preußisch Holland, Mühlhausen, Elbing, Frauenburg, Braunsberg, Heiligenbeil, Zinten, Mehlsack, Wormditt, Heilsberg, Bartenstein, Preußisch Eylau, Fr-nedland, Gerdauen, Schippenbeil, Barten, Rastenburg, Drengfurth, Angerburg, Nordenburg, Prittwitz, Rhein, Lautenburg, Gr. Korschlau, Borchersdorf, Kondratovič, Artamonov, Strasburg, Rypin, Kolno

Rennenkampf Suwalki

bis 20.8.
ab 21.8.
Hindenburg (ab 22.8.)

© ZMSB
08525 0

Krieg in Ostpreußen, 24.–31.08.1914

Höhenangaben:
- 300 m
- 250 m
- 200 m
- 150 m
- 100 m
- 50 m
- unter 50 m

0 10 20 30 40 50 km

- Staatsgrenze Deutsches Reich
- Provinzgrenze
- Eisenbahnlinie
- Hauptverkehrsstraße
- Festung
- Großstadt
- Stadt
- kleinere Stadt/Ortschaft
- Einzelgefechte

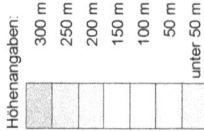

XXXX 8. Hindenburg	XXXX 2. Samsonov	Gefechtsstand Armee
XXX I. François	XXX III. Jepančin	(Armee-) Korps
XX	XX	Infanterie-Division
XX	XX	Kavallerie-Division
x		Infanterie-Brigade

- Stellungslinie
- Bewegung, Angriff
- Eisenbahntransport, Anmarsch
- Rückzug

Abkürzungen:
- R. Reserve
- Ldw. Landwehr

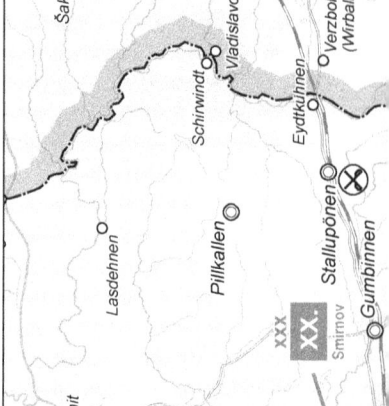

RUSSISCHES REICH

OSTSEE

Kurisches Haff

Memel
Schmelz
Heydekrug
Tilsit
Ragnit
Szillen
Heinrichswalde
Gr. Skaisgirren
Popelken
Labiau
Tapiau
Heeres-Reserve Königsberg
Königsberg
Cranz
Warnicken
Palmnicken
Fischhausen
Lasdehnen
Pillkallen
Schirwindt
Vladislavov
Šaki
Verzbolov (Wirballen)
Eydtkuhnen
Stallupönen
Gumbinnen
Insterburg
Smirnov
XX.
XXX

RUSSISCHES REICH

DEUTSCHES REICH

Ostpreussen

1. Rennenkampf XXXX

2. Samsonow XXXX

8. Hindenburg XXXX — bis 24.8.

8. Hindenburg XXXX — ab 25.8.

II. XXX

III. R. xx

1. Ldw. Goltz xx

6. Ldw. Korschen xx

4. xx

VI. XXX

XIII. Martos XXX

XV. Kljujev XXX

XXIII. Kondratovič XXX

2. Samsonow XXXX — ab 28.8.

I. Artamonov XXX

6. xx

XX. Scholtz XXX

1. François XXX

5. Ldw. xx

15. xx

Mackensen

I. R. K.

IV.

Below

Suwalki

Przerosl

Goldap

Kowahlen

Marggrabowa

Widminnen

Lyck

Sawadden

Rajgrow

Gonionc

Trostjany

Alljev

Nordenburg

Angerburg

Scheidemann

Drygallen

Johannisburg

Kolno

Šcučin

Radzilov

Ščučin

Lomža

Zambrow

Vizna

Biebrza

Gerdauen

Drengfurth

Rastenburg

Barten

Rhein

Nikolaiken

Spirding See

Rudczanny

Friedrichshof

Blagovēščenskij

Myšinec

Ostrolenka

Krasnose/c

Prasnys

Schippenbeil

Bartenstein

Bischofstein

Seeburg

Lautern

Gr. Bössau

Bischofsburg

Sensburg

Peitschendorf

Ortelsburg

Willenberg

Chorżele

Janov

Mlawa

Kučbork

Heilsberg

Guttstadt

Seeburg

Wartenburg

Alt Wartenburg

Allenstein

Wuttrienen

Hohenstein

Neidenburg

Soldau

Artamonov

Lautenburg

Strasburg

Rypin

Preußisch Eylau

Mehlsack

Wormditt

Liebstadt

Mohrungen

Osterode

Hindenburg

Gilgenburg

Mühlen

Tannenberg

Orlau

Grünfließ

Usdau

Gr. Korschau

Löbau

Neumark

Deutsch Eylau

Rosenberg

Saalfeld

Christburg

Heiligenbeil

Braunsberg

Preußisch Holland

Mühlhausen

Frauenburg

Tolkemit

Elbing

Lötzen